Guide de la petite enfance

Nouvelle édition

Accompagner l'enfant de 0 à 6 ans

Jacqueline Gassier
Puéricultrice DE, professeur STMS

2e édition actualisée par

Muriel Beliah-Nappez
Pédiatre, praticien hospitalier
à l'hôpital Antoine-Béclère

Évelyne Allègre
Psychothérapeute

Avec la collaboration de

Christelle Leite
Puéricultrice, cadre de santé chargée de formation IFAP, IFSI, IFAS

ELSEVIER
MASSON

Chez le même éditeur

Ouvrages de pratique professionnelle

Guide de l'alimentation - De la naissance à l'adolescence, par C. Daelman et J. Gassier, 2011, 240 pages.
70 activités et jeux pour les 0-6 ans, par J. Gassier et É. Allègre, 2010, 168 pages.
Prévention des risques liés à l'activité physique - Secteur sanitaire et social, par A.-M. Dekoninck et J. Gassier, 2009, 96 pages.
Manuel d'ergonomie à l'usage des professionnels de la petite enfance, prévention des lombalgies, par J. Curraladas, 2009, 104 pages.
Fiches de soins AP, par J. Gassier et A. Peidro, 2009, 208 pages.
Le guide de la puéricultrice, par J. Gassier et C. de Saint-Sauveur, 2008, 1 192 pages.
Être assistante maternelle, par C. Jardy-Masson, 2008, 160 pages.
Mémo-Fiches de secourisme, par A.-M. Dekoninck et J. Gassier, 2008, 96 pages.

Ouvrages parascolaires

Concours AS/AP – Épreuve orale (avec DVD), par J. Gassier, 2013, 272 pages.
Guide AP (Auxiliaire de puériculture), modules 1 à 8 du DEAP, par J. Gassier, 2013, 616 pages (livre + DVD).
Concours ATSEM - Le tout en un - Épreuves écrites et orale, par J. Gassier, É. Giroulle, O. Meyer, 2012, 432 pages.
Concours ATSEM – Annales corrigées, par J. Gassier, 2012, 128 pages.
DEAVS, par J. Gassier et C. Cordon, 2011, 520 pages.
DEAMP, par J. Gassier, C. Cordon et B. Boyanov, 2009, 352 pages.
CAP petite enfance – Annales corrigées - Matières professionnelles, par J. Gassier, A. Cornier et G. Moussy-Binet, 2012, 224 pages.
CAP petite enfance - Matières professionnelles, par J. Gassier et F. Filachet, 2013, 456 pages.
Fiches techniques CAP petite enfance, par J. Gassier, 2009, 176 pages.
MSP auxiliaire de puériculture, par J. Gassier et M. Bénazet, 2009, 120 pages.
VAE auxiliaire de puériculture, coordonné par le Ceepame, 2007, 128 pages.
Guide Anatomie-physiologie, aides-soignants et auxiliaires de puériculture, par le Géracfas, M. Joubard, B. Oller, É. Sauvage, E. Crespin, 2012, 184 pages.

Remerciements

– Anne-Marie Ammon, puéricultrice DE, co-fondatrice d'ABC puériculture et directrice de Planète Enfance.
– Muriel Bénazet, puéricultrice DE, formatrice à l'IFAP de Béziers.
– Bruno Boyanov, médecin, formateur en ergonomie, directeur des formations AVS-Phénix à Paris.
– Laetitia Chansel, ostéopathe DO, spécialisée pour la femme enceinte et le nourrisson.
– Catherine Casteigt, puéricultrice DE, psychothérapeute de l'enfant, formatrice d'assistantes maternelles, Paris.
– Adeline Catherineau, puéricultrice DE, coordinatrice des crèches du Groupe hospitalier Bichat-Bretonneau, Paris.
– Chantal Daelman, diététicienne ER à l'hôpital Robert Debré, Paris.
– Clémence Dayan, psychologue pour enfants, Centre CEFIA-Kellner, Paris.
– Jean-Philippe Girardet, chef de service honoraire de gastro-entérologie et de nutrition pédiatrique de l'hôpital d'enfants Armand-Trousseau, Paris.
– Saty Gungadin, éducatrice de jeunes enfants, directrice du centre de la petite enfance CEFIA-Kellner, Paris.
– Karine Hillion, sage-femme, cadre supérieur de santé, maternité Saint-Vincent-de-Paul, Paris.
– Dominique Leymarie, médecin, ostéopathe, président d'honneur du syndicat national des médecins ostéopathes.
– Annie Peidro, puéricultrice DE, directrice de crèche à Marseille.
– Francis Perreaux, pédiatre urgentiste, formateur d'auxiliaires de puériculture, hôpital de Clamart.
– Jean-Tristan Richard, psychanalyste, directeur adjoint du CAMPS de l'institut de puériculture de Paris.
– Céline Rose, éducatrice de jeunes enfants, formatrice à l'IESTS de Nice.

Guide de la petite enfance

Nouvelle édition

Accompagner l'enfant de 0 à 6 ans

Illustrations : Guylène Pinto et Yannick Thomé
Maquette : Brigitte Archambault
Crédits pages d'ouvertures de parties :
– Partie 1 : © olesiabilkei
– Partie 2 : © BeTa-Artworks
– Partie 3 : © Ovidiu Iordachi
– Partie 4 : © rnophoto
– Partie 5 : © oksun70
– Annexes : © yuryimaging

ISBN : 978-2-294-73688-9
ISBN *e-book* : 978-2-294-74097-8

Elsevier-Masson SAS, 62, rue Camille-Desmoulins, 92442 Issy-les-Moulineaux cedex
www.elsevier-masson.fr

Préface

Destiné à la formation des professionnel(le)s de la petite enfance, assistant(e)s maternel(le)s, auxiliaires de puériculture, éducateurs de jeunes enfants, le guide de Jacqueline Gassier nous permet de bénéficier de son expérience de puéricultrice, mais également de professeur de sciences et techniques médico-sociales et d'auteur de nombreux ouvrages didactiques destinés aux professionnels de santé. Il bénéficie également des compétences de nombreux spécialistes dont l'auteur a su s'entourer, et en particulier celles de Muriel Beliah-Nappez, pédiatre, et de Evelyne Allègre, psychothérapeute afin de mettre les connaissances théoriques les plus récentes au service de leur application pratique au quotidien.

Dans ce guide, le développement de l'enfant, depuis la naissance jusqu'à l'âge de 6 ans, est abordé sous ses différents aspects de façon complète et claire avec le souci permanent d'envisager l'enfant dans sa globalité. C'est le cas notamment en ce qui concerne les grandes étapes du développement psychomoteur et cognitif, de la socialisation et de l'autonomie qui sont des thèmes importants de la formation des professionnels.

Un aspect essentiel de la santé des jeunes enfants est celui de la prévention. Les soins d'hygiène sont évidemment largement traités, ainsi que les précautions à mettre en œuvre pour prévenir les accidents. Mais on connaît également l'importance que revêt dans ce domaine l'alimentation de l'enfant, en particulier au cours des premiers mois de vie.

Le chapitre consacré à l'allaitement maternel, à ses avantages, à sa réalisation pratique, permettra aux professionnel(le)s de conseiller efficacement les mères pour favoriser ce type d'alimentation.

Une large place est également consacrée à l'accompagnement des enfants malades, qu'il s'agisse d'affections courantes ou plus sévères et des enfants en situation de handicap.

De nombreuses fiches pratiques viennent compléter ces données théoriques. Elles sont agrémentées d'illustrations claires et originales permettant d'exposer de façon didactique les techniques de soins, d'éveil et d'animation. Le rôle de la professionnelle au cours de différentes situations est développé dans des encadrés qui émaillent le texte. Il s'agit de souligner l'importance de stimuler l'autonomie de l'enfant et d'associer les parents aux soins dans le respect de leur culture.

Nul doute que ce *Guide de la petite enfance* constitue un ouvrage indispensable pour tous les étudiants qui se destinent aux professions de la petite enfance. Il constitue également un outil essentiel pour les enseignants dans leur mission pédagogique. Au-delà, il devient, depuis sa 1ère édition, une référence pour l'ensemble des professionnels de l'enfance dans leur pratique quotidienne au cours de laquelle ils sont amenés à prendre aujourd'hui des responsabilités croissantes.

Professeur Jean-Philippe Girardet
Hôpital d'enfants Armand Trousseau, Paris

Sommaire

Partie 1 ACCUEIL DU NOUVEAU-NÉ

Annexes

1

Accueil du nouveau-né

Réponses aux besoins et premiers soins

1 Les caractéristiques du nouveau-né, les premiers examens, les soins d'hygiène et de confort

L'enfant tant désiré est enfin arrivé ! Peu à peu, il va faire connaissance avec son environnement, et, jour après jour, avec ses parents. Les tétées, le bain, le change deviennent des moments privilégiés de « tête à tête ». Ces moments intimes sont l'occasion pour les parents d'observer longuement leur enfant ; ses mimiques, son regard, ses postures, ses changements d'humeur. Tout est nouveau !

À la maternité, la maman ressent souvent des moments d'inquiétude, de doute. Cela est tout à fait normal, surtout lorsqu'il s'agit d'un premier bébé. Le personnel de santé va l'aider à mieux connaître les particularités du nouveau-né, et ainsi l'aider à surmonter les difficultés quotidiennes.

Situation

Céline (AP) et Mme R. (jeune maman)

Céline est auxiliaire de puériculture à la maternité. Elle s'occupe de Célia, née il y a 2 jours. Hier, Céline a réalisé la démonstration du bain de Célia à Mme R. C'est son 1er enfant. Cette prise en soin a permis à Céline d'établir une relation de confiance avec Mme R. lors de la démonstration du bain ; Mme R. a posé beaucoup de questions… La professionnelle a su la rassurer. Aujourd'hui, c'est au tour de Mme R. de réaliser le bain de sa fille en présence de l'AP. Céline pourra évaluer et réajuster si besoin les gestes de cette maman. La professionnelle est dans une démarche d'éducation et de réassurance auprès des parents. C'est un des aspects essentiels du rôle de l'AP en maternité.

Les questions que l'on se pose

- *Pourquoi le visage de mon bébé est aussi rouge ? N'a-t-il pas trop chaud ?*
- *Qu'est-ce que ce petit duvet qui recouvre sa peau ? Va-t-il le conserver ?*
- *Et cet enduit gras ? Aura-t-il la peau grasse toute sa vie ?*
- *Pourquoi ces petits « points blancs » sur le nez ? Sont-ils habituels chez les nouveau-nés ?*
- *Pourquoi mon enfant écarte les « bras en croix » au moindre bruit ?*
- *Quel matériel faut-il prévoir pour le bain ?*
- *Combien de fois par jour dois-je changer mon bébé ?*
- *Quand pourrais-je lui couper les ongles ? Comment procéder ?*

Les caractéristiques physiques et physiologiques du nouveau-né

LES CARACTÉRISTIQUES PHYSIQUES DU NOUVEAU-NÉ

Pendant 9 mois, la mère l'a senti bouger dans son ventre ; elle devinait sa forme, le touchait, connaissait les moments de la journée où il était le plus actif et ceux où il dormait. Auparavant, elle l'imaginait ; à présent, elle le découvre et l'observe.

L'ASPECT DE LA PEAU DU NOUVEAU-NÉ

→ La coloration

La peau du visage du bébé est le plus souvent **rosée**, mais elle peut aussi être **très rouge** (érythrosique). Cette coloration s'accentue lorsqu'il pleure. Ceci s'explique par le fait qu'à la naissance, son taux de globules rouges est très élevé. Mais ces globules rouges fœtaux ont une vie courte et sont rapidement détruits dans l'organisme, ce qui entraîne l'apparition d'un **ictère physiologique** plus ou moins intense, vers la 48e heure de vie. Par ailleurs, le nouveau-né présente fréquemment une légère **cyanose** des extrémités (coloration bleutée), qui peut considérablement s'intensifier en cas d'hypothermie[1].

→ La texture

La peau du nouveau-né est souvent recouverte d'un **enduit blanchâtre gras (le vernix)**, qui protégeait sa peau dans l'utérus contre l'humidité du liquide amniotique. Après la naissance, cet enduit gras continue à protéger la peau du nouveau-né, lui évitant de desquamer ou de se fendiller.
Un fin duvet, appelé **lanugo**, peut recouvrir les épaules et le haut du dos du bébé ; cela se voit plus fréquemment chez le prématuré. Ce duvet disparaît de lui-même au cours des premiers mois de la vie.

(1) Hypothermie : température basse.

Il est possible également de constater de petits **angiomes plans** au niveau de la nuque à la racine des cheveux, à la racine du nez entre les sourcils, sur les paupières. Ces angiomes inquiètent souvent la maman, car leur coloration s'intensifie au moment des cris du bébé. En général, ils disparaissent spontanément au cours de la première année, en ne laissant aucune trace.
Chez les nouveau-nés de couleur, ou qui ont des origines méditerranéennes, on peut voir des **taches mongoloïdes,** taches bleu ardoise, situées le plus souvent sur les fesses et le bas du dos, mais qui peuvent s'étendre sur tout le dos de l'enfant. Ces taches sont sans gravité mais elles sont parfois indélébiles.
Des **petits points blancs** (d'origine sébacée), appelés **milium**, se voient très souvent sur le nez, le menton, le front du bébé. Ce milium est dû à une imprégnation hormonale[2]. En effet, juste au moment de l'accouchement, la mère possède un taux élevé d'hormones qui traversent le placenta et atteignent le fœtus. C'est un phénomène sans gravité, qui disparaît lorsque l'organisme de l'enfant a éliminé ces hormones maternelles.
La peau peut également présenter quelques anomalies passagères ; par exemple **l'érythème toxiallergique du nouveau-né**. C'est une éruption papuleuse rosée, avec un centre punctiforme jaunâtre. Elle peut siéger à n'importe quel endroit du corps, et apparaître à des emplacements différents d'un moment à l'autre. Ce phénomène ne présente aucune gravité et est très fugace.
Il peut exister des **œdèmes**, principalement au niveau des paupières, qui régressent spontanément en quelques jours.
Des **pétéchies**, petits points rouges, peuvent se voir au niveau de la présentation (crâne, face, siège) et disparaissent rapidement.
L'ictère physiologique est fréquent les premiers jours de vie chez le nouveau-né, donnant à sa peau un aspect jaunâtre sans gravité ; il disparaît spontanément (*cf.* page 25).

(2) Des mini-règles (écoulement sanguin) peuvent se produire chez la fillette vers le 4e jour de vie. Elles sont provoquées également par la chute des hormones maternelles dans son sang, c'est la « crise génitale ».

Rôle de la professionnelle

La professionnelle de santé surveillera la couleur de la peau du nouveau-né, en particulier les premières 24 heures et signalera toute anomalie dans les meilleurs délais. Elle veillera à rassurer la maman sur les différentes imperfections de la peau de son bébé : elle lui dira que celle-ci retrouvera son aspect normal dès la fin du premier mois.

L'ASPECT DE LA TÊTE

La tête du nouveau-né présente des caractéristiques bien particulières. Nous citons les plus fréquemment observées.

→ La forme du crâne

La tête du nouveau-né a souvent été modelée au moment du passage de la filière génitale, entraînant un **chevauchement** des os du crâne, que l'on sent très aisément en passant les doigts le long des sutures osseuses (le crâne est souvent allongé ou déformé d'un côté). Outre un aspect inesthétique passager, cela peut entraîner une sous-estimation du périmètre crânien (PC) à la naissance.
Il est donc préférable de reprendre le PC au moment de l'examen de sortie de l'enfant.

→ Les particularités

Parfois, on peut constater une **bosse sérosanguine**, épanchement sérohématique, située sous la peau, plus ou moins diffuse, et qui chevauche généralement les sutures des os crâniens. Cet hématome se résorbe au cours des semaines qui suivent la naissance.
Un **céphalhématome** peut également être observé. C'est un épanchement sérohématique[3] sous-périosté, et donc limité à un seul os du crâne, ce qui permet de le différencier de l'épanchement précédent. Cet hématome persiste plus longtemps (2-3 mois) que le précédent. La bosse sérosanguine et le céphalhématome sont douloureux. Le pédiatre peut être amené à prescrire des antalgiques en complément des moyens non médicamenteux tels que les coussins de gel placés sous la tête du nouveau-né et les gestes très doux lors des soins. Le shampoing ne sera pas réalisé tout de suite.
Seul le médecin est habilité à informer la mère du bébé de la nature de l'anomalie constatée au niveau du crâne.

→ La présence des fontanelles

À la naissance, les os du crâne ne sont pas entièrement soudés. Ils sont séparés par des sutures et des espaces membraneux appelés « fontanelles » (fig. 1.1) :

- **la fontanelle antérieure** ou « grande fontanelle » a la forme d'un losange. Elle se ferme entre 12 et 18 mois ;
- **la fontanelle postérieure** ou « petite fontanelle » est de forme triangulaire. Elle se ferme vers le 2e mois.

Les fontanelles facilitent la croissance du cerveau et aident à poser certains diagnostics (par exemple : la fontanelle bombante est un signe de syndrome méningé) mais elles rendent le crâne du bébé très fragile.

Rôle de la professionnelle

La professionnelle de santé veillera à signaler toute anomalie observée et indiquera à la maman l'intérêt d'avoir des gestes très doux lors des soins.

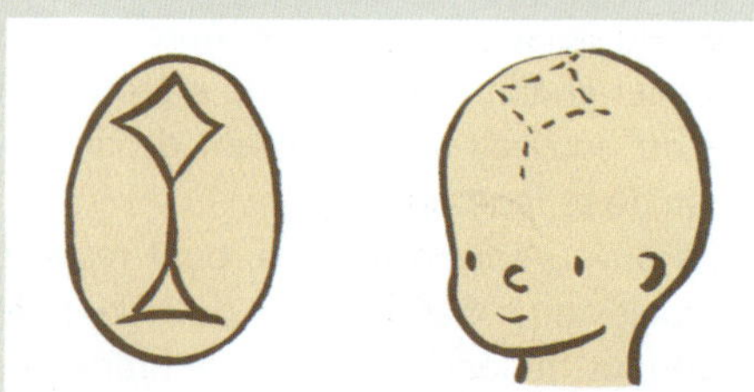

Fig. 1.1. Les fontanelles du nourrisson.

(3) Constitué de sérum et de sang.

LES DIFFÉRENTES POSTURES

Chez le nouveau-né à terme, on observe une **hypertonie**[4] des membres et une **hypotonie**[5] de la tête et du tronc.

→ Les membres « hypertoniques »

Les membres du nouveau-né sont spontanément repliés sur le corps. Il a gardé la « **position fœtale** » (fig. 1.2), qu'il avait *in utero*. Cette hypertonie rend difficile l'extension de ses bras et de ses jambes lors de l'examen, de la toilette ou des changes.

Notons que l'enfant né par le siège présente une position particulière des membres inférieurs : ceux-ci ne sont pas repliés sur son corps, mais le plus souvent complètement étendus, et moins hypertoniques que chez l'enfant né avec une présentation céphalique[6].

Certains nouveau-nés peuvent avoir une anomalie de position des pieds acquise *in utero* : pieds rentrés en dedans par rapport à la jambe ou pieds repliés sur la jambe.

Ces anomalies régressent généralement assez rapidement, d'autant que dans de nombreuses maternités un kinésithérapeute montre aux mamans les manipulations à effectuer pour favoriser une récupération rapide.

→ Le tronc mou

Chez le nouveau-né tenu en position assise, on observe une cyphose[7] globale du dos (car il y a une absence de contrôle des muscles vertébraux et lombaires).

→ La tête ballante

Chez le nouveau-né tenu ou tiré en position assise, la tête est ballante (car la musculature de la nuque est insuffisante pour lutter contre la pesanteur).

MémoMémoMémo

Le peau à peau, un premier « duo d'amour » avec le nouveau-né !

Le contact peau-à-peau précoce des mères avec leur nouveau-né en bonne santé peut se pratiquer dès les premières heures en salle de naissance.

Les professionnels[8] estiment que ce contact chaleureux a des effets bénéfiques sur les liens des deux partenaires. On a constaté qu'il épanouit le bébé et permet de réduire considérablement ses pleurs, qu'il le détend et qu'il favorise l'interaction mère-nourrisson (stimulant le comportement maternant de la mère).

Technique : le peau-à-peau doit être si possible associé à l'allaitement, le contact se fait en face à face, il ne doit pas être interrompu. La peau du bébé doit être bien sèche et son dos couvert d'un lange chaud (si possible lui mettre un petit bonnet de coton). Mais le peau-à-peau peut aussi se faire sans allaitement et même avec le papa.

(4) Hypertonie : hyper (beaucoup) tonie (tonus).
(5) Hypotonie : hypo (peu) tonie (tonus).
(6) Céphalique : tête.
(7) Cyphose : dos rond (voûté).

(8) D'après G. Puig et Y. Sguessero, BSG (Bibliothèque santé de l'OMS).

Fig. 1.2. Les différentes postures.

LES SIGNES D'UNE BONNE SANTÉ PHYSIOLOGIQUE

Il existe certains paramètres caractéristiques d'une bonne adaptation du nouveau-né à la vie extra-utérine. Le personnel de soins est amené à les surveiller en maternité. La surveillance s'effectue plus particulièrement au moment de la toilette, des changes, des tétées, et grâce aux observations transmises par la maman au personnel du service de maternité.

LA TEMPÉRATURE DU NOUVEAU-NÉ

Le nouveau-né n'ayant pas une **thermorégulation** très stable, il est nécessaire de contrôler sa température plusieurs fois par jour, les deux ou trois premiers jours, jusqu'à ce que l'on constate une **stabilisation** de celle-ci autour de 37 °C. Puis la température est prise en général le matin et le soir, en axillaire[9], plutôt que rectale, de façon à éviter une irritation de la muqueuse anale très fragile. En cas d'anomalie, la prise de la température doit être effectuée à chaque change, jusqu'à normalisation.

- Une **hypothermie** (< 37 °C) peut avoir plusieurs causes : enfant laissé nu trop longtemps, pièce insuffisamment chauffée, etc.
- Une **hyperthermie** (> à 37,5 °C jusqu'à 6 semaines, > à 38 °C au-delà) peut être causée par une température trop élevée de la chambre ou par un excès de vêtements. Il faut l'éviter à tout prix.
- Ces variations de température peuvent aussi être le reflet d'une maladie de l'enfant et le médecin doit en être averti.

Rôle de la professionnelle

Le personnel de soins veillera à informer la maman des risques d'hypo- ou d'hyperthermie (*cf.* fiches de soins habillement du bébé et préparation de la chambre en fin de chapitre).

(9) Axillaire : sous les bras.

LA PRISE DE POIDS DU NOUVEAU-NÉ

C'est l'un des éléments permettant d'apprécier l'état de santé de l'enfant. À l'heure actuelle, l'alimentation de l'enfant étant précoce, le nouveau-né perd peu de poids, et il amorce une remontée de sa courbe pondérale dès le 3e jour de vie pour récupérer son poids de naissance aux environs du 7e jour, parfois un peu plus tard. Il est important de noter que le nouveau-né peut perdre jusqu'à 10 % de son poids de naissance.

Rôle de la professionnelle

La pesée est quotidienne durant le séjour en maternité et, en général, elle est effectuée le matin, au moment de la toilette de l'enfant (*cf.* fiche pesée en fin de chapitre). La professionnelle précisera aux parents que, par la suite, la pesée ne devra plus être systématique et qu'il y a d'autres moyens d'apprécier la bonne santé du nourrisson.

LES ÉLIMINATIONS DU NOUVEAU-NÉ

On entend par élimination, l'évacuation des selles et des urines.

→ Les selles

Elles sont généralement éliminées au cours des 24 premières heures, mais certains nouveau-nés n'émettent leur première selle qu'au bout de 48 heures.

L'aspect du méconium

Les premières selles sont appelées **méconium** : de couleur brun verdâtre, presque noir, visqueux et collant, adhérant facilement à la peau de l'enfant, il est composé de bile et de débris cellulaires intestinaux. Ce méconium est progressivement remplacé par des selles normales de consistance semi-liquide.

L'aspect des selles

Chez le nouveau-né alimenté au lait maternel, les selles sont de **couleur jaune** (bouton d'or !) et chez l'enfant nourri au lait artificiel, elles sont plus **moulées**, **grumeleuses**, **brunâtres**, **parfois vertes**, à cause de l'oxydation des selles à l'air (ce phénomène s'explique par la présence de fer dans les laits artificiels).

Le nombre de selles

L'enfant peut avoir plusieurs selles par jour, du fait de la **rapidité de digestion** du lait maternel ou industriel (entre 1 h 30 et 2 h).
Certains nouveau-nés émettent une selle pendant la tétée ; il est donc préférable de les changer après celle-ci (s'ils ne sont pas sujets à des régurgitations).

La fréquence des selles semi-liquides

Ce n'est pas un élément inquiétant s'il est isolé, surtout si l'enfant est en bonne santé. Cette liquidité s'explique par l'acidité du lait maternel, qui entraîne une **accélération du transit** intestinal.

> **Rôle de la professionnelle**
>
> En service de maternité, la professionnelle de santé doit noter sur le cahier de surveillance du nouveau-né (dossier de soin) le nombre, la consistance et la couleur des selles. La professionnelle indiquera à la maman qu'elle doit, par la suite, surveiller l'aspect des selles de son enfant lors des changes très régulièrement. C'est l'un des éléments qui permet d'apprécier le bon fonctionnement intestinal et la bonne tolérance digestive du nouveau-né.

→ Les urines

La première miction survient généralement dans les 24 premières heures qui suivent la naissance. Le nouveau-né urine fréquemment, et lors des changes, les couches sont toujours humides.

> **Rôle de la professionnelle**
>
> La professionnelle signalera à la maman que les premières urines peuvent être un peu rouges et troubles : cela est dû à un taux passagèrement élevé d'urates, qui ne persiste pas très longtemps. À la maternité, le personnel doit noter la première émission d'urines, ainsi que les mictions suivantes, afin de pouvoir éliminer une anomalie de l'appareil rénal.

LA PRÉSENCE DES « RÉFLEXES ARCHAÏQUES » CHEZ LE NOUVEAU-NÉ (FIG. 1.3)

Il existe de nombreux réflexes, dits archaïques, chez le nouveau-né. Leur présence est non seulement normale mais révèle également le bon état de santé neurologique du nouveau-né. Le médecin contrôle leur présence lors du premier examen à la naissance.
Citons les plus connus :

- le **réflexe** de **succion** : l'excitation des lèvres du nouveau-né donne lieu à un mouvement de succion rythmique. On sait que le grand prématuré[10] en est souvent dépourvu, c'est pourquoi il faut recourir à la nutrition entérale discontinue à l'aide d'une sonde gastrique ou grâce à une paille, à la seringue ou au verre pour l'alimenter ;
- le **réflexe** de ***grasping*** (appelé aussi d'agrippement) : l'excitation de la paume de la main du nouveau-né par un objet détermine une flexion des doigts très ferme sur cet objet (c'est un réflexe de préhension). Il existe aussi un *grasping* des orteils moins intense ;
- le **réflexe** de **redressement statique** : l'enfant a tendance à étendre ses membres inférieurs lorsque l'on exerce une pression sur les plantes des pieds (le talon en particulier). Cette réaction va disparaître vers le deuxième mois pour réapparaître plus tard dans sa forme active chez l'enfant capable de redressement ;
- le **réflexe** de la **marche automatique** : l'excitation de la plante des pieds du nouveau-

(10) On appelle GRAND prématuré, un prématuré très immature (né au terme de moins de 7 mois de gestation).

né (mis debout au contact d'une table, par exemple) détermine un mouvement des jambes qui rappelle la marche ;

- le **réflexe** de **Moro** (appelé aussi réflexe des bras en croix ou d'embrassement) : lorsqu'un bruit sec se produit (par exemple : taper dans les mains), l'enfant écarte brusquement les bras, puis les ramène dans un deuxième temps sur sa poitrine. Il peut être provoqué de diverses façons et se manifeste aussi lors de changements de postures ;
- le **réflexe** des **points cardinaux** : l'excitation de la commissure des lèvres détermine une rotation de la tête dans le sens de la stimulation.

D'autres réflexes présents chez le nouveau-né ne sont pas appelés à disparaître définitivement. Citons :

- le **hoquet**, réflexe qui s'accompagne de mouvements de la langue et de la mâchoire inférieure entrecoupés de pauses ;
- le **bâillement**, réflexe qui traduit la fatigue du nouveau-né ;
- **l'éternuement**, réflexe protecteur de l'appareil respiratoire.

Il existe bien d'autres réflexes (dits archaïques) qui intéressent uniquement les pédiatres qui observent l'enfant à la naissance, et qui sont des signes manifestes du bon état de santé du bébé.

MémoMémoMémo

Les réflexes archaïques : signes « d'immaturité » mais aussi de « bonne santé neurologique du nouveau-né » !

Nous savons que la myélinisation, c'est-à-dire le développement d'une substance graisseuse (la myéline) autour des fibres nerveuses, marque le point de départ du système de conduction de l'influx nerveux. Ce développement se réalise par étapes. À la naissance, la myélinisation n'a atteint que les centres sous-corticaux, faisant du nouveau-né un être immature. Ses mouvements sont donc des réflexes dits « archaïques » (ou primaires). Il réagit aux stimulations par des mouvements qu'il ne peut contrôler mais qui sont la preuve que son système nerveux est normal. Les réflexes archaïques persistent jusqu'au deuxième mois (seul le réflexe de marche automatique ne dure environ qu'une semaine).

Le réflexe de marche automatique

Le réflexe de Moro (bras en croix)

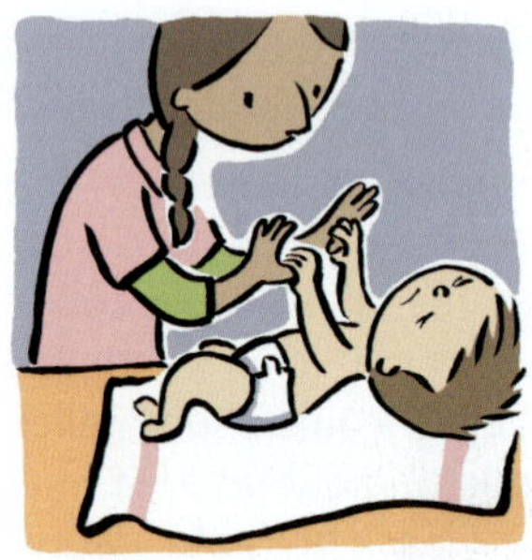

Le réflexe de *grasping* (agrippement)

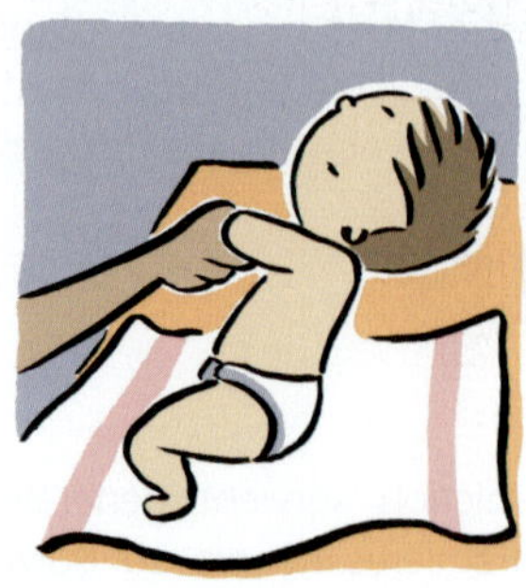

Le réflexe de redressement statique

Fig. 1.3. Les réflexes archaïques du nouveau-né.

Les capacités sensorielles et émotionnelles du nouveau-né

Le nouveau-né montre des capacités remarquables d'assimilation et de réponse au monde environnant. Ses cinq sens sont déjà en action pour capter tout ce qui l'entoure. La professionnelle de santé saura informer les parents des capacités sensorielles et émotionnelles de leur bébé.

LE « REGARD SORTILÈGE » DU NOUVEAU-NÉ

À la naissance, le bébé possède la capacité de traiter des informations visuelles et on peut dire qu'il est programmé pour rechercher le visage humain, de préférence aux autres objets, et pour y répondre avec enthousiasme. Quand il voit un visage humain, l'enfant semble en attendre une **interaction**[11]. Il peut le fixer intensément, de façon soutenue, presque interrogative… Ce regard provoque, chez l'adulte qui est regardé, une émotion intense. Surtout lorsqu'il s'agit des parents ! On appelle ce regard : « **le regard sortilège** »[12] mais le visage qui regarde le nouveau-né peut tout aussi bien le rebuter s'il ne lui donne pas la chaleur humaine qu'il attend.

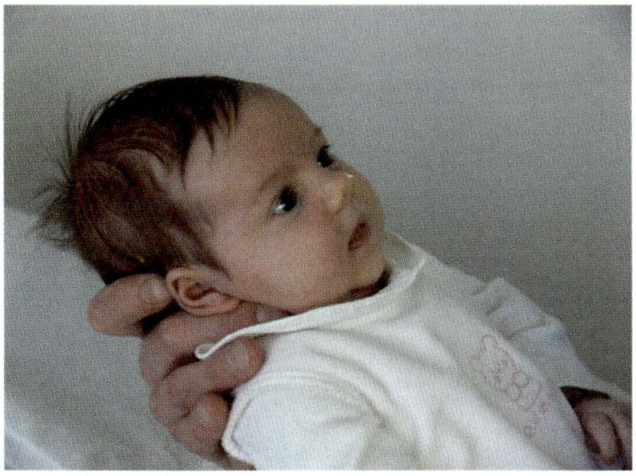

Fig. 1.4. Regard du nouveau-né capté par l'adulte.

Rôle de la professionnelle

La professionnelle de santé sait que la capacité visuelle du nouveau-né entre dans les préoccupations prioritaires de la mère au moment de la naissance : « Mon bébé voit-il normalement ? » serait la question la plus fréquemment posée par les mamans au personnel de santé après la naissance du bébé !

La *couleur des yeux* est également très observée. Le personnel de soins explique souvent aux mamans de ne pas se réjouir trop vite s'il a les yeux bleus, car la coloration des yeux n'est pas définitive à la naissance et peut encore changer au cours des premiers mois de vie. Il faut savoir aussi que, quelquefois, le nouveau-né « louche » (il a un léger *strabisme*). Cette anomalie est banale du fait de son incapacité à accommoder (le système nerveux est encore immature). La professionnelle rassurera les parents à ce sujet.

MémoMémoMémo

Le nouveau-né sait « tirer la langue » !

Un célèbre pédiatre américain, le Docteur Brazelton[13] relate une expérience qui, même si elle ne mérite pas d'être vérifiée auprès de chaque nouveau-né, présente au moins l'intérêt de nous faire sourire ! Ce médecin raconte qu'il prit dans ses bras Laura (âgée de 3 jours) à son réveil, qu'il la berça, et que, pour captiver son attention, spontanément, il se mit à lui tirer la langue. L'enfant écarquilla alors les yeux et ouvrit progressivement la bouche pour, à son tour, lui tirer la langue. Il fut si surpris de la voir l'imiter qu'il lui tira à nouveau la langue, deux fois de suite. Laura ouvrit à nouveau la bouche et l'imita en tirant la langue deux fois de suite elle aussi.

L'OREILLE AUX AGUETS !

Le comportement réactif du nouveau-né aux signaux auditifs (stimuli)[14] est tout aussi riche que

(11) Interaction : réponse en retour.
(12) *L'Aube des sens*, Cahiers du nouveau-né, éditions du Seuil.
(13) T. Berry Brazelton, *La naissance d'une famille*, Stock.
(14) Stimulus : qui stimule (les oranges des sens), au pluriel on dit stimuli.

dans le cas des signaux visuels. Le nouveau-né entend bien. Ses réactions comportementales viennent le confirmer. Un test auditif sera pratiqué aux alentours du 3e jour de vie.

UNE VOIX DOUCE

En salle de naissance, les premiers stimuli (le bruit, les manipulations, etc.) font sursauter le nouveau-né, mais très vite il se calme et ses rythmes cardiaque et respiratoire s'adaptent à l'environnement. Par ailleurs, les nerfs auditifs étant performants tout de suite, il est capable très tôt de tourner la tête vers la personne qui s'approche de son berceau en lui parlant doucement. Même lorsque le nouveau-né dort à poings fermés, si l'on chuchote près de lui, il remue légèrement.
Si un homme et une femme se placent chacun d'un côté, et lui parlent avec la même intensité, il se tourne invariablement du côté d'où vient la voix féminine. Cela reflète indubitablement l'habitude qu'il a acquise de la voix de sa mère quand il était dans l'utérus maternel.
Des études montrent que les bébés préfèrent les voix douces aux voix aiguës.

Rôle de la professionnelle

Le personnel de soins fera remarquer que lorsque l'on gazouille avec un tout-petit, on a tendance d'instinct à adopter une voix plus douce et que le nourrisson l'apprécie. Il remercie du regard !
Autrement dit, cette capacité sélective de la voix existe vraisemblablement à la naissance, mais l'enfant a besoin d'informations de l'environnement pour être capable de manifester son aptitude discriminatoire.

UNE MUSIQUE DOUCE

Autre exemple sur l'importance de l'audition dès la naissance : à l'occasion d'une expérience, on avait noué aux pieds d'un enfant prématuré un ruban solidaire d'un mobile musical suspendu au-dessus de l'incubateur. Et quand l'enfant remuait le pied, le mobile bougeait. Le bébé semblait captivé par le son du jouet, qui agissait sur lui comme un « stimulus » et provoquait une accélération de la respiration. Ainsi on a mis à profit cette découverte pour le traitement de prématurés souffrant d'une insuffisance respiratoire chronique, dont l'état de santé stagnait depuis des semaines, et qui ne prenaient pas de poids en dépit des traitements.

Rôle de la professionnelle

La professionnelle fera remarquer aux parents que les « stimuli », selon leur nature, peuvent soit apaiser, soit exciter l'enfant, et que le mobile musical sera utilisé avec modération. Le nouveau-né a besoin de calme pour se structurer.

MémoMémoMémo

Les pleurs du nouveau-né et du nourrisson

Dès la naissance, le bébé pleure. C'est son seul moyen d'expression. Ces pleurs expriment une demande : la faim, la douleur, un inconfort, une couche sale, de la fièvre.
En grandissant, ses modes d'expressions évoluent et les parents apprennent à identifier les besoins de leur enfant en fonction des pleurs.
Pour soulager bébé, ne pas hésiter à le prendre dans les bras, le bercer afin de le rassurer. Il a souvent besoin de contact et un simple câlin peut l'apaiser. Une main posée sur le ventre peut également lui apporter du réconfort et calmer des douleurs abdominales passagères, fréquentes chez le tout petit.
S'il vous semble que les pleurs sont inadaptés, anormalement prolongés ou trop importants, il faudra conseiller aux parents de consulter le médecin.

L'ODORAT « SÉLECTIF » !

Voilà un sens très développé. Les filles semblent en outre plus sensibles aux odeurs que les garçons. Mais les deux montrent du plaisir devant une odeur vanillée et un dégoût manifeste face à une senteur désagréable, telle que celle de l'acidité (par exemple : du vinaigre).

Juste après la naissance, le personnel de santé place le nouveau-né sur le ventre de sa maman et celui-ci presque immédiatement recherche le sein. Il est attiré par l'odeur du lait autant que par l'odeur du corps de sa mère.

LE GOÛT « AFFINÉ » !

Le bébé est un fin gourmet, son goût est déjà très « affiné » à la naissance. Il sait d'emblée différencier les quatre saveurs : **sucré, salé, amer et acide**. Il les connaît car elles passent dans le liquide amniotique, puis le lait maternel, au gré des aliments consommés par la maman. Mais le sucré est la saveur préférée !

Des expériences réalisées auprès de nouveau-nés ont prouvé qu'ils tètent avec plus de vigueur un liquide sucré. À l'inverse, ils font une grimace aux goûts acides (le citron) ou salés[15].

LE TOUCHER À « FLEUR DE PEAU » !

Le sens du toucher est très aiguisé chez le nouveau-né, c'est le sens le plus au point à sa naissance et celui qu'il sollicite le plus pour découvrir le monde. Regardez comme il adore le contact peau à peau avec sa maman qui le rassure, le réchauffe.

(15) Ce n'est que vers 4 à 5 mois qu'il peut apprécier le goût salé.

Postures		Le nouveau-né	
Tête/tronc		L'hypotonie prédomine à la tête et au tronc.  Nouveau-né tiré en position assise.	 Nouveau-né tenu en position assise.
Membres	Position dorsale		L'hypertonie prédomine aux muscles fléchisseurs des membres. Le nouveau-né ne peut étendre les membres inférieurs et supérieurs. Cette hypertonie ira en s'atténuant au cours des 1ers mois.
	Position ventrale		Il retrouve la position fœtale. Les genoux sont ramenés sous le ventre, le bassin est surélevé, la tête tournée sur le côté (il ne peut la soulever).
Vision/préhension		Le nouveau-né fixe du regard soit un point lumineux, soit un visage mais la vision est floue. 	 *Grasping* (réflexe archaïque d'agrippement)

Fig. 1.5. Développement psychomoteur du nouveau-né.

Rôle de la professionnelle

La professionnelle expliquera à la maman qu'un bébé est extrêmement sensible à la façon dont on s'occupe de lui. Si on le touche doucement, en lui parlant, en le caressant, il se calme, s'apaise, cesse de pleurer. En revanche, une approche moins respectueuse aura un effet totalement inverse, le bébé ne sera pas en sécurité, il va pleurer et ne sera pas calmé.
De plus en plus de professionnels de maternité proposent aux parents des ateliers massages pour leur bébé. Les parents sont initiés aux techniques et sont encouragés à masser leur bébé aux moments opportuns (par exemple, après le bain dans les 1res semaines de vie).

Les premières évaluations et le premier examen du nouveau-né

L'ÉVALUATION DE L'ADAPTATION DU NOUVEAU-NÉ À LA VIE EXTRA-UTÉRINE

Certains examens sont effectués dès la naissance pour s'assurer de l'adaptation du nouveau-né à la vie extra-utérine. Ils sont pratiqués par le médecin ou la sage-femme, d'autres sont confiés au personnel de soins (puéricultrice, auxiliaire de puériculture, etc.).

LA PREMIÈRE « NOTE » OBTENUE PAR LE NOUVEAU-NÉ !

→ « Le score d'Apgar »

Cet examen médical permet au médecin d'apprécier chez le nouveau-né le fonctionnement de ses organes et donc son adaptation à la vie extra-utérine. Cette appréciation est réalisée avec cinq critères notés de 0 à 10 (chaque paramètre étant noté de 0 à 2, les points totalisés donnent le score d'APGAR).
Cet examen se pratique aux 1res, 5e et 10e minutes de vie (*cf.* tableau 1.1).

L'ÉVALUATION DES « PARAMÈTRES VITAUX »

→ Surveillance de la fonction cardiorespiratoire

À la naissance, les alvéoles pulmonaires se remplissent d'air et le bébé pousse son premier cri (qui est une expiration et traduit la vitalité du nouveau-né), la circulation sanguine se met en route :

- le **rythme respiratoire** du nouveau-né est d'environ 40 à 50 mouvements par minute ;
- le **rythme cardiaque** est de 120 à 130 battements par minute.

Tableau 1.1 – Le score d'APGAR.

Critères[1]		Notation		
		0	**1**	**2**
A	(Aspect) = coloration de la peau	Enfant blanc ou cyanosé	Cyanose des extrémités	Enfant rosé
P	(Pouls) = rythme cardiaque	0	< 100	> 100
G	(Grimaces) = réactivité	Aucune	Grimaces	Cris vifs
A	(Activité) = tonus	Hypotonie globale	Flexion des membres	Mouvements actifs
R	Respiration et cri	Absence de mouvements respiratoires	Cri faible	Cri vigoureux

[1] Les lettres de la colonne de gauche constituent le mot APGAR et facilitent la mémorisation des critères évalués.

→ Surveillance de la coloration cutanée

Un nouveau-né qui va bien a une coloration rosée. La pâleur et la cyanose évoquent un problème cardiaque et/ou respiratoire.
La peau du nouveau-né peut prendre une coloration jaune révélant, le plus souvent, un ictère physiologique.

→ L'ictère physiologique

L'ictère est une **coloration jaune** des téguments due à la présence d'un taux important de bilirubine dans le sang. La conjonctive (le blanc de l'œil) apparaît jaune et son reflet cutané est également jaunâtre.
L'ictère physiologique, très fréquent chez les nouveau-nés, est un ictère tardif qui apparaît vers le 3e jour de la vie. C'est un ictère bénin, il disparaît spontanément vers le 10e jour.

L'ÉVALUATION DE L'ÉTAT DU CORDON OMBILICAL

Dans les premières 24 heures, la surveillance du cordon ombilical permet de dépister une **hémorragie**. Dans les jours suivants, elle vise à dépister une **infection ombilicale**, dont les signes sont la rougeur, puis le suintement malodorant.

Rôle de la professionnelle

La professionnelle de santé doit observer attentivement le cordon et apprendre aux parents à le faire afin de signaler rapidement toute éventuelle anomalie (*cf.* fiche soin du cordon en fin de chapitre).

L'ÉVALUATION DE LA PRISE ALIMENTAIRE

L'évaluation de la prise alimentaire les premières semaines a toute son importance.
Il s'agit principalement d'évaluer :
- la qualité de la succion du bébé ;
- la bonne position du nouveau-né ;
- l'absence de « régurgitation » ;
- le comportement de l'enfant (l'état de satiété se traduit par un apaisement du bébé) ;
- la courbe de poids sur plusieurs jours ;
- les selles (aspect et nombre).

L'EXAMEN MÉDICAL DU NOUVEAU-NÉ AVANT LA SORTIE DE LA MATERNITÉ

Le jour de la sortie, le médecin refait au nouveau-né un examen identique à celui qui a été effectué dans les premières 24 heures. Il remplit à cette occasion le « certificat médical » (« 1er certificat de santé » se trouvant à l'intérieur du carnet de santé) qui sera envoyé, soit par le parent, soit par le médecin au médecin responsable du service de Protection maternelle et infantile (PMI), *cf.* chapitre 15.
Cet examen peut se décomposer en quatre parties.

L'INSPECTION GÉNÉRALE DU NOUVEAU-NÉ

Cet examen permet d'apprécier le tonus et la mobilité spontanée de l'enfant, sa coloration, son état cutané, et de rechercher toute anomalie apparente.

LA PALPATION DES ORGANES

Divers organes vont être palpés par le médecin en vue de dépister une éventuelle anomalie :
- **le crâne** est palpé pour rechercher un épanchement. La taille des fontanelles est appréciée ;
- **l'abdomen** est palpé. Il est naturellement souple ;
- **les organes génitaux** sont méticuleusement observés par le médecin. Chez le petit garçon, il recherche la présence, ou l'absence, des testicules dans les bourses ;
- **les clavicules** sont palpées à la recherche d'une éventuelle fracture ;
- avec **l'examen des hanches**, le médecin recherche une luxation par le « test d'Ortolani »[16] ;
- enfin, **les pieds** sont examinés afin de rechercher une malposition.

Fig. 1.6. Le test d'Ortolani.

(16) En effectuant la « manœuvre d'Ortolani », le médecin écarte les jambes du nouveau-né, attentif à un éventuel « ressaut » qui signalerait l'existence d'une luxation des hanches (jadis cette luxation était observée plus particulièrement en Bretagne, où une tradition de maillotage des nouveau-nés les prédisposait à cette pathologie).

L'AUSCULTATION

L'auscultation permet d'apprécier :

- **le rythme cardiaque** (120 à 160 battements par minute à la naissance) et de rechercher la persistance d'un « souffle » ;
- **le rythme respiratoire** (50 à 80 mouvements par minute) et de rechercher des signes de lutte ou d'encombrement respiratoire.

L'EXAMEN NEUROLOGIQUE

On apprécie l'état de santé neurologique par la présence des **réflexes archaïques** (*cf.* pages 19-20).

Rôle de la professionnelle

La professionnelle de santé veillera à rappeler aux parents le calendrier des examens de santé pour l'enfant et l'intérêt des certificats de santé (*cf.* chapitre 15).

LE BAIN

Le premier bain du nouveau-né n'est plus réalisé systématiquement en salle de naissance. Ceci fait partie de l'accueil du bébé ; en effet, les professionnels ont remarqué que le bébé tétait mieux, se refroidissait moins et le peau à peau, proposé systématiquement, participait à l'attachement mère-enfant. Par la suite, Le bain constitue un moment privilégié de la journée de bébé. Il nécessite un horaire régulier et des gestes précis.

Les intérêts du bain

Le bain présente de nombreux intérêts.
La peau du nourrisson est particulièrement fragile : le panicule adipeux est mince, la circulation sanguine très superficielle, et le pouvoir absorbant important. Un manque de soin à ce niveau peut être source d'infections.
Par ailleurs, la peau du bébé respire deux fois plus que celle de l'adulte. En débarrassant les pores des souillures qui s'y accumulent, le bain permet ainsi à la peau de mieux remplir son rôle. Une propreté rigoureuse sera donc non seulement le complément indispensable des **fonctions vitales**, mais également pour l'enfant une source de bien-être.
De plus, le moment du bain est également un **temps d'échanges** avec l'adulte qui parle à l'enfant, le regarde, le touche et l'enfant lui répond. Il apprécie ce moment privilégié. C'est aussi un temps de relaxation et de détente. Le nourrisson apprécie de se trouver dans un milieu aquatique qui apaise ses tensions[17].

Le moment du bain

L'enfant doit avoir un bain chaque jour.
Le bain peut se donner le matin ou le soir en fonction des habitudes et de la disponibilité des parents, mais aussi en fonction du tempérament du bébé.
Le bain du soir calme les bébés nerveux. De plus, sur le plan de l'hygiène, lorsque l'enfant grandit, qu'il rampe sur le sol en jouant, le bain du soir s'impose : il est nécessaire d'éliminer toutes les impuretés accumulées pendant la journée avant d'aller au lit.
Le bain doit se situer de préférence avant une tétée ou un repas pour éviter de trop remuer l'enfant lorsqu'il a l'estomac plein.
Toute personne chargée de réaliser le bain à un jeune enfant doit prendre en compte certaines règles d'hygiène, de confort et de sécurité (HSC).

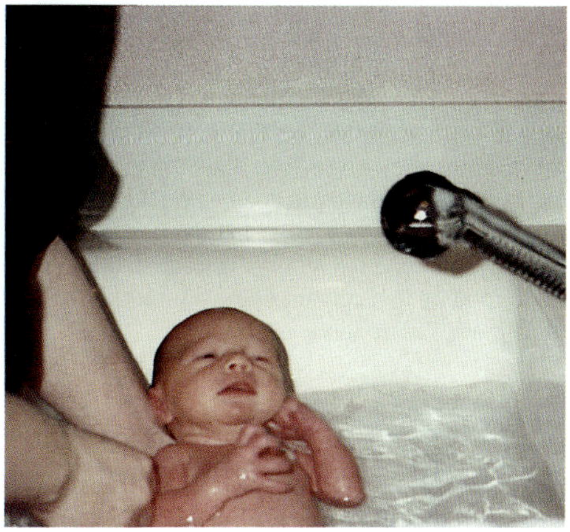

Fig. 1.7. Le bain.

La température

Il y a deux types de température à différencier, celle de l'eau du bain et celle de la salle de bain :
- l'**eau du bain** doit avoir la température du corps : 37 °C. Il est prudent de le faire couler un peu plus chaud, en raison du refroidissement rapide de l'eau. Il n'est pas nécessaire d'avoir systématiquement un thermomètre à portée de la main mais il est indispensable de vérifier la température de l'eau avec son coude ;
- la **salle de bain** doit avoir les fenêtres fermées au moment du bain et elle doit être suffisamment chauffée en hiver. Une température de 21 °C à 22 °C est conseillée. Certains enfants sont déjà frileux, et il faudra à tout prix leur éviter de prendre froid à l'occasion du bain. La température de 22 °C n'est donc donnée qu'à titre indicatif.

La durée

L'enfant est maintenu dans l'eau de 2 à 5 minutes lorsqu'il est bébé, et davantage lorsqu'il est plus grand.
Sachez en tout cas que le bain est un moment privilégié qui favorise les contacts avec l'enfant. Il faut donc profiter de cet instant pour rester avec lui.

(17) Les psychanalystes disent que le milieu aquatique détend et apaise l'enfant car il lui rappelle son milieu originel (le liquide amniotique).

fiche 1

C'est non seulement par mesure de sécurité mais également pour lui parler, faire des petits jeux, etc. Il est conseillé d'être très doux, de ne jamais le forcer. Il a déjà sa personnalité, s'il n'est pas bien disposé, il ne faut pas insister.

La quantité d'eau dans la baignoire

Une petite quantité d'eau dans la baignoire suffit, car :

- pour l'enfant, plus il y a d'eau, plus il risque de ressentir une impression d'insécurité puisque son corps va flotter et il ne va plus sentir de soutien, de limites autour de lui ;
- pour la maman, c'est également une *question de sécurité* : si la baignoire est peu remplie, même si ces gestes manquent un peu d'assurance, l'enfant ne risque pas d'inhaler de l'eau ce qui lui serait très désagréable. D'autre part, le fait de mettre peu d'eau permet de faire reposer le siège de l'enfant sur le fond de la baignoire et de le tenir d'une seule main, l'autre servant à rincer.

Le matériel à prévoir

La personne qui va donner le bain à l'enfant doit prévoir deux types de matériel.

Le matériel pour le bain proprement dit

Il faut prévoir du gros et du petit matériel.

→ Gros matériel

- table de change (avec coussin de change),
- baignoire,
- panier à linge sale.

→ Petit matériel

- papier de toilette (si le siège est souillé),
- savon doux,
- gant de toilette (doux de préférence),
- drap de bain (ou peignoir),
- thermomètre de bain (facultatif),
- vêtements propres (brassières, couches, chaussons).
- couches.

Le matériel pour les soins annexés au bain

Il faut prévoir :

- pour le **visage**, un gant (spécial) très propre et une mini-serviette ;
- pour les **oreilles**, des fusettes de coton ou Coton-Tige spéciaux à bout rond ;
- pour le **nez**, des fusettes de coton (ou Coton-Tige) ;
- pour les **ongles** (si besoin), des ciseaux à bouts ronds ;
- pour les **cheveux**, un shampoing, une brosse ou un peigne (si besoin un sèche-cheveux).

La technique du bain

Nous résumons les gestes essentiels et les conseils à suivre pour pratiquer un bain au nourrisson dans le tableau ci-après.

Fig. 1.8. Le matériel pour le bain.

fiche 1

Technique du bain

TECHNIQUE	CONSEILS
1. Préparation ➔ **Préparer** tout ce qui est indispensable à la toilette et aux soins annexes autour de la table de change (fig. 1.8). ➔ **Fermer** les portes et les fenêtres de la salle de bain. ➔ **Faire couler le bain** (vérifier la température de l'eau avec le thermomètre).	➔ Ne pas oublier : - de se laver les mains ou les frictionner avec une solution hydroalcoolique (SHA) ; - de nettoyer la baignoire ; - d'organiser la table de change.
2. Action **Premier temps : le bain proprement dit** ➔ **Déshabiller** le bébé sur le coussin de change. ➔ **S'il est souillé**, procéder à un nettoyage préalable du siège avec le papier toilette.	➔ La présence d'un molleton sur le coussin de change rend son contact plus agréable.
➔ **Savonner** l'enfant (sur le coussin de change) avec le gant de toilette dans l'ordre suivant : - le crâne (si bébé n'a pas de cheveux) ; - le pli du cou et les aisselles ; - les bras et les mains (ouvertes) ; - le thorax et l'abdomen ; - le dos et les fesses ; - les jambes et les pieds ; - les organes génitaux.	➔ Essorer le gant pour ne pas mouiller le molleton. ➔ Pour nettoyer le dos : tourner légèrement bébé sur le côté. ➔ Nettoyer les organes génitaux *d'avant vers l'arrière*.
➔ **Porter l'enfant dans le bain** en prenant certaines précautions : - le bébé est maintenu par la main de l'adulte au niveau de l'aisselle ; - la tête du bébé repose sur l'avant-bras de l'adulte ; - le corps du bébé est maintenu par l'autre main.	➔ Tenir le bébé très fermement (attention aux mains qui glissent) (fig. 1.9). 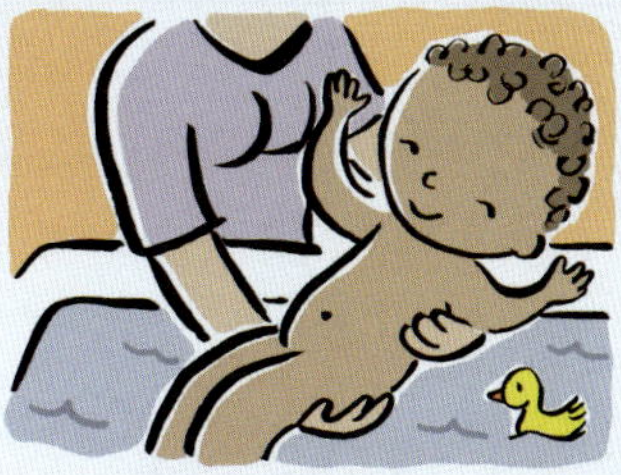 *Fig. 1.9. La technique du bain.*
➔ **Plonger l'enfant dans le bain** - Le maintenir quelques minutes dans l'eau en rinçant correctement les plis. - Profiter de cet instant pour jouer avec lui et lui parler (éventuellement lui donner un petit jouet flottant pour lui faire mieux apprécier le bain).	➔ Immerger le bébé très lentement pour éviter la sensation de peur. ➔ Ne jamais le lâcher même lorsqu'il tient assis seul. ➔ Lui proposer un petit jouet flottant (canard en plastique) selon son âge.

Deuxième temps : le shampoing (fig. 1.10) → **Procéder au shampoing** : le shampoing peut se faire dans le bain en penchant légèrement l'enfant vers l'arrière ; toutefois si bébé a beaucoup de cheveux, il est préférable de le faire hors du bain pour éviter un apport excessif de savon dans l'eau du bain… (*cf.* fiche n° 2). → **Retirer l'enfant du bain** (de la même façon qu'on l'y a mis). → **L'envelopper** d'un drap de bain préparé à proximité ou maintenu autour de la taille de la maman ou dans un peignoir de bain (fig. 1.11).	→ Éviter les projections d'eau et de savon dans les yeux (qui donneront à l'enfant une appréhension du bain).  *Fig. 1.10. La technique du shampoing.*
→ **L'essuyer** → **Le rhabiller**	→ Essuyez-le par tapotements, sans frotter, insistez dans les plis et les organes génitaux. → *Cf.* fiche n° 5 (l'habillage).
Troisième temps : les « soins annexes » (*cf.* fiche n° 2) → Procéder aux soins annexés au bain. → Préparer le matériel (fig. 1.16). Fin de l'action → Nettoyer le matériel. → Ranger le matériel. → Noter certaines informations (réactions de l'enfant, anomalies éventuelles, aspect de la peau, etc.).	→ *Cf.* fiche n° 2 (les soins annexés au bain).  *Fig. 1.11. Bien envelopper bébé pour qu'il n'attrape pas froid.*

Fig. 1.12. Le gel lavant pour bébé.

fiche 1

LES SOINS ANNEXÉS AU BAIN

Plusieurs soins sont annexés au bain. Ils participent à l'hygiène et au confort de l'enfant. Il s'agit du shampoing, de la toilette du visage, des soins d'oreilles, du nez, des ongles.

Soins annexés au bain	
TECHNIQUE	CONSEILS
Le shampoing (fig. 1.13) On peut procéder au shampoing au-dessus de la baignoire pour le nouveau-né, en l'enveloppant dans un peignoir ou drap de bain et en le tenant sous son bras gauche ; lorsque l'enfant sera plus grand (donc plus lourd), on fera le shampoing quand l'enfant est dans le bain[18] : ➔ mouiller délicatement les cheveux de l'enfant ; ➔ mettre une « noisette » de shampoing sur sa chevelure ; ➔ masser délicatement le cuir chevelu ; ➔ le regarder, lui parler, le rassurer ; ➔ rincer à deux ou trois reprises ; ➔ essuyer les cheveux de bébé lorsque l'enfant est posé sur la table de change ; ➔ habiller l'enfant (les vêtements ont au préalable été préparés sur la table de change) ; ➔ sécher les cheveux (au sèche-cheveux selon les cas) ; ➔ les brosser (ou les peigner).	➔ Ouvrir le shampoing avant l'opération (sécurité). ➔ Parler au bébé pour lui faire accepter ce moment « difficile ».  *Fig. 1.13. Le shampooing hors du bain.* ➔ Ne jamais mettre d'eau et de savon dans les yeux ! ➔ Ne pas frotter. ➔ Rincer ++ ➔ Essuyer les cheveux avec douceur. ➔ Le rhabiller rapidement pour éviter qu'il ne prenne froid. ➔ Régler le sèche-cheveux à température douce. ➔ Coiffer délicatement.
La toilette du visage ➔ Utiliser un gant de toilette doux humecté d'eau[19] et bien essoré. ➔ Nettoyer d'abord les yeux en allant de « l'angle interne vers l'angle externe » (pour ôter les sécrétions sans les ramener dans l'œil). ➔ Tourner le gant entre chaque œil pour avoir une surface propre. ➔ Rincer le gant correctement et nettoyer dans l'ordre suivant : - le front ; - les joues ; - la bouche ; - le nez (le nez étant le plus sale se nettoie en dernier). ➔ Essuyer le visage à l'aide de la petite « serviette » douce.	➔ Un gant doit être réservé à la toilette du visage, il doit être très propre et doux et personnel au bébé. À la maternité, on peut utiliser des compresses stériles ou non (ceci en fonction des services) et du sérum physiologique ou de l'eau minérale (l'eau du robinet étant très calcaire) pour le nouveau-né. À la fin du premier mois, ce n'est plus indispensable. ➔ Essuyer en tapotant sans recouvrir le visage de l'enfant (impression d'insécurité).

(18) Il faudra veiller à ne pas apporter trop de savon dans l'eau du bain (le savon étant un irritant pour la peau). On pourra doucher l'enfant plus grand avant de le sortir du bain.

(19) L'eau du robinet est excellente pour la peau du nourrisson (tout autre argument est purement publicitaire). L'eau fraîche est appréciée en été et l'eau tiède en hiver.

Les soins des oreilles → Utiliser des fusettes préparées par vous-même à l'aide de coton roulé entre les mains (ou des Coton-Tige). → Nettoyer d'abord le pavillon, ensuite le conduit. Ne pas oublier de nettoyer derrière les oreilles.	→ Changer de fusette (ou de Coton-Tige) entre chaque oreille. → Tenir le Coton-Tige à la base. Ne pas l'enfoncer dans l'oreille (risque)[20]. → Il est préférable d'utiliser des fusettes que des Coton-Tige, car elles sont moins traumatisantes.
Les soins du nez (fig. 1.14) → Utiliser des fusettes (ou Coton-Tige très souple ou de sécurité[20]) et changer de fusette aussi souvent que nécessaire.	→ Même technique que pour les oreilles. → Il est préférable d'utiliser des fusettes que des Coton-Tige car elles sont moins traumatisantes.  *Fig. 1.14. Les soins du nez.*
Les soins des ongles (mains et pieds) (fig. 1.15) → Tenir les ongles très propres. → Pour couper un ongle, maintenir fermement le doigt du bébé et ne jamais couper trop près de la peau	→ Les couper au « carré ». → Il est déconseillé de couper les ongles du nouveau-né (1er mois) pour éviter le risque infectieux. On peut éventuellement avoir recours à une lime à ongle en carton (face blanche).  *Fig. 1.15. Les soins des ongles.*

Fig. 1.16. Le matériel pour les soins annexes : visage-oreille-nez-ongle.

(20) Il faut éviter d'enfoncer le Coton-Tige. Il y a un risque de formation de bouchon de cérumen, et (à la limite) un risque de perforation du tympan. Toutefois, il existe aujourd'hui des Coton-Tige « de sécurité » munis d'un embout d'arrêt empêchant tout risque.

LE CHANGE

Pratique d'hygiène et de confort, le change est aussi un moment « d'échanges », c'est-à-dire un moment important de contact avec l'enfant. Quel moment choisir pour changer bébé ? Comment procéder ? Quelles précautions prendre ? Quels produits et accessoires utiliser ? Autant de questions auxquelles il faut savoir répondre car les mamans les posent souvent aux professionnels de santé.

Définition, objectif

Le change d'un bébé consiste à remplacer des couches sales par des couches propres, après lui avoir préalablement nettoyé les fesses.
Son but est d'assurer l'hygiène de la peau et de procurer confort et bien-être à l'enfant. Il s'agit aussi de prévenir les **érythèmes fessiers**.
La peau du nourrisson est très fragile. Faute de soins vigilants, elle peut être le siège d'infections ou d'irritations. Une propreté très rigoureuse est donc conseillée.

Le moment du change

Les changes s'effectuent à peu près toutes les trois heures : les premiers temps, ils suivent le même rythme que les tétées. On recommande aux mamans de toujours changer l'enfant **avant la tétée**, afin d'éviter de le remuer après qu'il a bu. C'est ainsi que l'on procède dans toutes les maternités. Toutefois, si l'on constate qu'un bébé se souille pendant qu'il boit (ce qui est souvent le cas lors de l'allaitement maternel, en raison de l'acidité du lait de femme), il faudra changer l'enfant **après son repas**, en le manipulant très doucement et en prenant d'autant plus de précautions lorsque le bébé est sujet aux régurgitations.
En règle générale, il faut toujours attendre, pour le changer, que le bébé a fait son « rot » (renvoi d'air physiologique dû à une brusque contraction de l'estomac sur son contenu). Ce rot suit la tétée de plus ou moins près selon les enfants. Les enfants nourris au sein font plus rarement un rot, puisqu'ils ont ingéré moins d'air au cours de la tétée

La fréquence des changes

Précisons que l'intervalle de **trois heures** entre les changes n'est donné qu'à titre indicatif. Si l'on constate que le bébé est souillé, il est souhaitable de le mettre au propre. Un bon indice du moment opportun du change peut être le changement de comportement du bébé…
Beaucoup de professionnels de santé en ont fait l'expérience. Certains enfants savent signaler, par des pleurs significatifs, l'état de malaise que leur procurent des couches souillées.

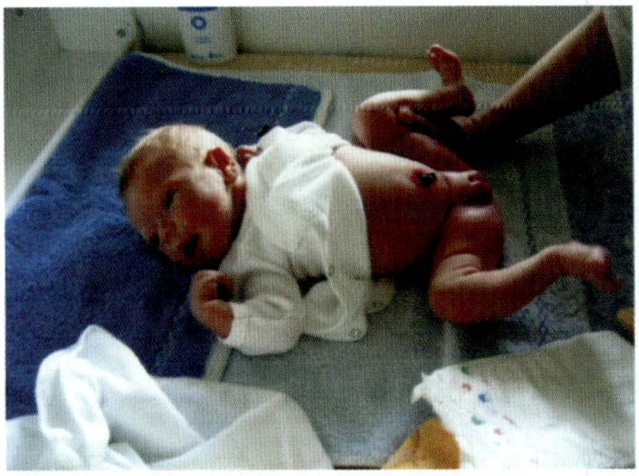

Fig. 1.17. Le change.

Les précautions à prendre

Il est conseillé d'éviter de réveiller le bébé pour le changer, si celui-ci dort profondément. En effet, lorsque l'on nettoie un nourrisson régulièrement et avec toutes les précautions d'usage, il est bien évident que les *risques d'érythème* sont minimes, et que, si ceux-ci se produisent malgré tout, leur cause ne sera pas à imputer au manque d'hygiène !
Cependant, le professionnel de santé devra rappeler aux mamans que changer un bébé ne consiste pas uniquement à remplacer des couches souillées par des couches propres. Les selles et l'urine contiennent des substances corrosives, et des lavages du siège **à l'eau et au savon** sont nécessaires à chaque change, pour neutraliser l'action des souillures et maintenir l'équilibre physiologique de la peau. C'est l'urine dont on l'a mal débarrassé qui est souvent cause de rougeurs ou d'érythèmes chez le nourrisson.
Comme pour le bain, il est nécessaire de *prévoir à l'avance* tout ce dont on va avoir besoin. On doit aussi choisir le lieu du change le plus près possible d'un point d'eau.

fiche 3

Les soins en cas d'érythème fessier

Un début d'érythème fessier peut apparaître chez l'enfant si les selles sont plus liquides et donc plus acides.
Les changes seront alors **plus fréquents**, pour éviter un contact trop prolongé des selles et des urines avec la peau irritée.
Les soins de propreté restent les mêmes : savonnage, rinçage, séchage minutieux mais les gestes devront être particulièrement **lents** et **doux**. Le meilleur remède d'un érythème est, sans conteste l'air, qui permet une cicatrisation très rapide. Mais laisser le siège de l'enfant à l'air n'est réalisable que l'été ou si la température de la pièce est suffisante.
Afin d'éviter la macération, et ce jusqu'à la guérison des lésions, il est préférable d'éviter les couches recouvertes de plastique (comme les changes complets) qui ne laissent pas passer l'air, d'autres types de couches sont conseillés.
Pour changer un bébé, il faut se procurer deux types de matériels, le gros et le petit matériel.

Le gros matériel

La table de change

Le mobilier qui est utilisé à domicile le plus souvent pour la pratique du change est la « table de change », dont on trouve des modèles très variés dans les boutiques spécialisées.

Un point d'eau

Le point d'eau situé à proximité sera soit le lavabo (si vous êtes dans la salle de bain), soit la baignoire ou un bac à eau spécialement conçu à cet effet (en collectivité).

Un sac ou panier à linge sale

Le sac à linge sale est indispensable à proximité. À domicile, son usage est recommandé, dans la mesure où il permet de bien séparer le linge de bébé de celui de la famille.

Le petit matériel

- Un coussin de change : il doit être recouvert si possible d'un molleton ou d'une serviette de toilette propre (afin d'éviter le contact du plastique froid).
- Du papier absorbant doux (si l'enfant a des selles).
- Un gant de toilette et une serviette de toilette (personnels à l'enfant).
- Du savon liquide (car il est plus hygiénique que le savon en pain).
- Une couche propre.
- Un jouet, si besoin et selon l'âge (destiné à calmer l'enfant s'il pleure).

Fig. 1.18. Le matériel pour le change.

fiche 3

La technique du change	
TECHNIQUE	CONSEILS
Préparation ➔ se laver les mains ou utiliser une SHA ; ➔ nettoyer le coussin de change ; ➔ sortir le matériel nécessaire au change (fig. 1.18) ; ➔ mettre l'enfant sur le coussin de change.	➔ Réserver une serviette personnelle pour l'enfant. ➔ Lui proposer un jouet si besoin. ➔ Préparer tout le matériel avant de mettre l'enfant sur le coussin de change (sécurité). ➔ Communiquer avec l'enfant au cours du soin (lui parler, le rassurer…) ➔ Agir avec des gestes doux.
Action ➔ lui parler, le sécuriser ; ➔ ôter les couches sales (fig. 1.19) et autres vêtements souillés ; ➔ essuyer le siège (si selles) avec le papier absorbant doux ; ➔ savonner le gant de toilette ; ➔ nettoyer le siège dans l'ordre suivant : - le pubis, - les plis des cuisses, - les cuisses (dessus-dessous), - les organes génitaux, - les fesses. ➔ pour la fille : écarter délicatement les organes génitaux externes et *nettoyer du méat à l'anus sans revenir en arrière* ; ➔ rincer à deux reprises pour éviter toute trace de savon ; ➔ rincer le siège dans le même ordre ;	➔ Veiller à évacuer rapidement les couches souillées (odeurs ++). ➔ Nettoyer le siège en allant « *du plus propre au plus sale* » (fig. 1.19).
➔ bien sécher les fesses en insistant dans les plis ; ➔ mettre la couche propre à l'enfant (fig. 1.19) ; ➔ mettre l'enfant en sécurité ; ➔ se laver les mains (ou SHA).	➔ Sécher en tamponnant doucement (fig. 1.19). ➔ Fixer la couche efficacement mais sans trop serrer.
Fin de l'action, transmissions ➔ Ranger et nettoyer le matériel. ➔ Noter les principales informations sur un cahier ou dans le dossier de soin.	➔ Veiller à se laver les mains +++ après avoir effectué un change (prévention de l'infection) et/ou avec une SHA. ➔ Veiller à remettre le matériel à sa place (l'ordre est une nécessité). ➔ Indiquer le nombre et l'aspect des selles de l'enfant. ➔ Signaler toute rougeur suspecte du siège (afin de prévenir un érythème fessier).

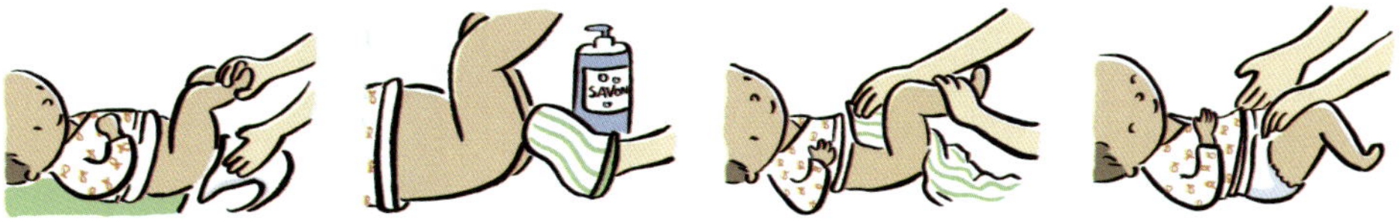

Enlever la couche sale délicatement. | Nettoyer à l'eau et au savon en allant du haut vers le bas. | Rincer et essuyer en tapotant (insister sur les plis). | Mettre une couche propre.

Fig. 1.19. La technique du change.

fiche 3

MémoMémoMémo

Les couches lavables

On les pensait rangées dans les placards de nos grands-mères… les revoilà sur le marché et « relookées » !

Les couches lavables sont à nouveau très demandées par les mamans, et ce pour un motif bien simple : elles sont en coton, très naturelles et **ne provoquent pas d'allergies** (type érythème) chez le nourrisson. Toutefois, il est vivement recommandé de prendre quelques **précautions pour l'entretien**.

Il faut veiller à :

- laver les couches séparément en machine à laver ;
- utiliser une lessive à base de savon doux et neutre (type savon de Marseille) ;
- ne pas utiliser d'eau de javel (irritant pour la peau).

Photo Les couches de Tatsu

Fig. 1.20. Les couches lavables.

MémoMémoMémo

Les lingettes

Selon une étude de l'Agence nationale de Sécurité du Médicament et des produits de santé (ANSM), les lingettes pour bébé contiennent une trop grande quantité d'un produit chimique nocif pour la santé : le **phénoxyéthanol**. En effet, ce produit peut être dangereux pour le foie et les reins des enfants. À terme, l'ANSM souhaite que ce produit disparaisse complètement de la composition des lingettes.

Fig. 1.21. Les produits pour le change.

fiche 3

LE SOIN DU CORDON OMBILICAL

Geste simple et quotidien, le soin du cordon est souvent appréhendé par les mamans et mérite d'être expliqué.

Ce soin doit être effectué principalement lors de la toilette corporelle quotidienne et également à chaque change.

Le but du soin

Le but de ce soin est de permettre une cicatrisation rapide et de prévenir une infection.
À première vue, il peut apparaître comme un soin très simple ; il nécessite toutefois certaines précautions.
À l'heure actuelle, la durée du séjour en maternité est, en moyenne, de 4 à 6 jours. Au moment de la sortie, la plupart des nouveau-nés ont encore leur cordon (puisque celui-ci tombe entre le 5e et le 10e jour après la naissance) et même lorsque le cordon est tombé, l'ombilic n'est pas encore tout à fait cicatrisé. De retour à la maison, les mères doivent donc effectuer ces soins qui font partie des **soins d'hygiène quotidiens** du nouveau-né.
Le rôle de la professionnelle de santé en service de maternité est donc capital pour bien préparer la mère du bébé à effectuer seule ce soin délicat.

Le matériel à prévoir

Le matériel doit être préparé à l'avance, afin de ne pas laisser l'enfant déshabillé trop longtemps. Il faut prévoir :
- des compresses stériles ;
- un désinfectant antiseptique : à base de chlorhexidine, alcool à 60° ou type Hexomédine solution® ou Biseptine® ;
- éventuellement des Coton-Tige ou des fusettes de coton ;
- de l'éosine aqueuse selon la prescription du médecin.

La technique du soin (fig. 1.23)

L'enfant est installé sur un plan propre et sec, le haut du corps habillé pour éviter tout refroidissement. Le siège nettoyé doit reposer sur une couche propre. Un lavage des mains ou une friction avec SHA est nécessaire avant d'effectuer le soin, surtout s'il y a eu un soin de siège avant. En revanche, lorsque le bain de l'enfant vient d'être effectué, le lavage des mains n'est pas nécessaire. Le soin peut se décomposer en quatre étapes.

Première étape : préparer le soin

Tout d'abord, il est judicieux de mettre en place les vêtements (chemise, brassière) afin de faciliter le soin en dégageant la zone à traiter.

Deuxième étape : désinfecter la plaie ombilicale

À l'aide de compresses stériles imbibées de solution à base de **chlorhéxidine**, d'**alcool à 60°** ou d'**Hexomédine solution®** (changées à plusieurs reprises au cours du soin), on nettoie la base du cordon ombilical, en allant du centre vers la périphérie, de façon à ne pas ramener de souillures vers le point d'insertion du cordon et limiter ainsi les risques d'infection.
Par ailleurs, il est important de bien dégager la base du cordon pour le nettoyer dans les « règles » ; ceci favorise une **cicatrisation** rapide.
On pratique de même pour le bout du cordon, en partant **de la base vers l'extrémité**. Si de l'éosine aqueuse a été prescrite, on l'appliquera sur le cordon à l'aide d'une compresse après avoir pris soin de laisser sécher l'antiseptique.
En effet, l'éosine possède un pouvoir asséchant mais risque aussi de masquer une inflammation. L'éosine est de moins en moins utilisée pour les soins du cordon.

NB : d'autres produits peuvent être utilisés après avis médical.

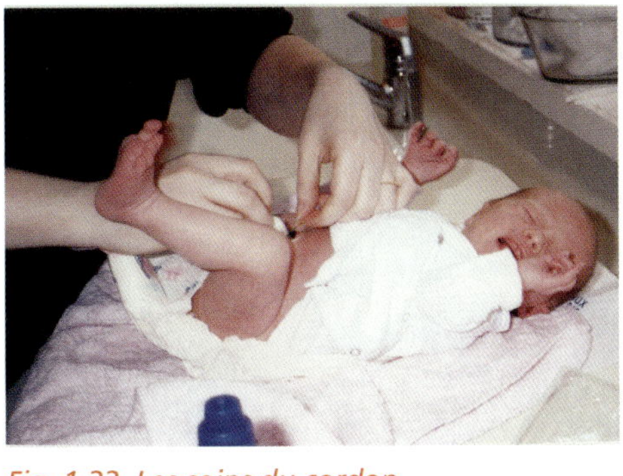

Fig. 1.22. Les soins du cordon.

fiche 4

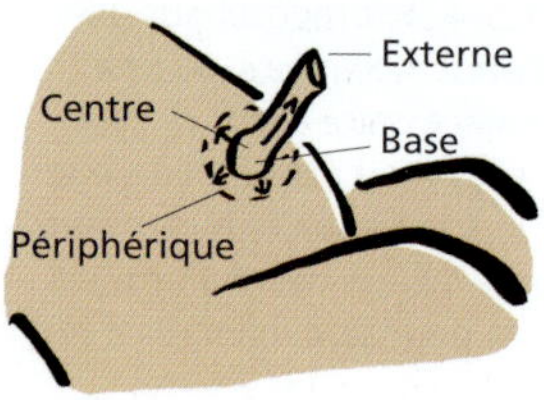

Fig. 1.23. Le schéma du nettoyage du cordon.

Troisième étape : faire un léger pansement
Une compresse pliée est enroulée autour de la base du cordon puis une autre compresse est appliquée dessus. Ceci permet d'**isoler le cordon** et de protéger ainsi la peau de l'enfant d'une irritation par frottement du cordon sec sur la peau.

Quatrième étape : mettre la couche
Il est conseillé de **fixer la couche au-dessous** des compresses. Ce simple geste évite d'enfermer le cordon. Il existe ainsi peu de risques qu'il soit humidifié par les urines.

Les précautions à prendre

En vue de déceler une anomalie ou un retard de cicatrisation du cordon, la professionnelle de santé devra apprendre à la maman à **observer** chaque jour sa coloration, son aspect et son odeur.

Les signes d'anomalie sont nombreux. On peut être amené à observer :
- une inflammation (cordon rouge) ;
- un cordon mou ;
- un cordon suintant ou purulent ;
- un cordon malodorant, etc.

Ces symptômes peuvent être le signe d'une macération sous les couches ou le début d'une infection ; cela nécessite une **transmission rapide** à la famille et au médecin.

MémoMémoMémo

L'attitude éducative du personnel de santé

La plupart des femmes appréhendent d'effectuer les soins du cordon ombilical :
- peut-être en raison de la représentation symbolique du cordon, lien entre elles et l'enfant durant toute la grossesse, lien « coupé » au moment de la naissance ;
- ou le plus souvent par peur de « faire mal » à l'enfant, le cordon se présentant comme une plaie, associée pour elle à une source de douleur ;
- peut-être appréhendent-elles de faire ces soins de peur de créer une source d'infection.

Or, au cours de ces dernières années, nous avons vu se développer la pratique du bain des nouveau-nés en salle de naissance et durant le séjour en maternité, sans aucun risque pour l'enfant. La professionnelle de santé saura rassurer la maman sur ce point. Il est très important qu'elles puissent faire les soins elles-mêmes à la maternité, afin d'être plus à l'aise au retour à la maison, lorsqu'elles se retrouveront seules avec leur nouveau-né.

Le rôle du personnel est d'effectuer une **démonstration**, de donner les **explications** nécessaires à ce soin, sans oublier d'aborder l'aspect pratique, c'est-à-dire le matériel indispensable au soin.

fiche 4

L'HABILLAGE

Le marché offre un large éventail de vêtements, et il est toujours possible de concilier esthétique, aisance et facilité d'entretien. Durant les premiers mois, l'enfant grandit vite, et sa motricité évolue rapidement. De ce fait, le choix vestimentaire du jeune enfant demande un réajustement permanent.

Les critères de choix des vêtements

La mode actuelle offre une grande variété de formes et de coloris, mais il est important de choisir les vêtements de l'enfant en fonction de leur côté pratique et non uniquement en fonction de la mode.

Les vêtements doivent permettre au bébé de bouger aisément, donc être souples, extensibles et faciles à enfiler. Ils doivent aussi :

- **être adaptés** aux saisons et à la température du milieu dans lequel vit l'enfant ;
- **être d'entretien facile**.

Une recommandation essentielle doit être donnée à toute personne susceptible d'acheter un vêtement pour enfant : le souci du respect de la liberté des mouvements de l'enfant doit l'emporter sur la mode enfantine. Voici quelques exemples de vêtements basiques.

Les bodys

Il existe deux modèles de bodys :

- les bodys qui se croisent sur le devant ;
- les bodys qui s'enfilent par la tête.

Ce vêtement a l'avantage d'être pratique à utiliser et confortable pour l'enfant, il remplace les petites chemises qui s'utilisaient il y a plusieurs années.

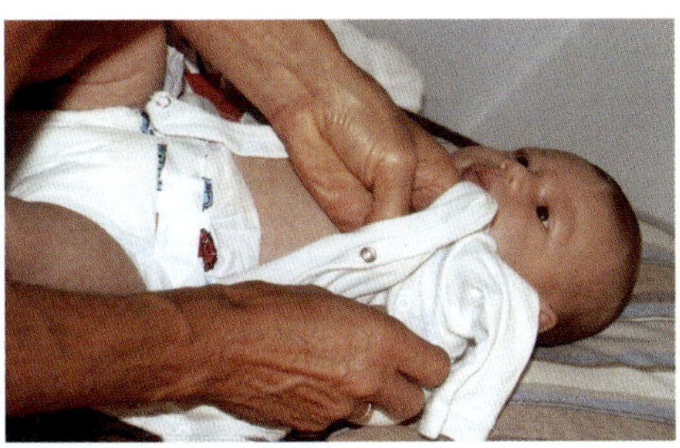

Fig. 1.24. L'habillage.

Les chaussons et les chaussettes

Ils sont très prisés par les mamans qui craignent que leur bébé ait froid (leurs pieds étant généralement plus frais que le reste du corps). Les chaussettes (ou chaussons) peuvent présenter l'inconvénient d'être trop serrées et de gêner la circulation (pour le vérifier, il suffit de passer deux doigts entre la peau et le chausson). L'achat de chaussons ou chaussettes est à présent freiné par l'usage fréquent des collants, grenouillères, combinaisons, etc.

Les couches

Quel type de couches choisir ? Quelles sont celles qui sont le mieux tolérées par le bébé ? Ce sont des questions que posent très souvent les mamans en maternité. À l'heure actuelle, les possibilités sont nombreuses. Le choix dépend beaucoup du bébé, de sa tolérance cutanée, mais aussi des possibilités financières des parents, de leur mode de vie, et du temps dont ils disposent :

- les couches à jeter : de nombreux modèles sur le marché ; très pratiques, très bien étudiées, elles ont deux inconvénients : le prix et le risque éventuel d'allergie ;
- les couches lavables, moins allergisantes, plus respectueuses de l'environnement et moins chères au final.

Les gigoteuses, salopettes, combinaisons

Solides, coloris « grand teint », douces au toucher, élastiques, elles peuvent subir de fréquents lavages et sont aujourd'hui les vêtements les plus utilisés par les mamans. Elles facilitent les mouvements de l'enfant et sont très pratiques à ouvrir au moment des changes.

La turbulette

Une des grandes craintes des parents est que leur enfant se découvre la nuit…

Pour permettre à l'enfant une liberté totale de mouvements, et éviter que ses parents ne se relèvent plusieurs fois la nuit pour vérifier son état, il suffit de lui mettre une turbulette d'une seule pièce, en matière plus ou moins chaude, selon la température ambiante.

Cette solution est conforme aux recommandations faites pour prévenir la prévention de la mort inattendue du nourrisson qui indiquent, entre autres, de ne pas utiliser de drap, couverture ou couette et de limiter la température de la pièce où dort l'enfant autour de 19 °C.

La technique de l'habillage

Comme pour les autres soins, il est recommandé de regrouper les vêtements pour gagner du temps et éviter de faire prendre froid à l'enfant.

fiche 5

Généralement l'habillage est associé à la toilette matinale. On va procéder en plusieurs étapes.

1re étape : préparer les vêtements
La personne qui va donner le bain au bébé veillera à déposer les vêtements sur la table à langer. Elle les superposera dans l'ordre où ils seront mis à l'enfant (c'est-à-dire de l'intérieur vers l'extérieur du corps) et les posera de préférence sur le côté droit de la table de travail (pour avoir plus de facilité pour les prendre).

2e étape : habiller le haut du corps
Il est préférable de commencer toujours par habiller le haut du corps (afin d'éviter que le bébé ne prenne froid). Pour lui mettre le body, veiller à prendre certaines précautions : la main fermée du bébé doit être globalement saisie par la main de l'adulte au travers de la manche (fig. 1.25).

3e étape : habiller le bas du corps
Avant de mettre les couches, veiller à relever légèrement le body (fig. 1.26) sur le thorax du bébé pour faciliter l'action.

4e étape : mettre le vêtement extérieur
Mettre le vêtement extérieur qui recouvre le corps adapté à la situation (par exemple : la combinaison ou la grenouillère) (fig. 1.27).
Tous les modèles proposés permettent en général de changer les couches facilement, sans déshabiller complètement le bébé, grâce à un système de boutons-pression. Ensuite, si l'on doit sortir l'enfant, lui mettre le vêtement adapté aux circonstances, à la température et à la saison.

MémoMémoMémo

« Habiller correctement un bébé, c'est assurer sa sécurité »

Savoir habiller un jeune enfant demande seulement un peu de bon sens et de logique. Il suffit de ne pas le couvrir plus que l'adulte, en tenant compte de la température ambiante, de la saison et du climat.
Le meilleur moyen de savoir si l'enfant est correctement habillé est de passer une main sur la peau de l'enfant, sur le thorax ou l'abdomen (le front et les mains n'étant pas couverts, ne donnent pas d'indication significative de la température de l'enfant).
- **Si l'enfant est trop couvert** : sa peau est chaude, et surtout moite ; il est souvent rouge et pleure anormalement, il s'agite ou il est somnolent.
- **S'il est insuffisamment couvert** : l'enfant pleure, dort mal, présente une cyanose des extrémités.

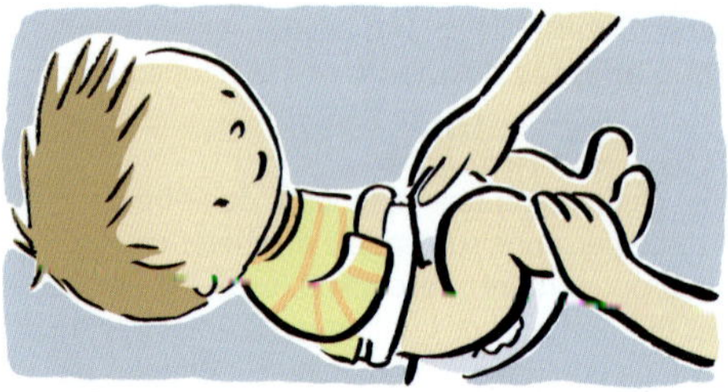

Fig. 1.26. Habiller le bas du corps.

Fig. 1.25. Habiller le haut du corps.

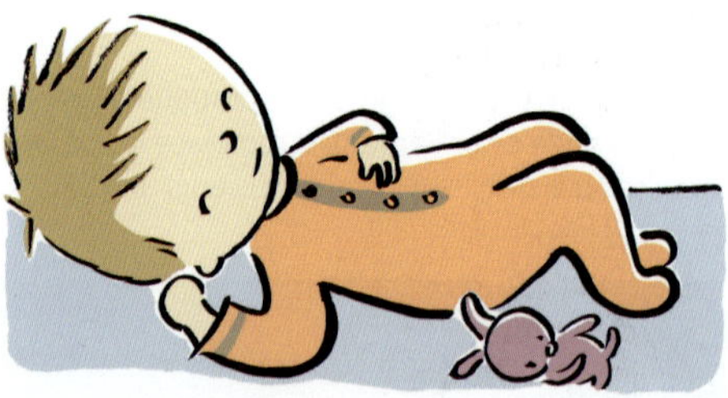

Fig. 1.27. Mettre le vêtement adapté à la situation.

fiche 5

LES GESTES QUOTIDIENS (SOULEVER, PORTER, POSER LE NOURRISSON)

Les soins d'hygiène et de confort induisent de nombreuses manipulations du bébé. Il faut le soulever hors de son lit, le porter vers la table de change, l'associer à certains de ses déplacements dans la maison, l'installer dans son lit ou sur la table de change, etc. Tout cela nécessite des gestes doux et des précautions.

Comment soulever un nourrisson

Lorsque l'on soulève un nourrisson hors de son lit, il faut :

- agir avec douceur et le préparer au geste par la parole ;
- poser sa tête sur votre avant-bras gauche ;
- lui maintenir le corps par votre avant-bras droit ;
- l'amener contre soi.

Lorsque l'enfant est plus grand, on l'invite à coopérer.

Comment le déposer dans son lit ou sur le coussin de change

– **Lorsque l'on recouche un bébé** ou lorsqu'on le pose sur le coussin de change, il faut agir à nouveau avec douceur et le préparer au geste par la parole. On lui maintient la tête et le corps et on le dépose très délicatement.

– **Lorsque l'on doit coucher un bébé** (dans le lit ou dans le berceau), il faut bien observer l'enfant afin de repérer la position qu'il préfère. Il n'y a pas de position « idéale » de confort. Toutefois, pour la sécurité du nourrisson, en particulier dans le cadre de la prévention de la mort inattendue du nourrisson (MIN), une seule position est conseillée : à plat, couché sur le dos.

Le personnel de santé saura le rappeler aux parents. Cette position présente d'autres avantages que la sécurité du nourrisson, celle-ci :

- participe à l'éveil de l'enfant, celui-ci pouvant découvrir son environnement (vue, toucher, etc.) ;
- favorise la liberté de mouvements et la respiration ;
- positionne bien la colonne vertébrale et les pieds.

Comment le porter

Le nourrisson peut être porté de différentes façons. Dans tous les cas, il faut veiller à bien lui **soutenir la tête**, de manière à ce qu'il ne ressente pas un sentiment de perte d'équilibre, source d'insécurité. Les techniques varient en fonction du soin, de l'installation et du cadre de vie (domicile ou hôpital) (fig. 1.28).

L'enfant est porté en « berceau » dans les bras de l'adulte (position la plus adaptée pour le nouveau-né).

L'enfant est porté contre le thorax de l'adulte (position souvent adoptée au moment du « rot » après la tétée). Elle favorise la relation avec le nouveau-né.

L'enfant est porté en position de « sécurité de base » (souvent choisie par le personnel de santé au moment des soins).

Fig. 1.28. Les différentes manières de porter le nouveau-né.

fiche 6

2

L'allaitement maternel

L'allaitement maternel est le mode d'alimentation le plus naturel pour le bébé. De plus en plus de mamans allaitent, pour des raisons diététiques et médicales. Aliment complet, d'une propreté absolue, enrichi d'anticorps qui protègent le bébé d'éventuelles infections, le lait maternel offre une qualité et un équilibre inimitables, qui répondent parfaitement aux besoins de croissance du tout-petit. Certes, il faut admettre que la mise en route de l'allaitement maternel est souvent délicate et qu'il entraîne une présence quotidienne plus constante de la mère auprès de son enfant. Mais sur le plan psychologique, toutes les femmes qui allaitent connaissent une qualité et une intensité de bonheur exceptionnelles qu'elles partagent avec leur bébé. Nous pouvons ajouter que le lait maternel est toujours prêt, à bonne température et gratuit ! De ce fait, de plus en plus de mamans choisissent ce mode d'allaitement. Cela dit, il est utile de rappeler aux mamans dans l'impossibilité d'allaiter, qu'il ne sert à rien de se culpabiliser, car elles sauront bien trouver dans le maternage[1] mille autres occasions d'harmonie parfaite avec leur nouveau-né.

Situation

La première tétée de Zoé

Mme M. (23 ans) vient de donner naissance à Zoé, son premier bébé. Elle avait informé la sage-femme de son choix d'allaiter l'enfant la veille de l'accouchement. De ce fait, la sage-femme a posé délicatement le nouveau-né contre le sein de sa mère, en salle de naissance. Zoé a absorbé lentement quelques gouttes de colostrum (précieux liquide, précurseur du lait, qui apporte des éléments nutritifs très adaptés à ses besoins). Cette « tétée précoce » a permis à Zoé de manifester son réflexe de succion (c'est l'un des réflexes archaïques révélant la bonne santé neurologique de l'enfant) et, malgré son extrême fatigue, Mme M. a savouré avec joie ce premier échange corps à corps avec son bébé. Par la suite, la maman a posé de nombreuses questions au sujet du choix de l'allaitement à la professionnelle de santé.

Les questions que l'on se pose

- *Puis-je n'allaiter qu'un mois ?*
- *Quels sont les avantages du lait maternel ?*
- *Quel est l'intérêt de la tétée précoce ?*
- *Quel est le rythme des tétées ?*
- *Quelle est la technique de la tétée ?*
- *Quelle hygiène adopter ?*
- *Comment s'installer pour donner le sein ?*
- *Comment remplacer l'allaitement maternel par l'allaitement artificiel ?*
- etc.

(1) Le « maternage » ou le *nursing* est la façon de s'occuper du bébé dans les soins courants (change, bain, etc.).

Le choix de l'allaitement maternel

Durant sa grossesse, la future maman va se renseigner sur les différents modes d'allaitement, son choix sera effectué généralement avant la naissance de son enfant.

La future maman s'informe auprès de la sage-femme ou de l'obstétricien, en lisant les nombreuses revues spécialisées qui fournissent des informations très précises sur l'allaitement maternel ou en participant à des réunions prénatales, animées par des sages-femmes et des puéricultrices sur les différents modes d'allaitement.

Une supplémentation en vitamine D et en vitamine K est nécessaire.

UN CHOIX LIBRE ET MÛRI

La maman a parfois l'impression qu'allaiter est un « devoir maternel » (une obligation morale) inculqué par le personnel médical ou paramédical ou par les publicités ; or allaiter doit être un **choix libre et mûri** de la femme, effectué après réflexion et concertation en famille. L'attitude du papa, favorable ou hostile à l'allaitement, conditionne son choix et sa réussite. L'allaitement est une aventure qui se vit à trois.

De plus, le choix d'allaiter au sein peut être temporaire, la maman peut allaiter au sein une courte période : le temps du séjour à la maternité, ou le premier mois, et passer ensuite à un allaitement au biberon.

L'allaitement maternel exclusif permet une croissance normale au moins jusqu'à l'âge de 6 mois et peut être poursuivi jusqu'à l'âge de 2 ans ou plus, à condition d'être complété par la diversification alimentaire à partir de 6 mois.

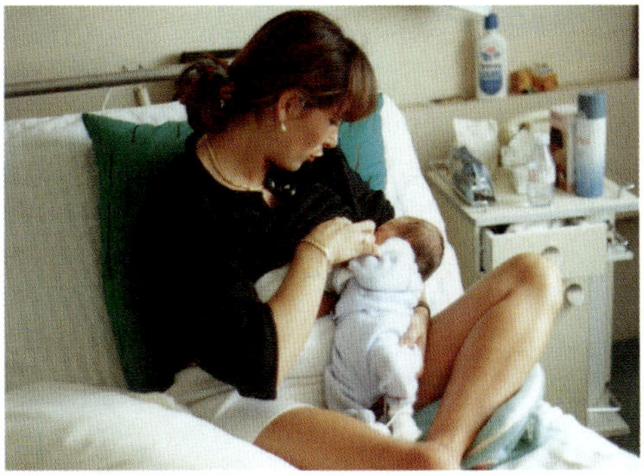

Fig. 2.1. L'allaitement maternel.

UN CHOIX DICTÉ PAR LE « DÉSIR »

La plupart des mamans ont décidé d'allaiter avant l'accouchement, mais certaines peuvent attendre que le bébé soit né pour faire ce choix. Il faut savoir que c'est souvent en voyant le nouveau-né que la mère ressent le désir d'allaiter.

De plus, **il n'y a pas de règle établie** ; la mère peut avoir un désir différent à chaque grossesse, selon l'histoire de sa maternité, le vécu de l'accouchement et la maturité de son couple.

Rôle de la professionnelle

La professionnelle de santé doit savoir qu'une femme qui est épuisée après l'accouchement n'a pas envie de donner plus d'elle-même, et, qu'à l'inverse, une autre femme peut ressentir un grand vide, un manque et qu'elle aura envie de ressentir à nouveau la présence fusionnelle du bébé, ce que l'allaitement lui permet.

La décision finale d'allaiter est prise par les futurs parents, cette décision leur est propre et doit être respectée.

Quelle que soit la situation, la professionnelle de santé doit informer la maman des **bienfaits de l'allaitement maternel et de la tétée précoce** (voir ci-après) en évitant toutefois de faire pression sur la mère ou de la culpabiliser.

Les avantages de l'allaitement maternel

Le lait maternel est l'aliment de choix du fait de ses qualités ; même quelques jours d'allaitement maternel sont intéressants pour le nouveau-né.

Le lait maternel est apprécié pour :

- **sa richesse en lactose** (sucre naturel du lait) : le lait maternel favorise le développement cérébral ;

- **son équilibre en protéines, lipides, vitamines et sels minéraux :** le lait maternel favorise une bonne croissance de l'enfant ;
- **la progression de sa composition dans le temps :** le lait maternel s'adapte à l'âge et donc aux besoins de l'enfant ;
- **la variété de sa composition au cours de la tétée :** il faut savoir que la tétée comprend l'entrée, le plat et le dessert : c'est-à-dire que le lait n'a pas la même composition au début de la tétée (où il est plus riche en lipides) qu'à la fin et qu'il n'a pas non plus la même constitution selon l'heure de la journée ;
- **ses propriétés spécifiques :** le lait maternel contient des anticorps et de ce fait prévient certaines infections du nouveau-né ;
- **la liberté des rations et sa digestion rapide :** le lait maternel est parfaitement toléré et bien assimilé. Le bébé peut boire selon son désir ;
- **la prévention de l'allergie :** les pédiatres recommandent chez les enfants à risque d'allergie alimentaire (antécédents d'allergie chez un parent du premier degré) de pratiquer une alimentation au sein exclusive jusqu'à l'âge de 6 mois.

L'allaitement maternel participe également à la prévention ultérieure de l'obésité pendant l'enfance et l'adolescence. À l'âge adulte, les enfants allaités, ont une meilleure tension artérielle et une cholestérolémie inférieure aux enfants élevés au lait artificiels.

Pour la mère, l'allaitement maternel permet une perte de poids plus rapide dans les 6 premiers mois du post-partum. Il diminue l'incidence des cancers du sein et de l'ovaire avant la ménopause et supprime l'augmentation du risque d'ostéoporose lié à la ménopause.

MémoMémoMémo

Les avantages de la tétée précoce

La tétée précoce est proposée dans la 1re demi-heure de vie du nouveau-né, là où il est le plus actif.

Les intérêts de la tétée précoce sont nombreux :
- le principal intérêt de la mise au sein en salle de naissance est de favoriser le tissage des « premiers liens affectifs » mère-enfant, très épanouissant pour chacun d'eux. L'enfant va découvrir les plaisirs du contact corporel, des caresses, de la voix de ses parents, l'odeur de sa mère, toutes ces découvertes le rassurent et sont bénéfiques à son bien-être psychique et à sa sécurité affective ;
- le deuxième intérêt est de permettre au bébé d'ingérer du colostrum, liquide riche en cellules immunitaires qui permettent la prévention de certaines infections du nouveau-né ; un lait de transition y fait suite, il est adapté aux besoins spécifiques du nouveau-né, jusqu'au lait définitif qui s'établit vers le 15e jour ;
- par ailleurs, cette tétée favorise l'expulsion du placenta. En effet, grâce aux premières succions du sein par l'enfant, on observe un mécanisme de remise en place plus rapide des organes génitaux féminins ;
- de plus, cette tétée va permettre aux seins de garder un volume normal grâce à la contraction des petits muscles mammaires.

Info : savez-vous qu'un bébé reconnaît l'odeur de sa mère. Il est donc conseillé à la maman d'éviter le plus possible de modifier son odeur, notamment en changeant de parfum. L'odeur de la maman a des effets apaisants au moment de la tétée.

Et ce n'est pas tout : des chercheurs ont démontré qu'un nouveau-né reconnaît l'odeur du lait de sa mère par rapport à celui d'une autre mère.

L'allaitement à la demande

Le lait maternel étant bien digéré, on conseille aux mamans d'opter pour un allaitement à la demande (en respectant cependant un intervalle minimal de 2 heures entre les tétées). À court terme, l'enfant trouvera de lui-même un rythme régulier.

Il est bien connu que c'est l'enfant qui fabrique le lait de sa mère : la succion du mamelon est en effet le meilleur stimulant de la lactation ; plus les mises au sein seront fréquentes, plus vite augmentera la sécrétion lactée.

Rôle de la professionnelle

La professionnelle de santé expliquera à la maman qui allaite que la nature a tout prévu, que le bébé boit la quantité dont il a besoin, et que les quantités bues sont variables d'une tétée à l'autre.
Il arrive que l'enfant boive peu à une tétée et se rattrape à une autre, cela ne signifie pas que la lactation est insuffisante. Il faut savoir que la surveillance de l'allaitement s'effectue à partir de plusieurs éléments :
- lorsque l'enfant tète efficacement, on l'entend déglutir,
- lorsque l'enfant a suffisamment bu, il dort calmement, il urine régulièrement, sa courbe de poids est satisfaisante ;
- au cours des premières semaines le rythme des tétées peut être anarchique ; l'enfant manifeste son désir de manger plus ou moins rapidement, il peut dormir quatre ou cinq heures et réclamer ensuite toutes les deux heures… C'est *l'anarchie alimentaire des premiers mois*.

Tout au long de sa vie intra-utérine, l'enfant a été nourri en permanence, il doit s'habituer à ce nouveau mode d'alimentation, son horloge interne va se régler petit à petit.
Il faut donc répondre à la demande de l'enfant et ne pas le laisser pleurer s'il a vraiment faim !

MémoMémoMémo

L'intérêt de l'allaitement à la demande

L'avis du pédiatre : on a constaté, par des analyses de la glycémie (dosage du sucre dans le sang) que l'organisme du nouveau-né a besoin de nourriture la nuit. Il faut donc répondre à la demande du bébé et ne pas le laisser pleurer. Il a vraiment faim ! Progressivement, en quelques semaines son rythme se régulera et les horaires se décaleront, permettant au bébé de « faire ses nuits ». Il faut bien dire aux mamans que nourrir à la demande ne peut en aucun cas favoriser l'obésité précoce ni la dilatation d'estomac.
L'avis du psy : le psychologue a aussi son avis à donner aux mamans. Voici ce qu'il peut leur dire au sujet de l'allaitement à la demande :
- nourrir à la demande ne rend pas l'enfant capricieux, bien au contraire : répondre au bébé qui pleure c'est l'aider à acquérir une confiance à l'égard de l'adulte qui s'occupe de lui ;
- nourrir à la demande, c'est satisfaire un besoin vital (celui de la faim), c'est apaiser une tension, une impression de manque douloureux, de vide, d'absence, c'est sécuriser le bébé, lui donner ses premiers « repères » ;
- donner le sein c'est prendre le bébé contre soi, c'est satisfaire le besoin de contact de l'enfant (peau contre peau), c'est lui permettre d'entendre battre le cœur de sa mère (comme dans l'utérus !), c'est très apaisant.

Le moment du sevrage

Le sevrage est le remplacement partiel ou total de l'allaitement maternel par un lait industriel. C'est un moment délicat pour la maman et pour son enfant.

LA DATE DU SEVRAGE

La date du sevrage (parfois très précoce) dépend de la décision de la mère, volonté qui est tributaire de facteurs personnels, sociaux et environnementaux.
En cas de reprise de l'activité professionnelle, la maman peut choisir de **sevrer partiellement** son enfant en conservant les tétées du matin et du soir.
Lorsque cette décision est prise, le choix du lait de remplacement revient au médecin.

LA CONDUITE DU SEVRAGE

Le sevrage doit être effectué progressivement afin d'éviter l'engorgement des seins et de permettre à l'enfant une adaptation au biberon. Il est conseillé de :

- **dans un premier temps** : remplacer une tétée par un biberon (cela permet de surveiller la tolérance pour ce nouvel aliment) :
  - commencer par supprimer la tétée du milieu de journée (qui est celle où généralement la mère a le moins de lait),
  - conserver le plus longtemps possible la tétée du matin (la maman est reposée, la montée de lait est bonne) ou celle du soir (très appréciée par l'enfant au moment du coucher) ;
- **dans un second temps** : remplacer les autres tétées progressivement par des biberons.

Pour éviter que la sécrétion lactée ne soit ralentie, la maman qui désire poursuivre un allaitement mixte, peut, dans la journée, extraire son lait à l'aide d'un tire-lait manuel. Le lait maternel sera conservé dans un biberon stérile, dans un sac isotherme, il se conserve ainsi pendant dix heures, au-delà, il sera malheureusement jeté !

La prévention et le traitement des crevasses

Les crevasses sont des fissures créées au niveau du mamelon par la tétée du bébé. Elles sont très douloureuses.

LA PRÉVENTION

Quelques précautions simples peuvent permettre d'éviter l'apparition de crevasses. La mère doit :

- veiller à ce que l'enfant prenne toute **l'aréole** dans sa bouche, et pas uniquement le bout du sein ;
- éviter l'utilisation d'alcool de glycérine qui dessèche la peau (particulièrement sensible au niveau des mamelons) ;
- maintenir les seins au **sec** entre deux tétées. Pour ce faire : bien nettoyer et **bien sécher** les seins après chaque tétée ;
- éviter les tétées trop prolongées les premiers jours **(5 à 10 minutes à chaque sein)**, sans être cependant trop strict.

LE TRAITEMENT

Si des crevasses apparaissent, il est conseillé de :

- favoriser **« l'aération du sein »**. Si cela est possible, l'exposition à l'air et au soleil, en été, peut avoir un rôle bénéfique ;
- utiliser un bout de sein en silicone (artificiel). Ce qui évite le contact direct de la bouche de l'enfant sur le sein crevassé et permet de poursuivre malgré tout l'allaitement ;
- commencer la tétée par le sein qui n'a pas de crevasse, car l'enfant tète plus vigoureusement en début de tétée ;
- arrêter l'allaitement 24 heures lorsque les crevasses saignent et sont trop douloureuses (pour éviter un engorgement ou un arrêt de la lactation, il est alors nécessaire de faire vider le (ou les) sein(s) par la maman à l'aide d'un tire-lait manuel, soit par expression manuelle sous la douche).

MémoMémoMémo

Le saviez-vous ?

Le colostrum a des vertus cicatrisantes : il est possible d'en appliquer sur les crevasses après la tétée, c'est comestible et gratuit, contrairement à certains produits.

La prévention et le traitement des engorgements

Au moment de la montée laiteuse, les seins sont souvent « engorgés ». Ils sont très gonflés, rouges, durs et douloureux. L'importante quantité de lait contenue dans les seins provoque une vasoconstriction des canaux galactophores, gênant l'éjection du lait.

Ce phénomène va obliger le nouveau-né à téter plus vigoureusement ; il va donc se fatiguer plus vite, s'endormir rapidement,

boire de moins grandes quantités, sans vider complètement les seins de sa mère. Il réclamera donc beaucoup plus souvent.
Pour la maman, cette montée laiteuse douloureuse la rend moins détendue au moment des tétées ; elle appréhende même leur venue.

LA PRÉVENTION

Pour prévenir un engorgement, il existe deux méthodes. Il faut respecter les **conseils donnés par le médecin ou la puéricultrice.**

PREMIÈRE MÉTHODE

Il s'agit de faire « vider » le sein le plus possible par le nourrisson, ce qui favorise également la montée du lait pour la tétée suivante. Pour cela, un seul sein peut être donné à chaque tétée, dont la durée peut être prolongée, sans toutefois dépasser 20 minutes (si la maman en éprouve le besoin, elle utilisera le tire-lait pour vider le deuxième sein).

SECONDE MÉTHODE

Il s'agit de donner les deux seins à chaque tétée, d'alterner sein droit et sein gauche (la première tétée vide le sein et si le deuxième sein a besoin d'être vidé, on conseille à la maman d'utiliser un tire-lait).

Rôle de la professionnelle

Pour les mamans qui ont beaucoup de lait, il est possible de les informer de l'existence d'un lactarium, de leur en indiquer les coordonnées, afin qu'elles fassent bénéficier d'autres enfants de leur excédent de lait.

LE TRAITEMENT

Pour diminuer la congestion des seins et permettre au bébé de téter plus facilement, on peut conseiller à la maman de prendre une douche chaude avant la tétée et d'effectuer une extraction manuelle en même temps.
S'il n'y a pas de douche, elle peut aussi appliquer des gants de toilette humides et chauds, et expulser ensuite l'excès de lait contenu dans ses seins.

L'HYGIÈNE DES SEINS

La toilette minutieuse

Un lavage de mains ou une friction avec une SHA, avant chaque tétée, est fortement conseillé. Il n'est pas nécessaire de se nettoyer les seins avant la tétée : la toilette quotidienne (avec un savon non parfumé de préférence) suffit (fig. 2.2 A). En effet, à la surface de l'aréole et du mamelon, est sécrété un liquide ayant des propriétés antiseptiques. De plus, l'utilisation d'autres produits peut être nocive pour le bébé et celui-ci ne reconnaîtra pas l'odeur du sein de sa mère.

En revanche, il est conseillé d'essuyer le mamelon après la tétée.

Fig 2.2 A. Il n'est plus nécessaire de se nettoyer les seins avant la tétée.

Le choix du soutien-gorge

- Choisir un modèle de soutien-gorge adapté à l'allaitement (fig. 2.2 B) ;

- veiller à ce que le soutien-gorge ait un système d'ouverture sur chaque bonnet afin de permettre de dégager le sein facilement ;

- éviter les soutiens-gorge qui ont une doublure imperméable susceptible d'entretenir l'humidité ;

- choisir des bonnets suffisamment profonds pour éviter la compression des seins.

Fig 2.2 B. Choisir un bon soutien-gorge.

fiche 7

L'INSTALLATION POUR LA TÉTÉE

Pour éviter le fameux mal au dos pendant la tétée, la professionnelle veillera à assurer aux mamans une position confortable.

La position allongée

Certaines mamans préfèrent s'allonger sur le lit avec l'enfant couché à côté d'elles (fig. 2.3 A) ; dans ce cas, il est conseillé de mettre un coussin sous le coude, de manière à ce que le visage du bébé soit à la portée du sein, sans que la maman ait besoin de se pencher.

La position assise

D'autres mamans opteront pour la position assise (fig. 2.3 B) ; dans ce cas, il est conseillé de tenir le dos appuyé au dossier d'une chaise (ou sur des oreillers), genoux relevés au niveau du bassin, si possible le coude appuyé.

Il faut conseiller à la maman de :

- choisir un fauteuil bas, à accoudoirs, pour poser le bras qui soutient le bébé ;

- éviter à tout prix les positions instables, les jambes pendantes, le poids du bébé sur les bras (elles sont source de contractures dorsales très douloureuses !) ;

- choisir un endroit calme dans l'appartement, frais en été (bébé s'échauffe lorsqu'il tète), et où la lumière est bien tamisée (ce qui crée un climat apaisant).

A. Position allongée

B. Position assise

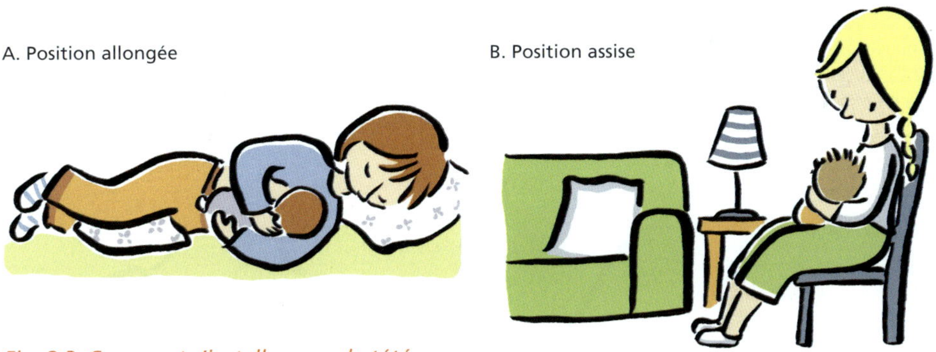

Fig. 2.3. Comment s'installer pour la tétée.

fiche 8

LA « TECHNIQUE » DE LA TÉTÉE

À la maternité, une puéricultrice assiste à toutes les mises au sein, pour s'assurer que la mère maîtrise bien la technique.

Voici plusieurs conseils utiles :
- *Installer correctement le bébé* : la position du bébé est essentielle pour une bonne succion. Il doit être le plus vertical possible, le visage face au sein de sa mère, la bouche au niveau du mamelon. Quelle que soit la position adoptée, le bébé doit avoir son oreille, son épaule et sa hanche dans le même axe. Dans ce cas, il n'aura aucune peine à téter.
- *Tenir le mamelon en soulevant le sein* pour le présenter à l'enfant – ne pas le tenir entre l'index et le médius, cela risquerait de comprimer les canaux galactophores acheminant le lait vers le mamelon – en prenant soin de bien déprimer le sein à l'endroit où l'effleure le petit nez qui doit pouvoir respirer sans la moindre gêne (fig. 2.4 A). Si le nez de l'enfant est tout contre le sein, il suffit alors de faire légèrement basculer l'enfant afin qu'il puisse respirer correctement.
- *Alterner les seins d'une tétée à l'autre* si la mère a beaucoup de lait (fig. 2.4 B).
- *Apprendre au bébé à se saisir* non seulement du mamelon, mais de toute l'aréole (cette zone circulaire plus pigmentée qui entoure le mamelon). En comprimant bien l'aréole entre ses gencives, bébé tète avec efficacité, sans risque de blesser le mamelon. Ceci est la meilleure technique pour une succion plus aisée et pour une réelle prévention des crevasses maternelles.
- *Faire faire le rot à l'enfant en l'installant* contre sa poitrine ou son épaule, pendant 5 minutes et en tapotant gentiment son dos pour faire remonter l'air. S'il n'a pas roté après ce délai, ce n'est pas grave, on peut le coucher. L'important est de le coucher *à plat sur le dos*[2].

Il faut savoir que lors d'une tétée au sein, le sein ne contenant pas d'air, l'enfant n'a généralement pas besoin de faire de rot. S'il s'endort après la tétée, il faut respecter son sommeil.

A. Offrez-lui le mamelon tenu entre le pouce et le reste des doigts : « prise en C » en prenant soin de bien déprimer le sein pour favoriser la respiration de bébé.

B. Alterner les seins d'une tétée à l'autre (si la mère a beaucoup de lait).

Fig. 2.4. La « technique » de la tétée.

fiche 9

(2) La position de sommeil à plat dos est conseillée pour la prévention de la mort inattendue du nourrisson (MIN). Cette position favorise la respiration de l'enfant.

L'HYGIÈNE ALIMENTAIRE DE LA MÈRE QUI ALLAITE

Une alimentation équilibrée doit permettre à la mère qui allaite de fabriquer un lait de bonne qualité. Pour cela, elle doit choisir ses aliments en donnant la priorité aux « matériaux bâtisseurs » (protéines), à ceux qui sont source d'éléments minéraux (calcium en particulier) et de vitamines. Voici quelques exemples d'apports et de menus conseillés.

Les apports alimentaires

Certains apports alimentaires seront privilégiés (tableau 2.1).

Tableau 2.1

Les apports alimentaires		
APPORTS	ALIMENTS	QUANTITÉ
Calcium, vitamines A, D, E, K	Lait	½ litre au moins à répartir dans la journée.
Calcium, vitamines A, D, E, K	Fromages	70 g de fromage par jour en donnant la préférence aux plus riches en calcium (gruyère, saint-paulin).
Éléments minéraux	Légumes frais	En quantité libre, cuits à l'étouffée de préférence, et des crudités.
Vitamine C	Fruits	En quantité libre. Dans certains cas, on limitera la consommation de ceux qui pourraient donner au lait des propriétés laxatives (fruits acides en particulier).
Vitamine D	Corps gras	Sans excès, en particulier du beurre cru (20 à 30 g), source de vitamine D (vitamine de croissance).
Amidon et vitamine B	Féculents (riz, pâtes, pommes de terre)	En quantité limitée mais suffisante.

Certains aliments donnent du goût au lait : vous les connaissez sûrement, il s'agit des asperges, du chou-fleur, du céleri, de l'ail, de l'oignon. Mais en fait, l'enfant s'en accommode le plus souvent. De plus, si la mère n'a pas changé son alimentation pendant sa grossesse, le bébé a déjà été sensibilisé à ces différents goûts par l'intermédiaire du liquide amniotique qu'il a avalé.

Les boissons

Les boissons doivent être en quantité suffisante. Pour fabriquer le lait, l'organisme de la femme qui allaite a des besoins liquidiens accrus. Son organisme perd de l'eau, elle devra donc boire au moins deux litres de liquide par jour.
Elle peut boire de l'eau plate, des jus de fruit frais (modérément), du lait, des tisanes traditionnelles ou des tisanes galactogènes (à base d'anis, fenouil, aneth) qui favorisent la lactation, de la chicorée et du thé (de préférence déthéiné), du café (décaféiné) ; elle évitera les sodas et naturellement l'alcool.

fiche 10

La journée alimentaire d'une maman qui allaite

Ce menu, établi par une diététicienne, est proposé à titre d'exemple ; de nombreuses variations sont possibles en fonction des besoins et des goûts individuels.

Petit-déjeuner

- ¼ baguette (60 g) + beurre (15 g) + miel ;
- 250 ml de lait (ou 30 à 40 g de fromage) ;
- un thé déthéiné (+ 1 sucre).

Déjeuner

- crudités (radis ou carottes râpées) ;
- viande ou poisson (130 g environ) + persil ;
- légumes verts (ou féculents) ;
- un produit laitier (fromage, yaourt) ;
- un fruit frais ;
- pain complet (50 g environ).

Goûter

- un thé déthéiné (ou autre boisson selon les goûts) ;
- un verre de lait (ou 1 yaourt avec confiture) ;
- une tartine beurrée (ou 2 à 3 biscuits).

Dîner

- potage de légume (frais de préférence) ;
- soufflé au fromage ;
- salade verte ;
- compote de fruits ;
- pain complet (50 g environ) ;
- eau ++.

Fig. 2.5. Une alimentation équilibrée.

Les équivalences alimentaires à connaître

Pour aider la maman à composer les menus, voici quelques rappels d'équivalence alimentaire :

- **¼ litre de lait** apporte autant de **calcium** que : 200 g de fromage blanc, 50 g de fromage à pâte molle (par exemple : camembert), 30 g de fromage à pâte cuite (par exemple : gruyère, comté, emmental, etc.), 2 petits suisses, 2 yaourts ;
- **100 g de viande** contiennent autant de **protides** que 100 g de poisson, 2 œufs, ½ litre de lait.

Les toxiques à éviter

Certains petits plaisirs de la mère peuvent nuire au bébé :

- le **tabac** est celui qui est le plus nocif car, d'une part, les composants toxiques passent dans le lait ; d'autre part, ils polluent l'atmosphère et prédisposent l'enfant (comme l'adulte) à la bronchite chronique voire à l'asthme ;
- la **caféine** est également mise au banc des accusés. En 2008, à la suite d'une enquête sur des milliers de femmes, les chercheurs ont découvert que la caféine pouvait être la cause d'accouchements prématurés ; de ce fait, toute boisson à base de caféine (café), mais également de théine ou certains sodas contenant ces composants (tels que le Coca-Cola) sont vivement déconseillés ;
- l'**alcool** est particulièrement préjudiciable à la santé de la mère et du bébé car il passe du sang dans le lait. Les campagnes d'information du ministère de la Santé signalent ses méfaits au niveau de tous les organes et particulièrement le phénomène d'addiction qui peut être déclenché dès le plus jeune âge. Le personnel de santé a donc un rôle d'information et de mise en garde auprès des mamans.

Les **drogues** sont également à bannir.

Quant aux **médicaments**, il faut consulter un médecin pour connaître les contre-indications éventuelles. Certains ne nuisent pas au bébé, d'autres doivent être utilisés avec précaution et quelques-uns sont contre-indiqués.

L'HYGIÈNE DE VIE DE LA MÈRE QUI ALLAITE

Le sommeil

La femme qui allaite doit dormir suffisamment. Dans la journée, elle profitera des heures de sommeil de son enfant pour se reposer au maximum, s'allongera un quart d'heure avant chaque tétée pour favoriser la montée laiteuse.

Les promenades

Nous recommandons les promenades, les sorties au grand air (si la maman en a le temps et la possibilité et si cela n'entraîne pas de fatigue excessive). La maman qui allaite ne doit pas ressentir l'allaitement comme un esclavage de chaque instant. Dès que la maman en aura la possibilité, elle sortira avec son bébé et reprendra ses occupations habituelles, cela est important pour son équilibre psychique, l'allaitement maternel n'est pas une contrainte à la reprise d'une vie normale.

fiche 11

LE CHOIX DU TIRE-LAIT

Le tire-lait est utilisé dans différentes situations :
- en cas de lactation importante ;
- lorsque la femme a beaucoup de lait et qu'elle fait un don de lait au lactarium ;
- lors de la reprise d'une activité professionnelle et de sevrage partiel du bébé.

Il existe différents modèles électriques ou manuels. Citons à titre d'exemple : le tire-lait Philips Avent®. Puissant et léger, il enregistre et reproduit le rythme et la puissance d'aspiration souhaitée (fig. 2.6).

Conserver le lait tiré

Pour continuer à « allaiter » le bébé en l'absence de la maman, celle-ci pourra tirer et conserver le lait maternel sous certaines conditions.

On recommande de choisir des récipients en verre pour conserver le lait tiré et de congeler des petites quantités à chaque fois (60 à 120 ml) pour éviter les pertes. Il faut noter sur le récipient la date et l'heure du recueil du lait avant de le conserver au réfrigérateur ou au congélateur.

Ne pas mélanger les laits s'ils ne sont pas à la même température.

Pour la conservation du lait, l'ANAES recommande :
- à température ambiante (19 °C-22 °C), le lait qui vient d'être recueilli se conserve au maximum 1 h ;
- au réfrigérateur (température inférieure ou égale à 4 °C), le lait se conserve 48 h ;
- au congélateur (température < à 18 °C), le lait se conserve 4 mois.

Le lait congelé se garde 24 h au réfrigérateur et 1 h à température ambiante. Il ne doit jamais être recongelé.

Le lait décongelé non utilisé doit être jeté.

Photo Philips AVENT

Fig. 2.6. Le tire-lait.

fiche 12

3

L'allaitement au biberon

Les laits offerts actuellement aux bébés sont nombreux. C'est le pédiatre qui les choisit en fonction de la physiologie et des besoins particuliers du bébé. Le bébé qui vient de naître reçoit du lait 1er âge adapté à sa physiologie. La quantité augmente chaque jour, elle est adaptée au volume de l'estomac du bébé et à ses capacités digestives.

Les enfants n'ont pas tous le même appétit ni les mêmes besoins, il est donc normal que certains réclament plus que d'autres. À certains enfants, il faudra plus, ou plus souvent ; à d'autres moins. Le médecin indiquera les rations nécessaires. Mais l'enfant est le meilleur juge de ses propres besoins. Il ne faut donc pas le forcer, en particulier ne pas le réveiller pour boire, mais ne pas non plus refuser de le nourrir avant l'heure.

Situation

Mme M., jeune maman, a choisi d'allaiter son enfant Zoé au biberon. Zoé doit recevoir deux jours après sa naissance six biberons de lait (marque G). Ils contiennent tous 90 ml et le bébé boit ce qu'il veut (c'est l'allaitement à la demande). C'est la puéricultrice qui les apporte tout préparés à température ambiante.

Mme M. s'informe auprès du personnel de la maternité pour savoir ce qui a déterminé le choix du lait et comment a été calculé le nombre de biberons. On lui répond que le lait choisi par le pédiatre est un lait classique, qui correspond à l'âge de Zoé ; c'est un « lait pour nourrisson » et que la qualité a été calculée d'après le poids de l'enfant (voir Mémo page 56).

La puéricultrice répond ensuite à ses autres questions au sujet de l'allaitement.

Les questions que l'on se pose

- *Qu'appelle-t-on lait 1er âge ?*
- *Qu'appelle-t-on allaitement à la demande ?*
- *Pourquoi offrir le lait à la température ambiante ?*
- *Quel matériel se procurer pour le repas de mon bébé ?*
- *Comment préparer les biberons de lait ?*
- *Quelle est la meilleure tétine pour son âge ?*
- *Pourquoi stériliser les biberons et avec quoi ?*
- *La stérilisation est-elle toujours indispensable ?*

Les nouveaux laits pour nourrissons

Le lait de vache doit être adapté quantitativement et qualitativement avant d'être donné au nourrisson. Cette adaptation est la raison d'être des laits infantiles.

LE CHOIX DU LAIT

Il revient au pédiatre de faire le choix du lait en fonction des besoins particuliers du bébé et de l'âge où il est prescrit ; les laits pour nourrissons se classent en deux catégories :
- **le lait 1er âge** (ou préparation pour nourrisson) est utilisé de 0 à 4 mois ;
- **le lait 2e âge** (ou lait de suite) est utilisé de 5 à 12 mois (*cf.* chapitre 10).

Le lait de croissance à partir de 1 an et conseillé jusqu'à 3 ans.

L'INTÉRÊT DU LAIT 1ER ÂGE

Le lait 1er âge (ou préparation pour nourrisson) est adapté à la physiologie et donc aux besoins spécifiques du nouveau-né. Le **rapport caséine sur protéines solubles** est modifié par rapport à celui du lait de vache[1].

Cela a pour avantage un rapport optimal entre satiété et digestibilité. Il faut noter également :
- un apport important en acides gras essentiels, en particulier l'acide linoléique ;
- un sucrage mixte par lactose et dextrine maltose ;
- une diminution du sel (NaCl) ;
- un enrichissement en vitamine D permettant la prévention du rachitisme ;
- un enrichissement en fer permettant la prévention de l'anémie.

La ration journalière de lait et le nombre de repas

LA RATION DE LAIT PAR 24 HEURES

La ration de lait par 24 heures est généralement fixée par le pédiatre en fonction du poids et de l'âge de l'enfant. Les mamans souhaitent souvent être informées du principe de calcul de la ration alimentaire de leur enfant. Prenons un exemple.

Situation

Zoé a deux jours. Elle pèse 3 kg. Le pédiatre à la maternité a prescrit pour cet enfant une ration de lait de 550 ml/24 h et demande à la maman de donner six biberons de 90 ml chacun. Comment a-t-il calculé ?

→ Avant 5 mois (c'est le cas de Zoé)

Le calcul de la ration de lait par 24 heures a été effectué d'après le poids du bébé. Le médecin a utilisé la règle d'Apert. Il faut noter le poids de l'enfant (en grammes) y ajouter 250 ml et diviser par 10 (voir ci-après). Pour obtenir la quantité de lait par biberon, il suffit de diviser la ration de lait de 24 heures par le nombre de repas. Le + ou – 100 ml est à apprécier par le pédiatre en fonction de la courbe de poids et de l'appétit de l'enfant.

$$\frac{\text{Poids de l'enfant (en g)} + 250\,\text{ml}}{10} \quad (+\ 100\,\text{ml})$$

= ration de lait par 24 heures

→ Après 5 mois

La règle d'Apert ne s'applique plus. Généralement l'enfant atteint le poids de 6 kg. De ce fait, la quantité totale d'un biberon sera de : **210 ml d'eau + 7 mesurettes rases de lait.**

Rôle de la professionnelle

Il faut mettre en garde les parents contre une tendance fréquente qui est de suralimenter son enfant, en pensant qu'il se portera mieux. La santé ne se mesure pas au nombre de kilos.

LE NOMBRE DE REPAS PAR 24 HEURES

Le nombre de repas par 24 heures s'évalue, théoriquement, en fonction de l'âge de l'enfant

(1) 60 % de protéines solubles et 40 % de caséine pour 20 % de protéines solubles et 80 % de caséine dans le lait de vache.

ou de son poids. En pratique, on tient compte de l'appétit de l'enfant et de ses désirs ; à titre d'exemple :

- vers 1-2 mois : environ 6 repas/24 h ;
- vers 3-4 mois : environ 5 repas/24 h ;
- vers 4-5 mois : environ 4 repas/24 h.

MémoMémoMémo

Calculer la ration de lait de Zoé (par jour et par biberon)

Nous allons calculer la ration de lait de Zoé, bébé pesant 3 kg et prenant 6 repas par jour.

Calcul de la ration journalière de lait :

On sait que Zoé pèse 3 kg (soit 3 000 g) on va utiliser la règle d'Apert :

$$\frac{3\,000\,\text{g} + 250\,\text{ml}}{10} = 550 \text{ ml/24 heures.}$$

Calcul de la quantité de lait par biberon :

On sait que Zoé a 6 repas par jour ; il suffit de diviser la quantité par 6 :

$$\frac{550 \text{ ml}}{6} = 91 \text{ ml par biberon}$$

On arrondit toujours le chiffre pour faciliter le calcul du nombre de mesurettes. Donc la quantité par biberon sera de 90 ml.

Calcul de la quantité de lait en poudre :

Les laits 1er et 2e âges se reconstituent à raison de 1 mesurette rase de lait dans 30 ml d'eau.

Il est important pour la santé de l'enfant de respecter scrupuleusement la concentration du lait. Donc si la ration du biberon est de 90 ml, on mettra 90 ml d'eau et 3 mesurettes de lait (arasées).

La température du lait

La tradition et l'habitude veulent que le biberon soit donné tiède, un peu en dessous de la température corporelle (entre 30 et 35 °C) ; mais l'expérience montre que bien des nourrissons acceptent des biberons à température inférieure. D'où la tendance de plus en plus répandue en maternité, dans les crèches et les services hospitaliers de donner le **biberon à température ambiante** (entre 15 et 20 °C) ; cela simplifie la préparation des biberons et élimine tout risque de brûlure. On évitera cependant d'utiliser le biberon (ou l'eau de préparation) sorti directement du réfrigérateur.

Rôle de la professionnelle

Savez-vous que les questions le plus souvent posées par les mamans aux professionnels sont : « *Mon bébé boit-il assez ? A-t-il pris du poids normalement ?* »

Comment savoir si la ration de lait est suffisante pour l'enfant ?

Avec l'enfant nourri au biberon, on n'est pas sûr que les rations de lait qu'on a décidé de lui donner (parce qu'elles correspondaient théoriquement au poids de l'enfant) soient adaptées à ses besoins. Au même poids et pour le même âge, certains bébés ont besoin de plus de nourriture, quelquefois un tiers en plus. Comment, dans ces conditions, savoir si l'enfant est bien nourri ? Pour le savoir, il faut suivre les indications suivantes.

Apprécier tout d'abord la courbe de poids de l'enfant

S'il prend régulièrement du poids, la ration est suffisante (25 à 30 g par jour les trois premiers mois, 20 à 25 g les trois suivants, 15 g entre 3 mois et 1 an). Nous ne parlons pas ici des variations quotidiennes : un bébé prend 25 g par jour en moyenne, mais cela veut souvent dire : un jour 35 g, un jour 15 g.

La balance peut aussi indiquer que le poids est stationnaire. En dehors de tout trouble digestif ou autre symptôme, il ne faut pas s'inquiéter. Chez certains enfants, le poids reste stationnaire plusieurs jours, puis « redémarre ». C'est d'ailleurs la raison pour laquelle on conseille de ne peser le bébé qu'une fois par semaine.

Apprécier ensuite le sommeil

C'est un élément de surveillance important ; si l'enfant dort calmement et a un comportement calme entre les tétées, il a assez bu !

Apprécier enfin les selles

Si ses selles sont normales (une à deux par jour), plutôt fermes, jaune clair et grumeleuses, c'est un signe de bonne santé digestive.

Observer si l'enfant a bonne mine

Si sa peau est rosée, s'il ne réclame pas, s'il pleure et crie peu, s'il dort bien, en un mot s'il a l'air satisfait de son sort, on peut en conclure qu'il est bien nourri.

LE CHOIX DU MATÉRIEL DE BIBERONNERIE ET DES REPAS[2]

Durant les dix dernières années, tout le matériel destiné aux jeunes enfants a fait l'objet d'études approfondies dans le but d'en améliorer la qualité et de répondre à de nouveaux besoins. Afin d'aider les mamans dès la sortie de la maternité, voici quelques informations pratiques sur le matériel de biberonnerie.

Les biberons

Ils peuvent être en verre ou en plastique sans bisphénol A. Depuis le 30 juin 2010, la commercialisation de biberons produits à base de bisphénol A a été suspendue.

Les tétines

Elles sont aujourd'hui très perfectionnées :
- adaptées à la conformation morphologique de la bouche du bébé grâce à leur forme ogivale, elles facilitent la respiration et la succion ;
- munies de régulateurs d'air, elles sont, de plus, **antiaérophagiques** ;
- le **perçage excentré** de certaines marques évite au liquide d'aller brutalement au fond de la gorge et diminue ainsi les risques de rejet ;
- le **support plastifié** des tétines permet une grande liberté de manipulation, le capuchon obturateur est une mesure d'hygiène appréciable ;
- quelques modèles possèdent des ouvertures pour **liquides épaissis** de farine, potages, etc. ;
- d'autres ont des régulateurs de vitesse à deux ou **trois positions** (I, II, III) et un perçage en « T » ou en trait (-). Il faut vérifier l'écoulement correct de liquide, celui-ci doit s'écouler à raison d'une goutte par seconde quand on retourne le biberon ; s'il coule trop peu, le bébé va tirer désespérément sur sa tétine et risque de s'endormir de fatigue sans être arrivé au bout de son biberon. S'il coule trop fort, le bébé boira trop vite risquant de régurgiter.

Il existe des tétines en caoutchouc et d'autres en silicone. Celles en **silicone** sont plus rigides et il est parfois difficile pour un bébé un peu petit, fatigué ou simplement « paresseux » de téter avec.

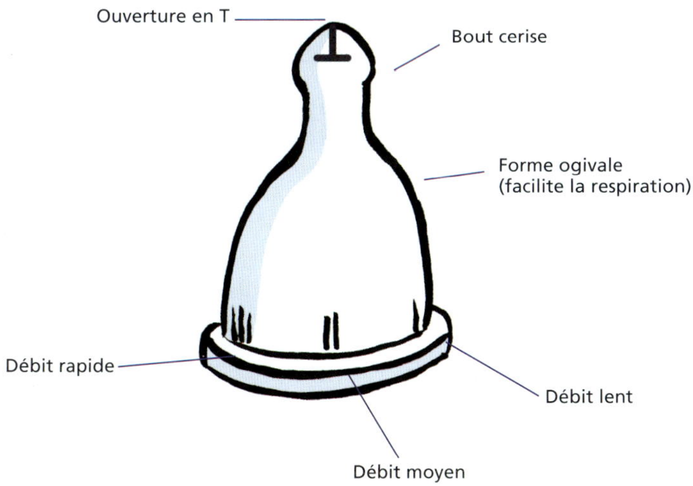

Fig 3.1. La tétine.

(2) Voir le chapitre 10 pour un complément d'informations.

fiche 13

Le biberon en plastique (240 ml)
- Biberon de bonne contenance et léger.
- Graduations chiffrées de 30 en 30 ml.
- Nettoyage à l'eau chaude savonneuse.
- Stérilisable et passage au lave-vaisselle et micro-ondes possible.

Le mini-biberon (50 ml)
- Biberon tout petit, bien gradué pour administrer les médicaments ou les jus de fruits.
- Tétine à régulateur d'air, large goulot.
- Graduations tous les 2,5 ml.
- Stérilisable et passage au lave-vaisselle et au micro-ondes possible.

Biberon décoré ou nouvelles formes de biberon.

Fig. 3.2. Le matériel de biberonnerie.

L'ENTRETIEN DES BIBERONS ET DES TÉTINES

Les biberons et les tétines doivent faire l'objet de soins méticuleux. Cela se fait par étapes.

1re étape

Lorsque la tétée est terminée, le biberon souillé de lait et la tétine doivent immédiatement être rincés à l'eau froide (fig. 3.3 A).

2e étape

Il faut :

- les déposer dans une cuvette d'eau savonneuse et les brosser à l'extérieur et à l'intérieur à l'aide d'un **écouvillon** réservé à cet usage (fig. 3.3 B) ;
- insister sur la rainure circulaire du biberon pour éviter un dépôt. Les capuchons obturateurs subissent bien entendu les mêmes traitements que les biberons ;
- retourner complètement la tétine pour mieux la nettoyer (fig. 3.3 C) et presser légèrement son embout entre les doigts pour dégager les trous de perçage souvent remplis de lait caillé.

3e étape

Il faut rincer à plusieurs reprises et à l'eau très chaude les biberons et les tétines, et bien vérifier l'écoulement de la tétine et son intégrité (un écoulement est normal lorsqu'en renversant le biberon où la tétine est fixée, il se produit immédiatement un jet fin et mince, ensuite coule goutte à goutte) (fig. 3.3 D). Si l'eau continue de couler en jet, la tétine est trop percée.

4e étape

Si le matériel n'est pas stérilisé : laisser égoutter les biberons et leurs annexes à l'envers sur un torchon propre.

- mettre le matériel à l'envers dans le récipient destiné à la stérilisation ou l'essuyer et le ranger ;
- une fois par semaine, faire bouillir les biberons (fig. 3.3 E) dans de l'**eau vinaigrée** afin de dissoudre le calcaire déposé sur les parois ;
- faire tremper les tétines dans de l'eau bicarbonatée pour prévenir le muguet (affection très contagieuse, localisée à la bouche, due à un champignon) (fig. 3.3 F).

A. Rincer le biberon à l'eau froide.

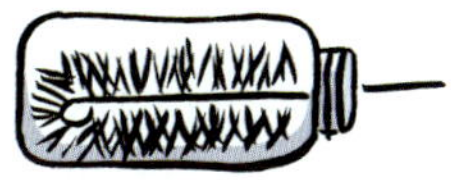

B. Brosser le biberon à l'eau savonneuse tiède à l'aide d'un écouvillon.

C. Retourner la tétine pour mieux la nettoyer.

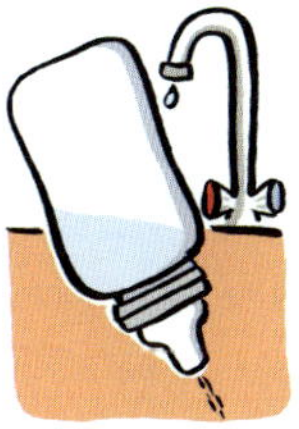

D. Vérifier l'écoulement de la tétine.

E. Plonger les biberons dans de l'eau vinaigrée bouillante (une fois par semaine).

F. Faire tremper les tétines dans de l'eau bicarbonatée froide.

Fig. 3.3. Comment entretenir biberons et tétines.

LA STÉRILISATION ET LA DÉSINFECTION DES BIBERONS ET DES TÉTINES

Pourquoi stériliser ?

À sa naissance, le nouveau-né n'a pas encore rencontré des germes et virus présents dans l'environnement. Son intestin est rapidement colonisé par les germes provenant de sa mère et de l'entourage. La majorité de ces germes sont bénéfiques et cela permet à l'enfant de « fabriquer » son immunité. Cette étape prend **3 à 6 mois**. Raison pour laquelle la stérilisation est **souvent conseillée** pendant cette période, **mais non obligatoire**.

Se rappeler qu'un nettoyage soigneux est par contre l'étape obligatoire avant toute utilisation du biberon.

Info : il faut savoir qu'actuellement la stérilisation ne semble plus indispensable, si les biberons ont subi un nettoyage efficace (*cf.* Mémo page 62). On recommandera cependant la stérilisation aux parents de bébés prétermes ou fragiles ou porteurs de maladies particulières.

Stériliser jusqu'à quand ?

Lorsque le bébé commence à toucher à tout et porte tout ce qu'il attrape à sa bouche, soit **vers 4 à 5 mois**, il n'est plus vraiment utile de stériliser les biberons. Le **nettoyage soigneux** reste cependant indispensable à chaque utilisation.

Comment stériliser les biberons à chaud ? (fig. 3.4)

Le principe de la stérilisation consiste à détruire tous les germes bactériens en faisant bouillir les biberons et les tétines dans une casserole ou dans un « stérilisateur » à usage domestique acheté en pharmacie ou en magasin spécialisé. Ce stérilisateur peut stériliser sept biberons et leurs tétines en même temps. Son utilisation est simple : il s'agit :

- de déposer les biberons très propres, l'ouverture vers le bas, dans le panier intérieur du stérilisateur ;
- de placer les tétines, bagues et capuchons au-dessus ;
- de remplir d'eau jusqu'au niveau du panier ;
- de faire bouillir de 10 à 20 minutes ;
- de laisser refroidir, de vider l'eau ;
- de conserver le matériel fermé, à l'abri de l'air et des poussières.

Remplir d'eau aux 2/3 l'appareil de Soxhelt, placer les biberons tête en bas dans l'appareil, déposer les tétines au-dessus. Maintenir l'ébullition durant 15 à 20 minutes.

L'appareil de Soxhelt peut éventuellement être remplacé
par une casserole ou un autocuiseur.

Fig. 3.4. La stérilisation des biberons à chaud.

fiche 15

Comment désinfecter les biberons à froid ? (fig. 3.5)

La désinfection à froid des biberons se pratique couramment aujourd'hui, aussi bien dans les collectivités qu'à domicile. On utilise à cet effet un bac gradué, en plastique (plus ou moins grand selon les besoins), ainsi qu'un produit désinfectant (type *Milton*, etc.). Il suffit de :

- remplir le bac d'eau courante froide ;
- y laisser tomber le produit désinfectant (pastilles ou liquide selon la marque employée), la solution va désinfecter pendant quelques heures les biberons et les tétines. La solution doit être renouvelée toutes les 24 heures.

Intérêts

C'est une **méthode rapide**, les tétines se détériorent moins vite qu'avec un stérilisateur à chaud et il n'y a pas de dépôt de calcaire sur les biberons. Par ailleurs, de nombreux contrôles pharmaceutiques prouvent que ce moyen de désinfection assure le maximum d'hygiène et de sécurité pour les bébés.

Inconvénients

Il y a cependant un risque de contamination si on ne prend pas la précaution de se laver les mains avant la manipulation. Par ailleurs, une odeur persistante de chlore peut déplaire à certaines mamans et aux enfants. Il leur suffira, dans ce cas, de rincer le biberon avec de l'eau minérale.

Les biberons doivent être complètement immergés dans l'eau du bas avec les tétines démontées et les capuchons.

Sortir les biberons stériles du liquide avec des mains soigneusement lavées au préalable.

Fig. 3.5. La stérilisation à froid.

Comment stériliser les biberons au micro-ondes ?

Il s'agit de :

- disposer les biberons propres, les tétines et les combinés dans le stérilisateur micro-ondes ;
- verser de l'eau dans le fond du récipient (environ 200 ml selon les modèles) ;
- mettre le couvercle sur les biberons ;
- mettre l'ensemble dans le micro-ondes à la température la plus élevée ;
- faire chauffer environ 5 minutes ;
- attendre 4 minutes et sortir les biberons.

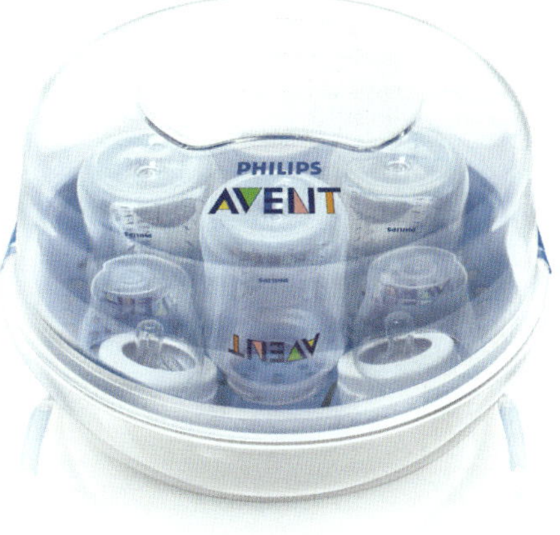

Photo philips AVENT

Fig. 3.6. La stérilisation au micro-ondes.

Comment stériliser les biberons à la vapeur ?

Il s'agit de :

- disposer les biberons (l'ouverture vers le bas) dans le stérilisateur rempli d'eau au tiers de son volume ;
- disposer les tétines et les combinés sur le dessus ;
- mettre le couvercle ;
- verser dans le fond du stérilisateur environ 90/100 ml ;
- brancher le stérilisateur qui s'arrête tout seul lorsque la stérilisation est terminée.

Photo philips AVENT

Fig. 3.7. La stérilisation à la vapeur.

MémoMémoMémo

La stérilisation des biberons remise en question

Deux écoles s'affrontent sur ce terrain.

- Certains pédiatres (dont Edwige Antier) ne cessent de clamer haut et fort qu'il faut poursuivre la stérilisation jusqu'à 6 mois, car le relâchement de cette pratique serait à l'origine d'un nombre plus important de gastroentérites.
- D'autres professionnels, s'appuyant sur la circulaire de l'OMS de 2005, disent que, à domicile ou dans un milieu d'enfants sains (en crèche), un nettoyage efficace des biberons à l'eau savonneuse chaude suivi d'un rinçage méticuleux à l'eau bouillante suffit à détruire la flore microbienne courante. Cette pratique doit bien entendu être impérativement associée au lavage des mains du préparateur. Pour argumenter ce choix, les professionnels évoquent le fait que, dès ses premiers mois de vie, l'enfant suce tout ce qui est à sa portée et qui n'est pas stérile (doudou, brassière, drap, pouce, etc.).

Conseil : choisissez un juste milieu. Stérilisez le premier ou les deux premiers mois et passez ensuite à l'étape du lavage méticuleux. Et un principe essentiel est à connaître : **« Ne se stérilise bien que ce qui est correctement lavé »**.

fiche 15

LA PRÉPARATION D'UN BIBERON DE LAIT EN POUDRE

Situation : préparons un biberon de lait en poudre pour un bébé âgé de 1 mois.
Ration indiquée d'eau minérale : 120 ml => lait 1er âge : 4 mesurettes.

Préparatifs

Sortir tout le matériel sur une table bien propre :
- biberon ;
- tétine et capuchon stériles (ou non) ;
- eau ;
- lait en poudre ;
- chauffe-biberon ;
- assiette. L'assiette sert à poser le petit matériel pendant la durée de l'opération (tétine, capuchon, etc.). Elle est facultative mais c'est une mesure supplémentaire d'hygiène.

Actions

Il est nécessaire de :
- **se laver les mains** au préalable ou de les frictionner avec une SHA et de respecter une hygiène stricte pendant toute la durée de l'opération ;
- verser dans le biberon **la quantité totale d'eau** nécessaire (soit 120 ml dans l'exemple choisi).

Gestes importants

Il est conseillé de :
- bien tenir le biberon pendant que l'on verse l'eau ;
- le maintenir posé sur la table et se baisser pour lire les graduations ;
- verser la ration de lait (soit 4 mesurettes) dans le biberon. Faire des **mesurettes arasées** et remettre la mesurette dans la boîte de lait en ne touchant que son manche. Mettre la tétine et la capsule ;
- visser la tétine par la « bague » en plastique, sans toucher le caoutchouc (par mesure d'hygiène) ;
- pour mélanger la préparation, secouer légèrement le biberon en le roulant entre les mains, dans les deux sens (la reconstitution du lait est immédiate) ;
- mettre le biberon dans un chauffe-biberon ou au bain-marie dans une casserole ;
- vérifier la température du liquide sur la main avant de donner le biberon (30-35 °C).

Préparer le matériel et les produits. Vérifier les produits (voir ci-dessous).

Verser la quantité totale d'eau dans le biberon.

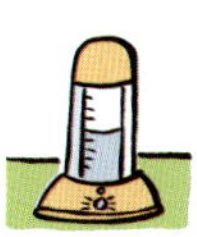

Faire tiédir l'eau (sauf si l'eau minérale a été tiédie au préalable).

Verser les mesurettes arasées de lait en poudre dans le biberon. NB : si le nombre de mesurettes est important, il faut les verser en deux temps (mélanger le lait au milieu de l'opération).

Mélanger le lait en roulant le biberon entre les mains. Consommer rapidement ou mettre au réfrigérateur (< 24 h).

Fig. 3.8. Comment préparer un biberon de lait en poudre.

Vérification des produits : lait et eau

- Pour le lait en poudre, vérifier les dates de péremption et d'ouverture de la boîte. Le lait en poudre ne peut se conserver plus de 15 jours (à un mois maximum) après ouverture de la boîte.
- Pour l'eau minérale ouverte, conservation 24 heures maximum au réfrigérateur.
- Noter les dates d'ouverture de ces produits.

LA FAÇON D'OFFRIR LE BIBERON À L'ENFANT

Pour donner correctement le biberon à l'enfant, il est conseillé de respecter les règles d'HSC (hygiène, sécurité, confort) :

➔ appliquer les règles d'hygiène (se laver les mains préalablement ou les frictionner avec une SHA) ;

➔ s'installer confortablement (fauteuil avec accoudoirs) ;

➔ assurer la sécurité et l'efficacité de la tétée ;

➔ verser quelques gouttes de lait sur sa main afin de vérifier la perforation de la tétine (le débit doit être régulier) et la température du liquide (fig. 3.10 A) : offrir le biberon à la température préférée par l'enfant (température ambiante ou légèrement plus chaude) ;

➔ installer correctement l'enfant (dans les bras, en position semi-assise, la tête bien soutenue) (fig. 3.10 B) ;

➔ introduire la tétine remplie de liquide dans la bouche du bébé, afin d'éviter l'absorption d'air (donc risque de rejet ou d'aérophagie) ;

➔ maintenir le biberon redressé (afin d'éviter à l'enfant d'absorber de l'air pendant la tétée) ;

➔ interrompre la tétée de temps en temps (surtout si le bébé tète trop vite) ;

➔ laisser l'enfant libre de ses mouvements (ne jamais lui coincer les bras ; fig. 3.9) ;

➔ le regarder, lui parler, c'est essentiel au bien-être psychologique de l'enfant : le moment de la tétée doit être un moment privilégié d'échanges.

Fig. 3.9. Le biberon.

A. Vérifier la température du liquide sur la main.

B. Tenir le bébé en position semi-assise, la tête soutenue sur l'avant-bras de l'adulte.

Fig. 3.10. Comment offrir le biberon.

fiche 17

Précautions au « moment du rot » (fig. 3.11)

En fin de tétée, il faut redresser l'enfant pour lui permettre de faire son « rot ». On peut le maintenir contre sa poitrine en lui tapotant légèrement le dos, tout en lui parlant (fig. 3.11 A) ou le tenir en position de « sécurité de base » (fig. 3.11 B).

A. Le tenir bien droit contre le thorax de l'adulte (ce qui favorise aussi la communication).

B. Le tenir bien droit vers l'avant en position de « sécurité de base » (ce qui libère l'autre main de l'adulte. Cette position est très utilisée par le personnel de santé).

C. Le mettre allongé sur le ventre.

Fig. 3.11. Au moment du rot, des positions pour le bébé.

MémoMémoMémo

Eau du robinet ou eau minérale ?

Aujourd'hui la polémique est ouverte pour le choix de l'eau à utiliser dans la préparation des biberons de lait en poudre. Faut-il utiliser de l'eau du robinet ou de l'eau minérale ? L'utilisation de l'eau du robinet ne pose aucun problème : en effet, elle est garantie potable à la consommation et bien équilibrée sur le plan minéral.
L'eau est essentielle pour l'organisme de l'enfant. À tout âge, elle doit lui être proposée à volonté au cours de la journée.

LE RESPECT DES RÈGLES D'HYGIÈNE ET DE SÉCURITÉ POUR LA PRÉPARATION DES BIBERONS

Le professionnel aura pour mission de rappeler les techniques élémentaires de préparation des biberons et, avant tout, le respect des règles d'hygiène et de sécurité.

Précautions relatives à la conservation du produit

- vérifier la date de péremption du produit ;
- inscrire la date d'ouverture sur la boîte de lait ou la bouteille d'eau ;
- refermer la boîte de lait et la bouteille d'eau aussitôt après emploi ;
- manipuler les produits dans une atmosphère sèche (car les produits lactés sont avides d'eau, ce qui favorise la prolifération microbienne) ;
- éviter le contact de la mesurette de lait avec le bord humide du biberon ;
- ne pas conserver la boîte de lait plus de 15 jours et la bouteille d'eau plus de 24 heures.

Précautions relatives au réchauffement des produits

Le réchauffement des biberons au four à micro-ondes est à proscrire car le biberon peut être tiède, alors que le lait est brûlant, et peut provoquer des brûlures oropharyngées graves. Par ailleurs, ce mode de réchauffement produit des altérations des molécules de lait (destruction des vitamines et des protéines). On conseille de faire tiédir l'eau avant d'y ajouter le lait en poudre ou éventuellement de réchauffer le lait avec un chauffe-biberon.

Précautions relatives à l'environnement

Comme vous le savez, le lait et les aliments sont propices au développement microbien, il faut donc éviter à l'enfant tout apport de microbes, que ce soit par le milieu environnant, par le matériel, par la tenue ou par défaut d'hygiène dans la préparation des biberons. Ces règles d'hygiène sont beaucoup plus impératives en collectivité qu'en milieu familial, mais sont malgré tout vivement conseillées à la maison :

- la cuisine où l'on prépare le repas de bébé doit être très propre ;
- le sol, les paillasses, le réfrigérateur, les étagères des placards doivent être entretenus très régulièrement ;
- la table où sont posés les biberons et autres produits alimentaires doit être nettoyée d'un coup d'éponge savonneuse, puis bien rincée et séchée ;
- un bon éclairage permet de mieux voir les graduations du biberon, les quantités mesurées et l'aspect des produits utilisés ;
- l'ordre doit régner dans la cuisine afin d'éviter toute perte de temps et toute source d'énervement, regrettables avant les repas.

Précautions concernant la tenue de la personne

L'hygiène de la tenue est vivement recommandée. On ne prépare pas les repas de bébé en tenue de ville. Il est souhaitable d'acheter un petit tablier spécialement destiné à cet usage. Par ailleurs, dès son entrée dans la cuisine, on doit veiller à se laver les mains et se brosser les ongles. Quant aux personnes aux cheveux longs, elles devront (si possible) les retenir avec un ruban (ou des barrettes) avant de se pencher sur le biberon.

fiche 18

Le sommeil du nouveau-né

Le sommeil a une importance fondamentale pour la santé et le démarrage de la croissance de l'enfant. Il faut savoir que le déroulement du sommeil du nouveau-né (appelé cycles de sommeil) est différent de celui de l'enfant plus grand et que les heures de sommeil occupent une grande partie du temps (à peu près 17 à 20 heures). Des précautions sont à prendre dans l'environnement, pour favoriser un sommeil paisible.

De plus, il faut savoir que la quantité de sommeil n'est pas, à elle seule, un indice de bonne santé. La qualité doit être prise en considération : un bon sommeil s'identifie chez l'enfant par sa position de nidation, son visage détendu, confiant, un enchaînement des cycles de sommeil sans interruption, suivi d'un réveil spontané : l'enfant est souriant, de bonne humeur. Son sommeil a permis la réorganisation physique et mentale qui lui était nécessaire, il a « joué son rôle » ! Il faut apprendre aux parents à connaître les « phases de sommeil ».

Situation

Le sommeil de Zoé (10 jours)

Dès que ses besoins fondamentaux sont satisfaits, en particulier lorsqu'elle vient de téter, Zoé dort paisiblement dans son berceau, à plat dos. Sa mère observe attentivement ses mimiques. Lorsque Zoé est dans sa première phase de sommeil, elle paraît agitée. Elle a des trémulations sur tout le corps ; au niveau du visage elle esquisse des grimaces, avec des mouvements involontaires des paupières, des lèvres ; parfois elle fait un sourire. Zoé bouge également un bras, puis ses doigts et puis brusquement, elle s'apaise, comme si le vrai sommeil ne commençait que dans un deuxième temps ! Elle va ainsi dormir plusieurs heures d'affilée… jusqu'à la prochaine tétée, où elle se réveillera en pleurant.

Les questions que l'on se pose

- *Quelle est la particularité du sommeil du nouveau-né ?*
- *Qu'appelle-t-on « phases » de sommeil ?*
- *Peut-on réveiller le bébé lorsqu'arrive l'heure de la tétée ou doit-on attendre son « réveil naturel » ?*
- *Quelles sont les normes de la durée quotidienne du sommeil ?*
- *Quelle est la position de sommeil recommandée ?*
- *Qu'est-ce qui peut perturber le sommeil de l'enfant ?*
- *Où installer la chambre de bébé ?*
- *Comment la meubler ? Quel lit acheter ?*
- *Quelle est la température optimale de la chambre pour le bébé ?*

La particularité du sommeil du nouveau-né[1]

À la naissance, le nouveau-né ne connaît pas l'alternance jour-nuit. Les cycles de sommeil sont courts : 50 à 60 min, ce qui correspond à 18 ou 20 cycles par 24 heures. Le rythme endormissement-éveil est essentiellement lié à la sensation de satiété et de faim. Chaque cycle comprend deux états de sommeil (le sommeil agité et le sommeil calme).

LE SOMMEIL AGITÉ

Le nouveau-né s'endort toujours en entrant dans la phase de sommeil agité ou « sommeil de rêves »[2] qui dure environ 30 min. On peut observer :

- des **mouvements corporels** (doigts, orteils, flexion des jambes) et des mouvements oculaires (ses yeux bougent sous les paupières) ;
- des **petits sourires** (appelés sourires aux anges) ;
- une **respiration irrégulière**, haletante (le pouls est rapide).

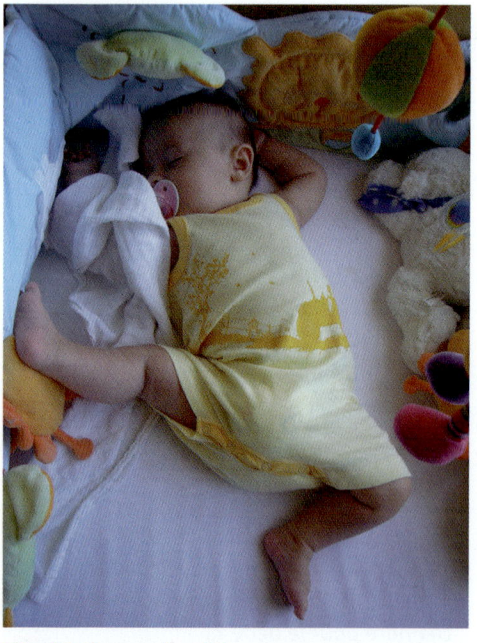

Fig. 4.1. Sommeil agité.

(1) Les particularités du sommeil de l'enfant sont développées dans la 4e partie de l'ouvrage (« Accompagnement de l'enfant au quotidien », chapitre 12).
(2) Appelé plus tard sommeil paradoxal.

LE SOMMEIL CALME

Ce cycle fait suite au sommeil agité. Il dure environ 20 à 30 min. Au cours de ce cycle, on constate que :

- le bébé est **immobile** (d'où le terme sommeil calme) ;
- le visage est **détendu**, les yeux fermés sans mouvement ;
- la respiration est **régulière**.

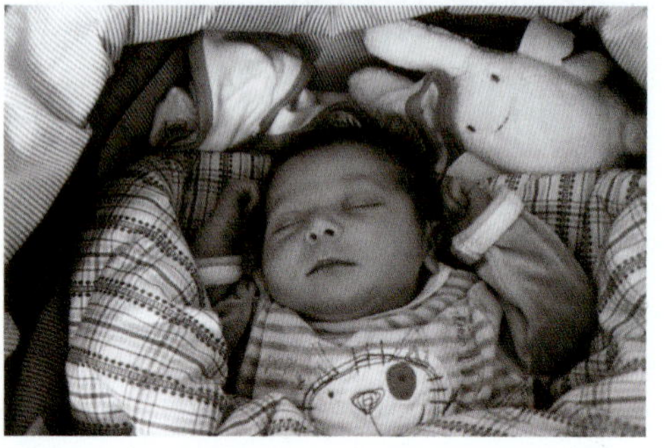

Fig. 4.2. Sommeil calme.

LE SOMMEIL DE TRANSITION

Au bout d'une heure environ, le nouveau-né est tout près de l'éveil puis se rendort, et un autre cycle recommence.

Le rôle du sommeil chez le nouveau-né

Pour être en mesure de respecter le rythme physiologique du sommeil du nouveau-né, il est nécessaire de comprendre son rôle dans l'équilibre physique et psychique.

RÔLE DU SOMMEIL AGITÉ

Il a une influence sur la maturation du système nerveux. La perturbation du cycle de sommeil agité peut provoquer des troubles du comportement de l'enfant : enfant nerveux, agitation, troubles de l'appétit.

RÔLE DU SOMMEIL CALME

L'hormone de croissance est sécrétée pendant cette phase, elle a un rôle fondamental pour le développement de l'enfant. La perturbation du cycle de sommeil calme peut provoquer des troubles de la croissance.

L'évolution de la durée et du rythme du sommeil

À la naissance, le nouveau-né est polyphasique, c'est-à-dire qu'il ne connaît pas l'alternance du jour et de la nuit. Son *cycle de sommeil* (sommeil calme-sommeil agité) ne dure que 50 à 60 min et le rythme endormissement-éveil est essentiellement lié à la sensation de satiété et de faim.
Progressivement, le sommeil de l'enfant se structure :

- **vers la fin du premier mois,** la prédominance du sommeil nocturne et de l'éveil diurne apparaît ;
- **vers 6 mois,** le sommeil se répartit en quatre périodes : une nuit et trois siestes le jour ;
- **vers 10-12 mois,** le sommeil est réparti en trois périodes : une nuit et deux siestes, dont la durée dépend des besoins de l'enfant, soit en complément du sommeil nocturne, soit en réparation d'une fatigue physique particulière (activités motrices, sorties, maladies, etc.) (tableau 4.1) ;
- **à partir de 2 à 3 ans,** le cycle de sommeil de l'enfant devient identique à celui de l'enfant plus grand.

Tableau 4.1 – Durée et rythmes du sommeil de la naissance à 1 an*.

Âge	Sommeil nocturne	Sommeil diurne	Durée totale
À la naissance	-	-	17 h à 20 h
1 mois	10 h	6 à 7 h	16 h à 17 h
6 mois	9-10 h	3 siestes de 1 h 30 à 2 h	14 h à 16 h
1 an	10 h	2 siestes de 1 h 30 environ	13 h environ

* ne pas oublier les importantes variations individuelles.

MémoMémoMémo

Le cerveau ne dort jamais !

Grâce à l'électroencéphalogramme qui permet de capter et d'enregistrer les pulsations électriques émises par le cerveau, on sait que ce dernier ne s'endort pas. Seul le rythme de son activité se modifie. En étudiant la durée et la profondeur du sommeil, on a pu tracer la représentation graphique d'une nuit (l'hypnogramme). Chacun possède le sien. Notons que, dès la naissance, l'enfant a un rythme de sommeil qui lui est propre. Il existe des « petits » et des « gros » dormeurs.

Les facteurs de perturbations du sommeil du nouveau-né

Les contraintes de la vie sociale actuelle rendent délicat le respect des besoins de sommeil du nouveau-né. Toutefois l'adulte devra éviter au maximum tous les facteurs de perturbation du sommeil. Par exemple, les réveils répétés du nouveau-né à cause d'un environnement bruyant :

- cris d'enfants plus grands ;
- conversations animées ;
- téléviseurs, radios, sono, etc., proches du berceau.

Rôle de la professionnelle

Aider le nouveau-né à trouver son rythme de sommeil

La professionnelle expliquera aux parents que, en répondant de façon adaptée aux besoins de l'enfant, et grâce à la régularité des soins, on l'aide à trouver progressivement son propre rythme.
Pour connaître les phases de sommeil du nouveau-né, il faut apprendre à l'observer, ainsi l'on pourra distinguer la phase de sommeil agité de celle du sommeil calme.

Observer le sommeil du nouveau-né

Il faut savoir que le nouveau-né, au cours du sommeil agité :

- *capte* tous les messages du monde extérieur. Il faut donc veiller à créer un environnement paisible autour de lui ;
- peut *ouvrir* les yeux, ou parfois pleurer !

L'erreur serait de prendre ces manifestations pour des signes d'appel ou de détresse et de chercher à le consoler. Cette attitude perturberait totalement le sommeil de l'enfant. Par ailleurs, il faut également comprendre qu'au début de la vie, « *l'horloge chronobiologique* » est encore mal réglée et que (comme pour l'alimentation) les besoins de sommeil sont anarchiques. Au fur et à mesure de la croissance s'installera un *rythme de sommeil régulier*. Le rythme alimentaire met trois mois pour se régulariser, le rythme de sommeil jour-nuit également. Il existe donc une *période de transition* de quelques semaines où il faut savoir s'adapter au rythme de sommeil du bébé (même si cela est parfois fatigant) ; il ne faut surtout pas demander au bébé de s'adapter aux rythmes de vie du groupe familial. C'est la maturation cérébrale de l'enfant qui règle son « *horloge intérieure* », ce n'est pas l'adulte responsable du bébé, aussi bien intentionné soit-il.

En résumé : le caractère du sommeil étant propre à chaque enfant, la meilleure façon de déterminer les besoins réels de sommeil d'un enfant est de l'*observer* pendant plusieurs jours et de noter fidèlement son comportement.

MémoMémoMémo

Quelques remarques sur la plagiocéphalie

La plagiocéphalie positionnelle est l'aplatissement d'une zone à l'arrière du crâne qui a été attribué au couchage sur le dos. En fait, elle est souvent liée à l'utilisation précoce et prolongée des **coques de transport** type « cosy ». Dans ce type de matériel, l'enfant sera calé et souvent en sécurité lors des transports notamment mais au prix d'une limitation des mouvements du cou.

Il est préférable, dans les premiers mois de vie, de **limiter les longs déplacements** où l'utilisation prolongée de ce matériel est requise.

Il en est de même pour l'utilisation précoce du **transat**. Durant les phases d'éveil, on positionnera le bébé sur le ventre sous surveillance. On veillera à ce qu'il soit **libre de ses mouvements** en le mettant plutôt sur le tapis d'éveil bien ferme avec des jouets posés au sol que dans un transat avec une arche de jeux. On le fera dormir dans son lit en modifiant périodiquement l'orientation de sa tête. Enfin, les gadgets, type coussins anti-plagiocéphalie peuvent être dangereux pour le bébé qui risque d'y enfouir le visage en se retournant. Leur utilisation n'a d'autre part pas démontré son utilité.

Quels conseils donner aux parents qui pratiquent le co-sleeping ?

On sait que dans certaines cultures, ce type de couchage est très prisé. Et il faut respecter les traditions de chacun. Cependant, afin de prévenir la mort inattendue du nourrisson, on se doit de prévenir les familles des risques encourus par le co-sleeping.

À la sortie de la maternité, la maman ressent le plaisir d'être proche de son bébé, de le caresser, de le tenir contre elle. Pour la maman qui allaite, l'avoir tout près d'elle est souvent décrit comme étant « plus pratique » pour l'allaiter en pleine nuit. Mais le lit des parents n'est pas adapté au nouveau-né. L'enfant est trop petit pour les couvertures, les couettes et oreillers ; il risque de s'étouffer durant son sommeil. Les parents risquent également de l'écraser ou de le pousser. Il peut tomber du lit parental. Le co-sleeping est donc fortement déconseillé.

Pour rester proche du tout-petit, on peut mettre le lit du bébé dans la chambre des parents. Mais à partir de 3 mois, il est conseillé d'habituer progressivement l'enfant à sa propre chambre.

On peut bien sûr l'installer dès la naissance dans sa propre chambre à condition qu'elle ne soit pas trop loin des parents si l'enfant pleure. On peut l'installer avec sa fratrie si cela ne génère pas de dérangement pour les uns ou les autres. De même, l'assistante maternelle veillera à respecter le sommeil de chaque enfant en adaptant les couchages en fonction des « petits » et « gros » dormeurs. Il est illusoire de croire qu'au même âge, tous les enfants dorment autant et qu'ils doivent tous dormir ensemble.

Choisir un berceau ou un lit ?

Devant la gamme très étendue des jolis berceaux qui ornent les vitrines des magasins, les futures mamans ont souvent des « coups de cœur » et préfèrent le choix du berceau à celui du lit, même si elles savent que son usage sera de courte durée. Le berceau est en effet le symbole d'une future naissance, il est déjà aux dimensions du nouveau-né et l'on comprend fort bien toute la charge affective qu'il représente… certaines familles préfèrent utiliser un couffin, avec l'idée que l'enfant se sentira « plus enveloppé » ou « moins perdu », comme dans le ventre de sa maman. Ce type de couchage peut convenir pour les premières semaines mais n'est pas conseillé car moins bien aéré qu'un berceau et finalement rapidement trop petit pour le bébé qui grandit vite.

- Le berceau peut servir jusqu'à l'âge de 6 mois (dimensions : 90 cm × 40 cm). On s'assurera du respect des normes de sécurité, normes NF EN 1130, de l'espacement des barreaux inférieur à 7 cm et de la stabilité du berceau. On évitera de le placer à proximité d'un radiateur ou d'un rideau.
- Le petit lit de la naissance jusqu'à 2 ans et demi à 3 ans (dimensions : 120 cm × 60 cm), mais peut aussi être utilisé dès la naissance, le sommier étant mis en position haute. Les constructeurs ont souvent prévu deux niveaux de hauteur de sommier, afin que le lit soit évolutif. On adoptera la position basse du sommier quand l'enfant sera en âge de se mettre debout et qu'il risque de passer par-dessus les barreaux du lit.

On évitera de « récupérer » le lit de famille, qui a souvent une forte charge émotionnelle, mais qui n'est pas aux normes et risque d'être dangereux pour le bébé.

On s'assurera du respect des normes de sécurité, normes NF EN 716-1. Les montants du lit doivent être suffisamment hauts (60 cm) quand le sommier est en position basse, pour éviter les chutes.

Pour les lits d'occasion, on veillera à repeindre la peinture qui s'écaille et que l'enfant peut manger. On changera le matelas. Celui-ci doit être ferme et adapté à la taille du lit.

Les lits parapluie, lits pliables sont à utiliser ponctuellement sans rajouter de matelas supplémentaire. C'est une solution d'appoint pour les vacances par exemple.

MémoMémoMémo

La couverture « version emmaillotage »

Depuis les recommandations du ministère de la Santé pour prévenir la mort inattendue du nourrisson, la couverture ne fait plus partie de l'environnement des bébés (on lui préfère la « turbulette » qui protège et réchauffe sans risque de surchauffe). Mais la couverture revient sous une nouvelle forme, qui remet au goût du jour une pratique courante autrefois pour relaxer les bébés : l'emmaillotage.
L'emmaillotage consiste à envelopper le nourrisson dans un grand morceau de tissu ou une couverture afin de le rassurer et reproduire les perceptions *in utero*. Le bébé retrouve ainsi le cocon du ventre de sa mère. Si l'emmaillotage des bébés existe depuis toujours à travers le monde, cette pratique a été popularisée plus récemment en Occident par le pédiatre américain Harvey Karp.
En effet, cette couverture :
- couvre le corps sans risquer de recouvrir le visage ;
- est enveloppante (tel un nid). Elle est sécurisante pour le nourrisson et permet de le calmer en cas de pleurs ;
- est légère mais chaude. Elle prévient ainsi les réveils en sursaut dus majoritairement à la sensation de froid.

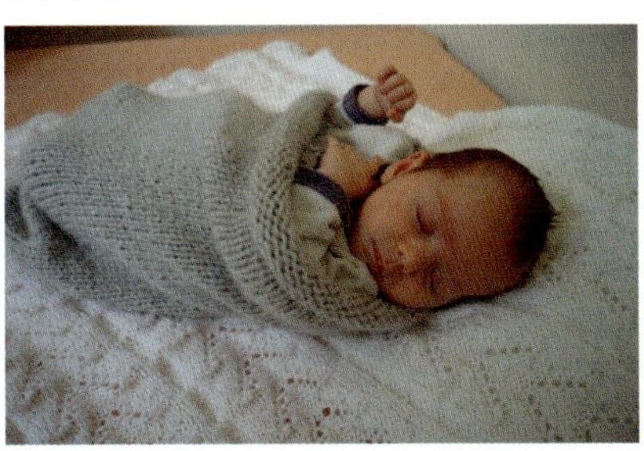

Photo Mabelbul

Fig. 4.3. L'emmaillotage

L'AMÉNAGEMENT DE LA CHAMBRE DE L'ENFANT

La chambre de l'enfant doit répondre à des critères d'hygiène et de sécurité, et être déjà adaptée aux besoins de l'enfant plus grand.

Les premiers mois de sa vie, le nourrisson peut dormir dans la chambre de ses parents, si tel est leur souhait ou s'ils ne peuvent pas faire autrement, mais très vite, le bébé aura besoin d'un coin bien à lui, car son rythme sera différent de celui de sa famille.
Pour bien installer une chambre d'enfant, il faut toujours avoir présent à l'esprit l'enfant âgé de 10 mois qui commence à marcher à quatre pattes et à se cogner. Tout ce qui est acceptable dans une chambre d'enfant doit répondre à des **critères d'hygiène et de sécurité** indispensables.

L'aération

L'aération doit être assurée par une (ou deux) fenêtres qui dispensent aussi bien l'air pur que la lumière. Nous savons en effet que l'enfant a besoin d'un cubage d'air suffisant (30 m³ au minimum), car il rejette beaucoup d'acide carbonique.

L'éclairage

Il doit être **rationnel**. Il y a lieu de prévoir une lampe de chevet (pour le soir ou la nuit), placée derrière le lit du bébé pour le surveiller sans le réveiller. Une lampe veilleuse ne sera utile que si, plus tard, l'enfant a des problèmes de sommeil.

La température

Le chauffage doit être **suffisant, uniforme et régulier**. Le nouveau-né n'a pas de régulation thermique. Il est très sensible au froid, au chaud, et aux variations de température. Dans la pièce où il dort, il faut maintenir une température constante de 19 à 20 °C[3]. Le chauffage central paraît réunir toutes les qualités requises.

Les couleurs

Il est conseillé si possible de réaliser, entre les murs, le plafond et le sol, une harmonie de couleurs reposantes à la vue.

Le choix du mobilier

La première année, trois à quatre meubles sont essentiels :
- le berceau ou le lit de l'enfant ;
- le « baby relax » ou transat ;
- la table à langer, ou une commode (plus pratique car le plateau permet de poser le coussin de change et les tiroirs offrent les petits vêtements à portée de main) ;
- une petite chaise basse, ou un fauteuil bas (si la maman allaite).

Photo Jacadi

Fig. 4.4. La chambre.

(3) Il faut veiller à ne pas dépasser cette température (recommandations du ministère de la Santé pour prévenir la mort inattendue du nourrisson, MIN).

fiche 19

L'ÂGE DU BERCEAU (0-8 mois)

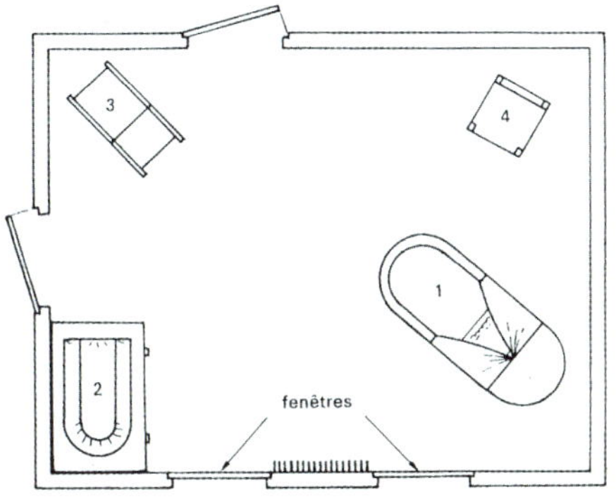

Pour le nourrisson : 3 meubles importants :
- un berceau ou un petit lit (1) ;
- une table à langer ou une commode avec un coussin de change placé dessus (c'est très pratique : la stabilité est bonne et les tiroirs permettent le rangement des vêtements) (2) ;
- un transat (3).

Le petit fauteuil bas (4) est utile pour la maman (surtout si elle allaite).

L'ÂGE DU 4 PATTES (8-14 mois)

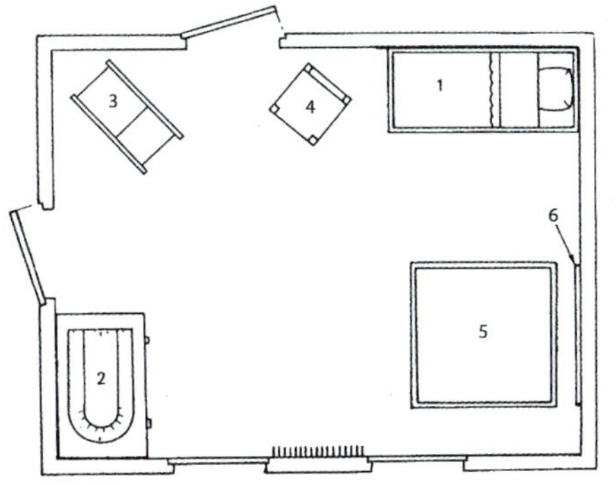

Entre le début de la station assise et la marche : l'enfant aime ramper, marcher à 4 pattes, se mettre debout seul, se regarder dans la glace... ouvrir les tiroirs de la commode... Le mobilier sera :
- un petit lit (0,60 × 1,20 m) (1) ;
- un tapis de sol en caoutchouc mousse (5) ;
- une glace murale (6).

L'ÂGE DES PREMIERS PAS
(15 mois-2 ans et demi)

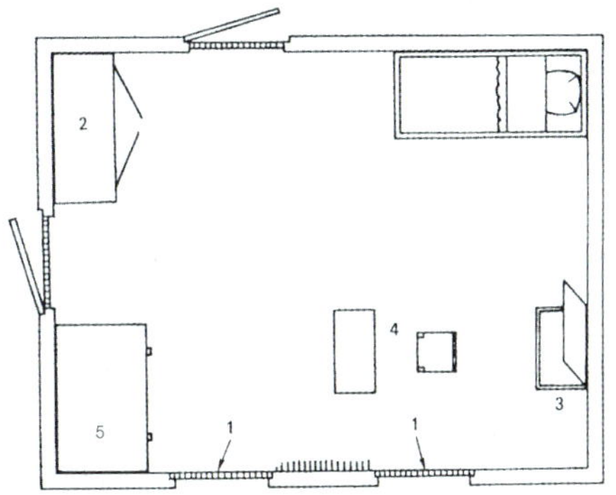

Vers 15 mois : l'enfant prend possession de son domaine privé, mais il n'y reste pas longtemps et préfère gambader dans l'appartement. À cet âge, il faut prévoir une protection aux fenêtres pour prévenir les accidents (1). Meubles nouveaux :
- l'armoire-penderie (2) ;
- un coffre à jouets (3) ;
- un petit siège et une petite table (4) ;
- la commode (sous le coussin de change) (5).

L'ÂGE DE LA MATERNELLE
(2 ans et demi-3 ans)

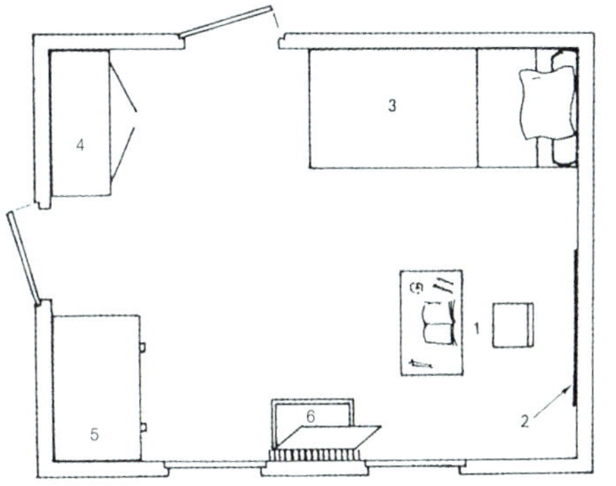

Vers 2 ans et demi-3 ans : l'enfant fréquente en général l'école maternelle. Sa chambre sera son domaine à « lui seul ». Il aimera y retrouver :
- un bureau bas avec un siège (1) ;
- un tableau noir (avec de vraies craies) (2).

Il faut à l'enfant un lit plus grand (style divan-lit, 3) afin que l'enfant y accède seul facilement.
Sont toujours utilisés :
- la penderie (4) ;
- la commode (5) ;
- le coffre à jouets (6).

Fig. 4.5. La chambre d'enfant de 0 à 3 ans.

LE CHOIX DU LIT, DE LA LITERIE ET DU MATÉRIEL DE TRANSPORT

Des critères de sélection de HSC (hygiène, sécurité et confort) doivent être pris en compte pour répondre aux besoins de l'enfant.

Les critères de sélection du lit

Le lit (ou le berceau) devra :
- être rationnel ;
- de forme simple ;
- sans nid à poussière ;
- d'un entretien facile (à l'eau et au savon obligatoirement) ;
- transportable (donc si possible, muni de roulettes) ;
- stable ;
- assez profond (sécurité pour l'enfant qui remue beaucoup) ;
- assez haut sur pied (enfant isolé du froid, des courants d'air, des poussières, des animaux) ;
- être de préférence à claire-voie, pour permettre à l'enfant de voir et d'être vu.

Les critères de sélection de la literie

Le rôle de la literie est de maintenir l'enfant dans les meilleures conditions d'hygiène et de confort. Voici quelques éléments de sa composition :
- une housse démontable et lavable (pour certains berceaux ou lits à claire-voie) ;
- un matelas qui doit être ferme et adapté aux dimensions du lit (si le matelas est trop petit, l'enfant peut rester coincé entre la paroi du lit et le matelas risquant l'étouffement, et peut être soit en bloc mousse, soit en flocons de mousse polyester, avec housse amovible ;
- une alèse molletonnée en coton imperméable (qui doit pouvoir bouillir) ;
- un molleton : il remplace les premiers mois le drap-housse (choisir un molleton de bonne qualité, doux et très absorbant) ;

Le drap du dessus, la couverture et l'oreiller sont à proscrire. Ces solutions sont conformes aux recommandations faites pour la prévention de la mort inattendue du nourrisson.
- la couverture est remplacée par la turbulette (ou par la couverture emmaillotage) chez le nouveau-né (voir page 71).

Le lit monté doit être le plus simple possible.
On évitera de mettre les doudous au niveau de la tête du bébé.
On évitera le tour de lit, souvent nid à poussière. Par ailleurs, s'il se détache et tombe sur l'enfant, celui-ci ne pourra souvent pas le dégager de son visage. Si l'enfant plus grand est en âge de se mettre debout, il peut l'utiliser pour passer par-dessus les barreaux du lit…
On évitera de coucher le bébé sur une peau de mouton, une serviette éponge ou un molleton posé sur le drap. Jusqu'à l'âge de 2 ans, on bannira les oreillers, couverture, couette et drap sous lesquels le bébé peut s'enfouir. On veillera à ce que l'enfant ne puisse trouver d'objet qui va recouvrir son visage et l'étouffer (doudou, cale-bébé, tour de lit, lange…).
Le mobile, si l'enfant en a un, doit être solidement installé et avec des couleurs vives afin d'attirer son regard encore flou.
Couchage et prévention de la mort inattendue du nourrisson (voir chapitre 13, page 316 et fiche 32).

Le materiel de transport

Quel que soit l'âge, l'enfant a besoin de sortir pour découvrir le monde et s'éveiller. Découvrir le souffle du vent sur son visage, le bruissement des feuilles dans les arbres, le chant des oiseaux… et les bruits de la ville. On peut sortir l'enfant par tous les temps à condition d'avoir le matériel adapté.
Là aussi, les normes de sécurité sont très précises. Que ce soit dans le siège auto ou dans la poussette, il faut sangler l'enfant dans un siège adapté à son âge, à son poids et à sa taille et ce, quelle que soit la distance à parcourir.
Pour les courts voyages à pieds, vous avez recours au landau, à la poussette traditionnelle, à la poussette-canne.
Pour les transports en voiture, il existe pour le plus petit le lit nacelle, le siège coque ou « cosy », le siège auto dos à la route puis face à la route. Pour le plus grand, le rehausseur.
Il existe beaucoup de modèles différents, souvent évolutifs à mesure que l'enfant grandit. Chaque modèle offre des conditions de sécurité adaptées à l'enfant selon son évolution psychomotrice. À condition de l'utiliser correctement ! Il faut ajuster correctement les sangles au corps de l'enfant. Il ne doit pas être trop serré mais suffisamment pour que l'on puisse au moins glisser une main sous le harnais.

fiche 20

Attention : dès le plus jeune âge, l'enfant doit comprendre qu'il ne lui est pas permis de se détacher et que tout voyage, même court, doit être dans la plus grande sécurité, sangles bien ajustées.

À noter : le landau et surtout le lit nacelle sont interdits dans certains pays car n'offrent pas les mêmes sécurités que la coque qui peut être utilisée dès la naissance. Il est recommandé de ne plus les utiliser.

Fig. 4.6. Dormir et voyager…

fiche 20

2

Développement de l'enfant de 0 à 6 ans

5 La croissance de l'enfant

L'évolution physique, psychologique et intellectuelle de l'enfant est liée au développement du cerveau. Il est impossible de vouloir séparer les facteurs de développement, tout est étroitement lié dès la naissance de l'enfant et les premières années de vie vont avoir une influence importante sur le développement de la personnalité de l'enfant !

Dès la formation de l'œuf, le développement somatique est programmé ; l'enfant va croître en taille et en poids. Le développement somatique[1] est un phénomène global et unique :

- **développement global**, car il concerne autant la croissance pondérale et staturale que les proportions du corps. La vitesse de croissance varie en fonction de l'âge ;
- **unique**, car le rythme de développement est propre à chaque individu (voir mémo ci-après).

L'évolution de la croissance en taille et en poids (staturopondérale) est étudiée à partir de moyennes établies d'après des statistiques. Il est donc évident que tous les enfants n'auront pas le même développement, que ce développement ne suivra pas systématiquement les « normes » établies.

Situation

La courbe de croissance de Marius (6 mois)

Maria est auxiliaire de puériculture en service de pédiatrie. Elle s'occupe chaque jour de Marius (6 mois) qui est hospitalisé pour bronchiolite. Marius a perdu du poids au début de sa maladie. Depuis quelques jours il va mieux et sa courbe pondérale remonte. Mme D. (puéricultrice et cadre de santé du service) a emis à Maria une grille de mesure pour noter le poids. Ainsi le médecin pourra observer l'évolution de la courbe pondérale lors de la visite médicale.

Les questions que l'on se pose

- *Mon enfant prend-il assez de poids ?*
- *Sa croissance est-elle normale pour son âge ?*
- *Faut-il s'inquiéter si son poids a diminué d'un jour sur l'autre ?*
- *Faut-il s'inquiéter s'il a trop pris de poids depuis un mois ?*
- *Quelles sont les « normes » de poids et de taille pour son âge ?*
- *Combien de dents doit-il avoir à son âge ?*
- *Quels sont les facteurs qui favorisent sa croissance ?*
- *Peut-on influer la croissance en taille ?*
- *Quels sont les aliments de la croissance ?*
- *À quel rythme faut-il faire suivre la croissance staturopondérale ?*

(1) Soma signifie corps (selon l'étymologie).

Les facteurs de croissance

L'hygiène de vie de l'enfant a une grande influence sur le développement staturopondéral de l'enfant. On peut citer les points suivants.

L'ÉQUILIBRE ALIMENTAIRE

L'alimentation équilibrée, calculée selon les besoins de l'enfant, permet d'obtenir une **croissance pondérale** (c'est-à-dire une augmentation du poids) correcte. En revanche, le « vagabondage alimentaire » : grignotage, excès de produits sucrés (bonbons, sodas consommés entre les repas) favorisent une prise de poids trop rapide et trop importante.

Il est important d'apprendre à l'enfant à manger pendant les repas pour éviter qu'il grignote en dehors des repas, et il est également important de ne pas accéder à sa demande alimentaire en dehors des repas en lui en expliquant l'intérêt. L'enfant est capable de comprendre l'interdit si on sait le lui expliquer souvent et gentiment.

L'ÉQUILIBRE AFFECTIF

Le développement staturopondéral de l'enfant peut être perturbé par des **difficultés psychologiques ou affectives**. Les causes en sont variées : séparation du milieu familial, carence affective maternelle, deuil, divorce ; l'enfant est très réceptif dès son plus jeune âge. On a vu des nouveau-nés refuser le sein lorsqu'ils ressentaient un désintérêt de la part de leur mère. C'est pourquoi les psychologues ont appelé l'**amour maternel** : la « vitamine psychologique de croissance ».

A. Tout petit, le nourrisson est pesé sur une balance.

B. Plus grand, l'enfant peut utiliser le pèse-personne familial.

Fig. 5.1. La pesée du petit enfant sur la balance et du grand enfant sur le pèse-personne.

A. Mesure de la taille du nourrisson à l'aide d'une toise mobile horizontale. Le nourrisson doit être allongé, deux adultes sont indispensables à la bonne réalisation de cette pratique.

B. Mesure de l'enfant à l'aide d'une toise murale. L'enfant est mesuré debout, tête bien droite, talons contre la toise.

Fig. 5.2. La mesure de la taille du nourrisson (avec une toise mobile) et de l'enfant (avec une toise murale).

UN RYTHME DE VIE RÉGULIER

Un rythme de vie paisible, des horaires de soins réguliers effectués par la même personne, dont l'enfant ressent la bienveillance, tout cela influe sur l'équilibre nerveux et participe au développement harmonieux de l'enfant.

LES FACTEURS GÉNÉTIQUES ET HORMONAUX

- **Les facteurs génétiques,** c'est-à-dire les poids et taille de chacun des deux parents, doivent être pris en considération pour évaluer la croissance de l'enfant.
- **Les facteurs hormonaux** : différentes hormones agissent sur la croissance, en particulier l'*hormone somatotrope* (appelée hormone de croissance). Elle est sécrétée par l'hypophyse (glande située dans le cerveau) essentiellement durant la phase de sommeil lent, d'où l'importance du respect du sommeil de l'enfant.

L'évolution de la croissance pondérale

Le poids est noté régulièrement sur un graphique qui constitue la **courbe de poids.** C'est un indicateur précieux sur l'évolution de la croissance pondérale de l'enfant. Au cours des premiers mois, elle indique si l'alimentation donnée à l'enfant est correcte par rapport à ses besoins ; elle donne également des informations sur l'état général de l'enfant.

La courbe de poids doit être harmonieuse et ne doit pas présenter de « cassure ». Toute cassure signale une perte de poids ou une « non-prise de poids » souvent liée à un problème de santé. Au contraire, une augmentation importante de la courbe est liée à une alimentation non adaptée, c'est-à-dire en quantité trop importante. Il existe dans le carnet de santé une courbe de poids qui, remplie régulièrement, permet de dépister les premiers signes soit d'une perte de poids, soit d'un excès de poids pouvant évoluer vers une obésité.

LA PERTE DE POIDS DES PREMIERS JOURS

Le poids moyen d'un nouveau-né varie entre 3 kg et 3,5 kg. Dans les jours qui suivent la naissance, il y a une perte de poids physiologique (d'environ 1/10e du poids de naissance). Cette perte de poids est variable d'un enfant à l'autre (*cf.* mémo ci-après).

MémoMémoMémo

L'avis du pédiatre : « la perte de poids n'est plus ce qu'elle était ! »

On observe souvent, les premiers jours après la naissance, une perte de poids chez le nouveau-né. Elle est due à l'élimination de l'eau de son corps (eau du liquide amniotique, évacuée progressivement, perte du méconium et urinaire, etc.). Toutefois, cette perte de poids, dite *physiologique*, n'est plus ni aussi importante ni aussi systématique. En effet l'alimentation précoce des nouveau-nés réduit la perte de poids physiologique après la naissance. Cette règle date d'une période où les bébés n'étaient pas nourris dès la naissance ! Toutefois, il faut noter que les gros bébés ont parfois plus de mal à reprendre leur poids de naissance que les bébés de poids normal.

LE GAIN PONDÉRAL DE LA NAISSANCE À 7 ANS (TABLEAU 5.2)

Dès que l'enfant a récupéré son poids de naissance, la progression du poids est rapide. Par exemple :
- **à 5 mois,** on estime qu'il peut doubler **son poids de naissance** ;
- **à 1 an**, il peut le tripler ;
- **à 2 ans**, le quadrupler ;
- **ensuite**, l'augmentation du poids s'effectue régulièrement.

On peut l'apprécier en suivant des moyennes établies d'après des statistiques ; ces valeurs sont approximatives, **l'important étant que la courbe soit harmonieuse.**

Pour les professionnels de santé, des repères sont donnés dans le tableau 5.1 afin de favoriser la mémorisation.

Normes de 4 à 7 ans (tableau 5.2) : la croissance pondérale ralentit progressivement à partir de 4-5 ans, et reste lente jusqu'à 10-12 ans.

Tableau 5.1 – Progression du poids de 0 à 4 ans.

	A		B	C
Âge de l'enfant	Prise de poids journalière	Points de repère	Poids (approximatif)	Gain pondéral mensuel (approximatif)
Naissance	perte de poids*	PN (poids de naissance)	3,250 kg	
1 mois 2 mois 3 mois	25 à 30 g/jour			750 à 900 g
4 mois 5 mois 6 mois	20 g/jour	PN x 2	6,500 kg	600 g
7 mois 8 mois** 9 mois	15 g/jour		**8 kg**	350 à 450 g
10 mois 11 mois 12 mois	10 g/jour	PN x 3	10 kg	200 à 300 g
2 ans	8 g/jour	PN x 4	13 kg	250 à 300 g
3 ans	6 g/jour		15 kg	180 g
4 ans	5 g/jour	PN x 5	17 kg	150 g

La colonne A permet de calculer le poids d'un bébé très précisément à partir du poids de naissance.
La colonne B indique le poids *approximatif* à partir des points de repère.
La colonne C indique le gain pondéral mensuel (à titre indicatif).
* Le bébé peut perdre du poids et le récupérer très vite (dans les 4 ou 5 premiers jours).
** 8 mois = 8 kg (c'est un poids approximatif qui est facilement mémorisé par les professionnels de santé).

La surveillance du poids

La surveillance du poids de l'enfant est une bonne indication de son état de santé. Une pathologie entraîne souvent un arrêt de croissance pondérale, voire une diminution importante dans certaines pathologies. Par ailleurs, cette surveillance permet d'évaluer si l'alimentation de l'enfant est correctement **adaptée à ses besoins**. Par exemple à la maternité, la surveillance du poids s'effectue quotidiennement. Ensuite l'enfant est pesé lors des consultations chez le pédiatre.

Tableau 5.2 – Gain pondéral moyen de 4 à 7 ans.

Âge de référence	Mensuel	Annuel
de 4 à 5 ans	170 g	1,700 kg
de 5 à 7 ans	125 g	1,500 kg

MémoMémoMémo

L'avis du professionnel de santé : « la pesée n'est plus systématique ! »

La maman pose souvent cette question au personnel de la maternité :
« Mon bébé n'est pas pesé régulièrement avant et après la tétée, comment vais-je savoir s'il boit suffisamment ? ».
Il faut savoir qu'aujourd'hui il est inutile de peser le bébé avant et après la tétée (comme cela se faisait jadis). On s'est aperçu que certains facteurs permettent d'apprécier si la ration convient au bébé. Par exemple, il suffit d'observer :
- la régularité du sommeil ;
- le comportement général de l'enfant (sa peau est rosée, il paraît apaisé, repu après les tétées) ;
- la régularité et l'aspect des urines ;
- la régularité et l'aspect des selles.

Rôle de la professionnelle

La professionnelle peut être amenée à :
- ***rédiger la courbe*** **de poids** régulièrement (c'est souvent le cas en service de pédiatrie ou en « PMI » pour les AP) : elle doit respecter les consignes données ;
- ***surveiller le poids*** : elle doit savoir que le poids est très sensible aux facteurs extérieurs occasionnels et à l'alimentation de l'enfant. Les chiffres pris isolément ou les variations quotidiennes ne sont pas, à eux seuls, significatifs. La professionnelle saura l'expliquer aux parents inquiets. Par exemple, un enfant peut être en bonne santé et ne pas prendre le poids moyen. Il est donc important de savoir évaluer l'allure générale de la courbe de poids de l'enfant : est-elle régulière ? A-t-elle des cassures ? ; deux enfants du même âge peuvent avoir deux poids très différents et deux gabarits très différents. Chacun évoluera à son rythme, normalement s'il reste dans son « couloir », sur la courbe du poids.
- ***signaler toute anomalie*** aux parents de l'enfant (si la professionnelle garde un enfant à domicile) dans les meilleurs délais ;
- ***respecter certains critères de sécurité pour la pesée du nourrisson*** : ils sont déterminants pour la validité des chiffres, surtout chez le très jeune enfant. La professionnelle doit :
• vérifier le ***moment habituel*** de la journée où la pesée s'effectue, afin d'éviter un écart physiologique de poids en rapport avec l'activité digestive (absorption d'un repas, élimination de selles),
• peser l'enfant toujours dans la ***même tenue*** : nu ou torse nu, port d'une couche ou d'un slip,
• utiliser la ***même balance***, car il existe des variations entre les balances, allant de quelques grammes à plusieurs centaines de grammes,
• assurer un ***rythme de pesées régulier***,
• créer un ***environnement rassurant*** : présence (si possible) d'une personne que l'enfant connaît bien (mère, AP, référente) ;
• ne jamais laisser l'enfant seul sur la balance (risque de chute) ;
• utiliser un matériel adapté à l'âge de l'enfant :
  - un pèse-bébé avant l'âge de la marche,
  - un pèse-personne après ;
• connaître la technique de pesée (*cf.* fiches pratiques) ;
• connaître les repères de l'appréciation du poids de l'enfant (*cf.* exercice pratique ci-après) ;
• savoir utiliser des grilles de mesures (*cf.* mémo page suivante).

Exercices pratiques

Calculer le poids théorique de Marius, âgé de 7 mois, qui pesait 3 kg à la naissance.

Pour connaître son poids à 7 mois, il faut utiliser les points de repère : partir du poids de 5 mois (PN x 2) = 6 kg et faire le calcul suivant :
- de 5 à 6 mois : 20 g x 30 jours = 600 g, donc à 6 mois = 6,600 kg ;
- de 6 à 7 mois : 15 g x 30 jours = 450 g, donc à 7 mois = 7,050 kg.

Autres repères à mémoriser :

Lorsque l'enfant pèse 3 kg à la naissance, il est aisé de retenir qu'à 6 mois, il peut peser 6,600 kg et mesurer 66 cm, et qu'à 8 mois, il peut peser 8 kg.

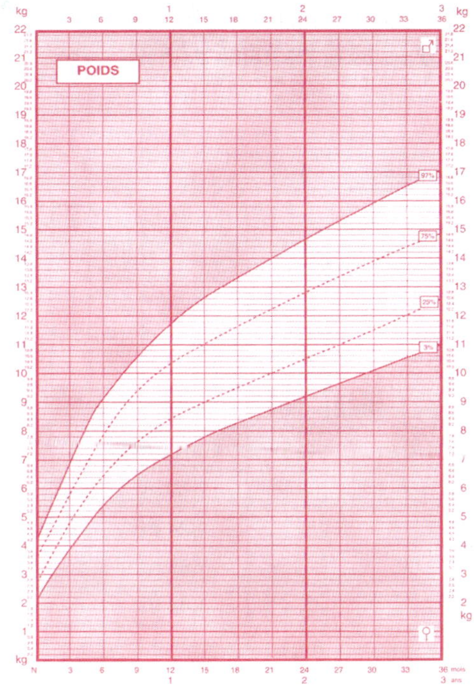

Fig. 5.3. Courbe de poids de 0 à 3 ans (M. Sempé, carnet de santé).

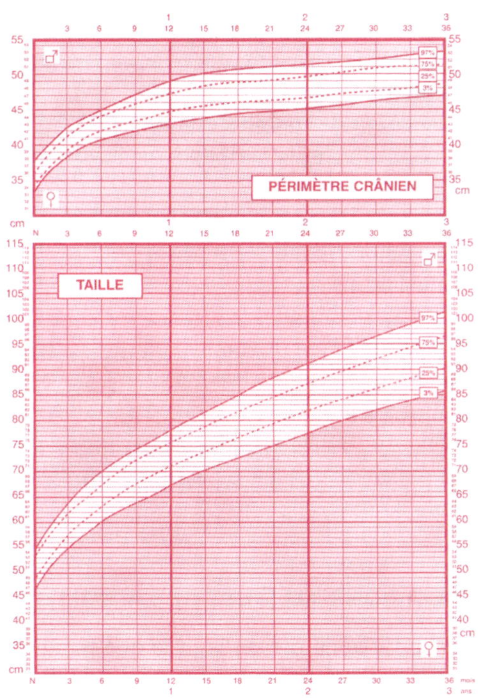

Fig. 5.4. Périmètre crânien et courbe de taille de 0 à 3 ans (M. Sempé, carnet de santé).

MémoMémoMémo

Les grilles de mesures, seul outil fiable d'évaluation de la croissance

Les grilles des mesures proposées dans le carnet de santé de l'enfant, et tenues à jour, constituent le seul outil fiable d'évaluation de la croissance (fig. 5.3 et 5.4).

La surveillance de la croissance en poids de l'enfant constitue l'un des aspects de l'appréciation de son état de santé. Celle-ci repose, de façon indissociable, sur une valeur prise à un moment donné (comparée aux valeurs précédemment enregistrées).

Il est important de s'intéresser davantage à la régularité de la courbe qu'au poids effectif de l'enfant, surtout dans la première enfance, ceci pour deux raisons :

- l'alimentation précoce des nouveau-nés réduit la perte de poids physiologique après la naissance ;
- la vitesse de croissance pondérale est étroitement liée à la qualité et à la quantité de lait ingéré, qu'il soit maternel ou industriel, ainsi qu'au mode de diversification de l'alimentation du nourrisson.

Quel que soit le mode d'alimentation de l'enfant, le profil de sa courbe de poids doit rester dans les limites de référence pour être considéré comme normal.

L'évolution de la croissance staturale

La taille est la hauteur du corps, du sommet de la tête jusqu'aux talons. Elle se mesure à l'aide d'une toise.

LE GAIN STATURAL

La surveillance de la taille de l'enfant s'effectue régulièrement, chaque mois lors des consultations chez le pédiatre.

NORMES DE LA NAISSANCE À 4 ANS (TABLEAU 5.3)

La taille de l'enfant double en l'espace de 4 années, alors qu'elle progresse plus lentement durant les années suivantes.

NORMES ENTRE 5 ANS ET 12 ANS (TABLEAU 5.4)

L'enfant grandit de 5 à 6 cm par an environ.

Tableau 5.3 – Gain statural de la naissance à 4 ans.

Moyennes de taille	Repères d'après la TN (taille de naissance)
Nouveau-né : 50 cm	
Vers 6 mois : 65 à 66 cm	
Vers 1 an : 73 à 75 cm	TN + 1/2 TN (environ 25 cm)
Vers 2 ans : 85 cm	
Vers 3 ans : 93 cm	
Vers 4 ans : 1 mètre	TN × 2

Tableau 5.4 – Gain statural de 5 ans à 12 ans.

	Taille	
Âge de référence	**Filles**	**Garçons**
Vers 5-6 ans	1,08 m	1,10 m
Vers 7-8 ans	1,24 m	1,24 m
Vers 9-10 ans	1,34 m	1,35 m
Vers 12 ans	1,46 m	1,44 m

MémoMémoMémo

L'évolution de la croissance staturale

Plus que toute autre, la courbe de croissance staturale reflète la vitesse de croissance d'un enfant. La courbe de référence (établie par M. Sempé) confirme bien les variations physiologiques du rythme de la croissance : rapide jusqu'à 2 ans. La croissance se ralentit entre 2 et 4 ans et reste assez lente jusqu'à la puberté. La courbe de développement d'un enfant est considérée comme normale lorsqu'elle se situe dans les limites de distribution de la moyenne obtenue par rapport au groupe de référence. La prise de la mensuration doit être réalisée tout au long de la croissance, une fois par mois. Elle permet de suivre et d'évaluer la régularité de la croissance. Comme pour le poids, la tenue à jour d'une courbe est indispensable.

Rôle de la professionnelle

Le rôle de la professionnelle consiste à :

- savoir utiliser une toise pour mesurer l'enfant ;
- réaliser une courbe staturale ;
- connaître les « normes » de l'évolution du poids (repères) ;
- informer régulièrement les parents sur l'évolution harmonieuse de la courbe staturale de l'enfant.

Exercice pratique

Calculez la taille (théorique) de Laura, âgée de 1 an, sachant qu'elle mesurait à sa naissance 54 cm.

Réponse : selon le calcul : TN + (moitié de sa taille) = 54 + 27 = Laura mesure donc 80 à 81 cm.

PRÉCISIONS AU SUJET DE LA TAILLE

Il est difficile de prévoir la taille que fera l'enfant lorsqu'il sera adulte. Les antécédents familiaux montrent qu'il existe des familles de grands et des familles de plus petits (la génétique a son mot à dire !), mais on sait aussi que l'on trouve des irrégularités de taille au sein d'une même fratrie et qu'il n'existe aucun élément précis qui permette d'apprécier la future taille de l'enfant[2]. L'information la plus sûre serait que la taille adulte est, à peu près, celle que l'enfant fera au moment de sa puberté.

MémoMémoMémo

Le développement somatique de l'âge fœtal à l'âge adulte (fig. 5.5)

La prise régulière des mesures de croissance, de la naissance à l'âge adulte, et leur expression graphique (sous forme de courbes) permettent d'observer le développement somatique et l'harmonie du développement. La figure 5.5 donne un aperçu de ce développement. On peut remarquer que les proportions de la tête et du corps évoluent considérablement de l'âge fœtal à l'âge adulte.

L'indice de masse corporelle

Il existe un autre indicateur : l'IMC ou indice de masse corporelle qui permet de préciser l'état général de l'enfant. Cet indicateur détermine la corpulence d'un enfant sur des courbes de référence pour la normalité ou les dérives vers le surpoids ou la maigreur. Ces courbes aident à l'évaluation d'un sur risque pour l'apparition ultérieure de pathologies pour les enfants se présentant en dehors des limites.

La valeur de l'IMC se calcule en divisant le poids en kg par la taille en mètre au carré :

IMC = poids (en kg)/taille (en m)^2

Ces courbes sont plus précises pour dépister précocement une évolution anormale vers l'obésité ou la maigreur.

Sur les courbes, on distingue trois périodes :

- l'IMC augmente de la naissance jusqu'à 1 an, c'est l'âge du bébé joufflu, rondouillard ;
- l'IMC diminue de 1 à 6 ans. L'enfant s'affine au moment de l'acquisition de la marche ;
- l'IMC réaugmente à partir de l'âge de 6 ans jusqu'à l'âge adulte.

Vers 6 ans (entre chaque période), il existe des points d'inflexion appelés rebond d'adiposité. Si ce point est plus précoce (avant 5 ans), l'enfant est à risque de surpoids plus tard. Ce risque est d'autant plus important que le rebond d'adiposité se sera effectué tôt. Ainsi, l'important est de rester au maximum dans le couloir qui correspond le mieux à sa nature. Il existe des enfants plutôt minces mais qui ne seront pas maigres et d'autres plus corpulents et qui ne seront pas à risque d'obésité pour autant.

Pour en savoir plus : www.inpes.sante.fr

(2) Certains disent que le petit garçon mesurera la taille qu'il fait à 2 ans multipliée par deux (pour la petite fille, le même calcul de base est effectué en enlevant 10 cm) mais ces données ne permettent qu'une estimation... très approximative !

L'évolution de la dentition

LA DENTITION DE LAIT (TABLEAU 5.5)

Chez le jeune enfant, l'apparition des dents se déroule en deux temps :

- **de 6 mois à 30 mois** : la dentition provisoire se met en place. Elle est composée de 20 dents appelées les dents de lait ;
- **à partir de 7 ans** : la dentition définitive se met en place. Elle se termine avec l'apparition des 4 dents de sagesse à l'âge adulte. Elle comprend alors 32 dents.

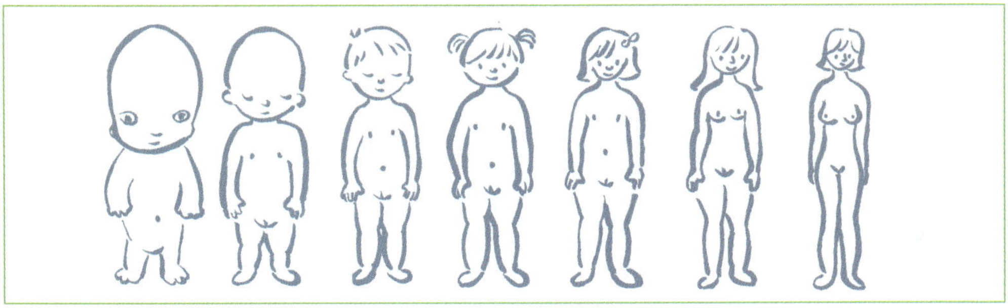

Fig. 5.5. L'évolution des proportions du corps de l'âge fœtal à l'âge adulte.

Les chiffres du tableau 5.5 sont donnés à titre indicatif. Il faut savoir que chaque enfant a son propre rythme d'apparition et de chute dentaire.

LES TROUBLES DUS À LA DENTITION

Parmi les plus fréquents, citons :

- **les troubles locaux** :

- hypersalivation,
- joues et gencives rouges,
- douleur donnant envie de mordre, de sucer, etc. ;

- **les troubles du comportement**. Ex. : enfant :

- grognon,
- agité,
- prostré.

Il faut toutefois éviter de rendre la poussée dentaire responsable de tous les maux de l'enfant.

MémoMémoMémo

L'avis du chirurgien-dentiste

Comment soulager « le mal aux dents » ?
Pour soulager l'enfant, il faut (selon consignes données par les parents) :
- masser ses gencives à l'aide d'un **baume anesthésiant** (par exemple : Dolodent) ;
- lui donner des **granules homéopathiques** calmant le mal de dent ;
- lui donner des jouets qu'il peut mordiller (exemple : **anneau de dentition** ; certains peuvent contenir de la glace, le froid est un antalgique).
NB : en cas de douleurs trop vives, un calmant peut être prescrit par le pédiatre.

Tableau 5.5 – La sortie des dents (moyennes de référence)*.

Dentition provisoire					
Schéma	**Total**	**Dents**	**Nombre de dents**	**Apparition des dents (approximative)**	**Chute et remplacement**
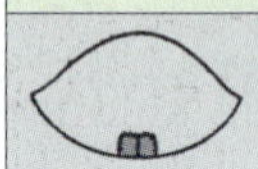		Incisives médianes inférieures	2	Vers 6 mois	6 ans
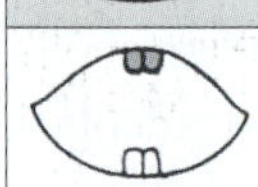		Incisions médianes supérieures	2	8 mois	6 ans ½
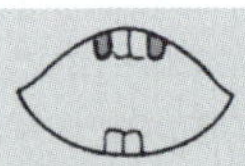		Incisives latérales supérieures	2	10 mois	7 ans
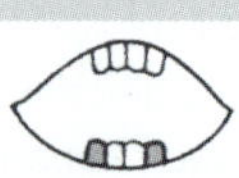	1 an = 8 dents environ	Incisives latérales inférieures	2	12 mois	7 ans ½
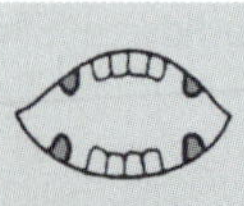		Premières molaires inférieures et supérieures	2 + 2	12 à 18 mois	12 ans
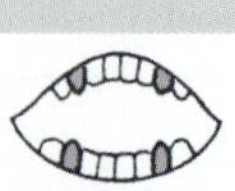	2 ans = 16 dents environ	Canines inférieures et supérieures	2 + 2	18 à 24 mois	11 ans
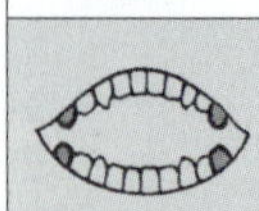	3 ans = 20 dents environ	Deuxièmes molaires inférieures et supérieures	2 + 2	24 à 30 mois	13 ans
Dentition définitive					
Adolescent = 28 dents		Apparition de 8 molaires entre 6 et 13 ans			
Adulte = 32 dents		Apparition de 4 dents de sagesse à partir de 18 ans			

* Tableau et schémas extraits du *Guide de l'AP*, J. Gassier, Masson, Paris, 2013

Rôle de la professionnelle

La professionnelle veillera à :

- *signaler les troubles dentaires* aux parents ; toute douleur doit être prise en considération rapidement afin d'être soulagée ;
- *prévenir les caries dentaires :*
  - apprendre à l'enfant le brossage des dents,
  - lui expliquer l'intérêt de ce brossage (après les repas de préférence) (avec des mots simples),
  - rappeler aux parents les conseils d'hygiène dentaire dès le plus jeune âge.

L'hygiène bucco-dentaire est la base de la prévention des caries, elle doit commencer dès le plus jeune âge, le brossage des dents constitue un jeu qui plaît à l'enfant, puis il va chercher à imiter ses parents ou ses frères et sœurs…

L'apprentissage du brossage des dents commence lorsque l'enfant a 1 an (8 incisives), avec ou sans dentifrice !

L'enfant apprend à se brosser les dents matin et soir avant d'aller se coucher.

À savoir : dans le cadre de la prévention des caries dentaires, le biberon de lait donné le soir au moment du coucher et après le brossage des dents, est fortement déconseillé par les dentistes !

MémoMémoMémo

La dentition définitive » : quand ?

Les parents posent souvent cette question aux professionnels de l'enfant : quand sortira la dentition définitive ? Les dents définitives remplacent progressivement les dents de lait ; généralement, l'enfant perd sa première dent vers 6 ans. Les dents de lait sont remplacées progressivement jusqu'aux alentours de 13 ans. La dentition comporte alors 28 dents.

Les dents de sagesse sortent beaucoup plus tard. Généralement vers 18 ans, la dentition définitive comporte alors 32 dents.

Fig. 5.6. Maxime a 3 ans et… toutes ses dents !

6 Le développement psychomoteur, socioaffectif et cognitif de l'enfant

Du nouveau-né jusqu'au grand enfant, on observe une longue maturation jalonnée d'acquisitions successives, dont la vitesse de progression est, comme la croissance, d'autant plus grande que le sujet est plus jeune.

Nous étudierons ici le développement de l'enfant sur les plans moteur, psychique, social, affectif et cognitif, en se référant aux différents courants de la psychologie contemporaine. Nous soulignerons les périodes dites « sensibles », où les acquisitions sont les plus fécondes et les plus structurantes. L'expression même de développement psychomoteur implique le parallélisme, la concomitance des progrès de l'enfant sur deux plans : neuromusculaire (acquisition du tonus de certains groupes musculaires permettant à l'enfant des positions déterminées) et psychologique (apparition par étapes de manifestations sociales, affectives et cognitives de plus en plus évoluées).

Situation

« Chacun son rythme ! »

- **Adriana** (6 mois) en position ventrale sur le lit. Elle peut se relever sur ses mains et tirer sa tête vers l'arrière (elle imite le phoque !) et pour se faire entendre elle émet des « lallations » longues roulades phoniques (« Aou, Bou, Ou, Ou… »).

- **Jules** (7 mois) est allongé sur son lit en prenant appui sur le thorax ; il peut décoller bras et jambes du plan fixe (il fait l'avion !).

- **Luigi** (8 mois) est à plat ventre (il peut soulever une main pour attraper son jouet), ensuite il roule dans les deux sens (dos → ventre → dos), il fait le tonneau ! Pour attirer l'attention sur lui, à présent il ne pleure plus mais il prononce des monosyllabes (« Ma, Da, Ba, Ta… ») C'est son petit jargon à lui !

Les questions que l'on se pose

- *Plusieurs mamans se rencontrent dans le square où elles ont l'habitude de promener leurs enfants le mercredi après-midi. Voici quelques bribes de leurs échanges :*
- *Madame A : « Mon fils Martin (12 mois) fait quelques pas tout seul mais il ne parle que par monosyllabes (Ma, Ba). Est-ce normal ? »*
- *Madame B : « Ma fille Clara (qui a le même âge) a du retard. Elle ne marche qu'à quatre pattes mais elle dit plusieurs mots d'affilée. »*
- *Madame C : « Jehan (qui a eu 15 mois hier) m'a fait la surprise de dire "maman" ! De toute façon son frère n'avait pas parlé très tôt. »*

Rappel : dans ce chapitre, le découpage mois par mois jusqu'à l'âge de 1 an donne un bon aperçu des différents aspects du développement psychomoteur de l'enfant au quotidien. Illustré de « cas concrets », ce chapitre explique la façon dont un comportement en entraîne un autre, et démontre également que les différents aspects du développement *n'évoluent pas tous au même rythme*. Par exemple, la préhension, la locomotion, le langage sont très individualisés. Rappelons aussi que pour la croissance staturopondérale ou psychomotrice, *les normes et les barèmes* s'appuient sur des moyennes statistiques et que beaucoup de variations sont possibles d'un enfant à l'autre, car chacun possède un rythme de développement, des modalités de communication et un comportement d'adaptation au monde, qui lui sont propres.

NB : les mots en italique font ressortir les aspects importants des phases du développement qui méritent d'être mémorisées par les professionnels de l'enfance.

Le développement de l'enfant la première année

L'ENFANT VERS 1 MOIS

Les aptitudes d'un bébé de 4 à 6 semaines diffèrent de celles d'un nouveau-né.

Si nous examinons attentivement son comportement, nous constatons qu'il a fait des progrès considérables. La tonicité musculaire du bébé est meilleure, les muscles le maintiennent mieux, l'enfant est donc *moins fragile, moins mou* qu'à sa naissance. Il respire de façon plus régulière, il tète mieux, il avale mieux, donc régurgite moins, il montre moins de signes nerveux apparents tels que les hoquets, sursauts, tremblements, éternuements. Toutefois, la motricité est encore brutale, les mouvements des bras et des jambes sont toujours contrôlés par les *réflexes archaïques* (*cf.* chapitre 1).

LES POSTURES

Nous allons observer les différentes postures du nourrisson.

→ La tête et le tronc

- En position ventrale : le tronc est toujours mou, le bébé n'a pas de tonus musculaire ; la *tête est molle*, tournée sur le côté, le menton peut cependant se soulever de temps en temps.
- En position debout : la tête penche vers l'avant ou vers l'arrière si elle n'est pas soutenue par l'adulte.

→ Les membres

- Lorsque l'enfant est sur le ventre : il n'a plus la position fœtale. On observe une extension intermittente des hanches et des mouvements de reptation (le bébé rampe et donne de légers coups de pied).
- Les coudes sont souvent pliés, le nourrisson garde ses poings fermés (*grasping*), mais peut les ouvrir de temps en temps plus facilement.
- Lorsque l'enfant est sur le dos : on constate encore une flexion des membres inférieurs et supérieurs qui tendra progressivement à s'atténuer.

LA PRÉHENSION

Le réflexe d'agrippement (*grasping*) se maintient. Le nourrisson serre très fort un doigt introduit dans sa main.

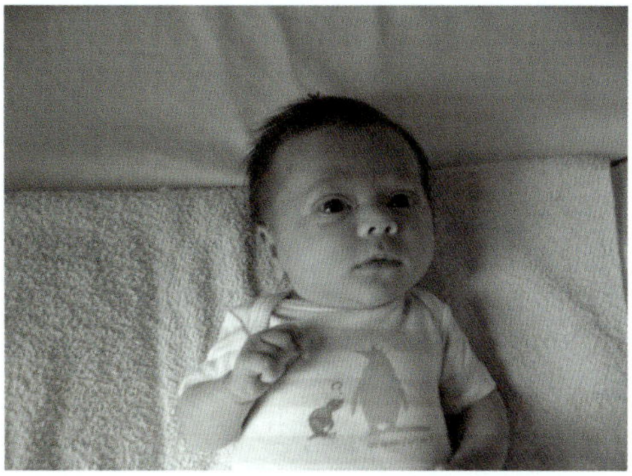

Fig 6.1. L'enfant à 1 mois.

LA VUE

Dès la 4e semaine, le nourrisson peut fixer un objet sur une ligne médiane et il est capable de *le suivre jusqu'à 90°*. La lumière l'attire, il peut diriger son regard vers une fenêtre ouverte ou vers un mur blanc éclairé par le soleil, mais un excès de lumière ou de couleurs l'excite.

Le visage de l'adulte est une excellente stimulation visuelle, il lui sourit au moment de la tétée, il le regarde intensément lorsqu'il lui parle. Cependant le psychologue Spitz[1] a montré que ce n'est pas le visage tel qu'on l'imagine qui provoque le sourire du nourrisson, mais une *forme* (ou *gestalt*) en mouvement. En effet le sourire du bébé peut être provoqué à la vue d'un masque en carton présenté de face (image stylisée d'un visage, constituée de deux à six points). Cette réponse du bébé n'est pas obtenue lorsque le masque est présenté de profil. On en conclut que le sourire n'est donc pas discriminatif (s'adressant à quelqu'un en particulier).

L'AUDITION

Le nourrisson *réagit aux bruits forts* ; en revanche il se calme lorsqu'il entend de la musique (sauf avant la tétée lorsqu'il a faim...). Il entend très bien mais ne peut pas encore localiser le bruit.

LE LANGAGE : « LES VAGISSEMENTS »

Le nourrisson émet des *sons gutturaux* (vagissements) à caractère émotionnel. Les pleurs ont aussi valeur de communication. On a observé que le bébé cesse souvent de pleurer lorsque l'adulte le prend dans ses bras, excepté lorsque les pleurs sont causés par la faim ! Le contact avec le nourrisson à l'occasion de la tétée reste un moment privilégié au cours duquel il faut lui parler même s'il ne comprend pas, il perçoit la charge affective du langage et la présence de l'adulte (que ce soit la mère, ou le substitut parental), ce qui est pour lui le meilleur stimulant.

Situation

Zoé

Zoé (1 mois) est dans son berceau... elle vient de s'endormir après une longue séance de pleurs... L'assistante maternelle l'a changée, l'a bercée un moment, car elle pleurait toujours. Elle a d'abord regardé vaguement la fenêtre de sa chambre où filtrait un rayon de soleil, puis elle s'est endormie. Son sommeil donne une impression de paix profonde, elle dort, les petits poings fermés, sur le dos, esquissant de temps en temps un sourire d'ange. Zoé va ainsi dormir jusqu'à la prochaine tétée.

LE DÉVELOPPEMENT AFFECTIF ET SOCIAL

→ Un comportement réceptif

Pendant les trois premières semaines, seul le biberon ou le sein peut calmer les pleurs du nouveau-né. Mais, dès la fin du premier mois, il paraît *s'ouvrir à son environnement*.

Ainsi, lorsque l'on s'approche de l'enfant, qu'on lui parle doucement, il s'immobilise ; il devient plus réceptif à la voix, à la lumière, aux chansons ; il peut jouir de la chaleur d'un bon bain, il aime être installé confortablement. C'est pourquoi si certains nourrissons pleurent à cause de couches mouillées, ils pourront se calmer aussitôt lors du change.

À la faveur de tous les « bien-être » qui lui sont procurés, l'enfant réagit favorablement et peut même esquisser un léger sourire. La mère l'interprétera comme lui étant destiné, même si, à l'origine, ce n'était pas le cas ! C'est la mère ou le père, ou l'entourage proche du bébé, qui va donner un sens à ses manifestations comportementales. Le psychologue Spitz a montré que le sourire était le premier organisateur du psychisme. Il traduit certainement une *satisfaction organique profonde*, d'un point de vue physiologique.

→ Un comportement présocial et des pleurs répétitifs

À 4 semaines, les moments de veille sont très brefs, la journée du nourrisson est occupée en grande partie par des épisodes de sommeil pendant lesquels se structurent et s'organisent les bases de son développement psychomoteur. Le réveil s'accompagne souvent par des *pleurs* (qu'il précède ou non la tétée).

Vers la fin de l'après-midi (17-18 heures), on observe une marge de comportement présocial qu'il faut saisir. Les yeux du nourrisson

(1) Sptiz, *cf.* chapitre 8.

sont grands ouverts pour communiquer avec lui et son activité corporelle générale peut s'apaiser. En revanche, on peut remarquer chez certains nourrissons, une forte réaction à la tombée de la nuit, qui s'exprime par des *pleurs intenses et répétitifs*. On pense que ces pleurs permettraient au nourrisson de décharger une *tension* (causée par les stimulations extérieures accumulées pendant la journée).

Rôle de la professionnelle

La professionnelle veillera à ne jamais laisser pleurer un nourrisson sans rechercher immédiatement la cause de ses pleurs pour l'apaiser. À cet âge, les larmes peuvent être différenciées entre plusieurs types d'inconfort.

La professionnelle saura donc ***différencier les pleurs*** causés par ***l'inconfort*** (qui peut être dû à la température inadaptée, à l'humidité, à une couche souillée, etc.) des pleurs causés par la ***faim***, et éventuellement par la ***douleur***.

Postures		**Vers 1 mois**	
Tête/Tronc		A  *À plat ventre*, le menton peut se soulever de temps en temps.	B  *Tiré en position assise* : la tête tombe massivement vers l'arrière.
Membres	**Position dorsale**	C  Flexion des membres inférieurs et supérieurs avec plus de souplesse.	
Membres	**Position ventrale**	D  Les genoux ne sont plus ramenés sous le ventre, le bassin est surélevé.	E  Il fait des mouvements de reptation.
Vision/préhension		F  Il peut suivre un objet de grande taille (placé près de lui) sur 90°.	G  Le *grasping* se maintient.

Fig. 6.2. Le développement psychomoteur de 0 à 3 ans.

Elle sera très vigilante sur la ***qualité de l'environnement*** du bébé et lui ménagera des temps calmes. Le nourrisson ne doit pas être stimulé trop souvent. Les spécialistes ont noté une modification du rythme respiratoire lorsque l'on produit des bruits aigus ou un excès de mouvements dans son environnement proche. La professionnelle évaluera la quiétude du milieu familial ; elle repérera la nature et la fréquence des stimuli visuels ou auditifs et elle guidera les parents dans les soins à apporter à leur bébé afin de respecter au mieux ses besoins.

MémoMémoMémo

Le comportement réceptif et présocial du nourrisson

Même si le nourrisson ne connaît pas encore le monde environnant, il le perçoit, le ressent et semble y être très attentif. À certains moments de la journée, certains nourrissons préfèrent s'endormir dans une pièce « à vivre », donc une pièce « animée » de voix humaines, plutôt que seuls dans leur chambre. On peut interpréter ce comportement par le fait que, durant la grossesse, le fœtus a vécu dans un environnement qui était sonore (Gésell) (bruits du cœur de la mère et perception des voix et bruits extérieurs).

L'ENFANT VERS 2 MOIS

La motricité globale d'un bébé de 2 mois est encore brutale ; il *sursaute spontanément*. Toutefois les réflexes archaïques tendent à disparaître et l'enfant peut faire des mouvements plus harmonieux.

LES POSTURES

→ La tenue de la tête et du tronc

En position ventrale : la tête est le plus souvent sur le côté, le bébé la soulève de temps en temps : le visage forme un *angle de 45°* avec le plan du lit.

Tenu en position assise :

- le dos se redresse légèrement mais est toujours mou ;
- la tête peut tenir droite de courts moments mais vacille.

Tiré en position assise : la tête retombe en arrière.

→ Les membres

Ses bras et ses jambes deviennent plus souples. L'hypertonie cède la place à l'*hypotonie*. C'est l'*astasie* observée de l'âge de 2 mois (âge de la fin des réflexes archaïques) jusqu'à 4-5 mois (âge où l'on va constater le développement du tonus musculaire).

En position ventrale :

- membres inférieurs : le bassin est à plat, les hanches sont en extension ;
- membres supérieurs : les coudes sont toujours pliés, mais avec plus de souplesse.

En position dorsale : on observe une *flexion* des membres (inférieurs et supérieurs) avec plus de souplesse.

LA PRÉHENSION

Les mains sont assez souvent ouvertes. Le réflexe d'agrippement *(grasping)* devient plus discret.

LA VUE

L'enfant *fixe*, *converge* et *accommode*. Il peut suivre un objet de grande taille ou une personne se déplaçant autour de lui. Lorsqu'il est couché sur le dos, il peut suivre un objet à 180° (objet assez volumineux et que l'adulte dirige d'un côté à l'autre du lit). Les objets en mouvement, ceux aux contours bien définis, aux couleurs vives, lumineuses, attirent plus longtemps son attention que les autres. Lorsqu'on lui présente plusieurs objets, il n'en fixe qu'un seul. Mais visuellement le bébé de cet âge préfère voir se mouvoir des personnes plutôt que des objets.

L'AUDITION

Le nourrisson *localise le bruit*, les voix qui se manifestent autour de lui.

Il s'intéresse beaucoup aux sons différents (ses mimiques traduisent l'intérêt qu'il leur porte !).

LE LANGAGE : LES « SONS VOYELLES »

L'enfant émet quelques *vocalises*, il s'agit de roucoulements de voyelles formés uniquement par la bouche et pas encore nasalisés (cela est dû à une association neurophysiologique étroite avec le réflexe de succion).
Ce sont les *e, eu, a*… qui traduisent habituellement un état de bien-être et ils sont (détail amusant) les mêmes pour les bébés du monde entier…
Mais, la plupart du temps, l'enfant communique encore par des pleurs.

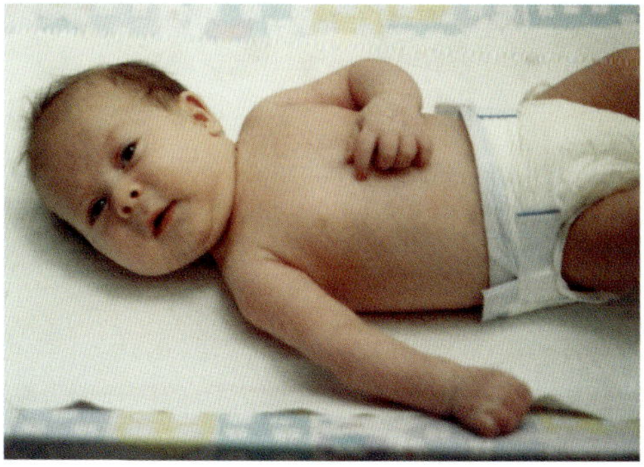

Fig. 6.3. L'enfant à 2 mois.

Situation

Noémie

Noémie (2 mois) pleure dans son lit après un long épisode de sommeil. Maria (l'assistante maternelle) se penche au-dessus d'elle pour lui dire bonjour et Noémie lui sourit, comme pour manifester sa joie. Maria lui présente son environnement : « Regarde le beau jouet bleu-rouge-vert qui tourne au plafond… Il tourne lentement pour toi ! ». Noémie semble écouter, suit la direction du doigt, s'excite, vocalise, puis Maria agite quelques grelots attachés à son lit. L'enfant s'immobilise… Elle ouvre de grands yeux, elle aimerait les attraper : mais la petite main de Noémie se contente de serrer très fort le doigt de Maria, puis elle se remet à pleurer.

LE DÉVELOPPEMENT SOCIAL

À 2 mois, un bébé *devient plus présent*, plus sensible à son entourage immédiat. Sa mimique est particulièrement expressive, il peut s'arrêter un instant pour regarder autour de lui, il devient *plus actif*, *plus éveillé*, il vocalise pour manifester son bien-être, il se tait au moment où on baisse les barreaux du lit pour lui apporter le biberon ou, tout simplement, pour lui parler et s'intéresser à lui. Le bébé a besoin d'une ambiance affective chaleureuse à ses côtés, il la recherche, elle est vitale pour lui.

→ L'âge du premier sourire

Vers la fin du 2e mois, c'est l'âge du premier sourire tant attendu. C'est l'événement le plus marquant. L'enfant *sourit aux visages familiers* et il sourit beaucoup à sa mère lors de la tétée. Celle-ci reçoit ce sourire comme une récompense. Cependant, l'adulte doit savoir que chaque bébé a sa personnalité propre : certains sont moins disposés à sourire que d'autres, il n'y a pas lieu de se culpabiliser sur la qualité des soins affectifs qui lui sont prodigués. Néanmoins, il a été démontré que le fait d'encourager l'enfant par des signes de tête, des petites conversations et des sourires en retour, incitait l'enfant à sourire.

MémoMémoMémo

Le sourire du nouveau-né

Le psychiatre et psychanalyste Spitz[2] a montré que le sourire était le premier organisateur du psychisme. Il traduit certainement une satisfaction organique profonde, d'un point de vue physiologique.

→ Le besoin de « stimulations »

À cet âge, dès que ses besoins élémentaires sont satisfaits, l'enfant participe activement à la vie familiale. Il reste éveillé plus longtemps si les gens communiquent avec lui. Il semble *chercher des stimulations* ; or, l'environnement peut et doit fournir des stimulations au bébé. Les psychologues montrent que « l'expérience visuelle des couleurs lumineuses a autant d'importance pour l'enfant que celle de la nourriture dans son estomac. On peut même apaiser des larmes violentes en mon-

(2) Sptiz, *cf.* chapitre 8.

trant au bébé un coussin aux *couleurs vives* » (Spitz)[3]. Depuis plusieurs années toutes les structures d'accueil ont intégré ces notions.

Rôle de la professionnelle

La professionnelle de la petite enfance veillera à ce que l'environnement de l'enfant soit à la fois *apaisant* et *stimulant*. Pour cela, elle utilisera des bouliers, mobiles ou hochets de couleurs et de textures différentes, etc.
L'aménagement de l'espace devra répondre aux besoins de l'enfant dans les différents moments de la journée, en fonction de son âge, de son développement psychomoteur et de son rythme biologique.
La professionnelle aura aussi un rôle important à jouer auprès des parents : celui de leur permettre d'*observer* et d'*étudier* le comportement de leur bébé.
Par les liens de confiance qui s'établiront entre eux, les parents pourront aussi transmettre à la professionnelle ce qu'ils *savent* et ce qu'ils *comprennent* de leur enfant (ses goûts, ses réactions, ses rythmes, etc.). Il est important qu'elle les écoute et qu'elle prenne en compte ce *vécu* pour mieux s'occuper de leur enfant.

(3) Sptiz, *cf.* chapitre 8.

Postures		**Vers 2 mois**	
Tête/Tronc		A  Tiré en position assise : la tête retombe toujours en arrière.	B  Tenu en position assise : la tête tient droite quelques instants et vacille. Le dos est toujours mou.
Membres	**Position dorsale**	C 	Flexion ou semi-flexion des membres inférieurs et supérieurs.
Membres	**Position ventrale**	D 	Le nourrisson se tient sur ses avant-bras et peut soulever la tête jusqu'à 45° du plan du lit. Les membres inférieurs sont en semi-flexion.
Vision/préhension		E  L'enfant peut suivre sur 180° un objet de grande taille se déplaçant près de lui.	F  Le *grasping* est plus discret, les mains sont assez souvent ouvertes.

Fig. 6.4. Le développement psychomoteur de 0 à 3 ans.

MémoMémoMémo

L'expérience du Dr White

Le Dr White, aux États-Unis, a été l'un des premiers à expérimenter dans sa crèche l'**impact du milieu** sur l'enfant. Il avait constaté qu'un univers en blanc décourageait les progrès de l'enfant, alors qu'un décor riche en couleurs, plus stimulant, incitait aux progrès. Il fit donc colorer les murs, mettre des draps attrayants, et il constata chez tous les enfants une avance du développement psychomoteur, allant de 8 à 9 semaines.

L'ENFANT VERS 3 MOIS

La disparition des réflexes archaïques traduit une maturation cérébrale d'un stade supérieur. Toutefois à cette *période de mutation*[4], l'enfant donne l'impression d'avoir une agilité motrice plus réduite (il remue moins les bras et les jambes que les mois précédents) mais ses progrès sont considérables dans plusieurs domaines.

LES POSTURES

→ La tenue de la tête et du tronc

En position ventrale : l'enfant relève la tête facilement pendant plusieurs minutes, le visage fait à présent un *angle de 45 à 90°* avec le plan du lit.
En position assise : le dos et la nuque sont assez fermes, mais la région lombaire reste faible. Le nouveau-né tient la tête droite.

→ Les membres

En position ventrale

- membres inférieurs : le bassin du nourrisson repose à plat sur le lit ;
- membres supérieurs : le nourrisson se tient sur ses « avant-bras » lorsqu'il soulève sa tête.

En position dorsale : l'enfant peut *coordonner les mouvements* de ses bras et de ses jambes des deux côtés. Il effectue souvent des mouvements de flexion et d'extension des jambes.

LA PRÉHENSION

L'enfant acquiert la *préhension au contact* : les psychologues la nomment réaction tactilo-motrice (c'est une forme de préhension involontaire où le toucher est prioritaire et où la vision n'intervient pas).

(4) Mutation entre le contrôle réflexe et le contrôle volontaire progressif des muscles.

LA VUE

L'enfant *tourne la tête complètement* pour suivre un gros objet qui se déplace devant lui. Il combine le plaisir du mouvement à celui du regard.
Il commence aussi à s'intéresser à son corps, il découvre d'abord ses mains : c'est l'âge du regard de la main.
Il fixe, aussi, avec intérêt des jouets posés devant lui, son regard peut se déplacer d'un objet à un autre.

L'AUDITION

Il *tourne la tête* vers la source sonore, il *localise* le bruit et à présent *identifie* bien les différents bruits ; ainsi il fait la distinction entre sons et voix, et prête une grande attention au langage humain.

LE LANGAGE : LES « SONS-CONSONNES »

L'enfant pousse des *cris de joie ou de fureur* selon son humeur. Il pleure beaucoup moins que les mois précédents et il communique beaucoup lorsque l'on s'intéresse à lui. Généralement après les « sons-voyelles », l'enfant commence à utiliser les « sons-consonnes » ; il prononce progressivement le **k**, le **g**, le **r**, puis petit à petit les **p** et les **b** avec plus de difficultés. L'enfant fait des répétitions de syllabes déformées : c'est l'âge des gazouillis (ou vocalisations prolongées). Par exemple : a… ree ; g… ree ; k… ree ; a… gree.
Il prend un grand plaisir à varier son alphabet phonique, il se gargarise, roucoule…, c'est une satisfaction liée au plaisir de la bouche.

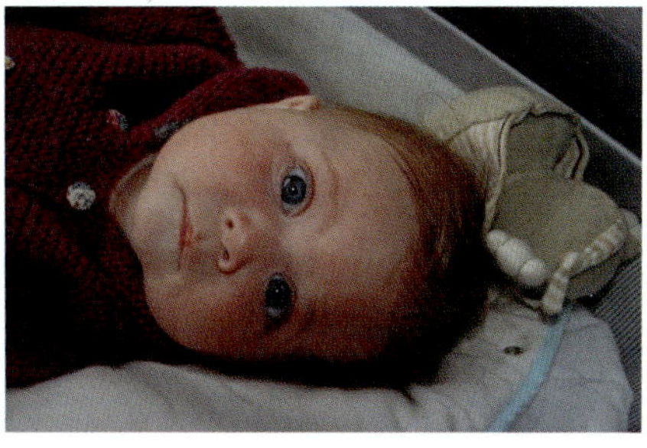

Fig. 6.5. L'enfant à 3 mois.

Situation

Mathias

Mathias (3 mois) vient de se réveiller calmement ; il sourit en regardant ses petites mains s'agiter devant lui, son regard va de l'une à l'autre. Il est comme saisi d'admiration devant cette chose nouvelle. Il gazouille, roucoule, puis commence à regarder un gros hochet bleu suspendu à son berceau. Il l'observe, le scrute longuement du regard, puis, par hasard, sa main le heurte et l'objet fait du bruit ! Ceci se reproduit souvent. Aujourd'hui, Mathias a réussi à maintenir sa petite main sur l'objet. Il le palpe, le suce, puis il le perd, se met à pleurer, ce qui attire Célia (l'assistante maternelle) auprès de lui. Celle-ci s'approche, il lui « sourit », elle lui parle et joue un moment avec lui ; mais elle doit reprendre son travail dans la maison. Après quelques instants de calme, Mathias émet de petits sons plaintifs et recommence à pleurer. Il aimerait bien que Célia revienne auprès de lui !

LE DÉVELOPPEMENT SOCIAL

L'enfant est beaucoup plus *ouvert au monde* qui l'entoure ; par ses vocalises prolongées, par son sourire et ses *mimiques expressives* de sentiments, il entre en communication avec l'adulte qui s'occupe de lui.

Ses pleurs diurnes diminuent ou disparaissent complètement. À cet âge, il se peut, bien sûr, qu'il pleure encore parce qu'il a faim, mais les préparatifs du biberon ou l'approche de l'adulte qui s'occupe de lui peuvent suffire à le calmer.

→ Le langage du corps

À 3 mois, pour se faire comprendre, le bébé utilise beaucoup le *langage du corps*. Il s'agit d'un frétillement actif, intentionnel et coordonné, s'accompagnant d'une respiration accélérée ; l'enfant s'agite globalement, associant mouvements de pieds et de bras aux cris de joie ou de détresse ; il peut se crisper quand l'adulte veut le coucher, se pencher en avant s'il veut être levé de son fauteuil, tendre son corps vers l'objet qu'il convoite. C'est un petit être *plus autonome* qui sait manifester ses intentions : il a sa façon particulière de « pleurnicher » pour faire venir l'adulte, de protester si on change ses activités brutalement ou si on perturbe ses petits exercices vocaux.

→ La première socialisation

Trois mois est l'âge idéal de la *première socialisation* : l'enfant recherche les visages et apprécie beaucoup la compagnie. Afin de le faire participer aux activités, il est conseillé de le mettre dans un « transat », ce petit siège adapté à son âge, qui lui permet d'être en position relevée et soutenue. Ainsi il peut plus facilement communiquer avec les personnes et les objets qui l'entourent.

→ La découverte du corps (les mains) et des objets

À 3 mois, les psychologues remarquent une *hausse importante de l'activité* chez l'enfant par rapport aux mois précédents. Il peut jouer pendant des périodes allant jusqu'à 35-40 minutes. L'enfant porte un *intérêt subit à ses mains*, il les regarde se rapprocher ; il les sépare brutalement, son regard va de l'une à l'autre, puis il les porte à sa bouche et suce ses doigts de longs moments. Le *contact buccal* lui permet de découvrir une source d'excitation sensorielle. Ainsi, le système « *yeux-bouche* » devient le premier instrument de connaissance de son « corps ».

L'enfant découvre également les objets, surtout ceux qui se trouvent dans la périphérie de son champ de vision. Si l'on met un hochet dans sa main (ou s'il le heurte par hasard), sa main « s'entrouvre spontanément », puis se referme dessus. C'est la préhension au contact. L'enfant tient maladroitement l'objet, le regarde, ou ne le regarde pas, et le porte directement à sa bouche (d'où le terme utilisé par les psychologues : « *réaction tactilomotrice* »)[5]. Le pouvoir du geste est ainsi lié au plaisir buccal. Plus il répétera ses expériences plus il découvrira les rapports de cause à effet et les mémorisera. Tous ces petits exercices sont, pour l'enfant, le jeu et l'apprentissage le plus passionnant.

Lorsque l'on doit acheter des jouets pour un enfant de cet âge, il est conseillé de les choisir de forme simple, souple, aux angles arrondis,

(5) Pour le psychologue Piaget, l'enfant de 1 à 4 mois traverse la période des « réactions circulaires primaires » (*cf.* chapitre 8).

pouvant être « sucés »... et pouvant exciter à la fois le sens visuel, auditif et tactile. Il faut donc privilégier couleurs et mouvements (*cf.* chapitre 8).

→ Le sommeil, les pleurs « de déception »

Les habitudes de sommeil du bébé sont maintenant bien organisées, il a un horaire plus régulier et peut dormir quelques heures le matin et l'après-midi. En revanche, le *sommeil nocturne* peut poser quelques problèmes. Certains bébés pleurent la nuit... Un simple geste (caresses, bercement du lit, etc.) peut leur permettre de se rendormir. Lorsqu'un bébé pleure, l'adulte tentera d'apprécier la nature de son besoin. Cela peut être la faim, la soif, la nécessité d'être changé. Mais à cet âge, l'enfant ne pleure plus seulement quand il est mal à l'aise, mais lorsqu'il perd ce qu'il aime, ce qui lui fait plaisir. À la fin de la tétée, par exemple, il pousse un cri strident de déception en même temps que son visage exprime un brusque désespoir. Il lui arrive de pleurer aussi quand on le pose dans son lit. De même, il pleure quand l'adulte qui s'occupe de lui le quitte, ou cesse de s'intéresser à lui. Ces *pleurs de déception* prennent une tonalité toute nouvelle, s'accompagnant d'une mimique tout à fait caractéristique.

L'enfant devient de plus en plus actif dans sa façon d'utiliser ses pleurs mais il faut savoir qu'il n'existe pas toujours d'explication aux pleurs d'un nourrisson.

Postures		Vers 3 mois	
Tête/Tronc		A  *À plat ventre :* redressement de la tête de 45 à 90° ; s'appuie sur les avant-bras.	B  *Tenus assis :* tête droite dos, et nuque fermes, mais la région lombaire reste faible.
Membres	Position dorsale	C 	L'enfant s'intéresse à son corps, c'est l'âge du « regard de la main » Bassin à plat, jambes en flexion ou semi-flexion (la pointe du talon repose sur le lit).
	Position ventrale	D 	*À plat ventre :* bassin à plat, hanches en extension.
Vision/préhension		E  L'enfant tourne complètement la tête pour suivre des yeux un objet. Il ne peut encore l'attraper.	F 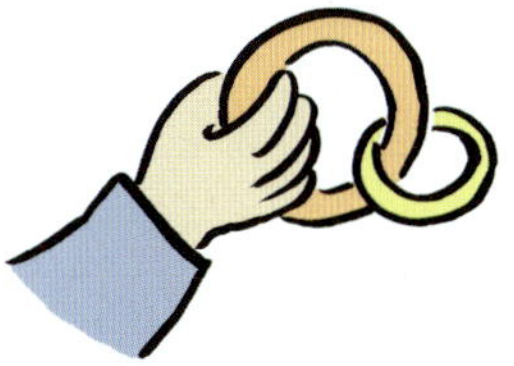 « Préhension du contact » c'est une préhension involontaire au contact d'un objet placé dans sa main.

Fig. 6.6. Le développement psychomoteur de 0 à 3 ans.

MémoMémoMémo

La sensation d'exister, dès 2 mois !

Michael Lewis (professeur de pédiatrie et de psychiatrie et directeur de l'Institut pour l'étude du développement des enfants, New Jersey), en accord avec Freud, situe l'éveil de la conscience de l'enfant vers 2 ou 3 mois. L'origine de cet éveil se trouve dans les *interactions avec les personnes et les objets* qui lui permettent de comprendre qu'il peut avoir une influence sur ce qui l'entoure. Le bébé touche le mobile, celui-ci bouge. Le bébé pleure, quelqu'un vient le réconforter. Le bébé sourit, sa maman aussi. Ainsi, progressivement, le bébé fait la distinction entre lui et le reste, même s'il ne sait pas encore qu'il existe de façon permanente (ce qui se réalisera vers 1 an).

Rôle de la professionnelle

La professionnelle veillera tout particulièrement à répondre à ses besoins de contact et de régularité de rythme de vie (vus précédemment) en lui apportant une présence sécurisante, en lui parlant, en l'associant à la vie familiale, et en le stimulant « à bon escient » avec des objets (ou jouets) adaptés à son âge. Par ailleurs, il faut savoir que l'âge de trois mois marque souvent le début du *sevrage*, pour les mères qui allaitent et qui doivent reprendre leur activité professionnelle. L'enfant ressentira toutes les réticences de sa mère pendant cette période de *première séparation*.

La professionnelle pourra rassurer l'enfant et guider la mère au cours de cette période en lui donnant des repères et des conseils adaptés.

→ Le besoin de régularité

La régularité de vie, de personnes, de soins est capitale à cet âge. Les bébés aiment les manipulations qui ont le même rythme, les gestes qui reviennent aux mêmes heures, les jeux qui recommencent sans cesse… Ces *actes répétitifs*, tout en favorisant une meilleure connaissance de l'environnement, donnent à l'enfant *un sentiment indispensable de sécurité*. « Le monde doit être prévisible pour eux » (selon Piaget)[6]. Pour le bain, le repas, le coucher, l'organisation autour de « rituels » donne un sentiment de sécurité à l'enfant.

L'ENFANT VERS 4 MOIS

LES POSTURES

→ La tenue de la tête et du tronc

- **En position ventrale** : appuyé sur les coudes, l'enfant relève son thorax et sa tête jusqu'à ce que son visage et le plan du lit fassent un angle de 90°.
- **Tenu en position assise** : l'enfant tient sa tête bien droite, le dos et la nuque sont très fermes, la région lombaire reste cependant encore faible et a toujours besoin d'être soutenue.
- **Tiré en position assise** : la tête suit le reste du corps.

→ Les membres

- **En position ventrale** : les jambes sont en extension, l'enfant fait des mouvements d'extension et de flexion de tous ses membres sans décoller du plan fixe. On dit qu'il « nage » !
- **En position dorsale** :

- l'enfant tente de mettre un pied sur le genou opposé. Le bassin est complètement à plat sur le lit et la plante des pieds repose également à plat sur le lit ;
- l'enfant tente de rouler d'un côté ou de l'autre du lit. Par exemple : du dos sur le côté ou du côté sur le dos.

LA PRÉHENSION, LA COMPRÉHENSION

La préhension est toujours *involontaire* mais :

- l'enfant tente quelques mouvements de préhension vers un objet (par exemple : cube ou main) qu'on lui tend et il le porte à sa bouche ;

(6) Piaget *cf.* chapitre 8.

- il se sert de ses mains plus adroitement et peut faire des mouvements variés d'une main ou de l'autre ;
- il réunit ses mains en jouant, ce qui lui donne la possibilité de jouer plus longtemps avec un hochet. Il l'observe, le secoue, mais *le perd souvent* (lorsqu'il laisse tomber son hochet, il regarde fixement l'endroit où il se trouve).

LA VUE

Sa capacité visuelle est proche de celle de l'adulte. *L'accommodation* lui permet de voir les objets à des distances variables et de percevoir parfaitement les petits détails. Son intérêt est ainsi plus soutenu et ses périodes d'observation sont plus longues.

L'AUDITION

L'acuité auditive est bien acquise ; il identifie les bruits familiers et localise parfaitement les sons, tournant sa tête dans la bonne direction.

LE LANGAGE « LES GAZOUILLIS »

La qualité de sa voix s'améliore progressivement et présente des variétés d'intonation très sensibles.

Fig. 6.7. L'enfant à 4 mois.

L'enfant *gazouille ou vocalise* ; il fait de longues mélodies autour des « sons-voyelles et des sons-consonnes » qu'il associe.

Il utilise beaucoup le **ou** ; c'est ainsi que vont apparaître :

- Tantôt les : **ou a**, a **ou**, a **ou**a } (**ou** + voyelle)
- tantôt les : p **ou**, b **ou**, m **ou** } (**ou** + consonne)
- puis ce sera le **l**, suivi peu après des **t**, **d**, **n**, etc.

Situation

Maxime

Maria (la garde à domicile) a installé Maxime (4 mois) sur son petit « transat » ; au centre de la pièce, afin qu'il puisse se sentir en famille.

Maxime est très éveillé, il manifeste sa présence par de nombreuses vocalises dont les intonations variées s'adressent visiblement à son entourage. Arrivera-t-il à séduire son grand frère ? Il est pourtant bien tranquille et fait ses devoirs, mais Maxime a envie de jouer. Il y a un cube posé sur le sol qui l'intrigue et l'attire. Il gesticule de toutes ses forces afin que quelqu'un aille le lui chercher. Mais en vain ! Tout le monde est occupé. Alors il faut bien se consoler seul. Heureusement la nature l'a pourvu d'un jouet merveilleux : ses petites mains. Il va prendre plaisir à les regarder, à les toucher, à les croiser sur sa poitrine, puis finalement, à sucer longuement ses doigts.

LE DÉVELOPPEMENT SOCIAL

C'est l'âge où la *socialisation* bat son plein. Tout intéresse l'enfant de 4 mois. Il observe longuement les visages familiers, les objets, le mouvement des personnes autour de lui. C'est l'âge où le « transat » (petit siège pour bébé) a toute son utilité. Il soutient bien son dos en position semi-assise et lui facilite l'observation du monde environnant. Ses périodes de veille s'allongent de plus en plus, et la nuit, il peut dormir 12 heures d'affilée. Le réveil se fait souvent sans pleurs. L'enfant *arrive à jouer seul* de plus en plus souvent et, parfois, à gazouiller longuement, en attendant l'heure du repas.

→ L'enfant anticipe une situation et discrimine le visage maternel

À 4 mois, l'enfant peut prendre patience (même s'il a faim) car il *reconnaît très bien les bruits familiers* qui président à la préparation du biberon. Il *anticipe une situation*, il connaît bien sa mère ou la professionnelle de l'enfance qu'il voit tous les jours et lui fait un sourire (discriminatif) lorsqu'elle s'adresse à lui. À cet âge, sa vision est proche de celle de l'adulte, ce qui lui permet de bien distinguer les détails du monde qui l'entoure.

→ L'enfant poursuit la découverte de son corps

Toutefois, la découverte de l'environnement passe d'abord par la *découverte de lui-même* et l'enfant continue à observer longuement ses mains. Il les croise, les frappe, les touche (ses mains manipulent ses mains, il est à la fois touchant et touché), et il les porte à sa bouche. *Sucer* est une activité majeure, il peut passer des heures à sucer ses mains, ses doigts… à explorer son visage, il fait de même avec tous les objets : il les regarde, les palpe longuement et les porte à sa bouche. Ainsi se poursuit le cycle de « l'*opération main-bouche* » vue précédemment[7]. L'enfant va y associer la vision. C'est l'étape tactilovisuelle qui se prépare, étape capitale pour l'évolution de la connaissance (la perception de l'espace, des formes, des distances, des poids, etc.). L'enfant commence à distinguer petit à petit ce qui est lui et ce qui n'est pas lui. S'il est pris dans les bras, il scrute les détails du visage de celui qui le porte. Lorsqu'on lui tend un objet, il regarde alternativement celui-ci, puis la main qui le lui tend, puis à nouveau l'objet, d'où une meilleure discrimination entre la main et l'objet.

→ Les jouets deviennent des « auxiliaires précieux » d'exploration

Dès qu'il est en confiance, il entreprend de longues mélodies aux intonations les plus variées. En fait, l'enfant de cet âge est un *être très sociable* qui accepte facilement les visages étrangers (cela ne durera pas longtemps…) et il est avide de nouveautés. Les *jouets* seront des « auxiliaires précieux » car l'enfant a faim d'exploration manuelle (*cf.* mémo). La seule vue des jouets suffit à l'exciter ; son besoin de manipuler, de toucher, de saisir, est très vif. Toutefois, à cet âge, il n'a pas besoin d'une grande variété de jouets, car il va répéter inlassablement ses exercices avec chacun d'eux et passera beaucoup de temps à les sucer.
Le choix des jouets sera donc proche de celui du mois précédent (*cf.* chapitre 8).

Rôle de la professionnelle

À 4 mois, l'enfant commence à beaucoup remuer. Il apprécie particulièrement le tapis de sol, où il peut se contorsionner de tout son corps, devenu plus tonique. Il est donc conseillé de répondre à son besoin de motricité et d'exploration, mais il faut veiller à ne pas le laisser sans surveillance. La professionnelle veillera à mettre en garde les parents sur les nouvelles capacités du bébé et sur les risques d'accidents qui y sont associés. Ils devront en particulier rester auprès de lui lorsqu'ils l'installent sur la table à langer ou sur leur lit.
Comme nous l'avons dit, l'enfant de 4 mois a déjà une personnalité bien affirmée, il aime être au contact de l'adulte. Il faut donc que la professionnelle de la petite enfance sache être très disponible pour lui et le mette en confiance.

(7) Selon les théories de Piaget (*cf.* chapitre 8), l'enfant de 4 à 8 mois traverse la période de « réactions circulaires secondaires » : coordination vision-préhension.

Postures		Vers 4 mois	
Tête/Tronc		A  *En position ventrale :* Redressement de la partie antérieure du tronc. Appuyé sur les coudes l'enfant soulève la tête à 90°.	B  *Tiré en position assise :* la tête suit le reste du corps.
Membres	Position dorsale	C  Bassin à plat, la plante des pieds repose à plat sur le lit, l'enfant s'amuse avec son hochet mais le perd souvent.	D  L'enfant tente de mettre un pied sur le genou opposé.
Membres	Position ventrale	E  Bébé *nage* : mouvements de flexion et d'extension de tous ses membres, sans décoller les bras et les jambes du sol.	F  Le contrôle de ses muscles abdominaux lui permet de rouler du dos sur le côté.
Vision/ préhension		G 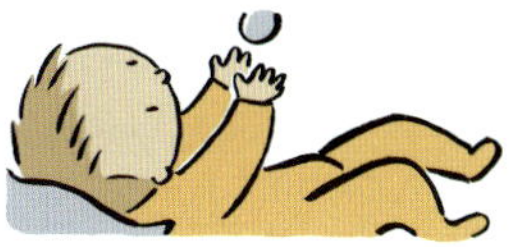	*Tentatives de préhension* vers les objets. Sa capacité visuelle est proche de celle de l'adulte, il voit les petits détails.

Fig. 6.8. Le développement psychomoteur de 0 à 3 ans.

L'ENFANT VERS 5 MOIS

POSTURES

→ Observons la tenue de la tête et du tronc

• **En position ventrale** : le corps est très ferme, l'enfant peut soulever la tête et une grande partie du tronc en prenant appui sur ses coudes. Il déploie une grande activité : il étend ses bras et ses jambes et peut même tenter de les soulever, en décollant du plan fixe, prenant appui uniquement sur le thorax (il brasse l'air… *il fait l'avion !*). L'enfant essaie aussi de rouler du ventre sur le dos.

• **Tiré en position assise** : il participe à ce mouvement en soulevant sa tête et en pliant ses jambes pour aller vers l'avant.

→ Observons ses membres

Maintenu en **position debout**, l'enfant supporte une grande partie de son poids. Il fait beaucoup de mouvements de *pédalage*. Il donne volontiers des « *coups de pied* ».

LA PRÉHENSION, LA COMPRÉHENSION

La préhension volontaire apparaît : l'enfant est capable de saisir volontairement les objets placés devant lui :

- lorsqu'on présente un objet à l'enfant, il tend la main pour s'en emparer et le porte à sa bouche. Il s'agit de la *réaction tactilovisuelle*[8]. La préhension lie le toucher et la vue ;
- la forme de préhension est palmaire, globale, imprécise : l'enfant saisit l'objet (de grosse taille) entre la paume et les trois derniers doigts de la main. Il porte toujours les objets à la bouche.

MémoMémoMémo

« La faim d'exploration ! »

Le désir de l'enfant de toucher et sentir est ardent. Couché sur le tapis de sol ou tenu sur les genoux, il manifeste son excitation psychomotrice quand on met un objet à sa portée. À 16 semaines ses épaules se tendent, ses bras entrent en action lorsque l'on approche un jouet de lui mais ses mains ne peuvent pas encore le saisir volontairement. Ce n'est qu'au bout d'un ou deux mois qu'il pourra approcher sa main avec efficacité. En attendant, l'enfant fait preuve de la même faim d'exploration manuelle que celle dont il a fait preuve visuellement. (Gesell)[9].

LE LANGAGE

Au 5e mois, le langage est (à peu de chose près) de même nature que celui du 4e mois. L'enfant *améliore ses vocalises* (ou gazouillis) avec passion. Il regarde avec intérêt les bouches et écoute attentivement les intonations et les différents sons qu'il entend autour de lui. Son attention est nettement plus motivée par les voix humaines, il tourne la tête et cherche du regard la personne qui parle.

Les parents et les professionnels doivent donc essayer de verbaliser le plus possible leurs actions afin que l'enfant puisse enregistrer inconsciemment des associations mots-gestes qui lui serviront quelques mois plus tard. Par exemple, au moment de la toilette, au lieu d'habiller un enfant dans le silence… établissez un contact chaleureux avec lui en accompagnant toutes les manipulations de petits commentaires (par exemple : donne ton petit pied, etc.), en variant les intonations (auxquelles il est très sensible). L'enfant vous répondra par de *nombreux babillages* ou par un *langage gestuel* très significatif. Vos gestes, associés à vos paroles, prendront alors sens pour lui. Il s'établira facilement une communication verbale et gestuelle entre vous et lui.

Situation

Hugo

Il est 15 h 30, Hugo (5 mois) se réveille. Après une longue sieste et après avoir sucé ses mains un court moment, il se met à crier. Marjorie (l'assistante maternelle) se lève pour lui donner le biberon, mais au moment de le recoucher Hugo se contorsionne. Le petit lit devient un peu étroit pour ses nouveaux exploits ! Il préfère le tapis de sol. Là, il se met sur le ventre, prend un cube, l'explore, le porte à la bouche et le perd. Puis il commence une série d'exercices moteurs : il roule du ventre sur le dos et se retrouve dans un coin de la pièce, alors il se remet à pleurer. Marjorie s'approche de lui, lui explique la situation, pour le rassurer le prend dans ses bras et le console.

LE DÉVELOPPEMENT SOCIAL

→ Les débuts de la préhension volontaire

Cinq mois est l'âge de la *préhension volontaire* ; c'est une acquisition fondamentale pour l'enfant car il obtient ainsi une indépendance manuelle. À cet âge, la coordination vision-préhension est établie[10]. Quand il décide de prendre volontairement un jouet, il

(8) Selon les théories de Piaget (*cf.* chapitre 8), l'enfant (de 4 à 8 mois) traverse la période des « réactions circulaires secondaires » (coordination vision-préhension).
(9) Gesell, *cf.* chapitre 8.

(10) Cette prise de conscience de certaines parties de son corps, et de leur possibilité fonctionnelle, correspond aux premières ébauches de structuration de la personnalité.

commence à sentir que celui-ci est différent de lui, qu'il est en dehors. S'il le laisse tomber, il se penche du transat pour observer l'endroit où il se trouve. Mais seul l'instant compte, s'il disparaît *il ne le cherche pas*. Il croit que les objets existent ou n'existent plus !

→ Les débuts de la « manipulation opérationnelle »

Le fait de tendre la main pour se saisir de quelque chose apprend à l'enfant un rapport de « *cause à effet* » qu'il va mémoriser. Progressivement, il pourra garder un souvenir de ses gestes et de leurs effets. Son nouveau pouvoir va donner au bébé un besoin frénétique d'objets… il veut *tout manipuler*, toucher à tout !

Fig. 6.9. L'enfant à 5 mois.

→ Les nouvelles « performances motrices »

Toutefois, il ne faut pas oublier qu'à 5 mois l'enfant a effectué d'autres progrès : sa motricité est meilleure et ses muscles lui permettent quelques performances : *il peut faire « l'avion »* (mouvements de flexion et d'extension de tous ses membres), il peut soulever assez haut la tête et le tronc au-dessus du plan du lit. Si l'adulte l'aide et le stimule, il prendra plaisir à « *rouler* » *du ventre sur le dos* (ce n'est que vers 8 mois qu'il fera le « tonneau », roulant dans les deux sens : « dos-ventre-dos »), à attraper un cube dans la position allongée, etc. Ces petits jeux constituent une gymnastique excellente pour la musculature du dos et favorisent l'acquisition de la position assise (vers 8 mois).

Du 5e au 10e mois, l'enfant traverse une période si **riche d'acquisitions** que les périodes de sommeil peuvent être raccourcies. En effet, on a observé que certains troubles du sommeil sont en rapport avec le développement des activités motrices (telles que la « préhension volontaire », et plus tard la « marche à quatre pattes »), activités ressenties avec excitation par l'enfant qui veut s'y adonner au maximum. Ainsi, très tôt le matin, il sera prêt à commencer sa journée en « grande forme », et au lieu de rester longtemps dans son lit à regarder ses mains, il aura *envie de stimulations*, il voudra que l'on s'occupe de lui. Heureusement, certains bébés sont plus calmes et se contentent encore de sucer leurs doigts ou de manipuler leurs jouets, qui deviennent plus nombreux, autour de lui (*cf.* chapitre 8).

Postures	**Vers 5 mois**	
Tête/Tronc	A 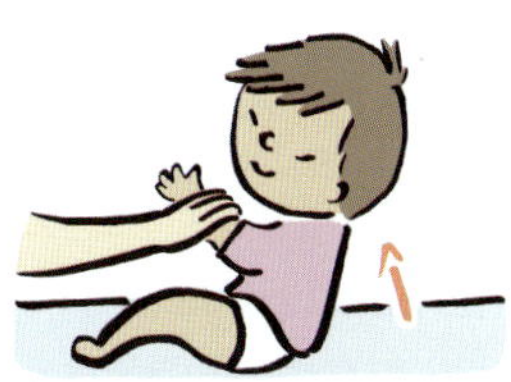 *Tiré en position assise,* l'enfant participe activement à ce mouvement	B  *Position ventrale :* le corps est très ferme appuyé sur les coudes le nourrisson soulève le haut du tronc et rejette sa tête en arrière.

Fig. 6.10. Le développement psychomoteur de 0 à 3 ans.

Postures		Vers 5 mois	
Membres	Position dorsale	C  *À plat dos :* l'enfant fait de nombreux mouvements de pédalage.	D  *Maintenu en position debout,* l'enfant soutient une grande partie du poids de son corps.
	Position ventrale	E  *À plat ventre :* les avant-bras sont en hyperextension vers l'avant, les mains reposent à plat sur le sol (il ne peut encore les utiliser pour jouer !).	F  Prenant appui sur le thorax l'enfant fait l'avion. Il décolle bras et jambes du sol.
Vision/préhension		G  La préhension volontaire apparaît ! L'enfant porte immédiatement l'objet à sa bouche.	 C'est une préhension palmaire, globale, qui reste encore imprécise.

Fig. 6.10. Le développement psychomoteur de 0 à 3 ans. (suite)

Rôle de la professionnelle

La professionnelle doit, le plus souvent possible, conseiller aux parents de respecter le développement moteur et social individuel de l'enfant. Stimuler l'enfant à faire des roulades sur le tapis de sol est un jeu qui permet des échanges avec lui sur le mode ludique, mais il faut surtout éviter de mettre un enfant en position assise avant que sa capacité motrice ne lui permette de le faire seul. Cette attitude est mal vécue par l'enfant et risque d'induire des malpositions dorsales et de « freiner » sérieusement son développement psychomoteur (les « théories de Loczy » qui développent cette idée sont très suivies par les professionnels de l'enfance).

D'une part, l'enfant ne pourra pas se « défaire » de cette position s'il ne l'a pas acquise lui-*même et s'il ne la maîtrise* pas. Par ailleurs, ne pouvant se remettre seul en position allongée, l'enfant ne pourra pas aller à la découverte de l'espace environnant, en rampant. Respecter les *rythmes de l'enfant* c'est favoriser l'acquisition de l'autonomie dès le plus jeune âge.

En revanche, vous pouvez profiter de cette position horizontale pour lui mettre un miroir devant lui.

Il va être très intrigué par le reflet de son image. Il sourit sans se reconnaître (il faut attendre le 7e-8e mois pour que l'enfant distingue son visage de celle des autres personnes et même essaye de la caresser) (*cf.* l'étude de l'enfant face au miroir selon Lacan)[11].

MémoMémoMémo

5 mois : « le langage du corps »

L'enfant ressent un besoin accru de sociabilité, ses cris et ses gestes sont devenus des signes d'appel vers son entourage pour exprimer ses besoins, ses désirs, ses déceptions, traduire son « bien-être » ou son « mal-être ». L'enfant de 5 mois entre en contact avec son entourage par le « langage du corps ». Il s'exprime par des rires (souvent suivis de larme !) et ainsi que par des « coups de pieds », qui à cet âge, traduisent aussi bien sa joie que sa déception (Gesell)[12].

L'ENFANT VERS 6 MOIS

LES POSTURES

→ Observons la tenue de la tête et du tronc

- **En position ventrale** : l'enfant se relève sur ses mains (et non plus sur ses coudes), rejetant la tête en arrière. Le thorax et la partie haute du ventre sont au-dessus du plan du lit. *Il « fait le phoque »*.
- **En position assise :** l'enfant peut tenir avec un minimum d'appui (quelques coussins par exemple pour le caler dans un fauteuil).
- **En position dorsale :** l'enfant décolle la tête et les épaules du plan du lit essayant de passer de la position couchée à la position assise sans y parvenir. Si l'adulte met ses pouces dans ses mains, il les attrape en pliant les bras et peut enfin s'asseoir.

→ Observons les membres

- **En position dorsale** : l'enfant s'intéresse moins à ses mains, mais il saisit vigoureusement *ses pieds*.
- **Tenu debout** : l'enfant maintient une grande partie du poids de son corps et sautille ; c'est le *« stade du sauteur »* : il fait les pointes (il ne pose pas vraiment les pieds), ses orteils restent recroquevillés.

(11) J. Lacan, *cf.* chapitre 8.
(12) A. Gesell (idem).

LA PRÉHENSION, LA COMPRÉHENSION

À 6 mois, la préhension volontaire globale est bien acquise mais la forme de préhension évolue : lorsque l'enfant prend un cube, on observe un *agrippement cubital*. Le cube est tenu par la base du pouce (sur le côté cubital de la paume de la main) et les trois derniers doigts.

L'enfant peut tenir deux cubes et regarder un troisième cube posé sur la table. Il frotte la table avec la fourchette ou la cuillère qu'il tient dans sa main.

LE LANGAGE : LES « LALLATIONS »

Entre le 6e et le 7e mois, c'est *l'âge des lallations* ; l'enfant fait des roulades avec des chaînes de syllabes. Il varie le volume et le débit de ses expressions vocales ; il les contrôle mieux. Lors de ces *mélodies*, l'enfant prend conscience des différentes tonalités de son répertoire, ce qui l'incite à recommencer sans cesse ses exercices vocaux. Ce sont des petits jeux qui lui procurent le plus grand plaisir.

L'adulte ne doit pas tenter de « provoquer » ou de « prolonger » ces exercices, car il risque de troubler les progrès naturels de l'enfant.

L'imitation de l'autre ne vient qu'après l'imitation de soi… En d'autres termes, il ne faut pas intervenir lorsque bébé pratique sa phonation ; il y a bien d'autres moments de la journée où l'adulte peut (et doit) baigner l'enfant dans une ambiance phonique.

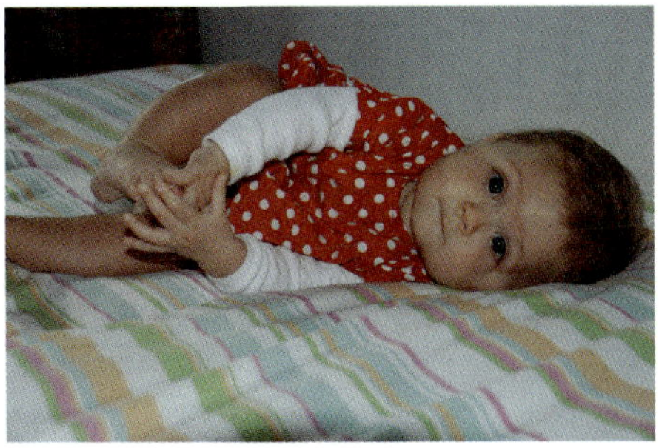

Fig. 6.11. L'enfant à 6 mois.

Situation

Océane

Depuis une heure, Océane (6 mois) fait de petits exercices vocaux ; elle répète inlassablement les mêmes chaînes de syllabes, elle en fait de longues roulades qu'elle module à son gré. « Elle est à son écoute. » Mais l'heure du repas arrive et Sonia (l'assistante maternelle) l'installe sur ses genoux près de la table familiale.

Océane regarde les plats avec curiosité, elle aime toucher la purée. Parfois, elle fait tomber le gobelet qu'elle essaye de rattraper à pleine main.

Après le repas, Sonia lui fait sa toilette et la recouche pour la sieste. Elle ne se rendort pas tout de suite, car elle a trouvé un nouveau jeu : elle essaye de tirer à elle, vigoureusement, son petit pied.

Postures		**Vers 6 mois**	
Tête/Tronc		A  *En position ventrale :* l'enfant peut se relever sur ses mains il fait le « phoque ».	B  *En position dorsale :* l'enfant décolle la tête et les épaules du plan du lit, essayant de se soulever seul sans y parvenir.
Membres	Position dorsale	C  *À plat dos :* l'enfant aime jouer avec ses pieds.	D  *Maintenu en position debout* c'est le stade dit du « sauteur » (il saute et s'accroupit sur ses jambes).
	Position ventrale	E  *À plat ventre :* l'enfant peut facilement faire usage de ses mains pour jouer.	F  *Vers 5-6 mois :* il peut rouler du ventre sur le dos.
Vision/préhension		G 	La préhension volontaire globale est bien acquise. L'enfant peut tenir deux cubes dans ses mains, mais si les cubes disparaissent… il ne les cherche pas.

Fig. 6.12. Le développement psychomoteur de 0 à 3 ans.

LE DÉVELOPPEMENT SOCIAL

→ Le besoin de sucer, de mordiller

L'enfant de 6 mois a bien acquis le stade de la préhension volontaire, il peut donc prendre les objets qu'il désire (de volume assez gros) si on les approche de lui. Comme au 3e mois, il porte tous les objets à sa bouche pour en parfaire la connaissance.
Toutefois, à 6 mois, l'enfant va avoir un motif supplémentaire de sucer, de « mordiller »... car c'est l'âge de l'*apparition des premières dents* et la mâchoire le chatouille.

→ La découverte du corps (les pieds !)

L'enfant de 6 mois exploite aussi une nouvelle capacité : celle *d'attraper ses pieds*, de les toucher, de les observer. Il les découvre comme il avait découvert ses mains. Il poursuit ainsi la *connaissance de son corps*, élément par élément.

→ La découverte des sons

Pour le langage, le 6e mois représente une étape importante ; c'est l'apparition des **lallations**. L'enfant manipule les syllabes comme il manipule les objets. Il aime le son de sa voix, il affiche une mimique très expressive et s'accompagne souvent de mouvements des bras et des jambes (qui, pour lui, ont aussi une valeur de communication).
Comme on le sait, la voix humaine est un facteur très important de l'environnement du nourrisson. L'enfant est sensible à l'intonation, au volume de la voix : une parole sèche, un ton dur, un débit saccadé, stoppent l'activité du bébé. Au contraire, les chansons, la musique, les ritournelles l'intéressent, car le rythme va stimuler son apprentissage du langage ; il pourra être attentif longtemps près d'un poste de musique, on peut même calmer une crise de larmes par ce moyen... Cependant, utilisée maladroitement et en excès, la *musique* peut également avoir un effet excitant sur le bébé. Il existe d'autres moyens de stimulation : les jouets. La professionnelle saura les utiliser à bon escient (*cf.* chapitre 8).

Rôle de la professionnelle

Vers l'âge de 6 mois, on diversifie l'alimentation de l'enfant. Il va faire connaissance avec les aliments *solides,* tels que la *viande* et le *poisson*, les *légumes* (salés) proposés dans une assiette.
Le moment du repas est, en général, bien accepté par l'enfant. S'il est près de la table, c'est une occasion inespérée pour se faire remarquer, sortir son petit répertoire de mimiques, gratter sa cuillère dans l'assiette, renverser le verre en essayant de s'en emparer...
La professionnelle de l'enfance conseillera aux parents d'être très diplomates avec un bébé de cet âge et de pardonner ses maladresses (dues à un besoin de connaître les choses). Elle veillera à « faire accepter » les *nouveaux aliments* à l'enfant, à lui montrer les *formes* et les *couleurs* différentes. Elle saura aussi lui faire apprécier la *consistance* avec les doigts.
L'ambiance du repas doit toujours être sereine, détendue, c'est un moment privilégié pour la socialisation. L'enfant doit se sentir un membre à part entière de la collectivité (qu'il soit dans la structure collective ou familiale). Le moment du repas doit permettre de consolider les liens affectifs.

MémoMémoMémo

La mère et l'enfant face à l'alimentation

« Pour le nourrisson, la nourriture est tellement associée à la mère que, lorsque l'enfant refuse de manger, la mère se sent personnellement rejetée et la nourriture peut devenir très rapidement un terrain de lutte entre la mère et l'enfant. À l'inverse, le fait que la nourriture et la mère soient étroitement associées explique qu'une séparation d'avec la mère soit la cause parfois chez l'enfant d'un refus alimentaire » (Anna Freud)[13].

(13) A. Freud, *cf.* chapitre 8.

L'ENFANT VERS 7 MOIS

LES POSTURES

→ La tenue de la tête et du tronc

- **En position ventrale :** l'enfant peut rouler sur lui-même *du dos sur le ventre*. Il peut détacher une main du sol pour saisir un objet.
- **En position assise :** il peut rester assis sans soutien un court moment, en se tenant en avant et en s'appuyant sur les paumes des mains pour éviter de tomber, c'est le « *stade du parachutisme* ». Son torse est plus souple : il peut se baisser pour ramasser un objet de la main.

→ Les membres

- **Maintenu en position debout :** il aime qu'on le fasse rebondir : il saute, s'accroupit.
- **En position couchée :** il saisit ses pieds et peut « sucer ses orteils ».

LA PRÉHENSION, LA COMPRÉHENSION

- L'enfant effectue des tentatives de *préhension en pince inférieure* : il saisit les objets par la base du pouce et le petit doigt, donnant l'impression de gratter pour attraper.
- Il peut jouer avec deux cubes :
  - il fait passer les cubes d'une main dans l'autre et les frappe violemment entre eux ou sur la table ;
  - il peut garder un cube dans une main sans le lâcher lorsqu'on lui offre un deuxième cube.
- Il peut lâcher un objet lorsqu'il le désire, c'est le relâchement volontaire global, le mouvement n'est pas encore ajusté, il manque de précision.
- Il joue *aussi avec ses pieds*, il poursuit la connaissance de son propre corps (ce stade est important pour son évolution motrice).

LE LANGAGE : LES « LALLATIONS MODULÉES »

L'enfant de 7 mois perfectionne ses lallations (acquises vers 6 mois). Il les utilise souvent pour capter l'attention de l'adulte. Ce « petit jargon » est bien à lui, il module les lallations et en varie l'expressivité. Si l'adulte ne vient pas assez vite, il babille de plus en plus fort.
Les sons de provenance variée l'intéressent beaucoup. Les professionnels de la petite enfance doivent lui fournir cette source d'agrément ; grelots, boîte à musique, chants d'oiseaux (pourquoi pas !). L'enfant sera à l'écoute.

Situation

Victor

Victor (7 mois) est un bébé jovial et actif. Il pèse 7,200 kg, il a une incisive qui vient de sortir et sa mâchoire inférieure lui procure quelques petits désagréments. Son sommeil a été agité. Mais, depuis ce matin 7 heures, il joue tout seul suçant inlassablement ses orteils. Martha (l'assistante maternelle), à 10 heures, lui apporte son biberon. Il l'avale d'un trait, puis il s'amuse longuement avec la tétine. À 11 heures, Martha allonge Victor sur le tapis de sol et lui fait faire un petit jeu de roulades. Il rit aux éclats, puis elle lui donne le petit anneau jaune. Il s'en empare vivement, le tire très fort contre lui (*cf.* fig. 6.13), le change de main, le secoue, le jette, puis l'oublie.

LE DÉVELOPPEMENT SOCIAL

Le 7e mois est une *période transitoire* dans la vie du nourrisson. Il peut se distraire seul, mais la présence de l'adulte devient primordiale. Il aime aussi bien être couché sur le ventre pour jouer avec les objets que sur le dos pour jouer avec ses pieds.
Les rapports avec l'adulte, sa mère (ou son substitut) s'intensifient.

→ Les premières appréhensions

L'enfant effectue une *meilleure discrimination* entre les visages : il différencie sa mère des autres personnes, il commence à comprendre aussi qu'il est distinct de sa mère et qu'elle est distincte de lui, donc : « qu'elle est là ou qu'elle n'est plus là ! ».
L'affection qu'il porte à sa mère augmente ses craintes ; il appréhende les endroits nouveaux, les personnes étrangères à la famille. Il ne se contente plus de fixer sa mère d'un regard attendri, il se tend vers elle de tout son corps. Il pleure à chaudes larmes lorsqu'elle le dépose à la crèche. Lorsqu'il est proche d'un visage, il commence à en *explorer les reliefs* : le nez,

les oreilles et la bouche (où il aime mettre son doigt !). Il aime aussi sucer le visage.

→ L'apogée de la manipulation

L'enfant peut rester allongé dans son petit lit pendant de longues périodes car il a découvert un nouveau jeu : *sucer ses doigts de pied*… Il peut également jouer seul, couché sur le tapis de sol (préalablement protégé). Ces petits exercices favorisent une bonne musculature et lui donnent une impression de liberté. Il en profite pour *manipuler ses jouets*. Il les secoue, les frappe, les passe d'une main à l'autre, les jette et en récupère d'autres. Il a un besoin urgent de se servir de ses mains : c'est l'apogée de la manipulation. Celle-ci devient plus précise. Il saisit les objets avec le pouce et le petit doigt : c'est la préhension par « *pince inférieure* ». L'enfant donne l'impression de gratter pour attraper, ou de « *ratisser* » (avec le bras posé contre la table). Vis-à-vis de ses jouets, il se montre de plus en plus possessif (il les serre contre lui avec fougue) et lorsqu'il décide de les jeter, c'est bien une décision volontaire de sa part.

Fig 6.13. L'enfant à 7 mois.

Postures		Vers 7 mois	
Tête/Tronc		A  Assis sans soutien, il tend les mains vers l'avant pour éviter de tomber c'est le stade dit du « parachutiste ».	B  Assis avec soutien : son torse est plus agile : il peut se baisser pour ramasser un objet.
Membres	Position dorsale	C  L'enfant saisit ses pieds et suce ses orteils il a pris connaissance de son corps.	D  Tenu en position debout, l'enfant saute et s'accroupit… déployant une grande vitalité.
	Position ventrale	E  L'enfant peut rouler du dos sur le ventre.	F  L'enfant peut détacher une main du sol pour saisir un cube. L'enfant fait passer les cubes d'une main à l'autre et les frappe violemment entre eux ou sur le sol.

Fig. 6.14. Le développement psychomoteur de 0 à 3 ans.

Postures	Vers 7 mois	
Vision/préhension	G  Préhension en pince inférieure : l'objet est saisi par le pouce et le petit doigt.	H  L'enfant acquiert le relâchement volontaire de l'objet, c'est un relâchement global et imprécis.

Fig. 6.14. Le développement psychomoteur de 0 à 3 ans. (suite)

→ Le plaisir de « mordiller »

À 7 mois, le plaisir de *mordiller* se développe avec l'apparition des premières dents… C'est le moment de lui donner (dans certains cas) des biscuits (assez fermes). Il faut surtout éviter les bonbons qui prédisposent dès cet âge aux caries dentaires. Certains jouets peuvent également satisfaire ce besoin ; l'enfant apprécie : les *colliers à dentition*, d'anneaux, de triangles, de clefs multicolores plastifiées (qu'il peut mordre et sucer), les cubes plastiques (qu'il peut manipuler) (*cf.* chapitre 8).

Sachez aussi que tous les bébés, jusqu'à 1 an, prennent encore grand plaisir à téter leur biberon ; ils cherchent à le tenir, ils aiment jouer avec lui après la tétée, mordiller la tétine. Alors, même si c'est le début de l'âge de la cuillère, ne le privons surtout pas du plaisir de téter.

Rôle de la professionnelle

On remarque qu'un bébé de 7 mois commence à pleurer dès que l'adulte s'éloigne. Il voudrait monopoliser sa présence, le sentir en permanence à ses côtés. Or, l'adulte ne peut pas satisfaire cette demande. La professionnelle doit dire aux parents que la voix est aussi une présence. Il est souhaitable de parler souvent au bébé tout en vaquant à ses occupations, ou bien de chanter. Outre l'ambiance heureuse que l'on créera, l'enfant sera ravi d'entendre une présence gaie et bienveillante à son égard.

La professionnelle doit également savoir conseiller aux parents les petits jeux avec l'enfant ; par exemple : « *jouer à cache-cache* » : il s'agit de cacher son visage sous un foulard et de réapparaître aussitôt. C'est l'enfant, qui le plus souvent, retire le foulard. Ce jeu lui permet de réaliser a minima que l'on peut disparaître et réapparaître de son champ visuel. Ce jeu peut être mis en place très tôt (vers 3-4 mois). Il prend des significations différentes en fonction de l'âge de l'enfant : celui-ci constatera d'abord l'alternance clarté-obscurité (jour-nuit), puis l'absence ou la présence de l'adulte.

Un autre type de jeu peut aider l'enfant à mieux accepter la séparation physique avec l'adulte, c'est le jeu du ballon où l'enfant voit que la balle peut s'éloigner et se rapprocher de lui (comme le fait sa mère ou la professionnelle).

MémoMémoMémo

De 6 mois a 1 an : « le stade émotionnel »

Le psychologue Wallon explique qu'au cours du 2e semestre de sa vie, l'enfant traverse un « stade émotionnel ». « Il est caractérisé par des attitudes et des réactions émotionnelles très expressives : gestes, postures, mimiques, qui constituent un langage non verbal entre l'enfant et son entourage » (Wallon)[14].

L'adulte sera très attentif à ce stade émotionnel qui est une période sensible, où l'enfant est très vulnérable.

(14) Henri Wallon, *cf.* chapitre 8.

L'ENFANT VERS 8 MOIS

LES POSTURES

Les muscles du dos et la région lombaire ont acquis un bon tonus. L'enfant tient assis seul.

- **Sur le dos :** il peut se soulever jusqu'à la position assise.
- **Sur le ventre :**

- il peut soulever son corps tenu uniquement sur les mains et la pointe des pieds ;
- il *roule* très bien sur lui-même dans les deux sens (ventre → dos → ventre) : il fait le *tonneau* (c'est à partir de cette acquisition que se développera la capacité de *ramper* le mois prochain).

LA PRÉHENSION, LA COMPRÉHENSION

L'enfant *perfectionne* sa préhension par *pince inférieure* (voir 7ᵉ mois).

Entre le 8ᵉ et le 10ᵉ mois : *l'index* commence à jouer un rôle plus précis, il se délie. Si l'enfant tient deux cubes dans ses mains et qu'on lui en présente un troisième, il peut lâcher un des cubes pour saisir ce dernier :

- il joue à « *jeter* » les objets, il leur découvre une nouvelle propriété, ils font du « bruit » en tombant ;
- il *cherche un objet hors de sa vue* par exemple :

- si le hochet qu'il tenait à la main vient de tomber, il veut le récupérer,
- si on cache un jouet avec lequel il s'amusait derrière un écran, il le demande et tend la main dans la bonne direction. C'est le début du stade de la permanence de l'objet (8-10 mois).

LE LANGAGE : LES « MONOSYLLABES »

L'enfant vocalise à la vue des objets et des personnes, on a vraiment l'impression qu'il s'adresse à eux, qu'il veut entrer en contact avec eux car il module ses combinaisons phoniques. Il *prononce des monosyllabes* : « da » – « ma » « ga » – « pa ». Il s'agit d'un jargon que l'on a bien du mal à déchiffrer et pourtant c'est là une ébauche de langage.

L'enfant se parle à lui-même, et parle aux autres, parfois en s'accompagnant de gestes et de mimiques explicites ! C'est aussi une étape importante dans le développement du langage. L'adulte doit parler souvent à l'enfant, l'aider à faire ses gammes en évitant les mots déformés (langage bébé), utiliser un langage « *voix-geste* » à son niveau en mettant à profit les situations rituelles de la journée (le bain, le change). Le bébé doit pouvoir associer le langage à des situations de bien-être et de plaisir.

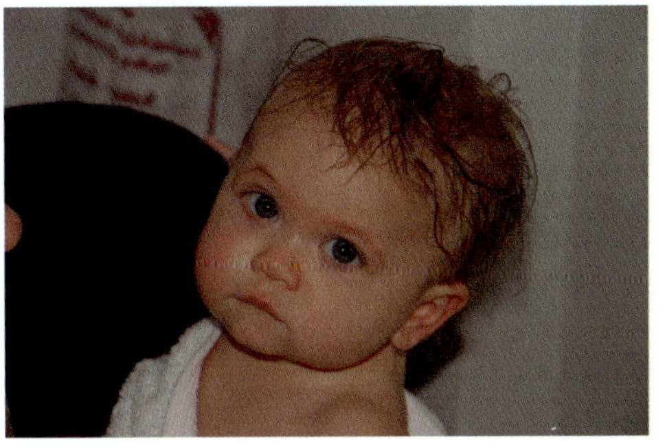

Fig 6.15. L'enfant à 8 mois.

Situation

Elsa, l'ours bleu et la nounou

Manou est la nouvelle garde à domicile d'Elsa (8 mois) et la petite fille ne semble ne pas l'apprécier. Après une crise de larmes au départ de sa mère, Elsa s'est débattue pour échapper aux bras de Manou et finalement, est déposée sur le tapis de sol où elle a recommencé une crise de larmes. Heureusement, Manou est une professionnelle et elle sait qu'à 8 mois, l'enfant n'accepte pas facilement les « étrangers ». Armée de patience et de bienveillance, Manou propose quelques cubes qu'Elsa fait mine d'ignorer, puis une boîte à musique, une poupée qui subissent successivement le même sort… Elsa se calme et entame un long monologue de monosyllabes. Manou n'insiste pas et prépare le repas. Elle installe Boudy, l'ours préféré, à table, lui met un bavoir et revient vers Elsa. La fillette montre Boudy du doigt et Manou lui explique qu'elle a préparé le repas aussi pour l'ours bleu. L'attention d'Elsa est monopolisée par le doudou. Manou fait semblant de lui donner à manger, ce qui provoque quelques éclats de rire. Manou parle beaucoup, d'une voix douce et rassurante. Elsa mange sans difficulté. Manou est adoptée !

Fig 6.16. L'objet transitionnel.

LE DÉVELOPPEMENT SOCIAL

→ La maîtrise de la position assise, les nouvelles performances motrices

Grâce à l'*acquisition de la position assise*, l'enfant de 8 mois devient plus autonome. Il peut explorer son environnement. Le contrôle musculaire du ventre et du dos lui permet les positions les plus diverses. Il fait des roulades dans les deux sens sur le sol puis se rassoit.
Il peut facilement se pencher pour prendre ou récupérer ses jouets.
Certains enfants très actifs peuvent se livrer à des performances exceptionnelles : par exemple soulever son corps appuyé uniquement sur ses pieds et ses mains. En revanche, l'enfant de huit mois n'apprécie guère le moment du déshabillage où il se tortille comme un ver.
Sa préhension manuelle se précise et il aime prendre un objet dans chaque main, portant alternativement chacun d'eux à sa bouche.

→ Le début de la « permanence de l'objet » et de la perception de son corps

L'enfant *aime jeter les objets*. Cette action lui permet d'étudier le bruit de leur chute. Il peut ainsi moduler « sa force de frappe » ! C'est aussi une façon pour lui d'acquérir la notion de la permanence de l'objet. Il va se « pencher » en direction de l'endroit où l'objet est tombé. L'entourage qui doit ramasser l'objet est soumis à rude épreuve…
Un autre jeu apprécié par l'enfant est celui du miroir. Il est *fasciné par son image*. Il lui sourit, l'observe, lui parle et même l'embrasse. Lorsqu'il regarde son pied dans le miroir, il touche aussitôt le sien pour comparer. Ce jeu favorise une meilleure perception de lui-même. C'est un événement capital dans le développement. « Il ouvre la voie à la reconnaissance par l'enfant de son propre corps unifié » analyse le psychiatre Jacques Lacan (*cf.* chapitre 8).

→ Le début de la crise d'angoisse

Huit mois est un âge difficile. L'enfant traverse ce que les psychologues appellent *la crise d'angoisse* (*cf.* mémo). Il est en situation psychologique de totale dépendance de sa mère, il la différencie très bien des autres personnes, ce qui lui donne un caractère unique et irremplaçable. C'est donc la présence ou l'absence de son *« objet »*[15] *d'amour* qui engendre un sentiment de plaisir ou de souffrance. Il recherche fébrilement la présence de sa mère pour se rassurer. Il la sollicite beaucoup et son comportement avec les autres personnes s'en trouve modifié, il pleure en présence d'un étranger… (surtout si celui-ci tente de le prendre dans ses bras !). Il a peur d'être privé de sa mère et, si celle-ci doit s'absenter, il laisse échapper de longs sanglots.
À cette période, lorsque sa mère quitte son champ de vision, l'enfant n'a pas intériorisé son image. Il n'a pas encore de représentation mentale de sa mère. C'est pourquoi il semble inquiet et pleure, pensant alors que celle-ci n'existe plus.

→ L'importance de l'objet transitionnel

On constate à cet âge toute l'importance pour l'enfant de *l'objet transitionnel* (concept décrit par Winnicott et par Anna Freud)[16]. L'enfant choisit un doudou, le tripote, le suce, le salit, l'abîme, etc. Il le charge d'affects très variés. L'objet transitionnel peut être une peluche, un morceau de drap, un oreiller qui a les odeurs de la famille, de la maison. L'enfant voudra l'associer à tous ses déplacements et l'adulte qui voudrait le lui arracher provoquerait des sanglots.
L'objet transitionnel joue sa fonction symbolique de trait d'union entre l'enfant et sa mère, il le sécurise. Avec lui, l'enfant emporte un peu de chez lui, un peu de sa mère… de tout ce qui symbolise sa sécurité affective dans ce monde nouveau qu'il découvre et qui lui fait peur. Cet

(15) Objet : mot utilisé par les psychologues dans le sens du « but vers lequel tend l'amour de l'enfant ».
(16) Winnicott, A. Freud *cf.* chapitre 8.

objet permettra à l'enfant d'attendre plus facilement le retour de sa mère et de mieux gérer les moments de séparation.

Rôle de la professionnelle

Spitz[17] a précisé que « *l'angoisse du huitième mois* est à la base de toute la structuration du développement affectif de l'enfant », ce dernier cherchant par tous les moyens à remplacer le manque de sa mère. L'adulte, ou la professionnelle de l'enfance, doit donc comprendre cette « *période sensible* » et épargner au mieux à l'enfant ces crises de larmes que M. Montessori appelle « les *premières maladies de l'âme* ». Il faut conseiller aux parents, par exemple, d'éviter de laisser l'enfant seul chez des personnes qu'il connaît peu, dans un environnement nouveau pour lui. L'enfant vit mal la séparation. Il est d'ailleurs déconseillé de mettre un bébé de huit mois à la crèche (sauf cas de force majeure), car c'est une période sensible sur le plan psychologique : le développement de l'enfant est alors fragile et vulnérable. « L'instabilité des composantes émotionnelles s'exprime au 8e mois par l'*étroite interdépendance du rire et des larmes* » explique Gesell[18]. Pour les professionnels de la petite enfance, ce sont parfois des moments difficiles à vivre car les enfants leur demandent une présence constante. Ils devront donc faire en sorte de se relayer auprès d'eux afin de répondre au mieux à leurs besoins de verbaliser tous leurs déplacements, et de respecter et comprendre l'importance du doudou.

(17) Spitz, Gesell, Dolto, *cf.* chapitre 8.
(18) Spitz, Gesell, Dolto, *cf.* Chapitre 8.

MémoMémoMémo

« L'angoisse du 8e mois »

Pour Spitz, l'angoisse du 8e mois est la première manifestation d'angoisse proprement dite. Cette angoisse signifie que l'enfant est maintenant capable d'aimer, puisqu'il distingue l'être aimé des autres. À partir de ce stade, le jeune enfant modifie sa façon de se comporter avec son entourage puisqu'il est en mesure d'opérer des différenciations dans ses attachements. Selon Spitz, les enfants qui changent de référentes (substituts maternels) trop fréquemment auront des difficultés ultérieurement à nouer des relations affectives avec une personne.
Certains psychanalystes (dont Françoise Dolto) conseillent une entrée en crèche après l'âge de 10 mois, c'est-à-dire quand l'enfant a acquis les éléments précurseurs de son autonomie motrice. Elle pense que si l'enfant de moins de 3 mois réagit moins violemment à la séparation d'avec sa mère, ce n'est pas parce qu'il souffre moins, mais parce qu'il ne dispose pas de moyens d'expression suffisants pour faire entendre sa souffrance.

Postures	Vers 8 mois	
Tête/Tronc	A  Il tient assis seul ! (bon tonus des muscles dorsaux).	B  Il roule très bien sur lui-même dans les 2 sens (dos – ventre – dos) Il fait le « tonneau ».

Fig. 6.17. Le développement psychomoteur de 0 à 3 ans.

Postures		Vers 8 mois		
Membres	Position dorsale	C  À plat dos : il peut se soulever seul jusqu'à la position assise.	D  Il suit des yeux l'objet qu'il a fait tomber et il le réclame. C'est le début de la « permanence de l'objet » (8-10 mois).	
	Position ventrale	E  À plat ventre : il peut soulever son corps tenu uniquement sur les mains et la pointe des pieds. Il fait le « PONT ».	F  L'index commence à jouer un rôle plus précis… il se délie.	G 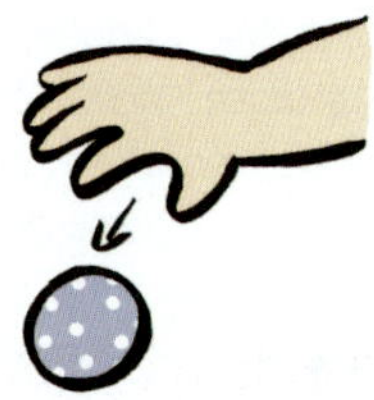 Il joue à jeter les objets.
Vision/ préhension		H  Si l'enfant tient 2 cubes dans ses mains, on lui en présente un 3e, il peut lâcher un cube pour saisir ce dernier.		

Fig. 6.17. Le développement psychomoteur de 0 à 3 ans. (suite)

L'ENFANT VERS 9 MOIS

LES POSTURES

→ La tenue de la tête et du tronc

- **En position ventrale :** il essaye de *ramper en reculant* (car les mouvements s'ébauchent surtout avec les bras et il recule), bientôt il prendra appui sur ses genoux et il pourra ramper vers l'avant. Il aime rouler sur lui-même pour se déplacer.
- **En position assise :** il se penche en avant et retrouve son équilibre en s'asseyant mais il ne peut pas encore se pencher sur le côté.

→ Les membres

- Il peut se mettre *debout en se tenant* à un support fixe, mais son équilibre est instable.
- Il pointe ses fesses en arrière pour maintenir l'équilibre (il tient debout quelques instants et tombe).

LA PRÉHENSION, LA COMPRÉHENSION

- L'enfant peut saisir des *objets de petite taille* (par exemple : une pastille) entre la base du pouce et l'index ; c'est la préhension en pince supérieure (début d'une meilleure indépendance manuelle).
- Il compare deux cubes en les réunissant.
- Il apprend à tendre un jouet à ses parents : dans un premier temps, il refuse d'abandonner le jouet ; dans un deuxième temps il le donne, il y a un *échange*.
- Jeux : il peut faire tinter une clochette et peut tirer un anneau par la ficelle.

LE LANGAGE : LES « DOUBLES SYLLABES »

À cet âge, l'enfant peut accéder au stade des « *doubles syllabes* » (ou syllabes redoublées). L'exemple le plus caractéristique est « ma-ma », puis viendront ensuite « pa-pa » ou « da-da » ou « do-do ». Ce premier mot n'a pas de signification pour l'enfant. Il faut reconnaître que c'est en général « mama » qui apparaît le premier ; peut-être parce que c'est un mot qui se prononce facilement et que l'on prononce souvent devant lui (car il est chargé d'affectivité…)[19].
Ce stade d'aptitude au langage peut s'étendre du 9e au 15e mois (environ). Il est donc très difficile de fixer les étapes précises de son développement.

Fig 6.18. L'enfant à 9 mois.

Situation

Marius, du lait sur le feu !

Manon, l'assistante maternelle, se précipite sur Marius (9 mois) qui tentait de s'immiscer entre deux meubles. Depuis que Marius refuse d'aller dans son parc et explore le salon, Manon est obligée de le surveiller sans relâche. « À cet âge-là, les enfants, c'est comme du lait sur le feu, il ne faut pas les lâcher des yeux ! » dit souvent Manon aux parents. En effet, les progrès de la motricité de Marius l'incitent à des tentatives nouvelles qui, parfois, n'ont pas des résultats heureux… Mais il est essentiel d'ouvrir le champ d'investigation de l'enfant, de lui laisser une plus grande marge de manœuvre pour découvrir et se découvrir. Alors Manon surveille, Manon anticipe et Manon s'émerveille, encore et toujours, de toutes ces évolutions quotidiennes qui jalonnent le développement des enfants.

(19) Selon le test de Brunet-Lézine (QI), l'enfant de 9 mois peut dire un seul mot de deux syllabes (mot non significatif pour la majorité des enfants).

LE DÉVELOPPEMENT SOCIAL

→ L'enfant aime « s'emparer des objets » !

Le 9e mois est une période où l'activité du bébé redevient trépidante. L'enfant acquiert une préhension manuelle plus fine (en « *pince supérieure* ») lui permettant de saisir les objets entre le pouce et l'index ; il peut aussi s'emparer d'objets de petite taille (telle une bille, une pastille, un bout de ficelle, etc.). Cette préhension (bien que malhabile…) va lui procurer une grande liberté et d'intenses satisfactions : il devient très attentif au mouvement de sa « pince » qui va saisir, il s'exerce à retourner les objets dans tous les sens. Il laisse volontiers retomber ses jouets pour se donner la joie de les reprendre.

→ L'enfant aime « ramper »

L'enfant actif élargit également l'éventail de ses capacités motrices : il peut ramper en se poussant par les mains et en s'accompagnant d'une flexion des jambes ; il commence très souvent par ramper à reculons (car la force musculaire est plus forte dans les bras que dans les jambes).

→ L'enfant aime « jouer »

Si l'adulte veut stimuler les progrès de l'enfant, il peut poser un petit jouet (hors de sa portée) devant lui et, la curiosité aidant, il aura tôt fait de s'en emparer.
Les meilleurs jouets, au neuvième mois, sont ceux qui permettent à l'enfant de tester sa nouvelle acquisition : la préhension en pince supérieure. Par exemple : les *cubes ou les boules colorées* (à mettre dans un carton) (*cf.* autres jouets au chapitre 9).

	Vers 9 mois	
Postures	A  Il apprend à ramper ! (ses mouvements commencent à reculons).	
	B  Il se met debout en se tenant aux meubles ou au parc, il tient debout quelques instants et tombe…	
Préhension compréhension	C 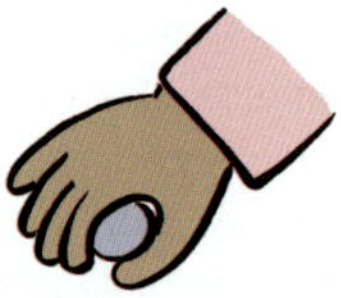 Début de la préhension en pince supérieure : l'enfant peut saisir un objet (de petite taille) entre la base du pouce et l'index. (la préhension reste malhabile.)	D  Il tire un anneau par la ficelle
		E  Il apprend à tendre un jouet à ses parents.

Fig. 6.19. Le développement psychomoteur de 0 à 3 ans.

Rôle de la professionnelle

Il semble important que l'adulte (parent ou professionnel) ait toujours un regard attentif envers l'enfant, qui, à cet âge, reste toujours très dépendant de lui.

Il est conseillé de retirer les objets dangereux de sa portée et de protéger les meubles qui présenteraient des angles vifs et blessants.

La période sensible au « *besoin de présence* » se prolonge souvent jusqu'à un an. De ce fait, lors de ses tentatives d'explorateur, l'enfant se retournera constamment en direction de l'adulte qu'il ne veut pas perdre de vue. Le regard de l'adulte a plusieurs intérêts : celui de protéger l'enfant mais aussi celui de l'encourager dans ses apprentissages.

À 9 mois, on remarque que l'équilibre physique de l'enfant est précaire ; il tombe très vite sur ses fesses (plus rarement vers l'avant car il tient les fesses pointées vers l'arrière). Ces expériences vont développer chez lui de nouvelles ambitions mais aussi de nouvelles craintes. Il a donc désespérément besoin de l'adulte pour le tirer des positions un peu pénibles dans lesquelles il peut se trouver.

Un jeu qui plaît beaucoup à l'enfant de cet âge est (comme le mois précédent) celui du « *coucou le voilà !* » (ou jeu de cache-cache). À présent c'est l'enfant qui veut cacher son visage sous un foulard et lorsque l'adulte dit « où est bébé ? » (si possible en l'appelant par son prénom) il se découvre et pousse des cris de joie. Au travers de ce jeu, d'apparence simpliste, l'enfant se *sécurise*, se *rassure*. Il dirige en fait une séparation… sachant (dans son *pouvoir d'anticiper l'événement*) qu'elle ne durera pas ! C'est un apprentissage de son autonomie et c'est un merveilleux échange affectif avec l'adulte (parent ou professionnel), qui s'occupe de lui.

L'ENFANT VERS 10 MOIS

LES POSTURES

L'enfant peut :

- marcher à quatre pattes ;
- se mettre debout seul en se tenant aux meubles, faire quelques pas (en se tenant), car il sait lever un pied, mais les chutes sont fréquentes.

LA PRÉHENSION, LA COMPRÉHENSION

- La préhension en pince supérieure se fait plus fine : l'enfant prend l'objet entre la partie discale du pouce et l'index.
- L'enfant peut attraper les objets de petite taille et les *tendre* à quelqu'un. Il porte toujours les objets à sa bouche.
- Il fait « au revoir » de la main et frappe dans ses mains.
- Il a le sens du contenant et contenu, il aime introduire et retirer un objet d'une boîte.
- Jeu des *encastrements* : il sait retirer un « rond » du trou, d'une planchette (après démonstration de l'adulte).

LE LANGAGE

L'enfant utilise toujours des monosyllabes (par exemple : ma ou da) ou des syllabes redoublées (par exemple : ma-ma, da-da), mots sans signification pour la majorité des enfants[20]. Toutefois vers 10 mois, l'enfant comprend le sens général d'une phrase et fait souvent le geste pour accompagner le mot par exemple :

- si on lui dit de dire « au revoir », il fait le mouvement de la main en direction de la personne. Il peut aussi faire « bravo » ou « merci » à la demande ;
- si le ton de la phrase est dur : il pleure.

L'adulte doit toujours accompagner son langage d'un geste approprié afin que l'enfant fasse l'association entre le mot et la situation.

Situation

Laura marche à 4 pattes

Laura (10 mois) ne peut pas rester un instant tranquille. À quatre pattes, elle circule dans tous les sens. Elle veut tout voir, tout savoir. Parfois, elle essaye de se mettre debout mais elle tombe souvent. Alors pourquoi insister ? C'est si rapide de se mouvoir à quatre pattes. Elle semble dire : Tiens, qu'est-ce que cet objet ? Et cette prise avec trois trous, Très intéressant ! Je vais pointer mon index pour explorer. Mais on vient encore me chercher « pour interdire ». Comme c'est difficile de connaître le monde quand on vous dit toujours non !

LE DÉVELOPPEMENT SOCIAL

→ La marche à quatre pattes

L'enfant de 10 mois *développe ses capacités motrices* : il marche à quatre pattes. Ramper ne lui suffit plus. Il veut s'élever d'un niveau et trouver un nouveau moyen de locomotion. C'est un art difficile qui met en jeu l'alternance rythmée des bras et des jambes, étape décisive vers l'apparition de la marche.

L'enfant se tient d'abord sur les mains et les genoux (le mois prochain il reposera sur les mains et la plante des pieds). Il va s'exercer des heures d'affilée ; au début il chancellera, ses jambes le soutiennent peu… puis il acquerra plus de force et pourra entreprendre le tour de la pièce. Cet exercice est de tous celui qu'il préfère car les timides essais de station debout, et les chutes qu'ils entraînent, font peur à l'enfant, et il ressent davantage le besoin de perfectionner cet exercice près du sol.

(20) Test de Brunet-Lézine.

Certains enfants aiment se mouvoir au sol en « *sautillant* » sur leurs fesses, d'autres aiment se promener au sol en se tirant par un bras et en effectuant des mouvements de flexion du tronc et des jambes pour se propulser vers l'avant.

Fig. 6.20. L'enfant à 10 mois.

→ L'exploration de l'environnement

L'enfant veut à tout prix élargir le champ de ses progrès moteurs, il *devient plus agile*, plus curieux, il veut tout explorer. C'est le moment de veiller à tout ce qui peut (à son niveau) représenter un danger.

Son agilité est telle qu'il peut marcher à quatre pattes sans lâcher un objet, il peut aussi se hisser à la hauteur d'un tiroir (qu'il commencera à vider de son contenu !).

Regardons-le explorer les objets dérobés : il les prend fermement entre le pouce et l'index, il adapte ses mains à la forme des objets (il y a les gros et les petits), il les observe longuement, les manipule de tous les côtés, parfois les suce, puis les jette brusquement (comme pour en apprécier la solidité). C'est une façon à lui de s'approprier le monde qui l'entoure.

MémoMémoMémo

Les pulsions agressives et destructrices[21]

Avec l'apparition des dents et l'introduction des aliments solides (autres que le lait) (7 mois-1 an), la succion se complète d'une « **activité de morsure** » qui est « l'extériorisation de **pulsions** agressives et destructrices » qui se manifeste d'abord sur les objets.

Rôle de la professionnelle

C'est au travers d'une *liberté surveillée* et d'un *réconfort approprié* à chacune de ses demandes, que l'enfant épanouira le mieux sa personnalité.

La professionnelle doit transformer toutes les émotions négatives de l'enfant en expériences positives. Par exemple, s'il tombe un peu maladroitement au cours d'une activité, il faut dédramatiser, rire avec lui et le remettre à nouveau face à la situation afin qu'il la maîtrise mieux. C'est une façon de l'aider à accepter les risques avec le sourire.

La professionnelle doit savoir *guider positivement* les progrès de l'enfant, ses interventions ne doivent pas être limitatives, mais *stimulatrices*. Elle se gardera d'interpréter négativement certaines réactions agressives de l'enfant, mais elle comprendra qu'elles font partie de son développement cognitif (voir ci-après). Elle doit savoir qu'elle peut aussi bien communiquer à l'enfant sa crainte que son enthousiasme.

(21) Selon Freud (*cf.* chapitre 7) : ces pulsions font partie du « stade oral actif » (dit stade oral).

	Vers 10 mois	
Postures	A  L'enfant *marche à 4 pattes* (sur les genoux et les mains).	
Postures	B  Il fait *quelques pas* en se tenant aux meubles ; Il est instable et tombe souvent.	
Préhension compréhension	C  Préhension *en pince supérieure plus fine* : l'objet est saisi entre la partie distale du pouce et l'index.	D  L'enfant commence à découvrir le sens du contenant et du contenu et le maîtrisera à 14-15 mois.

Fig. 6.21. Le développement de l'enfant de 0 à 3 ans.

L'ENFANT VERS 11 MOIS

LES POSTURES

- L'enfant peut *marcher soutenu* par les deux mains de l'adulte.
- Il marche seul en prenant appui sur les meubles.
- Il marche à quatre pattes d'une façon plus assurée : c'est la « marche de l'ours » prenant appui sur les mains et les pieds[22].

LA PRÉHENSION, LA COMPRÉHENSION

- L'enfant aime pointer son index inquisiteur sur l'objet, il explore facilement la troisième dimension : les trous, les rainures, les cavités.
- Sa manipulation plus fine lui fait acquérir le sens de la profondeur, du solide, du contenant et du contenu du haut et du bas, de l'à-côté, du dehors, du dedans, du séparé et du réuni.
- L'enfant est conscient du « deux » et du « un » ; il peut réunir deux objets en un seul ; il a une conscience encore assez vague de la dualité mais il a un besoin intense de combiner et de rapprocher les objets.
- L'enfant peut envoyer un gros ballon à l'adulte (situé près de lui) ; s'il est en position assise, il pivote totalement sur lui-même pour attraper le ballon qu'on lui envoie, mais il reste malhabile.

(22) Le stade de la marche de l'ours (bear walk) n'est acquis que par 25 % des enfants.

LE LANGAGE : LE « MOT-PHRASE »

À la fin du 11e mois, l'enfant peut commencer à utiliser le *mot-phrase* (par exemple : papa ou dodo). Ce mot devient significatif et correspond à des situations précises.

Fig 6.22. L'enfant à 11 mois.

Situation

Coucou Léa !

Léa (11 mois) fait son entrée à la crèche. Le matin, les séparations avec sa mère sont difficiles. Any (auxiliaire de puériculture) joue alors avec elle au jeu du « coucou la voilà ! » : Léa se cache le visage derrière un vêtement et lorsqu'Any demande « *Où est Léa ?* », la petite fille se découvre en poussant des cris de joie. À travers ce jeu, Léa se sécurise, se rassure. Cette séparation, au cours de laquelle elle est cachée, c'est elle qui la dirige, c'est elle qui la fait durer le temps qu'elle veut ! Léa apprivoise ainsi l'idée de la séparation. Elle fait ses premiers pas vers l'autonomie…

LE DÉVELOPPEMENT SOCIAL

Le 11e mois semble être une période transitoire, où l'enfant va utiliser ses compétences motrices pour élargir ses connaissances.

→ L'évolution de la mémoire visuelle

On remarque qu'il a une *mémoire visuelle* beaucoup plus développée, ce qui l'entraîne à observer des détails qui lui échappaient auparavant (et qui parfois échappent aux adultes eux-mêmes). Il a une *perception mentale du « tout »*, ce qui explique que certains « manques » peuvent le troubler ; son sens de l'ordre est un sentiment profond. Il a besoin de mettre en mémoire la place des choses qui l'entourent.

L'enfant mémorise également les caractéristiques de certains jouets. Par exemple, avant de jeter un jouet un peu lourd au sol, on remarque qu'il plisse ses paupières, donc qu'il anticipe le bruit de la chute d'après le poids de l'objet. De même, en maîtrisant mieux la station debout, l'enfant apprend à différencier les meubles qui peuvent le soutenir d'une façon efficace et ceux qui sont moins fiables…

→ La capacité de discrimination du « contenant et du contenu »

L'enfant améliore aussi sa faculté de discrimination entre *le contenant et le contenu* (il introduit des objets tout petits dans une boîte et les retire, il répète plusieurs fois l'opération), il prend les objets dans chaque main, les soupèse, les compare. Il adore, à cet âge, faire la différence entre le « deux » et le « un », le « chaque » et l'« ensemble ». Il élabore déjà des processus mentaux assez complexes face aux objets utilisés.

→ L'évolution vers la « marche autonome »

Certains enfants peuvent acquérir à cet âge la « *marche de l'ours* », ils avancent à quatre pattes, le siège relevé vers l'arrière. C'est le stade préliminaire de la marche. D'autres enfants actifs tentent une marche latérale debout face à un support fixe en se tenant.

	Vers 11 mois		
Postures	A  Marche de l'ours ! C'est la marche à 4 pattes plus assurée, sur les mains et les pieds.		
	B  L'enfant marche seul en prenant appui aux meubles, (il peut se lâcher d'une main).	C  L'enfant marche tenu par les deux mains de l'adulte.	
Préhension compréhension	D  L'enfant aime pointer son index inquisiteur vers les objets il explore la 3e dimension (les trous, les fentes).	E  L'enfant peut envoyer la balle à l'adulte.	F  L'enfant aime emboîter les objets, il est conscient du 2 et du 1, du dedans, du dehors, du haut, du bas…

Fig. 6.23. Le développement psychomoteur de 0 à 3 ans.

→ Les premiers interdits et le besoin de sécurité

L'enfant de 11 mois *comprend fort bien les interdits*. À partir de cet âge, l'imitation joue un rôle important dans la vie de l'enfant ; pour lui c'est une façon d'acquérir de nouvelles compétences. Il étudie les mouvements de l'adulte. Le jeu de rangement le passionne ; par exemple ranger les tiroirs qu'il vient de vider… avec sa mère (*cf.* situation de Jules ci-après). Le jeu du cache-cache avec l'objet est également révélateur des besoins profonds de l'enfant.

Rôle de la professionnelle

Les parents ou les professionnels comprennent très bien le *besoin d'activité* de l'enfant de cet âge. Ils savent à la fois lui donner les possibilités de le satisfaire, tout en lui imposant les *limitations nécessaires*. Ils aiment, par exemple, voir l'enfant aller et venir, faire du bruit ; ils s'amusent autant que lui de tous ses nouveaux exploits, mais ils doivent aussi le *protéger des excès d'activité* à certains moments de la journée.

C'est cette capacité des adultes à savoir à la fois *permettre* et *interdire* qui influence le plus l'enfant dans sa propre capacité à savoir renoncer à certains de ses désirs. Il est faux de croire que c'est respecter les besoins de l'enfant que de tout lui céder. Il a au contraire intensément besoin de l'aide de l'adulte pour *apprendre à tolérer les limitations*, à renoncer à certains désirs immédiats. Ces premières frustrations acceptées l'aident à bien structurer sa personnalité pour savoir mieux *affronter les futures difficultés de la vie*.

MémoMémoMémo

L'expérience de Piaget[23] avec son enfant : la mémoire représentative

Si vous demandez à l'enfant de chercher un jouet (qu'il vous a vu cacher, bien entendu), il ira le retrouver. Ce jeu stimule sa mémoire représentative et possède un pouvoir sécurisant ; l'enfant peut penser : « du dehors il est invisible, mais moi je sais où il est ! ». Cela lui donne l'impression de **maîtriser l'environnement** et de se mouvoir en **lieu sûr**. Piaget a réalisé une expérience avec son enfant : il cachait un objet sous le coussin d'un fauteuil, puis transportait l'objet sous un autre fauteuil pour faire faire à l'enfant un effort logique de recherche, mais chaque fois l'enfant soulevait le premier coussin et disait « y'a plus ». Impatienté, Piaget souleva lui-même le coussin du deuxième fauteuil et montra l'objet à l'enfant... Celui-ci, nullement étonné, alla le remettre sous le premier coussin et montra à son père que c'est là qu'il devait être caché ! L'intérêt de l'enfant ne résidait pas dans la recherche de l'objet mais dans le plaisir de retrouver celui-ci à sa place. Lorsque le monde est prévisible pour l'enfant, cela développe chez lui un **sentiment de sécurité**.

L'ENFANT VERS 12 MOIS

LES POSTURES

- L'enfant marche tenu par une main de l'adulte.
- Il pousse les chaises, les fauteuils pour apprendre à marcher.
- Il peut avancer sur ses fesses en s'aidant de ses mains.
- Aidé, il se baisse pour ramasser son jouet.
- Il rejette bien sa tête en arrière pour boire jusqu'à la dernière goutte.

(23) Piaget *cf.* chapitre 8.

LA PRÉHENSION, LA COMPRÉHENSION

- L'enfant s'exerce au relâchement fin et précis entre 12 et 15 mois (cette acquisition dépend du contrôle des muscles extenseurs des membres supérieurs).
- Il aime jeter les objets un à un.
- Tenu, il s'exerce au coup de pied pour renvoyer le ballon (cette acquisition dépend du contrôle des muscles extenseurs des membres inférieurs).
- Il aime emboîter les objets les uns dans les autres.
- Il aime introduire et retirer des objets (jeu du contenant et du contenu). De ce fait, il aime aussi mettre des paniers, des chapeaux, des sacs sur sa tête.
- Jeu des encastrements : il remet un rond dans le trou correspondant sur la planchette (après démonstration de l'adulte).

LE LANGAGE : LES « MOTS-PHRASES SIGNIFICATIFS »

L'enfant peut dire environ *deux à trois mots-phrases significatifs* (par exemple : papa ou mama, lolo, bobo, etc.)[24]. Ces mots ont, pour lui, une signification et correspondent à des situations bien précises. C'est l'intonation donnée par l'enfant qui aide l'adulte à comprendre le sens de ce « mot-phrase » qui est un mot « symbole ». Par exemple :

- papa peut aussi bien signifier son envie de voir venir le père, qu'un appel au secours ;
- de même, papa peut être employé pour tous les hommes[25] et lolo pour tous les liquides autres que le lait.

L'enfant d'un an doit bien comprendre la signification de plusieurs phrases employées par l'adulte, et pouvoir y répondre au moins par le geste et l'action. Par exemple, lorsqu'on lui dit : « Viens me faire une bise... », « Va chercher ton ours... », l'enfant doit s'exécuter (ou tout au moins montrer qu'il a compris !).

(24) Tests de Brunet-Lézine.
(25) Beaucoup d'enfants n'appellent pas leur mère « mama » (ou leur père « papa ») avant 21 mois. Certains peuvent faire appel à eux, en les désignant par leurs prénoms (déformés le plus souvent).

Fig. 6.24. L'enfant à 12 mois.

Situation

Sloane

À 1 an, ils sont proches les premiers pas tant désirés par les adultes… « Demain peut-être ? » semble dire Sloane, 12 mois. C'est si simple de marcher les bras libres en toute sécurité. Mais ici l'espace est trop réduit. Alors Sloane s'empare d'une chaise et la pousse dans la pièce voisine en criant « papa » ! C'est le premier mot qu'elle sait dire, elle en est fière et le répète souvent !

LE DÉVELOPPEMENT SOCIAL

Un an ne représente pas une étape marquante sur le plan du développement psychomoteur. Il faut souvent attendre quelques mois pour qu'un changement important soit observé dans le développement de l'enfant.

→ Les potentialités psychomotrices

Entre 12 et 15 mois, l'enfant est en voie d'acquisition d'aptitudes nouvelles. C'est une période d'évolution, aussi bien sur le plan du langage que sur le plan moteur. Chaque enfant a une progression différente. Certains peuvent, à un an, dire deux à trois « *mots-phrases significatifs* » ; d'autres devront attendre le 15e mois pour associer quelques mots. De même, à un an certains enfants font leurs premiers pas, d'autres préfèrent poursuivre la marche tenu par l'adulte ou parfois la marche de l'ours.

Toutefois, il ne faut pas minimiser quelques progrès psychomoteurs propres au 12e mois. L'enfant de cet âge développe son pouvoir de préhension par pince supérieure et s'exerce au *relâchement fin et précis de l'objet* (cette dernière aptitude dépend du contrôle des muscles extenseurs du membre supérieur). De ce fait :

- l'enfant peut se servir d'une fourchette, plonger sa cuillère dans la bouillie, boire dans une tasse correctement, ramasser les petites miettes de pain une à une ;
- il aime d'ailleurs tous les objets de petite taille qu'il *peut saisir un à un*, introduire dans un contenant, puis les retirer, les jeter, les ramasser à nouveau un à un et recommencer l'opération (cette action est une façon rudimentaire de compter disent les psychologues).

Au niveau des membres inférieurs, le contrôle progressif des muscles extenseurs va permettre à l'enfant d'envoyer une balle avec une poussée de plus en plus appréciable du pied. À 1 an, il en est seulement à ses débuts… En revanche, il est tout à fait capable de se dandiner au rythme d'une musique, d'autant plus facilement s'il a observé ses frères et sœurs.

→ Le don d'imitation

Le don d'imitation de l'enfant à cet âge est absolument remarquable. Si vous l'applaudissez et si vous vous intéressez à lui, il renouvellera ses petits exploits… Il prend de plus en plus conscience de l'approbation des adultes. Il aime (dit-on) « *se rendre intéressant !* ». Cependant, ne croyez surtout pas qu'il ait quelque tendance à la vanité ou à l'exhibitionnisme, tous les enfants de cet âge veulent attirer l'attention sur eux afin de mieux réaliser leur identité. Ils prennent ainsi conscience de leur « *moi* » par rapport à l'existence des autres. Par ailleurs, il faut savoir que « *l'imitation conduit à la découverte d'autrui* ». À un an, les échanges relationnels avec les adultes sont meilleurs ; peu à peu l'enfant apprend à se détacher de sa mère. La crise d'angoisse (qui peut s'étendre du 8e au 15e mois) a tendance à s'atténuer pour laisser place à une *grande sociabilité* de l'enfant ; il redevient affable. Pour l'aider à marcher, pour lui ramasser les objets qu'il jette, pour avoir son public, l'enfant a besoin des autres… Cet intérêt pour autrui n'entraîne pas pour autant une décentration de lui-même. S'il peut donner un jouet qu'on lui demande, c'est parce qu'il sait qu'on va le lui tendre à nouveau. Il aime donner pour recevoir. *Sa sociabilité est au service de ses intérêts*, elle lui permet d'exercer ses petits talents et de se livrer à ses jeux favoris.

Rôle de la professionnelle

La professionnelle doit signaler aux parents que la découverte de la marche, et toute l'activité débordante qui en résulte, peut entraîner chez l'enfant une diminution de la durée du sommeil et quelques problèmes d'endormissement. Au niveau de l'appétit, un phénomène parallèle peut s'observer. Pour exercer ses compétences manuelles, l'enfant mangera moins. À cet âge, une partie de son attention est tournée vers autre chose. L'enfant préfère « jouer » à ramasser les miettes, les mettre *une à une* dans sa bouche ou faire quelques *traces digitales* dans la purée (premières ébauches de ses talents créateurs !).

Il faut comprendre l'intérêt de ces manipulations, prévenir le gâchis sans pour autant inhiber les élans de l'enfant. Beaucoup de mères se préoccupent tellement de la quantité de nourriture qui doit être absorbée qu'elles mésestiment complètement les activités exploratrices de l'enfant avec les aliments. Si l'enfant refuse la nourriture, il faut éviter de le forcer, car il va saisir ce prétexte pour faire opposition en fermant la bouche, en recrachant, en rejetant sa tête en arrière. Il manifeste déjà ainsi son « autonomie ».

	Vers 12 mois	
Postures	A  L'enfant *marche tenu par une main* (il marchera seul vers 15 mois).	B  Debout, il se baisse pour ramasser un objet mais ne peut se relever seul.
		C  L'enfant aime introduire et retirer.
Préhension compréhension	D 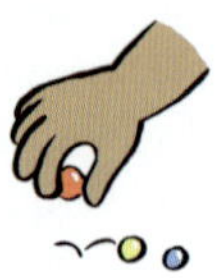 L'enfant acquiert *le relâchement fin et précis*. Il aime jeter les objets un à un.	E  Encastrements : Il remet un *rond* dans le *trou* correspondant après démonstration de l'adulte.

Fig. 6.25. Le développement psychomoteur de 0 à 3 ans.

À un an, l'enfant fait preuve d'une *imagination débordante* qui l'entraîne à entreprendre des actions que l'adulte doit lui refuser. La professionnelle saura conseiller aux parents comment gérer les interdits afin d'éviter les conflits (*cf.* mémo).

MémoMémoMémo

« Savoir gérer les interdits »

Les interdits sont plus faciles à supporter si, d'une part, ils sont limités à des domaines précis, restreints et intangibles et si, d'autre part, l'adulte sait donner satisfaction au besoin de l'enfant sous une autre forme. L'enfant a besoin de sentir l'adulte ferme devant les interdits, mais aussi reconnaissant pour le plaisir que l'enfant lui fait en renonçant à ce qui est interdit[26].

Situation

Jules

Mme D. regarde avec amusement son fils Jules (12 mois) qui sort toutes ses chaussures du placard ! Elle lui explique qu'il va falloir les remettre en ordre et lui montre comment les ranger. Mais lorsque Jules veut les ressortir elle lui dit : « Non ! » (elle lui pose un interdit en lui expliquant le motif) et lui propose une autre activité de rangement avec elle pour atténuer sa frustration.

LE DÉVELOPPEMENT COGNITIF LA PREMIÈRE ANNÉE : « L'INTELLIGENCE SENSORI-MOTRICE »

La maturation cérébrale est indispensable à la progression du développement cognitif mais, quelle que soit l'importance de ce facteur, l'intelligence progresse aussi en fonction des « échanges » avec l'environnement.

L'intelligence sensorimotrice caractérise la période s'étendant de 1 à 18 mois (Piaget)[27]. C'est une intelligence sans pensée. L'intelligence est uniquement pratique et se développe grâce à des expériences concrètes au cours de deux périodes aux caractéristiques particulières, avant 8 mois et après 8 mois.

LE DÉVELOPPEMENT COGNITIF AVANT 8 MOIS

Le développement cognitif de l'enfant se manifeste par deux types d'actions découvertes par hasard.

→ De 2 à 4 mois, le stade des actions sur le corps (par exemple : les mains)

- Premier temps : l'enfant découvre par hasard que la succion du pouce lui donne un résultat intéressant (plaisir oral). *Le but n'est pas prémédité.*
- Deuxième temps : l'enfant cherche à renouveler ce plaisir. Il agit par coordination main-bouche. C'est la « *réaction circulaire primaire* » (Piaget).

Situation

Clara et son pouce

Clara (2 mois) trouve par hasard son pouce et le met dans sa bouche. Elle le tète et trouve du plaisir. Elle va répéter ce mouvement pour se procurer à nouveau du plaisir.

→ De 5 à 8 mois, le stade des actions sur les objets

- Premier temps : l'enfant découvre par hasard que son action sur un objet produit un résultat intéressant. Le but n'est donc pas prémédité.
- Deuxième temps : l'enfant veut retrouver ce résultat. Il agit par coordination vision-préhension. C'est la « *réaction circulaire secondaire* » (Piaget).

Situation

Hugo et son hochet

Hugo (6 mois) est dans son berceau. Il voit un cordon qui pend et par hasard tire dessus, ce qui fait bouger un hochet ! Le résultat lui plaît. Il va répéter souvent ce mouvement pour avoir à nouveau le plaisir de voir bouger l'objet.

(26) D'après F. Dolto *cf.* chapitre 8.
(27) Piaget *cf.* chapitre 8.

LE DÉVELOPPEMENT COGNITIF DE 8 À 12 MOIS

Le développement cognitif de l'enfant se manifeste de deux façons.

→ Le stade des actions intentionnelles

À ce stade, l'enfant ne découvre plus le résultat d'une action par hasard. *Le but est prémédité avant l'action*. Il utilise pour atteindre son but un moyen d'action qu'il connaît bien.

Situation

Justin et son ours

Justin (10 mois) a vu sa mère cacher son ours sous un foulard. Pour le retrouver (but prémédité), il va soulever le foulard (moyen d'action) qui le cache. Il récupère ainsi son ours.

→ Le stade de la permanence de l'objet

C'est un stade important de l'évolution cognitive :

- avant 8 mois, l'objet n'existe plus pour l'enfant lorsqu'il a disparu de sa vue. Il l'oublie ;
- après 8 mois, *l'objet continue à exister* lorsqu'il a disparu. L'enfant le recherche.

Situation

Eliette et son lapin

Eliette (11 mois) recherche son lapin que l'on vient de cacher sous un coussin. Elle s'excite, elle soulève tous les objets qui se trouvent à proximité et enfin elle le retrouve sous le coussin.

Lorsque l'enfant a acquis le stade de la permanence de l'objet, il aura le « souvenir » de ce qui disparaît. Ainsi il acceptera mieux la « présence-absence » de la mère. Il comprendra progressivement qu'elle est partie mais qu'elle reviendra. Voilà pourquoi l'adulte propose à l'enfant un jeu qui lui plaît beaucoup « le coucou, le voilà ! » Lorsque l'adulte cache son visage sous un foulard, l'enfant prend plaisir à enlever le foulard en disant « coucou ! ». Cela l'aide à comprendre que ce qui est caché existe toujours.

Rôle de la professionnelle

L'étude du développement cognitif de l'enfant doit aider les professionnels à mieux observer et comprendre les réactions des enfants, donc à guider leur démarche, à adapter leurs actions aux besoins des enfants dont ils ont la charge et à les accompagner dans leur éveil sensoriel et leur ouverture au monde.

Mais le professionnel doit savoir que, malgré la qualité de l'environnement, chaque enfant possède un rythme propre de développement cognitif qu'il faut respecter. Il ne doit jamais faire de comparaisons entre enfants du même âge.

Les tranches d'âge indiquées dans l'ouvrage sont des moyennes reconnues par les psychologues, elles doivent être considérées uniquement comme des « points de repère ».

Le développement de l'enfant de 1 an à 2 ans

L'ENFANT VERS 12 MOIS À 18 MOIS

L'enfant a acquis le *contrôle de son corps* à la verticale et il utilise ses capacités motrices pour partir à l'assaut de l'environnement (vu d'un niveau supérieur !). L'enfant en fonction de ses pouvoirs accepte de plus en plus difficilement les limitations imposées par l'adulte. On veut lui interdire (dans son intérêt) certaines actions, au moment précis où il exige de faire celles-ci par lui-même. Cette période est donc souvent pénible pour l'enfant aussi bien que pour son entourage.

LES POSTURES

- L'enfant marche seul.
- Il monte l'escalier à quatre pattes.
- Il s'agenouille sans aide.
- Il peut se mettre debout sans aide (mais son équilibre est instable).

LA PRÉHENSION, LA COMPRÉHENSION

L'enfant aime *jeter*, *renvoyer*, *pousser*, etc. Il acquiert le relâchement manuel plus fin et plus précis, ce qui lui donne plus d'autonomie.

→ Les repas

- L'enfant sait tenir sa cuillère pour manger (mais la met à l'envers dans sa bouche).
- Il sait incliner la tasse pour boire (sans renverser la tête en arrière) mais parfois répand du liquide à côté…

→ Les objets et les jeux

- L'enfant a un *relâchement fin et précis* : il sait introduire une pastille dans le goulot d'une bouteille. Il apprécie de remplir et de vider un contenant.
- Livres : il *sait tourner les pages des livres* d'images (mais il saute plusieurs pages en feuilletant).
- Jeux de construction : l'enfant sait construire des tours de deux cubes.
- Jeux d'encastrement : l'enfant sait trouver l'emplacement du « rond » sur la planchette et réalise seul l'encastrement de celui-ci.
- Jeux de ballon : il renvoie le ballon avec la main avec un geste vif et plus ferme (mais si l'enfant est debout, il tombe).

LE LANGAGE : LES DÉBUTS DU « LANGAGE GLOBAL SIGNIFICATIF »

D'une façon générale :

- l'enfant de 15 mois peut dire au moins *5-6 mots différents*[28] ;
- entre le 15e et 21e mois, l'enfant peut associer deux mots pour faire une phrase. Dans ce cas, il acquiert le *langage global significatif* ; par exemple : « bébé bobo », « papa pati ». Il faut remarquer que l'enfant place ses mots selon leur importance affective : il se situe souvent le premier. Il fait souvent un geste pour accompagner le mot ;
- il module mieux sa voix et peut ainsi laisser apparaître plus facilement ses sentiments, ses sensations.

(28) Tests de Brunet-Lézine.

Fig. 6.26. L'enfant à 15 mois : les succès et les ratés se succèdent !

Situation

Émilie préfère manger avec les doigts !

Émilie (15 mois) est une fillette pleine de vivacité, elle marche seule et connaît plusieurs mots. Ainsi, elle appelle son chien qu'elle adore « tou-tou » (ou « oua-oua ») selon les moments et lorsqu'il s'échappe, elle signale « pati » (geste à l'appui !), mais elle ne pleure pas. Souvent, elle s'amuse à monter à quatre pattes le petit escalier du jardin. Mais la corbeille à papier reste son jeu préféré ; elle la vide régulièrement de son contenu pour la mettre sur sa tête. Émilie sait aussi envoyer le ballon à Adrien (son frère), d'un geste vif et saccadé, mais elle tombe souvent et préfère les jeux plus calmes… À table, elle a un excellent appétit et saisit plus volontiers les aliments avec les doigts qu'avec la cuillère !

LE DÉVELOPPEMENT SOCIAL

→ L'enfant marche seul !

Marcher seul devient pour l'enfant le jeu le plus grisant qui soit. Il part, il s'arrête, il repart, il tombe, etc. Toutes ses expériences motrices peuvent le conduire à de nouvelles découvertes. Par exemple, monter l'escalier à quatre pattes (ce n'est qu'à la prochaine étape qu'il pourra le monter debout !). Ces petites émotions sont pour l'enfant des préludes à de grandes victoires... Rien ne le passionne autant. En revanche, l'adulte ne doit pas lui imposer de s'allonger pour lui passer un vêtement. Mieux vaut solliciter sa participation : il peut soulever un pied, tendre le bras, etc.

→ Les expériences motrices se multiplient

L'enfant se livre à d'autres manœuvres à partir de la station debout. Il *s'accroupit*, *s'agenouille*, parvient à ramasser ses jouets sous la chaise et essaye de se remettre debout seul, mais c'est difficile... Il *tombe* souvent massivement. Ces quelques difficultés seront bien vite maîtrisées au cours des semaines à venir. En attendant, seul l'exercice compte.

→ La sociabilité se développe

Depuis quelques mois la *sociabilité se développe* toujours davantage. L'enfant a besoin de l'adulte pour s'amuser : grimper sur les genoux, faire des jeux « assis-debout », des promenades en poussette (certains enfants s'agitent pour descendre et veulent la pousser eux-mêmes), ramasser des bâtons et les tendre à l'adulte (sans attendre, comme au douzième mois, qu'on les lui rende). À cet âge, l'enfant peut jeter les jouets assez loin... « Jeter », c'est relâcher un objet avec énergie. Ce type d'action n'a rien de répréhensible. Elle requiert un développement élaboré des cellules nerveuses. L'enfant met beaucoup de temps avant d'apprendre à nuancer sa façon de jeter, il doit s'exercer souvent.

→ Les succès et les ratés se succèdent !

L'adulte doit éviter de forcer les compétences de l'enfant. À 15 mois, il émerge à peine de la première enfance. Il a un grand désir d'autonomie mais il ne peut se suffire à lui-même et l'adulte est là pour l'aider, mais il veillera à l'aider avec beaucoup de tact. Par exemple lors des repas :

- l'enfant tient encore sa cuillère à l'envers et répand autant de nourriture sur la table que dans la bouche ;
- pour boire il sait incliner son verre avec ses deux mains (plutôt que de renverser la tête en arrière comme précédemment), mais il lui arrive d'incliner la tasse trop vite et de répandre une partie du contenu sur lui ;
- il peut aussi refuser inopinément un aliment. Cette attitude correspond à un désir passager d'imposer sa volonté et de refuser celle de l'adulte qui veut le nourrir.

Rôle de la professionnelle

Une attention particulière doit être maintenue par la professionnelle sur l'enfant, qui découvre encore avec plaisir beaucoup d'objets de petits calibres, en particulier les éléments de la vie quotidienne (fleurs, feuilles, cailloux, miettes, etc.) et les porte à la bouche (d'où les risques accrus d'accidents).

La professionnelle de la petite enfance peut aider la mère de l'enfant à repérer les zones de danger de la maison, en particulier les risques que présentent les produits ménagers, les prises électriques, le fer à repasser ou les aiguilles à couture.

Généralement, à cet âge, l'enfant acquiert le langage global significatif qui est encore un langage bébé. La professionnelle doit recommander aux parents de ne pas se montrer trop pressés de voir l'enfant atteindre le stade du langage élaboré. Ce n'est que vers 2 ans et demi à 3 ans que l'enfant pourra utiliser le verbe et construire une phrase assez mélodieuse. En attendant il va puiser tous les matériaux de son élocution dans les commentaires quotidiens qui accompagnent certaines actions. L'adulte doit donc s'adresser souvent à lui en s'exprimant par phrases courtes, simples, mais complètes. Par le système de répétition de mots autour de situations, l'enfant pourra franchir le cap linguistique tant attendu. En revanche, si l'adulte se montre trop directif et si l'écart est trop marqué entre le modèle et les capacités du petit homme, il peut surgir des blocages, voire une régression vers un stade antérieur de langage.

	Vers 15 mois	
Postures	A  L'enfant marche seul.	C  Il monte l'escalier à 4 pattes.
	B  Il s'agenouille sans aide. Il peut se mettre debout sans aide mais son équilibre peut être insuffisant et il peut tomber massivement…	D L'enfant aime : - jeter - renvoyer - pousser  Il « jette » le ballon d'un geste vif et saccadé et tombe souvent.
Préhension compréhension	E  Perfectionnement du Relâchement fin et précis. L'enfant peut introduire des « pastilles » dans le goulot d'une bouteille !	F  Il sait faire une tour de 2 cubes.
	G  *Dessin :* l'enfant peut reproduire un trait fait par l'adulte en gribouillant.	
	H  - Il sait tenir sa cuillère (mais il la met souvent *à l'envers* dans sa bouche…) - Il sait incliner sa timbale des deux mains pour boire mais répand du liquide à côté.	I  Il sait tourner les pages de son livre d'images (mais il saute plusieurs pages en feuilletant !).

Fig. 6.27. Le développement psychomoteur de 0 à 3 ans.

MémoMémoMémo

« La marche à suivre » !

On constate qu'à cet âge, l'enfant marche souvent les jambes écartées ; au début c'est nécessaire à son équilibre[29]. La professionnelle saura conseiller aux mères de choisir de bonnes chaussures avec un soutien de la plante du pied ; elles aideront l'enfant dans ses déplacements et préviendront les risques de pieds plats. L'enfant peut aussi **marcher pieds nus** si le sol n'est pas trop froid (selon un ergothérapeute). Cette activité lui permettra de mieux ressentir les mouvements de son corps et de situer ses membres inférieurs. Il pourra ainsi repérer par le toucher les différences de température (chaud-froid), de textures (rugueux, lisse, doux, mou, dur, etc.). C'est aussi une façon de lui faire découvrir d'autres aspects de son environnement.

Fig. 6.28. L'enfant à 18 mois.

L'ENFANT VERS 18 MOIS À 24 MOIS

Sa *tendance à courir* est si forte que tout prétexte est bon pour s'évader (monter et descendre les marches le passionne, cependant il a encore besoin de l'aide de l'adulte). Avec les autres enfants de son âge, les relations humaines ne sont pas encore très harmonieuses. L'enfant de 18 mois les pousse, les pince, les mord, les frappe, comme s'il s'agissait de « jouets »... Il est très *individualiste*.

LES POSTURES

- L'enfant *monte l'escalier* (main tenue) de 18 à 21 mois.
- Il *descend l'escalier* (main tenue) de 21 à 23 mois.
- Il *s'accroupit* pour ramasser quelque chose et se relève facilement.
- Il commence à sauter sur ses deux pieds (main tenue).
- Il « *court* » (jambes écartées), les chutes sont fréquentes.
- Il peut « *tirer* » un jouet derrière lui en marchant.
- Il peut marcher « *à reculons* ».

(29) Les jambes écartées assurent un meilleur équilibre à notre corps. À titre d'exemple, observons un skieur à ses débuts.

LA PRÉHENSION, LA COMPRÉHENSION

L'enfant acquiert une manipulation plus habile et plus précise, qui l'emmène à plus d'autonomie.

→ Les vêtements

- Il peut retirer ses chaussures (sans lacets).
- Il peut enlever tous les vêtements qui n'ont pas de fermeture éclair ou de boutons.

→ Les repas

- Il *peut manger (assez) proprement* (retournant correctement la cuillère à l'intérieur de sa bouche).
- Il peut boire seul en inclinant la tasse (il y a parfois des ratés !).

→ Les jeux

- Dessin : il aime faire des « gribouillis ».
- Jeux de ballon : l'enfant (debout) peut lancer la balle avec la main (sans tomber). Il peut pousser du pied un ballon (sans tomber).
- Livres : l'enfant s'intéresse aux livres d'images et sait désigner une à deux images (par exemple : chien et chat).
- Jeux de construction : il sait faire des tours de trois ou quatre cubes.

- Encastrements : il peut placer deux ou trois éléments sur la planchette.

→ Les objets

- Il sait nommer un à deux objets usuels.
- Il sait désigner deux ou trois parties de son corps (par exemple : nez, yeux, bouche).
- Il comprend un à deux ordres donnés à la suite et les exécute (par exemple : « Va chercher ton livre, pose-le sur la table »).

LE LANGAGE : L'ÉVOLUTION DU « LANGAGE GLOBAL SIGNIFICATIF »

- À 18 mois, selon les tests des psychologues, l'enfant peut utiliser au moins huit mots[30].
- Entre le 15e et le 21e mois, il peut associer deux mots pour faire une phrase. Dans ce cas, il acquiert le langage global significatif (par exemple : bébé-bobo). L'enfant place les mots selon leur importance affective. Mais pour lui le dialogue est encore difficile. La famille ou les professionnels peuvent stimuler le développement verbal de l'enfant, mais ils doivent savoir qu'ils ne peuvent agir sur l'ordre de progression naturel. Ce qui compte le plus, c'est de parler à l'enfant et de lui répondre à son niveau.

Situation

Sostène

Le jardin de la crèche paraît à présent trop exigu pour les ambitions vagabondes de Sostène (18 mois). Il veut le parcourir dans tous les sens. Il court, il saute, souvent il tombe ! Heureusement, Céline l'auxiliaire de puériculture est là pour lui tendre les bras. Puis il repart de plus belle sans se lasser. Il découvre un trotteur et demande de l'aide pour y grimper mais l'heure du goûter arrive. À 16 heures, Céline lui demande de s'installer sur la terrasse. Sostène s'associe à ses copains pour manger sa tartine et boire une tasse de lait. Le goûter fini, Sostène se lave les mains avec un gant puis il va chercher un livre d'images et le tend à Céline. Il aimerait beaucoup qu'elle lui montre les animaux de la ferme (il ne les connaît pas encore tous).

(30) Tests de Brunet-Lézine.

LE DÉVELOPPEMENT SOCIAL

→ L'enfant manifeste une vitalité débordante

Les *heurts* et les *chutes* de l'enfant sont fréquents car sa vitalité est débordante. Il court tout le temps mais il se précipite tout droit et *ne sait pas prendre les virages*. Sa position à la verticale reste imparfaite. De ce fait, pour maintenir l'équilibre il court les jambes écartées… et parfois met les bras en balancier.
Certains *jeux solitaires* l'attirent également. Par exemple, transporter les jouets d'un coin à l'autre de la pièce, en répétant dix à vingt fois les mêmes gestes.
C'est pour lui une façon de mieux connaître l'espace environnant. Cette activité a un sens ; pour connaître, il faut d'abord explorer ; pour retrouver le point de départ, il faut revenir en arrière. Le *comportement de va-et-vient* obéit donc à une logique du développement.

→ L'enfant est toujours sensible à l'ordre

L'enfant de cet âge manifeste également une tendance naturelle à remettre les jouets à leur place initiale. Une des périodes sensibles les plus importantes et les plus mystérieuses est celle qui rend l'enfant *sensible à l'ordre*. Cette manifestation se produit dès la première année et se prolonge la seconde. L'ordre des objets calme l'enfant, l'apaise et le rassure. Il acquiert ses points de repère et maîtrise mieux l'environnement. Si, par exemple, il remarque que son gant de toilette a changé de place, immédiatement il ira rétablir l'ordre des choses tel qu'il le connaît. Le jeu du « *cache-cache* », où l'enfant retrouve son partenaire de jeu toujours caché au même endroit, relève du même processus. Ce jeu aide également l'enfant à se sentir distinct de l'autre mais aussi semblable à lui. Les enfants auront grand plaisir à jouer ainsi jusqu'à la 4e année et gare à celui qui essayera de se cacher vraiment !

Fig. 6.29. Le développement psychomoteur de l'enfant.

→ L'enfant apprécie les activités intellectuelles

Les *livres d'images* ont sa faveur et bien qu'il les utilise encore maladroitement (car il tourne plusieurs pages à la fois), il est capable de s'arrêter longuement sur la représentation d'un animal familier. Il peut le nommer, il lui parle un moment, mais sa *faculté d'attention* est fragile, rapide, fugace. Seul l'instant compte dans toute son intensité. Remarquons que l'enfant de cet âge est très observateur : il apprend en regardant cent fois par jour. Il s'arrête souvent pour observer les autres enfants, imitant parfois leurs expressions. Il n'y a jamais de minutes inoccupées.

→ L'enfant aime achever une action accomplie

Une caractéristique intéressante à cet âge est l'intérêt de l'enfant pour les conclusions. L'enfant aime réaliser une action correctement et dans sa totalité. Il sera heureux, par exemple, de s'installer à table après avoir pris sa serviette et son bol, de ranger l'assiette ou le bol (même souillés) après usage. Même ses mots favoris sont souvent significatifs d'une *situation achevée* (« papa pati », « lolo fini », etc.). Il manifeste par une mimique expressive sa satisfaction de situer ainsi une action dans sa totalité.

→ L'enfant est encore individualiste

L'enfant de cet âge ne peut pas encore participer à des jeux collectifs et s'amuse seul, le dos tourné aux autres enfants. Il reste très « *individualiste* ».

→ L'enfant aime manger « seul » !

À table à 18 mois, l'enfant *aime manger seul* et s'en montre capable. Il mange plus proprement, bien qu'il soulève toujours le coude pour manger.

Il prend la cuillère en pronation et la renverse correctement dans sa bouche. Pour boire, l'enfant tient la timbale à deux mains et l'incline avec plus d'assurance. Il boit de façon continue et en répand moins à côté que le mois précédent.

Rôle de la professionnelle

Lorsque l'enfant convoite le jouet d'un autre, il se précipite pour le lui ôter des mains. Il a du mal à attendre que l'autre enfant quitte ce jouet. Il doit satisfaire un *besoin immédiat* d'où les pleurs fréquents à cet âge-là. La professionnelle saura intervenir auprès des enfants pour expliquer la situation. Ainsi, elle proposera à l'enfant un autre jouet pour lui permettre de patienter et elle apaisera le conflit éventuel.

L'adulte (professionnel ou parent) donne du sens à ce qu'il dit à l'enfant. Depuis son tout jeune âge il le perçoit vite et très justement. Il fera la distinction entre une demande excessive (due à une fatigue ou un état de tension de l'adulte) et une demande liée à son besoin. Par exemple :

- si un adulte demande à un enfant de se calmer parce qu'il ne supporte plus ses excitations, cette action aura pour effet souvent de renforcer le comportement de l'enfant ;
- en revanche, si l'adulte explique à l'enfant qu'il est fatigué et souhaiterait qu'il fasse moins de bruit, il y a de fortes chances que l'enfant l'entende et réponde positivement à sa demande. Mais il faudra conjointement que l'adulte propose à l'enfant une activité plus calme.

Parmi les jeux les plus appréciés à cet âge, citons à titre d'exemples :

- *les jeux d'eau* (par exemple, les jeux dans une bassine permettant les transvasements) ;
- *les jeux de formes* (par exemple, les jeux d'encastrements simples) ;
- *les jeux de déplacement* (par exemple, les jeux avec des petites voitures) ;
- *les jeux de visualisation* (par exemple, les dessins animés).

L'ENFANT DE 2 ANS (24 MOIS)

LES POSTURES

- L'enfant *monte et descend l'escalier seul* (en posant ses deux pieds sur chaque marche).
- Il court vite *en maîtrisant sa direction* (l'équilibre est meilleur).
- Il tourne en cercle, sautille, grimpe, danse.
- Il tape dans un ballon (avec précision et équilibre).
- Il saute sur ses deux pieds.

LA PRÉHENSION, LA COMPRÉHENSION

L'enfant a acquis une grande souplesse du poignet et une bonne rotation de l'avant-bras, ce qui explique les acquis suivants.

→ L'habillage, la toilette

- L'enfant sait mettre ses chaussures seul (en les inversant parfois).
- Il peut mettre une veste, un pantalon (sauf s'il y a des boutons ou une fermeture éclair).
- Il sait se laver le visage et s'essuyer seul.

→ Les repas

- Il mange correctement tout seul.
- Il boit correctement tout seul (en inclinant la tasse).

→ Les objets

- Il peut ouvrir et fermer les portes (attention à ce qu'il ne se coince pas les doigts !).
- Il sait nommer :
  - quatre à cinq objets usuels ;
  - quatre à cinq parties de son corps ;
- Il comprend deux à trois ordres donnés à la suite (par exemple : « Va chercher ton livre, pose-le sur la table, montre-moi les images que tu préfères… »).

→ La propreté

L'enfant acquiert généralement :

- la *maîtrise du sphincter anal* : propreté diurne ;
- la *maîtrise du sphincter vésical* : propreté diurne à 2 ans (elle est encore irrégulière). Il va seul aux toilettes mais a besoin de sa mère pour l'essuyer.

→ Les jeux de réflexion

- *Jeux de construction* : il sait réaliser des tours de six à huit cubes.
- *Jeux d'encastrements* : il peut placer quatre éléments sur la planchette.
- *Jeu du puzzle* : il est capable de placer trois à quatre éléments correctement.
- *Livres* : il peut nommer quatre à cinq images et il peut feuilleter une à une les pages des livres d'images.
- *Dessins* : il aime faire des gribouillis et peut reproduire des traits réalisés par l'adulte.
- *Jeux d'assemblement* : il connaît une (à deux) couleur(s) et peut placer un objet sur un autre de la même couleur.

LE LANGAGE : L'UTILISATION DU « VERBE »

2 ans est l'âge de « *l'explosion du vocabulaire* ». L'enfant utilise le verbe, il construit des phrases explicites et abandonne le jargon du langage global (vu précédemment). Toutefois, « faire des phrases » ne veut pas dire « parler en adulte », il aura toujours un langage enfantin. Par exemple : l'enfant peut dire : « Poupée Lili couchée », « Bébé va manger gâteau ». On remarque qu'il se nomme souvent par son « prénom » ou par « bébé ». Certains enfants peuvent utiliser le « je ». Citons une petite anecdote : une mère de famille fort inquiète faisait part à un psychologue du langage utilisé par son enfant lors d'une activité sur le sable et qui se résumait à : « Patou fait tour la… prendre bloc, mettre la… Oh ! Boum à terre ! Patou veut pas bloc ! ». Le psychologue la rassura car c'est un langage correct à cet âge : la syntaxe existe, la prononciation est bonne, le verbe est utilisé et le ton y est. Le vrai « parler bébé » est celui qui déforme tout. Par exemple : « Ça manzé ato a Titi », ce qui signifie « le chat a mangé le gâteau de tatie ! ». Les adultes favorisent parfois ce langage bébé parce que cela les amuse ou qu'ils croient se mettre ainsi à la portée de l'enfant pour être mieux compris par lui. La professionnelle rappellera aux parents qu'il est aussi dangereux de parler aux enfants un langage littéraire que d'abonder dans le sens du « langage bébé » !

Fig 6.30. L'enfant à 2 ans.

Situation

Noria et Arnaud

Ce petit bout de fille de 2 ans et de 12 kg est déjà une sœur aînée car un petit frère a fait irruption dans le clan familial il y a quelques semaines. Noria en a été troublée. Elle que l'on appelait déjà la « grande fille » se fait à nouveau cajoler, et réclame le biberon. À la crèche, avec Arnaud, son petit copain du même âge, elle se montre très agressive. Elle tire brutalement le livre qu'il feuillette, et s'il proteste, elle lui tire les cheveux et dit « pas beau », « à moi ». Arnaud pleure, il faut les séparer. Mais la poupée sait la calmer. Elle lui met sa robe et l'emmène partout avec elle. Elle signale que « Poupée Lili couchée » et qu'il ne faut pas la déranger !

LE DÉVELOPPEMENT SOCIAL

Un enfant de 2 ans est un petit être à mi-chemin entre le nourrisson et l'enfant. Il déconcerte à la fois par ses progrès et ses déficiences. Voyons les grandes caractéristiques de l'âge de 2 ans.

→ L'âge précoce du paradoxe comportemental !

Il est tellement *doué*, *sociable*, participant à la vie familiale, faisant des *phrases explicites*, qu'on aurait tendance à croire trop vite à sa maturité. Or il faut, à cet âge, exercer une surveillance continuelle sur l'enfant car son exubérance motrice l'entraîne à faire les pires choses. Grimper sur le rebord d'une fenêtre, se recouvrir d'un sac plastique, dégringoler un escalier, etc.

Sa *coordination motrice* a atteint un stade supérieur, l'enfant peut courir rapidement en maîtrisant sa direction (il ne se précipite plus droit devant lui, comme à 18 mois, les chutes sont donc moins fréquentes), il sautille, tourne en cercle, aime les activités qui font appel au rythme (les rondes, les chants accompagnés de gestes frappés des mains et des pieds, etc.).

Mais l'enfant de 2 ans n'est pas uniquement attiré par les jeux qui mettent à contribution sa motricité, il apprécie maintenant ceux qui font appel à la *réflexion* et à la *manipulation*, tels que les encastrements, les puzzles simples, les petites constructions : il réalise des assemblements de six à huit cubes et donne vie à ses créations (il est amusant d'écouter les longs discours qui accompagnent ses jeux solitaires). *Il aime introduire et retirer* (les jeux avec des cartons à chaussures ou les caisses vides le passionnent).

Il apprécie les *éléments naturels* : l'eau et le sable ont sa faveur ; il modèle des pâtés, les creuse pour les remplir d'eau, etc. S'il n'y a pas de bac à sable à sa portée, on peut lui donner des pâtes à modeler, de l'argile (ou de la farine). Le moment des jeux d'eau lui permet de réaliser des activités très variées, et dans la journée, l'enfant prend plaisir à se laver les mains (il peut passer de longs instants à remplir et vider le lavabo pour y tremper ses doigts, se savonner, se rincer, faire des clapotis, etc.). C'est un âge où la salle de bains l'attire particulièrement.

L'enfant de 2 à 3 ans préfère les *jeux solitaires* aux jeux collectifs ; il ne connaît pas encore la coopération et lorsqu'il est en présence d'autres enfants, il les observe ou les agresse, mais il ne peut pas encore jouer avec eux. Les conflits avec des enfants de 2 ou 3 ans surviennent deux fois plus souvent qu'avec des enfants de 4 ans.

→ L'âge du comportement ambivalent

On constate qu'un enfant de 24 mois a un *comportement très ambivalent* (constitué d'alternance d'amour et d'agressivité, de soumission et d'autoritarisme). Il peut être particulièrement exigeant dans sa famille et très soumis à l'école maternelle. Il passe d'ailleurs par une période de timidité vis-à-vis des étrangers et marque une tendance accrue d'attachement à sa mère. L'école maternelle peut donc être plus ou moins bien acceptée à cet âge.

L'enfant acquiert le sens de la propriété et se montre *très possessif* vis-à-vis de ses jouets. Il les serre contre lui et s'enfuit lorsqu'une menace de partage se fait sentir ! Ce comportement est naturel, l'enfant doit d'abord apprendre à posséder avant d'apprendre à partager.

→ « L'âge carrefour ! »

Deux ans est un *âge carrefour* que la communauté familiale a bien du mal à accepter… On dit que c'est la période où la fessée est la plus souvent utilisée par les parents, ce qui est totalement déconseillé. L'enfant comprend très bien le sens des mots, et si on sait « le comprendre », lui parler, il peut fort bien accepter les contraintes et devenir très sociable. Cependant, les parents doivent encore accepter pendant quelques mois les petites manies de leur enfant.

→ L'âge des « manies » et des « rites »

- À table, l'enfant a ses préférences et désigne du doigt l'aliment de son choix. Il mange seul (mais pas toujours proprement) et si l'adulte veut le faire manger il refuse. Il veut « *faire seul* » ! Son autoritarisme est souvent pénible à supporter : il lui arrive de commander aux membres de la famille les places qu'ils doivent occuper à table. Son sens de l'ordre atteint son apogée. Il connaît la place de tout le mobilier mais aussi l'enchaînement des rituels familiaux.
- Le soir, *l'endormissement pose quelques problèmes* ; il faut observer certains rites avant la mise au lit, apporter l'ours ou la poupée, laisser la porte entrouverte, le couloir éclairé…, prévoir le verre d'eau. Sachons que ce comportement aura tendance à se modifier vers la 3e année.

Rôle de la professionnelle

L'enfant a souvent besoin de la présence d'un adulte qui va le rassurer et l'aider à s'apaiser avant l'endormissement. Comme tous les rituels mis en place à la maison, celui-ci peut poser quelques problèmes. Selon l'âge de l'enfant, on peut observer des réveils accompagnés de pleurs ; l'enfant fait des « cauchemars ». La professionnelle interviendra pour le sécuriser et l'aider à se rendormir. Même si elle ne trouve pas forcément d'explications, elle peut dire aux parents que ce comportement aura tendance à se modifier vers la 3e année.

Cependant, elle leur conseillera de signaler toute anomalie caractérisée et/ou persistante à la psychologue.

La professionnelle peut aider l'enfant à *faire un pas vers les jeux collectifs* en demandant à l'enfant qui a spolié un jouet de trouver un jouet de remplacement pour le petit copain : « Toi, tu as le ballon, que va-t-on donner à Pierre ? Va chercher une auto pour lui ». De même, lorsque l'enfant manifeste une opposition systématique aux adultes (refus de s'habiller, d'aller à table, etc.), la professionnelle conseillera aux parents de s'engager sur une charte à respecter. À titre d'exemples voici quelques conseils présentés dans le mémo ci-après.

Vers 2 ans	
A  L'enfant monte et descend l'escalier *seul*.	B  L'enfant *saute* sur ses deux pieds ! ou danse !
C  L'enfant grimpe.	D  Il sait se *laver* le visage et s'essuyer *seul*.
E  Dessin : c'est l'âge des « gribouillis… »	F  Il mange seul assez proprement.

Fig. 6.31. Le développement psychomoteur de 0 à 3 ans.

MémoMémoMémo

« La charte parent-enfant »[31]

En tant que professionnel de l'enfance, voici ce que vous pourriez dire aux parents d'un enfant de 2 ans (et plus) :

1. Évitez le combat (vous êtes vaincu d'avance).
2. Ne culpabilisez pas (vous n'êtes pas devin).
3. Ne personnalisez pas (acceptez les échecs).
4. Observez sans interpréter (méfiez-vous de vos émotions).
5. Rétablissez coûte que coûte la communication (opposition et conflit n'ont jamais rétabli le dialogue).
6. Trouvez un autre terrain d'entente (il est plus facile de comprendre « à froid »).
7. Comme l'opposition est « inévitable » (et « nécessaire »), mieux vaut aborder ce cap avec sérénité et diplomatie !

LE DÉVELOPPEMENT COGNITIF DE 1 À 3 ANS : « L'INTELLIGENCE SYMBOLIQUE »

Le développement cognitif de l'enfant évolue progressivement au cours de la 2e année.

LE DÉVELOPPEMENT COGNITIF DE 12 À 18 MOIS

Certains enfants restent encore au stade du perfectionnement de l'intelligence sensorimotrice :

- les actions sont *intentionnelles*, *préméditées* et *élaborées* ;
- les *expériences* sont nombreuses, elles se font sur les objets par des expérimentations ;
- l'enfant invente de nouveaux modes d'action pour atteindre le but prémédité.

Situation

Maxime et sa timbale de jus de fruit

Maxime (14 mois) convoite du regard sa timbale. Il tend la main, ne peut pas s'en emparer. Après plusieurs tentatives et expériences malheureuses, il agrippe la nappe et tire la timbale à lui. Ainsi il a trouvé un moyen (nouveau mode d'action) pour atteindre un but prémédité.

(31) Conseils extraits de *Mon enfant s'oppose. Que dire ? Que faire ?* de Gisèle Georges (éditions Odile Jacob).

LE DÉVELOPPEMENT COGNITIF DE 18 MOIS À 3 ANS

On observe les premières manifestations de l'intelligence symbolique : l'enfant n'agit plus par expérimentations, mais il réfléchit pour trouver la solution dans sa tête, puis il agit. C'est le stade de la compréhension soudaine (ou invention soudaine).

Situation

Alexia et la boîte d'allumettes

Alexia (20 mois) veut prendre un petit objet dans une boîte d'allumettes entrouverte. Elle réfléchit, examine la boîte, puis trouve la solution (compréhension soudaine) : elle glisse son index, ouvre la boîte et récupère l'objet.

→ L'intelligence symbolique

L'intelligence symbolique se manifeste de différentes façons chez l'enfant. C'est une intelligence qui s'appuie sur la pensée. Elle est abstraite. L'enfant, grâce à des « images mentales », peut se représenter certaines situations.

Situation

Farah et sa maman, Jules et son papa

Farah (2 ans) sait que sa mère est arrivée car elle voit le panier à provisions sur la table de la cuisine ; elle l'appelle pour lui raconter ce qu'elle a fait.
Jules (2 ans) entend la porte s'ouvrir et reconnaît le pas de son père. Il quitte ses jeux pour l'accueillir.

→ La fonction symbolique

Elle se manifeste de trois façons : par l'imitation différée, par le jeu symbolique et par le langage.

- **L'imitation différée**. C'est l'imitation sans la présence du modèle imité (auparavant, l'enfant reproduisait simplement ce qu'il voyait faire devant lui).

Situation

Justine fait une tarte « comme maman » !

Justine (2 ans ½) se plaît à pétrir la pâte pour faire une tarte. Elle a mis le tablier et prit un rouleau à pâtisserie. Elle reproduit les gestes qu'elle a vu faire par sa mère la veille.

- **Le jeu symbolique** (ou jeu de fiction). C'est la transformation du réel selon les besoins de l'enfant. C'est l'âge des jeux d'imitation (appelés aussi jeux symboliques). Les jouets les plus prisés sont l'ours, la poupée, les dînettes, les panoplies de toutes sortes, les « coins jeux », etc.
- **Le langage.** C'est le moyen d'évoquer les événements que l'on ne voit pas. Il permet à la pensée de se dégager de l'action.

Situation

Anaïs et les grosses vagues !

Anaïs (2 ans ½) raconte à sa mère les vacances passées au bord de la mer chez sa mamie, avec gestes à l'appui : c'était des grosses vagues, grosses comme la maison et j'avais pas peur !

→ L'évolution de l'imagination

Elle se manifeste par :

- **la présence du compagnon imaginaire.** L'enfant parle souvent au cours des jeux à des personnes fictives relevant de son imagination. Par exemple : il propose à Toto d'aller à la piscine avec lui ;
- **l'animisme** : l'enfant donne vie aux choses inanimées[32]. Par exemple : Axel bat la table à laquelle il s'est heurté et lui dit : « méchante ! Je ne te parlerai plus, tu m'as fait très mal ».

Situation

Vivien et son drôle d'ami Toubi

Depuis quelques jours, Vivien (2 ans ½) déambule dans la crèche en parlant tout seul. En fait, il n'est pas tout seul ; il discute avec Toubi, son ami imaginaire. Vivien propose des jeux à Toubi, il lui présente des objets, lui montre ses jouets. Toubi est son complice, mais aussi son confident. Quand Vivien est en voiture avec sa mère, il ne faut pas poser les sacs n'importe où : Toubi a sa place, à l'arrière, à gauche ! Le soir dans son lit, Vivien parle à Toubi. Il lui raconte des histoires car Toubi a peur du noir. Cela rassure Vivien de rassurer Toubi...

L'ÉVOLUTION DE LA PRÉHENSION MANUELLE DE 0 À 3 ANS

L'évolution de la préhension manuelle s'effectue par stades au cours desquels l'enfant acquiert progressivement l'autonomie du geste qui lui procure un grand sentiment de liberté (*cf.* tableau 6.1).

Tableau 6.1 – L'évolution de la préhension manuelle (synthèse).

	Tranches d'âge[33]	Illustrations
1er-2e mois	Le 1er mois, on observe toujours le *grasping* (acte réflexe d'agrippement). Le 2e mois, le *grasping* devient plus discret, les mains sont souvent ouvertes.	A 
3e-4e mois	C'est la « préhension au contact » : préhension involontaire au contact d'un objet placé dans la main.	B 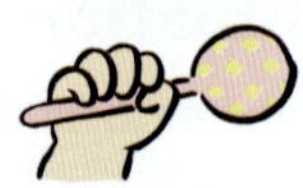
5e-6e mois	La « préhension volontaire » apparaît. Elle est palmaire et imprécise.	C 

(32) Selon la théorie de Lacan (*cf.* chapitre 8).
(33) Il s'agit de tranches d'âge approximatives, chaque enfant ayant une progression qui lui est propre.

	Tranches d'âge[34]	Illustrations
7e-8e mois	La « préhension en pinces » apparaît : ici c'est la préhension en « pince inférieure » : l'objet est saisi entre le pouce et le petit doigt. L'enfant acquiert le « relâchement volontaire » de l'objet : c'est un relâchement global et imprécis.	D  E 
9e-10e mois	L'enfant acquiert la préhension en « pince supérieure » : l'objet est saisi entre le pouce et l'index. C'est le début de « l'indépendance manuelle ».	F 
15e-18e mois	L'enfant acquiert le perfectionnement du « relâchement fin et précis » : il peut introduire des pastilles dans le goulot d'une bouteille. Il a le sens du « contenant » et du « contenu » : il joue avec les premiers puzzles.	G 
vers 2 ans à 2 ans 1/2	L'enfant peut tout manipuler avec une grande précision : - il tient bien sa cuillère, - il sait se laver le visage seul.	A 

L'ÉVOLUTION DU LANGAGE DE 0 À 3 ANS

L'évolution du langage s'effectue par stades, au cours desquels l'enfant peut de mieux en mieux se faire comprendre de l'adulte et devenir autonome.

Le tableau 6.2 est une synthèse du chapitre sur le développement de la naissance à 2 ans.

Tableau 6.2 – L'évolution du langage de 0 à 3 ans (résumé).

Tranches d'âge[34]		Caractéristiques
Première année	Vers 1er mois	Vagissements : sons gutturaux, rauques (émis par le nouveau-né)
	Vers 2-4 mois	Vocalises : sons riches en voyelles (par exemple : a, eu, e, etc.)
	Vers 5-8 mois	Lallations ou babillages : chaînes de syllabes riches en consonnes (par exemple : r… ree, g… ree, K… ree, peu, beu)
	Vers 9-10 mois	Monosyllabes, jargon non significatif (par exemple : ma, pa, da)
	Vers 10-11 mois	Doubles syllabes, jargon non significatif mais stade du prélangage (par exemple : ma… ma, da… da, pa… pa)
	Vers 1 an	Mot phrase significatif : ce mot résume toute une phrase (par exemple : papa)
Deuxième année	Vers 15-18 mois	Langage global significatif : c'est l'association de deux mots (par exemple : papa pati, bébé bob, etc.)
	Vers 2 ans à 3 ans	Explosion du vocabulaire : l'enfant connaît plusieurs mots et utilise le verbe (par exemple : poupée Lily couchée), puis progressivement il va acquérir la maîtrise du langage et construire des phrases correctes (par exemple : la poupée de Lily est couchée).

(34) Il s'agit de tranches d'âge approximatives, chaque enfant ayant un rythme de développement qui lui est propre.

Le développement de l'enfant de 3 ans à 6 ans

L'ENFANT DE 3 ANS

Plus sociable, l'enfant de 3 ans aime la *compagnie de ses pairs*. Les jeux de plein air (les toboggans, les vélos, les balançoires, le ballon) lui donnent l'occasion de les côtoyer. Ils vont lui permettre de dépenser son énergie et d'apprendre les règles des *jeux collectifs*. Mais l'autodiscipline est difficile à cet âge.

LES POSTURES

L'*équilibre* de l'enfant atteint son apogée :
- il marche comme un adulte (en alternant les pieds et les bras) ;
- il monte et descend l'escalier (comme un adulte) ;
- il saute la dernière marche de l'escalier (par jeu) ;
- il saute sur un pied et peut maintenir l'équilibre sur un pied quelques secondes (à la demande) ;
- il conduit bien son petit tricycle.

LA PRÉHENSION

L'enfant de 3 ans est très *autonome*, il peut :
- s'habiller seul (et très souvent sait utiliser boutons et fermetures éclair) ;
- mettre ses chaussures seul si elles n'ont pas de lacets (sans les inverser comme à 2 ans) ;
- aider à desservir la table (sans casser la vaisselle).

Fig. 6.32. Vers 3 ans, le tricycle est l'un de ses jeux préférés !

LA COMPRÉHENSION

→ Les chiffres

- L'enfant peut compter jusqu'à 6 ou 8 (parfois jusqu'à 10).
- Il sait dire la signification de six à huit images. Il sait nommer six à huit objets usuels. Il sait désigner six à huit parties de son corps.
- Il répond à trois ou quatre ordres donnés à la suite (par exemple : « Va chercher ton livre, prête-le moi, nous allons le lire ensemble »).
- Il connaît trois à quatre couleurs et peut assembler des objets de couleurs semblables.

→ Les jeux

- *Jeux de construction* : il peut réaliser une tour de huit à neuf cubes, il peut construire un pont avec des cubes (d'après un modèle réalisé par l'adulte).
- *Encastrements* : il peut placer tous les éléments sur la planchette (s'il y a six à huit formes).
- *Chansons enfantines* : il connaît par cœur le refrain de quelques-unes.
- *Dessins* : il peut dessiner un cercle (par exemple : un bonhomme têtard, *cf.* page 211).

→ La propreté

L'enfant acquiert la *maîtrise des sphincters* anal et vésical (propreté diurne et nocturne) (*cf.* page 163).

LE LANGAGE

L'enfant de 3 ans *maîtrise le langage*, c'est-à-dire connaît les voyelles, les consonnes et, en général, peut prononcer sans confusion ni substitution. À partir de cet âge, si l'enfant montre des difficultés pour se faire comprendre, il faudra y être attentif.

→ L'éclosion du vocabulaire

Trois ans marquent l'*éclosion du vocabulaire*. C'est l'avalanche de questions aux parents. La « soif de mots » est intarissable. L'enfant utilise dans beaucoup de phrases le **« je »**, le **« moi »** (auparavant l'enfant s'appelait par son prénom ou par bébé).

Toutefois, la langue française n'est pas facile et il faut être indulgent sur les petits défauts de langage des enfants. Il ne sert à rien de les reprendre pour leur faire remarquer leurs erreurs syntaxiques. Il est préférable d'être de bons modèles et de donner l'exemple ; *les progrès se feront par imitation*, automatiquement. Cependant, il faut savoir saisir le moment pour remplacer le mauvais mot par le bon mot… L'enfant est perfectionniste et, si l'on sait agir avec diplomatie, il ne demande qu'à mieux faire.

Fig 6.33. Vers 3 ans, l'enfant maîtrise le langage.

→ Les jeux vocaux

On peut entreprendre avec l'enfant des petits jeux vocaux qui ont pour objectif d'augmenter son répertoire et d'en améliorer la qualité. Il est conseillé, au cours de ces jeux, de ne pas interrompre l'enfant pour relever ses erreurs, mais, au contraire, de maintenir une atmosphère de joie et de détente.

Exemples de « jeux vocaux », l'adulte peut :

- faire sentir que le « r » racle la gorge… (la toucher du doigt) ;
- mettre un doigt sur ses narines pour mieux sentir la production du « m » (par exemple en disant mamie), ou lui faire imiter face à un miroir le « chat fâché » pour sentir le « f » (dents supérieures sur la lèvre inférieure, faire *ffff*) ;
- montrer à l'enfant le va-et-vient de sa langue lorsque l'on passe d'une lettre à l'autre et essayer avec lui, devant la glace, de corriger (en s'amusant) ses petits défauts de langage (par exemple : dire *oiseau* au lieu de *zoiseau*, *limonade* au lieu de *lamonade*)[35] ;

- imiter avec lui les sons familiers un peu spéciaux (par exemple : le ballon qui se dégonfle, le chant d'un oiseau, le bruit du train, les cris d'animaux, tout cela en s'aidant d'un livre d'images) ;
- faire des jeux de devinette (par exemples : Julien va chercher ses sou… (liers), ses pan… (toufles), etc.

(35) Ceci ne sera fait par un professionnel de la petite enfance qu'à la demande de ses supérieurs hiérarchiques, dans l'intérêt de l'enfant, si celui-ci montre de réels problèmes de langage.

Situation

Ethel

Madame D. regarde avec satisfaction sa fillette Ethel (3 ans) qui range avec un soin particulièrement délicat les provisions dans le placard. « C'est bien, tu es une grande fille », dit maman. Ethel adore la compagnie de sa mère, elle la regarde d'un œil admiratif lorsqu'elle se maquille et lui demande un peu de vernis sur les ongles. Mais maman refuse souvent, ce qui rend Ethel un peu triste. Hier, lorsque maman est sortie, Ethel s'est rendue dans sa chambre et a pris le vernis. Par malheur, elle l'a renversé ! À son retour, maman a crié violemment (…) heureusement papa était là. « Ce n'est pas grave ! » a-t-il dit. Ethel, un peu déconcertée par cette aventure, a traité maman de « méchante », puis elle a fait un gros câlin à son père « mon papa chéri je t'aime, je veux rester avec toi. Dis papa, tu m'épouseras quand je serai plus grande ? ».

LE DÉVELOPPEMENT SOCIAL

→ « L'âge adorable »

Trois ans est une sorte de *majorité*. C'est l'*âge adorable*. Tous les excès, les paradoxes, les bouillonnements des mois précédents cèdent le pas à un degré de plus de maturité. L'enfant paraît plus sérieux, plus maître de lui, c'est le moment idéal pour le mettre à la maternelle. Son équilibre atteint l'apogée. Il maîtrise parfaitement tous les mouvements, toutes les positions. Son habileté manuelle ouvre l'aire de son autonomie : il peut s'habiller seul, manger proprement.

→ L'âge de la « maîtrise » et de la réflexion

• Vers 3 ans, l'enfant acquiert la *propreté totale*, il maîtrise ses sphincters et peut aller seul aux WC.

• Il maîtrise aussi le *langage* et peut facilement se faire comprendre, sa soif de savoir se manifeste par de nombreuses questions. Le pourquoi est l'un des mots les plus utilisés à 3 ans. Il apprend à être attentif aux autres, il écoute les adultes.

• Devenu *plus sociable*, il peut enfin apprécier la collectivité, il commence à savoir attendre son tour, mais cette possibilité de coopérer avec le groupe n'est encore qu'un début et l'enfant a beaucoup de mal à sortir de ses jeux solitaires. Toutefois, il apprécie la présence des autres, aime la compagnie de ses copains de classe (c'est l'âge de la maternelle), les visites ou les anniversaires.

• Devenu *plus attentif*, plus patient, plus curieux, l'enfant aime les jeux (dits éducatifs) qui font appel à la réflexion : les puzzles, les jeux de construction, les encastrements, les lottinos, etc. Il aime de plus en plus écouter des CD, regarder des films pour enfants, se faire raconter des histoires, lire des livres d'images.

• Le soir, il va au lit comme un grand et a moins besoin de rites pour trouver le sommeil. Cependant, il ne faudra pas s'étonner d'entendre parfois l'enfant circuler la nuit dans l'appartement. Il se lève facilement tout seul pour aller aux WC, parfois il peut aller chercher un livre d'images ! Certains enfants plus anxieux souhaitent vérifier la présence des parents dans leur chambre. L'adulte saura être compréhensif et cherchera toujours à « sécuriser » l'enfant.

STRUCTURATION DE LA PERSONNALITÉ À L'ÂGE DE 3 ANS

Trois ans correspond à une crise de la personnalité qui se manifeste de différentes façons et avec plus ou moins d'intensité selon les enfants.

→ L'âge du jeu symbolique et du merveilleux

• L'enfant de 3 ans a atteint le stade de *l'intelligence symbolique*. C'est une intelligence qui s'appuie sur la pensée abstraite. Grâce à des « images mentales », l'enfant peut se représenter des situations passées ou imaginaires. Certains jouets sont d'excellents supports pour exercer son intelligence symbolique. Prenons par exemple l'ours et la poupée, dits jeux symboliques. Ainsi, s'il ne va pas à l'école, l'enfant pourra jouer de longues heures seul dans sa chambre avec ses jouets favoris.

• Trois ans est *l'âge du merveilleux*. Il entretient de longues conversations avec l'ours ou la poupée et recrée certaines scènes de la vie adulte. Il peut même s'inventer un « compagnon imaginaire » (qui aura sa place dans l'auto…).

• Sa faculté d'*animisme* (selon Lacan)[36] lui permet de faire revivre le monde des choses (l'enfant, par exemple, peut interpeller l'armoire s'il s'est heurté à elle, et la traiter de méchante !). Sans les encourager, les parents doivent cependant respecter toutes ces envolées imaginatives et ne jamais s'en moquer. À mesure qu'il grandira, l'enfant s'adaptera au monde des adultes et n'aura plus besoin de refuges dans l'imaginaire.

→ L'âge de la « volonté de coopération »

L'enfant ne sait pas attendre son tour. Par exemple, lorsqu'il joue au ballon, il veut à la fois être celui qui lance et celui qui attrape. Son désir de partager le jeu est certain, mais il a du mal à se débarrasser de son *égocentrisme*. De même lorsqu'il voit son copain réaliser un pâté de sable à ses côtés, il veut s'emparer brusquement de son seau et de sa pelle, alors qu'il a un matériel semblable à sa disposition. Cette attitude, aussi maladroite soit-elle, est typique de la psychologie de cet âge. Elle traduit en fait un progrès, une réelle volonté de coopération que l'enfant va progressivement établir. Il ne veut pas le voler, *il veut devenir l'autre qui joue* (disent les psychologues). Il faut attendre la quatrième année pour découvrir une réelle collaboration entre les enfants. En attendant… que de disputes, de bagarres et de pleurs devront supporter les parents et les maîtres d'école !

→ L'âge de la découverte du sexe

L'enfant de 3 ans connaît son propre sexe avec assurance. Il différencie également fort bien l'homme de la femme, donc le père de la mère.

(36) J. Lacan *cf.* chapitre 8.

Au cours de la vie intime, il a compris que chacun d'eux a une façon très différente de se comporter, de s'habiller, de parler et aussi d'uriner. C'est sur ce point précis la première constatation d'une différence des sexes. L'enfant accorde à l'anatomie un intérêt tout particulier, il parle fréquemment des organes génitaux. Grand nombre de ses questions ont trait à *la sexualité*, à *la maternité*, aux *bébés* (…). La soudaineté de ces questions affole les parents qui sont fort embarrassés pour y répondre. Pourtant, elles ne sont que très superficielles, la curiosité de l'enfant est très limitée, il attend donc des réponses simples (qui aient un sens pour lui et non pour l'adulte).

→ L'âge de la crise œdipienne

La découverte de la sexualité s'accompagne par ailleurs de tensions caractéristiques au niveau des rapports « parents-enfants ». C'est la « *phase œdipienne* » selon Freud[37]. L'enfant découvre sa solitude face au couple parental, il est amené à passer d'une relation à deux (lui et sa mère) à une relation triangulaire (père-mère-enfant). Face à cette situation, il cherche à trouver sa place, à s'imposer ; il a tendance à rechercher plus particulièrement l'affection du parent du sexe opposé et à rejeter celui qui est du même sexe que lui. Le comportement de l'enfant change, il devient agressif envers l'un des deux parents, il passe par une période troublée (la « *crise œdipienne* ») et la façon dont il va la résoudre dépend beaucoup de l'attitude compréhensive de ses parents. L'identification aux parents y joue un rôle important.

- *Pour le garçon* : le détachement vis-à-vis de sa mère est associé au désir de ressembler au père.
- *Pour la fillette* : le détachement vis-à-vis de son père est associé au désir de ressembler à sa mère. Elle va chercher à adopter sa voix, ses gestes, ses tenues. Elle jouera à la poupée (son enfant), elle voudra aussi un mari (comme elle !)… Cette imitation est, en soi, une attitude très positive ; l'enfant ne peut y parvenir que dans la mesure où il aime et admire suffisamment ses parents. Toutefois, s'il faut se féliciter de telles tendances, il est, en revanche, déconseillé d'en abuser. Une fillette de 3 ans qui imite la voix de sa mère au téléphone a un charme fou… en revanche un petit singe habillé comme ses parents peut (parfois) être un peu ridicule. F. Dolto[38] explique : « Il ne faut pas oublier qu'il est bon de guider un enfant, de lui servir de modèle, mais il faut aussi laisser s'épanouir sa propre personnalité et ne l'influencer en rien ».

→ L'âge de la construction du « moi »

L'enfant est devenu plus conscient de ses capacités, de ses pouvoirs, de son individualité. Il se sent distinct d'autrui, il utilise souvent le « je », le « moi », a tendance à se croire le centre du monde. Dans sa quête d'identité, il se réalise surtout en fonction de l'approbation ou la désapprobation de sa mère. Rien ne le rassure autant que les actes qu'il réussit aux yeux de celle-ci. « *Maman, regarde !* » est la phrase typique prononcée à longueur de journée par l'enfant de 3 ans. Ainsi, de succès en succès, de compliment en compliment, l'enfant acquiert une confiance en lui de plus en plus grande. Il devient plus indépendant, plus éveillé. Mais au travers de ses actes se cache une ambivalence, il cherche souvent à s'affirmer en s'opposant à l'adulte. Il fait sa *crise de négativisme*. C'est le défi permanent, l'âge du « non » ostentatoire et provocant.

Fig 6.34. L'enfant à 3 ans.

(37) Freud *cf.* chapitre 7.

(38) Dolto *cf.* chapitre 8.

→ L'âge de « l'autonomie »

Lorsque l'enfant acquiert un nouvel apprentissage, il ne tolère plus aucune aide extérieure. Peu lui importe de mal se coiffer, de mal se laver, ce qu'il veut, c'est faire seul ! Or, les adultes viennent trop souvent au secours de l'enfant (qu'ils considèrent presque comme un handicapé !). Ses maladresses et sa lenteur leur sont pénibles à supporter. Il est inutile de s'étonner que cette attitude déclenche des colères de l'enfant, celui-ci veut faire comprendre que son individualité est à prendre en considération. L'enfant que l'on assiste en permanence, auquel les parents répètent sans cesse : « Viens ici, tu ne sais pas faire ! », restera maladroit et peu sûr de lui. Ainsi, en observant, en écoutant, en imitant, l'enfant façonne aujourd'hui l'adulte qu'il sera demain. Alors sachons lui offrir des modèles équilibrés qui l'aideront à développer sa propre personnalité et qui l'aideront aussi à se confronter à d'autres adultes, peut-être moins complaisants, mais qui, finalement, le conduiront vers l'ultime étape : celle de l'être social.

Rôle de la professionnelle

Respecter une échelle de valeurs

À cet âge, l'enfant est capable de comprendre le *permis* et le *défendu* qui sont à la base de l'éducation morale. Le « non » de l'adulte suggère à l'enfant qu'il fait une faute et son degré de mécontentement lui indique la gravité de celle-ci. C'est pourquoi les adultes doivent veiller à respecter une *échelle de valeurs*. Par exemple, il sera nécessaire de réprimander plus sévèrement l'enfant qui mord son petit copain que celui qui casse un objet. De même, les ordres donnés à l'enfant doivent être :

- stables (hier Justin a tiré les cheveux de Zoé à la crèche et Maryse (l'AP) n'a pas grondé, aujourd'hui elle se met en colère !
- fermes (Zoé a volé un gâteau sur le chariot du repas, Maryse l'a grondée, elle s'est mise à pleurer (...) puis, sur les conseils de sa collègue, lui a finalement permis de le manger).

Que conclut l'enfant ? Est-ce bien ? Est-ce mal ? de tirer les cheveux, de voler un gâteau. Il est recommandé aux adultes de se mettre d'accord sur les principes éducatifs à donner à l'enfant car, lorsque l'un refuse ce qui est accepté par l'autre, c'est évidemment très troublant pour lui. Celui-ci attend de l'adulte une autorité, il a besoin d'être protégé contre les choses et contre lui-même. Une absence d'autorité le désorienterait totalement.

Informer l'enfant, lui expliquer toute situation nouvelle

La professionnelle doit mettre en garde les parents sur certains troubles de l'enfant dus à un manque d'informations. Par exemple lorsqu'ils sortent le soir et que l'enfant est gardé par une baby-sitter qu'il ne connaît pas, il pleure et a beaucoup de mal à comprendre la situation. Il est donc vivement conseillé d'informer l'enfant du projet de sortie. Il est tout à fait capable de le comprendre. Il est également souhaitable que l'enfant connaisse la personne qui le garde (imaginez votre inquiétude si, en vous réveillant une nuit, vous constatiez que vos proches ont disparu et qu'un inconnu dort dans la maison !). Il faut souvent essayer de se mettre dans l'état d'esprit d'un enfant de cet âge.

Sachons aussi que l'entrée en maternelle, le contact avec de nouvelles personnes, un nouvel environnement, troublent souvent l'enfant, et il a besoin de la chaleur de ses proches. Parfois, l'enfant pleure la nuit pour aller dans le lit de ses parents. C'est souvent par *besoin d'affection et de sécurité*. Les psychologues conseillent à ce sujet beaucoup de compréhension et de tolérance. Il est souvent plus sage de céder parfois au désir de l'enfant, tout en le prévenant qu'une fois endormi, il retournera dans son petit lit.

On peut aussi conseiller aux parents de trouver d'autres petits moyens pour sécuriser l'enfant pendant la nuit ; par exemple : laisser la porte de leur chambre ouverte, allumer une petite veilleuse, etc. L'enfant pourra ainsi s'endormir en se sentant plus en *sécurité* et sa nuit sera plus calme.

MémoMémoMémo

« La mère idéale »

Un test réalisé auprès de 400 enfants de 3-4 ans est révélateur sur la mentalité de cet âge. On leur proposait cinq photographies de mères avec leurs enfants dans des situations très caractéristiques. La mère qui obtint le score le plus éblouissant auprès des petits garçons fut la *mère camarade* (celle qui donne de petits rôles à l'enfant, qui se fait « aider »). En revanche, la *mère couveuse et la mère-enfant* furent totalement rejetées de la majorité des enfants.

Questions posées aux enfants lors du test

Regarde ces photos de différentes mamans avec leurs enfants.

- Tu me diras ce que tu penses de chacune d'elles :
- Décris-les.
- Laquelle préfères-tu ?
- Laquelle ne te plaît pas ?

Sur les photos, on peut voir :

- Une mère énergique (qui paraît très occupée à écrire son courrier).
- Une mère mondaine (qui se maquille pour sortir en soirée avec des amies)
- Une mère camarade (qui fait la cuisine et se fait aider par ses enfants).
- Une mère couveuse (qui est surprotectrice, embrasse, cajole, etc.)
- Une mère enfant (très jeune – sur la photo – et qui leur donne des gâteaux).

Les résultats

	Les garçons	Les filles
La mère qu'ils préfèrent	mère camarade	mère mondaine
La mère qu'ils souhaitent le moins	mère enfant	mère couveuse

Première remarque : l'ambiguïté est totale. Tantôt la mère idéale est vue comme une fée rayonnante tout droit descendue de leurs livres d'images, c'est le cas de la « mère mondaine » et tantôt comme une égale qui se fait aider, une camarade qui pourtant leur offre la sécurité, un peu comme le chef de bande.
Seconde remarque : les enfants ne désirent pas qu'on les gâte. L'association mère-nourriture semble conduire à certaines attitudes de rejet, et de la même manière, toute attitude surprotectrice est rejetée comme possessive, envahissante.
Ce test est très révélateur de la psychologie enfantine.

Fig. 6.35. Le développement psychomoteur de 0 à 3 ans.

L'ENFANT DE 4-5 ANS

L'enfant de cette tranche d'âge est un *fantaisiste* et un *expansionniste*.
Il manifeste une intense activité sur le plan moteur et intellectuel.
Son comportement plein de *débordements* rappelle souvent celui de l'enfant de 2 ans ! Cependant, il ne s'agit pas ici d'une régression, puisqu'un degré supérieur de développement a été atteint. Dès cet âge, les traits dynamiques de son individualité durable sont très apparents.

LES POSTURES

L'enfant vers 4-5 ans exerce un meilleur contrôle sur tout son corps et plus particulièrement au niveau des membres supérieurs et inférieurs, qui s'émancipent de l'ensemble du réseau postural. Il acquiert une *souplesse*, une *grâce* naturelle dans tous ses mouvements ; souplesse que l'on peut observer lors d'exercices physiques ou de danses (vivement conseillés à cet âge car ils favorisent la perception du corps).

→ L'enfant s'adonne à de nombreuses performances motrices

L'enfant de 4-5 ans peut :
- se tenir en équilibre (sur un pied) ;
- monter et descendre un escalier (en courant) ;
- rouler sur son petit vélo (à vive allure) ;
- faire de la balançoire, du trapèze (avec assurance et même vantardise, pour faire une « démonstration »).

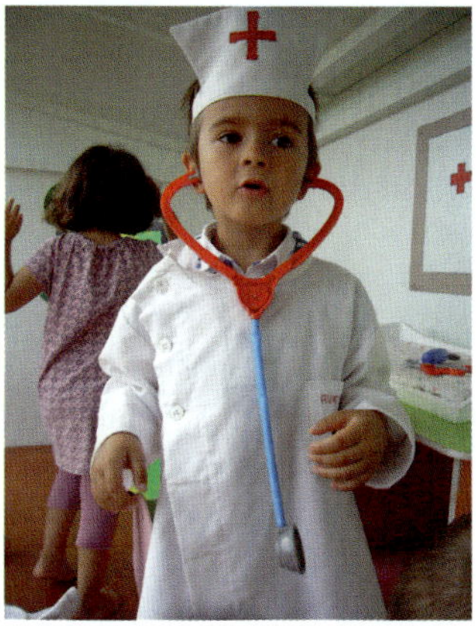

Fig. 6.36. L'enfant à 4/5 ans.

→ L'enfant explore de nouveaux terrains d'expression corporelle

Ainsi :
- il court, s'assoit, se penche, bondit (il est très actif) ;
- il glisse, grimpe, saute (il n'arrête pas de bouger !) ;
- il tombe souvent (et se relève vite).

LA PRÉHENSION

La préhension devenue *souple, fine et précise*, permet à l'enfant plus d'autonomie ; il peut :
- lacer ses souliers et boutonner un vêtement,
- découper du papier avec des ciseaux, en suivant une ligne droite ;
- lancer un objet du haut vers le bas et du bas vers le haut ;
- dessiner et peindre avec minutie (il tient le crayon ou le pinceau comme un adulte) ;
- jouer d'un instrument de musique, faire des jeux de construction (en combinant tous les « formats » de cubes), etc.

Cependant, malgré une excellente préhension, certains raffinements de coordination motrice lui font encore défaut. Par exemple, il a des difficultés à tracer des lignes obliques.

LA COMPRÉHENSION

→ Le raisonnement par intuition

L'enfant de 4-5 ans n'est pas encore capable de raisonner logiquement. C'est le stade de la « *pensée prélogique* » : il raisonne par son intuition.

Situation

Les billes de Maxime

Maxime (4 ans et demi) remplit deux bocaux transparents du même nombre de billes. Son papa lui pose la question : « Quel est le bocal qui contient le plus de billes ? » Maxime répond : « le long bocal ». Par intuition ce bocal lui paraît le plus rempli car il est le plus long.

→ La distinction entre le vrai et le faux

L'enfant de cet âge a encore peur lorsqu'on lui raconte une histoire de loup, mais il a plus de recul que précédemment et une effectue une certaine distinction entre le vrai et le faux.

Le compagnon imaginaire peut (encore) lui tenir compagnie, mais l'enfant sait bien où se termine la fiction. Il utilise d'ailleurs très souvent l'expression : « c'est pour rire ! ».

→ L'évolution de l'organisation mentale (entre 4 et 5 ans)

De 4 à 5 ans, l'organisation mentale évolue quelque peu. Ainsi, on constate qu'à 4 ans l'enfant *change d'idées* (donc d'images mentales) avec une facilité primesautière, tandis qu'à 5 ans, il fait preuve de plus de suite dans les idées. Par exemple :

- à 4 ans, l'enfant dit : « Je veux aller chez mamie », puis quelques minutes après : « Je veux aller à la piscine » ;
- à 5 ans, il maintient : « Je veux aller chez mamie » et s'entête ;
- à 4 ans, il commence à dessiner ce qu'il appelle un chat, puis à la fin de l'opération le chat se transforme en cheval ;
- à 5 ans, il a une idée précise en tête avant de commencer son dessin et il est capable d'autocritique : « Je veux dessiner un chat mais je ne sais pas faire ! ».

→ La simultanéité des actions

L'enfant de 4-5 ans arrive à faire deux choses en même temps. Cette aptitude nouvelle s'appelle la *simultanéité des actions*. Par exemple, l'enfant peut :

- parler et manger ;
- se déshabiller et parler ;
- manger et regarder un dessin animé, etc.

→ La persévérance dans le « jeu-travail »

L'enfant de 4-5 ans est *persévérant* ; il veut terminer ce qu'il a commencé. C'est le stade du jeu-travail ou jeu utilitaire avec un but posé au départ.

Situation

Le jeu-travail de Carlos et d'Alberto

Carlos (4 ans) et Alberto (5 ans) jouent dans le jardin de la villa de Carlos. Leur rentrée à l'école a permis cette camaraderie nouvelle qui les ravit. Le jardinier a laissé un tas de branchages suite à l'élagage d'une haie. Voilà le matériau idéal pour créer une cabane ! Carlos traîne quelques branches contre un vieil arbre au tronc majestueux. Le petit garçon positionne les branches contre le gros tronc en prenant soin de laisser un espace protégé qui servira de refuge une fois le travail terminé. Il transpire à grosses gouttes et houspille son copain Alberto pour qu'il aille chercher d'autres branches. Alberto s'exécute pendant que Carlos perfectionne son ouvrage. Les deux enfants sont concentrés, dans leur monde de cabane en bois, et ils iront au bout de leur projet.

Fig. 6.37. Le jeu-travail.

À cet âge, le jeu est non seulement un plaisir, mais il devient « *utilitaire* » : c'est le « *jeu-travail* ». Il suppose une certaine maturité, il fait appel à une patience plus longue, une volonté plus affirmée. « *L'affirmation de soi* » se manifeste dans ce jeu : un enfant a tendance à se valoriser au moyen du jeu, il domine en donnant des ordres au camarade.

Il existe, dans ce jeu, une ébauche de collaboration. Cependant, Alberto « utilise » Carlos

(ce dernier est un « moyen » pour faire avancer plus vite la maison). Cette attitude n'enlève rien au « plaisir » d'être ensemble. Parfois les disputes éclatent lorsqu'il s'agit d'inverser les rôles.
Au travers de ce jeu, l'enfant développe son imagination, sa créativité, sa dextérité.

MémoMémoMémo

L'enfant face au jeu-travail[39]

Anna Freud voit une progression dans les activités ludiques de l'enfant qui vont du jeu à l'aptitude au travail : « progressivement » l'enfant se dirige vers un matériel de jeu qui l'absorbe comme un travail, une activité à part entière, dans la mesure où l'aptitude au travail n'est qu'une évolution de l'aptitude au jeu, il est important que l'enfant tire du plaisir de toutes ses activités car cela le prépare à la maîtrise de la situation scolaire.

→ La notion du temps proche

L'enfant de 4-5 ans commence à acquérir les *notions de temps et d'espace proches*.
Les points de repère dans le temps sont peu nombreux ; toutefois la notion de temps intéresse l'enfant car elle est liée à la succession des événements de la vie.
Les premiers *repères* s'établissent entre demain et hier (ce n'est que vers 6 ans qu'il y aura la notion de matin et d'après-midi).
L'enfant de cet âge parle longuement des anniversaires de ses copains et aime préparer les festivités qui y sont associées ! Il apprécie aussi les mercredis chez mamy.

Situation

Les mercredis chez mamy

Léa dit à sa grande sœur Marie : mercredi je vais jouer chez mamy et en juin je vais à l'anniversaire de Marc. C'est pas dans longtemps ? »

En revanche, l'enfant de 4-5 ans n'a aucune idée du « temps lointain ». Notons ici qu'il manifeste de la curiosité pour le phénomène de la mort, sans la comprendre.

Situation

Papy est parti…

Léa (4 ans et demi) dit à sa mère : « Je sais que papy est mort et que tu pleures pour ça, mais pourquoi ne vient-il pas au moins pour dîner ? C'est pas gentil ! ».

Rappelons que l'enfant de cet âge méconnaît également les sentiments de l'adulte (émotion, déception, chagrins, etc.). Il ne constate que les effets : les larmes qui signifient « pas content ».

→ La notion d'espace proche

L'enfant maîtrise l'espace proche grâce à l'action de son corps. Il a la notion de :
- **la distance** : « loin-près » ;
- **l'orientation** : « devant-derrière » ;
- **la direction** : « droite-gauche ».

L'enfant n'a pas la notion des grandes distances ; ainsi il ne peut pas saisir qu'il est à la fois à Paris et en France.

→ La notion du nombre

L'enfant de 4-5 ans ne sait compter que jusqu'à 20 et ne mesure pas très bien ce que représente un nombre élevé. Il exagère souvent les chiffres pour donner plus de poids à sa conversation.

Situation

Les tours de José et de Justin

- José (4 ans) dit : « J'ai fait une tour de 10 mètres de haut ».
- Justin répond : « La mienne fait 100 mètres ».
- José dit : « Et moi j'habite au 100e étage de la maison ! ».

Cette exagération des chiffres emmène l'enfant à en dire parfois un peu trop long sur la vie familiale, ce que les parents n'apprécient pas toujours.

(39) Anna Freud *cf.* chapitre 8.

Situation

Les robes de maman !

Laurie (4 ans et demi) dit à Pierrot (7 ans), le petit voisin, : « Moi ma maman, elle va en ville et elle achète des robes pour des millions… et papa crie ! ».

LE LANGAGE

Le langage de l'enfant de 4-5 ans atteint un *degré supérieur* à différents niveaux.

→ Le langage est plus structuré

Le langage devient *plus structuré*, c'est-à-dire plus élaboré et plus riche :

- l'enfant fait des *progrès en grammaire* (donc il construit mieux ses phrases). Il connaît un nombre important de mots. Il sait utiliser les conjonctions, les adverbes, les explétifs ;
- il exerce un meilleur contrôle sur sa voix. Il fait cependant encore des fautes de syntaxe ;
- il aime pousser un sujet de conversation à fond comme pour épuiser toutes ses possibilités verbales.

Situation

Louise (4 ans et demi)

Elle peut dire :

- **Je sais** que demain je vais chez mamie.
- **Tu vois que** je peux manger propre !
- **Je suppose** que tu pars avec papa.
- **Tu penses** que José va venir me voir ?
- Je t'aime **énormément** !
- **Seulement** moi, je lui ai pris son ballon…
- « Le loup il n'existe pas **réellement** » a dit papa.
- **Regarde-moi**, je suis la plus forte !

→ Le langage est plus expressif

- L'enfant adore emprunter des *locutions populaires*. Par exemple : « Même pas en rêve que ! Je te donne en mille ! Je parie que ! » .
- Il adore utiliser les *gros mots* (au grand désespoir de ses parents !).
- Il apprécie les mots imagés et il donne aux objets des noms d'animaux.

Fig. 6.38. Un langage imagé.

Situation

Une conversation autour d'un dessin !

(Extraits de conversation de quatre enfants de 5 ans)

Catia : *Il y aura tout plein de poussins dans la prairie !*

Émilie : *Mon poussin a un « cadeau » pour mon papa sous son aile. Je lui fais aussi un perchoir pour qu'il soit heureux et qu'il grimpe haut !*

Romain : *C'est un « bébé poussin », le mien il a son nid !*

Émilie : *Je te parie que mon poussin va s'envoler par la fenêtre !*

Romain : *Avait-il appris à voler ? Il faut lui donner un petit avion !*

Émilie : *Moi, j'ai fait un poussin rouge tout grand !*

Romain : *Regarde ! J'en ai fait un bleu !*

Maxime : *Moi, mon grand-père il a un poulailler avec 100 poules, 1 000 poussins ! Et tout et tout !*

Romain : *On n'entend pas les poussins faire cui cui…*

Maxime : *Moi, je les ai entendus parce que j'ai de bonnes oreilles.*

Romain : *De bonnes feuilles de chou tu veux dire !*
Maxime : *Non, de bonnes oreilles !*

→ Le langage est très interrogatif

L'enfant de 4 ans pose autant de questions à ses proches qu'à l'âge de 3 ans. Ainsi reviennent souvent les formules : « Et pourquoi ? », « Comment ça se fait ? », « Dis-moi Maman ! », etc.
On constate qu'il prend plus de plaisir à formuler la question, donc à s'écouter parler, qu'à recevoir la réponse.

LE DÉVELOPPEMENT SOCIAL

Le groupe est nécessaire au *développement de la personnalité* de l'enfant.

→ Les rapports de l'enfant avec les autres enfants

L'enfant aime se « *mesurer à autrui* ». Le copain va être :

- un modèle (qu'il veut imiter) ;
- un obstacle (qu'il veut éliminer) ;
- un moyen (qu'il veut utiliser).

Il est assez agressif, il aime les jeux de bagarre qui libèrent ses tensions, ses conflits internes.
Il aime dominer, gagner, dépasser l'autre pour se valoriser, et va utiliser dans ce but divers moyens.

→ Le comportement lors des jeux

Observons le comportement de l'enfant de 4-5 ans lors des jeux.

- **Le jeu-travail**. C'est la période de l'émulation entre copains ! L'enfant devient persévérant (nous l'avons vu précédemment dans le jeu-travail, *cf.* situation « Carlos et Alberto »).
- **Les jeux de rôle**. Les jeux de rôle sont des jeux symboliques qui passionnent l'enfant de cet âge, car il va reproduire sa vie familiale et sociale. Ils sont réglementés ; chacun doit bien jouer le rôle qui lui est assigné, sans tricher, sans se dérober. C'est le jeu du papa et de la maman qui a leur préférence.

Situation

Le jeu « du papa et de la maman »

Luc, Flavie et Ophélie jouent au papa et à la maman. On distribue les rôles : Luc, tu es le papa : tu vas t'asseoir là-bas (tu prends le vieux cartable), et puis Ophélie t'es la mamie. Tu viens en visite (mets la robe longue). Moi je suis la maman, je fais la tarte. Non, Ophélie ! Tu ne dois pas encore rentrer, va dehors, on n'a pas commencé ! ».

Copiés sur la vie des adultes, les *jeux de rôle* présentent les comportements du stade antérieur, mais ils deviennent plus *collectifs* (les enfants jouent à plusieurs). Ils sont plus *réglementés* et les déguisements y sont de plus en plus associés.
Les jeux de rôle aident l'enfant à s'affirmer, à se valoriser, à imiter l'adulte. Ils scellent la « camaraderie » infantile ; celui qui est exclu du groupe le vit très mal.
Lorsqu'il est seul, l'enfant se sert de ses jouets pour créer des scènes imaginaires. Il ajoute des personnages à ses « constructions » : il installe des autos devant les portes des petites maisons et invente de longues histoires.
L'enfant de 4-5 ans aime mettre en scène des situations qui lui ont été pénibles à vivre, qu'elles soient familiales ou sociales. C'est une façon de s'en délivrer, de les intégrer et de les accepter. Ainsi, accompagné de quelques copains, ou seul, l'enfant va souvent jouer à la maîtresse pour reproduire sa vie à l'école, qui parfois lui occasionne de petits soucis.

Situation

Le jeu de « la maîtresse »

Anna demande à Alex : « Après 1, 2, 3, c'est… », « C'est 4 ! », répond le garçon. « Très bien, renchérit Anna, on continue ; Après 2, 3, 5, c'est, c'est… ? ». Anna fait de grands gestes comme pour aider la réponse à arriver, mais Alex ne répond pas. Il n'a visiblement plus envie d'être l'élève. La fillette se met en colère en prenant des postures de grande, les mains sur les hanches et les sourcils froncés : « Tu ne sais pas ? ! Tu es puni ! Tu dois copier 1, 2, 3, 3 045 fois ». Anna toise Alex qui l'ignore. Elle boit un verre d'eau, se coiffe et conclut : « Je le dirai à maman ce soir ».

Fig. 6.39. Le jeu de « la maîtresse ».

Les psychologues savent tirer parti de cette capacité de la « mise en scène » pour faire parler l'enfant de ses *expériences de vie* (familiales ou sociales) qui ont pu être traumatisantes (c'est le cas lors d'un divorce, d'une longue hospitalisation, ou de tout autre événement traumatisant pour l'enfant).

L'enfant de cet âge peut d'autant mieux exprimer ses sentiments que son vocabulaire s'est amélioré.

- **Les jeux à l'école maternelle.** L'enfant de 4-5 ans va à l'école maternelle qui lui permet d'expérimenter la vie collective. C'est un lieu où les enfants s'organisent en « *clans* » (de trois ou quatre copains). On y observe des rites de tribu. Par exemple : ils lancent des ordres, des menaces (repoussent les intrus !). Ils créent des interdits, des « tabous » ou établissent des démarcations.

Situation

Justin dit à Florian :

- « Je ne veux pas ! Pars ! »
- « Gare à toi, passe pas ! C'est interdit ! »
- « Tu es vilain, t'obéis pas ! »

Ce comportement dans le groupe n'a des aspects négatifs qu'en apparence, car l'enfant qui sait qu'il fait partie du groupe, fait un grand pas vers la socialisation.

→ Les rapports avec l'adulte

L'insertion à l'école maternelle va accélérer le processus d'**adaptation sociale**, emmener l'enfant à accepter plus facilement les contraintes et à contenir ses débordements. Car, à 4-5 ans, l'enfant aspire davantage à devenir un être social qu'à faire de l'opposition. Il le montre bien dans sa passion pour les anniversaires, les déguisements et, en particulier, dans le phénomène de l'imitation des parents. En imitant, l'enfant adopte les expressions, le comportement de celui qu'il admire ; il pénètre ainsi dans la complexité de la vie des adultes et tente de la comprendre et de l'accepter.

Situation

Le jeu d'Agathe

Agathe décroche le combiné téléphonique et appelle Valérie (l'amie de maman). Romain, son petit copain, est avec elle. Il l'écoute. Agathe fait les questions et les réponses : « Comment vas-tu ma chère ?

- « Ah ! Tu vas mal ? C'est bête ça ! (...) Pourquoi ? Ah ! C'est Valentin ! Oh, c'est pas grave... Prends un verre ! »

Puis Agathe fait des grimaces, pince la bouche, suce une pseudo-cigarette, se tortille sur son siège. Romain rit ! Maman qui a tout entendu, lui dit de loin : « As-tu bientôt fini cette comédie ? ».

Ainsi l'enfant de 4-5 ans a fait d'immenses progrès sur le plan relationnel avec l'adulte. La communication est donc plus aisée :

- il *comprend les contraintes* et obéit plus facilement aux ordres donnés : le tribunal suprême c'est papa ou maman, ou la maîtresse ; il répète inlassablement les phrases : « Maman a dit ! Papa a dit ! La maîtresse a dit ! » ;
- il *accepte les limites imposées* : il peut aller seul à table, ou dans son bain, ou dans sa chambre, ou chez son copain « le voisin d'à côté » et y rester le temps prévu par maman.

On peut lui laisser plus de liberté qu'avant, tout en le surveillant de près car il a toujours tendance à « dépasser les limites ».
On remarque que l'enfant est vite lassé si on lui offre trop de liberté et il est rancunier si on le bride trop ! Les parents devront donc répartir graduellement les contraintes. Il apprécie qu'on lui donne des limites, mais il faut les repousser toujours un peu plus loin.

Situation

Les jeux de Klaus

« Tu peux encore rester dehors si tu veux, il faut juste mettre un pull, le jour commence à tomber » dit Véro, la tante du petit Klaus. « Non, ça va, j'ai assez joué dehors. J'ai envie de regarder la télé maintenant. », répond l'enfant.

L'enfant de 5 ans *sait s'arrêter, se limiter*. Il nous donne l'impression de quelque chose de « complet en soi ». Dans certaines situations, l'enfant de 4-5 ans montre des qualités d'adaptation et même du sang-froid (dont il tire fierté !).

Situation

Les voyages d'Alexia

Alexia n'a pas peur de voyager seule de Paris à Marseille en avion. Elle sait qu'elle quitte papa pour aller retrouver mamie. Elle a son billet dans sa pochette et connaît même son adresse !

Le sens familial est développé, l'enfant aime se retrouver au sein de sa famille et fait preuve d'un grand intérêt pour tout son petit environnement. Par exemple :

- il accepte volontiers d'aller faire une « course » pour maman à proximité de la maison (pour faire plaisir) ;
- il réagit bien aux ordres parentaux. Il invoque souvent l'autorité de ses proches (avec fierté) : « Maman a dit ! Mon frère a dit » ;
- il a tendance à valoriser les parents : « Mon papa, il est grand, il est riche, il a une belle auto ! ».
- le garçon apprécie tout particulièrement à cet âge la compagnie de son père le week-end et déplore de le voir peu souvent ou de le voir entouré d'amis.

Situation

Les regrets de Saadi

Saadi disait tristement à sa tante : « Je serai avec papa ce soir, mais il y a trop de monde. Je ne peux pas m'amuser avec lui… C'est des amis… Je voudrais mon papa pour moi, tu comprends… ».

Rôle de la professionnelle

L'adulte (professionnelle de la petite enfance ou parents) peut proposer à l'enfant divers jeux adaptés à son âge.
Les activités manuelles sont très appréciées car elles favorisent l'habileté et l'expression créative, de même les *jeux utilitaires (ou jeux-travail)* avec un but posé au départ, ainsi que les *jeux collectifs avec règles* qui favorisent la socialisation, ou *les exercices rythmés* qui aident à la perception du corps. Au cours des *activités sportives de groupe*, l'adulte doit canaliser l'agressivité des enfants et accepter la décharge agressive dans les jeux et réduire les groupes d'enfants à 4 ou 5 partenaires pour limiter les conflits. Lorsque l'enfant choisit les jeux de rôle, l'adulte doit prêter attention à ces jeux qui traduisent les préoccupations et les besoins affectifs de l'enfant, mais respecter ces jeux et ne pas y faire intrusion s'il n'y a pas été invité par l'enfant. À l'inverse, la professionnelle doit repérer ses difficultés sociales et scolaires (souvent révélées par les jeux) et les signaler à sa famille avec tact et discrétion.

L'ENFANT DE 6 ANS (GRANDE ENFANCE)

À cet âge, l'enfant quitte l'école maternelle et devient écolier. Sa vie va donc se partager entre deux grands groupes d'appartenance : le groupe social qui prend une place de plus en plus importante dans son environnement et le groupe familial qui reste primordial. Il traverse une période de calme qui va faciliter son intégration scolaire.

LA PÉRIODE DE LATENCE (OU DE « CALME »)

La période de latence (décrite par Freud)[40] débute à 6 ans ; elle est définie comme une *période calme* (aconflictuelle). Les conflits persistent en partie, mais ceux-ci se montrent moins importants dans la vie de l'enfant. Ainsi, il peut investir toute la sphère intellectuelle. On constate qu'il possède une **soif de tout apprendre, tout voir, tout comprendre** sur le monde qui l'entoure. Cette disposition va lui permettre d'aller vers des activités sociales et des milieux relationnels différents.

LA VIE AFFECTIVE ET SOCIALE

Dans l'environnement proche de l'enfant, deux groupes ont toute leur importance : le groupe familial et le groupe social.

→ Le groupe familial

La *famille sécurise* l'enfant et joue un rôle fondamental dans son évolution. Elle peut l'aider à *épanouir sa personnalité*, à prendre confiance en lui, mais elle peut aussi être source de conflits et de souffrance.
Les professionnels recommandent aux parents de l'enfant de :
- éviter (si c'est possible) de le mettre en internat à cette période car le « sevrage affectif » (disent les psychologues) est trop lourd à supporter entre 6 et 12 ans ;
- soutenir l'enfant de votre estime ;
- donner à l'enfant des *responsabilités* au sein de la famille (bricolage, ménage, etc.) qui le valorisent ;
- éviter de faire des différences, des préférences entre frères et sœurs (qui créent des cicatrices durables).

→ Le groupe social

La *vie sociale* de l'enfant est intense, c'est l'âge des camarades. L'enfant est capable de tenir compte du désir de l'autre.

(40) Freud *cf.* chapitre 7.

→ L'école

L'enfant éprouve des *sentiments collectifs* :
- un esprit de « *corps social* » se développe : on fait corps contre un professeur, contre un nouveau venu… On fait preuve d'intolérance contre les défavorisés, les timides, etc. ;
- on observe des groupes de jeunes entraînés par un « *meneur* », il a ses vassaux et ses rivaux ; des sympathies ou des antipathies voient le jour, des disputes éclatent ! Mais la vie de groupe est indispensable à l'enfant.

→ Les clubs

L'enfant forme son caractère au contact de groupes, tels que les clubs sportifs : les exercices sportifs codifiés fortifient le corps et l'esprit, développent l'émulation et la coopération qui sont la loi de cet âge.

→ Les jeux compétitifs

L'enfant aime toujours les jeux avec des règles, où l'on distribue les rôles (mais il les préfère plus *actifs*, plus *compétitifs*).
Ces jeux répondent à différents besoins de l'enfant à cet âge. En particulier les besoins de courir, se dépenser, décharger une agressivité latente, les besoins de contacts (on se touche lorsqu'on s'attrape) ; c'est une façon d'aller vers l'autre.
Grâce à ces jeux, l'enfant :
- *se valorise*, il faut gagner, ne pas être attrapé ; ce jeu aide l'enfant à avoir confiance en lui, à faire mieux : c'est une émulation collective ;
- *participe au « sentiment collectif »* du groupe qui se défend contre l'attaquant (le tout-puissant, le chef !) ;
- développe son esprit d'observation, son éveil intellectuel, sa rapidité psychogestuelle, etc.

→ La rue

La famille et l'école ne sont pas seules à assurer l'éducation de l'écolier. Le spectacle de la rue a son influence. C'est une école ouverte sur la violence, mais aussi sur le « sang-froid » et la prudence, sur les tentations, mais aussi sur l'observation, le jugement.

→ Les *mass media*

Par exemple, la télévision, Internet, le DVD sont les moyens modernes de diffusion de la pensée auxquels les enfants sont très sensibles. L'adulte doit veiller au bon choix des émissions et à ce que celles-ci ne nuisent pas à son équilibre physique et mental.

À cet âge, l'acceptation par le groupe procure à l'enfant une satisfaction importante. Pour justifier les amitiés, les enfants parlent de « personnalité », de traits de caractère : il est marrant, il est débrouillard, il ne triche pas, etc.

À cet âge, on préfère, en général, les amis du même sexe.

→ L'exclusion du groupe

L'enfant de 6 ans aime beaucoup les jeux avec des *consignes précises*. Ces jeux renforcent la « camaraderie » des enfants. Ceux qui en sont « exclus » le vivent très mal.

Les enfants peuvent, en effet, être « très durs » avec un camarade plus faible ou défavorisé. Ils l'agressent, se moquent de lui en faisant ressortir ses défauts. Selon les situations, il y a les « ***dominants*** » et les « ***dominés*** ». Ces derniers, dans certains cas, en sont réduits à « l'isolement » qui est très préjudiciable à leur épanouissement. De plus, ils ne trouvent pas toujours auprès des parents le soutien et la compréhension dont ils ont besoin.

Situation

Bob et ses camarades de classe

Bob (6 ans), enfant pâle, fragile, rentre de l'école couvert de bosses, les vêtements déchirés. Visiblement, il s'est battu avec ses camarades. Sa mère, l'air dépité, s'apitoie, veut le réconforter. Il réplique d'un ton sec : « Je suis le plus fort, le suis le chef ! J'ai encore gagné ! ».

Bob n'accepte pas cette situation d'exclusion, dont il souffre pourtant beaucoup. Il ne veut pas que ses parents le plaignent car il pense que ses parents ne l'aiment que « fort » et « puissant ». Il se donne donc l'illusion de cette force.

C'est l'âge où les petits garçons ont plutôt tendance à s'identifier à Spiderman (ou autre héros imaginaire). La *force physique* est pour eux un critère de puissance. Les moqueries des camarades au sujet du physique seront des blessures d'amour-propre difficiles à supporter. Le mensonge devient une fuite du réel, qui permet de moins souffrir.

Toutefois si l'adulte fait semblant de croire à ses mensonges, l'enfant en rajoutera et s'éloignera de plus en plus de la réalité.

Rôle de la professionnelle

Il est important que la professionnelle donne quelques informations aux parents sur les « blessures » scolaires que peut subir l'enfant. Il faut savoir gérer le système scolaire avec ses rivalités, sa violence, ses classements, les réflexions des camarades, des professeurs et des parents. Ces facteurs sont à la fois des stimulants et des sources d'anxiété pour l'enfant. Il est important que les adultes (parents et professionnels) sachent :

- comprendre les difficultés de l'enfant et les causes de ses échecs ;
- le stimuler, sans jamais faire usage de menaces, ni de punitions à son égard ;
- équilibrer travail scolaire et jeux de plein air indispensables à la santé de l'enfant ;
- surveiller son intégration à l'école et être en contact avec les enseignants et les autres parents ;
- éviter l'hyperscolarisation (l'excès de devoirs !), et dépister l'hyposcolarisation (l'inadaptation au système scolaire) ;
- surveiller son intégration dans les clubs sportifs ;
- surveiller ses loisirs (médias, TV, Internet, etc.) et ses fréquentations avec vigilance, bienveillance et tolérance ;
- dépister à temps l'exclusion et la violence du groupe (qui procure des blessures psychologiques aux répercussions durables).

LE DÉVELOPPEMENT COGNITIF DE 3 À 6 ANS

Le développement cognitif de 3 à 6 ans est caractérisé par l'apparition de la « *pensée intuitive* » qui va permettre à l'enfant de nombreuses acquisitions.

LA PENSÉE INTUITIVE APPARAÎT, C'EST UNE PENSÉE PRÉLOGIQUE

L'enfant est intuitif, il n'est pas encore capable de raisonner logiquement.
Expérience : on propose à l'enfant de remplir deux verres (de dimensions inégales) du même nombre de perles. À la vue du résultat, son intuition lui fait dire qu'il y a plus de perles dans le vase A que dans le B (*cf.* dessin).

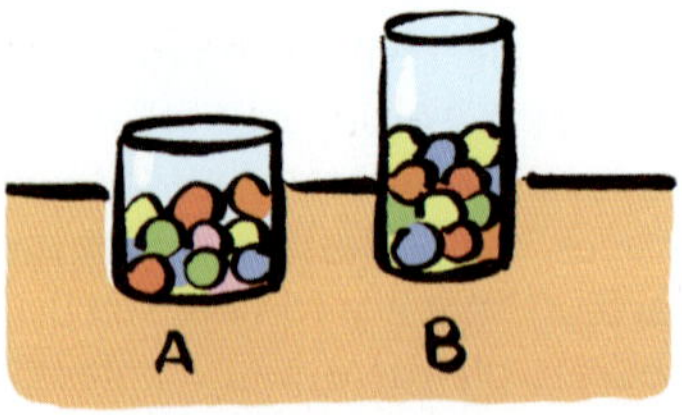

L'enfant raisonne par intuition. Il dit qu'il y a plus de billes dans le bocal B, parce qu'il est plus long.

- L'enfant parle bien. Son vocabulaire est riche, donc sa pensée devient plus claire et lui permet une communication plus facile.
- L'enfant cherche à comprendre la réalité et pose beaucoup de questions.
- L'enfant fait une certaine distinction entre le réel et l'imaginaire. Il utilise des mots tels que « pour de rire ! ». Mais il a encore peur lors du récit d'un conte. Il fabule beaucoup et le « compagnon imaginaire » lui tient souvent compagnie…

Situation

L'imagination de Yasmine

Yasmine (4 ans) raconte à sa maman qu'elle a vu des vaches roses dans le pré de la ferme (…), que les vaches étaient gardées par des cow-boys (…) puis elle ajoute, devant l'air ahuri de sa mère : « c'est pour de rire ! ».

LES NOTIONS DE BASE ÉLÉMENTAIRES SONT ACQUISES PAR L'ENFANT

L'enfant va acquérir les notions d'espace proche, de temps proche et de nombre.

→ Notion d'espace proche

L'enfant maîtrise l'espace proche grâce à l'action de son corps. Il est incapable de maîtriser l'espace lointain. Il a la notion de :

- **la distance** : loin-près ;
- **l'orientation** : devant-derrière ;
- **la direction** : droite-gauche ;

mais il est incapable de comprendre qu'il est à la fois à Paris et en France.

Situation

« Les deux frères jouent au train »

Noé (4 ans) joue avec Nathan (5 ans). « Maman est loin, on va jouer tous les deux. Viens près de moi, on joue au train… Mets le wagon derrière la locomotive, tourne à droite… Tuff ! Tuff. Non… tu te trompes, tu tournes à gauche… Tuff ! Tuff ! »

→ La notion de temps proche

Les premiers repères s'établissent :

- de 3 à 5 ans, l'enfant a la notion de : *demain-hier* ;
- à 6 ans, l'enfant a la notion de : *matin et après-midi*.

Les points de repère dans le temps sont peu nombreux ; cependant, cette notion de temps intéresse l'enfant.

→ Notion de nombre

La plupart des enfants de 4-5 ans savent compter jusqu'à 20.

Situation

Marie Lou et les 20 pommes !

Marie Lou (6 ans) pose souvent des questions à sa mamie.
« *Quand c'est que je retourne chez toi ?* »
« *C'est ce matin que maman vient me chercher ?* etc.
« *Mamie, j'ai compté les pommes de ton pommier hier tu en avais 18, aujourd'hui tu en as 20 !* »

7

Les grandes étapes de la socialisation et de l'autonomie

Dans la vie de l'enfant, certaines acquisitions sont plus importantes que d'autres. On s'en souvient longtemps. Elles marquent une étape de la socialisation. L'acquisition du langage et celle de la propreté en sont les plus représentatives, mais, au cours de ses journées, le jeune enfant nous fait la démonstration d'autres performances qui révèlent chacune une nouvelle autonomie.

Le rôle de la professionnelle de la petite enfance sera capital, car il s'agira de favoriser le dialogue avec l'enfant, de stimuler ses capacités d'expression, de le valoriser afin de développer son assurance et sa confiance en lui. Au cours de cette période, il faudra aussi aider l'enfant à se socialiser en lui expliquant l'intérêt de respecter ses copains, en canalisant habilement ses tendances agressives pour lui permettre d'être mieux intégré à son groupe.

Situation

Eliette, Célia et Robin chez Mme B. (AM)

Eliette est gardée dans la journée avec deux autres enfants par Mme B., assistante maternelle. Âgée de 8 mois, elle ne maîtrise que quelques syllabes, mais se fait comprendre par des expressions non verbales très significatives de son « ressenti ». Elle pleure beaucoup au départ de sa mère le matin, mais se console très vite grâce à l'attention de Mme B. et à son « doudou », un petit lapin qui devient le compagnon inséparable qu'elle veut en permanence auprès d'elle. Les deux autres enfants Célia et Robin, âgés de 18 et 24 mois, viennent régulièrement la taquiner. Parfois, les deux enfants se battent entre eux, se tirent les cheveux et pleurent. Mme B. doit consoler, mettre des mots sur chaque situation conflictuelle. Et progressivement, les enfants apprennent à « vivre ensemble » et se socialisent.

Les questions que l'on se pose

- *Pourquoi l'enfant pleure-t-il à chaque séparation d'avec sa maman ?*
- *Pourquoi le « doudou » est-il aussi important pour l'enfant ?*
- *Cet enfant a un tempérament de « meneur » (leader) lorsqu'il est en groupe, est-ce positif ou négatif ?*
- *Comment réduire les tendances agressives ?*
- *L'enfant qui mord son camarade est-il associable ?*
- *À 2 ans, cet enfant n'a pas acquis la propreté, est-ce normal ?*
- *Pourquoi une fillette de 3 ans imite sa mère et fait du charme à son père ?*
- *Pourquoi les enfants de 3 ans posent-ils autant de questions sur le sexe ?*

Les modes de communication de l'enfant dans le groupe (avant 6 ans)[1]

De nombreuses études ont été réalisées sur les modes de **communication entre enfants** dans les groupes en collectivité. Les spécialistes ont observé de nombreux enfants et leurs observations ont permis de définir différents types de comportements qui dépendraient beaucoup des liens que l'enfant a noués avec son entourage entre 3 et 6 ans.

LES DIFFÉRENTS COMPORTEMENTS

L'analyse des échanges, entre les enfants dans le groupe, a mis en évidence des comportements ou attitudes physiques qui sont de véritables moyens de **communication préverbale**.
Leur but est de **créer des liens** ou, au contraire, de **provoquer une rupture de liens**, une **fuite** ou une **agression**. En fonction de l'utilisation par l'enfant de telle ou telle attitude, le Pr. Montagner a dégagé différents types de comportements.

LE LEADER

Le leader est un « meneur ». C'est un enfant avec une personnalité riche, attractive. Il est imité par les autres enfants, qui le suivent et forment des **groupes** (**durables**) autour de lui. Cet enfant réussit toujours à obtenir l'objet qu'il convoite et à occuper la place qu'il désire. Il obtient les choses par l'**apaisement** et non par la force. Ainsi, son attitude est ouverte à autrui : l'enfant incline la tête et le buste sur le côté, il a les mains ouvertes, la mimique agréable. Il sait consoler l'enfant seul ou malheureux et prend souvent sa défense.
Il utilise des **gestes d'offrande** : il présente spontanément à son camarade un jouet qui lui appartient. Il a un comportement équilibré, stable et s'intègre très vite à toute nouvelle structure.

LE DOMINANT AGRESSIF

Cet enfant a un **comportement de menace**. Il a souvent la bouche ouverte pour crier, les sourcils relevés, les bras projetés vers l'avant, le poing fermé. Il a tendance à mordre, frapper, tirer les cheveux. Il obtient ce qu'il désire par la force ou la menace. Ce n'est pas un « meneur » : il forme parfois un groupe autour de lui, mais qui ne dure pas à cause du trop grand nombre d'agressions internes.

LE DOMINÉ AGRESSIF

Cet enfant a un **comportement passif** : il évite la compétition, imite beaucoup les autres enfants (le leader en particulier). Il a peu d'échanges avec les autres et produit rarement des gestes d'offrande ou d'apaisement. En revanche, il **agresse** souvent, sans pour autant arriver à dominer. Alors, il s'isole du groupe.

LE DOMINÉ CRAINTIF

C'est un enfant à caractère de leader, mais il est inhibé par sa timidité. Il ne peut manifester sa personnalité qu'en groupes restreints. Attractif, inventif, il n'aime cependant pas la compétition, les démonstrations. Cet enfant est souvent surprotégé par sa famille et ne révèle sa personnalité que vers 5-6 ans, ou même plus tard.

L'INFLUENCE DE LA MÈRE SUR LE COMPORTEMENT DE L'ENFANT

Les psychologues ont établi des corrélations entre le profil de comportement de l'enfant et l'attitude de la mère :

- **les mères de leaders** manifesteraient, dans leur comportement envers l'enfant, beaucoup d'actes d'offrande, peu de menaces. Elles auraient une vie stable et seraient très à l'écoute de l'enfant, respectant ses rythmes et lui offrant une vie régulière. Gaies, détendues, elles ne sont pas surprotectrices et lui laisseraient une grande part d'autonomie ;
- **les mères des dominés agressifs** seraient généralement exigeantes vis-à-vis de leur enfant. Elles souhaiteraient qu'il fasse des acquisitions précoces et exigeraient trop de lui. Elles auraient tendance à le diminuer, voire à le dévaloriser.

---

(1) D'après les théories d'Hubert Montagner, éthologue *cf.* page 173.

Rôle de la professionnelle

Le rôle de la professionnelle consiste à favoriser le dialogue mère-enfant et les capacités d'expression du jeune enfant. Elle doit par ailleurs aider l'enfant à canaliser certains de ses comportements agressifs, afin de lui permettre de mieux-être intégré au groupe.

Attitude face aux tendances agressives de certains enfants

La professionnelle doit :

- accueillir chaque enfant individuellement, en le valorisant par des paroles, des gestes ;
- proposer des activités manuelles attractives, afin de prévenir l'agressivité de l'enfant ;
- proposer des activités physiques, afin de canaliser son agressivité.

Attitude face à l'isolement de certains enfants

La professionnelle doit observer les comportements particuliers. Certains enfants manifestent un comportement d'isolement. Ainsi :

- avant 1 an et demi : l'enfant peut se coucher sur le ventre (la joue souvent posée sur un objet et son pouce dans la bouche) ou se balancer d'avant en arrière lorsqu'il est assis ;
- après 1 an et demi : l'enfant peut porter un objet à la bouche et le sucer longuement, baisser la tête, sucer son pouce, se mettre dans un coin, etc.

La professionnelle veillera à :

- apaiser l'enfant par une attitude chaleureuse, des gestes calmes, des paroles douces et valorisantes ;
- lui éviter les agressions répétées des autres enfants, qui ne font que renforcer l'isolement et les pleurs ;
- mettre les enfants plus calmes ensemble, ainsi ils se sentent plus forts pour résister aux enfants agressifs ;
- surveiller attentivement les enfants.

Fig. 7.1. Différents comportements.
A. Le leader a un comportement d'apaisement, il obtient ce qu'il désire par la douceur.
B. Le dominant agressif a un comportement menaçant, il obtient ce qu'il convoite par la force.

L'impact des séparations parents-enfant

LES SÉPARATIONS TEMPORAIRES

Le jeune enfant vit souvent très mal les séparations d'avec ses parents, et en particulier d'avec sa mère. Des sentiments confus l'assaillent et le perturbent. Même si la séparation est de courte durée, elle constitue toujours pour lui une épreuve. Tout doit être mis en place pour réduire les effets négatifs de la séparation.

L'ÂGE DE LA SÉPARATION

Il est courant de penser que la séparation mère-enfant n'est douloureuse pour l'enfant qu'à partir de l'âge de **8 mois** (âge de la « **crise d'angoisse** »). C'est la raison pour laquelle on préconise généralement l'admission à la crèche avant cet âge-là.

Certains psychanalystes (dont F. Dolto)[2] conseillent au contraire une rentrée à la crèche après 9 à 10 mois. Ils pensent que le jeune nourrisson réagit moins violemment à la séparation uniquement parce qu'il ne possède pas les moyens adéquats pour manifester sa souffrance.

RÉACTIONS DE L'ENFANT À LA SÉPARATION

→ Facteurs déterminants

Les réactions de l'enfant à la séparation dépendent de nombreux facteurs :

- sa sensibilité et son adaptabilité ;
- son âge ;
- la personnalité de sa mère et la qualité de leur relation ;
- la nature et de la durée la séparation.

→ Signes de souffrance

Certains enfants pleurent puis se calment rapidement, d'autres manifestent leur désaccord par des **colères** ou l'**agressivité**, ou par une attitude **indifférente** (ce qui est aussi un signe de souffrance). Certains expriment leurs sentiments par des manifestations **psychosomatiques** (diarrhée, vomissement, anorexie, etc.) ou des petits signes de dépression (ils dorment beaucoup, ne sourient plus, tètent inlassablement leur pouce, réclament leur « doudou »).

Situation

L'arrivée de Léo chez l'assistante maternelle

Observons Mme X. qui dépose Léo (12 mois) pour sa 2e journée chez Anna (l'AM) : elle lui ôte ses vêtements, lui donne un jouet, le met dans les bras d'Anna et s'éclipse rapidement. Léo est en pleurs… Anna va lui parler, lui proposer des activités. Léo se consolera assez vite, mais peut-être aurait-on pu lui adoucir ce moment de transition ?

RÔLE DE LA PROFESSIONNELLE

Il est vivement recommandé l'attitude suivante.

→ Préparer l'enfant à la séparation

Les parents ont un rôle important à jouer. Dans cette situation, Léo est mis pour la deuxième fois chez l'assistante maternelle. Sa réaction est d'autant plus aiguë qu'il la connaît peu. Toutefois, il peut renouveler sa peine à chaque séparation, selon sa sensibilité et son adaptabilité.

Dans cette situation, la maman doit préparer l'enfant à la séparation. Elle peut :

- **parler à l'enfant** : mettre des mots sur la séparation qu'il va vivre (même petit, il comprend bien) ;
- **éviter de s'éclipser**, mais « prendre son temps », embrasser l'enfant et lui dire par exemple : « Ce soir, je reviens te chercher » ;
- **lui présenter** longuement la personne qui va s'occuper de lui. Par exemple : « Tu vas rester ici, moi je vais travailler… Voilà Anna, elle va s'occuper de toi… » ;
- **maintenir le contact** (corporel ou par la voix) avec l'enfant au « moment du changement de bras » ;
- ne pas le dépouiller brutalement de ses vêtements ou objets familiers : par exemple, ici, le manteau est « objet de transition », rassurant pour affronter l'inconnu, il porte l'odeur de la maison, il constitue un lien avec la famille ;
- le premier jour, la maman doit **prolonger cette « transition »**, pour permettre à l'enfant d'apprivoiser la personne et le lieu, en sa présence (rester dans la maison avec l'enfant et l'AM) ;
- laisser à l'enfant un **objet transitionnel** qui le sécurise (*cf.* paragraphe suivant).

Photo Jacadi

Fig. 7.2. L'objet transitionnel.

→ Reconnaître la souffrance de l'enfant

L'adulte (parent ou professionnel) supporte mal l'expression de la souffrance de l'enfant (pleurs, cris, etc.). Très souvent, il la nie, il la minimise,

(2) *cf.* page 181.

ou la détourne (en lui mettant une tétine dans la bouche, en le distrayant, etc.). De ce fait, l'adulte ne laisse pas à l'enfant la possibilité d'exprimer sa souffrance et de s'en décharger.

Pour soulager l'enfant en « souffrance », la professionnelle doit :

- **admettre le temps des pleurs** : l'enfant a le droit d'« exprimer sa souffrance » ;
- **reconnaître la peine de l'enfant** et l'aider en verbalisant la situation.

Situation

Léo et Anna (AM)

Anna dit à Léo : « Tu pleures parce que ta maman est partie, tu as beaucoup de peine (...) Elle est allée travailler... elle reviendra ce soir te chercher (...) Je vais m'occuper de toi, je m'appelle Anna, etc. ».

→ Favoriser l'accueil progressif en collectivité

Pour adoucir la séparation en structure d'accueil collectif (par exemple : la crèche), la professionnelle doit participer à l'« accueil progressif » de l'enfant. Au cours de cette période, s'étendant généralement sur quelques jours, la structure reçoit un des parents avec l'enfant. Cet accueil permet :

- **à l'enfant** : de créer un lien entre ses deux milieux de vie, d'établir ses nouveaux repères, de s'habituer à un nouveau lieu et à de nouvelles personnes en présence de sa mère (rythme, habitudes, etc.)
- **à la mère (ou au père)** : d'être plus confiante en laissant son enfant (elle transmet ce sentiment à l'enfant) ;
- **à la professionnelle référente** (l'auxiliaire de puériculture) : de mieux connaître l'enfant et ses petites habitudes (elle peut poser les questions à la maman...), et donc d'atténuer les effets négatifs du changement.

Rôle de la professionnelle

La professionnelle a un rôle délicat à jouer. On peut dire succinctement qu'elle doit veiller à :

- jouer parfaitement son rôle de *substitut maternel*, c'est-à-dire offrir : présence, affection, écoute, contacts, bienveillance et régularité de soins à l'enfant ;
- pour l'auxiliaire de puériculture, parler à l'enfant de sa mère lors d'une hospitalisation. Lui faire téléphoner à sa maman ; lui permettre de garder son *objet transitionnel ;*
- dans les crèches, des photos de l'enfant avec ses parents sont exposées parfois sur la porte des vestiaires individuels. C'est une façon de rappeler à l'enfant que la « *séparation est temporaire* » ;
- pour une assistante maternelle, informer les mères de l'importance des « liens affectifs » dans cette période troublée pour l'enfant (par exemple, lui dire qu'il est important de lui offrir le soir ce qu'elle n'a pas pu lui offrir dans la journée). Ce n'est pas la quantité mais la qualité des échanges qui comptent pour l'équilibre de l'enfant.

LES SÉPARATIONS DE LONGUE DURÉE : LES CARENCES AFFECTIVES (SELON R. SPTIZ)

Des troubles graves de « carences affectives » peuvent apparaître chez les enfants suite à l'absence physique de la mère. Ils ont été décrits par Spitz[3]. Les troubles sont d'autant plus graves que la séparation mère-enfant est précoce ou prolongée.

Il est assez rare à notre époque de voir chez l'enfant de telles carences. Nous les donnons ici à titre d'information.

LA CARENCE AFFECTIVE TOTALE

Elle s'observe si la séparation mère-enfant dure plus de 5 mois et si **l'enfant n'a pas de « substitut maternel »** à ses côtés. Elle est indépendante de la qualité de la relation mère-enfant avant la séparation. L'enfant présente des symptômes très graves et souvent irréversibles. Par exemple : retard psychomoteur et retard du développement intellectuel importants, et ab-

(3) *Cf.* page 179.

sence de désir : l'enfant est complètement passif, son visage est vide, il ne s'intéresse à rien.

LA CARENCE AFFECTIVE PARTIELLE

Elle s'observe lors d'une séparation mère-enfant d'une durée d'un à cinq mois et si **l'enfant n'a pas eu de « substitut maternel »** pendant ce temps-là. Elle se manifeste le plus souvent à partir de l'âge de 6 mois chez un enfant ayant eu, au préalable, de bonnes relations avec sa mère. Les symptômes observés chez l'enfant s'aggravent en fonction de la durée de la séparation et sont réversibles. Elle se manifeste en trois temps :

- au début l'enfant pleure et est exigeant ;
- ensuite il ne demande plus rien, mais son développement psychomoteur est freiné ;
- puis il devient totalement indifférent et passif ; il n'a plus de désir, ne réagit plus et son développement psychomoteur régresse très souvent.

L'importance de l'objet transitionnel (le doudou !)

L'objet transitionnel est un objet utilisé par l'enfant pour lui servir d'intermédiaire entre son corps propre et le monde extérieur. L'enfant établit avec lui un **lien affectif** intense. Cet objet a le pouvoir magique de le sécuriser. C'est l'enfant qui le choisit. C'est **lui seul** qui « **l'investit** ».

LES CARACTÉRISTIQUES DE L'OBJET TRANSITIONNEL

UN OBJET CHOISI PAR L'ENFANT

L'enfant (généralement âgé de 6-7 mois) peut choisir un **objet favori**. Parmi ceux-ci : couverture, chiffon, objet en peluche, foulard porté par sa mère. Ils présentent tous des caractères communs : ils sont **doux au toucher**, **chauds**, imprégnés de l'**odeur familiale** et leur consistance rappelle celle du sein. Cet objet, investi par l'enfant, appelé objet transitionnel, avec le temps, devient sale, mais cela ne gêne nullement l'enfant. Le fait de le laver peut, en revanche, détruire la signification de l'objet ! Malgré tout, pour des mesures d'hygiène, on doit s'assurer que le doudou reste le plus propre possible. Un peu petit tour dans la machine à laver une fois par semaine est nécessaire.

UN OBJET AUX FONCTIONS MULTIPLES

C'est un objet privilégié rappelant à l'enfant la présence de la mère. Ses fonctions sont multiples.

- **Une fonction sécurisante** : l'enfant qui quitte sa mère se sent en sécurité lorsqu'il serre contre lui son « objet transitionnel ». Il recrée un « lien » entre lui et sa mère.

Au moment de s'endormir, l'objet transitionnel permet à l'enfant de se calmer, d'apaiser tout seul ses tensions.

Situation

Le foulard de Bouazza (6 mois)

La directrice de la crèche dit à une maman : « N'oubliez pas, Madame, d'apporter l'objet favori de Bouazza. Il s'agit d'un petit foulard vous appartenant ; on constate que cet objet favorise son adaptation à la crèche. »

Le doudou de Martin

Martin (2 ans) s'est beaucoup dépensé cet après-midi. Il a couru, fait du tricycle, goûté. Il est 17 h. Il prend son « doudou » (lapin à la couleur incertaine), le serre contre lui, suce son pouce et s'endort calmement…

- **Une fonction de plaisir** : l'objet, étant associé à l'activité de succion, a un **caractère autoérotique**. Les noms donnés par l'enfant aux objets transitionnels (« beuh-beuh », « pépette », « nounou », « doudou », « boutou », « dodo ») font intervenir des mouvements de la langue comme dans l'activité de succion.

LE DÉSINVESTISSEMENT DE L'OBJET TRANSITIONNEL

Progressivement, l'objet transitionnel perd de son importance pour l'enfant. Ce désinvestissement a lieu naturellement au profit d'autres sources d'intérêt, qui seront aussi transitionnelles : l'enfant aura des préoccupations diverses lors de sa rentrée à l'école :

- les petits camarades prendront de l'importance ;
- il aura mieux accepté les séparations d'avec ses parents.

Rôle de la professionnelle

La professionnelle doit comprendre l'importance de l'objet transitionnel. Elle :

- sensibilisera les parents à la signification de l'objet transitionnel ;
- signalera aux parents le choix de l'enfant ;
- le laissera à la disposition de l'enfant ;
- ne le proposera pas systématiquement à l'enfant pour le calmer ;
- ne forcera pas l'enfant à s'en séparer ;
- ne l'utilisera pas comme moyen de chantage ;
- ne doit pas oublier de le donner à l'enfant, le soir, au moment du départ.

L'acquisition de la propreté

Il existe dans la vie d'un enfant des acquisitions qui sont plus importantes que d'autres… On s'en souvient longtemps. La propreté fait partie de celles-ci ; au même titre que le premier pas, cet apprentissage va permettre à l'enfant de faire un progrès de plus vers l'autonomie.

La propreté a une **progression physiologique** déterminée, qu'il ne sert à rien de forcer.

LES IMPÉRATIFS À RESPECTER

Il y a trois impératifs à respecter. Il est bien évident qu'ils sont intimement liés et doivent se compléter, car si l'un venait à faire défaut, les autres ne pourraient suffire à l'acquisition de la propreté.

- Toute personne qui s'occupe d'enfants doit savoir qu'on ne peut pas rendre un enfant propre tant que son système nerveux n'a pas atteint un certain stade de maturation lui permettant le contrôle des sphincters. Il existe donc d'abord un **impératif d'ordre physiologique** à respecter. Lorsque la vessie est pleine, ou que le contenu intestinal arrive à son terme, une sensation locale se fait sentir, l'enfant prend conscience de son besoin, et c'est à ce moment qu'il décide (s'il en a la possibilité) d'ouvrir ou de fermer son sphincter.
- L'enfant pourra même se retenir en attendant d'aller sur le pot. Il faut donc que l'enfant comprenne ce que l'on attend de lui, qu'il sache avertir (même s'il est trop tard !), qu'il maîtrise donc la communication. C'est là un **impératif d'ordre intellectuel**.
- Il faut également que l'enfant, ayant compris ce qu'on attend de lui, ait le désir d'y répondre pour faire plaisir… C'est un **impératif d'ordre affectif**.

LES ÉTAPES À CONNAÎTRE

L'acquisition de la propreté sera donc très longue, très **progressive**, avec parfois des retours en arrière, selon la psychologie du moment, car l'affectivité joue un rôle décisif, comme frein ou comme moteur (la naissance d'un petit frère, peut, par exemple, le perturber). Il existe plusieurs étapes à connaître :

- l'enfant maîtrisera d'abord le sphincter **anal** et ensuite le sphincter **vésical** (chez l'être humain, nous savons, qu'à tout âge, le contrôle de la vessie est plus difficile à obtenir que celui des intestins) ;
- la propreté sera d'abord **diurne** avant d'être **nocturne**. Cela s'explique par la qualité du sommeil, qui est trop profond chez le jeune enfant pour lui permettre de prendre conscience de son besoin. Avec l'âge, le sommeil va évoluer, l'enfant pourra se réveiller et appeler sa mère ou aller lui-même au pot si le besoin se fait sentir la nuit ;
- l'acquisition de la propreté s'échelonnera du quinzième au trentième mois. **En principe, vers 36 mois (3 ans), l'enfant doit être propre jour et nuit**. Cependant, il n'y aura lieu de s'inquiéter de l'énurésie nocturne que vers l'âge de 4 ans. Elle est due, dans la plupart des cas, à des troubles psychologiques.

LA PROGRESSION À ACCEPTER

La propreté va **s'acquérir très progressivement**. Nous l'avons dit, chaque enfant possède un rythme propre, mais il existe quelques caractéristiques générales à connaître. Elles permettent de mieux comprendre les réactions de l'enfant et de mieux répondre à sa demande. Cette progression de la propreté a été longuement étudiée par A. Gesell[4] qui explique que « la progression de la propreté est marquée par des **irrégularités**, des hauts et des bas, des **fluctuations** variables d'un enfant à l'autre ». C'est donc à titre indicatif que nous analysons la progression des étapes (ci-après).

VERS 15 À 18 MOIS

→ Le contrôle du sphincter anal

L'enfant porte un grand intérêt à sa nouvelle possibilité de rétention ou d'expulsion d'une selle. Il prend conscience d'une sensation de gêne et il ressent une sensation de bien-être (de plaisir) lié à l'évacuation des selles. Le contrôle du sphincter n'a pas encore acquis son équilibre d'action entre la contraction et la détente. L'enfant fait comprendre qu'il s'est souillé (il grogne, il se tortille). Mais à cet âge-là, il arrive souvent que l'enfant fasse son besoin lorsqu'il est au lit, on le voit alors devenir rouge… et il a aussitôt fait de jouer avec ses matières fécales (le barbouillage).

→ Le contrôle du sphincter vésical

L'enfant a des intervalles de rétention qui vont de deux à trois heures. L'enfant profite souvent du moment où on le soulève, ou le change des couches, pour faire « pipi et caca » en même temps ! Il ne s'agit pas d'un caprice ou d'une manifestation d'opposition de sa part… mais d'une maladresse, encore fréquente à cet âge-là, qui se constate également au niveau du relâchement manuel des objets. L'enfant ne parvient pas encore à relâcher avec souplesse, sa détente est exagérée (ce contrôle dépend du système nerveux). Pourtant, l'enfant peut montrer d'un air entendu la petite flaque d'eau dont il est responsable avec des « euh… euh », ou « caca » (mot indifféremment employé pour l'urine et les selles).
Mais pour lui, rien n'est sale… Il s'amusera avec son urine, la touchera.

VERS 18 À 20 MOIS

→ Le contrôle du sphincter anal

Il existe différents types d'enfants :

- certains peuvent **signaler leur besoin** par un mot typique « pipi, caca ou popo », mais ces mots signalent souvent l'évacuation qui vient de se produire (ils sont employés après !). Toutefois, l'enfant qui peut lier le « mot » à « l'acte » est déjà sur la bonne voie (certains enfants se contentent de tirer leur culotte) ;
- d'autres enfants **ne disent rien** et c'est l'immobilité soudaine de l'enfant (ou sa rougeur) qui laissera présager le moment du besoin…

→ Le contrôle du sphincter vésical

L'enfant se fait mieux comprendre, il peut signaler qu'il s'est souillé, que sa culotte est mouillée, il tient plus facilement en place sur le pot. Il comprend fort bien les questions posées par l'adulte : « Veux-tu faire pipi ? », « Veux-tu le pot ? »…, souvent il répond par la négative ; mais lorsqu'il a envie, le relâchement est brutal, rapide, il faut agir vite !
Cependant, la plupart des enfants de cet âge continuent à se salir sans rien demander, manifestant souvent de l'impatience ou de la résistance lorsque l'on veut les mettre sur le pot à des intervalles trop fréquents ou à des moments inopportuns, ce qui est vivement déconseillé.

VERS 22 À 24 MOIS

C'est parfois une courte période de retour en arrière pour les enfants qui semblaient avoir fait de nets progrès les mois précédents. Cette régression porte à croire qu'il existe un **stade de transition** à cet âge, stade d'incorporation des contrôles nerveux d'un type supérieur[4].
L'enfant se souille, pleure. Il est conscient de ce que l'on attend de lui mais il est **incapable de maîtriser** le relâchement, et celui-ci se produit souvent « plus tôt que voulu ». C'est l'âge où

(4) *Cf.* page 172.

certains parents pressés d'obtenir un résultat lèvent l'enfant la nuit pour éviter qu'il se mouille (opération qui peut perturber très sérieusement l'enfant et qu'**il faut à tout prix éviter**).

Fig 7.3. L'enfant de 3 ans sur le pot.

VERS 2 ANS À 2 ANS ½

→ Le contrôle du sphincter anal

La maîtrise du sphincter anal est meilleure. Dans la journée l'enfant peut être propre. Il sait se faire comprendre et peut **avertir** à l'avance (« bébé caca… Jules popo »).

Il peut **aller seul aux WC** ou au pot, essaye d'ôter sa culotte (sans toujours y parvenir), souvent il fait signe à sa mère qu'il veut rester seul aux WC, il aime diriger les opérations. C'est une impression qu'il faut lui laisser… Elle l'aide à réaliser l'acquisition de la propreté.

→ Le contrôle du sphincter vésical

L'enfant a une capacité de rétention plus grande. Mais la maîtrise du sphincter vésical est difficile à acquérir, l'enfant a encore des **irrégularités dans la journée**. Certains enfants sont propres une semaine et recommencent à se souiller la semaine suivante ; d'autres sont propres un jour sur deux. D'autres, enfin, malgré leurs bonnes intentions d'aller aux WC… arrivent trop tard ! La culotte est déjà mouillée, l'enfant est vexé lorsqu'il constate le « **petit accident** » et se met souvent à pleurer.

VERS 3 ANS (ÂGE D'ENTRÉE THÉORIQUE À L'ÉCOLE MATERNELLE)

→ Le contrôle du sphincter anal

L'enfant va au pot ou aux WC seul, il n'aime pas être dérangé et ferme souvent la porte. Il **se félicite** lorsqu'il constate le résultat dans le pot. Il parle souvent à ses matières fécales (« Pas bon ! Baahr ! »), reprenant toujours les phrases qu'il a entendu prononcer par ses parents… Malgré ses besoins d'autonomie, l'enfant a toujours besoin de l'adulte pour l'essuyer et l'appelle dès qu'il a fini.

→ Le contrôle du sphincter vésical

L'enfant a acquis la **propreté diurne**, il possède un contrôle plus précis de son sphincter vésical. Il prévient sa mère lorsqu'il va faire pipi. À présent son langage est correct ; il s'exprime très bien et sait se faire comprendre. La nuit son besoin le réveille ; il peut se lever seul pour aller aux WC, ou appeler sa mère pour qu'elle le lève.

Les accidents sont assez rares… mais peuvent encore se produire jusqu'à 3 ans ½.

VERS 3 ANS ½-4 ANS

La propreté **diurne** et **nocturne** est généralement acquise.

LES RÉACTIONS ET EXPÉRIENCES DE L'ENFANT

LA CURIOSITÉ POUR LES SELLES

Les selles représentent pour le jeune enfant un objet étrange. Il montre à leur égard une curiosité teintée souvent d'inquiétude. D'une part, cet objet qui se détache de lui est associé à une impression de « morcellement » de son corps, quelque chose qui le quitte… ; d'autre part, cet objet est à lui, il représente une « partie de lui-même »[5], donc il devrait être bon.

Pour l'enfant, la situation est fort **complexe**. Il ne comprend pas pourquoi, d'une part, sa mère insiste pour qu'il aille au pot, le félicite

(5) Sigmund Freud, *Trois essais sur la théorie de la sexualité* (Gallimard).

pour ce qu'il a fait et, d'autre part, taxe son produit de sale, veut s'en débarrasser immédiatement, paraît même dégoûtée et interdit de le toucher (comme s'il s'agissait d'un objet dangereux !).

LE PLAISIR ANAL

L'enfant qui émet une selle ressent une sensation de plaisir appelée **hédonisme anal**. « Le contenu intestinal joue le rôle de corps excitant » « L'activité érogène de cette zone est à l'origine bien plus importante que nous ne pouvons l'imaginer après le refoulement dont elle est l'objet »[6].

Pour le nouveau-né, la zone de plaisir était localisée au niveau de la bouche, c'était la **phase orale**. À partir du quinzième mois, la zone de plaisir se déplace, pour se situer au niveau de l'activité sphinctérienne, c'est la **phase sadique-anale**. Ce terme un peu surprenant signifie que l'enfant qui expulse une selle a l'impression d'évacuer quelque chose de mauvais, de gênant et de le détruire. D'où le parallèle pour les psychanalystes entre cette expulsion (à caractère sadique) et l'agressivité naissante chez l'enfant.

LE PLAISIR DE SE RETENIR

Le plaisir de l'enfant va se situer ensuite non pas au niveau de l'expulsion mais au niveau de la rétention. La mère demande à l'enfant de se retenir pour éviter de salir sa culotte. C'est donc le plaisir de la mère qui est lié à cet acte. La rétention va donc devenir le désir de l'enfant.

LE PLAISIR D'OFFRIR

Freud dit que « si l'enfant sent sa mère contente, il se sent encouragé dans sa capacité nouvelle à expulser une selle. Il va produire une selle pour l'offrir à sa mère. L'enfant la considère comme un **cadeau** qui lui sert à prouver, s'il le donne, son obéissance et son affection et, s'il le refuse son entêtement ».

(6) M. Soulé, S. Lebovici, *Connaissance de l'enfant par la psychanalyse*, PUF, Paris, 1999.

Situation

Romain et la « selle-cadeau » !

Romain vient de faire son « petit besoin » sur le pot, il se lève, regarde avec curiosité et appelle sa mère… « Maman, beau caca ! ». Maman tarde à venir… Romain décide de transporter le pot à la cuisine pour lui faire admirer le résultat. Maman le félicite et lui demande d'aller ensemble le vider aux WC. Romain marche en tenant le pot fermement, puis avec vivacité, il le retourne sur la cuvette des WC. Il est fier de cet exploit et tend la joue à sa mère pour avoir un baiser.

Rôle de la professionnelle

Rappelons aux professionnels de la petite enfance que pour l'acquisition de la propreté, la prudence est de règle, car il s'agit d'un contrôle que l'enfant doit effectuer sur une fonction organique. L'adulte ne doit se trouver là que pour l'aider.

Attitudes conseillées

Obtenir une régularité en douceur

Des horaires réguliers permettent à l'organisme de structurer des habitudes, mais au préalable il faut observer le rythme d'élimination de l'enfant pour suivre ses habitudes naturelles et essayer de les maintenir. L'installation sur le pot ne doit pas excéder 5 minutes et l'enfant doit y être confortablement assis. Il est conseillé de demander à l'enfant sa collaboration, de susciter ses initiatives, c'est le meilleur moyen d'obtenir un résultat positif et de développer une autonomie précoce et une personnalité plus assurée.

Observer l'enfant

Il faut être attentif à la demande de l'enfant, quand il commence à toucher sa couche, à dire « pipi, caca » ; il peut être utile (dans un premier temps) de verbaliser ce qu'il a fait dans la couche. La professionnelle peut observer si l'enfant établit un lien entre le mot et ce qu'il a fait dans sa couche. Il peut être proposé à l'enfant, au moment du change, d'aller sur le pot, ou aux WC, sans l'obliger.

Valoriser la propreté
Insister sur le rôle social de cette fonction ; être propre « c'est pouvoir aller à l'école maternelle », « c'est faire comme papa et maman »... L'enfant est très sensible à tous les arguments qui valorisent la propreté. S'il obtient un résultat positif, il faut le féliciter pour qu'il comprenne ; même s'il a fait, par mégarde, dans sa culotte, il faut admirer le « beau résultat »... Il faut également savoir agir avec lui. L'enfant de cet âge-là ne demande qu'à imiter sa mère. Apprenez-lui à tirer la chasse (comme vous). Évitez les pots-jouets (ceux qui ont l'apparence d'un canard !) ou les sièges transformables en pots car, d'une part, l'enfant ne peut pas identifier le rôle réel du pot et, d'autre part, cela ne valorise pas la fonction... N'oubliez pas que l'enfant prend plaisir à être propre pour faire comme les grands.

Attitudes à proscrire
La professionnelle conseillera aux parents d'éviter impérativement les attitudes suivantes.

L'usage de la force
Éduquer n'est pas dresser, il ne faut jamais forcer l'enfant à aller au pot, ni exercer un contrôle oppressant sur ses évacuations, encore moins le gronder si le résultat se fait attendre... C'est une façon d'assujettir l'enfant, de le rendre totalement dépendant de l'adulte, de créer une situation angoissante qui marquera le psychisme de l'enfant et laissera des traces indélébiles pour l'avenir. L'apprentissage de la propreté est chargé *d'affects*. Si l'enfant a l'impression que l'on utilise la propreté agressivement contre lui, il peut refuser de devenir propre (utilisant sa saleté comme une opposition à l'adulte qui le sollicite).

Les moqueries et les comparaisons
Si l'on traite l'enfant de « sale », si on le compare avec ironie à ses frères et sœurs qui réussissent mieux que lui, l'enfant sera blessé, il se sentira coupable, humilié, en particulier si ces reproches lui semblent injustifiés. Les sentiments d'impuissance, de faiblesse, ajoutés à la crainte de se salir, feront de lui un enfant inquiet, peureux, timoré, redoutant tout effort et toute initiative.

Les réveils nocturnes
Certains parents, pour obtenir une propreté plus rapide, réveillent l'enfant pendant la nuit. Il en résulte des troubles du sommeil, de la nervosité, et souvent une résistance de la part de l'enfant. Évitez aussi d'appliquer la méthode de rationnement d'eau le soir, car l'organisme de l'enfant en a grand besoin ! On peut conseiller de moins boire après 17 h 00 mais bien boire le reste de la journée sans conséquence sur la santé de l'enfant.

MémoMémoMémo

Trouver « l'art » et la « manière » pour aider l'enfant à acquérir « naturellement » la propreté

L'acquisition de la propreté s'associe étroitement aux principes d'une éducation globale. Son objectif est de permettre à l'enfant d'acquérir l'autonomie et la socialisation. Beaucoup de personnes s'imaginent à tort que, pour apprendre à un enfant à être propre, les parents doivent fournir des efforts soutenus et répétés. Or cet apprentissage ne doit, en aucune façon, viser un conditionnement. Dans la majeure partie des cas, c'est la mère qui se conditionne et non l'enfant ! Bien au contraire, l'enfant doit apprendre à agir seul et le rôle de l'adulte (parents ou professionnels) est de **savoir choisir les moments favorables et la manière** pour aider l'enfant à progresser de façon naturelle sur la voie de la propreté. Beaucoup de déceptions résultent de l'ignorance de cette notion fondamentale.

L'évolution de la sexualité infantile (selon Freud)[7]

L'enfant est très sexué et l'éveil de sa sexualité commence dès la naissance. C'est Freud qui démontra le premier l'existence de la sexualité infantile et qui définit les stades de sa longue

(7) Sigmund Freud, *Trois essais sur la théorie de la sexualité* (Gallimard).

évolution : **le stade oral,** de 0 à 1 an ; **le stade anal**, de 1 à 3 ans ; **le stade phallique**, de 3 à 5 ans, et enfin à la puberté, **le stade génital**, qui est le dernier stade de la sexualité.
À chacun de ces stades sexuels correspond une « **zone érogène** », c'est-à-dire une partie du corps dont l'excitation constitue une source de plaisir à caractère sexuel.

LE STADE ORAL (0 À 1 AN)

Cette période est marquée par deux activités orales différentes : d'abord la succion puis la morsure.

LA SUCCION

Le nouveau-né éprouve une sensation de « bien-être » lorsqu'il tète le sein de sa mère. La succion lui procure un « **plaisir physique**[8] » ; on observe une excitation rythmique des lèvres ; une sensation chaude (due au passage du lait) ; enfin, l'apaisement d'une tension douloureuse : la faim (l'état repu du bébé après la tétée est une démonstration de l'heureux résultat).
Le plaisir de la tétée crée un besoin de contact, de présence. C'est une **forme d'attachement** lié à la mère (source de ce plaisir). L'enfant la voit, la touche, tout en ayant le plaisir de téter. En suçant son pouce ou la tétine, le bébé retrouve le plaisir de la tétée.

LA MORSURE

Selon Freud, la morsure fait partie du « **stade sadique-oral**[9] ». Elle apparaît vers l'âge de 6 mois, avec la poussée dentaire. C'est une pulsion ambivalente, à la fois érotique, mais aussi agressive.

LE STADE ANAL (DE 1 À 3 ANS)

La zone érogène dominante entre l'âge de 1 et 3 ans est la région anale, avec les organes d'évacuation des selles et des urines.
Les manifestations de plaisir viennent aussi bien de la rétention que de l'expulsion du produit hors du corps[10].

(8) Sigmund Freud, *Introduction à la psychanalyse* (Payot).
(9) *Ibid*.
(10) *Ibid*.

Au stade anal, « le monde extérieur apparaît à l'enfant comme un obstacle à sa recherche de jouissance »[11]. On lui défend de se débarrasser de ses excréments de la manière dont il le souhaite. Les sentiments de l'enfant à cette époque sont caractérisés par l'alternance d'amour et d'agressivité. Il comprend les interdits et se plie aux contraintes de peur d'être puni, mais aussi de perdre l'amour de ses parents.

LE STADE PHALLIQUE (DE 3 À 5 ANS)

Ce stade marque l'apogée de la sexualité infantile. La zone érogène dominante se situe au niveau des organes génitaux. À ce stade, la vie amoureuse de l'enfant commence à se calquer sur celle de l'adulte.

LA DÉCOUVERTE DU SEXE

À 3 ans, l'enfant connaît son propre sexe. Il différencie également l'homme de la femme, donc le père de la mère. L'enfant accorde à l'anatomie un intérêt tout particulier, il parle fréquemment des organes génitaux, il les touche (**masturbation**). Cette découverte suscite des sentiments très complexes : surprise, curiosité, inquiétude, etc. C'est l'âge auquel il se pose de nombreuses interrogations et questionne les parents sur la sexualité, la maternité. L'enfant n'attend de l'adulte que des réponses simples.

Situation

Des enfants nus jouent innocemment

Florian (2 ans 1/2) et Zora (3 ans), tout nus, jouent et s'amusent. Ils découvrent leurs organes génitaux avec une innocence totale. Ils ne voient aucun mal à les toucher, à les observer de près, et puis Madame X arrive et dit des mots qui vont tout salir !

→ Observation du comportement des enfants

- Ils observent avec intérêt leurs organes génitaux, ce qui témoigne d'une curiosité très louable.

(11) *Ibid*.

- Ils **touchent leurs organes génitaux** pour mieux les connaître, comme ils ont touché leurs mains, leurs pieds et les objets.
- Ils sont **surpris, étonnés** de cette nouvelle découverte et l'étonnement se lit sur leurs visages.
- Ils **se posent des questions** à leur niveau mental, donc très naïves, très simples... La fillette voit que le garçon a quelque chose de plus (d'où l'envie), le garçon voit qu'il manque quelque chose à la fillette (d'où l'inquiétude).

Citons quelques réflexions d'enfants de cet âge-là : « Bébé a bobo », peut dire le garçon qui constate que la fillette a un manque. « Moi je veux un robinet », semble dire la fillette qui constate que le garçon a quelque chose de plus qu'elle.

Parfois l'enfant appelle ça un « fait pipi », nommant souvent les choses d'après leur fonction !

- Ils font part immédiatement à la maman de leur constatation. C'est une réaction appréciable qui témoigne d'une grande confiance à la mère.
- Les enfants posent de nombreuses questions aux parents s'ils les voient nus dans la salle de bain et veulent même « toucher » pour mieux connaître. Cette attitude témoigne d'une curiosité normale.
- « **Maman as-tu aussi un "fait pipi"** » ? disait le jeune Hans, dans le célèbre texte de Freud[12].

Les enfants de 3 ans font souvent des analogies relatives au sexe lorsqu'ils sont en présence d'animaux.

En observant une vache, le petit Hans disait à ses parents : « du "fait pipi" il sort du lait... Pourquoi ? ». Ou encore, face à une locomotive qui lâche de l'eau : « Où est son "fait pipi" » ?

Les enfants, vers 5 ou 6 ans, jouent au papa, à la maman, au docteur... C'est souvent le prétexte de se voir nus, de se toucher ; parfois à cet âge, ils se cachent pour faire cela, car ils ont déjà compris les interdits qui frappent ces jeux. Tous les enfants passent par ce stade, il n'y a pas lieu de s'en inquiéter. Cependant, il faut simplement veiller à ce qu'un aîné ne dirige pas les jeux de ces enfants.

Tableau 7.1 – Comportements des parents.

Attitudes négatives	Attitudes positives
Les parents sont très mal à l'aise face aux questions et aux préoccupations de leur enfant relatives à la sexualité. **Ils peuvent :** - juger sévèrement l'enfant pensant que celui-ci devient vicieux ou tout au moins perd sa pureté ; - éluder les questions ; - séparer brutalement les enfants ; - gronder les enfants, ce qui peut entraîner des troubles graves ; - menacer l'enfant. Citons, pour exemple, le petit Hans[13] surpris la main sur le pénis : « Si tu fais encore ça, le docteur te coupera ton "fait pipi" ! ». (Ce type de phrase engendre l'angoisse, la crainte.) ; - refuser de donner des explications (car ils projettent leur trouble sur leur enfant, ils placent la sexualité infantile au niveau de leur propre sexualité d'adulte).	**Les parents vont répondre avec naturel et aisance à l'enfant :** - ils ne sont pas choqués par les questions de l'enfant ; - ils se félicitent de la curiosité de l'enfant, la trouvent naturelle et légitime ; - ils répondent clairement aux questions posées (ce qui rassure et sécurise l'enfant). Par exemple : - **à la fillette** : tu n'as pas de petit robinet, mais tu as de petits seins qui te serviront à nourrir un jour ton petit bébé ; - **au garçon** : tu as un petit robinet comme papa, ta sœur est comme maman, c'est normal ; - ils ne grondent pas l'enfant ; - ils ne lui administrent pas d'inutiles règles de pudeur ; - ils essayent de dévier l'attention de l'enfant, si celui-ci a tendance à exagérer les attouchements ; - ils expliquent à l'enfant les choses du sexe à l'aide, par exemple, de photographies d'animaux (très simples).

(12) Psychanalyse du petit Hans publiée dans *Cinq psychanalyses* de Freud, d'après les notes d'un père de famille sur les questions posées par son fils, à l'âge de 4 ans.
(13) Un enfant, sévèrement puni dans une exploration à caractère sexuel, risque de garder sa vie durant une impression non consciente de danger, de culpabilité angoissante associée aux images de l'« autre sexe »

→ Observation du comportement des parents

Lors de la situation précédente, les parents peuvent adopter des attitudes négatives (*cf.* tableau 7.1)

Les attitudes des parents face à la sexualité conditionnent fortement les réactions de l'enfant :

- soit ils apprennent à l'enfant que la sexualité est honteuse et lui font imaginer des choses troublantes, génératrices d'inquiétude ;
- soit ils rassurent l'enfant et favorisent son équilibre en matière de sexualité.

LE COMPLEXE D'ŒDIPE

Freud a longuement analysé cette situation et (en souvenir du héros grec condamné par le destin à épouser sa mère et à tuer son père) lui a donné le nom de « complexe d'Œdipe ».

La sexualité de l'enfant **l'attire** vers le parent du sexe opposé au sien et le pousse à **rejeter** l'autre (*cf.* page 143).

Cette situation œdipienne est vécue avec plus ou moins d'intensité selon les enfants.

Le jeune enfant est troublé par tous les sentiments qu'il éprouve (**amour, préférence, hostilité, jalousie, inquiétude, frustration, agressivité, culpabilité, crainte, solitude, etc.**).

L'enfant découvre sa solitude face au couple parental, il est amené à passer d'une relation à deux (lui et sa mère) à une relation triangulaire (père-mère-enfant). Face à cette situation, il cherche à trouver sa place ainsi que l'affection qui le sécurisera.

Rôle de la professionnelle

Les parents doivent aider l'enfant à se délivrer progressivement de ses tensions. La professionnelle saura leur dire (avec tact) des choses qu'ils savent fort bien. C'est-à-dire : savoir le comprendre, l'aimer, lui pardonner son agressivité et ses paroles malheureuses, et surtout ne pas provoquer inutilement sa jalousie. Ils doivent, de plus, lui expliquer sa place au sein de la trilogie familiale et chercher surtout à lui offrir l'image d'adultes équilibrés et heureux, qui suscitent estime et amour sécurisant.

8

Les grands courants pédagogiques

La psychologie de l'enfant est une science qui étudie le développement des comportements. Elle a conduit à l'étude de tout ce qui va influencer l'éveil et l'épanouissement de l'enfant. Le jouet y participe activement et devient support du jeu, qui a une importance si grande dans la vie de l'enfant que de grandes écoles de psychologie ont étudié ce phénomène. Voici les deux plus connues :

- la psychologie du développement : selon les psychologues de cette école, le jouet favorise le développement moteur, sensoriel, intellectuel et social de l'enfant. Il est considéré comme « objet d'expérience » ;
- la psychanalyse : pour les psychanalystes qui s'intéressent surtout au comportement émotionnel de l'enfant, le jouet est l'instrument qui aide l'enfant à surmonter ses angoisses, à projeter ses phantasmes et à communiquer avec l'adulte.

Nous allons étudier les principaux courants théoriques influençant l'approche psychologique et psychanalytique de l'enfant et leurs chefs de file les plus représentatifs.

Situation

Delphine et son papa

Delphine (4 ans) témoigne à son père un intérêt tout particulier. Lorsqu'il arrive, elle se précipite vers lui pour lui raconter sa journée, elle veut qu'il la couche, qu'il l'embrasse avant de s'endormir… et lorsque son père et sa mère se promènent enlacés, Delphine se précipite au milieu d'eux pour les séparer. Elle prend la main de son père et insensiblement écarte sa mère !

Freud appelle cela *« le complexe d'Œdipe »*, caractéristique de la psychologie de l'enfant de 3 à 5 ans.

Les questions que l'on se pose

- *Les facteurs du développement psychomoteur de l'enfant sont-ils liés à la biologie, ou aux stimulations de l'environnement ?*
- *Quelle est la part de l'inné ? du génétiquement programmé ?*
- *Si l'enfant devait grandir dans un milieu réduit à ses deux parents, sans stimuli sociaux, serait-il capable des principales adaptations nécessaires à la vie ?*
- *L'éthologie (qui étudie le comportement animal) a-t-elle apporté des connaissances utiles pour l'éducation de l'enfant ?*
- *Existe-t-il des « types comportementaux » observables dès l'enfance et qui perdurent chez l'adulte ? L'enfant leader sera-t-il un adulte dominant ? Réussira-t-il mieux que les autres ?*
- *Qu'appelle-t-on le phénomène d'empreinte ?*
- *Qu'a apporté aux professionnels de l'enfance la connaissance des principaux courants de la psychologie et de la psychanalyse de l'enfant ?*

Les grands courants pédagogiques

LE COURANT « MATURATIONNISTE »

Les grands théoriciens se rattachant à ce courant postulent que le développement de l'être humain évolue en fonction **d'informations innées**. Le développement organique et psychologique est programmé et les structures de comportement **préformées**.

Arnold Gesell[1] est tenu pour le premier théoricien de la maturation. Il est psychologue et médecin. C'est dans sa célèbre trilogie sur l'enfance qu'il présente les résultats fondamentaux de ses recherches sur les « stades de développement » de la naissance à 16 ans.

Pour étudier le jeune enfant, A. Gesell utilise une méthode d'observation très rigoureuse en se servant de la caméra comme outil de travail. Avec les enfants plus grands, il combine les méthodes d'observation, de test et d'interview.

LE FACTEUR BIOLOGIQUE DU DÉVELOPPEMENT

Au sujet des facteurs qui influencent le développement, A. Gesell croit en un certain **déterminisme biologique**. Il ne nie pas l'influence du milieu mais ne lui accorde que peu d'importance. Il n'a, selon lui, qu'un rôle de direction, il oriente mais il ne crée pas les progressions elles-mêmes. A. Gesell affirme que si l'enfant avait grandi dans un monde naturel, sans monde social, il serait sans doute resté capable des principales adaptations nécessaires à la vie, mais il serait presque entièrement dépourvu de toute personnalité.

LES AXES DE LA MATURATION NEUROLOGIQUE

A. Gesell indique que le développement résultant de la maturation neurologique s'effectue selon deux axes :

- un axe céphalocaudal (dans **le sens longitudinal**) de la tête vers les pieds ;
- un axe proximodistal (dans **le sens transversal**) des parties les plus proches du corps aux parties les plus éloignées.

Selon A. Gesell, les stades de développement sont des profils de comportement ou de maturité. Le profil d'un stade représente une synthèse du comportement total de l'enfant à un âge donné. Chaque stade comprend des comportements spécifiques qui sont des traits de maturité.

(1) A. Gesell est l'auteur de nombreux ouvrages dont *Le jeune enfant dans la civilisation moderne* (PUF). Il est décédé en 1961.

LE COURANT ÉTHOLOGISTE

Les théoriciens qui se rattachent à ce courant étudient les signes, les attitudes qui, dans l'interaction de l'enfant avec son milieu, prennent une valeur de « signal » et ont un effet déclencheur de conduites. Ces comportements sont à la base de la **communication non verbale.**

KONRAD LORENZ : « L'EMPREINTE »

Le fondateur de l'éthologie, science qui étudie le comportement de l'animal, a souligné l'importance du besoin précoce d'attachement chez les canetons (*cf.* mémo ci-après).

MémoMémoMémo

Les canetons (de K. Lorenz)

K. Lorenz a fait des observations intéressantes sur des canetons. Il indique que dès leur naissance, les canetons suivent le premier *objet mobile* qu'ils rencontrent : c'est la « mère canne ». Ils l'adoptent comme objet d'attachement créant un lien stable et irréversible. Cette première « fixation » du caneton à l'objet privilégié est appelée en éthologie : l'empreinte. À partir de là, il en déduit l'attachement du bébé à sa mère (*cf.* ci-après).

JOHN BOWLBY : L'ATTACHEMENT PRÉCOCE

Psychanalyste anglais, il a développé (à la suite de Lorenz) la **théorie du besoin précoce d'attachement** de l'enfant à la mère (qu'il a appelée aussi **l'empreinte**). L'empreinte est considérée comme une forme particulière d'attachement. Elle résulte de certains systèmes de comportements caractéristiques de l'espèce. Le nouveau-né est doté d'un certain nombre de systèmes comportementaux prêts à être activés (tels que pleurer, sourire, sucer). Ces réactions sont le résultat d'une **discrimination de stimuli humains** (tels que les stimuli tactiles, la voix, le visage). La réponse de l'enfant à ces stimuli se déclenche automatiquement parce qu'elle est préformée. Les réponses de la mère constituent de nouveaux « signaux » pour l'enfant. C'est sur l'enchaînement de ces signaux que vont s'organiser (selon Bowlby) les prémisses de la relation mère-enfant. Ce phénomène « d'empreinte » a initié les mesures développées depuis plusieurs années dans les maternités (nouveau-né posé sur le corps de sa mère, encouragements aux stimulations tactiles précoces, etc.). Ces théories reviennent en force aujourd'hui, puisqu'on préconise le « **peau-à-peau** » mère-bébé pour favoriser l'attachement précoce (*cf.* mémo page 172).

HUBERT MONTAGNER[2] : « LA COMMUNICATION NON VERBALE »

Éthologue, il s'est spécialisé dans l'étude de la **communication non verbale dans des** groupes d'enfants en collectivité (crèches, écoles maternelles). H. Montagner utilise le film et l'observation continue. Il a mis au point un poste d'observation lui permettant d'étudier les enfants sans être remarqué d'eux (glace sans tain, orifices discrets pour les caméras) afin d'éliminer l'éventuelle influence de l'observateur sur le comportement des enfants. L'analyse des modalités d'échange entre les enfants dans le groupe a mis en évidence différentes séquences comportementales, ayant pour but d'apaiser ou de créer des liens, ou au contraire de provoquer une rupture des liens, ou une agression. En fonction de la fréquence d'utilisation de tel ou tel comportement, il a dégagé certains « **types comportementaux** » (tels que les **leaders**, les **dominés agressifs**). Il a ensuite cherché comment se différenciait et se modifiait chacun de ces profils en fonction de l'attitude de la famille et des professionnels.

LE COURANT CONSTRUCTIVISTE

Jean Piaget et Henri Wallon, partisans de cette théorie, présentent le développement psychique comme une construction qui s'édifie à partir des interactions entre l'enfant et le monde extérieur.

JEAN PIAGET[3] : L'ÉTUDE DU DÉVELOPPEMENT COGNITIF

Psychologue suisse, Jean Piaget s'est préoccupé de l'enfant pour expliquer l'adulte et non pour expliquer l'enfant lui-même. La plus grande partie de son œuvre est consacrée à l'étude du **développement cognitif**[4].

Selon Piaget, l'intelligence est une forme d'adaptation au milieu. Il existe une continuité entre le biologique et l'intellectuel. Le développement cognitif évolue par stade. À chaque stade, une nouvelle structure s'élabore à partir des précédentes. Autrement dit, les structures construites à un âge donné deviennent parties intégrantes des structures de l'âge suivant.

→ Les facteurs du développement

Le développement cognitif de l'enfant se réalise sous l'influence de quatre facteurs : trois facteurs classiques (la maturation organique, le milieu physique, le milieu social) et un facteur (spécifiquement piagétien) : l'équilibration.

- **La maturation organique**, et notamment celle du système nerveux, se borne à ouvrir une série de possibilités, grâce auxquelles les conduites se révèlent.
- **Le milieu physique** agit à partir de l'exercice et de l'expérience acquise dans l'action effectuée sur les objets. Il s'agit d'expériences concrètes aboutissant à des abstractions simples. Par exemple : l'enfant découvre que les objets ont un poids, propriété à distinguer de leur forme, de leur volume, de leur couleur.
- **Le milieu social** : il intervient parce que l'enfant vit en société. Du fait de sa participation active, il y a interaction entre lui et le milieu social. Les facteurs de développement sont le langage, l'échange social et la socialisation, et enfin la transmission sociale (ou éducation).

(2) Hubert Montagner est auteur de nombreux ouvrages, dont *L'enfant et la communication* (Stock).

(3) Jean Piaget, décédé en 1980, est l'auteur de nombreux ouvrages dont *La psychologie de l'enfant* (PUF et Que sais-je ?), *Naissance de l'intelligence chez l'enfant* (Delachaux), *Psychologie et pédagogie* (Denoël).
(4) Cognitif : relatif à la faculté de connaître.

- **L'équilibration** : ce facteur assure la coordination entre les facteurs précédents : l'enfant répond par ses compensations actives aux perturbations extérieures, source de déséquilibre.

→ Le mécanisme du développement

Pour Piaget, la finalité du développement cognitif est l'adaptation de l'individu à son environnement. Deux fonctions essentielles interviennent dans ce développement et permettent de comprendre les *processus d'adaptation* puis *d'équilibration* : il s'agit de l'assimilation et de l'accommodation. Le développement cognitif de l'enfant est un effort continuel d'adaptation, résultat de l'équilibre entre assimilation et accommodation par mécanisme d'autorégulation. Ce mécanisme s'observe à tous les stades.

→ Les caractéristiques du développement

La vie psychique débute par une activité sensorimotrice. L'enfant construit ses premières structures mentales par l'action. Pour J. Piaget : « *c'est de l'action que procède la pensée* ».
La construction du psychisme se réalise par étapes ou *paliers* successifs. Chacun de ces paliers prolonge le précédent en le reconstruisant sur un autre plan.

→ Les stades du développement selon Piaget

J. Piaget estime que le développement mental de l'enfant apparaît comme une succession de trois grandes constructions :

- **l'intelligence sensori-motrice** (de 0 à 2 ans) ;
- **l'intelligence opératoire concrète** (de 2 ans à 11-12 ans) ;
- **l'intelligence opératoire formelle** (de 11-12 ans à 16 ans).

Ces stades sont divisés en sous-stades.
Citons à titre d'exemple les travaux de Piaget sur les manifestations de l'intelligence sensori-motrice.
Par exemple, l'enfant découvre par hasard qu'en tirant sur le cordon qui pend du toit de son berceau, tous les objets qui y sont fixés remuent. Par la suite, il cherchera à tirer systématiquement sur le cordon.

Le nom de Piaget reste attaché à la découverte des « **réactions circulaires** ».

→ Les réactions circulaires primaires (de 1 à 4 mois)

L'activité de l'enfant porte sur la découverte du corps par la coordination entre la main et la bouche, par le mécanisme de « *réaction circulaire primaire* ». Il ne s'agit plus d'une « conduite innée ». L'activité de l'enfant se transforme en fonction de *l'expérience*.
Par exemple, la succion du pouce ne se fera plus par hasard mais par coordination entre la main et la bouche, et (par le mécanisme des réactions circulaires) le résultat intéressant de la succion sera conservé par répétition.

→ Les réactions circulaires secondaires (de 4 à 8 mois)

Les actions portent sur les objets extérieurs. La coordination se fait entre la *vision et la préhension*.
Par exemple, l'enfant découvre par hasard qu'en tirant sur le cordon, le hochet remue. Par la suite, l'enfant cherchera à tirer systématiquement le cordon. C'est un stade important de développement cognitif.

HENRI WALLON[5] : LA THÉORIE DU DÉVELOPPEMENT

Psychologue français et médecin, il représente (comme Piaget) une référence essentielle en matière de psychologie de l'enfant.

→ Théorie du développement

Le développement psychologique repose sur la maturation et le besoin d'autrui :

- la **maturation** est la condition nécessaire à tout apprentissage ;
- le **besoin d'autrui** : l'enfant est **social biologiquement** dit Wallon. C'est à partir de la communication avec son entourage que l'enfant va passer d'un état d'indifférenciation totale à la construction de l'image de « soi » et de celle des autres ;

(5) Décédé en 1962, Wallon est l'auteur de nombreux ouvrages dont *Les origines du caractère chez l'enfant* (PUF) et *Évolution psychologique de l'enfant* (Armand Colin).

- les *acquisitions constantes* (telles que la marche, le langage, etc.) peuvent tirer profit de stimulations appropriées à condition qu'elles ne soient pas trop précoces ;
- pour les activités plus *abstraites*, l'apprentissage devient essentiel.

→ Les facteurs de développement

Le milieu social est un facteur fondamental de développement car il sollicite et favorise les apprentissages. Chaque nouvelle acquisition de l'enfant devient à son tour facteur de développement. Elle exerce une influence sur l'évolution des connaissances et des relations sociales.

→ Le mécanisme du développement

La succession des stades est *chronologique et discontinue*. Le passage d'un stade à l'autre marque le remaniement total des activités et non le degré supplémentaire de complexité.
Le développement de l'enfant est jalonné de conflit et de crises, nés de déséquilibres entre la maturation organique et l'influence du milieu ambiant.

→ Les stades du développement selon Wallon

H. Wallon présente le développement de l'enfant en six stades.

- Le stade impulsif (de la naissance à 6 mois)

Le début de ce stade caractérise le nouveau-né. Celui-ci répond aux diverses stimulations par une réponse motrice qui est une *réponse réflexe*. À partir du 3e mois, c'est le début du stade émotionnel, l'enfant s'engage dans une *symbiose affective* avec son entourage.

- Le stade émotionnel (de 6 mois à 12 mois)

Ce stade représente le passage du physiologique au psychique. Il est caractérisé par des *réactions émotionnelles expressives* : gestes, attitudes, postures, mimiques, constituant un *langage non verbal* entre l'enfant et son entourage.

- Le stade sensori-moteur et projectif (de 1 à 3 ans)

Au cours de ce stade la connaissance de l'objet passe par l'acte moteur. L'activité sensorimotrice est d'abord instinctive et spontanée puis évolue vers l'invention de nouvelles conduites ouvrant le champ à la découverte de *nouvelles expériences*. La marche et le langage sont deux activités sensori-motrices jouant un rôle considérable dans l'évolution de l'enfant.

- Le stade du personnalisme (de 3 à 6 ans)

Au cours de ce stade, l'enfant devient capable de se situer par rapport aux autres. Il parvient à une *conscience de soi*. Son « Moi » autonome se construit. Il accède à la *fonction symbolique*. Cette prise de « conscience de soi » implique la capacité à avoir une représentation de soi et se traduit par la *crise d'opposition et de négativisme dite crise de personnalité* également nommée « crise des 3 ans » : l'enfant s'oppose sans cesse à l'autre, lui dit « non », s'entête, n'obéit pas. Il refuse d'être aidé : il veut tout faire seul. Il affirme par ce biais, sa personnalité naissante, le clivage entre moi et l'autre, l'accession à son « je ».

- Le stade de la personnalité polyvalente (de 6 à 11 ans)

Au cours de ce stade, l'action et la curiosité de l'enfant se déplacent de sa propre personne et se tournent vers l'extérieur. La personnalité évolue vers une *autonomie croissante*. L'enfant sort de la constellation familiale et entre dans la communauté scolaire où il va pouvoir multiplier ses *expériences sociales*.

- Le stade de l'adolescence (à partir de 11 ans)

Cette période est marquée par la **reconstruction du Moi** à un niveau supérieur. Elle n'est pas sans analogie avec la « crise des 3 ans ».

Fig. 8.1. La fratrie (Jules, 8 mois, Emilie, 8 ans et Maxime, 11 ans).

Les grands courants de la psychanalyse

Tout choix d'auteurs dans ce domaine peut paraître arbitraire ; nous avons délibérément accordé une place privilégiée à des théoriciens qui sont également praticiens. Ils sont particulièrement représentatifs et considérés en France comme des chefs de file, et sont à l'origine de théories mises largement en application dans toutes les structures d'accueil de la petite enfance.

Nous avons volontairement limité l'étude des auteurs à leurs « théories essentielles » ; toutefois, la bibliographie permettra aux professionnels qui le souhaitent d'approfondir leurs connaissances sur le sujet.

LES INTÉRÊTS DE LA PSYCHANALYSE POUR LES PROFESSIONNELS DE L'ENFANCE

La psychanalyse des enfants, au-delà de ses aspects curatifs, propose plusieurs approches du développement de l'enfant. Tous les éclaircissements apportés par la psychanalyse ont permis d'améliorer le vécu quotidien de l'enfant au sein du groupe familial ou de la collectivité. Encore faut-il être sensible à l'écoute analytique de l'enfant. Cette « **façon d'être** » et cette « **façon de savoir** » auront un impact certain sur le rôle et la place du professionnel de l'enfance en collectivités d'enfants.

L'ÉCOUTE ANALYTIQUE DE L'ENFANT POUR UNE MEILLEURE COMPRÉHENSION DE SES PROBLÈMES

L'écoute analytique de jeunes enfants dans une collectivité consiste à prendre en compte non seulement leurs besoins mais aussi leurs demandes, notamment leurs demandes affectives. Elle permet aux professionnels d'acquérir un autre regard sur l'ensemble de leurs activités auprès des petits et d'améliorer le vécu quotidien des jeunes enfants dans la collectivité.

L'ÉCOUTE DE DIFFÉRENTS POINTS DE VUE POUR UNE MEILLEURE COMPRÉHENSION DE SES BESOINS

Chaque auteur étudié dans ce chapitre est l'initiateur d'un courant et propose une approche spécifique de la petite enfance. Celle-ci est constituée par certains en termes **d'interactions** mère-enfant, par d'autres en termes **d'attachement**, ou par d'autres encore en termes de **carence maternelle précoce**.

Mais avant d'étudier le rôle influent de tous ces « chefs de file » de la psychanalyse infantile, commençons par parler encore de S. Freud, pour qui l'enfant a toujours été au centre de ses préoccupations et de ses recherches.

LES THÉORIES DE FREUD[6]

Sigmund Freud, médecin autrichien, s'intéresse à l'enfance dès qu'il découvre que l'hystérie a pour origine un traumatisme psychique subi dans le très jeune âge et montre l'importance de la **pulsion sexuelle** dans le développement de l'enfant.

L'ÉTUDE DES STRUCTURES DE BASE DE LA PERSONNALITÉ HUMAINE

Freud distingue trois structures de base de la personnalité humaine : le Ça, le Moi et le Surmoi.

→ Le Ça

C'est l'instance des pulsions et du principe de plaisir. L'objectif du Ça est d'obtenir un plaisir immédiat.

(6) Sigmund Freud est auteur de très nombreux ouvrages parmi lesquels : *Trois essais de la théorie de la sexualité* (Freud est décédé en 1939).

→ Le Surmoi

Il s'agit de l'instance des exigences et des interdits. L'objectif du Surmoi est de respecter les principes établis pendant l'enfance, par l'autorité des adultes (parents, école...).
Freud rajoute au-dessus du Surmoi, *l'« idéal du Moi »*, qui représente l'être idéal vers lequel tend l'individu.

→ Le Moi

C'est l'instance de la *raison* et du principe de réalité. Elle régule les pulsions du Ça, les interdits du Surmoi (ainsi que les rêves de l'idéal du moi) face au réel.

Situation

Jules (5 ans) et son chat

- Le **Ça** (de Jules) dit : « J'ai très envie de tirer la queue du chat ».
- Le **Surmoi** lui répond : « Maman veut pas que j'embête le chat. Je ne dois pas le faire ».
- Le **Moi** conclut : « Puisque c'est interdit mais que j'ai quand même envie de l'embêter, je vais faire la grimace au chat. »

L'ÉTUDE DE L'ENFANT À LA LUMIÈRE DE LA PSYCHANALYSE

Nous allons aborder succinctement les théories de Freud sur le développement de l'enfant à la lumière de la psychanalyse, en particulier l'étude des différents stades prégénitaux, oral, anal, phallique (de 0 à 3 ans), puis le complexe d'Œdipe chez le garçon et chez la fillette (à partir de 3 ans).

→ Le stade oral (de la naissance à 1 an)

Au cours de ce stade :
- le plaisir de l'enfant est lié à *l'excitation* de la bouche et des lèvres ;
- l'objet du *plaisir* est le sein maternel ;
- la relation d'objet est marquée par des significations liées à la fonction d'alimentation et à la *valeur symbolique de la nourriture*.

→ Le stade anal (de 1 à 3 ans)

Au cours de ce stade :
- le plaisir de l'enfant est lié à l'*excitation* de la zone anale ;
- l'objet de la pulsion est représenté par le « boudin fécal » et le *plaisir* est fonction de la défécation (rétention-expulsion) ;
- le but pulsionnel est double, la recherche du plaisir et le moyen de pression sur l'entourage (*valeur symbolique des selles*).

→ Le stade phallique (de 3 à 5 ans)

Au cours de ce stade :
- le plaisir de l'enfant est lié à l'*excitation* de la zone urétrale ;
- l'objet de la pulsion est le pénis et la recherche de *plaisir* ;
- l'enfant est très préoccupé par la découverte de la différence anatomique des sexes.

Fig. 8.2. Le stade oral.

→ Le complexe d'Œdipe (3 à 5 ans)

Le complexe d'Œdipe joue un rôle fondamental dans la structuration de la personnalité (*cf.* page 143).

→ Le déclin du complexe d'Œdipe

Il est marqué chez les deux sexes par le renoncement à la possession de l'objet libidinal (la mère ou le père) et la formation du Surmoi : il se constitue par l'intériorisation des interdits parentaux et de l'éducation. L'enfant veut ressembler à ses parents parce qu'il les aime et les admire.

LES THÉORIES DE LACAN[7]

Jacques Lacan, médecin psychiatre français, fonde avec quelques amis, dont Françoise Dolto, une école psychanalytique : l'école

(7) Lacan est décédé en 1981. Son oeuvre a été essentiellement orale. Il est cependant l'auteur de quelques *Écrits*, publiés au Seuil en 1966.

freudienne de Paris. Une découverte particulière de Lacan intéresse la petite enfance : son observation d'un fait auquel il donne le nom de stade du miroir.

SA THÉORIE ESSENTIELLE : « LE STADE DU MIROIR »

Lacan observe que l'enfant, entre 6 et 18 mois, est capable de reconnaître son reflet dans le miroir comme étant le sien. Pour la première fois, le jeune enfant découvre son corps comme une « *totalité* ». Il se reconnaît comme étant séparé du corps de l'autre. Cette reconnaissance est un *moment de jubilation intense*. Ce stade s'articule avec le complexe d'Œdipe dont il constitue le premier temps. Il est, pour J. Lacan, un moment de structuration fondamentale dans la constitution de l'être humain en tant qu'être de langage, donc capable de relations humaines nécessitant la reconnaissance de soi et de l'autre. Cette non-reconnaissance par l'enfant de son image dans le miroir constitue un indice important dans le diagnostic de la psychose infantile (l'enfant psychotique vivant précisément dans un monde où il y a ni « autre » ni « moi).

Fig. 8.3. Le stade du miroir.

LES THÉORIES DE WINNICOTT[8]

Donald Winnicott, pédiatre et psychanalyste anglais, estimait à la fin de sa vie avoir rencontré environ 60 000 mères et enfants. Il met l'accent sur *l'importance fondamentale de l'environnement* dans le développement de l'enfant (qui englobe aussi bien la mère que l'institution qui accueille l'enfant).

LA RELATION DE DÉPENDANCE MÈRE-ENFANT

Winnicott distingue trois phases dans l'état de dépendance de l'enfant à sa mère :
- **dépendance absolue** (0-5 mois) : la satisfaction des besoins dépend totalement de la mère ;
- **dépendance relative** (6 mois-2 ans) : l'enfant va « signaler » lui-même ses besoins ;
- **tendance vers l'indépendance** (2-3 ans) : le jeune enfant acquiert progressivement confiance dans l'environnement et évolue vers la « socialisation ».

LA CAPACITÉ DU BÉBÉ À « ÊTRE SEUL »

La capacité à être seul, c'est la possibilité pour le petit enfant de pouvoir être seul en présence de la mère. Quand il est seul en présence de quelqu'un dans une ambiance chaleureuse, l'enfant peut se détendre. Il est important qu'un adulte « se trouve là sans rien exiger » pour que l'enfant puisse se passer de la présence des autres quand certaines situations de la vie le lui imposeront.

LA PRÉOCCUPATION MATERNELLE PRIMAIRE

Elle correspond à une période d'intérêt exclusif de la mère pour le nouveau-né. C'est la capacité pour la mère de s'identifier aux besoins de son bébé afin de savoir à tout moment ce dont il a besoin. Cette phase débute à la fin de sa grossesse et dure pendant toute la période de dépendance absolue du nourrisson.

L'IMPORTANCE DE L'OBJET TRANSITIONNEL

Les bébés privilégient un objet (ours en peluche, morceau de drap ou de couverture) auquel ils s'attachent. L'utilisation de l'objet transitionnel est une défense contre l'angoisse de séparation.

LE RESPECT DE L'ENFANT LORS DES SOINS

Une bonne technique de soins comprend le maintien (holding) et le maniement (handling).

(8) Winnicott est décédé en 1971. Il est l'auteur de nombreux ouvrages dont *De la pédiatrie à la psychanalyse* (Payot).

- *le holding* (maintien) désigne la façon dont l'enfant est porté. Il recommande de :
- porter le bébé en obtenant sa coopération, en le soulevant délicatement et en évitant de le faire sursauter ;
- répondre au besoin de sécurité de l'enfant, en le maintenant avec douceur et en donnant un rythme régulier aux soins ;
- *le handling* (maniement) désigne la manière dont l'enfant est manipulé. C'est la façon de soigner l'enfant, de lui donner le biberon, de le laver avec douceur et respect.

Pour Winnicott, il faut éviter tout contact impersonnel et tout geste mécanique car, pour l'enfant, cela signifie de l'hostilité à son égard. Le jeune enfant éprouve généralement des difficultés à partager la personne qui s'occupe de lui avec d'autres enfants. Il ne peut véritablement l'accepter qu'à partir du moment où il devient lui-même capable d'avoir des relations avec plusieurs personnes.

LES THÉORIES D'ANNA FREUD[9]

Anna Freud, dernière née des six enfants de Sigmund Freud, était institutrice avant de devenir psychanalyste. Elle a cherché à rendre la psychanalyse accessible aux éducateurs et aux parents, en faisant des conférences de psychopédagogie ouvertes au grand public.

Anna Freud reprend essentiellement les théories de son père en leur ajoutant une **dimension pédagogique**.

L'ENFANT FACE À L'ALIMENTATION

Pour le nourrisson, la nourriture est tellement associée à la mère que, lorsque l'enfant refuse de manger, la mère se sent personnellement rejetée et la nourriture peut devenir très rapidement un **terrain de lutte** entre la mère et l'enfant. À l'inverse, le fait que la nourriture et la mère soient étroitement associées explique qu'une séparation d'avec la mère soit la cause d'un refus alimentaire (**anorexie**) ou au contraire d'une **boulimie**, la nourriture jouant le rôle de substitut d'amour maternel.

(9) A. Freud, décédée en 1982, est l'auteur de plusieurs ouvrages dont *Le normal et le pathologique* chez l'enfant (Gallimard).

L'ENFANT FACE À LA PROPRETÉ

Le moment de l'apprentissage de la propreté est l'un des moments les plus difficiles et les plus conflictuels au cours du développement de l'enfant. Selon Anna Freud, cet apprentissage peut durer trois jours ou plusieurs années selon qu'on le considère comme l'acquisition d'un stade réflexe ou comme un moment au sein de l'éducation globale de l'enfant.

Il est préférable que l'enfant puisse intérioriser la règle de la propreté afin que celle-ci corresponde moins à une exigence externe qu'à **une exigence interne**. Dans la mesure où l'enfant est attaché à ses « productions » corporelles et que sa mère les reçoit comme cadeau, elles sont aussi des armes qu'il utilise en cas de déception ou de colère. L'enfant peut, à tout moment, refuser de contrôler ses sphincters et refaire pipi au lit pour manifester une **souffrance** ou une **opposition**.

L'ENFANT FACE AU JEU

Anna Freud voit une progression dans les activités ludiques de l'enfant qui vont du jeu à l'aptitude au travail. L'enfant peut jouer avec une couche, un oreiller, un nounours, qui ont le statut d'objets transitionnels. Progressivement, il s'intéresse à des jouets, ou objets inanimés, qui lui permettent d'exprimer l'ambivalence de ses sentiments à son propre égard et à l'égard de ses proches. Enfin, il se dirige vers un matériel de jeu qui l'absorbe comme un travail, une activité à part entière (jeux de construction, etc.). Selon Anna Freud, dans la mesure où l'aptitude au travail n'est qu'une évolution de l'aptitude au jeu, il est important que l'enfant tire du plaisir de toutes ses activités car cela le prépare à la maîtrise de la situation scolaire.

LES THÉORIES DE SPITZ[10]

René Spitz est un psychanalyste d'origine autrichienne qui a vécu aux États-Unis. Ses observations de plusieurs centaines de nourrissons, ses travaux sur la carence maternelle précoce et sur l'hospitalisme ont fait de Spitz l'un des auteurs les plus cités parmi les spécialistes de la petite enfance.

(10) R. Spitz est décédé en 1974, il est l'auteur de nombreux ouvrages dont *De la naissance à la parole* paru chez PUF.

L'ANGOISSE DU 8e MOIS

Entre le 6e et le 8e moi, face à toute personne inconnue de lui, le bébé réagit en pleurant, en hurlant ou en manifestant de la frayeur. Spitz analyse cette « *peur de l'inconnu* » en expliquant que face à l'étranger le jeune enfant réagit principalement au fait que ce n'est pas sa mère. Il pleure parce qu'il a peur que sa mère ne l'ait abandonné. Pour Spitz, l'angoisse du 8e mois est la première manifestation d'angoisse proprement dite. Mais cette angoisse marque une étape décisive dans le développement psychique du nourrisson. Cela signifie que l'enfant est maintenant *capable d'aimer* puisqu'il distingue l'être aimé des autres. À partir de là, le jeune enfant modifie sa façon de se comporter avec son entourage puisqu'il est en mesure d'opérer des différenciations dans ses attachements. Selon Spitz, les enfants qui changent de référentes (*substituts maternels*) trop fréquemment auront des difficultés ultérieurement à nouer des relations affectives avec une personne.

L'interprétation de Spitz a fait l'objet de controverses parmi les spécialistes de la petite enfance.

Certains psychologues ont montré que les sentiments d'abandon et de détresse pouvaient déjà se manifester chez le nourrisson. Les éthologues, quant à eux, ramènent l'anxiété devant l'étranger à une tendance instinctive de fuite, analogue à celle des animaux devant ce qui est extérieur à leur espèce. Prenant en compte ces théories, les institutions de la petite enfance préconisent *l'entrée en crèche des enfants avant l'âge de 7 mois ou après l'âge de 9 à 10 mois*[11].

LES CARENCES AFFECTIVES

Spitz a été l'un des premiers auteurs à travailler sur la « carence affective » chez le nourrisson et à en montrer les répercussions graves sur le développement de l'enfant. Le syndrome « d'hospitalisme » a été découvert par Spitz à partir de l'observation de jeunes enfants qui avaient tous été séparés de leur mère (entre le 6e et le 8e mois) pendant une période ininterrompue de trois mois. Ces nourrissons présentaient des *manifestations dépressives* graves (refus de s'alimenter, perte de poids, arrêt de développement, refus de tout contact).

LES THÉORIES DE BETTELHEIM[12]

Bruno Bettelheim, psychanalyste américain, est le spécialiste de la psychose infantile et du traitement de l'autisme. Bettelheim a pu avancer des idées novatrices concernant la place active du nourrisson dans la relation mère-enfant, et l'importance de la communication à l'intérieur de cette relation.

L'AUTISME INFANTILE

L'autisme est selon lui un dérèglement de la communication entre l'enfant et son entourage. Tantôt le nourrisson perçoit mal les actes et les sentiments positifs de sa mère, tantôt il ressent très fortement ses sentiments négatifs, ceci l'amène à s'éloigner de sa mère et à se retirer dans un monde à lui, devenant « indifférent au monde extérieur » (théorie remise en question aujourd'hui).

L'IMPORTANCE DE LA RELATION MÈRE-ENFANT À L'AUBE DE LA VIE

À travers le traitement des enfants autistiques, Bettelheim découvre à quel point l'établissement de la relation mère-enfant est fondamentale pendant les premières semaines de la vie.
Selon Bettelheim, il peut y avoir une mauvaise interprétation par l'enfant des signaux de la mère et une émission en retour de signaux brouillés pour couper un contact chargé d'angoisse. L'enfant a alors besoin de se retirer pour se protéger de toute agression, ce qui affaiblit son désir d'observer et d'agir. Le nouveau-né naît avec le *désir d'agir*, aussi l'attitude de la mère au cours de la tétée et des soins est fondamentale pour le développement de l'enfant. Bettelheim pense que ces échanges doivent s'effectuer dans un climat de « *mutualité* » et « *d'acceptation vraie* » pour éviter le retrait autistique de l'enfant.

(11) Selon Françoise Dolto (*cf.* Théories de Dolto, plus loin dans le chapitre).

(12) Décédé en 1990, Bettelheim est l'auteur d'un ouvrage qui fait référence sur l'autisme, *La forteresse vide* (Gallimard).

LES THÉORIES DE DOLTO[13]

Françoise Dolto, médecin psychanalyste, a été l'une des premières à ouvrir le champ de la psychanalyse aux « inadaptés précoces ».

LE DIALOGUE AVEC LE NOURRISSON

Françoise Dolto a été l'une des premières psychanalystes à dire qu'il fallait **parler au nourrisson**. Il a besoin d'entendre un langage formulé, des phrases construites et des mots chargés. Il faut aider le nourrisson à se comprendre lui-même, en lui fournissant les mots appropriés aux émotions qu'il ressent.

LE DÉVELOPPEMENT AFFECTIF DE L'ENFANT SELON LES STADES FREUDIENS

Le psychanalyste S. Freud a décrit le développement affectif du jeune enfant sous forme de **stades** (*cf.* page 176). À chacun de ceux-ci correspond un comportement spécifique de l'enfant à l'égard des personnes qu'il aime. En fonction de ces stades Françoise Dolto donne quelques conseils (brièvement résumés ci-après).

→ Le stade oral

Le bébé exprime son *agressivité* par la morsure : c'est un besoin de mordiller (lié à l'apparition de la dentition). Freud dit que le bébé aime la personne qui le nourrit, qu'il a « envie de l'absorber ».
L'adulte référent veillera à :
- favoriser le *plaisir de la succion* du bébé ;
- commencer le sevrage avant l'apparition des dents (4-5 mois) et le conduire très progressivement jusqu'à 7 mois.

→ Le stade anal

L'enfant marque son *opposition* à l'adulte.
Il a des réactions agressives contre tout ce qui s'oppose à lui. Son comportement est : actif, brutal, bruyant.

L'adulte référent veillera à :
- permettre à l'enfant (au moins 1 heure par jour) d'être aussi bruyant qu'il le désire ;
- respecter la pudeur de l'enfant.

→ Le stade phallique

L'enfant marque un intérêt pour la *différence sexuelle* (questions sur le sexe, la naissance)
L'enfant manifeste une rivalité envers le parent du sexe opposé (*complexe d'Œdipe*).
L'adulte référent veillera à :
- ne pas éluder les questions concernant le rôle de la sexualité dans la procréation ;
- éviter que la prise de conscience du plaisir génital (masturbation) ne se fasse dans la culpabilité.

LA CAUSE DES ENFANTS

Françoise Dolto a combattu toute sa vie pour défendre la cause des enfants. Elle a la conviction qu'on peut échanger avec les tout-petits comme avec des égaux. Même s'ils sont petits, ils comprennent beaucoup plus de choses. Ils méritent donc beaucoup de considération.

L'ÉDUCATION À L'AUTONOMIE

L'éducation d'un enfant, dit Françoise Dolto, devrait consister à l'aider à devenir ce qu'il est. Il faut laisser l'enfant prendre au jour le jour des initiatives et se développer selon sa propre orientation. Le plus difficile pour les parents et les éducateurs est d'accepter la « différence ». L'adulte est fier d'être imité par l'enfant. Françoise Dolto critique cette attitude de l'adulte qui appauvrit la personnalité de l'enfant. Celui-ci devra en effet toujours se corriger pour se conformer au « modèle » qu'on lui aura inculqué. L'important est de développer chez l'enfant son « autonomie » le plus tôt possible. L'enfant a d'abord besoin de vivre le présent au présent. Si celui-ci est bien vécu, il pourra intérioriser le temps social qui exige de chacun un centrage sur l'avenir sous forme de projets.

(13) Françoise Dolto a créé (entre autres) la « Maison verte » (lieu d'accueil et d'observation de l'enfant). Elle est décédée en 1988. Elle est l'auteur de nombreux ouvrages, dont *La cause des enfants* (Laffont), *Lorsque l'enfant paraît* (Seuil).

LES THÉORIES DE LEBOVICI[14]

Psychiatre, professeur de psychiatrie de l'enfant et de l'adolescent, Serge Lebovici publie des livres depuis plus de trente ans. Il s'intéresse plus particulièrement aux *interactions précoces* dans le couple mère-enfant et à la compréhension psychanalytique de celles-ci.

L'INTERACTION MÈRE-NOURRISSON

Le nouveau-né répond en priorité à certains types « *d'actes maternels* » tels que gestes, sourires, hochements de tête, etc. Ces actes sont spécifiques de la situation d'interaction avec un bébé. Si l'on étudie les modalités de communication utilisées entre les deux partenaires, on constate que la mère et le nourrisson utilisent essentiellement des « *voies sensorielles* » pour leurs échanges. La posture d'allaitement est un exemple qui montre la réciprocité évidente entre la mère et son nouveau-né dans leurs comportements. Dans le cas d'une posture non ajustée, chaque mouvement postural de l'un nécessite une modification posturale de l'autre.

LA PRÉVENTION PRÉCOCE DE LA MALTRAITANCE

L'observation réelle de la relation mère-enfant a permis non seulement de traiter les difficultés du nourrisson, mais aussi de mieux évaluer la psychopathologie précoce. On peut observer dès les premières semaines des éléments psychopathologiques dans l'interaction mère-enfant. Une prise en charge précoce de la mère et de son enfant peut permettre de modifier le type d'interactions parfois dangereuses qui s'installent entre eux (et en particulier de *prévenir la maltraitance*).

Une mère dépressive peut éprouver beaucoup de difficultés à entretenir des échanges verbaux et visuels avec son nouveau-né. Sa difficulté à établir sa fonction maternelle est préjudiciable au bébé. Les *indicateurs de risque* sont tous les éléments à prendre en compte par les professionnels de santé dans l'environnement du nouveau-né avant et après sa naissance, susceptibles de le mettre en danger (attitudes de la mère, du père ou du compagnon à l'égard du bébé, toxicomanie, alcoolisme dans la famille, instabilité des modes de garde, etc.).

---

(14) Serge Lebovici est l'auteur (entre autres) de *La connaissance de l'enfant par la psychanalyse* (PUF).

3

Activités d'éveil et de jeux

9 La place des jouets et des jeux dans le développement de l'enfant

Les jouets étant les « accessoires » des jeux, ils répondent à des besoins précis et procurent à l'enfant éveil sensoriel et épanouissement. De plus, l'enfant apprend mille choses avec les jouets (ou les objets à jouer) mis à sa disposition. L'adulte doit éviter de détourner l'enfant d'un jeu qui lui semblerait puéril pour l'inciter à jouer « utile ». Il est donc souhaitable de respecter les goûts et choix de l'enfant en le mettant dans une situation ludique adaptée à son âge, à son développement psychomoteur et à ses besoins.

Situation

Sarah (GEAD) surveille les jeux de Fluvio (13 mois) et Davis (4 ans)

Les statistiques montrent que la majorité des accidents proviennent d'un défaut de surveillance. Sarah, qui garde à domicile deux frères d'âges différents, le sait. Elle doit éviter de laisser le petit s'amuser avec les jouets de Davis, son frère aîné, et apprendre au grand à ne rien laisser traîner. Par exemple, aujourd'hui Fluvio (13 mois) s'est emparé du sac de billes de Davis. Il l'a renversé, a éparpillé les billes, puis les a portées à sa bouche pour mieux en apprécier la consistance… Sarah s'en est aperçue et a récupéré les billes tout en expliquant le risque à Fluvio ! Sarah veille aussi à conseiller les parents des enfants pour l'achat de jouets correspondant à leur âge et avec le minimum de risques. Elle leur précise l'intérêt de veiller aux *normes de qualité* (AFNOR) et aux *normes de sécurité* que les emballages doivent mentionner.

Les questions que l'on se pose

- *Les jouets sont-ils d'excellents stimuli ?*
- *Les jouets favorisent-ils le développement psychomoteur ?*
- *Les jouets stimulent-ils l'intelligence de l'enfant ?*
- *Faut-il proposer beaucoup de jouets à l'enfant pour qu'il choisisse ?*
- *Qu'appelle-t-on « objets à jouer » ?*
- *Les jouets peuvent-ils présenter certains risques ? Lesquels ?*
- *Qu'appelle-t-on « normes AFNOR » ?*
- *Les jouets de l'aîné peuvent-ils servir pour le plus jeune ?*
- *Qu'entend-on par « jouets éducatifs » ?*
- *Qu'appelle-t-on la « polyvalence » des jouets ?*

Le choix des jouets selon l'âge

LE CHOIX DES JOUETS AVANT LA MARCHE

Avant l'âge de la marche l'enfant prend plaisir à attraper et à manipuler. Il est donc inutile de remplir son parc de beaucoup de jouets. Il faut veiller au contraire à ce qu'il en ait le minimum en même temps. Cela l'aidera à se concentrer sur ce qu'il fait. On devrait appeler les jouets de cette période des **« objets à jouer »**.

LES CRITÈRES DE CHOIX DES JOUETS

Avant l'âge de la marche, les jouets doivent plus particulièrement **stimuler les organes des sens** afin de développer l'éveil de l'enfant. Cette stimulation sera :

- **visuelle** : d'où le choix d'objets colorés, d'objets mobiles ;
- **auditive** : d'où le choix d'objets sonores ;
- **tactile** : d'où le choix d'objets aux contacts variés ;
- **satisfaire le besoin de manipulation et de succion de l'enfant**[1]. C'est l'âge où l'enfant fait la connaissance du monde non seulement par la manipulation mais par la « succion ». L'enfant porte tout à la bouche, les jouets sont les objets de choix ; ils doivent répondre à ce besoin et seront donc : **solides**, **lavables**, de forme **simple** et répondant aux **normes de sécurité**.

LA FONCTION DES JOUETS

Un choix s'imposait parmi les nombreux jouets, cette liste n'a pas la prétention d'être exhaustive.

LES JOUETS À VOIR ET À ÉCOUTER

- **Le mobile** est le jouet classique du nourrisson : objet de grosse taille et très coloré, il stimule l'enfant visuellement et constitue l'un des premiers points de repère dans son environnement. Il peut être suspendu au plafond de la chambre, ce qui constitue un élément de décoration appréciable, mais il est parfois situé trop loin des yeux du bébé pour répondre vraiment à ses besoins. Il peut être accroché au lit, c'est le cas pour le mobile musical ; dans ce cas, l'enfant le verra facilement et sa petite musique lui deviendra familière et constituera l'un de ses premiers **repères sécurisants.**
- **Le boulier** peut également être suspendu au berceau. Il produira le même effet que le mobile musical ; le son du boulier est moins mélodieux mais il a l'avantage d'être provoqué par le geste du bébé qui le heurte, ce qui stimule **l'éveil** de l'enfant.

LES JOUETS À ATTRAPER ET À TOUCHER

- **Le portique** : c'est vers 5-6 mois, lorsque l'enfant a acquis la préhension volontaire, que le portique semble être particulièrement apprécié du bébé. Les parents ou les professionnels doivent veiller à la bonne installation du portique dans le lit de l'enfant afin que les qualités du jouet soient exploitées au mieux. Un portique muni d'élastiques sur le côté est inefficace. Le bébé tire le portique vers lui au lieu d'être tiré « par » le portique[2].
- **Les objets domestiques ou objets à jouer** : les jeunes enfants aiment particulièrement toucher, tâter, sucer, etc. Certains objets sont à privilégier : ce sont les objets familiers qui ont des textures diverses, telles que le bois, le tissu, le plastique. Nous pourrons sans crainte faire connaître aux enfants une timbale peu fragile, un gant de toilette ou une éponge (sèche et propre) ou des anneaux de rideaux en plastique.

L'intérêt est d'offrir au bébé une stimulation à la fois **tactile** (par des objets durs, mous, rugueux, soyeux, lisses, etc.), **auditive** (par des objets silencieux ou sonores), **visuelle** (par des objets de formes et de couleurs variées).

- **Le tableau de découvertes** (ou d'éveil) est un jouet très utile car il développe en même

(1) Ce que Gesell appelle le « circuit main-bouche »

(2) Il faut savoir que le portique a été inventé dans les années 1950 par un médecin américain pour sa fille qui était handicapée motrice. Grâce au portique (dont le nom évoque l'appareil utilisé dans les gymnases), l'enfant développe sa motricité. Il est devenu, depuis plus d'un demi-siècle, le jouet le plus vendu au monde.

temps de nombreuses **capacités sensorielles** (toucher, vue, ouïe). Avec ce « tableau », l'enfant peut pousser, tourner, tirer, appuyer, remuer un objet de forme différente dans tous les sens. C'est en fait la répétition des gestes qu'il essaie de maîtriser qui l'intéresse et qui l'éveille au monde. Chaque fois qu'il y réussit, il entend un son, il voit une image, qui l'incite à recommencer l'opération.

LES JOUETS À SUCER ET À SECOUER

Parmi les jouets destinés à cet usage, citons quelques objets en caoutchouc parmi les plus demandés :

- **les anneaux et clefs plastifiés (les grips)** sont des objets qui offrent des éléments de relief stimulants et s'attrapent bien ;
- **les colliers de dentition** sont particulièrement indiqués vers 6-8 mois lors de la sortie des premières dents ;
- **les animaux en plastique** peuvent être proposés au bébé pour son plus grand plaisir. Parmi ces animaux, la girafe au long cou est celle que l'enfant maintient le mieux ;
- **les hochets** en plastique sont les jouets par excellence du nourrisson, mais certains hochets ne sont pas toujours bien adaptés à ses besoins. Ils sont souvent trop lourds pour les petites mains du bébé et leurs sons sont peu mélodieux. Le bébé leur préfère avec raison ses mains et ses pieds qui entrent dans son champ visuel et ne disparaissent pas aussi vite de sa vue. Ils sont d'ailleurs moins lourds à porter et plus doux ! Cela dit, tout dépend du moment où le jouet est proposé à l'enfant. L'âge de 2-3 mois est peut-être précoce, en revanche, vers 4-5 mois, le hochet semble plus apprécié du bébé. À cet âge-là, l'objet peut favoriser les « réactions circulaires » (*cf.* les théories de Piaget)[3].

LES OBJETS À JETER

Vers 7-8 mois, l'activité motrice du tout-petit va se tourner à présent vers l'extérieur, l'enfant commence à jeter les objets incitant l'adulte à aller les chercher par ses contorsions et ses cris. L'enfant a besoin de dépenser toute une énergie accumulée en lui. Selon Spitz[4], cette décharge, apparemment agressive, est indispensable à son équilibre. Prendre un cube (ou un autre objet) au hasard, le jeter, est positif pour l'enfant, mais l'effet est souvent mal compris de l'adulte. À la lumière de la psychanalyse on peut approfondir un peu le sens de ce geste qui est fréquent chez le jeune enfant et qu'il répète sans se lasser.

Freud[5] dit que ce jeu est en rapport avec la phase de sevrage. L'enfant, en jetant un objet, s'en sépare, puis cherche à le retrouver pour s'en séparer à nouveau après l'avoir serré contre lui. L'objet rejeté (cube, balle, etc.) serait le symbole du sein maternel que l'enfant doit à regret abandonner. Ces jeux seraient très utiles car ils aideraient bébé à exorciser des tensions internes, d'où le plaisir qui s'ensuit.

- **Les cubes** : pour cette période (7-8 mois), les cubes seront choisis de préférence en plastique, légers et solides. Ainsi, ils pourront être sucés et jetés. C'est seulement dans un deuxième temps (vers 15-18 mois) que l'enfant leur donne leur fonction réelle : celle de l'empilement. Dans ce cas, il faudra les choisir assez lourds (en bois de préférence), aux arêtes bien droites, pour faciliter le travail de l'enfant.
- **Les boules et les balles** : ces jouets incitent l'enfant à se déplacer pour les attraper, en rampant et en marchant à quatre pattes. Il existe de nombreux modèles.

MémoMémoMémo

Pour faciliter l'étude des jouets, nous avons réalisé un regroupement par fonction, mais il est évident que certains jouets peuvent cumuler plusieurs fonctions. On appelle cela la « **polyvalence** » des jouets. Prenons le cas du hochet (mais beaucoup d'autres pourraient être cités), il regroupe toutes les fonctions : c'est un jouet qui **stimule tous les sens** (la vision, l'ouïe, le toucher), qui développe la **manipulation** : l'enfant peut le prendre, le jeter, ou le porter à sa bouche (il favorise aussi la **succion**).

(3) Piaget (*cf.* chapitre 8).

(4) Spitz (*cf.* chapitre 8).
(5) S. Freud, *Au-delà du principe du plaisir, Essais de psychanalyse* (Petite bibliothèque Payot) (*cf.* chapitre 7).

Rôle de la professionnelle

Créer un environnement affectif sécurisant

Pour être curieux du monde qui l'entoure, aller à la découverte des objets, persévérer dans ses expériences, l'enfant a besoin d'être en paix avec lui-même et avec son entourage. L'enfant qui manque d'affection, qui ne se sent pas important pour quelqu'un, regarde ses jouets d'un œil éteint.

C'est aux adultes de repérer ce genre de symptôme révélateur d'un malaise de l'enfant et de tout mettre en œuvre pour y remédier. Cela peut traduire une mauvaise adaptation à la crèche ou un problème d'ordre familial. Si plusieurs enfants présentent ce symptôme, il faut (en structure d'accueil) s'interroger sur l'organisation du groupe. La professionnelle a ici un rôle humain important à jouer.

Respecter l'autonomie de l'enfant

L'enfant a besoin de temps et de calme pour se livrer à ses manipulations de la façon la plus efficace. Si l'adulte intervient trop fréquemment dans le jeu de l'enfant, celui-ci détournera son attention du jeu, et demandera une autre activité. Un excès d'intervention de l'adulte est nuisible pour l'enfant.

Par ailleurs, la manipulation d'objets est d'autant plus facilitée que l'enfant se trouve dans une posture qu'il a prise lui-même et dans laquelle il n'a pas de problème d'équilibre. Un enfant placé assis, alors qu'il ne maîtrise pas cette position, aura toute son énergie concentrée sur l'effort à faire pour ajuster l'équilibre et ne manipulera pas (ou mal) les jouets. Ce même enfant pourrait nous étonner par l'efficacité de son activité ludique sur le tapis (ces idées ont été largement développées dans les livres sur les *expériences de Loczy*[6]).

Accompagner du regard les expériences de l'enfant

L'adulte (s'il ne joue pas avec lui) doit être attentif à ce que l'enfant fait pour des raisons de sécurité évidentes, mais aussi par intérêt à son activité. Rencontrer le regard de l'adulte quand on a réussi à empiler deux cubes, sentir sa compréhension quand on tâtonne pour ajuster deux Légo, sont autant d'encouragements pour entreprendre de nouvelles explorations.

Organiser un espace de jeu suffisant

L'enfant a besoin d'un espace où il puisse se déplacer et se mouvoir à l'aise, mais où il ne se sente pas perdu. Cet espace ne sera ni trop grand (en collectivité) ni trop petit (à domicile) et il évoluera avec l'âge de l'enfant.

Privilégier deux critères pour le choix des jouets

Critères liés à l'enfant : prendre en compte son âge, mais surtout ses possibilités motrices, intellectuelles, son tempérament, son état de santé, son environnement, ses propres intérêts, et respecter le besoin de l'enfant de souvent « jouer sans jouets » car tout est jeu pour l'enfant ! (*cf.* mémo).

Critères de sécurité liés aux jouets : acheter de préférence pour le jeune enfant des objets aux normes françaises qui puissent être portés à la bouche sans risque et qui se lavent facilement.

Savoir évaluer la quantité de jouets

La quantité des jouets mis à la disposition des enfants doit être évaluée selon l'âge et l'importance du groupe d'enfants : envahi de jouets, le jeune enfant ne saura pas où porter son attention, son intérêt se dispersera et il ne sera plus motivé pour jouer. En revanche, peu de jouets, surtout chez les plus grands, risque de provoquer des conflits entre les enfants.

(6) *Cf. Guide de la Puéricultrice*, de J. Gassier et C. de Saint-Sauveur, Masson, Paris, 2007.

MémoMémoMémo

La naissance du jeu, selon Piaget[7]

Dans la formation du symbole chez l'enfant, J. Piaget s'est intéressé à la naissance et à la classification des jeux, et s'interroge pour savoir quand il faut faire débuter le jeu. Il pense que celui-ci débute dès le **premier stade du développement sensorimoteur**, stade des adaptations purement réflexes et que si les **réactions circulaires** ne présentent pas en elles-mêmes de caractère ludique, on peut dire que la plupart se prolongent en jeux. L'enfant, après avoir accompli un effort d'accommodation, reproduit les choses pour le plaisir.
« Ainsi pour le jeune enfant, tout est jeu et aucun jouet ne remplacera les jeux de succion, de mains ou de voix, par exemple : les lallations. »

LE CHOIX DES JOUETS APRÈS LA MARCHE

À partir de 14 à 15 mois, âge approximatif de l'acquisition de la marche indépendante et assurée, le jeune enfant se décentre de lui-même et *s'ouvre sur le monde*. Le choix des jouets doit s'y adapter.

CRITÈRES DE CHOIX POUR L'ENFANT DE 15 À 24 MOIS[8]

La professionnelle de l'enfant doit prendre en compte différents facteurs.

LA PERSONNALITÉ DE L'ENFANT

L'enfant de cette tranche d'âge est souvent :
- **agressif** : dès qu'il voit un autre enfant jouer, il veut accaparer le jouet ! C'est en fait une façon de l'imiter (« d'être l'autre qui joue » disent les psychologues) ;
- **individualiste et possessif** : lorsqu'il a pris un jouet, l'enfant ne veut ni le rendre ni le prêter : « c'est à moi, pas à toi ! » ce qui constitue une façon de définir son territoire. « C'est une phase normale après la période dite "d'angoisse" et c'est une façon de jouir du contact de l'objet à un âge où s'opère en lui une folie de manipulation » (dit Spitz)[9] ;
- **négatif** : c'est la phase du « non », une façon d'affirmer son identité en s'opposant aux autres et à l'adulte ;
- **instable** : l'enfant change souvent d'activités et ne peut pas maintenir longtemps son attention, sollicitant sans cesse l'adulte.

LES DIFFICULTÉS ENGENDRÉES

L'activité ludique des enfants de cet âge-là peut être source de :
- **frustration** : l'objet est pris par l'enfant le plus agile et l'enfant faible est bousculé par les autres ;
- **excitation** : les pleurs créent un fond sonore excitant pour le groupe et fatiguant pour le personnel ;
- **gêne** : l'attention est limitée, si le jeu individuel est interrompu sans cesse, l'enfant ne peut s'engager dans une activité féconde.

Rôle de la professionnelle

L'adulte met à profit l'envie de l'enfant d'« imiter l'autre » pour lancer des « jeux moteurs » favorisant la socialisation et lui permettant de se « défouler », tout en évitant de lutter systématiquement contre l'agressivité. Celle-ci doit être acceptée et comprise comme une phase normale du développement de l'enfant.
Il est conseillé :
- de mieux scinder les activités des enfants : un enfant, par exemple, pourrait dormir, pendant qu'un autre empilerait des cubes ;
- d'acheter en plusieurs exemplaires les jeux à caractère individuel.

(7) Piaget (*cf.* chapitre 8).
(8) L'enfant de cet âge est dans la section dite des « moyens » à la crèche.
(9) Spitz (*cf.* chapitre 8).

LES CRITÈRES DE CHOIX POUR L'ENFANT DE 2 À 3 ANS[10]

La professionnelle de l'enfance doit prendre en compte différents aspects.

LA PERSONNALITÉ DE L'ENFANT

Puisque nous centrons notre propos sur le jeu, nous dirons que ce qui caractérise l'enfant de cet âge est :

- une **personnalité** plus affirmée ;
- une plus grande **socialisation** : la professionnelle pourra donc exploiter plus facilement les différentes activités ludiques étudiées ci-après, par exemple les jeux moteurs ;
- un esprit de plus en plus **curieux** : c'est l'âge où les jeux de réflexion, dits éducatifs, commencent à intéresser l'enfant.

LE TYPE DE JOUETS

Le plaisir de **toucher**, de **manipuler**, de **créer se poursuit**, c'est l'âge où les différents jeux de manipulation passionnent l'enfant et où la peinture est exploitée largement. Notons que tous les jouets cités dans le paragraphe précédent (« avant la marche ») intéressent toujours l'enfant mais qu'il va les utiliser différemment. Prenons le cas des **anneaux** : dans un premier temps, l'enfant ne savait que les sucer ou les jeter ; à présent il va pouvoir les empiler sur une tige, dans un ordre progressif de formes, de couleurs, même s'il est encore malhabile.

De plus l'enfant peut garder une préférence pour un certain type de jeux, même s'il ne correspond plus à sa tranche d'âge. Tout cela s'interpénètre et se dynamise pour participer à l'harmonie du développement de l'enfant.

Vers 2-3 ans, l'enfant peut se représenter mentalement certaines situations, c'est l'âge où le « jeu symbolique » prend tout son intérêt. « Ce jeu débute au cours de la deuxième année, passe par son apogée entre 2 et 3 ans, se maintient entre 4 et 6 ans et décroît ensuite, pour être remplacé par les jeux de règles, vers 6-7 ans » dit Piaget[11].

(10) L'enfant de cet âge est dans la section dite des « grands » à la crèche.

MémoMémoMémo

Le jeu, pour bien grandir

D'après Freud, le jeu est essentiel car il permet à l'enfant de devenir actif et non plus spectateur de sa vie : il exprime ses états d'âme, ses désirs ou ses souffrances. Par le jeu, l'enfant extériorise ses émotions trop intenses et ses fantasmes. Grâce au jeu, l'enfant peut dépasser les difficultés et prendre de la distance par rapport aux événements compliqués de la réalité.

Fig. 9.1. Le jouet comme reflet de l'enfant.

LES NORMES DE SÉCURITÉ DES JOUETS

- **Le marquage CE** (Communauté européenne) est un marquage européen obligatoire qui indique que les produits respectent les exigences essentielles de sécurité, de santé publique et de protection des consommateurs.
- **La marque NF** (normes françaises) garantit que les exigences de qualité, sécurité, fiabilité, aptitude à l'usage, décrites dans des normes et règlements de certification, ont été contrôlées et sont respectées. Elle vise à répondre à l'attente globale de qualité des prescripteurs et utilisateurs de jouets (par exemple : aptitude à l'emploi, durabilité, performances, etc.).

(11) Piaget (*cf.* chapitre 8).

La classification des jouets selon le développement psychomoteur

Tenter de classifier les jouets est arbitraire. Cependant, il est possible de répertorier les jouets en fonction du développement psychomoteur de l'enfant ; l'âge est donné à titre purement indicatif (tableau 9.1).

Fig. 9.2. À la crèche, l'AP surveille attentivement le jeu.

Tableau 9.1 – Choix des jouets selon le développement psychomoteur.

Développement psychomoteur	Choix des jouets
Vers 3 à 6 mois L'enfant aime : - voir (les couleurs, le mouvement) ; - écouter ; - toucher ; - sucer.	- mobiles (au plafond, au berceau) ; - mobiles musicaux ; - bouliers ; - hochets, etc. 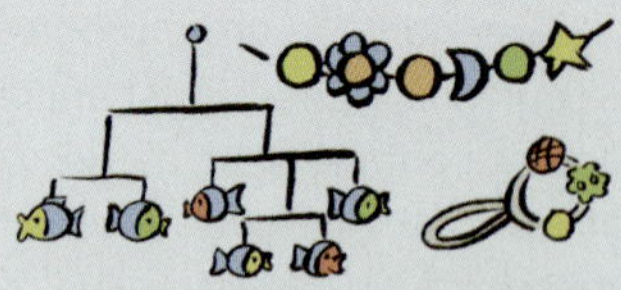
Vers 6 à 15 mois L'enfant maîtrise : - la préhension volontaire ; - le relâchement volontaire ; - la position assise. c'est l'âge : - des dents ; - de la crise d'angoisse (8e mois).	- tableaux de découvertes ; - portiques, tableaux d'éveil ; - cubes ; - clefs, anneaux en plastique ; - animaux en caoutchouc ; - collier à dentition ; - ours en peluche, poupées. 

Développement psychomoteur	Choix des jouets
Vers 1 an ½ - 2 ans ½ L'enfant aime introduire, retirer, superposer, juxtaposer.	- pyramides d'anneaux ; - gobelets et cubes gigognes ;
La préhension et le relâchement sont fins et précis.	- trieurs de forme ; - puzzles, etc. 
L'enfant aime déplacer les objets : - lancer ; - pousser ;	- ballons, balles ; - petits trains ; - autos, camions (à chevaucher) ;
- tirer ; - traîner.	- jeux à tirer ; - jouets porteurs, etc.
L'enfant aime les activités créatives : - peinture ; - modelage ; - musique ; - lecture.	 - peinture ; - pâtes à modeler ; - disques pour enfants ; - livres pour enfants.
Vers 3-5 ans L'enfant aime mimer des situations.	**Jeux symboliques** - ours, poupées, dînettes ; - marionnettes ; - panoplies, déguisements, etc.
L'enfant aime se concentrer, réfléchir, inventer, etc.	**Jeux éducatifs** - jeux de construction (cubes, Légo) ; - lottino ; - perles à enfiler, etc. 
L'enfant a besoin de se dépenser physiquement.	**Jeux moteurs** - échelles ; - balançoires ; - toboggans ; - tourniquets, manèges, etc.
L'enfant apprécie les activités de groupe.	**Jeux collectifs** danses, rondes, etc.
L'enfant s'intéresse aux jeux virtuels.	**Jeux vidéos** - consoles de jeux ; - jeux interactifs.

Les rapports « parents-jouets » et « parents-enfants » par les jeux

Le jouet est un **intermédiaire hautement symbolique**. Il suffit d'observer les parents au rayon des jouets en période de Noël pour prendre vraiment conscience de la place du jouet dans l'inconscient parental. La façon dont la mère touche les poupées qu'elle destine à sa fillette, ou le père les objets mobiles téléguidés qu'il choisit pour son fils, peut être révélatrice de bien des arrière-pensées, de souvenirs, de conditionnements, de nostalgie, de désirs exaucés ou refusés.

LES JOUETS DANS L'INCONSCIENT PARENTAL

Les parents s'investissent beaucoup affectivement au travers du jouet, et ils peuvent même devenir envahissants par son intermédiaire. Ils ont tendance à utiliser les jouets comme une **monnaie d'échange**, sans en avoir réellement conscience. Certains parents donnent les jouets à l'enfant afin que celui-ci soit sage, qu'il ne les gêne pas trop dans leurs préoccupations. Souvent ces jouets ont été achetés chers ; les parents se donnent par ce biais une « **bonne conscience** », ils pensent que le sacrifice réalisé pour combler l'enfant de « biens » doit être payé en retour. Spitz[12] dit : « J'ai vu des parents pousser leur bébé hors de son parc (par l'excès de jouets !) afin d'apaiser leur sentiment de culpabilité par cette surcompensation ». En effet, l'inconscient parental véhicule des fautes réelles (ou supposées telles) à l'égard du nourrisson, les mères qui travaillent en particulier se sentent souvent fautives et les jouets sont là pour compenser tous les manques ; ils symbolisent des **actes d'amour** dans l'esprit des parents alors qu'ils ne pourront jamais remplacer la présence réelle, la communication et l'échange affectif.

(12) R. Spitz (*cf.* chapitre 8).

MémoMémoMémo

La fiche technique d'un jouet (ici, le jouet porteur)

La professionnelle de la petite enfance est souvent amenée à constituer un « fichier du matériel de jeux ». Nous allons énoncer les caractéristiques d'un jouet porteur (type camion).

Description de l'objet (notice)

Pour décrire un objet, il faut observer le matériel et tenir compte de la notice explicative donnée par le fabricant. Le jouet porteur est un jouet multifonctions, plus particulièrement destiné à transporter l'enfant mais qui peut aussi être poussé, selon les modèles :
- il possède un siège et quatre roues (petites et solides) ;
- son volant est muni d'un klaxon ;
- ses couleurs sont vives ;
- il est en matière plastique ;
- il est léger et facile à transporter ;
- il répond aux normes de sécurité.

Observation du jouet en situation

Observons le jouet-porteur en « situation », c'est-à-dire quand il est utilisé :
- par les enfants de 15 mois. Il est très apprécié dès l'âge de la marche, mais est souvent objet de conflit entre ceux qui le possèdent et les autres ;
- par les enfants de 2 à 3 ans. Il est apprécié à cet âge-là, mais il est utilisé différemment. Les enfants aiment se déplacer à grande vitesse, entrer en collision avec d'autres enfants.

Intérêt du jouet

Ce jouet répond à un besoin de motricité de l'enfant.

Lieu d'évolution du jouet

Le domicile (pour le jeune enfant), le jardin (si une partie est dallée) ou éventuellement les couloirs (s'ils sont assez longs) pour l'enfant plus grand.

Fig. 9.3. Hippolyte (18 mois) découvre le jouet « porteur ».

L'OPPOSITION ADULTE-ENFANT AU TRAVERS DES JEUX

C'est au travers du jeu et au moyen du jouet que le jeune enfant tient tête à l'adulte jusqu'à la provocation. De ce fait, l'adulte doit parfois dire *non* !

- **Le « non » de l'adulte est utile**, lorsqu'il vient mettre un terme à une activité ludique débordante où l'enfant ressent de « l'auto-excitation », où il est « ivre de jeux » jusqu'à l'épuisement. À ce stade, les psychologues de la petite enfance disent que le jeu est « érotisé » (ce qui explique les phases paroxystiques, orgastiques, où l'enfant est rouge, surmené émotionnellement). L'adulte doit stopper cette agitation car elle est nuisible à l'enfant. Il ne s'agit pas de réprimer sa vitalité motrice mais d'aider le jeune enfant à se sécuriser, à s'apaiser en le prenant dans les bras, car il ressent l'excitation comme une tension douloureuse et angoissante.
- **Le « non » de l'adulte est nuisible**, lorsque celui-ci cherche à endiguer la suractivité motrice de l'enfant car elle le gêne ; il ressent ses jeux comme une manifestation agressive à son égard. Il est vrai que les jeux de l'enfant de 2-3 ans (et plus) sont constitués de cris, d'objets jetés, cassés, salis, de désordre, et qu'il faut beaucoup de calme et de patience pour supporter cette turbulence. En opposant un « non » ferme à toutes les tentatives de l'enfant, certains adultes cherchent à soumettre celui-ci. Dans la grande bataille des « non », lorsque celui de l'adulte sait s'imposer par la force, il a gain de cause sur celui de l'enfant. Mais c'est au détriment de l'épanouissement de ce dernier comme l'a exposé Spitz[13] : « On ôte à l'enfant tout germe d'agressivité mais on le **stérilise** en même temps ». La professionnelle dira aux parents qu'il est bien préférable d'avoir une maison en désordre et un enfant turbulent qu'une maison en ordre et un enfant bien sage à qui l'on n'a plus besoin d'interdire.

(13) *Cf.* chapitre 8.

Fig. 9.4. Le jeu avec un adulte favorise la communication et l'émulation.

L'intérêt du jeu et des jouets chez l'enfant

Les jeux ont une place importante dans le développement de l'enfant. Voyons de quelle façon.

LE JEU DÉVELOPPE LA MOTRICITÉ ET L'AUTONOMIE

Les jeux favorisent l'épanouissement de la motricité et de ce fait l'autonomie de l'enfant :

- d'une part la **motricité globale**, c'est-à-dire la coordination des mouvements et la maîtrise de l'équilibre du corps (ballons, jouets à traîner, à pousser, etc.) ;
- d'autre part la **motricité fine**, c'est-à-dire le développement de l'habileté manuelle, de la précision du geste (engrenages, encastrement, etc.).

LE JEU DÉVELOPPE L'OBSERVATION, LA RÉFLEXION, L'ANALYSE

Par le jeu, l'enfant apprend peu à peu à analyser ses mouvements, à les rendre efficaces, à préciser son action. Il apprend aussi en démontant un jouet, en rapprochant les différentes pièces, à observer et analyser des situations. Des séries de jeux permettent, plus que d'autres, d'affiner cette faculté d'analyse, on les dénomme : **jeux éducatifs** (à titre d'exemple, parmi les premiers utilisés, citons les encastrements, emboîtages, puzzles, mosaïques, etc.).

LE JEU DÉVELOPPE LA CRÉATIVITÉ

L'enfant a besoin de s'exprimer, de laisser libre cours à sa fantaisie, à ses dons de créativité, ce qui favorise l'essor d'une personnalité attrayante. Certains jouets, dits **jeux créatifs,** font appel à l'imagination, certains le sont plus que d'autres : citons à titre -d'exemple : les marionnettes, le jeu symbolique ou jeu de rôles avec la poupée (*cf.* ci-après), la peinture, les collages, la musique, etc.

Rôle de la professionnelle

Aider l'enfant à parler de ses créations

Il est essentiel de laisser l'enfant s'exprimer par la peinture, le collage, le modelage, mais il est tout aussi intéressant d'observer ce qui a été créé. Le dialogue avec l'enfant au sujet de sa création libre permet l'extériorisation d'émotions ou de souffrances tues : il est plus facile de parler de son dessin que de soi. La professionnelle aide l'enfant à nommer les formes, les couleurs et peut en profiter pour poser des questions : « Qu'as-tu voulu dessiner ? Pourquoi ton bonhomme en pâte à modeler n'a-t-il pas de jambe ? ». Il s'agit ensuite d'écouter attentivement ses commentaires. D'une part, l'enfant se sent valorisé par l'adulte car il comprend l'intérêt qu'on lui porte à travers sa production ; d'autre part, les paroles de l'enfant traduisent bien souvent ses préoccupations profondes et peuvent révéler des troubles graves liés par exemple à la maltraitance.

LE JEU DÉVELOPPE LA SOCIALISATION

L'IMPORTANCE DES JEUX SYMBOLIQUES

Le jeune enfant se trouve souvent en situation de conflits. Pour les résoudre, il a besoin d'établir des liens avec des objets qui seront le support d'un **transfert affectif**. Il a également besoin d'imiter des gestes, de revivre des situations, de s'identifier à telle ou telle personne de son entourage. Cela va lui permettre de s'affirmer, de se situer et de mieux appréhender le monde des adultes qui, sans le support du jeu, lui resterait étranger. À partir de l'âge de 2 ans, l'ours et la **poupée** sont les meilleurs supports des jeux symboliques. Toutes les **panoplies** (d'infirmière, du médecin), les **dînettes** (très utilisées dans les **coins-jeux**) en font partie.

L'IMPORTANCE DE L'ÉCHANGE

Les jeux favorisent l'échange et contribuent à préparer l'enfant à son intégration sociale.

Le jeune enfant joue seul. Plus tard, il aime être entouré d'autres enfants. Pour jouer avec l'autre, il lui faut un certain degré de maturité. Il faut accepter « **les règles et les interdits** »...

Le besoin de compétition qu'éprouve l'enfant est souvent indissociable des jeux collectifs. Il lui permet de s'évaluer, de s'affirmer par rapport à autrui, de se maîtriser, donc de se socialiser.

MémoMémoMémo

L'interet du jeu vu par Deligny (EJE)

Dans *Graine de crapule*, l'éducateur François Deligny donne, à ceux qui s'occupent d'enfants, d'utiles conseils tirés de son expérience personnelle et qui résument l'intérêt du jeu chez l'enfant :

- « si tu veux les connaître vite... *fais-les jouer* ;
- si tu veux leur apprendre à vivre... *fais-les jouer* ;
- si tu veux qu'ils prennent goût au travail... *fais-les jouer* ;
- si tu veux faire ton métier... *fais-les jouer-jouer-jouer...* »

Fig. 9.5. Les copains sont pour l'enfant un facteur d'intégration sociale.

L'organisation des jeux et des activités (l'animation)

Pour organiser les jeux, ou activités destinés à un groupe d'enfants (à partir de trois enfants), le professionnel de l'enfance peut préparer un « *projet d'animation* ». Pour établir ce projet d'animation, il faut définir les objectifs et prendre en compte certains critères. Le professionnel doit préparer le projet en amont.

LE PROJET D'ANIMATION

Un projet d'animation se prépare toujours à l'avance (si possible en équipe). Plusieurs questions doivent être résolues. On utilise la *méthode du QQQOCP*[14]. Il faut donc réfléchir aux points suivants :

- **Le qui ?** Les enfants à qui le projet s'adresse :
  - quel est leur nombre ?
  - quel est leur âge ? Et leur niveau de développement psychomoteur ?
- **Le quoi ?** Le choix de l'activité, par exemple : collage, peinture, dessin, manipulation, jeux d'eau, etc.
- **Le pourquoi ?** L'intérêt de l'activité pour ces enfants.
- **Le comment ?** Le matériel à préparer. La disponibilité du matériel (en collectivité) et le mode d'animation prévu (*cf.* ci-après).
- **Le quand ?** Le moment et la durée de l'activité, c'est-à-dire l'heure de la journée où va se dérouler l'activité et la durée de l'activité (approximative).
- **Le où ?** Le lieu (intérieur ou extérieur) : Il faudra s'assurer (en collectivité) de la disponibilité du lieu à l'heure fixée.

LES DIFFÉRENTS MODES D'ANIMATION

Il existe trois grands modes d'animation.

LE MODE D'ANIMATION DIRECTIF

C'est un mode d'animation où toutes les initiatives viennent de l'adulte. Dans ce cas, l'enfant doit se plier aux règles. S'il est mal utilisé, ce mode d'animation peut limiter la créativité de l'enfant et engendrer un sentiment de frustration. Il est de ce fait peu utilisé.

LE MODE D'ANIMATION SEMI-DIRECTIF

Le professionnel intervient pour proposer et non pour imposer. L'enfant doit pouvoir librement et réellement choisir. Il est particulièrement indiqué pour stimuler les enfants qui ont des difficultés à prendre des initiatives (notamment à leur arrivée).

LE MODE D'ANIMATION NON DIRECTIF

C'est un mode d'animation où le professionnel n'intervient pas. Il laisse dans ce cas s'exprimer la libre créativité de l'enfant, celui-ci peut jouer seul. Mais il est présent, attentif, disponible et prêt à répondre à ses demandes et afin de lui procurer un sentiment de sécurité.

Situation

Animation libre chez Mme A. (assistante maternelle)

Mme A. a collé de grandes feuilles de papier sur une petite table et elle a disposé quatre gobelets contenant des feutres de différentes couleurs. Les enfants choisissent librement.

- Max (2 ans) et Clara (2 ans ½) prennent des feutres, se placent devant les feuilles et font de grands mouvements amples en se déplaçant de droite à gauche.

- Jules (3 ans) préfère colorier un coin de la feuille, puis il change d'endroit pour refaire un gribouillis. Ensuite, il change de feutre, il met sa main contre la feuille et en colorie le pourtour. Puis il va le ranger. Jules a fini son travail !

Rôle de la professionnelle

Respecter l'autonomie de l'enfant

L'enfant apprécie de découvrir, seul. Il procède par « tâtonnements », recommence

(14) La formule (mnémotechnique) est plus facile à mémoriser dans cet ordre-là, mais dans l'ordre de la réflexion, le pourquoi se place après le « quoi ».

plusieurs fois le même geste, la même action afin d'en acquérir la maîtrise parfaite. Le professionnel doit respecter ce temps d'apprentissage autonome. Il évitera d'intervenir d'une façon intempestive et encouragera l'enfant à terminer l'action commencée.

Respecter les rythmes de l'enfant

- planifier les temps de repos et de jeux : au cours de la journée, l'enfant a besoin de « temps-jeux », c'est-à-dire d'activités structurées, mais également de « temps-libres » où il pourra donner libre cours à son imagination, à sa créativité ;
- respecter le temps de jeu de l'enfant, c'est-à-dire ne pas interrompre brutalement le jeu de l'enfant (c'est une source de frustration) ;
- savoir lui expliquer que la fin du jeu est proche, ce qui est mieux accepté par l'enfant ;
- alterner les temps-jeux organisés et les jeux libres.

Respecter le tempérament de l'enfant

- Si l'enfant a une grande vitalité, il aura besoin de jouets mobiles (tricycle, camion-porteur) ;
- si l'enfant aime jouer seul, il aura besoin de jeux calmes (dominos, puzzles, Légos) ;
- si l'enfant s'ennuie seul, il faut l'aider à s'insérer dans un petit groupe d'enfants.

Respecter le besoin de sécurité de l'enfant

- créer une ambiance chaleureuse et affective qui sécurise l'enfant ;
- réexpliquer souvent l'activité, être présent ;
- être attentive à son comportement individuel et en groupes.

Respecter le besoin de s'affirmer de l'enfant

- permettre à l'enfant « d'avoir confiance en soi », lui donner le sentiment qu'il est capable de « faire seul » une expérience.

Pour réussir, l'enfant a besoin de se sentir soutenu ; le regard bienveillant et encourageant de l'adulte posé sur lui, le gratifie ;
- ne pas marquer de préférences entre enfants ;
- ne pas valoriser les uns par rapport aux autres... ;
- ne pas développer un esprit de compétition.

Respecter l'envie de l'enfant de participer (ou non) à une activité

- ne jamais forcer un enfant à participer à une activité. La meilleure façon de favoriser la participation de l'enfant est de choisir une « activité » qu'il apprécie ;
- préparer deux activités dans un même lieu afin de permettre à l'enfant de choisir celle qu'il préfère.

La stimulation de l'enfant

La plupart des débats en matière d'éducation tournent autour de la question de la stimulation. Si nul ne songe sérieusement à discuter l'utilité d'une certaine dose de stimulation pour favoriser le développement de l'enfant, en revanche on assiste souvent à des affrontements d'opinion entre partisans d'une éducation « *traditionnelle* », fondée essentiellement sur une stimulation directe, et les partisans d'une éducation « *libérale* » qui préconise plutôt de prendre appui sur le désir d'apprendre de l'enfant pour ne le stimuler qu'indirectement, par un environnement suffisamment riche et adapté à ses besoins.
Nous allons donc voir la nécessité des stimulations, leurs adaptations, puis nous verrons quelles formes peut prendre la stimulation (*directe* ou *indirecte*) et quels sont les risques d'une sur- ou *sous-stimulation* sur le développement de l'enfant.

Fig. 9.6. À la crèche, l'AP est attentive au jeu de l'enfant.

L'INTÉRET DES STIMULATIONS DÈS L'ENFANCE

On sait qu'il faut un minimum d'environnement *social* et *relationnel* stimulant pour que se développent toutes les potentialités humaines d'un jeune enfant. Un exemple le démontre : c'est le cas de « Victor de l'Aveyron »[15] dont l'histoire (vraie !) a fait l'objet d'un livre, puis d'un film à succès.

Situation

Victor, enfant « sauvage »

Victor avait été élevé par une louve dans la montagne, et, quand il fut recueilli (vers l'âge de 6 ans) par un instituteur, Victor marchait à quatre pattes et ne parlait pas ! L'instituteur le stimula par des exercices intensifs et une pédagogie adaptée. Malgré ses efforts, Victor ne put jamais rattraper le retard. Il ne put jamais marcher avec aisance, et il parlait avec difficulté.

Cet exemple démontre que l'enfant développe des compétences adaptées au milieu social dans lequel il évolue (ici Victor s'était adapté au monde animal) ainsi que des compétences en fonction des stimulations qu'il reçoit de l'extérieur. Le cas des enfants sauvages (en montrant que certaines acquisitions, si elles n'ont pas été faites en temps et en heure, ne pourront plus être totalement maîtrisées par la suite) apporte des arguments à la cause de la stimulation directe des jeunes enfants, stimulations qui, pour se révéler optimales, doivent s'adapter à certaines périodes dites « sensibles » du développement.

(15) L. Malson, *Les enfants sauvages, mythe et réalité* (Gallimard) et le film de F. Truffaut, *L'enfant sauvage*.

L'ADAPTATION DES STIMULATIONS AUX PÉRIODES SENSIBLES

Les périodes sensibles sont des périodes où l'enfant se montre particulièrement *disponible* pour acquérir de nouvelles compétences et où il peut les maîtriser rapidement. Ces périodes correspondent à des phases précises du développement psychomoteur, donc à la *maturation cérébrale* de l'enfant. On a même constaté que, durant ces périodes, l'activité de l'enfant renforce la maturation cérébrale. Ce processus s'étale surtout sur les dix premières années.

Situation

Un exemple d'apprentissage précoce

Le docteur N. Wright relate l'expérience suivante (réalisée aux États-Unis en 1990). Deux vrais jumeaux, Bob et Jack, ont tous deux été entraînés à « monter les escaliers » mais à des âges différents.

L'expérience a démontré que le jumeau entraîné au moment de la « période sensible » a acquis facilement et rapidement cette performance, tandis que son frère, entraîné *avant* la période sensible, a monté l'escalier un peu plus jeune mais au prix d'efforts et de contraintes inutiles. On déduit de cette expérience le rôle de l'adulte en matière de stimulations.
L'adulte doit comprendre que, pour être fructueux, un apprentissage ne doit être ni trop précoce ni trop tardif, mais se rapprocher le plus possible de la période sensible, qui est une période féconde.

LES DIFFÉRENTES FORMES DE STIMULATIONS

Les stimulations se présentent sous différentes formes. Chacune possède des aspects positifs et négatifs.

LES STIMULATIONS DIRECTES

On distingue les stimulations sur le mode « consigne » et celles sur le mode « affectif ». Certaines sont délivrées sur un mode positif, d'autres sur un mode négatif.

→ Les stimulations « consignes »

- **Aspect positif** : il s'agit de consignes, d'ordres ou de conseils ou encore d'encouragements, par exemple : « Fais ceci », « Vas-y », « Essaie encore »... Elles présentent l'intérêt de se formuler sur un mode positif, ce qui leur donne un côté constructif dans l'esprit de l'enfant, mais on doit noter qu'elles induisent un état de *dépendance* à l'adulte.
- **Aspect négatif** : il s'agit essentiellement des interdits, par exemple : « Ne fais pas ceci », « Non », « C'est défendu »... Outre la relation de dépendance, on doit souligner que des consignes délivrées sur ce mode sont perçues par l'enfant globalement, c'est-à-dire qu'il incorpore en partie pour lui-même la tonalité négative de la consigne (« puisqu'on me dit toujours non, n'est-ce pas que je suis moi-même négatif, mauvais ? »). Cependant les interdits sont indispensables pour protéger la sécurité vitale de l'enfant et sont structurants, en ce sens qu'ils délimitent de façon sécurisante l'espace dans lequel l'enfant peut agir.

→ Les stimulations « affectives »

- **Aspect positif** : ce sont toutes les interactions entre l'enfant et l'adulte, placées sur le terrain de l'affectivité, par exemple : « C'est bien mon chéri ! », « Tu es mon amour », « Fais-moi plaisir », ou même le gros câlin ou le baiser qui viennent récompenser une réussite. Ces stimulations sont fondées comme les précédentes sur une relation de dépendance (affective cette fois). Les jeunes enfants font volontiers l'amalgame : « Ce que je fais est bien – je suis bien – on m'aime » et réciproquement. Toutefois si ce type d'amalgame peut se comprendre au niveau de la vie familiale, il se conçoit mal dans le cadre professionnel.
- **Aspect négatif** : c'est tout le registre allant de la dépréciation de l'enfant au chantage affectif, par exemple : « Tu es vilain » (voire « pas beau »), « Si tu fais ça, je ne t'aime plus » ou plus glacial encore, à la troisième personne « Maman » ou « Tata ne t'aime plus ». Ce type de stimulation engendre dépendance, mauvaise image de soi, anxiété existentielle de perte d'amour, inutile de multiplier les arguments pour proscrire ce type de stimulation.

LES STIMULATIONS SEMI-DIRECTES

En allant vers des stimulations de plus en plus indirectes, on distingue tout ce qui constitue les méthodes démonstratives et d'autre part tout ce qui relève de l'imitation.

→ Les méthodes démonstratives

Elles sont utilisées chaque fois que l'on montre à l'enfant comment s'y prendre pour telle ou telle tâche. Le message délivré est : « Fais comme je fais ». La relation de dépendance est ici atténuée par le fait que l'enfant, lorsqu'il aura maîtrisé l'action en question, deviendra en quelque sorte l'égal de l'adulte. (On peut penser qu'ici l'élève peut un jour espérer égaler le maître !)

→ L'imitation

Plus spontanément encore, souvent sans même que l'adulte en ait l'intention, l'enfant prend modèle sur lui, avec le vif désir de se valoriser en « étant comme... » et en « faisant comme... ». L'imitation est l'un des plus puissants ressorts de l'activité entre 2 et 6 ans. Les jeunes enfants s'emploient à imiter les traits positifs (et aussi négatifs) du comportement des adultes qu'ils admirent, et des petits copains.

LES STIMULATIONS INDIRECTES

Il s'agit de tout ce qui, dans **l'environnement** de l'enfant, déclenche son intérêt et sert de support aux expériences qu'il veut tenter. C'est l'élément fondamental pour qui veut pratiquer les **méthodes actives** : il s'agit de proposer aux enfants un espace, un mobilier, un matériel, adaptés à leurs besoins du moment, à leurs centres d'intérêt, en veillant à enlever tout danger potentiel (*cf.* Fig. 9.7).

- **Aspect positif** : cela permet des expériences structurantes, l'enfant agit librement, il ne connaît pas les échecs répétitifs ; l'adulte stimule l'enfant indirectement en le laissant maître de ses choix, en favorisant son autonomie.
- **Aspect négatif** : peut-on parler encore de stimulation ? Il s'agit là d'une forme très indirecte et certains s'y refusent. Le reproche adressé à ce type de méthode pédagogique est que l'enfant peut ne pas explorer toutes les possibilités qui lui sont offertes et négliger certains apprentissages.

Rôle de la professionnelle

L'adulte (parent ou professionnel) doit avoir conscience de l'effet *stimulant*, dans le sens positif du terme, de la présence auprès des enfants de professionnels à la personnalité riche et équilibrée. Il doit réfléchir à la citation de Jean Piaget[16] : « un enfant a infiniment plus à gagner à faire pendant trois jours une expérience lui-même, plutôt que de passer un quart d'heure à voir un adulte la lui montrer ». Il doit savoir que stimuler correctement un jeune enfant, c'est :

- préférer la stimulation par l'environnement, donc la stimulation indirecte à la stimulation directe, dans une perspective d'autonomie de l'enfant ;
- lui proposer autant d'activités qu'il peut en effectuer, et aussi difficiles qu'il peut les réussir, mais pas plus ;
- intervenir auprès de l'enfant uniquement lorsque c'est nécessaire et sur un mode positif. Réserver le négatif au minimum vital.

MémoMémoMémo

La controverse sur la stimulation : la théorie des « loczystes »[17]

Le domaine de la stimulation de l'enfant a souvent donné lieu à des controverses animées. D'un côté on trouve des adeptes d'une stimulation directe, limitée dans le temps qui propose des exercices moteurs sur des engins simples (par exemple : gros ballon, rouleau de mousse, etc. dans les crèches). Ils font valoir une plus grande précocité et notamment une meilleure tonicité des bébés ainsi stimulés. Face à eux, inspirés principalement par les théories de Loczy, certains font valoir que l'enfant peut très bien réaliser ces acquisitions par lui-même, avec un tapis de sol et quelques points d'appui judicieusement placés à sa portée. Et que, même si les acquisitions sont un peu plus tardives, les loczystes disent qu'elles sont plus durables et mieux acquises. Quand les enfants commencent à marcher, ils ne tombent plus et sont très sûrs dans leur motricité ; de plus, ils ont une excellente coordination et une motricité fine extrêmement déliée. Les loczystes disent : à quoi sert-il de marcher plus tôt si c'est pour se cogner partout et tomber, au risque de se décourager ? Mais c'est surtout au niveau de l'image de soi que les loczystes défendent la **non-stimulation.** L'enfant qui a fait seul, **par lui-même**, des acquisitions, n'intériorise-t-il pas un sentiment d'autonomie et de confiance en soi plus grand que s'il avait été stimulé ? En réalité, la preuve scientifique n'est pas établie, mais ils peuvent le penser.

Fig. 9.7. À la crèche, le bac à sable permet à l'enfant de faire des expériences structurantes.

(16) J. Piaget, *Psychologie et pédagogies*. Denoël, Paris.
(17) Loczy, *Guide de la puéricultrice* de J. Gassier, C. de Saint-Sauveur, Masson, 2007 ou lire *Loczy ou le maternage insolite*, G. Appel et M. David, Le Scarabée, 1998.

10

Les différentes activités d'éveil et les jeux

Étymologiquement, jouer signifie se « recréer ». Jouer suppose avant tout un acte créateur susceptible de répétition mais aussi d'évolution constante. L'enfant explore le jeu et joue souvent de manière inattendue pour l'adulte.

La présence de l'adulte permet à l'enfant de mieux *communiquer*, lors des jeux, de *s'exprimer* sur le registre ludique et l'adulte le gratifiera par son écoute et ses réponses. Il ne s'agit évidemment pas pour l'adulte de s'identifier à l'enfant en adoptant ses comportements mais plutôt d'être le *partenaire de jeu* afin de lui permettre de prendre conscience de ses actions et d'avoir envie d'en inventer d'autres.

Jouer avec le tout-petit ne peut pas se réduire à un acte pédagogique.

« Oser jouer » c'est oublier les défenses, la honte de se mettre en *situation ludique*. C'est s'impliquer jusqu'au bout dans une relation engagée avec l'enfant.

« *Oser jouer* », c'est également savoir que les enfants apprécient d'être témoins de ce plaisir que l'adulte éprouve à leur faire voir ce qu'il sait faire ; c'est donc oser se faire plaisir à soi-même !

Situation

Oser jouer spontanément avec les sons

À son réveil de la sieste, Anthonin (9 mois) pleure. Jane (l'assistante maternelle) s'approche, se penche au-dessus du lit de l'enfant et entonne une berceuse en l'accompagnant de petits mouvements des mains. Instantanément, l'enfant, tout à l'écoute de cette voix chaleureuse, observe Jane et sourit. Mais cela ne durera qu'un bref instant, car Jane s'est arrêté de chanter à l'arrivée de Mme D. (mère de l'enfant), comme gênée d'être entendue, d'être surprise dans cette relation ; et Anthonin a pleuré à nouveau. À ce moment-là, Mme D. a entonné la chanson, a adopté la même gestuelle et Jane l'a accompagnée, pour le plus grand plaisir de l'enfant !

Les questions que l'on se pose

- *Les parents se questionnent souvent à propos des jeux à proposer à l'enfant.*
- *Ai-je mis à sa disposition des jouets adaptés à ses capacités, à ses besoins ?*
- *Pourquoi préfère-t-il jouer avec tel objet plutôt qu'avec ce jouet qui me paraît plus adapté à son âge ?*
- *Quels sont les jeux qui favorisent le plus son éveil musical ? Sa créativité ? Sa socialisation ?*
- *L'enfant est-il timide ? Réservé ? Quels jeux lui proposer ?*
- *Les coins-jeux sont-ils utiles ? Pourquoi ?*
- *L'enfant n'aime pas dessiner. Il préfère les jeux moteurs… Est-ce grave ?*
- *Pourquoi les jeux symboliques sont-ils très appréciés des enfants de 2 à 3 ans ?*

Les activités motrices

Tout le monde s'accorde aujourd'hui à reconnaître l'importance capitale de l'activité corporelle dans le développement de l'enfant ; le corps est un outil indispensable pour la formation des capacités sensorielles et psychologiques, d'où la nécessité d'aider l'enfant à s'exprimer dans ce domaine.
Une multitude d'exercices ont été conçus par des spécialistes à partir de l'observation des besoins de jeunes enfants. Ceux-ci ont été pensés dans le but de stimuler, *sans aucun dirigisme* (il faut insister sur ce point), l'équilibre et la motricité, ainsi que le développement des sens, c'est-à-dire les outils de la vie de relation.

LES OBJECTIFS DES ACTIVITÉS MOTRICES

La personnalité de l'enfant se développe grâce à une prise de conscience progressive de son corps et de ses possibilités d'agir. L'enfant se sent « bien dans sa peau dans la mesure où il connaît son corps ». « C'est à travers de nombreuses expériences corporelles que se créent et s'installent des habitudes et des comportements, c'est-à-dire une façon d'*être au monde*... », selon Henri Wallon[1].
Les différents exercices qui seront étudiés dans ce chapitre ont pour objectif d'amener l'enfant à maîtriser ses mouvements et à mieux percevoir son corps dans sa globalité à travers une activité motrice ludique. Ces exercices moteurs ont un triple objectif, chacun est porteur de diverses qualités :

- **Développer la personnalité** :
  - persévérance, courage (affirmation de soi) ;
  - adresse, habileté, agilité, etc. ;
  - imagination, créativité, langage, etc.
- **Développer la socialisation** :
  - échanges ;
  - communication, etc. ;
  - règles à respecter.
- **Développer le schéma corporel** :
  - orientation dans l'espace ;
  - meilleure connaissance du corps.

(1) H. Wallon, *cf.* chapitre 8 ou lire *L'évolution psychologique de l'enfant* (Armand Colin).

DÉVELOPPER LA PERSONNALITÉ

Si nous l'aidons à s'exprimer par le mouvement, l'enfant se trouve plus rapidement libéré de ses tensions et ses possibilités de communication grandissent. Les exercices corporels ont donc un rôle efficace dans l'édification des structures psychologiques. N'oublions pas que s'exprimer c'est exister, et exister, c'est s'exprimer ; s'exprimer c'est donc montrer au-dehors ce que nous avons intégré à l'intérieur.
L'activité corporelle va aider l'enfant à *structurer sa personnalité inconsciente*. Chacune des explorations corporelles de l'enfant engendre une émotion qui sera enregistrée dans son inconscient, au même titre que tous ses autres acquis sensoriel et moteur.
La formation de cette personnalité inconsciente ne relève surtout pas « d'exercices-marathon ». Il ne s'agit pas d'effectuer des apprentissages mais au contraire il faut savoir privilégier des éléments qui ont toute leur importance : le jeu, l'improvisation ; ceux-ci sont bien plus constructifs que n'importe quelle méthode d'activité corporelle.

DÉVELOPPER LA SOCIALISATION

Les exercices moteurs participent à l'évolution harmonieuse des *fonctions relationnelles*. La vie de relation est (pour l'enfant comme pour l'adulte) très dépendante de l'image que l'on a de soi. Ainsi un handicap physique ou psychologique peut perturber la vie relationnelle ou affective. Les activités motrices vont donc aider le sujet à **s'épanouir**.

PERMETTRE L'ÉLABORATION DU SCHÉMA CORPOREL

« Le schéma corporel est un élément de base indispensable à la construction de la personnalité de l'enfant. C'est la *représentation* plus ou moins globale que l'enfant a de son propre corps » analyse H. Wallon[2].
Les exercices moteurs favorisent la perception du corps dans la mesure où l'enfant peut en exploiter au mieux les différentes potentialités. Dans le cas contraire, l'enfant se heurte à quelques diffi-

(2) H. Wallon (*ibid*).

cultés. Prenons deux exemples ci-après observés à la crèche par les professionnelles.

Situation

La perception du corps

- Violette (2 ans) veut passer sous un banc, mais elle ne plie pas assez les jambes, se heurte les fesses et pleure…
- Cerise (3 ans), en courant dans le jardin, heurte involontairement et fréquemment ses petits amis ou des obstacles se trouvant sur son passage. Elle se fait mal, les autres enfants protestent !

Ces deux enfants ont une mauvaise maîtrise de leur corps. Les activités motrices leur seront très bénéfiques.

L'ORGANISATION DES ACTIVITÉS MOTRICES AVANT LA MARCHE

Chaque enfant possède son propre rythme de développement et on doit le suivre. Dès le plus jeune âge, il est nécessaire de stimuler les grandes fonctions. Il existe de nombreuses activités motrices adaptées à cette tranche d'âge.

L'OBJET CACHÉ (OU DÉPLACÉ)

L'adulte cache un jouet et stimule l'enfant à le rechercher. Par exemple, la professionnelle peut choisir un cube aux couleurs vives ou un ours, l'enfant y est très attaché à cet âge. Elle veillera à cacher l'objet tout près de l'enfant afin de ne pas le décourager.
L'objet doit être déplacé par l'adulte devant l'enfant, ce qui donne à ce dernier l'envie de l'attraper, de gagner !
Intérêt : cet exercice oblige l'enfant à se mouvoir car il est très motivé ; il favorise l'acquisition de la « *permanence de l'objet* » et de la « *mémoire représentative* » ; il est valorisant pour l'enfant (encore faut-il savoir faire « trouver » et « faire attraper » l'objet).

LES DÉNIVELÉS

On utilise de gros blocs de mousse aux pentes plus ou moins douces, en créant des « dénivelés » différents.
Intérêt : l'activité corporelle spontanée de l'enfant est très positive. Elle entraîne des progrès moteurs certains, une grande liberté de mouvements, l'enfant sent son corps, le contact a ici toute son importance (avec le ventre, les mains, les pieds, etc.).
Le matériau est chaud, moelleux, doux et procure un plaisir dont la symbolique est une référence au corps maternel ou à l'eau. Les enfants peuvent en effet y plonger la tête et y nager comme dans un bain de mousse.

LE TUNNEL

On utilise deux gros cylindres en carton ou deux arceaux métalliques tendus de jersey souple (fig. 10.1). L'enfant explore d'abord le tunnel extérieurement, puis il avance la tête vers l'intérieur, hésite, parfois ressort, pénètre parfois progressivement à l'intérieur du tunnel ; il faut souvent attendre quelques jours avant qu'il l'apprivoise et le traverse dans sa totalité.
Intérêt : outre l'activité corporelle bénéfique, cet exercice aide l'enfant à *vaincre sa peur* (peur du « rétréci », du noir, etc.). Selon les psychologues cette peur aurait pour origine le passage étroit de la filière génitale au moment de la naissance.

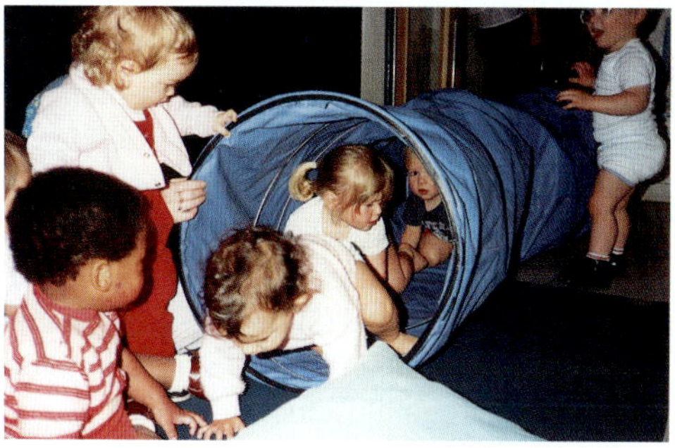

Fig. 10.1. Le tunnel aide l'enfant à vaincre sa peur !

L'ORGANISATION DES ACTIVITÉS MOTRICES APRES LA MARCHE

Lorsque la marche est bien acquise et l'équilibre bien maîtrisé, l'enfant veut agrandir son espace vital et ses déplacements s'accélèrent. Il devient un aventurier plein d'audaces, prêt à toutes les découvertes. L'adulte peut tirer profit de ses capacités et dispositions nouvelles

en lui proposant différents exercices destinés à développer la maîtrise de son corps.
Au travers de ces activités, l'enfant mesurera ses forces et aura envie de faire de nouvelles expériences. C'est *valorisant* et *stimulant* pour lui. Volontairement nous ne classons pas ces exercices, laissant à la professionnelle l'entière responsabilité du choix selon les âges et goûts des enfants qu'elle garde.

LES JEUX AVEC DU PETIT MOBILIER (PAR EXEMPLE : LES CHAISES)

Ce jeu peut avoir diverses variantes et être enrichi par l'imagination de l'adulte de multiples façons.
Exemple : les chaises **s'alignent en enfilade**, l'enfant peut y marcher (aidé par l'adulte), franchir le dossier de chacune d'elles, se cacher au-dessous... La chaise est ainsi détournée de sa fonction réelle, ce qui plaît à l'enfant, surtout s'il réalise ses performances sous le regard admiratif d'un petit copain !

LE JEU ANIMÉ (PAR EXEMPLE « LA COURSE »)

Il existe de très nombreux jeux moteurs qui peuvent se pratiquer à domicile. Par exemple : **courir après quelqu'un**. Il s'agit d'un petit footing que la professionnelle (ou la maman) peut proposer à l'enfant qui a envie de se défouler. L'exercice doit toujours répondre à un besoin de l'enfant et ne pas être imposé subitement. Cet exercice moteur peut par exemple permettre à l'enfant de se réchauffer après une sortie en hiver. Il s'accompagne éventuellement de musique.

Situation

« Viens m'attraper »

Marie (EJE en crèche) court dans les quatre coins de la pièce, elle signale à Maxime (2 ans) le but de la course : « Je cours vers la porte », puis « vers la fenêtre », « viens m'attraper ». La professionnelle court à un rythme très lent, que l'enfant peut suivre facilement. Ce jeu favorise les contacts entre l'adulte et l'enfant (donc sa socialisation) et ne met pas l'enfant en échec.

On peut remplacer ce jeu par exemple par une course après le ballon, mais le contact de « personne à personne » est moindre.

LES JEUX DE « RÔLES » (PAR EXEMPLE : LE LOUP ET LES MOUTONS)

Ce type de jeu plaît aux enfants à partir de 3 ans ; la professionnelle explique aux enfants (il faut qu'ils soient au moins trois) ce qu'elle va faire (*cf.* ci-après).

Situation

« Le jeu du loup et des moutons »

Katy (Assistante maternelle) explique préalablement le jeu aux trois enfants qu'elle garde : Maxime, Jules et Émilie. Elle leur dit : « Je suis le loup, je vais aller vers l'un d'entre vous. Vous, vous êtes les petits moutons, il faut partir en courant se cacher ! ». Elle choisit (pour lancer le jeu) Jules qui a beaucoup de vitalité et qui répond bien à la demande, les autres auront aussitôt envie de « l'imiter ».

Variantes : ce jeu peut avoir des variantes multiples, mais il doit rester simple, une seule demande, pas plus, pour être bien compris des enfants. Par exemple : « Jules va te cacher dans le coin, Émilie va vite te cacher sous la table... Le loup arrive ! ».
Substitut de la mère, la professionnelle doit rester celle qui « aide », qui est à « l'écoute » des sollicitations de chacun et chacune.
Répondre aux besoins individuels, c'est respecter les rythmes des enfants qui sont tous différents les uns des autres.

LES JEUX AVEC DES « ENGINS MOBILES » (PAR EXEMPLE : LE TRICYCLE)

Que l'on se situe dans le cadre familial ou à la crèche, il est indispensable de mettre à la disposition de l'enfant des engins mobiles dès que celui-ci sera en âge de les utiliser. Il s'agit de :
- matériel sans pédalage : autoporteurs, pédibus, tracteurs ;
- matériel avec pédalage : tricycles, petites autos, etc.

La professionnelle vérifiera que le matériel proposé est en bon état de marche et elle prévoira l'achat d'un nombre suffisant d'engins afin de limiter les disputes entre utilisateurs.

Variante : les jeux avec des engins mobiles (par exemple : le tricycle) peuvent être complétés par des jeux de rôle qui développent l'imaginaire vers l'âge de 2 ans.

Situation

Un rôle pour Jules…

Katy, l'assistante maternelle garde 2 enfants : Jules et Émilie. Elle propose à Jules de faire le papa qui va aller chercher son bébé en vélo. Jules est enthousiaste. Katy place un poupon dans le fond du jardin. Elle demande ; « qui veut garder le bébé ? ». Émilie se précipite et précise : « Moi ! Je garde le bébé la journée pendant que le papa travaille ». Les bases de l'histoire sont posées. Dans deux minutes, Jules ira chercher le bébé en vélo. Chacun endossera son rôle avec la conviction des grands acteurs.

Fig. 10.2. Le petit vélo est souvent utilisé pour les jeux de rôles.

LE JEU DES CERCEAUX

Les cerceaux doivent être en plastique ferme et léger, de dimensions différentes et de couleurs variées. Plusieurs exercices peuvent se pratiquer à partir des cerceaux (la musique y est souvent associée). Citons trois exercices :

- **les cerceaux sont placés autour du corps :** un enfant à l'intérieur du cerceau, l'autre à l'extérieur ; ils se suivent, ils suivent l'adulte, ils miment souvent une scène en sautillant au son de la musique ;
- **les cerceaux sont posés au sol :** les cerceaux sont posés verticalement les uns à la suite des autres. Ils constituent un tunnel à claire-voie que l'enfant va essayer de franchir. L'adulte doit prévoir une fixation au sol (il peut choisir une brique en plastique fendue aux deux tiers) ;
- **les cerceaux sont posés à plat :** les cerceaux seront autant de petits obstacles. Ils constituent un petit « jeu de marelle » bien difficile à franchir pour de petits pieds, mais tellement stimulant ! L'adulte encore une fois sert de modèle. Il ne doit pas forcer les enfants ; ceux qui refusent d'y participer sont spectateurs et applaudissent.
- **Intérêt :** outre le plaisir du jeu collectif, cet exercice aide à la prise de conscience du corps dans l'espace, développe le sens du dehors et du dedans, de l'intérieur et de l'extérieur.

LE JEU DES « BRIQUES »

L'adulte pose sur le sol des objets plats très stables et suffisamment larges pour recevoir le pied de l'enfant (type briques). Il demande à l'enfant de franchir les obstacles (comme s'il traversait une rivière en marchant sur des cailloux…). Selon l'âge de l'enfant, il faut ou non, le tenir par la main. Il est bon de laisser l'enfant s'amuser ensuite avec ces briques ; il les apprivoise, les connaît mieux, les dispose différemment, apprécie leur forme, leur poids. Dès que l'enfant possède un bon équilibre, on peut lui proposer cet exercice, qui ne doit jamais être directif mais plutôt s'apparenter à un jeu dans la nature. Il se pratique **à l'intérieur ou à l'extérieur** ; par exemple à la campagne les briques pourraient être remplacées par des reliefs à franchir.

Intérêt : cet exercice réussi est un petit exploit ! L'enfant est fier de lui ; sa motricité, son équilibre s'affirment (il repère mieux son centre de gravité). Il pourra même l'aider à mieux voir, à mieux appréhender les obstacles lors de la marche libre.

LE JEU DU « COUSSIN DE SABLE SUR LA TÊTE »

Les jeunes enfants aiment la difficulté : porter un petit sac sur la tête en est une.

Un matériel très rudimentaire est nécessaire pour cet exercice : un sac en tissu (de 20 x 20 cm à peu près) rempli de sable, gravier, riz, lentilles.

Il est recommandé de ne pas forcer l'enfant, il faut lui proposer le jeu progressivement : lui faire d'abord toucher le sac, porter le sac à la main, puis lui donner l'exemple en faisant soi-même un essai sur la tête. L'adulte est celui qu'on veut imiter. Immédiatement l'enfant pose le sac sur la tête, et avant que celui-ci ne retombe, il faut vite applaudir pour le stimuler à recommencer.

Intérêt : cet exercice développe le maintien du dos, de la tête, l'équilibre ; il donne de l'assurance à l'enfant et lui permet de bien sentir le contact des choses (le contact des pieds au sol, du sac sur la tête).

LE JEU DU « BALLON DU MANÈGE »

Avez-vous remarqué que les enfants adorent attraper le ballon du manège qui se déplace au-dessus de leurs têtes et qui a la propriété de leur échapper dès qu'ils avancent la main ? Ce ballon est d'autant plus convoité qu'il est difficile à saisir.

À la maison on peut recréer l'exploit du « ballon qui s'envole ». Pour cela, il faut acheter :

- un ballon de plage très léger (en plastique coloré rempli d'air) ayant une petite fixation à l'emplacement du souffleur ;
- une corde que l'on tend de chaque côté de la pièce.

Il suffit d'attacher le ballon à une ficelle et de le faire monter et descendre au-dessus du groupe d'enfants.

LE JEU DES OISEAUX (« LES GOÉLANDS »)

Voici un exercice tout simple ; il ne nécessite aucun matériel. Une musique de fond appropriée peut inspirer calme et sérénité. L'adulte commence à « prendre son vol ». L'enfant suit (trop heureux d'imiter). L'adulte (tel un oiseau) avance lentement, les bras en croix et dit à voix haute : « Je vole, comme un oiseau, je vole, je vole… », puis « Nous volons comme de gros oiseaux », « Qui veut imiter le cri de l'oiseau ? ». L'enfant aussitôt devient oiseau. Lorsque l'exercice doit prendre fin, l'adulte dit : « L'oiseau est fatigué, il se pose un instant sur le sol… » et on s'assied, les bras le long du corps.

LE JEU DES PNEUS EMPILÉS

Les enfants aiment particulièrement empiler les pneus (ou bouées de plage). C'est un exercice libre, ils dirigent eux-mêmes leurs exploits. Ce jeu se pratique plutôt en été à l'extérieur. Les enfants ont vite fait d'aménager des espaces à leur goût : ils peuvent soit se coucher en travers des pneus, soit les empiler et se cacher dans le trou central, soit grimper dessus pour essayer de maintenir quelques instants l'équilibre, soit les faire rouler.

Intérêt : l'enfant aime le contact avec cette matière qui se déforme sous lui, il sent le poids de son corps lorsqu'il se jette sur le pneu. Il aime se « cacher » à l'intérieur d'un espace qu'il a créé. Il aime « risquer » son équilibre sous l'œil de l'adulte.

LES JEUX DE « CACHETTES »

Vers 2 ans ½, l'enfant aime de plus en plus se différencier de l'autre, il devient un être plus « indépendant » et prend conscience de son autonomie. À ce moment-là, il crée un environnement qui lui est personnel, qu'il se réserve pour y « vivre seul ». Différents moyens d'expression pourront lui être proposés pour « créer » ses cachettes :

- **de gros cubes de mousse** (d'environ 50 cm de côté) recouverts ou non de tissus aideront l'enfant à créer des espaces architecturaux originaux. Il aura plaisir à se cacher sous les ponts, les arches, les trous (créant sa ville à lui !). Nulle autre contrainte que celle de son monde imaginaire ! Les cubes se déplacent facilement car ils sont légers et leur volume donne cependant une impression de fermeté et de solidité ;
- **des cartons d'emballage** (type cartons de supermarchés) pourront également être utilisés par l'enfant pour créer des espaces et pour se cacher. L'adulte se procurera des cartons de volumes différents, il en faut de très gros mais aussi de très petits. Cette matière permet un

découpage de portes ou fenêtres pour imiter une maison. On peut éventuellement ne découper que la porte et dessiner les fenêtres avec de gros feutres. L'enfant entre et sort à plat ventre de ce recoin à sa mesure. Il le pose parfois directement sur son dos (tel l'escargot qui s'enferme dans sa coquille) et reste sous celui-ci un moment, calme, relaxé.

Intérêt : nous nous souvenons tous du plaisir évident que nous prenions à nous trouver des cachettes. Le fait de se cacher revêt une importance première pour l'équilibre psychique. Se cacher des adultes, d'autres copains, **rassure** l'enfant.

LE JEU DU « COLIN-MAILLARD »

Encore un jeu qui a un pouvoir magique. Cependant l'enfant doit bien maîtriser la marche pour y participer pleinement. Le matériel nécessaire se limite à des bonnets de laine très extensibles, destinés à être rabaissés sur les yeux pour cacher (partiellement) la vision (autrefois, on utilisait un foulard. Celui-ci a été déconseillé par sécurité...).

Les quatre temps du jeu :

- **premier temps :** l'adulte doit d'abord mettre le bonnet sur ses yeux et demander à un enfant de le guider par la main ; il reconnaît l'espace, en avançant lentement ;
- **deuxième temps :** l'adulte demande à l'enfant de le lâcher un instant, puis de revenir le chercher. L'enfant se sent utile, il adore « aider » l'adulte. Il peut solliciter plusieurs enfants pour faire durer le plaisir ;
- **troisième temps :** l'adulte va ensuite demander aux enfants assis en cercle autour de lui, de le toucher. Il va essayer d'en reconnaître certains. Il les prénomme : « Là, c'est Romy ? Ici, c'est Marcos ?....
- **quatrième temps :** les enfants sont prêts à « imiter » l'adulte. Ils doivent décider eux-mêmes de se mettre un bonnet sur les yeux.

Conseils : pour inciter les enfants à jouer, il est vivement conseillé de proposer des bonnets de grosses mailles qui permettent aux enfants d'y voir au travers. L'enfant croit être caché mais il y voit (quelle ruse !). Cette façon de procéder sécurise l'enfant ; toutefois s'il refuse, et c'est assez fréquent, il ne faut jamais insister.

Intérêts : c'est un exercice qui présente des intérêts multiples, il peut donc être apprécié à des âges très différents :

- il aide à l'acquisition de l'équilibre, donc favorise une bonne marche ;
- il aide à mieux **percevoir les sons** dans l'espace (les enfants s'interpellent... pour se localiser), les **sensations internes** que le corps renvoie sur sa position dans l'espace, (il développe l'acquisition du « schéma corporel ») ;
- il permet de **bien sentir l'espace environnant** : distance entre le corps et les objets de la pièce ;
- il aide à **reconnaître l'autre bien différent de soi** (« il est là, il n'est plus là ! »), près ou loin ;
- il favorise le contact, la relation à l'autre (l'autre qui vient vers vous, sans agression). Nous sommes surpris au cours de ce jeu de voir à quel point les enfants ont la capacité de se reconnaître entre eux par le toucher sans se tromper.

Rôle de la professionnelle

Préparer le matériel de jeu

Elle veillera à ce que le matériel, soit :

- adapté à l'âge et aux capacités de l'enfant ;
- adapté à ses goûts, ses besoins, sa personnalité ;
- en nombre suffisant (s'il y a plusieurs enfants) ;
- en bon état et renouvelé souvent.

Préparer les enfants

- Utiliser des vêtements *amples* et *légers* qui favorisent les mouvements ;
- vérifier l'état des chaussures, des lacets

Aménager l'espace

- Enlever les meubles, les objets qui pourraient être gênants ;
- prévoir l'aération, l'ouverture sur le dehors (lieu avec fenêtres ou portes).

Créer l'ambiance

L'ambiance peut être musicale, ce qui stimule souvent les enfants

Expliquer les activités motrices

- Toujours expliquer à l'enfant ce que l'on va faire ;

- éventuellement réaliser « une démonstration » et attendre leurs impressions ;
- laisser les enfants « libres » de leurs gestes (suggérer mais ne jamais rien imposer) ;
- créer un bon climat relationnel : éviter tout commentaire désobligeant, l'adulte doit au contraire stimuler l'enfant, le valoriser au travers des activités ;
- utiliser un « vocabulaire » simple et à la portée des enfants ;
- favoriser les « contacts » entre enfants (le *toucher* a un rôle important, c'est par la peau que l'on communique le mieux).

Observer les enfants

- Tenir compte de leur développement psychomoteur et de leurs possibilités (respecter le rythme propre de l'enfant) ;
- tenir compte de leurs dispositions : ont-ils envie ou pas de commencer un exercice ? Est-ce le moment opportun ? Ont-ils ébauché quelques mouvements ?
- au cours du jeu, la professionnelle peut à loisir observer l'enfant et noter beaucoup d'indices révélateurs de sa personnalité (*cf.* mémo).

Mise en garde : il n'est pas question de programmer (encore moins de chronométrer !) ni de découper un temps d'activités. Il faut au contraire utiliser l'activité motrice de la façon la plus naturelle, la plus libre, au moment où l'enfant se « *sent prêt* ».

À l'adulte de sentir l'opportunité du moment…

Fig. 10.3. Les jeux collectifs renforcent la camaraderie des enfants.

MémoMémoMémo

« Les jeux sont des révélateurs de personnalité »

Le professionnel qui observe les enfants en action pourra vérifier l'effet des jeux comme « révélateurs de personnalité »[3]. Des traits de caractère font surface, ce sont des « indices » de probabilité qu'il ne faut surtout pas prendre à la lettre, mais ils permettent à l'adulte (parents ou professionnels) de mieux connaître l'enfant et d'adopter une attitude en conséquence. On peut observer des enfants de type :

- **accapareurs :** ils veulent toujours accaparer le jouet du voisin ;
- **peureux ou timides :** l'adulte devra les sécuriser, les aider à aller vers l'autre car ils ont tendance à s'exclure du groupe ;
- **maladroits :** ces enfants utilisent mal le matériel mis à leur disposition, ou ont des difficultés motrices (mauvaise coordination ou mauvaise latéralité). En effet, lors de l'utilisation du tricycle (par exemple) certains ne savent pas tourner le guidon, d'autres ne savent pas freiner et se laissent emporter par la vitesse, quelques enfants ont des difficultés car ils n'ont pas l'âge requis pour utiliser le véhicule ;
- **leaders** (ou meneurs) : ce sont des enfants à la personnalité dominatrice qui entraînent les autres et que l'on cherche à imiter ;
- **agressifs :** ce sont des enfants qui détournent les jeux pour agresser les autres ! L'adulte devra intervenir pour protéger les « agressés » et dialoguer avec les agresseurs.

Il existe encore bien d'autres personnalités… Seul un regard porteur d'affection, d'intérêt, d'encouragement et de compréhension aidera l'enfant à progresser. Pour chacun il y a un mot à dire, un geste à faire pour l'aider.

(3) d'après H. Wallon, *cf.* chapitre 8.

Fig. 10.4. Différents types d'activités corporelles à la crèche.

Exercices après la marche

Le ballon du manège.

Les goélands : les enfants et l'adulte imitent l'oiseau (vols et cris).

Les pneus empilés.

Le « Colin-Maillard ».

Les « cachettes ».

Sous des cubes de mousse. *Dans des cartons d'emballage.*

Fig. 10.4. Différents types d'activités corporelles à la crèche. (suite)

Les activités créatrices

LE DESSIN

Il faut rappeler que dessiner ou tracer est un langage, un langage simple que tout enfant connaît et apprécie. Ce jeu aide l'enfant à se structurer et fait partie intégrante de son univers, lui servant, comme le dit D.W. Winnicott[4], de lien entre son monde intérieur et le monde extérieur.

LES OBJECTIFS DE L'ACTIVITÉ

Grâce au dessin, l'enfant peut laisser une trace, un signal. C'est la base de tout comportement social qui permet à l'enfant de **communiquer**. Faire ses premières traces, de la même façon que prononcer ses premiers babillages, c'est montrer que l'on existe. De plus, dessiner ou tracer est un jeu calme qui n'exige pas de partenaire. Cette « activité graphique » se compose de deux éléments :

- l'*action de laisser des traces* : elle concerne l'enfant avant 3 ans ;
- l'*intention de représenter quelque chose* : elle concerne l'enfant à partir de 3 ans.

LE MATÉRIEL ET L'ORGANISATION DE L'ACTIVITÉ

Pour cette activité, il faut préparer :

- **des tableaux muraux (en collectivité) :** ils seront installés à la hauteur des enfants, juste au-dessus des plinthes, de dimensions assez conséquentes, adaptés à la surface de la pièce. Il est nécessaire que l'enfant dispose d'environ un mètre carré afin de pouvoir réaliser des tracés correspondant à ses besoins psychomoteurs. Plus l'enfant est jeune (18 mois à 2 ans), plus il trace avec tout le bras et non avec le poignet. Le mouvement part de l'épaule, il s'épanouit si l'espace le permet, sinon il s'étrique[5] ;
- **des feuilles, des feutres et des crayons :** de grandes feuilles peuvent être placées sur le sol, sur une table ou sur un mur. Elles permettent de faire des gribouillis, à l'aide, le plus souvent, de gros feutres de couleur. Notons qu'au niveau du sol les mouvements sont plus étriqués que sur le plan vertical ;
- **des craies et des éponges :** les tout-petits peuvent « dessiner » sur les tableaux en utilisant des craies blanches et de couleurs. Ils sont plus intéressés par l'acte de tracer que par le résultat obtenu. Pour les plus jeunes (avant 2 ans), il convient de proposer des « craies-cire » très solides et non toxiques s'ils les portent à la bouche.

(4) D.S. Winnicott, *cf.* chapitre 8.
(5) H. Wallon montre que la trace laissée est « la traduction du mouvement ». Tout se passe comme si l'acte de dessiner était la conséquence du mouvement.

MémoMémoMémo

L'évolution du dessin : du « gribouillis » au « bonhomme têtard »

L'action de dessiner évolue beaucoup de 18 mois à 3 ans :

- **le « gribouillis »** est le premier dessin de l'enfant. Celui-ci, vers 18 mois, va perfectionner ses possibilités motrices. Il acquiert une préhension fine et précise et il veut imiter l'écriture de l'adulte. Il va donc tracer des tourbillons spiralés que l'on appelle « gribouillis ». La forme n'a pas de signification par elle-même, l'enfant lui donne la signification qu'il désire selon la disposition affective du moment. C'est l'âge du **« réalisme fortuit »** (disent les psychologues) (fig. 10.5a) ;
- à l'inverse vers 3 ans, l'enfant peut représenter le corps humain, c'est l'âge du **bonhomme têtard** (fig. 10.5b).

a. b. © Le Muz

Fig. 10.5. Les dessins d'enfant.

Rôle de la professionnelle

En matière de « dessins », l'adulte ne doit pas attendre plus que l'enfant ne peut donner. À lui aussi de savoir accueillir le dessin comme une offrande. L'enfant est impliqué dans cet acte, le jeu

est devenu travail, l'adulte doit en tenir compte et valoriser le résultat, quel qu'il soit. Chaque enfant a son propre rythme, il faut le respecter. Par ailleurs, il faut comprendre que pour l'enfant cette production graphique fait partie de lui-même :
- la mépriser est une façon de dévaloriser l'enfant qui aura par la suite tendance à sous-estimer ses capacités ;
- de même trop flatter est une attitude également maladroite ; le temps viendra assez vite où dans les collectivités d'enfants on félicitera quelques jeunes « artistes » tandis qu'on oubliera d'autres dessins, peut-être plus personnels, plus authentiques.

LA PEINTURE

Pour s'épanouir et enrichir sa personnalité, l'enfant doit réaliser ses propres expériences. La peinture va le lui permettre.

L'OBJECTIF DE L'ACTIVITÉ

L'approche de la peinture, avec de très jeunes enfants, ne peut avoir lieu que dans une perspective de *découverte* et non d'apprentissage. Il n'est pas question d'enseigner aux tout-petits comment tenir un pinceau ou une brosse à peindre. Il n'est pas question, non plus, de donner à l'enfant des consignes ou d'imposer des règles qui s'opposeraient au jeu lui-même avec les couleurs. Nous ne devons pas attendre de lui un résultat objectif ou réaliste, nous devons simplement lui fournir les moyens d'expression en fonction de son âge et créer l'ambiance propice à cette activité créatrice.

L'ORGANISATION ET LES INTÉRÊTS DE L'ACTIVITÉ

L'enfant aime jouer avec les couleurs et avec l'espace à couvrir. Il peut le faire de différentes façons.

→ Peindre « avec les mains »

On propose aux enfants de répandre de la couleur sur des supports en papier, directement avec les mains, préalablement trempées dans un pot de peinture :

- **avantages** : l'exploration de la couleur par la main présente un intérêt créatif. L'enfant, en général, apprécie le contact direct avec la matière molle, comme il apprécie de toucher le sable, la terre. Par ailleurs, cet exercice lui permet de mieux connaître son *schéma corporel*. Il observe, après l'exercice, les traces de sa main et celles de ses camarades, il remarque les formes différentes ;
- **inconvénients** : à cette période de la vie de l'enfant, la force des interdits parentaux (la propreté en particulier) pèse très lourd. Il ne faut donc rien imposer à l'enfant et comprendre ses refus. Il faut savoir que parfois l'enfant refuse à 2 ans la peinture à la main et l'accepte facilement à 3 ans.

→ Peindre « avec les pieds »

On propose aux enfants de répandre de la couleur sur des supports en papier (grandes feuilles fixées au sol) avec ses deux pieds, préalablement trempés dans une assiette de peinture :

- **avantages** : ce jeu permet donc à l'enfant d'acquérir « l'image de son corps » (schéma corporel) ;
- **inconvénients** : cette activité est difficile. Elle nécessite l'acquisition de l'équilibre. L'enfant doit être aidé par l'adulte, afin d'éviter les incidents (les chutes en particulier).

→ Peindre avec des outils

On peut également familiariser les enfants (selon leur âge et leurs compétences) avec des outils nouveaux. Citons :

- **les pinceaux** : ils vont inciter les enfants à peindre de façon plus fine ;
- **les rouleaux** : ils permettent de peindre plus vite et plus grossièrement que les pinceaux et plaisent beaucoup aux jeunes enfants.

Fig. 10.6. Peindre avec des outils stimule la motricité fine.

→ Peindre « avec des objets insolites »

Il s'agit d'objets détournés de leur fonction première, à savoir : des cuillères, fourchettes, bouchons, éponges, vieux peignes, roues cassées, petites balles en caoutchouc, etc., que l'on trempe dans la peinture et qui laissent des traces. Les enfants apprécient toujours ce type d'objets insolites et les trouvent eux-mêmes !

Situation

Les « traces » de la petite auto de Jules !

Jules (3 ans) depuis quelques semaines refuse de participer aux diverses activités de peinture proposées par Mme D. (assistante maternelle). Il a une certaine appréhension pour la peinture avec la main, mais il observe cependant avec intérêt les gestes et mimiques de ses deux petits camarades. Alors Mme D. lui propose aujourd'hui de peindre à l'aide d'outils très variés : pinceaux, rouleaux, mais aussi avec des objets épars qu'elle sort d'une « boîte à trésors »... Après 5 minutes de réflexion, Jules se met à quatre pattes et fait rouler dans la peinture une petite auto. Avec de grands gestes et de grands « broum... broum... » il lui fait faire un long trajet semé de traces multicolores... Cette découverte fut le début de son intérêt pour la peinture !

Rôle de la professionnelle

Peindre, c'est « agir », mais aussi « parler » avec l'adulte de ce que l'on a fait.

Faire parler l'enfant de « sa » peinture

La verbalisation des gestes réalisés est très importante. Au début, l'adulte se contente de faire remarquer que la main de Jules glisse sur la feuille, que celle de Zoé frotte la feuille. Pourquoi ne demanderait-il pas de caresser la feuille ? de la griffer ? de peindre avec le doigt ?, etc.

Le dialogue avec l'adulte au sujet de « sa » peinture permet à l'enfant de se renouveler, de trouver d'autres manières, de « jouer avec les couleurs ». L'approche de la peinture par l'enfant serait insuffisante si, après l'action, on n'apprenait pas à « observer » ce qui a été peint :

- on nomme les couleurs utilisées. On remarque que les couleurs ne sont pas mélangées, que les bleus sont restés bleus et les rouges bien rouges. Peu à peu, l'enfant se sent concerné parce que l'on parle de lui à travers sa production et, aussi, parce qu'il découvre dans les travaux des camarades d'autres manières de peindre, que l'adulte valorise toutes ;
- on observe les taches, les formes qui font travailler l'imaginaire : « C'est un bonhomme... un dada... », dit l'enfant. Si l'on ne veut pas empêcher les réflexions de ce genre, on ne doit rien faire en tout cas pour les susciter. Mais l'adulte doit *écouter attentivement* les commentaires qui peuvent traduire les préoccupations (voire les problèmes) de l'enfant[6].

Prévoir l'achat de protections pour les enfants

Les tabliers plastiques sont efficaces ; il faut les choisir souples et légers pour permettre à l'enfant des gestes amples. On peut aussi

(6) Notons que certains troubles graves (maltraitance, agression sexuelle) peuvent se révéler dans un dessin d'enfant.

envisager de les vêtir de vieux tee-shirts demandés aux parents.

Vérifier l'état du matériel, le nettoyer, le ranger

Le matériel doit être en bon état, il est très important de le nettoyer avec minutie et de le ranger. Il est nécessaire de l'apprendre aux enfants.

Prévoir l'affichage régulier des peintures et des dessins d'enfants

Il y a toujours un petit coin de la maison à décorer et il faut inciter les parents à admirer l'œuvre de leur enfant (c'est très valorisant pour lui).

LA MUSIQUE

Découvrir, examiner, expérimenter, etc. L'exploration des objets est le chemin d'éveil à la vie du tout-petit. L'exploration sonore part du même principe et présente les mêmes caractéristiques que celles des objets, à savoir que l'enfant porte une attention très fugace à ce qu'il explore, qu'il l'associe toujours à une activité ludique.

LES OBJECTIFS DE L'ÉVEIL MUSICAL

Participer à l'éveil musical de l'enfant, c'est l'aider à développer sa **sensibilité auditive** au même titre que sa **sensibilité visuelle ou tactile**. C'est l'aider à affiner son intérêt et son goût pour ce qui constitue l'un des grands plaisirs de la vie. De la reconnaissance de la voix maternelle chantant une « berceuse » à l'acuité fine d'une mélodie, l'aventure musicale existe et vaut le plaisir d'être vécue.

LA MÉTHODOLOGIE DE L'ÉVEIL MUSICAL

Les activités qui stimulent chez l'enfant l'éveil musical sont très nombreuses. Nous allons développer celles qui permettent au professionnel de l'enfance d'obtenir, non pas la pédagogie, mais l'attitude adéquate.

→ Créer l'événement musical et respecter le temps de l'enfant

Situation

La séquence musicale à la crèche

Annie (EJE) organise une séquence musicale à la crèche. Tous les enfants s'approchent d'elle lorsqu'elle propose d'écouter la « musique ». Dès les premières secondes c'est la joie. Ils battent des mains, ils rient, mais Annie voit que les enfants replongent un à un dans leur jeu précédent. Alors l'éducatrice présente un tambour à l'un des enfants. Celui-ci le saisit des deux mains, le met face à lui et, figurant un volant de voiture, le tourne dans tous les sens en accompagnant vocalement son jeu d'un grand vrombissement du moteur.

Une séquence sonore est très rarement écoutée pour elle-même dans une durée musicale, elle suscite toujours une reprise de l'activité ludique qui lui était associée.
Pour lui faire découvrir la musique, l'adulte devra donc toujours l'associer au jeu.
L'éveil musical ne peut être qu'une pratique multiforme et personnalisée.

→ Oser jouer (ou chanter) spontanément

L'enfant donne à entendre un son pour partager un plaisir émotionnel. Si l'adulte sait le recevoir, alors naît un désir d'échange qui permet à l'enfant de communiquer, sur un registre de jeu. Il s'agit pour l'adulte de renvoyer à l'enfant un geste sonore, une vocalisation, afin de lui permettre une prise de conscience de ses actions sonores, une envie d'en inventer d'autres.

Situation

Jane et la flûte à bec

Ce matin, Jane (EJE en structure d'accueil) a sorti sa flûte à bec. Elle décide de tenter une répétition de « frère Jacques » au milieu de trois enfants. Quelle surprise ! Durant un quart d'heure, ils vont l'écouter leurs yeux ébahis !

Puis après cet épisode, Bob (3 ans) va chercher l'instrument qu'il n'avait pas touché hier : un maracas et il court vers Jane pour lui montrer qu'il veut « faire comme elle » !
Celle-ci le prend, le secoue deux ou trois fois, puis le tend à nouveau à l'enfant : « Tiens, c'est pour toi, joue de la musique ! ».
Jouer de la musique, c'est aussi savoir que les enfants peuvent être auditeurs, témoins de ce plaisir que l'adulte éprouve à leur faire entendre lui aussi ce qu'il sait faire, et c'est « communiquer l'envie de faire ! ».

→ « Parler le son » avec l'enfant

Il est indispensable de nommer ce qui s'entend et de commenter en termes imagés l'enveloppe sonore qui accompagne l'activité de l'enfant. Bien souvent d'ailleurs, il suffit d'être à l'écoute des images que l'enfant propose spontanément pour les mettre en relation avec les caractéristiques musicales de son expression. On entend tout naturellement parler de « musiques qui grattent, qui chatouillent, qui pleurent », etc.
L'enfant joue dans un temps qui lui est propre, que l'on se doit d'observer et de respecter. Nul ne peut présager la manière dont l'enfant investit un moment musical. Il est certain que de multiples facteurs influencent son comportement ; citons en particulier :

- son âge, sa sensibilité ;
- sa relation à l'adulte ;
- les rapports des parents avec la musique ;
- le moment de la journée ;
- son état psychologique.

LES DIFFÉRENTES ACTIVITÉS ET LES JEUX MUSICAUX

Ces activités ou jeux évoluent dans une durée courte. Elles développent chez l'enfant sa sensibilité, elles l'aident à trouver ses premiers repères mélodiques et rythmiques. Jeux rituels et répétés, l'enfant ne tarde pas à les réclamer et à les reproduire.

→ Les comptines

Ce sont des jeux plurisensoriels qui mettent en relation :

- **le son et l'image du corps** : « Je fais le tour de ma maison (tête)… Je descends l'escalier (nez), etc. ;
- **le son et le toucher** « une p'tite bête qui monte, qui monte… ».

Tableau 10.1 – « Deux comptines ».

	Chanson	Gestes d'accompagnement
Comptine de jardin ♫	- Je fais le tour de mon jardin. - Bonjour papy, bonjour mamy. - Je descends l'escalier. ♫ - Je sonne à la porte. - Je m'essuie les pieds. - Et j'entre. ♫	- Faire le tour de la tête. - Toucher chacune des paupières. - Glisser le doigt le long de l'arête du nez. - Appuyer sur le nez. - Frotter la lèvre. - Pointer l'index vers la bouche.
Comptine du fil vert ♫	- Enroulez le fil vert. - Déroulez le fil vert. ♫ - Et tire, tire, tire… - Et tape, tape, tape. ♫	- Tourner les mains dans un sens. - Tourner les mains dans l'autre sens. - Écarter les poings fermés. - Taper dans les mains.

→ Les chansons

À certains moments, l'adulte ne doit pas hésiter à entonner un chant de son propre répertoire pour le simple plaisir de communiquer sa joie de chanter aux enfants.
De la plus simple à la plus complexe, chaque chanson développe une particularité :

- **les berceuses** font appel à la modulation de la voix (chuchotée, mélodieuse, etc.) ;
- **les chansons d'action** font appel à l'interprétation, au mime. Par exemple : « Un p'tit bonhomme s'en allait au bois, en revenant il faisait trois fois : atchoum ! atchoum ! atchoum ! » ;
- **les chansons à texte** (longues histoires à rebondissement) ne sont pas mémorisables mais s'écoutent comme un conte. Par exemple : « Il était un petit chat… un jour dans sa tasse de lait… il voit une mouche… veut l'attraper… la mouche s'envole… », etc. ;
- **les chansons-jeux :** les chansons peuvent faire l'objet de jeux, tels que :
  - jouer des états d'âme (rire, peur, surprise, etc.),
  - mettre en scène les personnages de la chanson.

→ Les instruments de musique

La notion d'instruments de musique pour enfants peut recouvrir une palette d'objets très diversifiés. Différents facteurs doivent être pris en considération :

- **la qualité sonore** de l'instrument est un facteur fondamental qui éveille l'intérêt de l'enfant vers une exigence musicale. Méfions-nous des catalogues attrayants qui ne suffisent pas à garantir une qualité sonore. Il s'agit de faire un choix judicieux ;
- **l'aspect de l'instrument :** une grande diversité de formes, de matières et de couleurs élargit le choix des instruments musicaux ;
- **la solidité de l'instrument** est déterminante pour qu'il conserve ses qualités sonores. Elle est aussi garante de la sécurité (par exemple : les maracas remplis de petites billes que l'on peut avaler s'ils se cassent).

→ Les CD

La discographie enfantine ne manque pas d'originalité : des chants et comptines aux histoires, aux contes musicaux ; des adaptations d'opéra, des musiques de films TV aux enregistrements de sons quotidiens. Mais il est important que l'enfant confronte son oreille à toutes les musiques : classique, contemporaine, folklorique, jazz, rock, variété, etc.

→ Le coin musique

Le coin musique trouve désormais sa place, au même titre que le coin poupée ou le coin cuisine ; il peut aussi bien occuper un recoin de la maison qu'un espace réservé (à la crèche) :

- la seule présence d'un poste de musique peut faire de ce coin un lieu d'enregistrement et d'écoute, aussi bien personnel que collectif ;
- il peut être habité d'une multitude d'instruments et jouets sonores.

→ L'association musique et autres activités créatrices

L'adulte peut associer par exemple :

- **peinture et musique :** des sons à voir, des couleurs à entendre. L'interaction de ces deux activités peut être passionnante car elle permet de concrétiser la matière sonore ;
- jeux d'eau et musique, par exemple :
  - bruits d'eau à produire et écouter, dans la salle de bain,
  - improvisations sonores d'eau avec sa voix, avec des objets ou instruments fabriqués à cet effet, etc. ;
- **jeux moteurs et musique,** etc. (bien d'autres associations sont possibles).

Fig. 10.7. À la crèche, la musique peut prendre des formes diverses.

CATÉGORIES INSTRUMENTALES

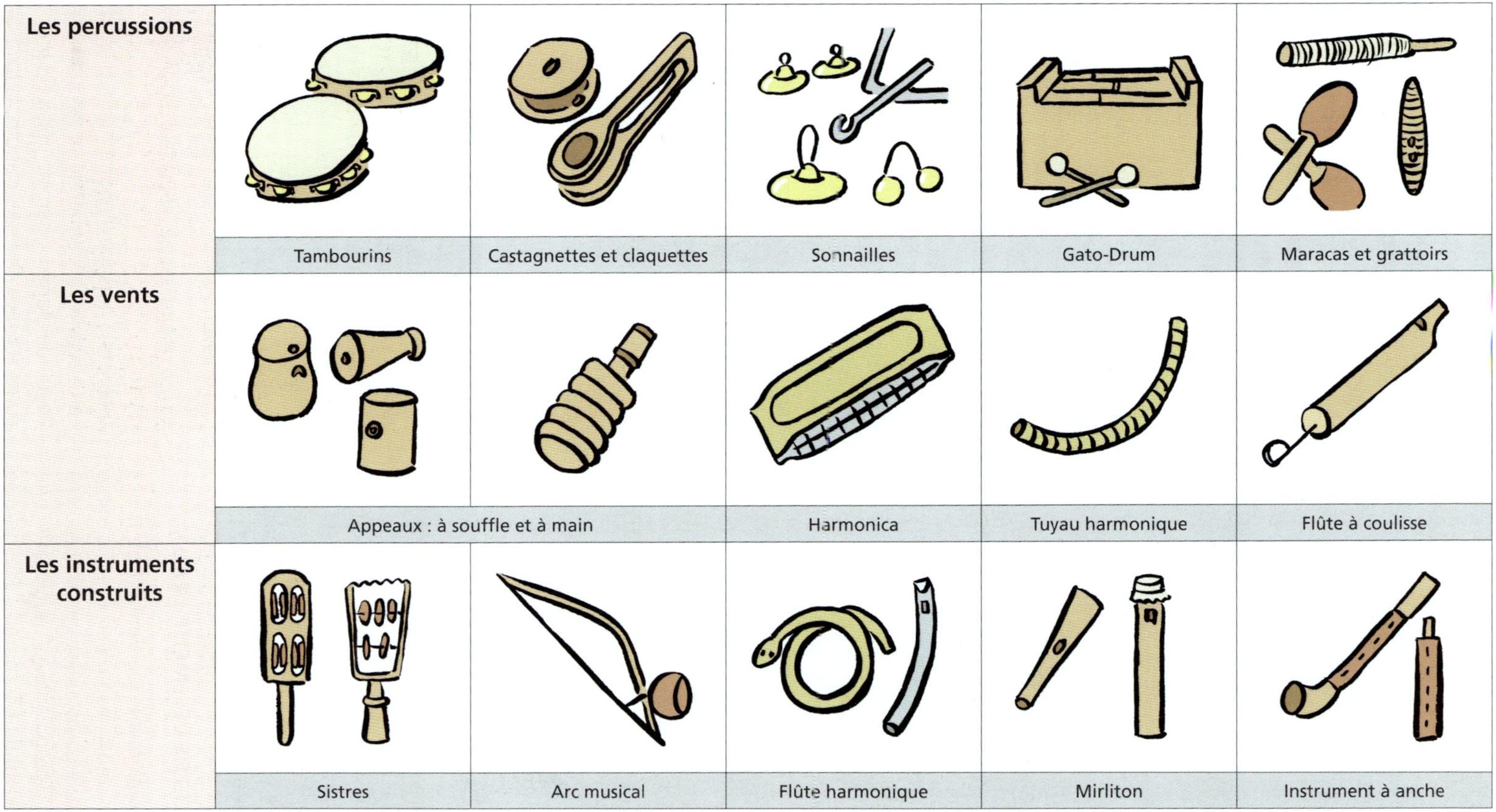

Fig. 10.8. Les catégories instrumentales (liste non-exhaustive).

Rôle de la professionnelle

L'éveil musical est une nouvelle donnée dans la pratique des professionnels de la petite enfance. Cependant, il faut éviter que « faire de la musique » ne se réduise à une activité supplémentaire, une occupation technique à visée pédagogique. La matière sonore entretient des liens privilégiés avec l'ensemble des activités de l'enfant. En conséquence, l'activité musicale peut être le lieu d'un décloisonnement et d'une grande diversité de contenus et de formes.

La professionnelle (qu'elle travaille à domicile ou en structures d'accueil) doit être le moteur de l'éveil musical de l'enfant. Pour cela elle pourra :

- prévoir un petit espace « jeux et activités musicales » ;
- se procurer des instruments adaptés à l'âge, à la maturité, à la sensibilité des enfants ;
- s'assurer de la qualité du matériel musical proposé par les fournisseurs ;
- sensibiliser et impliquer les parents à l'éveil musical de l'enfant ;
- associer le « plaisir musical » à d'autres activités quotidiennes de l'enfant.

Les manipulations

LA MANIPULATION DE L'EAU

La manipulation de l'eau revêt des intérêts multiples. Outre le plaisir ludique qu'elle apporte à l'enfant, cette activité favorise la connaissance à tous les niveaux et en particulier la connaissance de son corps.

LES INTÉRÊTS DE L'ELEMENT « EAU »

L'eau est un élément que l'enfant peut dès les premiers mois manipuler avec la main ou avec tout le corps. C'est une matière enveloppante, « moulante », renvoyant une sensation de totalité corporelle. Plus tard le jeune enfant pourra la maîtriser, la séparer, la taper, la transporter, la transvaser. L'émotion sera tantôt forte, tantôt calme, mais toujours absorbante, comme dans toute manipulation.

L'ORGANISATION DE L'ACTIVITÉ EAU EN MILIEU FAMILIAL

La salle de bain est la seule pièce où l'on permette à l'enfant de « jouer à l'eau » librement au moment du bain. Il semble important pour nous (parents ou assistants maternels) de favoriser cette activité même si, sur le plan matériel, elle occasionne quelques contraintes.

→ L'évier

L'évier rempli d'eau est une véritable joie pour les petites mains manipulatrices.

Intérêts : cette activité développe *l'éveil* et la *manipulation*.

L'enfant, vers 2 ans, trouve un bac qui est ferme, solide, où il aime tremper les mains, effectuer des clapotis, faire flotter son canard. Par ailleurs, ce bac est pourvu de robinet que l'enfant adore ouvrir et fermer. L'évier ou le lavabo peuvent être remplacés par une bassine en plastique mise à la disposition de l'enfant dans la salle de bain.

Précautions : l'enfant doit être non seulement surveillé, mais « *accompagné* ». L'évier (ou le lavabo) n'est pas à la hauteur de l'enfant ; celui-ci doit être maintenu par l'adulte sur un tabouret. Par ailleurs, pour limiter les dégâts, il est prudent de protéger le sol, soit à l'aide de serpillières, soit avec un grand drap ou un tapis de bain ; outre le risque du préjudice matériel, le sol recouvert d'eau devient glissant donc *dangereux* pour l'enfant.

→ La baignoire

La baignoire est le lieu idéal pour les jeux d'eau.

Intérêts : lorsque l'enfant tient bien assis, cette activité lui permet de se familiariser avec l'eau, de l'apprivoiser, de mieux *sentir son corps*. Il aime y faire des clapotis, la faire couler

sur lui avec sa main, avec une timbale, une éponge, jouer avec son canard.
Le bain favorise aussi le jeu symbolique si l'on y associe la poupée. Celle-ci aide l'enfant à maîtriser certaines situations (on peut par exemple vaincre la peur du shampooing, ou de la douche, en l'administrant à la poupée). Même la peur de l'eau peut être vaincue par ce moyen-là ! En matérialisant une situation, l'enfant l'accepte mieux.
Précautions : pour sécuriser l'enfant il faut mettre peu d'eau dans la baignoire et la présence de l'adulte est indispensable.

→ Le bac à eau

Lorsqu'il fait beau, l'enfant peut aborder cette activité dans le jardin, sous la surveillance de l'adulte.

- **Matériel :** pour enrichir cette activité on peut mettre sur le bord du bac à eau : des entonnoirs, des éponges, des cailloux, des bouteilles en plastique, un arrosoir, un bateau, du matériel de cuisine (louches, cuillères, fouets, passoires, écumoires...).
- **Intérêts :** ce matériel permet de faire des *découvertes passionnantes* : remplir, vider, faire flotter, couler, déborder, transvaser, échanger, etc. L'enfant prend conscience des variations de poids, de volumes, et même parfois de température lorsque l'éducateur ajoute l'eau plus chaude ou plus froide. L'activité procure aussi des objets que l'enfant sent se transformer au contact de l'eau (comme l'éponge) ou fondre (comme le savon). Par ailleurs cette activité autour du bac à eau favorise la socialisation : les enfants aiment échanger leur matériel, c'est le « troc » ; ils parlent, se copient, s'observent.

Précautions : l'adulte va se montrer très disponible et laisser l'enfant aborder cette activité à son rythme. Il doit surtout éviter de faire « jouer utile ». L'activité restera un « jeu » avant tout. En revanche, il ne faudra pas s'étonner qu'un enfant reproduise plusieurs fois la même manipulation. Là encore l'*acte répétitif* revêt toute son importance.

Fig. 10.9. Le bac à eau permet des jeux multiples.

→ La pataugeoire

La pataugeoire est une mini-piscine où l'enfant prend connaissance de l'eau par tout son corps.
Intérêt : l'enfant aime y jouer avec ses camarades : on se touche, on s'éclabousse.
Précautions : il faut que l'adulte soit présent et surveille chaque enfant. L'expression des visages doit refléter la joie, la sécurité, le plaisir. Dès qu'un enfant a peur, il faut le sortir de l'eau. L'attitude de l'adulte est un facteur déterminant pour le plaisir de l'enfant. Sa présence est indispensable pour stimuler les initiatives, apaiser les craintes et veiller à ce que les jeux de certains enfants ne soient pas perturbés par d'autres plus vifs dans leurs manipulations.

LA MANIPULATION DU SABLE

Le sable ne colle pas, il glisse, c'est une matière fluide, il n'accroche pas, les traces s'effacent aussitôt d'elles-mêmes...
Comme on sait, l'extrémité des doigts possède un sens du toucher particulièrement affiné ; quand les mains travaillent, la pulpe des doigts est l'objet de pressions multiples et nuancées. Les professionnels ont la mission d'offrir à l'enfant le plus grand parcours digital. Le sable est un terrain de choix...

LES INTÉRÊTS DE L'ACTIVITÉ SABLE

Le sable est une matière qui sollicite l'enfant dans son corps entier. Que de sensations se produisent chez l'enfant grâce aux jeux dans cette immense aire de sable qui l'entoure ! Au départ il va la regarder, la toucher, la caresser, la taper, puis il va y enfoncer ses doigts, ses pieds. Il maîtrisera ensuite cette matière en y creusant des trous, en la transvasant, en y faisant disparaître des objets, des parties de son corps, puis en y élaborant des constructions éphémères.

L'ORGANISATION DE L'ACTIVITÉ

Pour ce type d'activité, il est nécessaire de se procurer des bacs et de la matière fluide (sable ou substituts).

→ Le bac à sable installé à l'extérieur

Il permet des *explorations nombreuses* et spontanées. On réalise grâce à lui des pâtés de tailles et de formes diverses. On détruit avec ravissement ce que l'on a réalisé, on détruit aussi ce que le petit copain confectionne ou édifie. Une source d'eau à proximité favorise la réalisation des pâtés.
Le plein air est l'endroit idéal pour faire jouer l'enfant car le bac est généralement au niveau du sol et l'enfant joue accroupi.

→ Le bac à sciure installé à l'intérieur

Il est très apprécié car la sciure humide est d'un emploi agréable pour les jeunes enfants. Elle ne présente pas le risque vu précédemment (projection dans les yeux) et permet le pétrissage, le malaxage et l'édification de formes simples. Là encore, la professionnelle regarde et commente les réalisations et peut suggérer l'emploi de moules diversifiés.

→ Le bac à farine

Il est également apprécié car la farine a un contact plus doux que la sciure. Les enfants aiment y faire des traces au doigt, des petites routes ; elle permet un *modelage plus fin*, elle épouse les formes qu'on lui propose ; on peut la creuser plus profondément, on peut faire des trous. On peut y ajouter quelques accessoires : par exemple, des petits animaux en plastique. Elle relève les empreintes des doigts, elle enterre les objets, elle laisse une trace très légère sur les mains et, mélangée à l'eau, elle permet des contacts variés : pâteux, poisseux, collant.

Mise en garde : l'inconvénient de la farine est de voler partout. L'enfant doit éviter les projections dirigées vers autrui. C'est pourquoi lorsque la professionnelle a choisi d'asseoir les enfants dans la farine, elle doit, évidemment, rester auprès d'eux pour ce jeu.

LA MANIPULATION DES PÂTES

Si eau, sable et terre sont abondamment exploités et avec profit, il faut aussi introduire d'autres matériaux qui permettent aux enfants de 2 à 3 ans de s'exercer dans le pétrissage et le modelage.

LES PÂTES À MODELER

On trouve dans le commerce des pâtes à modeler de bonnes qualités, faciles à travailler qui favorisent les gestes **d'étaler**, de **caresser**, de **lisser** et qui conservent la forme donnée. Il semble inutile de demander aux enfants de réaliser des objets. Il est préférable de leur suggérer de faire quelque chose qui tienne debout. Les enfants parlent alors de pont, de montage, de maison, de tour, etc. Le but est d'édifier, de pétrir, d'organiser des formes.
Ils superposent des boules en percevant que celle du bas doit être la plus importante car elle va soutenir les autres.
On peut aussi réaliser la pâte à modeler soi-même, selon la technique de la pâte à tarte. C'est facile et cela présente deux intérêts : on peut associer les enfants à cette manipulation (ils aiment créer la matière qu'ils vont travailler) ; les composants sont *naturels* (donc aucun danger si l'enfant les porte à la bouche).

→ Matériel et quantité (pour ½ kg de pâte)

- farine : deux grands verres ;
- eau chaude : deux grands verres ;
- sel : un verre + 1 c. à soupe d'alun de potasse (produit acheté en pharmacie qui empêche la pâte de durcir) ;
- colorant alimentaire : 2 c. à soupe ;
- 1 c. à soupe d'huile ;
- 1 boîte hermétique.

→ Technique de fabrication

Il faut :

- mettre le colorant dans le second verre d'eau ;
- mélanger le tout et compléter par deux verres de farine, versés progressivement, pour épaissir selon l'onctuosité désirée. Après le malaxage, ajouter une cuillère à soupe d'huile et malaxer à nouveau ;
- mettre la pâte dans une boîte hermétique en plastique pour la conserver.

LA PÂTE À SEL

La pâte à sel est encore plus facile à réaliser que la pâte à modeler et ne nécessite que des produits courants.

Matériel et quantité :

- farine : deux grands verres ;
- eau chaude : un grand verre ;
- sel : un grand verre.

Technique de fabrication :

- malaxer les ingrédients ;
- modeler une forme ;
- laisser sécher 12 heures ;
- cuire à four faible 2 heures environ.

LA PÂTE À TARTE

L'enfant participe à la préparation d'une tarte avec l'assistante maternelle ou la maman. Il utilise toute la force de ses mains pour malaxer, pétrir. Il aide à étaler la pâte sur le moule et même à la mettre au four.

Rôle de la professionnelle

L'adulte qui participe aux séances de modelage obtient des renseignements intéressants sur les enfants qui commencent à jouer ensemble, à coopérer même, et sur ceux qui restent très individualistes. Il voit aussi la persévérance et l'obstination de certains à poursuivre une même activité. Il découvre la mobilité d'un autre enfant qui change sans cesse d'activité et ne peut pas s'immobiliser plus de quelques secondes.

La professionnelle saura stimuler et valoriser l'enfant, quels que soient son implication et le résultat obtenu dans cette activité. Elle aura à l'esprit les trois grands intérêts que présente « l'activité manipulation » (dans sa globalité) afin de la proposer le plus souvent possible à l'enfant (voir tableau ci-dessous).

Tableau 10.2 – Les intérêts regroupés de la manipulation chez l'enfant.

La manipulation permet de :	
Favoriser la connaissance	- de l'élément naturel (plaisir sensuel) ; - de soi (schéma corporel) ; - des objets (rapports de cause à effet) ; - d'autrui (socialisation).
Favoriser l'expression	- motrice : fine (manipulation) et globale (corps) ; - orale : langage, communication ; - créatrice, artistique, culturelle.
Favoriser les jeux	- jeux compensatoires (face à l'acquisition de la propreté) ; - jeux symboliques (face aux interdits, aux appréhensions, etc.).

Les livres pour enfants

Le livre est pour l'enfant un objet insolite qu'il va explorer comme les autres objets de son environnement. L'adulte doit comprendre que ce qui importe, avant tout, c'est le plaisir de l'enfant, et il doit le partager délicatement avec lui. Nous parlerons ici essentiellement des livres pour les enfants de moins de 3 ans. Ces livres, visant un public très spécifique, deviennent de plus en plus nombreux et variés.

INTÉRÊTS DU LIVRE POUR ENFANTS

Pour le petit enfant, le livre est d'abord un objet qu'il a besoin d'explorer pour en prendre connaissance.

L'OBJET SENSORIEL

Cette approche peut commencer très tôt (vers 1 an). Tous les sens interviennent dans la découverte de cet objet particulier. L'enfant le voit, le touche, le porte à sa bouche, le déchire, le sent, écoute le bruit des pages, etc.

L'OBJET À MANIPULER

L'enfant est actif. Il aime ouvrir le livre, le refermer, découvrir ainsi son « dehors » et son « dedans ». Sa manipulation est très différente selon la matière et le format. Les formats intermédiaires sont plus adaptés aux très jeunes enfants qui, pourtant, ont aussi du plaisir à exercer leur motricité fine avec de très petits livres et à maîtriser des livres de grande taille.

Situation

Batiste et son super-héros

Batiste (24 mois) a choisi dans la bibliothèque de sa nounou une bande dessinée de super-héros. Batiste et la nounou l'ont déjà feuilletée ensemble. L'enfant pointe du doigt le dessin de l'être prodigieux puis la figurine sur ses chaussons. La nounou explique qu'elle a bien compris qu'il s'agit du même personnage. Batiste est fan ! Il tourne les pages du livre en mimant les bagarres et les explosions avec de grands gestes et de gros bruits. Il est entré tout seul dans l'univers du livre.

L'OBJET AFFECTIF

Cet objet matériel investi par l'enfant va devenir dans certains cas un objet affectif très important. Certains enfants cachent leurs livres, dorment avec, refusent de les prêter. C'est quelquefois l'objet lui-même qui les a séduits.

Situation

La « valise-livre » de Marie !

Marie (3 ans) entre à la bibliothèque avec Nelly (son AM). Elle trouve aussitôt un petit livre cartonné en forme de valise : elle ne veut plus le quitter et le garde dans une main pendant qu'elle ouvre d'autres livres, sans s'y arrêter vraiment. C'est cette « valise-livre » qu'elle gardera toute la semaine !

LES DIFFÉRENTS TYPES DE LIVRES

LES IMAGIERS

À la fin de la **première année**, les enfants, très tôt sensibles aux images, manifestent qu'ils y reconnaissent la représentation de quelque chose de bien connu.

Situation

Le chat de Luigi

Luigi (13 mois) avant de pouvoir nommer, nous communique sa joie lorsqu'il trouve, dans son livre cartonné, l'image du chat. Il cherche alors des yeux son chat – bien réel et d'une tout autre couleur – qui est quelque part dans l'appartement. Ce geste

Une image sur une page et le texte sur l'autre : l'action est ainsi isolée, elle prend du relief. Lorsque l'enfant tourne les pages, la succession des images permet de connaître la suite de l'histoire.

Une image sur chaque page et le texte au-dessous : un enchaînement d'images se produit dans un seul champ de perception. Mais l'enfant voit souvent deux personnages différents là où nous voyons un personnage accomplir une action en deux temps. Cette perception ne l'empêche pas de tirer profit d'images associées, même s'il n'en saisit pas la succession dans le temps.

Plusieurs images par page et un texte adapté aux situations : des situations très différentes sont évoquées par les images. Celles-ci sont parfois détaillées. L'agencement des images sur la page est plus difficile à percevoir : il faut donc que l'enfant ait acquis une bonne organisation spatiotemporelle. Ce type de livres l'intéresse car il retrouve des situations connues.

Une image importante sur la double page et un texte mis en valeur : cette image a beaucoup d'impact et permet à l'enfant de s'y attarder. La typographie joue un rôle plastique important, complémentaire de l'image. Elle permet une lecture globale texte-image très utile.

Fig. 10.11. La mise en page des livres pour enfants revêt une importance particulière.

Fig. 10.12. À la crèche, une histoire lue par l'AP capte toute l'attention des enfants (cf. Fiche 23).

Les jeux de réflexion (ou jeux éducatifs)

Ces activités ou jeux (appelés *éducatifs* ou *didactiques*) développent chez l'enfant différentes facultés cognitives. Selon le type de jeu, ils vont du simple perfectionnement de la préhension manuelle à toutes sortes d'associations.

LES OBJECTIFS DES JEUX

Il faut admettre que ces jeux font aujourd'hui partie de l'environnement de l'enfant ; bien choisis et bien utilisés, ils peuvent être très enrichissants pour lui et développer, outre la faculté de **réflexion** (que nous avons choisi en titre !) :

- l'observation ;
- la concentration, la mémorisation ;
- l'analyse (à partir d'un certain âge) ;
- la créativité, l'expression artistique ;
- l'habileté manuelle (précision du geste) ;
- et la socialisation (lorsque l'enfant partage son plaisir avec l'adulte ou d'autres enfants).

LES CATÉGORIES DE JEUX

Nous proposons dans ce paragraphe un regroupement de jouets à caractère éducatif dont la liste est loin d'être exhaustive. Nous avons simplement voulu illustrer notre propos de quelques exemples concrets. Pour plus de détails les professionnels se reporteront aux catalogues spécialisés.

LES JEUX D'EMBOÎTEMENT (PAR EXEMPLE : JOUETS GIGOGNES)

Ces jeux sont très nombreux sur le marché ; ils permettent à l'enfant de réaliser des emboîtements dans un ordre déterminé. Très tôt l'enfant prendra plaisir à mettre quelques éléments d'une boîte dans une autre, sans tenir compte du format (ce qui n'a aucune importance) : c'est à l'usage qu'il comprendra le principe de l'emboîtement. Par exemple : **les jouets gigognes, la pyramide d'anneaux.**

LES JEUX D'ENCASTREMENT (TRIEURS DE FORME, PUZZLES ET MOSAÏQUES)

Ces jeux séduisent l'enfant, car ils lui permettent d'effectuer un « *tri de formes* » pour pouvoir encastrer les divers éléments. De plus, ces formes sont très attrayantes et représentatives (couleurs, animaux, personnages familiers, etc.). Il aime les « retrouver ».

MémoMémoMémo

Les jeux électroniques

Il existe de nombreux jeux éducatifs électroniques, sur console, tablette, PC… Ces jeux sont généralement bien faits, astucieux, colorés et particulièrement attractifs pour l'enfant. Il serait dommage de les rejeter en bloc car ils possèdent de nombreuses qualités, même si en termes de créativité ou de motricité fine, leur apport s'avère limité. Mais ces qualités ne valent qu'avec l'accompagnement d'un adulte qui aide l'enfant, réagit, s'amuse et partage l'expérience du jeu avec lui.

LES JEUX DE CONSTRUCTION

Ils permettent à la fois l'encastrement et l'empilement. Avec ces jeux les enfants apprennent les lois de l'équilibre et font aussi travailler leur esprit créatif. Ils sont fabriqués avec divers matériaux :

- **la mousse** : ses nombreuses qualités plaisent aux enfants ; elle est très utilisée car elle suscite des jeux et des emplois très divers (fig. 10.13) ;
- **le bois** : il permet des constructions plus fines, plus précises, car il est plus lourd donc mieux perçu et ses arêtes sont plus délimitées. Les jeux de construction en bois sont des « classiques du genre » ;
- **le plastique** est de plus en plus utilisé car très fonctionnel et peu onéreux. Par exemple, le Légo® est *le roi de ces jeux*. Il permet des constructions dites multiformes : on peut les démonter pour en créer d'autres, tous les éléments s'interpénètrent entre eux. La manipulation est donc facile et immédiate, l'enfant peut y jouer très jeune et en fonction de sa créativité l'utiliser longtemps (la clientèle Légo® va de 2 ans à 14 ans !).

LES JEUX DE CONNAISSANCE (JEUX DE LOTOS, DOMINOS)

L'impact que pourra avoir ce jeu sur le développement de l'enfant va dépendre non seulement du choix du matériel mais surtout de la façon dont le jeu sera nourri en temps et en heure d'une présence de l'adulte affectueuse et non envahissante.
Ces jeux sont très divers et permettent à l'enfant de développer ses connaissances, sa créativité, sa manipulation, sa mémorisation, sa logique, etc. Citons les scènes familières à reconstituer, les jeux de **lotos** et **dominos** (fig. 10.13).

LES JEUX D'ENFILAGE, DE LAÇAGE, DE COLLAGES

Ils développent la manipulation fine et la créativité de l'enfant. De plus, ils lui permettent de fabriquer un objet de parade que l'on peut « porter » ou « offrir »... Il faut cependant éviter de donner des perles aux enfants de moins de 2 ans et présents lors de ces jeux.

Rôle de la professionnelle

Réussir l'exercice du jeu éducatif donne toujours à l'enfant une grande satisfaction, il aura envie d'aller plus loin. Encore faut-il que l'adulte soit le témoin de son succès, ce qui double son plaisir et le valorise. Un spectateur complice constitue donc toujours l'atout indispensable à ce type de jeu. La professionnelle veillera à :

Accompagner l'enfant, ne rien imposer
Pour commencer à jouer, l'enfant a toujours besoin d'un minimum d'explications ou d'une démonstration de l'adulte. Il est vivement déconseillé de déposer ces jeux sur une table devant les enfants et de les laisser se débrouiller. Ces jeux demandent un effort de la part de l'enfant, ils constituent pour lui un « travail », même si les fabricants ont usé de toutes les ruses pour les rendre plus gais

Les jeux avec la mousse :
L'utilisation de la mousse de polyéthylène est très appréciée des jeunes enfants car elle est légère, douce, colorée, malléable. La professionnelle apprécie ses autres qualités : elle est résistante, silencieuse, lavable et peu onéreuse.
Différentes possiblités de jeux s'offrent à l'enfant avec la mousse :
• La fabrication d'un fruit (une pomme par exemple) : c'est un jeu d'encastrement (A)
• La fabrication de coins (maison), de ponts, de tables, de sièges : c'est un jeu de construction (B).

Les lotos et dominos :
ils constituent un ensemble de jeux faisant appel à la logique, l'observation, la découverte du monde, l'expression orale.
Nous connaissons bien :
– le loto des animaux familiers,
– le loto du jardin,
– le domino des chiffres,
– le domino des lettres,
– le domino des heures, etc.

(Les dominos d'idées et dominos puzzles sont des jeux plus difficiles que les précédents et sont utilisés passé 3 ans.)

Fig. 10.13. Les activités et jeux qui stimulent la créativité et la connaissance chez l'enfant.

et plus attrayants. Lors du jeu, l'adulte peut parler avec l'enfant pour l'encourager et, même s'il rate son coup, le féliciter... Il doit éviter de forcer et d'imposer, ce qui détruirait l'idée de « plaisir » que l'enfant doit associer au jeu, et pour la même raison l'adulte ne doit jamais insister pour la poursuite du jeu éducatif si l'enfant décide d'y mettre fin.

Proposer des jeux « faciles d'accès »

Il est préférable d'acheter un jeu d'un niveau plutôt plus bas que plus haut. L'enfant y jouera avec plus de chances de succès, ce qui augmentera l'intérêt qu'il porte au jeu. Échouer dans une expérience est frustrant pour l'enfant et diminue sa confiance en lui. Avec un jeu trop compliqué, on obtient le résultat inverse à celui escompté, on décourage et on nuit à l'épanouissement de la personnalité de l'enfant.

MémoMémoMémo

Les réserves émises sur l'intérêt des jeux dits « éducatifs » !

Malgré leur intérêt, les professionnels de la petite enfance restent persuadés qu'il faut limiter l'utilisation des jeux dits éducatifs, car tout matériel qui ne comporte qu'une solution déterminée à l'avance limite l'activité créatrice de l'enfant. Les constructions libres seront toujours plus enrichissantes que tous les assemblages comportant une seule solution. Dans la même logique, les professionnels de l'enfance préfèrent donner à l'enfant du papier qu'il peut déchirer en petits morceaux et coller à son idée sur une feuille, plutôt que de faire coller des « gommettes », *a fortiori* autour d'une forme dessinée à l'avance par l'adulte. Il faut bien savoir que l'imagination créatrice de l'enfant est souvent plus performante que celle de tous les concepteurs de jouets réunis !

Les jeux symboliques

Le jeu symbolique est un *jeu de fiction* où l'enfant laisse libre cours à son imagination. Il peut avoir pour supports différents jouets, tels que : la poupée, l'ours, la marionnette, etc. *Les coins-jeux* favorisent l'expression des jeux symboliques et doivent être largement exploités par les professionnels de l'enfance.

LES INTÉRÊTS DES JEUX SYMBOLIQUES

L'illusion créatrice de l'enfant intéresse particulièrement les psychologues puisqu'elle se situe à une période de la vie où il amorce une ouverture vers autrui qui ne fera que s'amplifier. Les jeux symboliques présentent plusieurs intérêts.

LES JEUX DE SOCIALISATION

En imitant les autres, au travers du jeu symbolique, l'enfant se décentre de lui-même pour aller vers autrui. C'est un premier pas vers l'autonomie. Au travers du jeu l'enfant va vivre et expérimenter différents rôles de la vie sociale, il va développer son attention, son langage, et va mieux accepter les partages, les règlements, les frustrations imposées par l'adulte. L'enfant va également mieux vivre les « manques » (l'absence momentanée de sa mère en particulier). Cette attitude participe à la formation de sa socialisation.

LES JEUX DE TRANSFERT

Lors du jeu, l'enfant fait un transfert : la poupée devient l'enfant, tandis que face à elle l'enfant endosse le personnage de ses parents dont il adopte tous les traits de caractère (attitudes, voix, etc.). L'enfant souligne, parfois avec un humour certain, les attitudes parentales qui l'ont le plus marqué (il n'est pas de vision plus lucide sur la famille que celle de l'enfant par le moyen du « *jeu symbolique* » !).

LES JEUX DE LANGAGE

Freud[8] a dit : « *Il n'y a pas d'acquisition du langage sans jeu !* ». Grâce à la poupée, l'enfant devient un véritable orateur. Il manie le vocabulaire avec passion, utilisant tout son petit répertoire et y mettant même... l'intonation appropriée.

(8) Freud, *cf.* chapitre 7.

Situation

Roxane (4 ans) et la poupée Célia

« Ma poupée Célia a mal dormi, elle a fait pipi et a pleuré pendant la sieste. Je lui ai donné du lait chaud au biberon mais elle a encore pleuré, elle voulait venir dormir dans mon lit, alors je l'ai prise dans mes bras, je l'ai consolée. »

L'enfant transgresse les interdits. Roxane ne dit pas qu'elle a puni la poupée, pourtant celle-ci a eu de grosses faiblesses (pipi au lit, pleurs, désirs de dormir dans le lit de maman...). L'enfant se donne le beau rôle, celui de l'adulte fort et puissant qui pardonne. Parfois le registre est différent.

Situation

Roxane et sa poupée (suite)

« Célia (la poupée) est méchante : elle ne veut pas que je l'habille, elle remue, elle crie, elle griffe... Je vais la frapper pour qu'elle se calme ! »

Par l'intermédiaire de la poupée, l'enfant refait la douloureuse expérience du monde. Les adultes ne sont pas toujours souples avec l'enfant, la poupée va symboliser cette résistance. L'adulte doit donc admettre les comportements agressifs de l'enfant par rapport à la poupée.

Rôle de la professionnelle

Si l'on observe que, lors des jeux, la poupée est plus souvent battue, jetée ou violentée que câlinée, cela signifie qu'il existe chez l'enfant quelque problème à élucider. Les psychologues disent que, dans une telle situation, la poupée battue représente aux yeux de l'enfant une part de lui-même qu'il refoule et rejette inconsciemment. Ceci peut être également révélateur de maltraitance. Une grande vigilance et beaucoup de tact sont exigés de la part de la professionnelle.

L'OURS ET LA POUPÉE

Deux jouets sont particulièrement utilisés : l'ours et la poupée. Nous allons voir que le jeu symbolique aura des effets différents selon l'âge de l'enfant.

L'OURS

Vers 8 mois, c'est le premier confident du bébé, c'est une présence rassurante à ses côtés dont le contact doux et chaud lui rappelle le toucher de sa mère. L'ours restera longtemps le témoin des premières peines. Il sera progressivement délaissé au profit des poupées par les fillettes et gardé un peu plus longtemps par les garçons, mais jamais abandonné. Il reste le « jouet fétiche » de l'enfance !

LA POUPÉE

Le choix de la poupée varie en fonction de l'âge de l'enfant :

- **vers 1 à 2 ans,** c'est l'âge où la poupée doit être la plus rudimentaire. La poupée de chiffon remplit cette condition ;
- **entre 3 et 5 ans,** l'enfant aime avoir plusieurs poupées. Le style de la poupée évolue vers plus de précision dans le détail, l'enfant aime reconnaître les yeux, la bouche, veut la coiffer, mais on remarque que lorsque l'enfant a plusieurs poupées, c'est souvent la plus défraîchie, la plus « manipulée » qu'il préfère.

Situation

Elisa et ses deux poupées

Elisa (3 ans) dit : « Mes poupées sont couchées dans leur berceau. Anna, c'est la grande, elle est sage, Pauline c'est le bébé, elle boit le biberon et elle fait pipi... ».

La poupée de chiffon : vers 1 à 2 ans, la poupée doit être rudimentaire (douce, molle, chaude, solide, lavable). C'est une mascotte qu'on transporte partout.

La poupée classique : vers 3 à 5 ans, la poupée devient plus sophistiquée. L'enfant aime l'habiller, la coiffer. Il faut la choisir légère et manipulable.

La poupée mannequin : après 5 ans, cette poupée attire l'enfant, car c'est un être « idéalisé » auquel il voudrait ressembler plus tard. *Barbie* est la plus connue. L'enfant demande aussi les accessoires (tenue de tennis, ski…).

Fig. 10.14. Les variétés de poupées.

Rôle de la professionnelle

Les jeux symboliques dans leur ensemble tiennent un rôle très actif dans la vie du jeune enfant, favorisant les projections et les identifications, tout en ne cessant de solliciter le plaisir créatif de celui-ci. La professionnelle doit tout mettre en œuvre pour qu'à la maison ces jeux puissent se vivre pleinement.

L'écoute et l'observation des enfants, au travers de ces jeux, sont importantes : très souvent les dialogues entre l'enfant et ses jouets laissant apparaître ses préoccupations et ses troubles. La professionnelle doit y porter une oreille attentive et bienveillante. Ainsi avec discrétion, habileté, gentillesse, elle pourra expliquer à la maman le message que l'enfant lui fait passer au travers du dialogue avec sa poupée. C'est une tâche difficile mais tellement humaine de réconcilier l'enfant avec ses proches. Le jeu a été pour lui un « exorcisme », encore faut-il qu'il soit entendu.

Mise en garde : toutes les théories des psychologues confirment l'intérêt des jeux symboliques chez l'enfant ; toutefois il faut mettre les professionnels en garde **contre un excès d'interprétation** des conduites enfantines au travers de ces jeux.

Il est nécessaire par ailleurs d'éviter de s'immiscer dans les jeux de l'enfant et de dicter des dialogues ou des comportements dans le but de lui faire passer des « leçons ». Ce serait ignorer l'importance de ces jeux dans la construction de la personnalité de l'enfant et ne pas prendre en compte toutes les potentialités que le tout-petit trouve dans leur usage.

MémoMémoMémo

Le garçon peut-il jouer à la poupée ?

Une question est souvent posée par les parents aux professionnels : « Les petits garçons doivent-ils jouer à la poupée ?... ».
C'est un débat qui a entraîné de longues discussions entre ses partisans et adversaires. Il nous semble illogique, dans un siècle où l'on prône les pères heureux de s'occuper de l'enfant, de refuser au garçon d'apprendre son futur métier de père. Il est bien évident que les petits garçons peuvent également apprécier de jouer à la poupée. Parfois la poupée est remplacée par le « poupon » auquel il peut mieux s'identifier.

LES MARIONNETTES

Parmi les jeux symboliques, les marionnettes restent un moyen d'expression privilégié des enfants.

LES CATÉGORIES

Les types de marionnettes les plus utilisées dans les milieux de la petite enfance sont les « silhouettes » et les « marottes » :

- les **silhouettes animées** sont inspirées du théâtre d'ombres, très pratiqué dans le sud-est asiatique, qui retrace sous forme épique l'histoire des dieux, en mettant en scène de nombreux personnages de légende ou animaux. Le procédé consiste à projeter des ombres sur un écran à l'aide de silhouettes découpées dans du cuir ou du bois. L'Europe a repris l'idée de ces « silhouettes » découpées pour en faire un spectacle très simple destiné aux jeunes ;
- la **marotte simple** : il s'agit d'une tête prolongée par une tige (qui sert de support) recouverte d'une étoffe destinée à servir de vêtement à la marotte. Cette étoffe est découpée dans un carré de tissu. C'est la marionnette la plus facile à réaliser, celle qui est également la plus simple à manipuler par l'enfant.

LES PRINCIPES DE LA MANIPULATION

Les marionnettes peuvent être manipulées par le haut ou par le bas :

- **marionnette manipulée par le haut** : le manipulateur est au-dessus de la marionnette. Celle-ci est articulée, ses membres et sa tête sont reliés au marionnettiste par des fils ou des tringles qu'il anime ;
- **marionnette manipulée par le bas** : le manipulateur est au-dessous de la marionnette qu'il anime avec sa main. Il existe dans cette catégorie les marionnettes à gaine, les silhouettes et les marottes. Ces dernières sont les plus utilisées à la crèche.

LE SPECTACLE DE MARIONNETTES

Lequel d'entre nous n'a pas été subjugué lors d'un spectacle de marionnettes par les expressions des visages enfantins ? Ceux-ci reflètent tour à tour la joie, la peur, la colère, l'émotion, la tendresse, etc. L'enfant est fasciné par la marionnette et l'adulte qui assiste avec lui au spectacle retrouve pour un instant son âme d'enfant, car la marionnette le transporte dans un monde imaginaire : **le monde du merveilleux** » (*cf.* paragraphe suivant).
Depuis quelques années les marionnettes sont devenues un outil pédagogique dans de nombreuses structures d'accueil de l'enfant, mais le spectacle peut être organisé à domicile chez une assistante maternelle (*cf.* ci-après).

Les **silhouettes d'animaux** sont dessinées, coloriées, puis découpées dans du carton et fixées sur un support. Leur simplicité est prisée du jeune enfant.

Technique

1. On colle deux assiettes en carton.
2. On découpe une ouverture pour le passage des mains vers le bas.
3. On colle des fils de laine pour simuler les cheveux de la marotte, puis on dessine les yeux, le nez, la boche…
4. Le manipulateur recouvre sa main de tissu avant de l'introduire dans la tête de la marotte. Un bâton peut également être introduit (idem silhouettes d'animaux).

De réalisation très facile, des silhouettes sont souvent fabriquées à la crèche par le personnel. L'enfant y participe avec grand plaisir

Fig. 10.15. Fabrication d'une silhouette en carton.

Situation

« L'histoire de Clémentine »

Marion (l'assistante maternelle) a fabriqué une marotte ; c'est une petite fille vêtue d'un grand rectangle de tissu bleu et portant un bonnet de laine rouge. Elle s'appelle Clémentine. Les enfants que garde Marion (ils sont trois) ne la connaissent pas. Pour capter l'attention des enfants, elle va raconter l'histoire de Clémentine en plusieurs séquences.

Elle utilisera la fenêtre de la maison de poupée pour faire apparaître la marotte, tout en se cachant discrètement. La première saynète se déroule un matin. Marion tient la marotte (Clémentine). Les enfants intrigués s'approchent, le jeu commence. (Nous nous limiterons ici à une seule séquence.)

La marotte à une main

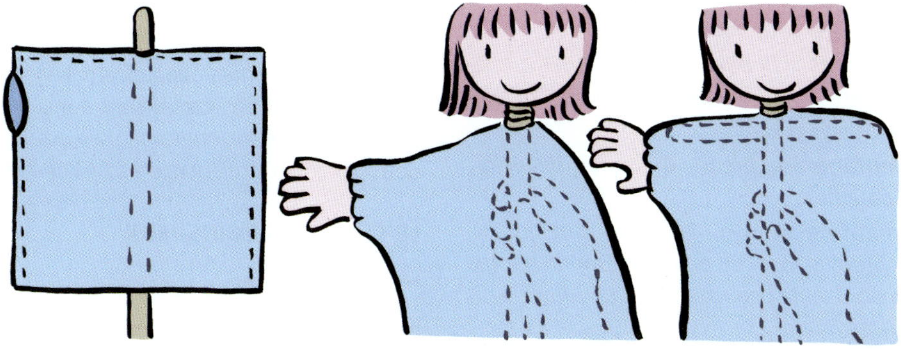

Fabrication du vêtement (coutures sur trois côtés) et emplacement du gant en haut à gauche.

Marotte sans épaules (tige support simple)

Marotte avec épaules (tige percée d'un bâton)

Fabrication de la tête de la marotte : quelques suggestions

Tête « pomme de terre » : percer celle-ci d'une tige support bien fixée à la base par un adhésif.

Tête « bas Nylon » : un bas Nylon est bourré de coton, fixé sur un support et ficelé.

Tête « carré bourré » : un carré de tissu (40 cm de côté environ) recouvre une boule de papier ou d'ouate. Une tige support pénètre à l'intérieur. On lisse au maximum pour supprimer les plis et on fait une couture à la base.

Fig. 10.16. Fabrication d'une marotte.

Séquence du mercredi (vers 16 h 30)

L'arrivée de la marionnette !
Marion (AM) est allée chercher la marotte dans le placard. Elle la fait apparaître à la fenêtre d'une boîte en carton (qu'elle a préparée, et qui fait office de « théâtre »).

Clémentine salue les enfants : *Bonjour, les amis !*

Les enfants répondent en chœur : *Bonjour !*

Clémentine : *Je m'appelle Clémentine. Tôt ce matin, je me promenais devant votre maison, la porte était ouverte, je suis entrée.*

Entendant du bruit, je me suis cachée dans le placard et Marion (votre nounou) m'y a trouvée.

Puis-je rester avec vous ?

Les enfants : *Oh oui ! oui !*

Clémentine : *Avez-vous des jouets ici ? Quels jouets avez-vous ?*

Les enfants (en chœur) : *Des autos, des vélos, des poupées…*

Clémentine : *Moi je n'ai pas tous ces jouets, je n'ai qu'un livre, un petit livre donné par ma maman. J'aime beaucoup ce livre. Aimez-vous les livres ?*

Les enfants : *Oui ! Oui ! on a des livres nous aussi !* (un enfant part en courant chercher un paquet de livres pour montrer à Clémentine).

Clémentine *: Oh… Je suis fatiguée, j'ai un peu sommeil. Puis-je dormir ici dans votre petite maison ?*

Les enfants : *Oui… Oui… Dors bien.*

Clémentine s'allonge peu à peu et disparaît.

L'AM (Marion) dit : *Elle dort, ne la réveillons pas, ne faisons pas de bruit, nous la retrouverons tout à l'heure dans sa petite maison.*

L'INTÉRÊT DU SPECTACLE DES MARIONNETTES

L'enfant est très attiré par ce fantastique moyen d'expression qu'est le spectacle de marionnettes. À l'âge de 2-3 ans, il traverse une période où il découvre le langage, les rapports avec autrui. Le spectacle de marionnettes a pour l'enfant des intérêts multiples qui touchent à la fois l'éveil intellectuel et l'expression sous toutes ses formes.

Il permet de développer :

- la **mémoire visuelle** : observation, orientation, organisation de l'espace ;
- la **mémoire auditive** : écoute, attention, organisation temporelle ;
- l'**expression orale** : langage, vocabulaire ;
- l'**expression artistique** (créativité) ;
- l'**expression symbolique** ;
- la **socialisation** (par le respect de consignes et les échanges oraux).

LES COINS-JEUX

Les coins-jeux entrent dans la catégorie des jeux symboliques car ils permettent à l'enfant de recréer concrètement des situations imaginaires. Ils sont très adaptés aux besoins des enfants de 2-3 ans car ils sont conçus à son échelle. Ils peuvent être organisés aussi bien à domicile qu'en structures d'accueil de l'enfant.

LE CHOIX DES COINS-JEUX

→ Le coin-cuisine

C'est souvent le coin-jeu que l'enfant préfère, car tous ses sens sont sollicités : le **toucher** (par les ustensiles de cuisine, les matières utilisées), l'**odorat** (par la senteur des plats), la **vue** (par les légumes et les fruits aux couleurs variées)[9]. Quel plaisir pour l'enfant de recréer cet endroit magique où il se passe tant de choses !

Situation

Florette dans le coin cuisine

Florette (3 ans) a bricolé seule près de l'évier du coin-cuisine pendant plusieurs minutes ; elle refaisait sans cesse les mêmes gestes, remplissant un verre d'eau, le réchauffant entre ses mains, secouant au-dessus de celui-ci un produit imaginaire, puis elle se dirigea vers sa poupée, et lui dit : « Veux-tu venir dans mes bras ? » Elle la prit aussitôt et alla s'asseoir avec elle pour lui donner le biberon.

→ Le coin-poupées

C'est tout simplement la reconstitution d'une chambre. C'est l'endroit où l'enfant retrouve à la fois ce qu'il aime et ce qu'il appréhende le plus : le lit. Ici c'est la poupée qui va prendre sa place. Quel plaisir de l'endormir, de la lever, de la baigner, etc.

→ Le coin-garage

Quel garçon (ou fillette) n'a pas fait rouler pendant quelques minutes une auto sur une table en imitant le vrombissement du mo-

(9) On conseille aux professionnels de l'enfance d'acheter de faux légumes et de faux fruits (il y en a beaucoup chez les marchands de jouets).

teur ? L'assistante maternelle installera le jeu au sol dans un coin où seront regroupés tous les véhicules de l'enfant. Si elle garde plusieurs enfants, elle préférera ne pas en envoyer plus de deux dans le coin-garage afin d'éviter un bruit de fond dérangeant !

Situation

Gaspard part en voiture !

Max (3 ans) dit à Gaspard (son petit copain) : « Ma voiture roule vite, regarde. Broum, broum (…) Attention, je te double, tutt, tutt… Je vais m'arrêter… attends-moi ! ».

→ Le coin-déguisement

C'est un coin particulièrement apprécié des enfants dès l'âge de 2-3 ans. Ils adorent jouer à imiter les adultes et n'importe quels draps, chiffon de couleur, paire de chaussures vont les aider à faire le « carnaval ».

→ Le coin-maquillage

Le coin peut habilement compléter le coin-déguisement. Des produits de maquillage inoffensifs sont vendus à cet effet, dont on trouvera la liste dans les catalogues de jouets.
NB : il existe bien d'autres coins jeux (par exemple : le coin-infirmerie, pharmacie, le coin-école, etc.). Nous ne pouvons pas tous les citer.

L'INTÉRÊT DES COINS-JEUX

Les coins-jeux sont très prisés par les enfants car, outre le plaisir ludique évident qu'ils leur offrent, ils répondent à leurs besoins profonds et présentent des intérêts multiples. En particulier les coins-jeux permettent :

- **la communication verbale :** un enfant pose des questions, l'autre lui répond. On précise des mots (« c'est la viande, le gâteau »), d'où l'enrichissement du vocabulaire, de la mémoire, de l'imagination. Autre avantage de ces échanges : les enfants timides ou introvertis sortent facilement de leur réserve ;
- **l'apprentissage de la socialisation :** l'enfant accepte les partages des rôles au travers des jeux, il a besoin de la présence de l'autre ;
- **l'imitation des adultes :** l'enfant adopte les phrases et gestes de l'adulte. Il apprend ainsi à mieux comprendre les ordres, à mieux les accepter (la fillette dit à la poupée de bien se tenir à table, de dire merci…).

L'enfant apprend aussi quelques fonctions domestiques, ce qui développe chez lui le respect des objets, le rangement du matériel, l'entretien.

Rôle de la professionnelle

L'organisation des « coins-jeux »

Les parents ou les professionnels doivent anticiper les besoins de l'enfant pour acheter le matériel approprié et le renouveler, car il faudra bien sûr faire « évoluer » ces coins-jeux. Pour favoriser la créativité et le dynamisme des enfants dans leurs coins-jeux, il faut respecter les points suivants.

La durée du jeu

L'adulte devra laisser les enfants libres de leurs jeux dans leurs coins, sans jugement ni consignes. Qu'importe si l'enfant qui joue recommence sans cesse le même jeu, cela répond à un besoin, l'adulte doit l'accepter. Ses gestes nécessitent d'être expérimentés, répétés pour devenir automatisés, donc aisés.
Le temps est un facteur indissociable de l'imitation : il faut laisser à l'enfant le temps d'observer, d'éprouver le plaisir d'agir.

La clandestinité du jeu

L'adulte doit éviter le partage du petit matériel. Le jeu de partage est encore mal compris à cet âge, il vaut mieux que chacun ait son matériel. Les enfants peuvent jouer ensemble mais chacun avec son matériel. Enfin, l'adulte doit rester discret, c'est-à-dire favoriser l'autonomie totale des enfants qui, dans leurs coins-jeux, se créent un « monde à eux ».
Il faut que l'adulte sache qu'accepter le jeu de l'enfant dans le coin-jeu, c'est en favoriser sa clandestinité et par conséquent

accepter d'en être exclu. Parfois l'enfant chercher à intégrer l'adulte dans son coin-jeu. Dans ce cas celui-ci doit essayer de comprendre quel « rôle » l'enfant veut lui faire jouer. Il faut donc être très ouvert, très disponible, savoir retrouver un peu de cet « esprit d'enfance » (qui lui fait si souvent défaut) pour être admis des tout-petits.

La sécurité du jeu

Il ne suffit pas pour l'adulte d'aménager un coin-jeu, de distribuer le matériel et de vaquer à ses occupations en laissant les enfants jouer seuls. L'effacement de l'adulte est ressenti par l'enfant comme un désintérêt, et son jeu n'est plus valorisant si l'œil de l'adulte ne se pose pas dessus de temps en temps. De plus, le coin-jeu doit maintenir la « sécurité affective » du jeune enfant. Ainsi l'enfant doit pouvoir en permanence suivre l'adulte du regard dans la pièce, où qu'il se trouve. Le coin-jeu ne sera donc que « semi-cloisonné ».

Si l'adulte observe un enfant en difficulté par rapport au groupe, il doit « discrètement » l'aider à s'intégrer. Son attitude est déterminante. En un mot, dans le cadre de ces jeux, il faut animer en restant discret.

Fig. 10.17. Le « coin-livres ».
On assemble deux ou trois panneaux-bibliothèque où les livres sont retenus par de solides élastiques et peuvent être vus de face par l'enfant.

L'ENFANT ET LE « MERVEILLEUX »

Les jeux symboliques sont les supports idéaux du « merveilleux ». On appelle merveilleux le monde imaginaire de l'enfant. Cet état psychologique, que l'on peut observer chez l'enfant à partir de l'âge de 2 ans, présente plusieurs intérêts.

LES INTÉRÊTS DU MERVEILLEUX

Le merveilleux réconforte l'enfant car il répond à un besoin profond de sécurité. L'enfant se protège dans un monde imaginaire qui échappe aux règles de l'adulte. Il adoucit ses contacts avec la réalité. Sa confrontation avec celle-ci sera donc moins violente.

Situation

Zoé et son chien Tom !

Zoé n'aime pas quitter ses parents le soir pour regagner sa chambre, mais lorsque Tom, son chien en peluche va au lit avec elle, ils se racontent des histoires avant de s'endormir et tout se passe très bien…

LE MERVEILLEUX DÉVELOPPE L'IMAGINATION, LE LANGAGE, LA CONNAISSANCE

Situation

Le petit train du pique-nique !

Lorsque Paolo (3 ans) joue avec ses cubes, il ne se contente pas de les disposer en rang… il décide que ce sera un « petit train » qui part à la campagne. Il rajoute soudain un cube sur un autre et dit que ce sera la famille qui part avec le petit train… il fait le bruit du train : « tuf ! tuf ! ». Au travers d'un jeu semblable, la professionnelle peut aider les enfants à développer leur imagination, leurs connaissances et leur langage. Elle demande aux enfants : « Où allons-nous avec ce train ? », ils répondent : « En -pique-nique ».

« Qu'allons-nous emporter pour manger ? ». « Du pain… des gâteaux »… répondent les enfants ! « Si nous emportions aussi du bois ? et des feuilles ? Nous emporterons des feuilles de marronnier, de platane… et puis aussi des odeurs… respirez très fort les odeurs des fleurs, des feuilles mortes, des arbres (sniff ! sniff !).

Au cours de ce pique-nique, totalement imaginaire, les enfants « miment » le cérémonial du repas. Un vrai pique-nique n'aurait jamais apporté de telles satisfactions.

LE MERVEILLEUX AIDE À LA SOCIALISATION

Si certaines situations ont été pénibles, l'enfant va faire l'effort de les comprendre en les réadaptant. Au travers du jeu, l'enfant se sent indispensable, il ne sera plus le petit être faible, impuissant, dans un monde qui n'est pas à son échelle.

Rôle de la professionnelle

Il faut absolument éviter de développer chez l'enfant un imaginaire effrayant et trompeur. L'adulte veillera à :

- *préparer l'enfant au réel* tout en préservant ses qualités d'enthousiasme, de spontanéité, de fraîcheur, sans lesquelles la créativité et le charme lui feraient défaut. Chaque enfant franchit les étapes à son rythme personnel et il ne faut pas se moquer de ceux qui se cramponnent plus longtemps au monde imaginaire ;
- *respecter les « petits secrets » de l'enfant* ; quand les adultes manquent de délicatesse et se moquent au grand jour d'une histoire captée par hasard, d'un petit mot qu'ils ont trouvé… ils détruisent la part de rêve qui est nécessaire à l'enfant.

MémoMémoMémo

L'évolution du merveilleux (l'avis des psychologues)

Évolution normale : l'enfant dépasse le merveilleux

Dès l'âge de 4 ans, une première évolution a lieu : l'enfant ne construit plus son monde imaginaire pour lui seul, il aime jouer à plusieurs au docteur, au papa et à la maman. Il s'adapte donc à la structure sociale progressivement.

Risque : l'enfant ne veut pas « sortir du merveilleux »

Le passage du rêve à la réalité reste difficile pour certains enfants. Il est évident qu'il faut aider davantage ces enfants-là et essayer de leur faire accepter le monde réel, même s'il est un peu décevant pour eux. L'enfant « se réfugie » souvent trop longtemps dans le merveilleux, parce que le monde des adultes lui fait peur. Il existe différentes causes : problèmes dans la famille, heurts avec les parents, le maître d'école, les copains (moqueries, dévalorisation, etc.). Un jour viendra où l'enfant devra abandonner le domaine de l'enfance pour s'adapter au monde adulte : il lui faudra dépasser le merveilleux. S'il n'effectue pas ce rétablissement, il risque de se fermer au monde et il ne pourra pas grandir, psychologiquement et moralement.

© Eléonore H-Fotolia.com

Fig. 10.18. L'enfant et le merveilleux.

LES JEUX DE BALLONS

Fig. 10.19. Les jeux de ballons.

Les objectifs de l'activité

Il s'agit de favoriser chez l'enfant :
- le **développement psychomoteur** (par des exercices d'adresse) ;
- la **socialisation** (en lui apprenant à jouer en groupe).

La description de l'activité

L'activité « jeux de ballon » est une activité psychomotrice qui :
- peut être proposée aux enfants à partir de 3 ans ;
- se pratique généralement avec un petit groupe de personnes ;
- consiste à lancer un ballon, à une ou deux mains, dans un panier en osier posé au sol et situé à une distance de deux mètres.

L'organisation de l'activité

L'activité « jeux de ballons » présentée ici est destinée à un groupe d'enfants de la section des grands de la crèche (elle peut être organisée à domicile).

Le matériel

- quatre ballons identiques, creux et assez gros ;
- une boîte en carton ;
- un cerceau ;
- un panier en osier ;
- une craie.

Le déroulement de l'activité (tableau 10.1)

Les intérêts de l'activité

L'activité « jeux de ballons » procure généralement plaisir et détente à l'enfant, ce qui contribue à son bien-être. Elle permet aussi de développer chez l'enfant :
- la connaissance de soi, par la conscience de son corps et de ses possibilités sur les plans moteur et sensoriel ;
- l'appréciation de l'espace ;
- l'acquisition du vocabulaire (le mouvement apprend à l'enfant le sens des positions « dehors », « dedans », « avant », « arrière », « haut », « bas », etc.) ;
- l'adresse : savoir orienter son geste, maîtriser la force du lancer, la coordination œil-main.

Elle permet également de développer chez l'enfant :
- sa socialisation, en lui apprenant à respecter les règles du jeu ;
- sa sociabilité, en lui apprenant à partager avec les autres un moment agréable.

fiche 21

Tableau 10.3

Les jeux musicaux	
ACTIONS	RÔLE DE LA PROFESSIONNELLE
Préparation Choisir un moment où les enfants sont particulièrement énervés pour réaliser cette activité **Différentes phases de l'activité** 1re phase : *préparation des enfants* - présenter l'activité aux enfants ; - expliquer le cadre qui détermine leur champ de manœuvre (ne pas sortir de la pièce sans autorisation…) ; - leur montrer l'utilisation d'un instrument. 2e phase : *proposition de l'activité* - inviter les enfants à utiliser les instruments et accessoires ; - leur montrer le fonctionnement des instruments. 3e phase : *action* *- lancer un rythme afin que tous les enfants suivent ensemble ;* *- chanter avec les enfants ;* *- arrêter la manipulation des instruments pour écouter une musique apaisante.* **Clôture de l'activité** - avertir les enfants de la fin prochaine de l'activité ; - les préparer à l'activité suivante ; - ranger le matériel ; - remettre la salle en ordre.	**La professionnelle doit être attentive aux enfants** - les observer ; - être disponible ; - favoriser les échanges entre enfants ; - proposer l'activité sans l'imposer en faisant une démonstration ; - verbaliser les différentes actions, par exemple : on souffle (tape, secoue…) dans cet instrument et ça produit un son ; si tu bouges tes doigts comme cela, tu obtiens d'autres sons. **Lors de la manipulation des instruments, nommer les sensations ressenties et interroger l'enfant**, par exemple : - tu vois, ça produit un son agréable (ou désagréable) ; - quel instrument préfères-tu ? - quel son trouves-tu le plus grave ? **Lors de l'écoute de la musique, nommer les sensations ressenties et inviter l'enfant à se détendre,** par exemple : - cette musique vous donne-t-elle envie de dormir, de danser… ? - on va respirer profondément en fermant les yeux… - on va imaginer qu'on est un oiseau et qu'on vole dans le ciel… On va faire les mouvements des ailes…

LE PARCOURS D'ÉQUILIBRE

La description de l'activité

Les enfants marchent le long d'une ligne tracée au sol et traversent une succession d'obstacles.
Cette activité motrice et sensorielle s'adresse à des enfants de plus de 18 mois.

Les objectifs

L'activité « parcours d'équilibre » est une activité motrice et sensorielle.
Il s'agit de favoriser chez l'enfant :
- l'équilibre ;
- une bonne représentation de son schéma corporel ;
- le sens tactile ;
- la motricité globale ;
- l'imagination (trouver des solutions pour traverser l'obstacle) ;
- la socialisation (l'enfant est tour à tour acteur et spectateur de l'animation).

Le matériel

- Ruban adhésif large pour marquer la ligne du parcours (collage au sol).
- Obstacles :
  - carré de plastique ondulé (1 m x 1 m) servant généralement pour les toitures (magasins de bricolage et matériaux),
  - briques,
  - carré d'herbe synthétique (1 m x 1 m),
  - blocs de mousse,
  - matelas d'eau,
  - bac d'eau (avec une serviette à la sortie pour éviter les risques de glissade),
  - des chaises ou des bancs à escalader,
  - un tunnel en jersey à parcourir à quatre pattes,
  - une zone de galets,
  - un bac de sable…

L'organisation de l'espace

- Dessiner un parcours en collant une ligne de ruban adhésif sur le sol ;
- Dessiner la ligne de départ et d'arrivée ;
- Installer les obstacles en veillant à la sécurité des enfants :
  - carré de plastique ondulé : le fixer au sol solidement avec du ruban adhésif et l'entourer de coussins en cas de chute,
  - briques : placer 5 ou 6 briques de sorte à ce que l'enfant puisse marcher de brique en brique sans toucher le sol.
  - installer des chaises ou des coussins pour les enfants spectateurs.

Fig. 10.22. Le parcours d'équilibre.

fiche 25

Tableau 10.4

Le parcours d'équilibre	
Actions	**Rôle de la professionnelle**
Préparation des enfants enlever chaussures et chaussettes pour que le parcours soit une expérience sensorielle, expliquer aux enfants les modalités du jeu : il n'y a pas de gagnant ou de perdant, l'objectif est de faire le parcours. **Différentes phases de l'activité** 1re phase : présenter l'activité et les objectifs aux enfants ➔ désigner un enfant parmi les volontaires pour faire le parcours ; ➔ expliquer les objectifs avant que l'enfant commence l'activité. 2e phase : *proposition de l'activité* ➔ désigner un nouvel enfant parmi les volontaires ; ➔ selon l'aisance des enfants, faire passer un seul enfant ou plusieurs enfants en même temps, à la suite. 3e phase : *accompagner l'enfant* ➔ tenir la main ou être particulièrement proche et attentive avec les enfants qui présentent des difficultés d'équilibre ; ➔ faire participer les enfants spectateurs en les faisant participer, par exemple, en chantant une chanson d'encouragement ; ➔ s'assurer que tous les enfants font bien le parcours. **Clôture de l'activité** ➔ avertir les enfants de la fin prochaine de l'activité ; ➔ les préparer à l'activité suivante ; ➔ ranger le matériel ; ➔ remettre la salle en ordre.	La professionnelle doit : **Veiller à la sécurité des enfants :** ➔ expliquer aux enfants les consignes de sécurité (ne pas courir près des obstacles…) ; ➔ expliquer le cadre qui détermine leur champ de manœuvre (ne pas sortir de la pièce sans autorisation…). **Être attentive aux enfants :** ➔ les observer ; ➔ être disponible ; ➔ favoriser les échanges entre enfants. **Être encourageante :** ➔ féliciter l'enfant lorsqu'il a traversé une difficulté ; ➔ ne pas mettre l'enfant en échec dans le cas contraire ; ➔ demander aux spectateurs d'encourager l'enfant qui est sur le parcours ; ➔ motiver les enfants inquiets en leur donnant confiance en eux : « Tu vas y arriver, j'en suis sûre, et puis je suis près de toi pour t'aider si tu as besoin… ». **Nommer les sensations ressenties et interroger l'enfant**, par exemple : ➔ ça gratte sous tes pieds ? est-ce que c'est froid ? C'est agréable comme sensation ? ➔ as-tu trouvé que ce parcours était difficile ? ➔ quel obstacle était le plus amusant ?

fiche 25

4

Accompagnement de l'enfant au quotidien

Hygiène de vie et sécurité

11 L'alimentation

L'alimentation représente dans la vie de l'enfant, qui est un être en croissance, l'un des éléments essentiels pour que son développement somatique et cérébral, mais également psychomoteur, social et affectif, soit harmonieux.

Mais il faut savoir que le besoin de boire et de manger ne se limite pas à un apport de nutriments ; le repas constitue aussi un temps d'échanges privilégiés. Il représente pour l'enfant une source de communication essentielle avec l'adulte qui prend soin de lui et avec l'entourage, et un moyen d'intégration sociale.

Notons aussi qu'à plus long terme, une hygiène alimentaire correcte, au cours de l'enfance et de l'adolescence, vise à prévenir certaines pathologies de l'âge adulte. De ce fait, la professionnelle de la petite enfance devra s'informer régulièrement en matière de diététique afin de faire évoluer ses pratiques au cours de son exercice professionnel et de pouvoir donner des informations pertinentes aux parents qui s'adressent à elle.

Situation

La diversification du régime de Rémi

Depuis la naissance de leur enfant, Fabrice et Léa ont apporté beaucoup de soin à sa santé et à son alimentation. Ils ont suivi les conseils donnés par le médecin de famille et par la puéricultrice de la protection maternelle et infantile de leur quartier. Jusqu'à ce jour, Rémi était nourri exclusivement au lait 1er âge.

À présent Rémi a 6 mois. C'est l'âge de la *diversification* alimentaire. Une grande étape est arrivée ! L'enfant va pouvoir manger des aliments plus consistants, en particulier les légumes, les fruits et bientôt la viande et le poisson.

Les questions que l'on se pose

- *Comment organiser les menus hebdomadaires de l'enfant ?*
- *À quel âge, peut-on lui donner de la viande ? de l'œuf ?*
- *Que faire s'il n'a pas d'appétit ?*
- *Que faire s'il n'aime pas tel aliment pourtant bénéfique à sa santé ?*
- *Comment prévenir l'obésité dès le plus jeune âge ?*
- *Pourquoi les jus de fruit provoquent-ils parfois de la diarrhée ?*
- *Certains aliments sont-ils déconseillés avant 1 an et pourquoi ?*
- *À quel âge l'enfant a-t-il la capacité de manger seul ?*
- *L'alimentation proposée à la crèche (ou à l'école maternelle) répond-elle à ses besoins ?*
- *Si l'enfant est allergique à un aliment, peut-il être accepté à la cantine de la crèche ou de l'école ?*

Les besoins nutritionnels de l'enfant

La satisfaction des besoins nutritionnels de l'enfant nécessite une alimentation équilibrée, elle vise quatre objectifs importants :

- assurer les **apports énergétiques** nécessaires à tous les **processus vitaux** et au maintien de la température du corps à 37 °C ;
- assurer les apports plastiques liés à la **croissance** ;
- **prévenir** dès le plus jeune âge les maladies de l'âge adulte.

Pour offrir une alimentation équilibrée, il est donc nécessaire de proposer à l'enfant des repas qui comportent des **nutriments énergétiques** et des nutriments **non énergétiques**, et il faudra également que les repas comportent des aliments de chaque **groupe** (il existe six grands groupes d'aliments).

LES BESOINS EN NUTRIMENTS ÉNERGÉTIQUES (TABLEAU 11.1)

Compte tenu du rythme rapide de la croissance, les besoins énergétiques de l'enfant sont accrus pendant les premiers mois de la vie.

L'alimentation doit donc fournir tous les jours à l'organisme divers nutriments qui apportent de l'énergie : **protides, glucides, lipides**. Chacun fournit un certain nombre de kilocalories (kilojoules)[1].

MémoMémoMémo

« Les protéines de la croissance »

Pour l'enfant, le besoin qualitatif en protéines est important, les protéines contiennent des « acides aminés » indispensables à la croissance[2]. Ils ne sont pas synthétisés par l'organisme et proviennent donc des aliments protéiques (principalement ceux d'origine animale). Ils forment un pool d'acides aminés dans lequel l'organisme puise en permanence pour les synthèses de croissance. Ce pool doit être approvisionné continuellement.

(1) 1 g de protides → 17 kJ, 1 g de glucides → 17 kJ, 1 g de lipides → 32 kJ.
(2) La leucine, la valine, la phénylalanine, la méthionine, la lysine, le tryptophane.

Tableau 11.1 – Les besoins en nutriments énergétiques.

Nutriments	Sources	Rôles
Les protéines	**Protéines animales :** - lait et produits laitiers, - viandes, poissons, œufs. **Protéines végétales :** - céréales, légumineuses	- fabrication des tissus du corps ; - croissance (apport d'acides aminés).
Les glucides	**Glucides complexes :** féculents et céréales : l'amidon **Glucides simples :** - sucre du lait : le lactose, - sucre des fruits : le fructose, - sucre ordinaire : le saccharose.	- énergie musculaire ; - fonctionnement cérébral.
Les lipides	**Lipides animaux :** - lait et produits laitiers, - viandes, poissons, œufs. **Lipides végétaux :** - huiles végétales (tournesol, olive, arachide, etc.), - margarine.	- apport énergétique ; - apport des vitamines liposolubles (A, D, E, K) ; - croissance cérébrale (apport d'acide linoléique) ; - structure des membranes cellulaires et du tissu nerveux.

LES BESOINS EN NUTRIMENTS NON ÉNERGÉTIQUES (TABLEAU 11.2)

L'alimentation doit fournir tous les jours à l'organisme des nutriments non énergétiques. Ils sont indispensables car ils permettent l'utilisation des autres nutriments. Ce sont : les éléments minéraux, les vitamines, l'eau et les fibres.

LES BESOINS DE CHAQUE GROUPE D'ALIMENTS (TABLEAU 11.3)

L'enfant a besoin d'une *alimentation variée*, donc d'avoir dans ses repas des aliments de chaque groupe alimentaire.
Les aliments sont classés en six grands groupes. Les aliments d'un même groupe possèdent des caractéristiques communes, ce qui permet de les remplacer l'un par l'autre, et donc de varier les menus.

Cette liste n'est pas exhaustive. Nous avons volontairement simplifié le tableau 11.3 pour une mémorisation plus facile.

MémoMémoMémo

Trois vitamines précieuses pour l'enfant

La vitamine D (antirachitique)
Elle joue un rôle essentiel dans la régulation du métabolisme du calcium et du phosphore. De ce fait, elle prévient l'apparition du rachitisme. En France, il est conseillé de donner de la vitamine D tous les jours durant les deux premières années de la vie, puis en novembre et février jusqu'à l'âge de 5 ans et même doses pour l'adolescent entre 10 et 18 ans. Il faut souligner que les enfants originaires des pays tropicaux (dont la peau est pigmentée) et vivant en Europe, ont besoin de quantités plus importantes de vitamine D.

Tableau 11.2 – Les besoins en nutriments non énergétiques.

Nutriments	Sources	Rôles
Les éléments minéraux Ils n'apportent aucune calorie mais sont indispensables à la croissance : **- calcium** **- phosphore** **- fer**	- Lait, produits laitiers - Foie, viande, légumes verts	- Ossification - Transport de l'O_2 dans le sang (antianémique)
Les vitamines Elles sont essentielles à la vie Elles aident à l'utilisation des autres aliments *Les liposolubles* - vitamine A - vitamine D - vitamine E - vitamine K *Les hydrosolubles* - vitamine C - vitamine B	- Lait (+ carottes et légumes verts) - Poisson - Foie (+ huiles végétales) - Œuf - Fruits et légumes crus - Céréales (+ lait, poisson, foie, œuf)	- Croissance physique et cérébrale - Acuité visuelle - Renouvellement du sang - Anti-infectieux, antifatigue - Croissance physique et cérébrale
L'eau L'apport d'eau est très important chez l'enfant car il perd beaucoup d'eau par évaporation[3]	- Eau de boisson - Eau minérale[1] - Eau des aliments[2]	Transport des aliments et évacuation des déchets
Les fibres	Légumes et fruits	Régulation du transit

[1] L'eau minérale : les experts estiment que le taux de nitrates, contenus dans l'eau utilisée pour la préparation des biberons, doit être le plus bas possible. La mention « convient pour la préparation des aliments des nourrissons » ne peut figurer sur l'étiquette d'une eau minérale que si son taux de nitrates est inférieur ou égal à 15 mg/L. Précisions apportées par le Dr P. Monnerot au cours des rencontres pédiatriques d'Évian.
[2] Les aliments apportent en moyenne 50 % d'eau.
[3] Pendant la première année, le besoin en eau est estimé à 100 à 150 ml/kg de poids/24 h et au-delà de 1 an, en moyenne 1 litre/24 h.

La vitamine C (anti-infectieuse)
Elle est importante pour le développement de certains tissus (ostéoblastes, odontoblastes et fibroblastes). Elle intervient dans le transport du fer et dans la synthèse des anticorps (c'est une vitamine très précieuse, qui aide à lutter contre les risques infectieux).

La vitamine K
La maman qui allaite exclusivement, devra donner de la vitamine K à son bébé sous forme d'ampoule une fois par semaine pendant au moins les 3 premiers mois. Cette vitamine est indispensable à la coagulation du sang. Sa carence peut conduire à des maladies graves du nourrisson, comme la maladie hémorragique du nouveau né, certain ictère et un syndrome de malabsorption.
Le lait artificiel est enrichi en vitamine K et donc, dès que le bébé reçoit le lait artificiel ou dès l'introduction de la diversification alimentaire, il n'est plus nécessaire de lui apporter la vitamine K en plus de son lait.

Rôle de la professionnelle

La professionnelle doit savoir répondre aux « besoins ».

Le besoin de « variété alimentaire »
Les aliments se répartissent en plusieurs groupes selon leur richesse en protéines, lipides, glucides, sels minéraux et vitamines. Le régime de l'enfant (et de l'adulte) doit comporter les uns et les autres. De plus, s'il existe de nombreux aliments qui apportent des protéines, chacun d'eux possède une spécificité utile à l'organisme : la viande est riche en fer, les fromages sont riches en calcium ; et si les légumes sont d'une manière générale source de vitamines et de sels minéraux,

Tableau 11.3 – Les groupes d'aliments.

	Différents groupes d'aliments	Principaux éléments énergétiques	Principaux éléments non énergétiques
	Produits laitiers	- Protéines animales - Lipides animaux	- Vitamines A, B, D - Minéraux (Ca, phosphore)
	Viande, poisson et œuf	- Protéines animales - Lipides animaux	- Vitamines A, D, B12 - Fer (viande)
	Féculents	- Glucides complexes (amidon) - Protéines végétales	- Vitamines B - Fibres - Minéraux (potassium)
	Végétaux frais	Glucides simples variés (fructose, glucose)	- Vitamines C, A, B - Fibres - Minéraux (potassium) - Eau
	Corps gras (d'origine animale et végétale)	- Lipides animaux - Lipides végétaux	Vitamines A, D, E, K
	Produits sucrés	Glucides simples (saccharose)	Sucre
	Eau (apport variable)		Minéraux (variables selon l'origine de l'eau)

les uns apportent essentiellement la vitamine A (comme les carottes), les autres du fer (comme les épinards), etc. Ainsi un enfant qui mangerait tous les jours un bifteck et des épinards obtiendrait bien sa ration de protéines et de fer, mais il aurait un mauvais régime car il lui manquerait d'autres éléments nécessaires.

Le besoin en eau

L'eau, principal constituant de l'organisme, représente (en fonction de l'âge) 60 à 75 % du poids de l'enfant au cours de la première année. La professionnelle veillera à proposer régulièrement à boire à l'enfant entre les repas ; elle l'habituera à l'eau plate et évitera tout particulièrement les sodas trop sucrés (nuisibles à la santé).

Les apports limités en sel

Les apports en sel doivent être limités lors de la préparation des repas[3]. Dans les aliments industriels pour bébé (petits pots), la teneur en sel est réduite et réglementée par la législation.

La diversification alimentaire

La diversification alimentaire est le passage d'une alimentation exclusivement lactée à une alimentation variée.

Vers l'âge de 6 mois, le lait seul ne permet plus de couvrir les besoins alimentaires de l'enfant et il est alors nécessaire d'introduire d'autres aliments. La diversification va conduire l'alimentation du nourrisson à s'enrichir. Elle se réalisera *par étapes progressives*, selon des modalités très variables d'un enfant à l'autre, en respectant le rythme de chacun et le contexte familial et culturel.

La diversification sera très progressive pour respecter la physiologie digestive du nourrisson.

Le passage de la succion du biberon ou du sein à la mastication se fait tout en douceur. Cette transition n'a lieu qu'une fois atteint un certain stade de développement neuromusculaire. L'enfant « apprend » à manger à la cuillère en dissociant la succion de la déglutition. Les premiers temps, il tète la cuillère puis va progressivement apprendre à contrôler le contenu de sa bouche, le mobiliser latéralement et décider du moment où il va déglutir. Le contrôle de la fermeture des lèvres après mise en bouche évolue également pour être bien acquis vers 1 an.

Il est donc recommandé d'utiliser un matériel de puériculture adapté à cette métamorphose, des cuillères en plastique souple qui ont une faible contenance vont être adaptées aux petits repas du bébé.

LES PRINCIPES DE LA DIVERSIFICATION

La diversification constitue un changement important dans l'alimentation du nourrisson. Ses étapes vont permettre au nourrisson de découvrir peu à peu les différentes catégories d'aliments, mais il va également s'habituer progressivement à diverses *textures* ou *goûts*, avec l'acquisition de la mastication : du liquide au mixer, puis aux morceaux de plus en plus gros. Tous ces changements sont possibles grâce à une maturation physiologique, tant sur le plan digestif, métabolique que psychomoteur.

ADAPTER L'ALIMENTATION À L'IMMATURITÉ PHYSIOLOGIQUE

La mastication est progressive, les premiers mouvements masticatoires réflexes n'apparaissent que vers le neuvième mois. Par ailleurs, le nourrisson élimine mal certains minéraux (en particulier le sodium) et assimile mal l'excès de protéines. La sécrétion d'amylase pancréatique pour la digestion de l'amidon est quasiment nulle à la naissance et ne devient significative que vers l'*âge de 4-6 mois*. Enfin les fibres alimentaires ne sont bien supportées qu'à partir du deuxième semestre de vie.

Ces *évolutions physiologiques* ont lieu à un rythme différent selon chaque enfant et, s'il

(3) L'eau de cuisson peut être légèrement salée (2 g ‰).

existe un âge recommandé pour débuter la diversification, il faut aussi savoir s'adapter aux capacités individuelles de chaque nourrisson et à l'apparition de la dentition.

PRÉVENIR LES RISQUES D'ALLERGIE

Avant 4 mois, l'enfant n'est pas arrivé à une maturation physiologique suffisante pour débuter la diversification. Introduire trop tôt les nouveaux aliments l'expose à un risque accru d'allergies alimentaires, risque d'autant plus important qu'il existe des antécédents familiaux d'allergie. Jusqu'à l'âge de 4-6 mois, **le lait maternel et les laits industriels** permettent de couvrir les besoins nutritionnels du nourrisson ; au-delà de 4-6 mois, la diversification devient nécessaire pour lui apporter d'autres nutriments dont il a besoin.

INTRODUIRE D'ABORD LES « LÉGUMES »

Un des grands principes est de n'introduire **qu'un nouvel aliment à la fois** et d'attendre que celui-ci soit accepté par l'enfant pour en proposer un autre. En cas de risque d'intolérance ou d'allergie, cela permet d'interpréter plus facilement toute réaction éventuelle.
L'ordre d'introduction n'a pas une grande importance. Il se mettra en place en fonction des *goûts* du bébé et des *habitudes* familiales.

Fig. 11.1. La diversification doit être adaptée aux capacités physiologiques de chacun.

MémoMémoMémo

Une règle : « du tact, de la patience ! »

La diversification alimentaire doit donc avant tout être progressive, mise en œuvre en souplesse en s'adaptant aux goûts de l'enfant. Un refus ne doit pas être ressenti comme un échec par les parents mais signifie tout simplement que le moment n'est pas encore venu, et qu'il faudra réessayer plus tard. De même, il faut savoir accepter les variations d'appétit du bébé et faire confiance à ses capacités d'autorégulation. C'est lors de cette étape importante de la diversification alimentaire que vont se poser les bases de son mode alimentaire futur.

Dr Camille Cortinovis, *Quotidien du médecin*

LES ÉTAPES DE LA DIVERSIFICATION

Les étapes de la diversification alimentaire suivent un ordre de progression délimité en fonction de l'âge, du poids et de la maturation organique de l'enfant. Elles restent à l'appréciation du pédiatre. Cette diversification peut se mettre en place *vers l'âge de 4-6 mois*. La tendance aujourd'hui est de maintenir l'alimentation exclusivement lactée jusqu'à cet âge.
L'enfant ayant une croissance à assurer, ses besoins alimentaires sont plus importants que ceux de l'adulte. *La croissance est en effet très rapide* (il va multiplier par deux son poids de naissance à l'âge de 5 mois). Par conséquent, l'alimentation doit lui fournir vers l'âge de 5 mois certaines qualités d'aliments indispensables pour son organisme autres que le lait. À cet âge, l'enfant passe généralement à *quatre repas*, dont deux repas (à midi et le soir) sur les modèles des repas de l'adulte, et deux repas lactés (sous forme de biberons, le matin et au goûter).
On introduit d'abord :

- les **légumes** et les **fruits** (sous forme homogénéisée[4] ou mixée au début), les farines diastasées sans gluten[5] ;
- puis vers 6 à 8 mois les **VPO** (viande, poisson, œuf) ;

(4) Homogénéisée : mixée très finement (présentation en petits pots pour bébé). L'homogénéisation produit l'éclatement total des fibres, donc favorise la digestibilité.
(5) L'introduction des farines, leur type et leur quantité sont fixés par le médecin selon les besoins de l'enfant (*cf.* paragraphe suivant)

• ensuite les **fromages**, puis les **féculents** (pâtes, pommes de terre, etc.) en petite quantité. Ces aliments solides ne doivent néanmoins pas éclipser la place toujours importante du lait durant cette période (il faut maintenir le lait à un ½ litre par 24 heures).

MémoMémoMémo

« Les grands principes de la diversification alimentaire »

La diversification du régime exige rigueur et tact : c'est une phase aussi importante sur le plan nutritionnel que psychologique. La diversification :
- **ne sera pas trop précoce** (pas avant 4 mois, au mieux 6 mois) pour respecter la maturation physiologique, éviter une intolérance ou une allergie alimentaire ou un déséquilibre nutritionnel ;
- **aura une progression lente** (pouvant avoir lieu sur plusieurs mois) ;
- **sera arrêtée au moindre trouble** (diarrhée, refus, etc.) ;
- **sera tardive chez les enfants ayant un terrain allergique** (pas avant 12 mois pour les aliments allergisants tels que l'œuf, l'arachide, le poisson, les fruits exotiques et selon avis médical).

L'INTRODUCTION DES CÉRÉALES « FARINES POUR BÉBÉS »

L'enfant peut tirer profit de l'introduction des céréales (appelées farines pour bébés) dans son alimentation, si celles-ci sont données en petites quantités. Toutefois, elles ne sont pas indispensables et n'ont qu'un faible intérêt nutritionnel. Il faudra donc respecter l'avis du médecin traitant à ce sujet.

L'INTÉRÊT

L'introduction des farines permet :
• d'augmenter l'apport énergétique, par l'apport de glucides complexes (amidon) ;
• de faire connaître à l'enfant une consistance nouvelle, un goût nouveau ;
• d'épaissir la consistance et d'espacer les repas.

LES INCONVÉNIENTS

Données en trop grande quantité, les farines risquent de :
• déséquilibrer la ration alimentaire (en réduisant l'apport de lait) ;
• donner des troubles intestinaux ;
• favoriser l'obésité.

LES TYPES DE FARINES

Il existe différents types de farines :
• les farines **simples** : une seule céréale ;
• les farines **composées** : plusieurs céréales (blé, orge, seigle, avoine, etc.) ;
• les farines **diastasées** et **sans gluten** (l'absence de gluten constitue une mesure préventive contre la maladie cœliaque).

ÂGE D'INTRODUCTION

Les farines sont proposées de façon facultative à l'enfant selon la prescription du médecin, généralement vers 4-6 mois.
Au début, on donne au bébé une petite quantité de farine diastasée et sans gluten.

L'INTRODUCTION DES LÉGUMES

LES PREMIERS LÉGUMES (CUITS)

Les premiers légumes peuvent se donner cuits vers l'âge de 4-6 mois. Ils s'introduisent sous forme homogénéisée (facilement assimilable) présentée en « petits pots », puis mixée (préparation maison).

Tableau 11.4 – Les étapes de la diversification alimentaire.

Première étape : de la naissance jusque vers 5 mois	**Période d'alimentation lactée exclusive :** lait maternel ou à défaut lait 1er âge.
Deuxième étape : vers 5 mois	**Période d'alimentation diversifiée :** vers l'âge de 5 mois l'alimentation lactée reste prépondérante[6], on introduit le lait 2e âge et on peut introduire d'autres aliments.

(6) Un ½ litre de lait par jour est indispensable.

• **Quantités** : donner au début quelques cuillères à café, puis augmenter progressivement les quantités. Ils peuvent se donner dans le biberon ou en dehors du biberon afin d'habituer le bébé à un nouvel aliment (avant ou après le biberon).
• **Choix** : on choisit d'abord des carottes (légumes excellents pour le transit intestinal et dont le goût sucré plaît à l'enfant), les haricots verts, la salade, la courgette épluchée, la betterave rouge, puis (selon les réactions de l'enfant) on peut tester les légumes au goût plus fort (l'artichaut, le blanc de poireau, l'endive, les blettes, etc.).

LES LÉGUMES CRUS (VERS 1 AN)

À la fin de la première année, on peut proposer des crudités.
• **Quantités** : proposer d'abord une cuillère à café de crudités puis augmenter progressivement.
• **Choix** : carottes râpées (très finement), concombres, tomates sans peau, avocats, etc.). Les crudités seront assaisonnées avec de l'huile de tournesol + un filet de jus de citron + du persil (haché fin).

L'INTRODUCTION DES FRUITS

LES PREMIERS FRUITS (CUITS)

À partir de 4-6 mois, on peut proposer des fruits cuits : sous forme homogénéisée (en petits pots) puis en compotes.
• **Quantités** : 1 à 2 cuillères à café au début, puis on augmente la ration progressivement.
• **Choix** : pour les fruits, il n'existe pas d'ordre préférentiel. Il faut être attentif aux goûts de l'enfant et à sa tolérance. Cependant, les premiers fruits proposés au bébé sont souvent : la pomme et la poire car elles sont particulièrement bien digérées.

LES FRUITS CRUS (VERS 1 AN)

On peut proposer des fruits crus à partir de 1 an.
• **Choix** : tous les fruits de saison sont autorisés (excepté certains fruits exotiques pour les enfants à risque allergique).
• **Précaution :**
- les choisir bien mûrs,
- les laver, les éplucher, épépiner,
- les donner râpés, écrasés ou en petits morceaux (selon la dentition).

L'INTRODUCTION DES VPO (VIANDES, POISSONS, ŒUF)

LA VIANDE ET LE POISSON

Ces aliments apportent des protéines animales et du fer. Ils sont indispensables à la fabrication des tissus, donc de la croissance. On les introduit vers 6-7 mois (parfois 8 mois, selon les pédiatres), au cours du repas de midi.

LA PRÉSENTATION

• **au début :** forme homogénéisée ou mixée ;
• **ensuite :** hachée ou en morceaux (selon la dentition).

LE CHOIX

Privilégier les :
• viandes blanches (volailles) et viandes maigres (bœuf, veau, etc.) ;
• poissons (colin, cabillaud, merlan, etc.) ;
• jambon (dégraissé, découenné).

LA QUANTITÉ/24 H

• vers 6-7 mois : 10 g (valeur de deux cuillères à café) ;
• vers 8 à 12 mois : 20 g (valeur de quatre cuillères à café) ;
• de 1 an à 2 ans : 25 à 30 g ;
• ensuite on augmente de 10 g par année d'âge jusqu'à l'âge de 7 ans.

LA PRÉPARATION

Cuire la viande à cœur et de préférence sans matières grasses.

L'ŒUF

C'est un apport de protéines animales. Il doit être servi bien cuit au petit enfant, et introduit en petites quantités, à raison d'une à deux fois par semaine en commençant par le jaune :

- **vers 7-8 mois** : 1/4 à ½ jaune d'œuf ;
- **entre 8 et 12 mois** : 1/4 à 1/3 d'œuf dur ;
- **vers 12 mois** : 1/2 puis 1 œuf dur (écrasé dans la purée).

> Équivalences protidiques :
> 50 g de viande = 50 g de poisson = 40 g de jambon = 1 œuf = 250 ml de lait = 2 yaourts = 10 g de protéines.

L'INTRODUCTION DES PRODUITS LAITIERS (YAOURTS, FROMAGES)

Le lait est un élément indispensable de l'alimentation de l'enfant. À partir de 1 an environ, quotidiennement il doit consommer 500 ml de lait, soit 2 tasses. Il couvre ainsi tous ses besoins en calcium et vitamine D. Si l'enfant n'apprécie pas le lait, on peut substituer une partie de cet apport par des produits laitiers, tels que le fromage, les yaourts, la crème, le beurre... Cependant le lait constitue le produit laitier par excellence !

L'intérêt majeur des produits laitiers (yaourts, fromages, etc.) est l'apport de protéines, de calcium utiles pour la croissance :

- **à partir de 6-7 mois** : on peut proposer du yaourt (1/2, puis 1 entier), des petits-suisses ou du fromage blanc (fromages peu salés) ;
- **à partir de 1 an** : tous les fromages peuvent être introduits (quantité : 10 à 20 g).

L'INTRODUCTION DU LAIT DE CROISSANCE ET DU LAIT UHT

Le lait contient du **calcium** indispensable à la croissance et doit être proposé souvent à l'enfant (environ 500 ml/24 heures) sous différentes formes (lait, laitages ou fromages). Citons deux présentations recommandées pour l'enfant[7].

(7) Certains médecins peuvent conseiller aux parents de maintenir le lait 2e âge à l'enfant après 1 an, car sa composition répond parfaitement aux besoins du jeune enfant. Seul le coût peut poser un problème non négligeable.

LE LAIT DE CROISSANCE

Il est conseillé d'introduire le lait de croissance *à partir de 1 an* (après le lait 2e âge), jusqu'à 2 ou 3 ans, car il est supplémenté en fer, acide linoléique, zinc et vitamines. Il est excellent pour la santé du jeune enfant.

LE LAIT STÉRILISÉ UHT

Il peut être proposé à l'enfant *vers l'âge de 2-3 ans* (après le lait de croissance). La stérilisation UHT (ultra-haute température : 150 °C pendant quelques secondes) est recommandée, car elle ne détruit pas les vitamines et préserve le goût du lait. Il se conserve longtemps, emballage fermé, à la température ambiante (vérifier la date de péremption).

NB : il est conseillé de donner le lait UHT demi-écrémé dès l'introduction pour faciliter la digestion et prévenir le surpoids.

L'INTRODUCTION DES FÉCULENTS (PÂTES, RIZ)

Ces aliments sont riches en glucides complexes (amidon) et en vitamines du groupe B :

- **à partir de 8 mois** : les pâtes peuvent être utilisées à raison de 20 g par jour dans le potage (petites pâtes, riz, perles du japon, tapioca, etc.) ;
- **à partir de 1 an** : le pain et les biscottes peuvent être introduits en quantités limitées, en fonction des capacités de mastication de l'enfant (au petit-déjeuner ou au goûter) ;
- **à partir de 2 ans** : les légumes secs sont présentés sous forme de purée, très cuits.

L'INTRODUCTION DES CORPS GRAS

Ces aliments sont riches en vitamines liposolubles (A, D, E, K). Un apport minimal quotidien est conseillé, en privilégiant les graisses d'origines végétales (graisses insaturées). On peut servir, par exemple :

- **vers 6 mois**, une cuillère à café d'huile végétale dans la purée de légumes ;
- **vers 1 an**, dans les crudités mixées, une noisette de beurre ou une cuillère à café de crème

fraîche pasteurisée, éventuellement une noisette de margarine (riche en huile de tournesol).

L'INTRODUCTION DES ALIMENTS HOMOGÉNÉISÉS (PETITS POTS)

Les petits pots destinés aux bébés sont des aliments « homogénéisés ». Ces aliments sont réglementés (au même titre que les laits pour nourrisson). Ils peuvent être proposés aux bébés dès le début de la diversification en respectant les âges proposés sur les emballages, soit **vers 6 mois** (parfois 7 mois selon avis du pédiatre).

INTÉRÊTS

- l'homogénéisation entraîne un éclatement total des fibres et facilite leur digestion ;
- leur variété de présentation facilite le passage de l'alimentation lactée à l'alimentation diversifiée ;
- il s'agit d'aliments sélectionnés : les fruits et légumes sont exempts de pesticides et de nitrates et les poissons sont d'origine française ;
- leur qualité bactériologique est garantie (il s'agit de préparations stérilisées) ;
- les vitamines sont maintenues (ou ajoutées) ;
- ils sont très faciles à transporter (lors des sorties ou des voyages) et prêts à l'emploi.

Les petits pots changent leur présentation : aujourd'hui on propose aux parents des petits pots en plastique, refermables, qui peuvent passer au micro-ondes.

Tout ceci explique le succès qu'ils remportent auprès des parents.

Rôle de la professionnelle

Pour la préparation des petits pots

La préparation des petits pots exige de prendre quelques précautions. La professionnelle veillera à :

- lire les étiquettes :
  - date de péremption,
  - composition de l'aliment (par exemple : absence de gluten),
  - mode d'emploi ;
- travailler proprement :
  - se laver les mains,
  - nettoyer le pot extérieurement (le passer sous l'eau[8] si besoin) ;
- s'assurer du déclic à l'ouverture du pot (preuve de l'étanchéité) ;
- ne pas saler et ne pas sucrer ;
- conserver l'aliment 24 h maximum au réfrigérateur, dans le pot refermé soigneusement ;
- le réchauffer au micro-ondes (en *veillant à la température* lorsqu'elle le propose à l'enfant).

L'INTRODUCTION DES ALIMENTS CONGELÉS SURGELÉS

Les aliments conservés par le froid sont commercialisés sous les appellations de produits congelés et surgelés.

INTÉRÊTS

Ces aliments présentent de nombreux avantages, en particulier :

- maintien de la consistance, de l'aspect, du goût ;
- fraîcheur : aliment de première qualité ;
- valeur nutritionnelle conservée, en particulier la vitamine C ;
- prêt à l'emploi ;
- hygiène du produit : au-dessous de 0 °C, les micro-organismes ne se développent plus.

PRINCIPES DE FABRICATION

- **La congélation** : ce procédé soumet l'aliment à - 30 °C pendant un temps assez long. Elle s'applique essentiellement aux grosses pièces de viandes.
- **La surgélation** : ce procédé soumet l'aliment à une température variant de - 40 °C à - 80 °C pendant un temps très court.

(8) Présentés longtemps sur les présentoirs de commerce, les pots sont souvent poussiéreux.

Les journées alimentaires types et l'équilibre alimentaire des repas

Par rapport aux règles strictes appliquées pour l'alimentation du nourrisson, la diététique destinée aux enfants de 1 à 2 ans est plus libérale. Guidée par les *goûts* et les *habitudes familiales*, elle se calque sur le modèle adulte et n'exige pas une cuisine particulière. L'horaire est plus souple, les quantités ne sont pas fixées par avance mais déterminées par l'appétit du bébé. Cependant, c'est l'âge où l'enfant se met à marcher. Il a besoin d'aliments nutritifs et reconstituants, riches en glucides et en protéines. Dans la mesure du possible, cette alimentation doit être *équilibrée* et respecter les *besoins de croissance* du tout-petit. Il ne suffit pas, pour établir un bon régime, de mesurer la quantité de calories, il faut qu'il soit composé de catégories d'aliments diversifiés, ce qui lui procure son équilibre.

LES JOURNÉES ALIMENTAIRES TYPES POUR L'ENFANT LORS DE LA DIVERSIFICATION (6-7 MOIS À 1 AN)

Nous allons aborder les journées alimentaires à travers les différents âges du bébé durant la première année. La présentation sous forme de bandes dessinées vous permettra de garder plus facilement ces petits menus en mémoire. Les quantités sont données, bien sûr à titre indicatif. Elles ne doivent en aucun cas remplacer les directives du médecin qui connaît le poids du bébé et ses besoins particuliers. Par ailleurs, il est bien évident que, si les mesures de certains aliments doivent être rigoureuses (telles celles du lait, de la viande ou des œufs), d'autres peuvent subir de plus grandes variations suivant l'appétit et les goûts de l'enfant (c'est le cas des légumes et des fruits). Soyez à son écoute !

D'une manière générale, *le lait reste un élément important* dans l'alimentation de bébé.

Rôle de la professionnelle

Pour l'achat des aliments surgelés

La professionnelle conseillera les parents dans le domaine alimentaire. Il est essentiel de :

- vérifier la *date de péremption* du produit ;
- ne jamais acheter un paquet déformé (il peut avoir subi un début de décongélation) ;
- secouer le paquet afin de vérifier que le contenu bouge bien à l'intérieur (par exemple : petits pois) ;
- emporter un *sac isotherme* pour le transport (la chaîne du froid ne devant jamais être rompue) ;
- vérifier le *mode d'emploi* sur la boîte : certains produits doivent être décongelés avant la cuisson (pâte à tarte) d'autres non (viandes) ;
- savoir que les légumes surgelés se conservent plusieurs mois à - 18 °C dans un congélateur, trois jours dans le compartiment à glace du réfrigérateur, 24 heures à l'intérieur du réfrigérateur ;
- savoir qu'un produit « décongelé » ne doit jamais être remis dans le congélateur.

MémoMémoMémo

Les grands principes à respecter dans l'alimentation de l'enfant

Les nutritionnistes recommandent de :

- prévenir les carences en acides gras essentiels (acide linoléique), en fer, en calcium. Il est aujourd'hui admis que le lait (maternel ou 1er âge) doit être le seul aliment du nourrisson au cours des 4 à 6 premiers mois de la vie ;
- prévenir les excès alimentaires en calories, sel et sucres, qui favorisent les maladies de l'âge adulte (athérosclérose, hypertension artérielle, caries et obésité).
- éviter la consommation du gluten avant l'âge de 6 mois (les aliments du commerce respectent ce principe dans leur composition).

Un demi-litre par jour constitue une ration nécessaire. En outre, il a besoin de glucides et de protéines pour faire face aux dépenses d'énergie dues à la marche.

Les tableaux ci-après proposent des journées alimentaires types pour l'enfant, de 6 à 8 mois à 1 an. Les exemples d'aliments sont donnés à titre indicatif (tableaux 11.5 et 11.6).

Tableau 11.5 – La journée alimentaire type pour enfants vers 6 à 8 mois.

Répartition des repas sur 24 heures Vers 6-8 mois		
Matin : repas lacté	Biberon : lait 2e âge	210 ml (7 mesurettes)
Midi : repas diversifié - Viande ou poisson 	- Viande ou poisson (homogénéisé)	10 g
- Légumes 	- Soupe de légumes mixés (sans pomme de terre), par exemple : carottes mixées + beurre (1 noisette)	150 g (valeur d'une louche)
- Produits laitiers 	- Yaourt	½
- Fruits crus ou cuits[1]	–	–
16 h : goûter lacté	- Biberon : lait 2e âge - Fruit cuit : compote	210 ml (7 mesurettes) ½ tasse
Soir : repas diversifié - Légumes + lait - Farine[2] 	- Bouillie aux légumes : - légumes - lait - farine	200 ml 100 g 100 ml
- Produits laitiers - Fruits crus ou cuits 	– - Petit pot de fruits homogénéisés	– 1/2

[1] Les produits laitiers et les fruits sont à alterner pour les desserts de midi, du soir et de 16 heures (ici laitage à midi et fruits au goûter et le soir). Des choix variés sont possibles en tenant compte de l'équilibre alimentaire. L'eau doit être offerte à l'enfant à volonté au cours du repas.
[2] Selon avis du pédiatre pour les farines bébés.

Tableau 11.6 – La journée alimentaire type pour enfants vers 9-10 mois à 1 an.

Répartition des repas sur 24 heures	Vers 9-10 mois		Vers 11-12 mois	
Matin : repas lacté - Lait - Farine	- Lait 2e âge - Farine bébé[1]	210 ml (7 mesurettes)	- Lait de croissance - Farine bébé[1]	250 ml
Midi : repas diversifié - VPO 	- Viande, poisson (mixé) ou œuf	20 g 1/4	- Viande ou poisson (mouliné) ou œuf	25 g 1/3
- Légumes 	- Purée de légumes moulinés[3] : 1/3 pommes de terre + 2/3 carottes (+ 1 cc. d'huile)	160 à 170 g	- Légumes en petits morceaux (plat unique de courgettes) - Beurre - Pain de mie	180 à 200 g 1 cc.
- Féculents (pain) - Produits laitiers[2] 	- Petit-suisse	1	- Roquefort	20 g (environ)
- Fruits crus ou cuits			- Fruit cru	1/2
16 heures : goûter lacté - lait - fruit	- Biberon : lait 2e âge - Fruit cru : banane écrasée	210 ml (7 mesurettes) 1/2	- Biberon : lait de croissance - Biscuits	250 ml 2 à 3
Soir – **Repas diversifié** - Légumes	- Soupe de légumes (légumes mixés)	160 à 170 ml	- Soupe de légumes (légumes mixés)	180 à 200 ml
- Lait	- Lait		- Lait (2 à 3 mesurettes)	
- Féculents	- Semoule	1 c. à soupe (environ)	- Petites pâtes	1 c. à soupe (environ)
- Produits laitier - Fruits cuits ou crus 	- Compote	1 tasse	1 compote	1 tasse

[1] Selon avis du pédiatre
[2] Les produits laitiers ou les fruits sont à alterner (desserts de midi, du soir et de 16 heures). Il faut savoir qu'il n'est pas nécessaire de servir un produit laitier à midi si on en sert un le soir à l'enfant, car on dépasse la quantité raisonnable de protéines sur la journée.
[3] Il est conseillé au début de n'ajouter qu'un légume à la pomme de terre, cela afin d'habituer l'enfant aux différents goûts : par exemple : p. de terre + fenouil, p. de terre + poireau, p. de terre + betterave rouge, p. de terre + persil, etc.
NB : L'eau doit être offerte à l'enfant à volonté au cours du repas

LES JOURNÉES ALIMENTAIRES TYPES POUR L'ENFANT DE 1 AN À 3 ANS

Un enfant qui mange une alimentation équilibrée et qui est habitué à recevoir une alimentation variée sera plus tard un convive très agréable. **Une large place sera donnée aux légumes.**

Tous les légumes n'ont pas les mêmes propriétés : la carotte est un aliment excellent pour le début d'une alimentation semi-diversifiée en raison de son pouvoir régulateur au niveau de l'intestin. Les pommes de terre, en revanche, ne peuvent être introduites qu'à partir du 7e mois, en raison de leur forte teneur en amidon. Les épinards doivent être donnés avec prudence : ils sont très laxatifs. Chaque repas a sa parti-cularité et son intérêt pour l'enfant :

- **le petit-déjeuner** est le premier repas. Il a toute son importance car il succède au long repos de la nuit et prépare l'activité de la journée ; il se doit d'être très complet. Ce repas du matin est essentiel pour la santé et il évitera plus tard les « faiblesses de 10 heures » des écoliers ;
- **le goûter** est également un repas indispensable pour l'enfant. Comme pour le petit-déjeuner, le lait est la base de sa composition mais on peut en varier les présentations pour plaire à l'enfant ;
- **le repas de midi** doit contenir le « plat de résistance » protidique (viande, poisson ou œuf) et des légumes suivis d'un fruit ;
- quant **au repas du soir** qui précède le long jeûne de la nuit, il est conseillé d'y prévoir un apport de féculents (riz, vermicelles, semoule ou autres céréales). Cependant, si l'enfant a eu des pâtes à son repas de midi, il est bon de lui donner le soir des légumes verts.

EXEMPLES DE JOURNÉES ALIMENTAIRES TYPES POUR L'ENFANT DE 15 MOIS À 3 ANS

Nous présentons dans le tableau 11.7 quelques journées alimentaires types pour l'enfant de 15 mois à environ 3 ans (ces limites d'âge étant purement symboliques).

Tableau 11.7 – Les journées alimentaires types pour l'enfant de 15 mois à 3 ans.

LUNDI	**Petit-déjeuner** Lait de croissance + tartine beurrée et miel **Midi** - œuf mollet - purée de fonds d'artichauts et pommes de terre - roquefort - une pomme râpée + quelques gouttes de citron **Goûter** Yaourt + biscuit **Dîner** - potage de légumes - fromage blanc - compote de poires	
MARDI	**Petit-déjeuner** Lait de croissance + farine instantanée **Midi** - poisson blanc - riz au beurre - yaourt + ½ banane écrasée **Goûter** Tasse de lait + tranche de brioche **Dîner** - potage de légumes + tapioca - gruyère en morceaux - compote de pommes	

MERCREDI	**Petit-déjeuner** Lait de croissance + biscuit sec **Midi** - jardinière de légumes + jambon - yaourt - pomme cuite à la confiture **Goûter** Tasse de lait + tartine beurrée + miel **Dîner** - potage à la tomate - semoule au lait avec gruyère - raisin	
JEUDI	**Petit-déjeuner** Lait UHT + farine instantanée **Midi** - veau rôti en morceaux très fins - céleri en purée + gruyère râpé - petit-suisse au miel **Goûter** Tasse de lait aromatisé + biscuit sec **Dîner** - potage de légumes - reblochon - poire pochée	
VENDREDI	**Petit-déjeuner** Lait de croissance + tartine beurrée **Midi** - purée de cabillaud très frais[1] - haricots verts fins bien cuits - banane écrasée **Goûter** Yaourt + biscuit sec **Dîner** - soupe de légumes - avocat citronné - semoule au lait	
SAMEDI	**Petit-déjeuner** Lait de croissance + farine instantanée **Midi** - tomates en salade - poulet grillé - purée d'épinards[1] - pomme crue râpée **Goûter** Tasse de lait + biscuit sec **Dîner** - bouillon de légumes aux vermicelles - yaourt - compote de pruneaux	

DIMANCHE	**Petit-déjeuner** Lait de croissance + tartine beurrée et miel **Midi** - rosbif grillé - purée de pommes de terre vapeur[1] - melon **Goûter** Crème à la vanille **Dîner** - potage de légumes en dés - Vache qui rit - pomme cuite	

[1] Pour justifier l'apport lacté à ce repas, la purée sera faite au lait avec du gruyère râpé.

MémoMémoMémo

Les variétés de produits laitiers à chaque repas

L'enfant a besoin d'une portion de produit laitier trois à quatre fois par jour. Il faut donc varier les produits laitiers (la gamme est très étendue !). Une *portion* de produit laitier correspond à :

- lait = 1 petit bol ou 1 grand verre ;
- yaourt, laits fermentés = 1 pot ;
- petit suisse = 1 à 60 g (ou 2 de 30 g) ;
- fromage frais, fromage blanc = 3 cuillères à soupe ;
- fromage fermenté = 20 à 30 g ($1/10^{e}$ à $1/8^{e}$ de camembert) ;
- crème dessert, flan = 1 pot.

Tableau 11.8 – Les journées alimentaires pour l'enfant de plus de 3 ans (quelques exemples).

	Lundi	Mercredi	Vendredi
Petit-déjeuner - fruit (ou jus de fruit) - produit laitier ou lait[1] - pain[2] - corps gras - produits sucrés	- jus d'orange - yaourt - biscottes - beurre - confiture de fraise	- jus de pamplemousse - lait au chocolat - pain - beurre	- raisin - lait nature - pain - beurre - gelée de groseilles
Repas de midi - crudités (+ assaisonnement)[3] - VPO - légumes cuits ou féculents - pain[2] - produits laitiers - fruit - boisson	- carottes râpées (+ assaisonnement)[3] - rôti de bœuf - risotto - pain - crème dessert - eau	- champignons de Paris (+ assaisonnement)[3] - poulet - carottes cuites - pain - gruyère - mandarine - eau	- tomates (+ assaisonnement)[3] - roussette - purée de pommes de terre - pain - yaourt - compote de poires - eau
Goûter - produit laitier ou lait[1] - pain[2] - produits sucrés ou fruit	- lait aromatisé - biscottes beurrées	- yaourt - pain beurré - miel	- petit-suisse - biscuits - jus d'orange pressée

	Lundi	Mercredi	Vendredi
Repas du soir - potage - VPO[4] - légumes cuits[5] - féculents - produits laitiers - fruit - boisson	 - potage julienne - endives au jambon - pain - fromage blanc - banane - eau	 - potage aux tomates - pâtes à la crème - Saint Nectaire - compote de pommes - eau	 - potage aux carottes - épinards béchamel - pain - tapioca au lait - abricots - eau

[1] Lait UHT ½ écrémé (recommandations ERMCN).
[2] Pain blanc ou pain de campagne (alterner si possible les deux qualités).
[3] Plus beurre cru fondu dans l'un des plats.
[4] VPO : si l'on veut servir à l'enfant des VPO au repas su soir, on veillera à servir une demi-portion au déjeuner et une demi-portion au dîner selon le guide du PNNS, *La santé vient en mangeant*).
[5] Plus beurre cru fondu dans l'un des plats ou margarine (au tournesol ou huile d'olive).

LES JOURNÉES ALIMENTAIRES TYPES POUR L'ENFANT DE PLUS DE 3 ANS

L'enfant grandit, la palette alimentaire s'élargit. Quelques suggestions de repas hebdomadaires dans le tableau 11.8.
NB : le pain doit être *proposé à tous les repas* (y compris ceux où il y a un plat de féculent). À l'école maternelle, on recommande environ 40 g de pain par repas.

L'ÉQUILIBRE ALIMENTAIRE DES REPAS

Élaborer des repas équilibrés, que ce soit pour un adulte ou un enfant (à partir de 2 à 3 ans), consiste à dresser la liste des menus qui composeront la « *journée alimentaire* ».

LES CRITÈRES À CONSIDÉRER

Pour équilibrer les menus d'une journée alimentaire, il faut tenir compte :
- de l'âge de l'enfant et de ses besoins alimentaires ;
- de la présence de tous les groupes d'aliments pour le repas ;
- de la variété des aliments d'un même groupe (pour substituer les uns aux autres) ;
- de la saison et du budget.

LA COMPOSITION DE BASE DE CHAQUE REPAS

Pour établir la composition des repas d'une journée, il est conseillé d'établir d'abord la composition du repas principal. C'est souvent celui de midi.

LE REPAS PRINCIPAL

En général, il doit comprendre :
- **une entrée** (de légumes crus ou cuits) = un apport minéral et vitaminique ;
- **un plat protidique** (VPO) = apport protidique ;
- **un plat d'accompagnement** (légumes cuits ou féculents) = apport énergétique ;
- **un produit laitier** (fromage ou entremets) = apport calcique ;
- **un fruit** (cru ou cuit selon l'entrée) = un apport minéral et vitaminique ;
- **une boisson** (eau) ;
- **du pain**.

LE REPAS DU SOIR

Sa composition doit tenir compte de celle du repas de midi. Il comprend le plus souvent :
- **un potage de légumes** ;
- **un complément protidique** : il est éventuellement accepté pour certains enfants de plus de 3 ans qui déjeunent à la cantine (proposer par exemple, une demi-tranche de jambon, la moitié d'un œuf, une cuillère à soupe de thon). Ainsi, la ration quotidienne de protéines est répartie entre les deux repas principaux[9] ;

(9) Le complément protidique au repas du soir avant l'âge de 3 ans est sujet à polémiques entre les spécialistes de la petite enfance.

- **un plat d'accompagnement** : légumes cuits ou féculents (si l'enfant a eu des féculents à midi, il recevra des légumes cuits le soir) ;
- **un produit laitier** (fromage ou yaourt ou entremets) ;
- **un fruit** (cru ou cuit) ;
- **du pain** ;
- **et de l'eau**.

LE PETIT-DÉJEUNER

Il doit être consistant car il reconstitue les réserves de l'organisme après le long repos de la nuit. Il comprend par exemple :

- **un produit laitier** (lait parfumé ou non, fromage, yaourt, etc.) ;
- **un féculent** (pain, biscuit, céréales, etc.) ;
- **du beurre cru** ;
- **un produit sucré** éventuellement (miel, confiture) ;
- **un jus de fruit frais** (pris à jeun si possible) de temps en temps.

LE GOÛTER

Il doit comprendre :

- **un produit laitier** (lait, yaourt, etc.) ;
- **un féculent** (pain, gâteau, biscuit, céréales, etc.).

Si l'enfant ne prend pas de lait, ajouter :

- **une boisson** (eau) ;
- éventuellement **un jus de fruit pressé**.

MémoMémoMémo

Les apports indispensables sur 24 heures pour une alimentation équilibrée

L'alimentation équilibrée doit apporter sur 24 heures :
- 500 ml de lait UHT, demi-écrémé ou entier (ou produits laitiers) ;
- un apport protidique (VPO) ;
- deux légumes : un légume cuit et un légume cru ;
- deux fruits (dont au moins un cru) ;
- un féculent ;
- du beurre cru et de l'huile ;
- des produits sucrés ;
- 1 litre d'eau (robinet ou bouteille, faiblement minéralisée) ;
- du pain.

Rôle de la professionnelle

La professionnelle conseillera aux parents de proposer au jeune enfant des aliments très divers pour former son goût. Il faut donc varier les menus de la semaine, par exemple :

Alterner les mets

- proposer la viande au menu du lundi, le poisson au menu du mardi, le jambon au menu du mercredi et un œuf au menu du jeudi, etc.

Utiliser des légumes très différents

- vers 8 mois : carottes, poireaux, salades vertes ;
- vers 12 mois : haricots verts fins, céleris, courgettes, navets, betteraves, concombres, brocolis, pommes de terre, endives, blettes, tomates, fonds d'artichauts, etc.

Varier les présentations et les associations de plats

- sachez que l'enfant, comme les grandes personnes, est sensible aux couleurs qui, par le jeu d'une excitation visuelle, donnent un réflexe salivaire de première importance, notamment pour la digestion qui s'ensuivra.

Proposer les aliments séparément

- sachez que l'enfant doit développer son sens gustatif dès le premier âge. L'idéal est qu'il accepte tout ce qu'on lui propose très volontiers, sans froncer les sourcils.

RECOMMANDATIONS

La professionnelle veillera tout particulièrement à :
- ne pas faire sauter de repas à l'enfant ;
- éviter le grignotage solide (bonbons, gâteaux) ou liquide (sodas, boissons sucrées) entre les repas ;
- proposer à l'enfant de boire de l'eau entre les repas. Il existe dans le commerce des « mini-bouteilles » d'eau qui généralement séduisent les jeunes enfants et facilitent l'apprentissage ;
- ne pas « resaler » les aliments dans l'assiette ;
- respecter les régimes prescrits et l'équilibre alimentaire du repas ;
- participer à l'éducation nutritionnelle auprès des parents.

Les recettes de cuisine

Faire la cuisine n'est pas toujours mission facile, et lorsqu'il s'agit de préparer des plats destinés à un jeune enfant, l'action paraît encore plus compliquée. Pour dédramatiser cette tâche professionnelle, nous vous indiquons ci-après quelques recettes concoctées par une diététicienne.

LA COMPOTE DE POMMES

→ INGRÉDIENTS

- pommes ;
- sucre (1 c. à café par pomme) ;
- parfum : citron (blanchit la pomme), cannelle, vanille (à mettre dans l'eau de cuisson ou après cuisson).

→ TECHNIQUE

- laver les pommes et les éplucher ;
- les couper en morceaux ;
- les faire cuire à petit feu.

→ TEMPS DE CUISSON

Il est variable suivant la qualité de la pomme. Les fruits sont cuits quand ils se défont facilement.

- goûter et sucrer si nécessaire, toujours en fin de cuisson sinon il y a risque de caramélisation du fruit.
- passer ou non au moulin à légumes suivant l'âge de l'enfant ou la consistance désirée.

PRÉPARER DES POMMES POUR UN RÉGIME ANTIDIARRHÉIQUE

Pour un régime antidiarrhéique, il est préférable de cuire les pommes avec les pépins, vu leur richesse en pectine. Dans ce cas, il faut toujours passer la compote au moulin à légumes. On peut ajouter de la gelée de coing à la compote afin de renforcer l'action antidiarrhéique.

→ INGRÉDIENTS

Pommes et citrons + éventuellement gelée de coing.

→ TECHNIQUE

- laver la pomme ;
- l'éplucher et la citronner ;
- citronner la râpe (celle-ci doit être en verre ou en plastique afin d'éviter l'oxydation) ;
- mettre la pomme au fur et à mesure dans un ramequin recouvert de papier aluminium ;
- arroser éventuellement de jus de citron ;
- sucrer ou rajouter de la gelée de coing ;
- servir immédiatement.

→ QUANTITÉ PAR RAMEQUIN

150 g de pommes.

LES POMMES AU FOUR

- laver la pomme ;
- l'éplucher ;
- l'évider, la citronner ;
- la mettre dans un ramequin allant au four ;
- saupoudrer de sucre.

Cuisson à four moyen. Temps de cuisson 30 minutes environ (variable suivant la pomme).

Après la cuisson, remplissage de la pomme avec : confiture, cassonade, gelée de coing, etc.

LE JUS DE CAROTTES

Les jus de légumes se donnent en alternance avec les jus de fruits.

→ TECHNIQUE
- choisir des carottes jeunes et fraîches ;
- les laver, les éplucher finement, les relaver ;
- les râper finement avec une râpe à légumes ;
- puis à l'aide du presse-fruits, extraire le jus ;
- servir sucré ou salé ou arrosé de jus de citron (pour éviter le changement de couleur par oxydation).

→ QUANTITÉ
Dix millilitres au début puis augmenter de 10 ml par mois d'âge.

LE POTAGE

→ INGRÉDIENTS
- 500 g de légumes ;
- 700 ml d'eau en autocuiseur ;
- sel : 2 g de sel/litre[10] ;
- beurre : une noisette par enfant.

→ TECHNIQUE
- éplucher les légumes, les laver ;
- les faire cuire dans l'eau chaude ou froide salée ;
- mixer les légumes.

→ REMARQUE
Pour le potage Julienne :
- couper les légumes en petits dés ;
- le potage sera servi tel quel.

LES CAROTTES RÂPÉES

→ TECHNIQUE
- laver les carottes, les éplucher finement et les relaver ;
- les râper avec une râpe à légumes plus ou moins finement suivant l'âge de l'enfant et sa dentition.

→ QUANTITÉS
- 1 an : 2 cuillères à café (soit 10 g) ;
- 2 ans : 1 cuillère à soupe (soit 20 g) ;
- 3 ans : 2 cuillères à soupe (soit 40 g).

→ EXEMPLES D'ASSAISONNEMENT
Il est conseillé de servir les crudités avec un assaisonnement.
La citronette :
- jus de citron (riche en vitamine C),
- huile de tournesol ou de colza (riche en acide linoléique)
- + éventuellement un peu de persil haché (vitamine C + fer) ;

L'orangette (très appréciée des jeunes-enfants) :
- jus d'orange (riche en vitamine C),
- huile de tournesol (riche en acide linoléique),
- + éventuellement un peu de persil haché (vitamine C + fer)

(10) Une c. à café de sel fin contient environ 2 à 3 g de sel.

LA PURÉE DE LÉGUMES

→ INGRÉDIENTS
- eau ;
- légumes (1/3 de carottes, 1/3 de légumes verts, 1/3 au maximum de pommes de terre) ;
- sel (2 g pour 1 litre d'eau)[11] ;
- beurre (une noisette par enfant) ;
- lait (facultatif).

→ TECHNIQUE
- éplucher les légumes, les laver, les couper ;
- les faire cuire.

→ CUISSON

La cuisson à l'eau : plonger les légumes en gros morceaux dans un peu d'eau bouillante légèrement salée (2 g pour 1 litre). Temps de cuisson variable suivant les légumes et le récipient.

La cuisson à la vapeur :
- mettre les légumes dans le panier et un fond d'eau dans l'autocuiseur (eau salée) ;
- après la cuisson, mixer de préférence au moulin à légumes en ajoutant progressivement le liquide (soit liquide de cuisson, soit le lait chaud. La consistance doit être molle) ;
- servir accompagné d'une noisette de beurre (5 g par enfant) + éventuellement 5 g de gruyère râpé.

→ QUANTITÉS

Exemple pour un enfant de 3 ans :
- légumes 180 g ;
- beurre 5 g.

LES CAROTTES VICHY

La cuisson des carottes se fait dans un minimum d'eau. Toute l'eau doit être évaporée en cours de cuisson.

→ INGRÉDIENTS ET QUANTITÉS

Exemple pour un enfant de 3 ans :
- légumes 150 g ;
- beurre 5 g ;
- persil haché.

→ TECHNIQUE
- laver les carottes, les éplucher, les relaver ;
- les couper en fines rondelles ;
- les plonger dans l'eau bouillante légèrement salée, l'eau doit simplement recouvrir les carottes.

→ CUISSON
- temps de cuisson : 40-45 min. Cuisson à feu doux +++ ;
- mettre le couvercle ;
- servir les carottes Vichy avec une noisette de beurre et parsemer de persil haché.

LA VIANDE AU GRILL

- choisir de préférence un gril de contact en fonte ;
- faire chauffer le gril ; celui-ci doit être très chaud (180°) afin que l'aliment soit saisi ;
- faire cuire la viande jusqu'à ce que la surface commence à caraméliser ;
- puis retourner l'aliment sans le piquer pour éviter de faire sortir les sucs (utiliser des spatules en bois) et faire chauffer l'autre face ;
- inutile de saler ;
- servir avec une noisette de beurre + un peu de persil haché.

LA VIANDE À LA POÊLE

Choisir de préférence une poêle à revêtement antiadhésif en téflon, permettant les cuissons sans matière grasse :
- mettre la viande dans la poêle, sans matière grasse ;
- la retourner avec une spatule en bois ;
- faire cuire la viande à feu doux.

NB : afin de ne pas abîmer le revêtement, cette poêle doit être lavée avec une éponge et du savon, à l'exclusion de tampon dur ou de poudre abrasive.

(11) *Ibid* page précédente.

LE POISSON AU COURT-BOUILLON

→ LE CRITÈRE DE FRAÎCHEUR DES POISSONS
- yeux non enfoncés, brillants ;
- branchies rouges ;
- anus non relâché ;
- chair élastique ;
- si le poisson est en tranches, absence de diffusion de sang autour de l'arête.

Les constituants du court-bouillon intègrent le poisson et lui apportent du goût et des sels minéraux.

→ INGRÉDIENTS
- carottes : 100 g ;
- oignons : 100 g ;
- ail : 1 gousse ;
- échalote : 1 ou 2 ;
- bouquet garni lavé : 1 petite feuille de laurier, 1 petite branche de thym, 1 petite branche de persil ;
- poivre : 3 ou 4 grains.

→ CUISSON
- diviser les aromates et les mettre dans l'eau froide non salée ;
- plonger le poisson dans le court-bouillon frémissant ;
- cuisson avec couvercle au moins ½ h ;
- apprécier la cuisson avec une fourchette ; la chair doit être blanche, opaque, le poisson doit bien se décoller au niveau de l'arête ;
- après cuisson, tamiser et saler à 2°/°° (2 g/litre) ;
- égoutter le poisson.

Servir accompagné d'une noisette de beurre frais (ou d'une cuillère à café d'huile d'olive), du jus de citron + du persil haché

L'ŒUF COQUE, MOLLET OU DUR

→ TECHNIQUE

La préparation des œufs coque, mollet ou dur nécessite de cuire l'œuf avec la coquille :
- mettre les œufs dans l'eau bouillante, salée et vinaigrée : le sel empêche la coquille de se fendre et le vinaigre favorise la coagulation du blanc d'œuf et l'empêche de se répandre ;
- attention, l'œuf ne doit pas être trop froid sinon la coquille éclate.

→ TEMPS DE CUISSON
- œuf à la coque : 3 minutes ;
- œuf mollet : 5 minutes ;
- œuf dur : 10 minutes.

Après la cuisson, il faut refroidir l'œuf sous l'eau froide. Les œufs durs peuvent se servir accompagnés d'une sauce béchamel.

LE RIZ

→ TECHNIQUE
- choisir du riz blanc ;
- faire cuire le riz dans une grande quantité d'eau, car le riz va gonfler lors de la cuisson (prévoir deux fois le volume du riz) ;
- plonger le riz dans l'eau froide peu salée, en récipient couvert à feu doux (éviter de mélanger en cours de cuisson pour ne pas écraser les grains).

→ CUISSON
- temps de cuisson : 20 min environ ;
- après la cuisson : égoutter le riz.

→ QUANTITÉS

Exemple pour un enfant de 3 ans :
- riz 40 g (environ) ;
- beurre 5 g (environ) ;
- gruyère râpé 5 g (environ).

LES PÂTES

→ TECHNIQUE
- les faire cuire dans une grande quantité d'eau bouillante, salée, sans couvercle ;
- ajouter éventuellement un peu d'huile pour éviter qu'elles ne collent.

→ CUISSON
- le temps de cuisson est variable suivant les pâtes (10 minutes environ) ;
- après la cuisson, les égoutter puis incorporer doucement les ingrédients choisis (tels que beurre, gruyère râpé, etc.).

→ QUANTITÉS

Exemple pour un enfant de 3 ans :
- pâtes 40 g (environ) ;
- beurre 5 g (environ) ;
- gruyère râpé 5 g (environ).

LA SEMOULE AU LAIT

→ INGRÉDIENTS
Exemple pour 1 litre de lait :
- semoule : 4 cuillères à soupe arasées ;
- parfum : vanille ou zeste de citron ou d'orange ou de pamplemousse ou cannelle ;
- sucre : 2 cuillères à soupe bombées.

→ TECHNIQUE
- faire chauffer le lait sucré et parfumé ;
- y jeter la semoule en pluie en tournant après chaque cuillère
- remuer de temps en temps pendant la cuisson.

→ TEMPS DE CUISSON
- semoule fine : 6 à 8 min ;
- semoule moyenne : 10 à 12 min ;
- la préparation épaissit en refroidissant.

→ QUANTITÉ
Exemple pour deux enfants de 3 ans : 1 cuillère à soupe arasée de semoule dans 250 ml de lait sucré (5 %) parfumé chaud.

LE QUATRE-QUARTS

→ INGRÉDIENTS
Ingrédients pour 1 œuf (60 g environ) :
- beurre 60 g ;
- sucre 60 g ;
- 60 g de farine ;
- levure : ½ cuillère à café.

C'est le poids de l'œuf qui détermine le poids des autres ingrédients.

→ TECHNIQUE
- préchauffer le four ;
- faire fondre le beurre au bain-marie ;
- dans un plat, casser les œufs un par un, ajouter le sucre ;
- travailler les œufs et le sucre jusqu'à constitution d'un ruban ;
- ajouter au mélange le beurre fondu ; bien mélanger ;
- ajouter ensuite progressivement la farine puis la levure ; bien mélanger ;
- graisser et fariner le moule et y mettre la pâte.

→ TEMPS DE CUISSON
À four moyen pendant 40 min.
Le gâteau est cuit lorsque le couteau sort sec et propre.

LA CRÈME ANGLAISE

→ INGRÉDIENTS
Exemple pour 1 litre de lait :
- 5 jaunes d'œuf ;
- sucre : 50 g (5 cuillères à soupe rases) ;
- parfum : vanille, etc. ;
- maïzena : 15 g (5 cuillères à café).

→ TECHNIQUE
- dans un plat, mélanger les jaunes d'œufs, le sucre et la maïzena ;
- faire chauffer le lait dans une casserole (jusqu'à 70 °C) ;
- le parfumer ;
- verser le lait tiède sur la préparation ;
- la remettre dans la casserole ;
- faire épaissir à feu doux en tournant sans cesse avec une cuillère en bois sans amener à ébullition, jusqu'à ce que la crème nappe la spatule.

→ TEMPS DE CUISSON
Deux à trois minutes.

→ QUANTITÉ
Exemple pour deux enfants de 3 ans :
- 200 ml de lait ;
- 1 jaune d'œuf ;
- sucre 5 % (soit 10 g = 1 cuillère à soupe rase) ;
- maïzena 3 g = 1 cuillère à café arasée.

Les règles d'hygiène pour la préparation et la conservation des repas

LES RÈGLES D'HYGIÈNE POUR LA PRÉPARATION DES REPAS

Afin de conserver aux aliments leur qualité, il faut avant tout respecter deux règles de base : l'hygiène du service et la bonne organisation du travail.

LES RÈGLES POUR LA PROFESSIONNELLE

La professionnelle veillera à :
- avoir tous ses vaccins en règle ;
- avoir une hygiène corporelle quotidienne ;
- porter des vêtements propres et les cheveux attachés ;
- porter éventuellement des gants à usage unique et un masque couvrant le nez et la bouche[12] ;
- se laver régulièrement les mains.

LES RÈGLES POUR LES LOCAUX

Il est recommandé de :
- laver et désinfecter le sol quotidiennement ;
- respecter le balayage humide ;
- nettoyer et désinfecter très régulièrement les sanitaires.

LES RÈGLES POUR LES ÉQUIPEMENTS

Il est recommandé de :
- maintenir les équipements en parfait état de propreté ;
- ranger la vaisselle après le nettoyage ;
- désinfecter le matériel si nécessaire ;
- laver, désinfecter (en collectivité) les chariots et les plateaux avant leur rangement.

LES RÈGLES DES TECHNIQUES PROFESSIONNELLES

Pour la préparation des repas, il faut respecter impérativement trois règles qui garantissent l'hygiène et la sécurité. Elles s'appliquent aussi bien à domicile qu'en collectivité.

(12) Ceci devient impératif en cas d'affection respiratoire (rhume, etc.).

→ La règle des secteurs

Il faut bien différencier et séparer :
- le secteur souillé (légumes non épluchés, les déchets) ;
- le secteur sain (légumes épluchés, lavés).

→ La règle de la « marche en avant »

Il faut travailler selon une démarche logique, par exemple : lavage des légumes puis taillage (ou épluchage) puis stockage.

→ Les règles des circuits

Il est conseillé de :
- ne jamais croiser le circuit de préparation des repas (par exemple : éplucher les légumes à un endroit de la cuisine, les découper à un autre endroit) ;
- ne jamais croiser le circuit d'évacuation des déchets ;
- regrouper tous les déchets vers un seul point de stockage et d'évacuation ;
- économiser ses gestes et adopter des règles d'ergonomie pour travailler efficacement sans endommager sa santé, d'où l'intérêt d'aménager correctement son poste de travail (*cf.* annexe 2).

LES RÈGLES D'HYGIÈNE POUR LA CONSERVATION DES REPAS

Les aliments laissés à l'air ambiant s'altèrent rapidement à cause de l'activité microbienne. Le froid permet de conserver les aliments dans de bonnes conditions de salubrité. Actuellement, trois types d'appareil permettent cette conservation. Ce sont les *réfrigérateurs*, les *conservateurs* et les *congélateurs*. On ne doit ranger dans ces appareils que des aliments parfaitement propres.

RANGER DES ALIMENTS AU RÉFRIGÉRATEUR

Il est indiqué de respecter le groupement des aliments par *zone de froid* en tenant compte du type de réfrigérateur utilisé[13].

(13) À cet égard, c'est moins systématique, il est utile de lire la notice de l'appareil.

Il est généralement conseillé de placer :
- **les viandes et les poissons** dans la zone la plus froide de l'appareil ;
- **les végétaux** dans la zone humide (dans les deux bacs situés au bas du réfrigérateur) ;
- **les produits laitiers** dans la zone intermédiaire ;
- **les boissons** sur le côté de l'appareil (à trois niveaux différents).

RECONNAÎTRE LE TYPE DE DATE DE PÉREMPTION

- **La DLC** = date limite de consommation = « à consommer avant le… ». Elle est utilisée pour les produits frais, les laitages, la viande, les aliments frais prêts à la consommation, etc. Au-delà de la DLC, le produit doit être jeté.
- **La DLUO** = date limite d'utilisation optimale = « à consommer avant le… ». Elle est utilisée pour les conserves, le lait UHT, les aliments secs (biscuits, etc.), etc. Au-delà de la DLUO, le produit perd ses qualités (goût, vitamines, etc.) mais il n'est pas dangereux pour la santé.

RESPECTER LES TEMPS ET LIEUX DE CONSERVATION DES ALIMENTS

Pour conserver les aliments dans de bonnes conditions, il faudra prendre certaines précautions (tableau 11.9).

MémoMémoMémo

« Les ennemis à combattre dans le réfrigérateur »

Les ennemis à combattre dans le réfrigérateur, sont l'air, les odeurs et les microbes.
L'air et les odeurs : pour éviter le rancissement des aliments (contact avec l'air) il faut :
- transvaser les aliments dans un récipient fermé en matière plastique, ou en verre, ou utiliser un film plastique ;
- ne jamais laisser une boîte de conserve entamée (la transvaser) ;
- emballer les aliments à forte odeur (melon, choux-fleurs, plats aillés).

Les microbes : pour éviter les toxi-infections alimentaires, il faut :
- laver les aliments qui se mangent crus à la sortie du réfrigérateur (crudités, etc.) ;
- transvaser les aliments préemballés dans un autre récipient, ou les emballer dans un film aluminium ou plastique (conserver les dates de péremption bien lisibles) ;
- éliminer les suremballages de certains produits vendus par lot (par exemple, le carton ou le plastique autour des pots de yaourt) ;
- redoubler de vigilance avec les produits carnés, le poulet et les charcuteries ;
- emballer chaque fromage et/ou les mettre dans une boîte hermétique ;
- nettoyer le réfrigérateur régulièrement.

Tableau 11.9 – Temps et lieux de conservation des aliments.

Produits	Temps et lieux de conservation des aliments	Temps et lieux de conservation des aliments
	Emballage fermé.	Emballage ouvert.
Produits stérilisés	Dans un placard (voir DLUO).	Au réfrigérateur (noter la date d'ouverture).
Laits ou crèmes (UHT)	3 mois (date de péremption).	1 à 2 jours (zone 4).
Produits pasteurisés	Au réfrigérateur (voir DLC).	Au réfrigérateur (voir DLC).
Laits/plats préparés	1 à 5 jours (voir DLC).	1 à 2 jours (zone 4).
Produits surgelés*	Au conservateur à –18 °C (voir DLUO). Dans un freezer à –12 °C : 3 jours maximum. Dans un réfrigérateur : 24 heures.	Au conservateur à –18 °C (voir DLUO). Dans un freezer à –12 °C : 3 jours maximum. Dans un réfrigérateur : 24 heures.

*Emballage fermé ou ouvert.

Rôle de la professionnelle

Le respect des règles d'hygiène et de sécurité dans le domaine alimentaire

La professionnelle doit impérativement respecter les règles d'hygiène et de sécurité vues précédemment et veiller à y associer les suivantes :
- ne jamais recongeler un produit décongelé ;
- utiliser tout de suite un produit décongelé ;
- toujours lire les dates de péremption sur les produits ;
- bien connaître les zones de froid spécifiques au réfrigérateur et ranger les denrées selon ces zones ;
- vérifier quotidiennement les DLC et les DLUO et jeter les produits quand la date est dépassée.

L'éducation alimentaire de l'enfant

L'alimentation permet la satisfaction d'un besoin fondamental vital, le besoin de se nourrir, mais c'est également une réponse à la recherche d'échanges affectifs de l'enfant avec ses proches.

Fig. 11.2. L'éducation alimentaire de l'enfant inclut l'apprentissage des saveurs.

L'ÉDUCATION DU GOÛT DE L'ENFANT

L'éducation alimentaire consiste à faire prendre à l'enfant de bonnes habitudes alimentaires en ce qui concerne la variété et la structure des repas. Elle est difficile mais nécessaire. L'alimentation doit fournir à l'enfant tous les matériaux indispensables à son développement, mais elle tient aussi une place importante parmi les expériences nouvelles de l'enfant. *Il est curieux de tout, il veut voir, toucher, sentir, etc.*, et les aliments font justement partie des choses familières à découvrir et à apprivoiser.

Dès la fin de sa première année, l'enfant a déjà ses goûts, ses préférences et sait très bien signifier ses désirs et ses refus, parfois avec énergie ! Or, l'alimentation ne doit en aucun cas devenir une source de conflits préjudiciables à l'harmonie des relations familiales et, par là même, à la santé de l'enfant.

L'alimentation est donc aussi une « éducation » qu'il faut savoir imposer avec douceur !

Le goût ne dépend pas uniquement de la langue, qui ne perçoit que quatre saveurs de base : le sucré, le salé, l'acide, l'amer. *Le goût s'éduque par tous les sens* de l'enfant, en particulier par la vue, l'odorat et le toucher. C'est pour cela que l'adulte (parents ou professionnel) en charge de l'enfant favorisera cet apprentissage.

LUI METTRE « L'EAU À LA BOUCHE » !

Lorsque l'on regarde un plat bien présenté, on a l'habitude de dire qu'il nous met « l'eau à la bouche ». Cela est valable pour l'enfant. En effet, ces aliments, à l'apparence ou à l'odeur agréable, déclenchent en nous une *production de sucs digestifs* non seulement au niveau buccal (avec la salive) mais également stomacal. Et, chose curieuse, ils nous donnent ainsi non seulement envie de les consommer, mais facilitent également leur digestion ultérieure ![14].

LUI FAIRE « APPRÉCIER LES COULEURS »

Il est conseillé de présenter à l'enfant dès que possible des aliments aux couleurs variées, *disposés séparément* dans l'assiette (et non sous

(14) Les sucs digestifs (comme leur nom l'indique) permettent la digestion chimique, depuis la bouche jusqu'à l'intestin (sucs salivaire, gastrique, pancréatique, intestinal).

forme de « bouillie ») avec le plus de fantaisie possible (par exemple, un radis au centre de la purée) afin que l'enfant apprécie les différents mets qui composent le repas. L'enfant est très sensible à l'originalité de la présentation de ses aliments !
De même, les assiettes qui laissent apparaître à chaque cuillerée un peu plus de leurs motifs décoratifs sont très appréciées… Il ne faut pas craindre de stimuler « le monde imaginaire » chez l'enfant, c'est pour lui une merveilleuse occasion de parler et de vous faire parler ! Le repas devient ainsi un moment privilégié d'échanges entre l'enfant et l'adulte qui lui donne le repas.

LUI LAISSER « TOUCHER » L'ALIMENT !

Il est évident que les parents ont le souci d'éduquer l'enfant et qu'il leur est souvent pénible de voir les petites mains recouvertes de purée. Pourtant, l'enfant aime le contact avec la matière, *c'est sa façon de connaître ce qu'il touche, de mieux se l'approprier*. Or, si les parents sont très stricts, ils doivent, en matière d'éducation alimentaire, exercer leur autorité avec beaucoup de prudence, car, plus on essaie d'imposer à l'enfant de bonnes habitudes, plus il s'efforce (par esprit de contradiction et pour attirer l'attention sur lui), de faire l'inverse de ce qu'on lui demande.

L'ÉDUCATION À L'AUTONOMIE ET À LA SOCIALISATION

À l'occasion des repas, l'adulte veillera à stimuler l'autonomie de l'enfant et à développer sa socialisation. Pour cela, il faut « jouer » avec ses capacités nouvelles. Par exemple : on sait que pour l'enfant tenir la cuillère est un exploit nouveau et passionnant. Il faut donc :
- lui montrer comment bien la tenir, mais sans s'étonner s'il n'y arrive pas ;
- l'aider en utilisant une autre cuillère que la sienne, mais lui donner l'impression qu'il se débrouille tout seul ;
- apprendre à l'enfant à mâcher correctement les aliments, c'est une bonne habitude à prendre dès la petite enfance, excellente pour la digestion et pour la solidité des dents. C'est d'ailleurs pour cette dernière raison que les pédiatres demandent de ne plus mixer ou hacher les aliments dès que l'enfant a des dents. Il faut qu'il apprenne à mâcher !
- apprendre à l'enfant à « aimer tous les aliments », et surtout éviter de faire peser des interdits ou de distribuer des récompenses (*cf.* mémo ci-après).

MémoMémoMémo

Aliment interdit ou aliment récompensé

Des enquêtes montrent que de nombreuses mères (inquiètes de la progression de l'obésité) *contrôlent fortement l'alimentation* de leur enfant ; elles le font *en interdisant certains aliments sucrés* (type glaces, gâteaux, etc.) qu'elles condamnent, mais qu'elles peuvent aussi utiliser à certains moments comme récompense : « Tu auras une glace si tu manges tes épinards ». De ce fait l'enfant *va valoriser encore plus l'aliment* qui lui est offert en récompense, car il comprend que cet aliment est tellement bon que les adultes estiment qu'il faut le mériter. Mais il pense également que l'aliment qui mérite une récompense pour être mangé doit vraiment être mauvais. Autrement dit, l'enfant va apprendre à détester les épinards et à adorer les glaces, ce qui est l'inverse du but recherché.

LES CONDITIONS FAVORABLES À LA PRISE DU REPAS

Les grands principes qui permettent d'être détendu et disponible pour le repas de l'enfant, sont, avant tout, le calme et l'organisation.

→ Créer une ambiance calme

Pour que manger soit un plaisir, il est nécessaire que les repas se déroulent dans une atmosphère sereine. En collectivité la professionnelle veillera à faire régner le calme. Parfois une musique douce est la bienvenue, sans que celle-ci ne gêne le dialogue avec le (ou les) enfant(s).

PRÉPARER LE REPAS À L'AVANCE

Disposer le matériel sur une table roulante permet d'éviter les déplacements permanents et être plus attentif au dialogue avec l'enfant.

ASSOCIER LES PLUS « GRANDS » À L'ÉDUCATION ALIMENTAIRE DU « TOUT-PETIT »

Ce qui est dit par les autres enfants, les frères ou les sœurs, les copains à la crèche, est souvent mieux accepté par le jeune enfant.

FAIRE RACONTER SA JOURNÉE À CHACUN DES ENFANTS

Ainsi la table deviendra un lieu d'échanges et le dialogue calmera les plus turbulents.

FAIRE PREUVE DE GRANDE SOUPLESSE POUR L'ÉDUCATION À TABLE

En effet, jusqu'à 2 ans un enfant ne mange pas proprement ; lui faire sans cesse des remarques ne sert à rien car il ne les comprend pas encore. De plus, elles lui gâchent le plaisir de manger. Il suffit de jouer sur son désir « d'imitation des grands » pour lui apprendre à se « tenir à table » (comme eux !).

LES GRANDS PRINCIPES À RESPECTER

Lors des repas de l'enfant, l'adulte (parents ou professionnelle) doit respecter cinq grands principes, qui sont les suivants :

RESPECTER L'APPÉTIT DE L'ENFANT

L'enfant connaît ses besoins, il faut lui faire confiance. Parmi les enfants, certains sont des « gros mangeurs », d'autres des « petits mangeurs ». Un même enfant peut avoir des variations d'appétit d'un jour à l'autre, comme l'adulte.

RESPECTER LE RYTHME BIOLOGIQUE DE L'ENFANT

→ Le jeune enfant

Le respect du rythme biologique de chaque enfant est d'autant plus important que l'enfant est jeune. L'enfant qui pleure n'a pas forcément faim. Le respect du rythme du jeune enfant impose donc de :

- ne pas le réveiller pour manger ;
- ne pas l'empêcher de s'endormir parce que c'est l'heure du repas ;
- ne pas le nourrir systématiquement lorsqu'il pleure, mais d'essayer de comprendre le « sens » des pleurs.

→ L'enfant plus grand

Pour l'enfant plus grand, l'adulte doit savoir que :

- **vers 2 ans,** l'enfant ne peut guère rester plus de 20 à 25 minutes à table. Si le repas se prolonge et si vous estimez qu'il a suffisamment mangé du plat principal, permettez-lui de retourner à ses jouets. Il reviendra s'asseoir à la table familiale pour le dessert ;
- **vers 3 ans** l'enfant pourra faire l'effort de rester à table avec les adultes jusqu'à la fin du repas (si celui-ci est d'une durée normale bien entendu).

La professionnelle veillera à déconseiller les repas devant la télévision. L'enfant ne fait plus attention à ce qu'il mange et à ceux « avec qui » il mange. Or le repas est souvent le seul moment où la famille se trouve réunie et peut parler de sa journée.

Fig. 11.3. L'enfant à table a le désir d'imiter les grands.

RESPECTER LA PERSONNALITÉ DE L'ENFANT

- Respecter la personnalité de l'enfant, c'est respecter ses refus alimentaires tout en ne les considérant pas comme définitifs (il faudra au contraire refaire une tentative un peu plus tard).
- Respecter la personnalité de l'enfant, c'est lui laisser prendre des responsabilités le plus

tôt possible. Par exemple dès l'âge de 2 ans ½ à 3 ans, il demande lui-même à mettre le couvert, à desservir la table. Il ne faut pas le lui refuser, même s'il est maladroit ! Cette participation lui fait comprendre qu'il peut faire « comme les grands », qu'il fait partie de leur clan, c'est très *valorisant* et c'est aussi une bonne habitude pour plus tard, lorsque son aide sera vraiment utile.

RESPECTER LES COMPÉTENCES DE L'ENFANT

L'enfant va acquérir de plus en plus de compétences. Il va progressivement passer du biberon à la tasse, puis du repas pris à la cuillère à celui pris à la fourchette, et ce n'est que vers l'âge de 4 ans qu'il pourra faire usage du couteau (à bout rond) sous la surveillance de l'adulte (*cf.* tableau 11.10).

La professionnelle a un rôle important à jouer lors des repas de l'enfant en collectivité.

Rôle de la professionnelle

Développer les potentialités de l'enfant et son autonomie

S'adapter à l'âge de l'enfant mais aussi à ses compétences

- Bien observer l'enfant afin de dépister le moment où il est prêt pour apprendre ;
- permettre au bébé de toucher ses aliments ;
- proposer aux plus grands des instruments adaptés à leurs capacités ;
- proposer à l'enfant dès 3 ans de se servir seul afin de lui apprendre à établir une relation entre la quantité des aliments et son appétit ;
- ne pas forcer l'enfant à manger.

Apprendre à l'enfant à respecter les règles d'hygiène

- Proposer à l'enfant de se laver les mains avant et après le repas ;
- proposer à l'enfant de se brosser les dents après le repas.

Apprendre à l'enfant à respecter les autres convives

Par exemple, lui apprendre à :
- partager la nourriture ;
- attendre son tour pour être servi ;
- rester en place avec les autres convives ;
- respecter la nourriture du voisin.

Être attentif à la sécurité de l'enfant lors des repas

- Surveiller la qualité et la quantité des repas proposés à l'enfant ;
- surveiller la température des plats (attention aux micro-ondes) ;
- respecter les régimes alimentaires de chacun ;
- surveiller les enfants au cours du repas (risque de fausse route, d'allergie) ;
- surveiller (et signaler) les refus répétés, le tri alimentaire, etc.

Conseiller et informer les parents

Conseiller les parents sur :
- les menus de l'enfant (en fonction de son âge, de ses goûts) ;
- l'équilibre alimentaire ;
- les quantités à proposer à l'enfant (en fonction de l'âge, de l'appétit, etc.) ;
- les règles d'hygiène de vie : insister sur la régularité des horaires des repas, les dangers du grignotage entre les repas, etc.

Informer les parents sur :
- l'appétit de l'enfant ;
- le comportement au cours du repas ;
- le menu du midi (afin qu'ils puissent en tenir compte pour composer le repas du soir).

Tableau 11.10 – Compétences de l'enfant selon l'âge.

Âges approximatifs	Compétences	Rôle de la professionnelle (ou des parents)
Vers 8-12 mois	L'enfant de cet âge peut généralement : - boire à la tasse - manger à la cuillère - toucher son biberon } tenus par l'adulte	Il est conseillé : - d'installer l'enfant confortablement ; - de lui parler en lui donnant son repas.
Vers 1 à 2 ans	L'enfant devient plus autonome, il peut passer à table et : - manger seul avec les mains ; - puis manger à la cuillère (maladroitement).	- surveiller l'enfant ; - respecter son rythme ; - l'encourager verbalement.
Vers 2 ans	L'enfant peut manger correctement avec la cuillère.	- lui proposer la cuillère.
Vers 3 ans	L'enfant peut : - manger avec la fourchette ; - mettre et ôter seul sa serviette ; - participer à la préparation des repas.	- lui apprendre la politesse à table[1] ; - lui proposer la fourchette ; - l'inviter à participer à la préparation des repas.
Vers 4 ans	L'enfant peut utiliser un couteau.	Lui donner un couteau à bout rond, lui en expliquer la manipulation et le surveiller.

[1] Dans le domaine de la politesse à table, c'est surtout aux parents que revient cette tâche éducative ; la professionnelle fera preuve de beaucoup de tolérance avec un jeune enfant, respectant les habitudes et les cultures familiales.

Les troubles liés à l'alimentation

L'ENJEU DE LA « RELATION ALIMENTAIRE »

L'alimentation joue un rôle primordial dans l'établissement de la relation mère-enfant.

- **Avant sa naissance**, l'enfant vivait dans un état de parfaite harmonie et ne ressentait pas de besoins.
- **Après la naissance**, l'intervention de sa « mère » lors des repas lui apporte non seulement de la nourriture, mais également de l'amour et de la sécurité. Elle supprime la tension de « faim » et donne un surcroît de plaisir à l'enfant. Celui-ci connaît alors sa « première expérience de satisfaction » et va éprouver le « désir de vivre ». Il saisit aussi l'importance de l'autre.

La relation affective accompagnant l'acte de nourrir est fondamentale. *L'association mère-nourriture* peut persister longtemps, aussi bien du côté de l'enfant que de la mère. Elle peut être source de difficultés ; citons quelques exemples :

- l'enfant peut chercher à absorber « la nourriture-mère » pour se sécuriser, se consoler d'un manque ;
- l'enfant peut chercher à attirer l'attention de sa mère par une privation de nourriture (c'est une souffrance) ;
- une mère peut être incapable d'accepter un simple refus alimentaire, sans se sentir rejetée (ou parfois se croire une « mauvaise mère » !).

De ce fait, l'enfant comprend très vite « l'enjeu » de l'alimentation et peut se servir de la nourriture comme d'une monnaie d'échange ou d'un moyen de chantage. Les parents doivent comprendre ce qui se joue et avoir une attitude adéquate. Il est important qu'ils essaient de comprendre la vraie demande de l'enfant ; car on sait que dans le domaine alimentaire :

- un excès de sévérité risque de créer des conflits durables ;
- un excès de libéralisme risque de favoriser les exigences des enfants (voire un sentiment d'insatisfaction).

« LES MANQUES D'APPÉTIT » DE L'ENFANT »

Malgré une alimentation variée et bien préparée, l'enfant peut « ne pas avoir faim » ! Il existe de nombreux facteurs à l'origine d'un manque d'appétit que le professionnel de l'enfance doit savoir déceler.

• **Si l'enfant mangeait bien et perd brusquement l'appétit**, il y a lieu de se poser quelques questions :
- peut-être est-il malade ? Le médecin le dira ;
- peut-être a-t-il des problèmes affectifs ? Très jeune, un bébé peut souffrir et cette souffrance se répercute sur son appétit. Les motifs sont divers ; ils peuvent être liés au « climat familial » ; il faut dans tous les cas conseiller aux parents de rencontrer un psychologue pour l'enfant.

• **Si l'enfant a tendance à grignoter et à réclamer des sucreries entre les repas !** Lorsque le repas arrive, il n'a plus faim. Il est donc déconseillé aux parents de faire des démonstrations de gourmandise devant l'enfant, car dès qu'il aura fait connaissance avec ces saveurs nouvelles, il voudra recommencer. Il est évident que toutes les sucreries et les boissons sucrées non seulement diminuent l'appétit de l'enfant, mais augmentent le risque de caries dentaires[15].

• **Pour l'enfant âgé de 6 mois à 1 an**, certains événements peuvent de temps à autre « diminuer son appétit ». Par exemple : les premières dents peuvent le faire souffrir, les premiers aliments solides et salés peuvent atténuer son désir de manger et parfois être à l'origine de « petits troubles digestifs ».

• **Pour l'enfant âgé de 2 ans ½,** c'est le moment de la « crise de personnalité » qui souvent l'entraîne à refuser de manger. Évidemment c'est une manière d'attirer l'attention sur lui. Plutôt que d'entrer en conflit avec l'enfant à ce propos, il faut redoubler d'attention à son égard, mais dans d'autres domaines que dans celui de l'alimentaire. Il faut savoir également que **chez plus de 50 % des enfants, l'appétit varie d'un jour à l'autre** et d'un repas à l'autre, comme parfois chez l'adulte ! Il faut respecter le refus de l'enfant.

(15) Jusqu'à 3 ans, il faut interdire tout particulièrement les cachous et chewing-gums qui présentent un danger vital pour l'enfant.

Rôle de la professionnelle

« Éviter la rigidité ! »

Il faut avoir conscience que dans le domaine alimentaire, tout est relatif et éviter « la rigidité » :
- si l'enfant a un appétit réduit, si son repas a été léger, un petit « en-cas » répondra à un besoin de son organisme et il ne faudra pas l'en priver ;
- on dit que les friandises font grossir ? Une bonne glace (faite par un bon pâtissier) a la même valeur nutritive qu'un autre produit laitier (fromage par exemple), que l'enfant aurait refusé à midi. Certes, les biscuits sont beaucoup plus caloriques que le pain, mais encore faut-il qu'il y ait abus pour faire grossir.

Par ailleurs, il faut veiller à proposer à l'enfant de boire de l'eau : un verre de temps en temps, outre le bienfait pour sa santé, lui permettra de bien digérer les repas.

« LES REFUS » DE L'ENFANT »

Il est important, pour une professionnelle de l'enfance, de ne jamais entrer en conflit ouvert avec l'enfant qui refuse un aliment. Les mères y attachent beaucoup trop d'importance. Elles interprètent ce refus comme un rejet d'elles-mêmes alors que les causes sont tout autres. Voyons les diverses situations.

L'ENFANT PEUT REFUSER TOUJOURS LE MÊME PLAT

Cela peut signifier que son goût est déjà bien affirmé. On peut alors certainement le remplacer par d'autres aliments aux propriétés identiques.

L'ENFANT PEUT REFUSER « LES CHANGEMENTS » (SOIT D'ALIMENTS, SOIT D'INSTRUMENTS)

→ L'enfant refuse un aliment nouveau

Le changement déroute l'enfant et peut être la cause de son refus. Il faut bien évidemment éviter les modifications d'horaires, qui perturbent son rythme de vie. En ce qui concerne les aliments, il faut adopter le principe de « la progression ». Le principe de la progression (quantitative et qualitative) permet à l'enfant de mieux accepter les nouveaux aliments :

- on donnera successivement 1 cuillère à café, puis deux, enfin 1 cuillère à soupe ;
- **pour faciliter le passage du sucré au salé**, lorsque vous donnerez la première purée de légumes, salez-la très peu. C'est d'ailleurs un passage qui se fait facilement chez les enfants qui n'ont pas eu une alimentation trop sucrée ;
- **associez toujours l'aliment nouveau** à un aliment déjà bien accepté ;
- **laissez l'enfant manger seul** : dès 14-15 mois, il peut lui-même mettre dans sa bouche des aliments qui fondent (comme la carotte cuite). Commencez par un ou deux morceaux, puis augmentez les doses ;
- on donnera de petits morceaux d'aliments, puis des morceaux de plus en plus gros.

→ L'enfant refuse la cuillère

Vérifiez d'abord qu'en la mettant dans la bouche vous ne heurtez pas une gencive gonflée par une dent qui perce (c'est fréquent). Puis, après une ou deux tentatives, laissez la cuillère de côté, reprenez-la quelques jours plus tard. Choisissez de préférence une cuillère souple (en vente en grande surface ou en pharmacie).

→ L'enfant refuse de boire à la timbale

Avant de donner un biberon, insistez un peu. Le lendemain, le surlendemain, faites un nouvel essai, mais entre-temps laissez-lui la timbale vide pour qu'il joue avec elle.

Tant que le poids de l'enfant reste bon, les problèmes alimentaires sont sans gravité ; ils sont momentanés et finissent toujours par s'arranger. Pour l'enfant, c'est une question d'habitude à prendre ; pour les parents ou les professionnels, de patience à garder.

SI LES REFUS DE L'ENFANT SONT « FERMES » ILS NE SONT JAMAIS DÉFINITIFS !

Si l'enfant refuse tout changement, qu'il s'agisse de l'aliment ou de l'instrument (cuillère, fourchette, assiette, etc.), il est possible que l'adulte référent (parent ou professionnel) ait voulu aller trop vite ; soit en sautant trop brusquement du sucré au salé, soit en passant sans transition de la purée aux aliments en morceaux, soit en forçant l'enfant à manger à la cuillère. Dans ce cas, l'adulte doit éviter de s'énerver ! La nervosité conduit à un échec et représente une **menace d'opposition** permanente pour le futur. Avec calme et patience, on obtient le résultat désiré. Il n'y a pas d'exemple d'enfant en bonne santé (physique et psychologique) qui refuse ses repas alors que l'appétit se fait sentir. Il faut simplement que l'adulte ne soit pas dans le conflit, laisse passer un peu de temps et tout rentrera dans l'ordre. On remarque aussi que les enfants sont moins difficiles lorsqu'ils sont ensemble, que lorsqu'ils sont en présence d'un adulte toujours prêt à céder à leur demande. Ils comprennent vite qu'ils font partie d'un groupe, et qu'ils doivent s'adapter (tel enfant difficile devant tous les légumes à la maison ne se fera pas prier pour goûter les épinards à la crèche !).

Rôle de la professionnelle

Observer l'enfant

Devant un refus de nourriture, la professionnelle veillera à observer l'enfant et à chercher s'il n'existe pas d'autres symptômes liés à ce refus. Elle devra :

- prendre la température de l'enfant et vérifier son comportement général ;
- noter tout ce qui lui paraît anormal (toux, nez qui coule, éruption, etc.) ;
- vérifier la courbe de poids, éventuellement une poussée dentaire ;
- lorsque le refus de boire est soudain et total (le bébé refuse son biberon ou la moindre cuillère de nourriture) et lorsque ce refus s'accompagne de cris à intervalles réguliers, et parfois de vomissements. Dans ce cas, il faut appeler les parents et le médecin ; il peut s'agir d'une pathologie : hernie étranglée, invagination intestinale, qu'il faudra opérer d'urgence ; les présomptions seront renforcées s'il y a du sang dans les selles (*cf.* chapitre 16).

L'INSTALLATION DE L'ENFANT POUR LE REPAS

Objectif : hygiène, sécurité et confort de l'enfant pour le repas.
Indications : à l'heure des repas (déjeuner, goûter ou dîner).

MATÉRIEL	PROTOCOLE
→ Table et couverts → Lavabo → Radio, CD → Serviettes de table	**Préparation** La professionnelle veillera à : → préparer le matériel nécessaire ; → prévoir avant le repas une activité calme (musique, chant, comptine) ; → se laver les mains ou utiliser une SHA ; → veiller à l'hygiène et au confort de l'environnement ; → inviter l'enfant à : aller aux WC puis se laver les mains. **Action** → Mettre éventuellement pour la durée du repas, une musique douce. → Favoriser l'autonomie et la socialisation de l'enfant. Pour cela : - le faire participer aux préparatifs (mettre le couvert) ; - lui expliquer le rôle et l'emplacement sur la table des divers matériels et ustensiles destinés au repas (par exemple : couteaux, cuillères, verres, assiettes, etc.) ; - l'inviter à s'installer calmement à table, → mettre à l'enfant une serviette de table, ou l'aider à la mettre lui-même ; → favoriser l'impression de « se sentir bien à sa place » à table ; → ne pas coincer la serviette sous l'assiette (qui empêche tout mouvement !) ; → participer au repas ; → maintenir le contact avec l'enfant (lui parler, l'écouter, le regarder) ; → faciliter les échanges entre enfants au cours du repas. **Transmission** La professionnelle veillera à transmettre à la responsable ou aux parents toutes les informations relatives au comportement de l'enfant et à son appétit.

fiche 26

LA PRÉSENTATION ET LA DISTRIBUTION DU REPAS

Objectifs
- surveiller la composition du repas (équilibre alimentaire) et le respect d'un régime (éventuellement) ;
- surveiller la présentation et la distribution des repas (dans le *respect des règles HSCR*)[16] ;
- verbaliser à l'enfant le nom et la couleur des aliments.

Indications : à l'occasion de tous les repas de l'enfant.

Surveillance
La professionnelle veillera à assurer la surveillance de l'équilibre, de la présentation et de la distribution du repas et à transmettre les éléments de son observation.

Surveiller l'équilibre alimentaire du repas
Pour cela :
→ veiller au respect de l'équilibre alimentaire du repas (présence de tous les groupes d'aliments, etc.) ;
→ veiller au respect du régime (si besoin) ;
→ faire boire l'enfant souvent : *au cours du repas* (entre chaque plat et aussi souvent que nécessaire) et *entre les repas* (proposer systématique à boire de l'eau).

Surveiller la présentation du repas
Pour cela utiliser :
→ des assiettes colorées (avec de petits dessins amusants) ;
→ des couverts adaptés à l'âge et aux compétences de l'enfant (inoffensifs)[17] ;
→ des plats aux couleurs attrayantes ;
→ des aliments décoratifs donc appétissants (décorations avec des radis, olives, etc.).

Surveiller la distribution du repas à l'enfant
Lors de la distribution du repas, veiller à :
→ respecter les règles de remise en température ;
→ ne pas réchauffer plusieurs fois le repas ;
→ ne pas laisser séjourner un plateau-repas à température ambiante ;
→ veiller à ce que les plats soient servis chauds ;
→ se laver les mains et revêtir sa blouse avant de donner le repas à l'enfant ;
→ ne pas mettre les doigts dans les verres ou les assiettes (hygiène) ;
→ distribuer les couverts en les prenant par le manche (hygiène) ;
→ aider l'enfant à manger et à boire en respectant son rythme (c'est-à-dire lentement) ;
→ inciter l'enfant à manger seul (si on juge que cela lui est possible) ;
→ écouter ses commentaires.

Transmission
La professionnelle veillera à signaler les réactions ou troubles de santé de l'enfant (régurgitations, soif excessive), à la responsable ou aux parents.

(16) HSCR : hygiène, sécurité, confort et respect de l'enfant.
(17) exemple : couteau à bout rond.

LA PARTICIPATION AU REPAS DE L'ENFANT

Objectif : donner le repas à l'enfant en favorisant son autonomie et son plaisir.
Indications : à l'heure des repas ou du goûter.

MATÉRIEL	PROTOCOLE
→ Couverts → Repas de l'enfant → Eau → Verre  *Fig. 11.4. L'enfant de 3 ans aime manger seul.* → Lavette + nettoyant → Poubelle	**Préparation** La professionnelle veillera à : → se laver les mains ou les frictionner avec une SHA ; → et faire se laver les mains à l'enfant → présenter le repas à l'enfant de façon attrayante (plats colorés, etc.). **Action** → Aider l'enfant à prendre son repas en respectant son rythme, ses goûts, ses demandes et ses besoins. → Ne pas exiger une propreté à table qu'il n'a pas encore acquise. → Ne pas mélanger les aliments. → Faire boire l'enfant. → Lui couper la viande (ou l'aider selon l'âge). → Parler à l'enfant au cours du repas. → Favoriser l'autonomie et la socialisation de l'enfant à table. → L'autoriser à se servir lui-même (dès qu'il peut le faire). → L'inciter à la politesse (dire merci quand on le sert). → L'inciter à respecter son voisin de table. → Ne pas le forcer à finir son repas. → Éviter de jeter les miettes sur le sol ! → Nettoyer le matériel. → Ranger le matériel. → Se laver les mains ou utiliser la SHA. **Transmission** Indiquer aux parents ou à la responsable (en structure d'accueil) : → la nature du repas (sa composition) ; → les nouveaux aliments proposés à l'enfant ; → le plaisir de manger de l'enfant ou le refus de manger ou l'absence d'appétit de l'enfant ; → les difficultés à déglutir, le dégoût, les nausées, le hoquet, etc. ; → le vomissement ou rejet après le repas ; → les douleurs abdominales lors de la digestion… Pour l'enfant plus jeune, il faut noter la nature du lait et les quantités absorbées par l'enfant.

fiche 28

LES SOINS D'HYGIÈNE ET DE CONFORT ASSOCIÉS AU REPAS

Objectif : assurer l'hygiène, la sécurité et le confort de l'enfant pour le repas.
Indications : les soins s'effectuent avant le repas (visage, mains, siège) et après le repas (mains et parfois visage).

MATÉRIEL	PROCÉDURE	ILLUSTRATIONS
→ Eau courante ; → Savon liquide ; → Gant de toilette* + savon (si besoin) ; → Serviettes de toilette** ; → Couche propre (pour le jeune enfant). 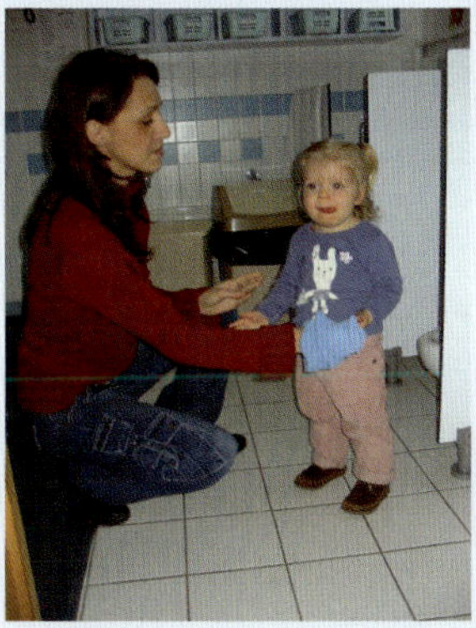 *Fig. 11.5. La professionnelle de la petite enfance veille à l'hygiène avant et après le repas.*	**Préparation** La professionnelle veillera à : → se laver les mains (ou SHA) et faire laver les mains à l'enfant ; → expliquer le déroulement des soins à l'enfant ; → créer une ambiance gaie, ludique, détendue. **Action** → Procéder aux soins en 4 temps : *1er temps* → Effectuer la toilette du visage dans l'ordre suivant : - aller du plus propre (les joues) au plus sale (le nez) ; - inciter l'enfant à se laver seul (selon son âge) pour favoriser l'autonomie ; - rincer et sécher en tapotant doucement. *2e temps* → Laver les mains de l'enfant avant le repas : - utiliser le savon liquide ; - bien nettoyer dans les espaces interdigitaux ; - bien rincer et essuyer. *3e temps* → Nettoyer le siège du petit enfant et changer la couche (*cf.* fiche chapitre 1). → Si l'enfant est grand, lui proposer d'aller aux WC avant le repas ; dans ce cas, il faut veiller au lavage des mains après le passage aux toilettes puis conduire l'enfant à table pour prendre son repas (*cf.* fiche précédente)	   

fiche 29

MATÉRIEL	PROCÉDURE	ILLUSTRATIONS
	4ᵉ temps → Après le repas, faire laver les mains et les dents à l'enfant : - pour les soins des dents apprendre à l'enfant d'abord à les brosser à l'eau, puis à partir de 3 ans, s'il comprend bien la situation, lui proposer un peu de dentifrice ; - lui expliquer de brosser de haut en bas (du rouge vers le blanc !) ; - lui demander de bien se rincer si le dentifrice a été utilisé. **Transmission** Transmettre aux parents de l'enfant ou à la responsable toute information utile sur le comportement de l'enfant ou les troubles éventuels constatés lors des soins	

* Un seul gant peut être utilisé. On le met au sale à la fin de l'action.

** Une serviette est utilisée pour le visage + mains, une seconde serviette est réservée pour le siège.

fiche 29

« LES CONTENANCES » DES PRINCIPAUX ALIMENTS (QUELQUES EXEMPLES)

Les mesures couramment employées pour préparer les repas sont les cuillères à café, à soupe, à dessert. Nous vous indiquons les quantités d'aliments qu'elles représentent.[18]

Les aliments liquides

Lait, eau, jus de fruit, etc.

- 1 cuillère à café 5 g ;
- 1 cuillère à dessert 10 g ;
- 1 cuillère à soupe 15 g.

Lait en poudre

1 mesure de la boîte 3,5 à 5 g (bien lire le mode d'emploi sur la boîte).

Les aliments solides (non cuits)

Sucre en poudre

- 1 cuillère à café arasée 3 à 5 g ;
- 1 cuillerée à soupe arasée 10 g ;
- 1 cuillerée à soupe bombée 30 g.

Sucre en morceaux : n° 4 5 g.

Riz, pâtes : 1 cuillère à soupe 20 g.

Gruyère râpé : 1 cuillère à café 5 g.

Les aliments solides (cuits)

Purée de légumes : 1 cuillère à soupe 35 g.

Jaune d'œuf dur : 1 cuillère à café 5 g.

Viande poisson ou jambon hachés : 1 cuillère à soupe 20 g.

Beurre : une noisette 3 g.

Remarque

Les cuillerées sont « arasées » avec une lame de couteau, c'est-à-dire ni tassées ni bombées, ce qui est tres important pour le petit bébé. Par exemple : il y a une grande différence entre une cuillère à soupe de sucre arasée = 10 g, bombée = 30 g et pour les différentes farines, les indications sont en général données sur les boîtes. Reportez-vous à ces indications car certaines farines sont plus légères que d'autres.

fiche 30

(18) Vous pouvez établir vous-même une liste de contenances avec les produits les plus couramment utilisés et surtout vos ustensiles (il existe différents modèles de cuillères à café ou à soupe. Elles n'ont pas toutes les mêmes contenances).

12 L'hygiène de vie de l'enfant

Le sommeil et les sorties

Le sommeil fait partie des besoins fondamentaux de l'être humain. Il participe à la régularité du rythme de vie de l'enfant et est indispensable pour son développement harmonieux. Durant les périodes de sommeil, l'enfant s'apaise, son sommeil est réparateur de la fatigue physique et psychique ; de plus, il « fabrique » ses hormones de croissance qui vont l'aider à grandir. Nous avons vu au début de l'ouvrage les caractéristiques du sommeil du nouveau-né. Nous verrons dans ce chapitre les particularités du sommeil du jeune enfant, les besoins selon l'âge ainsi que l'intérêt de favoriser un sommeil de qualité.

Situation

Le sommeil de Zohra

Dès que ses besoins physiologiques sont satisfaits, lorsqu'elle a été câlinée ou lorsqu'elle vient de téter, Zohra (3 mois) dort paisiblement dans son berceau. Sa mère observe attentivement son comportement.

Lorsque Zohra est dans sa première phase de sommeil, elle paraît agitée. Elle a des mouvements des bras, des jambes, des mimiques au niveau du visage ; elle esquisse des grimaces, plisse involontairement les paupières-, les lèvres ; parfois elle fait un sourire… (ce qui ravit sa maman !).

Elle bouge également ses mains, ses doigts et puis brusquement, elle s'apaise, comme si le vrai sommeil ne commençait que dans un deuxième temps ! Zohra va ainsi dormir plusieurs heures d'affilée… jusqu'à la prochaine tétée, où elle se réveillera en pleurant.

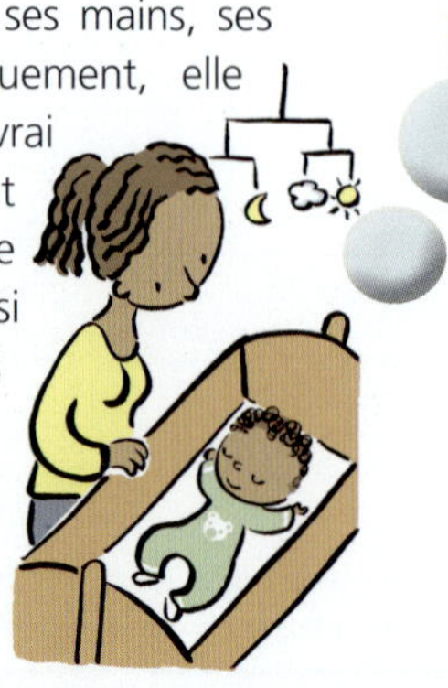

Les questions que l'on se pose

- *Quelle est la particularité du sommeil du jeune enfant ?*
- *Quel est le rôle du sommeil ?*
- *Quels sont les signes de l'endormissement de l'enfant ?*
- *Quelles sont les caractéristiques des différents stades du sommeil ?*
- *Qu'appelle-t-on sommeil paradoxal ? Sommeil lent ? Rapide ? Profond ?*
- *Peut-on réveiller le bébé lorsqu'arrive l'heure de la tétée ou doit-on attendre son « réveil naturel » ?*
- *Quelles sont les normes de la durée quotidienne du sommeil ?*
- *Qu'est-ce qui peut le perturber ?*
- *Comment favoriser le sommeil ?*
- *Comment gérer les troubles du sommeil ?*

Le sommeil

LES BESOINS DE SOMMEIL SELON L'ÂGE

Les besoins de sommeil varient selon les âges et selon les individus. Dès la naissance, certains enfants présentent des signes de gros dormeurs alors que d'autres montrent déjà leurs aptitudes à devenir de petits dormeurs !

- **Le nouveau-né** dort en moyenne 18 h à 20 h par jour, sans distinguer le jour et la nuit (voir chapitre 1).
- **Le nourrisson** dort en moyenne 16 à 18 h par jour, son rythme de sommeil est constitué de « sommes » plus ou moins longs selon les enfants. Les périodes d'éveil s'allongent, le rythme de sommeil est alors caractérisé par deux à trois sommes dans la journée plus une période de sommeil nocturne.
- **Au cours de la 2e année et jusqu'aux alentours de 4 ans**, les besoins de sommeil de l'enfant diminuent, ils sont d'environ 12 h par jour répartis entre une longue période de sommeil nocturne (environ 10 h) et une sieste (environ 2 h).
- **Vers 10 ans** : l'enfant dort environ 10 h.
- **L'adolescent** dort de 8 à 9 h.
- **L'adulte** dort de 7 à 8 h.

De grandes variations sont observées selon les individus. Lorsque les besoins de sommeil sont satisfaits, on constate qu'à son réveil l'enfant est souriant, de bonne humeur, reposé, en forme !

La qualité de son sommeil lui a permis de récupérer sa fatigue physique et psychique.

LES STADES DU SOMMEIL DE L'ENFANT

Le sommeil se divise en **cycles**, eux-mêmes décomposés en cinq **stades**. Au cours d'une nuit normale, on passe en moyenne quatre à cinq cycles de sommeil. À partir de 2 à 3 ans, le cycle de sommeil de l'enfant devient identique à celui de l'adulte.

LE RÔLE DU SOMMEIL

Situés à la base du cerveau, au sommet de la moelle épinière, les centres du sommeil et de l'éveil agissent en sécrétant des hormones.

LE RÔLE DU SOMMEIL LENT ET PROFOND

Il permet d'effacer la *fatigue physique* de la journée. L'hormone de croissance atteint, durant cette phase, son maximum de sécrétion.

LE RÔLE DU SOMMEIL PARADOXAL

Il permet d'effacer la *fatigue psychique*. C'est la phase des *rêves*. Il a une influence sur la maturation du système nerveux et la mémorisation. Les enfants qui manquent de sommeil sont irritables et montrent une diminution de leurs capacités de concentration.

L'ÉVOLUTION ET LES CARACTÉRISTIQUES DU SOMMEIL SELON L'ÂGE DE L'ENFANT

La durée et la qualité du sommeil évoluent avec l'âge de l'enfant et les rythmes de sommeil sont variables d'un enfant à l'autre.

LE SOMMEIL DU NOUVEAU-NÉ

Durant les premières semaines de vie, le nouveau-né présente des rythmes de sommeil et d'éveil principalement réglés par la faim (*cf.* chapitre 1).

Il est tout à fait normal que le nouveau-né prenne le jour pour la nuit, qu'il dorme beaucoup, qu'il pleure parfois sans raison évidente. Peu à peu, son rythme de sommeil va se modifier, des moments d'éveil calme vont apparaître et devenir de plus en plus longs.

C'est à travers les soins réguliers qui lui sont donnés, le respect de son rythme de vie que cette alternance d'éveil et de sommeil va s'équilibrer pour devenir beaucoup plus régulière avec une prédominance de sommeil nocturne et de périodes d'éveil dans la journée.

Stade 1 : l'endormissement

Caractéristiques : l'enfant se frotte les yeux, bailler, cherche un appui, etc. Parfois, l'enfant s'endort sur place. Dans ce cas, il faut attendre le début de la période de sommeil lent pour le transporter dans son lit.
Durée : 5 à 10 min.

Stade 2 : le sommeil léger (ou lent)

Caractéristique : le moindre bruit peut réveiller l'enfant.
Durée : 20 min.

Stades 3 et 4 : le sommeil rapide (profond et très profond).

Caractéristiques : le sommeil est très calme, le visage est détendu, pas de mouvements, ralentissement respiratoire, baisse de la température du corps.
Durée : 1 h au total.

Stade 5 : le sommeil paradoxal (ou rêve)

Caractéristiques : le sommeil est plus agité, mais profond, respiration irrégulière, mimiques du visage, mouvements du corps, sueur, etc. C'est le stade des rêves !
Durée : 10 à 20 min.

Stade 6 : la disposition à l'éveil (ou période de transition)

Caractéristiques : mouvements du corps, profonds soupirs, augmentation du tonus musculaire, perception des bruits extérieurs*.
Durée : quelques minutes.

*c'est une période intermédiaire, très courte, où il est possible de réveiller l'enfant (si cela s'avère indispensable).

Fig. 12.1. Les différents stades du sommeil qui constituent un cycle de sommeil (enfant/adulte).

MémoMémoMémo

Le petit train du sommeil

Il ne faut pas rater le train du sommeil ! Il passe toutes les deux heures environ, à des horaires précis. Il n'est jamais en grève ni en panne, sauf si on est malade. Les signes annonciateurs sont :
- bâillements ;
- tête et paupières lourdes ;
- yeux qui picotent ;
- envie de s'allonger ;
- désintérêt pour la conversation.

Le train suivant se manifeste par des signes plus appuyés encore. Si vous souhaitez connaître précisément la durée de sommeil de l'enfant, il faut bien observer l'heure du premier passage (premiers signes annonciateurs) et observer l'heure du deuxième passage (dernier stade du sommeil : celui de la disposition à l'éveil). La durée du sommeil est le temps qui s'est écoulé entre les deux trains. Il est compris entre 1 h 30 et 2 h 10 (fig. 12.2).

Fig. 12.2. Le petit train du sommeil.

LE SOMMEIL DU NOURRISSON (AU COURS DE LA 1re ANNÉE)

Au cours de la première année, le sommeil va évoluer plus ou moins rapidement selon les enfants, on va observer différentes étapes.

→ L'alternance des périodes de sommeil

- Peu à peu, le sommeil nocturne va avoir une durée plus longue ; il est profond, réparateur et régulier.
- Les périodes de sommeil diurne vont s'organiser en trois ou quatre sommes (**matin, sieste** et **fin d'après-midi**) pour n'arriver qu'à une seule sieste après le déjeuner, que l'enfant conservera jusque vers l'âge de 4 ans.

→ L'endormissement rapide

Lorsque l'enfant n'a pas faim, il est étonnant de voir la rapidité de son endormissement : il gazouille, se frotte les yeux, pleurniche quelques secondes puis s'endort !

→ Le réveil plus calme

Le nourrisson ne se réveille plus exclusivement parce qu'il a faim, il est courant de le trouver éveillé dans son lit, gazouillant, observant ce qui se trouve auprès de lui, son mobile, son boulier, etc., il est *capable d'attendre* son repas calmement.

Fig. 12.3. Le sommeil du nouveau-né.

LE SOMMEIL DE L'ENFANT (AU COURS DE LA 2e ANNÉE)

Il est fréquent que l'heure du coucher soit difficile et source de conflits, l'enfant a besoin de rites.

→ Les difficultés de l'endormissement

Pour l'enfant, aller se coucher signifie se séparer de son milieu familial, quitter ses parents qu'il a peu vus au cours de la journée. Aller se coucher, c'est laisser la présence rassurante des adultes, et retrouver la crainte de se séparer d'eux…

Tout cela est normal, l'enfant n'a pas envie d'interrompre les moments agréables. L'adulte *saura le rassurer*, rassembler ses objets familiers dans son lit, placer son doudou auprès de lui, laisser la porte ouverte si besoin, une veilleuse allumée, l'enfant veut entendre les bruits rassurants de la maison !

→ Les rituels du coucher

En répétant les mêmes gestes au moment du coucher, on crée une ambiance apaisante et confiante pour l'enfant.

Éviter les jeux excitants, les chatouilles, les lancers d'oreilles… Le moment doit être calme et préparer au sommeil.
Les parents (ou substituts) doivent être conscients du ressenti de l'enfant et trouver la meilleure solution pour le coucher.

• **Avant le coucher**, ils peuvent partager un moment privilégié avec lui, raconter une histoire, écouter une musique, parler du moment du coucher de façon ludique. Faire de ce moment un jeu, auquel on associe la poupée, le nounours (on joue à coucher bébé nounours !). Le coucher ne doit jamais être une contrainte et encore moins une punition. Et lorsque l'adulte demande à l'enfant de se coucher à un moment donné, il doit se tenir à sa décision !
Lorsque l'enfant sera puni, ne pas l'envoyer dans sa chambre ou dans son lit. Par la suite toute association au lit ou à la chambre pourra être ainsi vécue comme une punition et il refusera de se coucher croyant être puni injustement.

• **Lorsque l'enfant est couché**, l'adulte reste un court instant auprès de lui, le rassure, le calme pour favoriser l'endormissement. Il peut par exemple laisser la porte ouverte, lui faire écouter une musique douce, mettre une petite veilleuse[1].
Malgré tout, certains enfants refusent de s'endormir, ils luttent contre le sommeil. Plus leur fatigue est grande, plus difficile sera leur endormissement !
Dans ce cas précis, l'adulte doit être patient, agir avec calme et compréhension. Il doit *rassurer* l'enfant mais faire preuve de *fermeté bienveillante* pour qu'il apprenne ensuite à s'endormir seul dans son lit.

(1) La présence de la lumière dans la chambre est très sécurisante pour l'enfant.

Rôle de la professionnelle

Assurer le confort en vue de l'endormissement

Il est nécessaire de créer une atmosphère saine et accueillante autour de l'enfant. L'installation de la chambre, le choix du lit et l'entretien de la literie participent au confort de l'enfant.

Respecter les besoins de sommeil de l'enfant selon l'âge

La professionnelle veillera à :
- expliquer aux parents comment respecter le rythme de sommeil du bébé ;
- organiser son travail ; c'est-à-dire (en collectivité) regrouper les tâches professionnelles de façon à ne jamais réveiller un enfant pour les repas ;
- vérifier la phase de sommeil de l'enfant (se renseigner auprès des parents sur les rythmes de l'enfant) ;
- veiller à atténuer les bruits autour de l'enfant lors de son sommeil ;
- veiller à installer chez elle un coin-repos constitué de coussins, où l'enfant peut aller librement dès qu'il en éprouve le besoin (c'est valable à la crèche et à domicile) ;
- l'inviter à se coucher, dès les premiers signes d'endormissement ;
- placer le lit de l'enfant toujours au même endroit, il apprécie l'ordre (il a besoin de repères sécurisants) ;
- couvrir l'enfant (cela lui procure un sentiment de sécurité) ;
- lui donner son objet favori (ours, peluches diverses, etc.) ;
- l'endormir en lui caressant légèrement la tête ou le dos (s'il apprécie ça), ou lui chanter une chanson (si l'endormissement est difficile) ;
- participer à la prévention de la mort inattendue du nourrisson (*cf.* chapitre 13) ;
- ne jamais laisser l'enfant sans surveillance ;
- au moment du réveil, accueillir l'enfant et lui proposer une activité calme (un jouet par exemple).

Respecter les rites d'endormissement de l'enfant

Avant de s'occuper d'un enfant, la professionnelle doit veiller à connaître ses habitudes de vie et ses rites d'endormissement, indiqués par ses parents.

Elle apprendra progressivement à déceler les signes annonciateurs du sommeil : l'enfant cherche à se faire câliner, pleure, s'allonge sur des coussins. C'est un besoin de « nidation » qui est un préambule à l'endormissement. Si l'on ne reconnaît pas ce stade (ou si l'enfant n'y cède pas), il faudra attendre 1 h 30, le début d'un autre cycle de sommeil.

Respecter le réveil naturel de l'enfant

Si l'on ne peut pas attendre celui-ci, l'enfant ne peut être réveillé qu'en période de sommeil très léger (phase intermédiaire), c'est-à-dire lorsqu'il montre des réactions au toucher, à la voix, aux bruits extérieurs. Dans les autres cas, réveiller un enfant est considéré comme une véritable « agression » à son égard.

MémoMémoMémo

Les facteurs favorisant un sommeil de qualité

Certains facteurs favorisent l'endormissement et préparent l'enfant au coucher, citons par exemple :
- un environnement calme ;
- un rythme de vie et des couchers réguliers ;
- le bain donné le soir avant le dîner ;
- des activités calmes avant le coucher ;
- un lit qui n'est pas un lieu de punitions ou de menaces ;
- un lit qui n'est pas un coffre à jouets !

POUCE OU TÉTINE ?

Le pouce ou la tétine font partie de l'univers du jeune enfant, ils l'apaisent lors des pleurs, peuvent l'aider à s'endormir. Le pouce ou la tétine font appel au réflexe naturel de succion de l'enfant. Est-il préférable de privilégier l'un ou l'autre ?

SUCER SON POUCE

Le bébé peut se mettre à sucer son pouce naturellement. Ce réflexe disparaîtra sans doute naturellement. Le pouce devient un inconvénient si son usage est abusif. Si l'enfant continue à sucer son pouce jour et nuit sans motif de fatigue ou de chagrin, il faudra petit à petit essayer de le déshabituer. En effet, cette « dépendance » risque d'engendrer des problèmes orthodontiques, des déformations du palais. Au-delà de l'âge de 3 ans, la succion du pouce intense est prolongée peut être médicalement à risque mais peut aussi être le reflet de difficultés d'ordre psychologiques ou d'une angoisse.

LA TÉTINE

Si l'enfant ne trouve pas naturellement son pouce, on peut (avec accord des parents) proposer une tétine. Elle est souvent efficace pour apaiser les pleurs du bébé. Selon certaines statistiques, elle constituerait un facteur de prévention de la mort inattendue du nourrisson. (Rappelons que le facteur principal de prévention est le couchage sur le dos.) Enfin, le sevrage de la tétine est plus facile à assurer quand l'enfant grandit et qu'elle ne devient plus indispensable.

Elle présente malgré tout quelques inconvénients : la tétine peut être un facteur d'échec de l'allaitement maternel si elle est introduite trop précocement avant la mise en place et la réussite de l'allaitement maternel. Elle peut entraîner un trouble de la croissance dentaire si son sevrage n'a pas pu être effectué avant l'entrée à l'école maternelle. Elle est un facteur de récidive des otites. Elle peut être à l'origine d'accidents si elle est trop usée, qu'elle se fissure, s'abîme. Enfin, les parents ont souvent le réflexe de sucer la tétine tombée à terre avant de la redonner à l'enfant. Il y a alors un risque de transmettre des germes à l'origine des caries de l'enfant et bien d'autres maladies.

Fig. 12.4. La tétine aide à l'endormissement.

LES TROUBLES DU SOMMEIL ET L'ATTITUDE À ADOPTER

Presque tous les enfants rencontrent des troubles du sommeil durant leurs premières années. Ces petits problèmes d'endormissement sont normaux, ils sont liés au développement de l'enfant et sont apaisés par la présence et le comportement des parents.

LES TROUBLES DU SOMMEIL DU NOURRISSON

→ Au cours du 1er semestre

Le nourrisson peut présenter des troubles du sommeil, il pleure dans son lit (cris aigus). On l'apaise difficilement. À l'origine des pleurs, on retrouve d'une part les coliques du nourrisson (très fréquentes) et d'autre part une sensation de froid (qui peut provoquer des réveils en sursaut au cours de la nuit[2]).

→ À partir de 8 ou 9 mois

Il n'est pas rare que le nourrisson rencontre des difficultés à l'endormissement, car il a du mal à se séparer de sa maman ; elle devra alors le rassurer, lui expliquer qu'elle se trouve dans la pièce à côté, parfois laisser la porte de la chambre entrouverte, laisser une veilleuse allumée… Ces difficultés, liées à son développement psychologique et à son angoisse de séparation, se calment rapidement grâce à l'attitude patiente et sécurisante de ses parents.

(2) *Cf. Le Guide de la puéricultrice*, par J. Gassier et C. de Saint-Sauveur, Masson, 2007.

MémoMémoMémo

« Comprendre les pleurs »

La professionnelle doit savoir que les bébés ont parfois besoin de pleurer pour évacuer les tensions accumulées tout au long de la journée.
Des parents moins angoissés rendront leur bébé moins stressé !
Souvent ces pleurs peuvent se répéter plusieurs fois la nuit, puis disparaître subitement sans qu'une cause ait pu être clairement identifiée.
À partir de 3-4 semaines après la naissance et pendant quelques mois, il est très fréquent que le nouveau-né connaisse de longues périodes de pleurs, surtout en fin de journée. Ils peuvent durer jusqu'à trois heures en continue et fatiguent ou inquiètent les parents eux même fatigués de leur propre journée. On a donné le terme de « coliques » à ces pleurs du soir, mais il n'est pas toujours retrouvé de problèmes digestifs associés à ces pleurs incessants. Le bébé est tout rouge, le front plissé, les poings serrés, le corps tendu ou les cuisses repliées sur l'abdomen. Il est inconsolable. Son examen chez le pédiatre retrouve un bébé qui grossit et grandit bien, en parfaite santé et dont le développement psychomoteur est en rapport avec l'âge.
On doit vérifier que l'enfant n'a pas froid, n'est pas trop couvert, n'a pas de fièvre, qu'il a suffisamment mangé. Souvent une petite promenade finit par soulager le bébé. Face à ces pleurs du soir, il faut rester calme et attentif aux besoins de l'enfant, rassurer les parents avec une écoute attentive.
Il n'existe pas de solution miracle, ni de « médicament » efficace sur les pleurs du bébé. Certains recommandent de la phytothérapie ou des tisanes. Leur efficacité n'a pas été prouvée. Certains probiotiques peuvent agir pour calmer le bébé également.
Les pleurs s'atténuent en général vers 3-4 mois.

LES TROUBLES DU SOMMEIL DE L'ENFANT PLUS GRAND

À partir de 2 ans et jusque vers 6 à 7 ans commence *la période des cauchemars*, des terreurs nocturnes et du somnambulisme. Ces manifestations nocturnes sont tout à fait normales et sont liées au développement et à l'activité physique et imaginative des enfants. Parfois, il n'est pas rare de trouver alors l'enfant en larmes dans son lit, angoissé, en proie

à une peur terrible liée au rêve qu'il vient de vivre. Il a besoin d'être rassuré et son angoisse terminée, il se rendort profondément.
L'enfant fait des cauchemars liés à une expérience vécue dans la journée, à un film vu dans la journée et non adapté à son âge, à des histoires « qui font peur » à une punition de la journée écoulée, etc.

MémoMémoMémo

Les nuits trop « agitées »

La professionnelle doit savoir que certains enfants peuvent vivre des nuits très agitées. Lorsque ces manifestations se répètent trop fréquemment, elles peuvent traduire une inquiétude, une angoisse, un signal dont il est important de trouver la cause.
Des causes médicales (otite, poussée dentaire, etc.) peuvent provoquer des réveils nocturnes qui ne sont alors que passagers.
Elles nécessitent alors plus d'observation, leur cause doit être recherchée et traitée.
Le rythme du sommeil, quand il est perturbé, a des incidences sur tout l'organisme. Il engendre :
- un état de fatigue et un déséquilibre nerveux avec des inévitables troubles du comportement ;
- des troubles de la croissance : il a en effet été démontré une relation entre le sommeil et la sécrétion de l'hormone de croissance.
L'heure du coucher a donc une grande importance dans la vie du tout-petit.

LES CONSEILS POUR L'AMÉNAGEMENT DE LA CHAMBRE D'ENFANT

La chambre de bébé doit répondre à des *critères d'hygiène, de sécurité et de confort* (HSC) et être adaptée aux besoins de l'enfant plus grand.
Les premiers mois de sa vie, le nourrisson peut dormir dans la chambre de ses parents, si tel est leur souhait ou s'ils ne peuvent pas faire autrement, mais très vite, le bébé aura besoin d'un coin bien à lui, car son rythme sera différent de celui de sa famille et son sommeil sera de meilleure qualité s'il dort seul dans sa chambre.
Le mobilier sera sélectionné selon certains critères de sécurité ; il est conseillé de le choisir conforme aux normes européennes, « petit enfant deviendra grand » il aura vite envie de découvrir son environnement et cela devra s'effectuer sans danger !

LES CRITÈRES D'HSC POUR L'AMÉNAGEMENT DE LA CHAMBRE

Les règles d'HSC pour l'installation d'une chambre d'enfant sont les suivantes.

→ L'éclairage

L'éclairage central de la pièce où vit l'enfant sera suffisant mais pas éblouissant. Pour la nuit, il est conseillé de prévoir une **lampe de chevet**, placée à côté du lit qui permettra de surveiller l'enfant sans le réveiller. Une **lampe veilleuse** pourra faire partie des repères sécurisants qui favorisent l'endormissement, lorsque cela pose quelques problèmes.

→ Le chauffage

Le chauffage doit être uniforme et régulier. L'enfant est très sensible au froid et aux variations de température. Dans la pièce où il dort, il faut maintenir une **température constante** d'environ 19 à 20 °C.
En cas de chauffage individuel (au gaz, au fioul, au bois), il faudra veiller à ce que l'appareil utilisé soit conforme aux **normes de sécurité** afin d'éviter tout risque d'asphyxie par intoxication au « monoxyde de carbone ».

→ L'aération

L'aération doit être assurée régulièrement afin que l'air vicié soit renouvelé plusieurs fois par jour ; il est conseillé d'aérer le matin et l'après-midi avant la sieste.

→ La décoration

Les motifs de décoration doivent être disposés à la hauteur de l'enfant et non à celle de l'adulte !
Un mobile peut être installé sur le montant du lit (on respectera toujours une hauteur suffisante afin que l'enfant ne puisse pas l'attraper).

Fig. 12.5. La chambre d'enfant.

LE CHOIX DU MOBILIER DE LA CHAMBRE

→ Le choix des meubles

Parmi les meubles destinés à la chambre, on peut trouver :

- un berceau ou un lit à barreaux ;
- une commode ou une petite armoire ;
- une table à langer avec un coussin de change ;
- une petite chaise basse ou un fauteuil (prévu si la maman allaite) ;
- un tapis d'éveil ou un parc, un petit transat.

→ Le choix d'un berceau ou d'un lit ?

Devant la gamme très étendue des jolis berceaux qui ornent les vitrines des magasins, les futures mamans ont souvent des « coups de cœur » et préfèrent le choix du berceau à celui du lit, même si elles savent que son usage sera de courte durée. Le berceau est en effet le symbole d'une future naissance, il est déjà aux dimensions du nouveau-né et l'on comprend fort bien toute la charge affective qu'il représente…

- **Le berceau** est utilisé au cours des premiers mois, selon sa taille l'enfant y restera plus ou moins longtemps, il ne faut pas oublier le critère important de sécurité et prévenir le risque de chute.
- **Le petit lit à barreaux** remplacera ensuite le berceau, le support du matelas est souvent réglable en hauteur, le lit s'adapte ainsi au développement de l'enfant lorsqu'il se tient assis puis debout. La sécurité de l'enfant est ainsi assurée.

Certains lits sont transformables pour l'enfant plus grand qui peut se coucher et se lever tout seul.

LE CHOIX DE LA LITERIE

Le rôle de la literie est de maintenir l'enfant dans les meilleures conditions d'hygiène et de confort. Voici quelques éléments de sa composition :

- un matelas ferme sans être trop dur ;
- une alèze molletonnée en coton imperméable ;
- un drap-housse ;
- une turbulette qui tiendra chaud à l'enfant et qui évitera l'utilisation d'un drap de dessus et d'une couverture.

Attention : l'utilisation des couettes, drap de dessus, couverture et oreiller sont fortement déconseillés dans la prévention de la mort inattendue du nourrisson (*cf.* page 74).

Photo Nik-Fotolia.com

Fig. 12.6. Préférer la turbulette à l'utilisation de drap ou couverture.

LES SOINS D'HYGIÈNE, DE SÉCURITÉ ET DE CONFORT ASSOCIÉS AU COUCHER DE L'ENFANT

Objectif : assurer les soins d'hygiène et de confort de l'enfant (visage, mains, siège) afin d'assurer une sensation de bien-être au cours du sommeil.
Assurer la *sécurité* du sommeil (position, température…)
Indication : au moment de la sieste ou de la nuit.

MATÉRIEL	PROCÉDURE	ILLUSTRATIONS
Eau	**Préparation** Organiser l'ensemble des soins dans le but de l'efficacité :	
Lit	→ installer le lit à sa place habituelle (repères) ;	
Literie	→ vérifier la literie (propre, sans plis) ;	
	→ vérifier la température de la chambre	
« Doudou » (objet transitionnel) si nécessaire	→ prévoir doudou ou tétines ; → fermer ou entrebâiller volets (lumière tamisée à la sieste) ;	
Poste de musique	→ mettre une musique douce (si besoin à la sieste).	
	Action	
Gant + serviette (savon facultatif)	→ Expliquer le déroulement de l'action à l'enfant (pour le sécuriser[3]). → Laver le visage et les mains de l'enfant.	
Couche propre	→ Faire la toilette du siège et le changer de couche ou emmener l'enfant plus grand aux WC (respecter la pudeur de l'enfant).	
Vêtements pour la sieste	→ Déshabiller l'enfant et lui mettre les vêtements adaptés à la sieste (souples, amples, pas trop chauds) → Accompagner l'enfant au lit.	
Poubelle et sac à linge sale	→ Lui donner son doudou (jouet favori selon le besoin). → Rester près de lui jusqu'à ce qu'il trouve le sommeil → Surveiller le sommeil de l'enfant.	
	Transmission Transmettre tous les éléments de son observation lors de son sommeil (comportement, rythme, position, réveil…).	

(3) Même avant l'âge du langage, l'enfant a besoin d'entendre les paroles de l'adulte qui le rassurent.

fiche 31

LES SOINS D'HYGIÈNE, DE SÉCURITÉ ET DE CONFORT ASSOCIÉS AU LEVER DE L'ENFANT

Objectif : assurer les soins d'hygiène et de confort de l'enfant (visage, mains, siège) à son lever, afin de lui assurer une sensation de bien-être et de stimuler sa vitalité.
Assurer la sécurité (respecter la procédure des soins).
Indication : après le sommeil de l'enfant (sieste) ou le matin au réveil.

MATÉRIEL	PROCÉDURE	ILLUSTRATIONS
Eau Savon liquide Jouet	**Préparation** → Se laver les mains. → Expliquer le déroulement du soin à l'enfant. → Organiser ensemble de la toilette allant du plus propre au plus sale (siège). → Inciter l'enfant grand à agir seul en fonction de ses capacités psychomotrices pour stimuler l'autonomie.	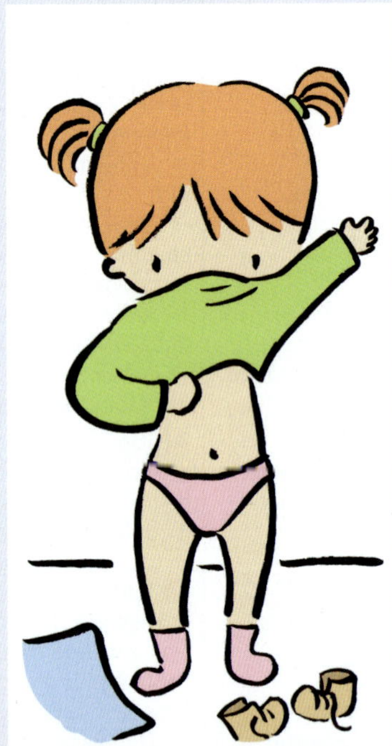
Gant de toilette	**Action** Étapes du soin (du plus propre au plus sale) : *1er temps : effectuer la toilette du visage à l'eau, dans l'ordre suivant :* → yeux : de l'angle interne vers l'angle externe ; → front, joues et bouche ; → nez (le plus sale !) ; → essuyer délicatement en tapotant.	
Serviette de toilette	*2e temps : laver les mains de l'enfant :* → bien essuyer.	
Gant de toilette	*3e temps : laver le siège de l'enfant.* → bien rincer et bien essuyer dans les plis de l'aine ;	
Couche Vêtements propres	→ changer la couche. *4e temps : rhabiller l'enfant : choisir des vêtements adaptés à la situation.*	
Poubelle et sac à linge sale	*5e temps :* → se laver les mains ou utiliser une SHA ; → nettoyer et ranger le matériel. **Transmission** Transmettre tous les éléments de l'observation de l'enfant à son lever de la sieste.	

fiche 32

LA RÉFECTION DU LIT DE L'ENFANT ET L'HYGIÈNE DE LA CHAMBRE

Objectif : assurer l'hygiène, le confort, le bien-être et sécurité de l'enfant.
Indications :
- réfection quotidienne du lit ;
- nettoyage du lit et de l'environnement.

MATÉRIEL	PROCÉDURE	ILLUSTRATIONS
Eau + savon liquide Chariot* + matériel regroupé	**Préparation** → Se laver les mains ou utiliser une SHA. → Préparer le matériel. → Prévoir une alèse coton ou un molleton (qui absorbe l'urine). → Mettre de l'ordre dans la chambre (ou la salle) avant de commencer. → Ouvrir la fenêtre.	
Chaise	**Action : elle se déroule en quatre temps** *1er temps : défaire le lit* → déborder toute la literie ; → replier chaque pièce de linge une à une, les déposer sur une chaise ainsi que l'oreiller ;	
Sac à linge sale	→ déposer le linge sale dans le sac prévu à cet effet.	
Nettoyant + lavettes	*2e temps : nettoyer le lit* Aller toujours du plus propre au plus sale et du haut vers le bas (les pieds du lit).	
Draps propres Alèse coton (ou molleton) propre Couverture + couvre-lit Taie propre	*3e temps : refaire le lit* → changer l'alèse ou le molleton systématiquement chaque jour ou deux fois par jour pour les bébés ; → respecter les positions ergonomiques ; → faire les coins au carré ; → border la literie de dessus ; → changer la taie d'oreiller.	
Nettoyant + lavettes	*4e temps : nettoyer le matériel* → nettoyer d'abord le petit matériel puis le gros matériel ; → aller du plus propre au plus sale. *5e temps :* → fermer la fenêtre ; → se laver les mains ou utiliser une SHA ; → ranger le matériel. **Transmission** Informer l'équipe de la réalisation de son action en milieu hospitalier ou en collectivité.	

* Le chariot est surtout utilisé en milieu hospitalier. Il permet de regrouper et de transporter facilement les draps et tout le matériel nécessaire à l'entretien du lit.

fiche 33

Les sorties de l'enfant

Les sorties ou les voyages sont très profitables aux jeunes enfants. Ils leur donnent l'occasion de connaître tout un univers différent de celui de leur maison. Entouré de ses proches, l'enfant se sent en sécurité et se montre ainsi plus disponible pour *observer*, *écouter*, *toucher*. C'est pourquoi il peut très tôt accompagner ses parents en voyage. Que ce soit pour un week-end à la campagne ou pour les vacances d'été, tout est possible à condition d'avoir tout prévu et de ne rien laisser au hasard ! La professionnelle de l'enfance conseillera les parents. Elle leur dira qu'il faut tenir compte de l'âge de l'enfant, du choix et de la durée du séjour, de la distance à parcourir et il faudra surtout prévoir et choisir un matériel bien adapté à ses besoins.

Fig. 12.7. La poussette est très utilisée pour les sorties.

L'INTÉRÊT DES SORTIES

Les sorties sont vivement conseillées. Elles présentent pour l'enfant des intérêts multiples. Elles permettent de :

- l'habituer peu à peu aux changements de température ;
- stimuler les défenses de l'organisme ;
- procurer air (*oxygène*) et soleil (*source de vitamine D*) dont le rôle sur la croissance osseuse est fondamental ;
- favoriser l'*éveil sensoriel* : mieux que n'importe quel « mobile » suspendu au berceau, elles permettent à l'enfant de voir le monde réel en mouvement et stimulent à la fois l'ouïe, la vue, l'odorat ;
- développer la socialisation, l'ouverture aux autres, car, lors des sorties, l'enfant rencontre d'autres enfants et d'autres adultes qui s'adressent à lui.

LES PRÉCAUTIONS À PRENDRE POUR LES SORTIES (MESURES D'HSC)

L'adulte qui va organiser les sorties quotidiennes de l'enfant veillera à respecter quelques *mesures d'hygiène, de sécurité et de confort* (HSC). Ces mesures concernent plus particulièrement les points suivants.

L'HEURE DE LA SORTIE

Il est préférable de sortir un jeune enfant aux heures les moins chaudes en été et les plus chaudes en hiver.

LA DURÉE DE LA SORTIE

De 20 minutes pour un jeune bébé, on passera à 1 ou 2 heures pour un jeune enfant (différents facteurs sont à prendre en compte : le plaisir de l'enfant, la disponibilité de l'assistante maternelle ou du parent qui organise la sortie, des opportunités de promenade, etc.).

LE LIEU DE LA SORTIE

L'idéal est de promener l'enfant dans un espace vert : un square, un jardin public, un parc, ou mieux une forêt (mais tous les parisiens n'habitent pas à côté du bois de Vincennes !). L'essentiel est d'éviter les endroits poussiéreux et bruyants ou les rues étroites où s'accumulent les gaz d'échappement des voitures. Pour ceux qui habitent en ville, une grande promenade à la campagne en fin de semaine sera très bénéfique.

LA PRÉVENTION DES ACCIDENTS LORS DES SORTIES

Une sortie est un moment de plaisir, elle ne doit absolument pas être source d'accidents. L'adulte devra être très vigilant, en particulier sur les points suivants.

SE MÉFIER DU SOLEIL (COUP DE CHALEUR)

Il est vivement recommandé de :

- ne jamais laisser dormir un enfant dans un landau exposé au soleil, la capote relevée (un coup de chaleur peut être fatal au nourrisson) ;
- ne jamais laisser dormir un enfant dans une voiture à l'arrêt au soleil (par ailleurs, l'enfant peut se réveiller, ouvrir la portière et être happé par une voiture).

SE MÉFIER DES INSECTES (PIQÛRES DE GUÊPES OU DE MOUSTIQUES)

Prévoir une moustiquaire dans certaines régions, surtout l'été.

SE MÉFIER DES ANIMAUX DOMESTIQUES (MORSURES DE CHIENS, GRIFFURES DE CHATS)

Il faut se méfier des chiens et des chats que l'enfant ne connaît pas. Il y a chaque année des milliers d'enfants mordus par des chiens, apparemment sans histoire, un accident grave est très vite arrivé !

SE MÉFIER DES « BACS À SABLE » DES JARDINS PUBLICS (MICRO-ORGANISMES)

Beaucoup de ces espaces de jeux, pourtant très prisés des enfants, sont antihygiéniques : les chiens, les chats et les pigeons y rejettent leurs excréments et certains adultes les mégots et papiers gras. Avant de laisser l'enfant jouer avec le sable, il est donc conseillé d'y jeter un coup d'œil (à la crèche, les puéricultrices recouvrent chaque soir le bac à sable ; dans les jardins publics ce n'est pas le cas !).

Situation

« L'heure de la promenade approche ! »

Gontran (16 mois) se rend très vite compte que l'heure de la promenade approche. Il suit les préparatifs, se montre impatient de sortir, regarde la porte, tire la poussette. Bien installé sur celle-ci, il montre sa satisfaction, il chantonne. Les enfants qui jouent dans la rue captivent son attention. Si le temps le permet, Mme D. (l'assistante maternelle) a prévu de le sortir tous les jours après la sieste, pendant une heure d'affilée.

Rôle de la professionnelle

- L'assistante maternelle qui sort un enfant doit être « assurée » et les sorties doivent figurer dans son emploi du temps de la journée.
- La promenade peut être contre-indiquée si l'enfant a été malade. Le vent et le froid, en particulier, peuvent retarder la guérison d'une affection rhino-pharyngée.

LE PETIT MATÉRIEL DES SORTIES

Les sorties impliquent l'achat de matériels variés. Il est conseillé de prévoir à l'avance tout le matériel nécessaire à la sortie : l'opportunité de ce matériel dépendra de la durée de la sortie, de la distance et de l'âge de l'enfant. Citons à titre d'exemple :

- un ou deux changes complets ;
- du coton, du lait de toilette, des lingettes ;
- une veste ou une couverture supplémentaire (il faut éviter que l'enfant ne prenne froid) ;
- un biberon d'eau (l'enfant aime boire, de plus il peut avoir soif en raison de la chaleur) ;
- une moustiquaire pour le landau (s'il y a beaucoup d'insectes).

Rôle de la professionnelle

Il faut éviter de transporter un biberon de lait (en raison de sa mauvaise conservation à température ambiante). Si un biberon de lait doit être proposé au bébé, et c'est souvent le cas, il existe un petit appareil permettant de transporter la quantité de poudre de lait qui sera déposée dans l'eau avant de donner le biberon.

LE GROS MATÉRIEL DE SORTIES

Il est indispensable d'avoir un landau ou une poussette pour sortir l'enfant dans de bonnes conditions. Pour cela, il faut choisir un modèle qui répond à des normes d'hygiène, de sécurité et de confort (tableau 12.1).

LES CRITÈRES DE CHOIX

Un landau (ou une poussette) d'enfant, doit être :

- solide (aux *normes NF*) ;
- lavable ;
- haut sur roues (afin d'éviter les poussières de la rue et les courants d'air) ;
- démontable (pour permettre le transport) ;
- bien suspendu (afin d'éviter les secousses désagréables) ;
- stable et assez profond, afin que l'enfant ne tombe pas lorsqu'il commencera à s'asseoir (une poussette possède des sangles spéciales de sécurité).

LE LANDAU

Si c'est un landau, il sera « transformable » afin de s'adapter à plusieurs usages ; la plupart des landaus se transforment en siège auto et en poussette.

Il faut savoir que pour différentes raisons, le grand landau classique disparaît de plus en plus. Il est cher et n'a plus de place ni dans la maison où aucun endroit n'est prévu pour le ranger, ni dans la rue avec des trottoirs trop étroits ou trop encombrés. Aujourd'hui, pour passer une journée à l'extérieur, on emmène le plus souvent l'enfant dans un combiné « landau-poussette ». Celui-ci peut servir à la fois de « landau-poussette-couffin-lit-auto ». C'est un « tout-en-un » apprécié des parents. Enfin pour des raisons de sécurité, le landau est interdit d'utilisation dans de nombreux pays. Il est de plus en plus remplacé par le couffin ou le « cosy » pour le jeune enfant, qui propose des sangles de sécurité 5 points beaucoup plus efficaces.

LA POUSSETTE

En ce qui concerne le choix de la poussette (si vous devez l'acheter séparément), il est préférable de choisir un modèle où l'enfant vous regarde tout en se promenant, car cela ne l'empêchera pas d'admirer le paysage, mais il se sentira plus en sécurité. Il recevra moins le vent et les poussières de la rue et vous pourrez converser avec lui, échanger vos impressions. Les sorties sont des moments privilégiés qu'il faut savoir partager avec l'enfant. La poussette doit vous faciliter ce contact !

Fig. 12.8. La sortie en poussette (ce modèle permet de surveiller l'enfant et de favoriser les échanges).

LES SACS « PORTE-BÉBÉ »

Le sac « porte-bébé » favorise le « corps à corps » de l'enfant et du parent qui le porte, donc le contact satisfait les deux partenaires. Toutefois il est recommandé de ne pas utiliser ce sac pour porter un bébé de moins de 3 mois, car celui-ci se recroqueville, sa tête est ballante et sa colonne vertébrale est mal positionnée. Par ailleurs, il faut apprendre aux parents à utiliser ce moyen de portage. Le bébé est souvent porté trop bas sur l'estomac, ou le ventre ; il serait plus confortable plus haut et bien appliqué contre le corps de l'adulte, sans être ballotté. Heureusement aujourd'hui certains fabricants proposent des sacs porte-bébé qui tiennent compte de ces critères.

Une mauvaise utilisation du porte-bébé et de l'écharpe peut faire courir des risques au bébé. Le bébé mal installé peut enfouir sa tête dans les vêtements du parent surtout l'hiver. Il faut s'assurer de la bonne position du bébé et veiller régulièrement à son bien-être en le regardant, le repositionnant au besoin et en s'assurant que ses voies respiratoires sont bien libres.

MémoMémoMémo

Le portage, la méthode « kangourou »

La nature a permis au kangourou un portage naturel près du corps, que l'homme a eu envie d'imiter pour porter les bébés !

Aujourd'hui, cette méthode a séduit de nombreux parents ou même des professionnels de l'enfance, qui lui trouvent de nombreux avantages :

- l'enfant ressent la présence sécurisante de l'adulte, car il est corps à corps avec lui ;
- l'adulte peut échanger facilement avec l'enfant ;
- l'adulte a les mains libres pour vaquer à certaines occupations en toute sécurité.

Technique

Il faut se munir d'une écharpe de 3,3 mètres environ, pas trop large. On trouve ce genre d'écharpes dans de nombreux magasins spécialisés en puériculture ou dans certaines enseignes bio.

L'écharpe peut être nouée de diverses façons : on peut la nouer sur le ventre ou dans le dos, selon les goûts. Un cours est parfois nécessaire pour bien apprendre à nouer l'écharpe et pour apprécier les différents types de portage. Mais une fois la technique acquise, le nœud se réalise facilement en 1 minute à peine sans l'aide d'une tierce personne.

En outre, la maman qui désire allaiter peut le faire sans enlever le nourrisson de l'écharpe si celui-ci est dans la position du « berceau » (bébé allongé), elle devra juste écarter le tissu.

Fig 12.9. Le portage (dos et face).

Tableau 12.1 – Avantages et inconvénients des landaus et poussettes.

LE LANDAU CLASSIQUE		LE « LANDAU-POUSSETTE »	
Avantages	**Inconvénients**	**Avantages**	**Inconvénients**
Haut, profond, confortable, stable, bien suspendu.	Encombrant, lourd, onéreux.	Peu encombrant, léger, maniable, multi-usages.	Suspension moins bonne (dans certains modèles).

LA POUSSETTE CLASSIQUE		LA POUSSETTE-CANNE	
Avantages	**Inconvénients**	**Avantages**	**Inconvénients**
Bien suspendue, stable, haute sur roues, multi-usages.	Encombrante, onéreuse.	Peu encombrante, légère, maniable.	Mauvaise suspension, mauvais contact avec l'enfant (si elle n'est pas réversible).

LES PRÉCAUTIONS D'HSC À PRENDRE POUR LES VOYAGES AVEC UN ENFANT

Pour les grands départs, l'automobile est devenue le moyen de transport le plus utilisé. Elle présente des avantages par rapport transports collectifs car elle permet de choisir les étapes et de s'arrêter souvent, ce qui est moins fatigant pour l'enfant. Les repas et les changes peuvent ainsi se pratiquer dans un plus grand confort. Cependant, il faut bien choisir le moment de son départ, car les embouteillages sous le soleil en été ou les pannes de voiture en hiver, peuvent faire courir de grands risques à l'enfant. Il ne faut pas l'oublier !

LE MATÉRIEL À METTRE DANS LA VALISE DE L'ENFANT

Lorsqu'un enfant fait partie du voyage, les valises se chargent et se multiplient... Afin de ne rien oublier, il faut penser à la satisfaction de ses principaux besoins. Ainsi, il faut prévoir les éléments suivants.

→ Le matériel de toilette de l'enfant (à regrouper dans son « vanity-case personnel »)

- savon doux, gant, serviette, coton, papier de toilette ;
- lait de toilette, sérum physiologique ;
- petits ciseaux, brosse, fusettes, shampoing.

→ Le matériel pour l'alimenter

- appareil pour la stérilisation des biberons (si besoin) ;
- biberons et tétines ;
- lait en poudre (il vaut mieux prévoir une boîte) ;
- eau minérale (indispensable pour un voyage, son usage se multiplie avec un enfant ! Veiller à ne pas oublier un gobelet réservé uniquement à l'enfant) ;
- petits pots, biscuits, cuillère et serviette.

→ Le matériel pour l'habiller

- vêtements de jour et de nuit (brassières, grenouillères, changes complets, chaussons, turbulette) ;
- couches jetables ;

• prévoir toujours un vêtement à portée de la main pour les changements de température en cours de route.

→ Le matériel pour le coucher

• un petit lit pliable ou un couffin ;
• gigoteuse adaptée à la saison ;
• moustiquaire pour l'été.

→ Le matériel pour le transporter

• poussette-canne (pliable) ;
• ou porte-bébé.

→ Le matériel pour le soigner

• trousse médicale (avec le matériel d'urgence) indispensable dans toutes les voitures ;
• quelques médicaments conseillés par le pédiatre.
NB : veiller à emporter les numéros de téléphone utiles en cas de maladie.

→ Le matériel pour le distraire

• son jouet favori (le hochet, le nounours, ou autre) ou la tétine (s'il en a l'habitude) ;
• s'il est plus grand, prévoir : autos ou animaux, jeux de société, sac contenant un mélange de petits jouets. Pas de lecture ni d'images pour l'auto : elles bougent et fatiguent les yeux ; en revanche, elles seront les bienvenues pour le voyage en train ; les crayons de couleur également.
Lorsque l'enfant en a l'âge et les capacités, il pourra activement participer aux préparatifs du départ !

LE CHOIX DES DISPOSITIFS (SIÈGES-AUTO) POUR LA SÉCURITÉ

→ La législation

Les sièges-auto pour enfants, appelés « dispositifs de retenue » sont obligatoires pour les enfants de moins de 10 ans. Ils doivent répondre à des normes précises de sécurité, c'est-à-dire être homologués (marque E).

→ Les précautions

Certaines précautions doivent être prises ; l'adulte veillera à :
• bien fixer le dispositif avant le départ ;
• ne pas abuser des dispositifs multi-usages, ceux qui servent à la fois pour la voiture, qui s'adaptent à une poussette et qui se transportent facilement. Dans les trois cas, l'enfant est assis ; or le petit bébé, celui de quelques mois, ne doit pas rester trop longtemps dans cette position ;
• **pour le bébé avant 9 mois** (9 kg environ), et pour les petits trajets, il est conseillé d'utiliser un siège-auto soit à l'avant de la voiture, soit à l'arrière, mais dans les deux cas *dos à la route*, et fixé selon les indications du fabricant. Pour les longs trajets, il est conseillé d'utiliser un lit nacelle fixé sur la banquette arrière. L'enfant est maintenu par une large ceinture de sécurité ventrale ;
• **pour l'enfant entre 9 mois et 4 ans** (environ), on utilisera un dispositif type siège-auto classique, mais toujours aux normes : installé et fixé à l'arrière de la voiture, face à la route ;
• **pour l'enfant de 4 à 10 ans**, le siège avec un coussin rehausseur est utilisable (jusqu'à 25 kg, le dossier amovible est primordial ; de 25 à 36 kg, il n'est plus obligatoire) : ce dispositif doit permettre de placer et de maintenir correctement les sangles de la ceinture de sécurité. La sangle de bassin sera placée sur la racine des cuisses (et sur le bassin ou le ventre), la sangle diagonale sur l'épaule ;
• **à partir de l'âge de 12 ans**, l'enfant (comme l'adulte) s'attachera avec la ceinture de sécurité.
NB : à l'exception du bébé (protégé dans son dispositif spécial), un enfant *de moins de 10 ans* ne doit pas être installé à l'avant de la voiture.
• Lorsque le siège est installé à l'avant de la voiture, il doit être positionné dos à la route et il est nécessaire de désactiver l'Airbag passager.

Rôle de la professionnelle

Quel que soit le dispositif de sécurité choisi, les sangles de protection devront être ajustées à l'enfant et suffisamment serrées.

• Vérifier le verrouillage des portières arrière (beaucoup de véhicules possèdent un verrouillage automatique actionné par le conducteur).

En 1997, le système de fixation ISOFIX a fait son apparition et est désormais obligatoire sur tous les véhicules neufs depuis 2011. Il permet de clipper directement le siège auto sur le véhicule grâce à trois points d'ancrage métalliques situés au niveau de la banquette.

LA PRÉVENTION AU QUOTIDIEN SUR LE LIEU DES VACANCES

Le jeune enfant va devoir s'habituer à un environnement nouveau et à un mode de vie parfois un peu différent du rythme habituel. Quelques précautions doivent être prises pour que « santé et plaisirs » soient au rendez-vous. Pour cela il faut d'abord se reposer : la seule adaptation à un nouveau climat exige quelques jours de détente, et cela d'autant plus que le changement d'habitudes crée de l'excitation chez les enfants. Même par la suite, quand cette adaptation au rythme des vacances est achevée, il ne faut pas oublier que le jeune enfant est vite fatigué. Il faut éviter de l'entraîner dans des marches trop longues. Avant 6 ans, il n'y a pas vraiment de sport, il n'y a que des jeux.

EN VACANCES À LA MER

Il est conseillé de ne pas emmener un enfant de moins de 6 mois sur le sable, sauf si l'on ne peut pas faire autrement. Dans tous les cas, en vacances à la mer, il est recommandé de :

• **protéger l'enfant du soleil** : le mettre à l'ombre (de préférence éviter le parasol qui accentue la chaleur), lui mettre un chapeau en toile, appliquer une crème solaire écran total ou lui laisser un petit tee-shirt ; éviter de sortir aux heures les plus chaudes l'été (entre 12 h et 16 h) ;

• **le protéger de la chaleur** : faire boire souvent l'enfant, lui arroser les cheveux régulièrement ;

• **le surveiller attentivement** : veiller à ce que l'enfant ne reste pas immobile au soleil, il doit bouger, faire des « aller-venues » eau-sable. De plus, il faut à tout prix éviter la noyade (accident fréquent avant 3 ans). Un enfant peut se noyer dans 30 cm d'eau !

• ne pas le laisser trop longtemps dans l'eau, surtout les premiers jours ;

• le dévêtir progressivement (il ne sera laissé torse nu qu'au bout de 48 heures) ;

• ne jamais forcer un enfant à se baigner ! C'est créer la peur de l'eau, engendrer de mauvais souvenirs qui quitteront difficilement sa mémoire. Il faut attendre qu'il apprécie l'eau naturellement.

EN VACANCES À LA MONTAGNE

Il est déconseillé d'emmener un enfant de moins de 18 mois à plus de 1 800 m d'altitude ; mais l'air très pur de la montagne est très bénéfique pour sa santé. Il est même recommandé chez les enfants ayant des problèmes respiratoires (infection ORL, asthme, bronchites à répétition). Toutefois certaines précautions sont à prendre : l'adulte veillera à bien couvrir l'enfant (anorak, bonnet) car il se refroidit vite, et à le protéger du soleil (l'action des rayons solaires est très puissante à la montagne à cause de la pureté de l'air).

EN VACANCES À LA CAMPAGNE

Le changement d'air est bon, à condition que le climat ne soit ni trop sec ni trop humide. La campagne offre à l'enfant des vacances de rêve, qu'il a entrevues dans ses livres d'images (la prairie, les vaches, les moutons !) et lui permet de découvrir des odeurs qu'il ne connaissait pas. Cette confrontation avec le monde de la ferme, et de ses animaux, est très enrichissante pour lui. L'adulte veillera à prévenir certains risques. Par exemple :

• **le bain dans la rivière** : outre le risque d'infection (les rivières sont aujourd'hui généralement assez polluées), le risque de noyade est patent ;

• **les piqûres d'araignées, de vipères ou de couleuvres**. Par conséquent, il est prudent d'emporter un médicament d'urgence contre ce type de piqûre (acheté avant le départ dans toute pharmacie) ;

• **les plantes toxiques** sont également à éviter ; dans les prés : les colchiques ; dans les terrains vagues : la ciguë (qui ressemble au persil) et les champignons (le poison peut être mortel !).

13

La sécurité de l'enfant, la prévention des accidents

La vie d'un enfant, à partir du moment où il commence à circuler dans la maison ou dehors, est semée de risques et parfois même de dangers que l'adulte doit prévenir. On constate hélas que les accidents, à la maison ou à l'extérieur lors des sorties, tuent plus que toutes les maladies réunies. Ces statistiques doivent inciter toute personne qui a la charge et la responsabilité d'enfants, à une grande prudence. Toutefois les méthodes éducatives ne doivent pas comporter que des interdits purs et durs. C'est à l'adulte de trouver l'équilibre entre tout interdire et tout permettre, entre la surprotection et l'absence de limites. L'autonomie et la sécurité de l'enfant en dépendent. Mais assurer cette sécurité, c'est avant tout assurer un environnement dépourvu de risques. La prévention des accidents est donc capitale.

Situation

Assurer la sécurité au quotidien

À la salle de bains, Chloé (3 ans), ce matin se déshabille seule, tranquillement, mais elle est entourée de dangers potentiels : un vieux modèle de radiateur d'appoint traîne dans la pièce, le rasoir de son papa est à sa hauteur, l'armoire à pharmacie est à portée de main et une prise électrique est accessible au sol.

Les accidents constituent la première cause de décès des enfants entre l'âge de 1 an à 4 ans. En effet, son développement psychomoteur le pousse à toutes les découvertes alors qu'il n'a pas encore conscience des dangers qu'elles comportent.

Les questions que l'on se pose

- *Quels sont les dangers potentiels dans la maison ?*
- *Quelles précautions prendre ?*
- *Quels sont les risques d'accidents lors de vacances à la mer ? à la montagne ? à la campagne ?*
- *Comment les prévenir ?*
- *Comment apprendre la prudence à l'enfant en respectant son désir d'autonomie ?*
- *Comment favoriser la conscience du danger chez l'enfant ?*
- *Que signifie avoir une attitude éducative ?*
- *Quels sont les « gestes d'urgence » à maîtriser pour chaque accident ?*

Les accidents les plus courants et les gestes d'urgence

La sécurité de l'enfant passe par la prévention des accidents. Ceux-ci constituent un problème pédiatrique très lourd. Ils sont la cause d'un taux important de mortalité infantile et les enfants qui y survivent ont souvent des séquelles graves. Par ailleurs, ils représentent un coût élevé pour la collectivité. Les professionnels de l'enfance auront donc un rôle important à jouer pour anticiper l'accident et donc le prévenir.

LES FACTEURS FAVORISANT L'ACCIDENT

La variabilité des accidents dépend :

- **de l'âge de l'enfant** (c'est entre 1 et 4 ans que le pic d'accidents est le plus élevé) ;
- **du degré de son développement psychomoteur et intellectuel.** Il existe une période de la vie où l'enfant est incapable de concevoir la notion du danger. L'adulte devra être particulièrement vigilant ;
- **des rapports de l'enfant avec son entourage familial.** Il y a des parents très pédagogues avec l'enfant qui savent interdire mais également expliquer les interdits. Certains enfants cherchent à enfreindre les interdits pour s'opposer à l'adulte ;
- **du lieu de vie de l'enfant :** les risques varient selon que l'enfant vit en milieu urbain ou rural, maison particulière ou appartement ;
- **des habitudes de vie de l'enfant.** Les risques d'accidents sont fréquents à l'âge de la découverte de l'environnement, âge auquel l'enfant ne maîtrise pas encore ses gestes et ne peut pas anticiper les conséquences de ses actes.

LES GESTES D'URGENCE EN FONCTION DE L'ACCIDENT

Il est indispensable, pour un professionnel de l'enfance :

- d'évaluer les facteurs de risques dans la vie de l'enfant au quotidien ;
- d'effectuer des actions préventives ;
- d'induire des attitudes éducatives permettant de réduire les risques ;
- de connaître les gestes d'urgence à adopter en cas d'accident.

Nous envisageons dans le tableau 13.1 les différents types d'accidents de l'enfant et les premiers gestes de secours à accomplir en cas d'urgence.

Fig. 13.1. Les dangers du soleil.

Les mesures de prévention des accidents

Il est nécessaire de créer, dès les premiers mois de la vie, une atmosphère saine et accueillante autour de l'enfant. L'organisation de l'environnement, dans le respect des *règles d'hygiène, de sécurité et de confort (HSC)*, est primordiale pour le bien-être de l'enfant et la tranquillité des parents.

Tableau 13.1 – Les premiers gestes de secours lors des accidents du jeune enfant.

Types d'accidents	Exemples	Premiers gestes à tenir en cas d'urgence	Illustrations
Chutes	- lit ; - escaliers ; - table de change ; - fenêtres ; - toboggans.	**En cas de suspicion de traumatisme crânien :** - ne pas relever immédiatement l'enfant ; - observer son état de conscience (pleurs immédiats ou non, coloration) ; - si inconscient : appeler le 15[1].	
Brûlures Liquides chauds Flammes Contact	- eau du bain ; - eau des casseroles ; - tasse de thé, café ; - potages, friteuse ; - allumettes ; - bougies ; - barbecue, etc. ; - cheminée ; - plaques et portes du four ; - radiateurs ; - bouillottes ; - fer à repasser, etc.	**Si les vêtements sont imbibés de liquide chaud :** déshabiller l'enfant. **Si les vêtements sont en feu :** envelopper l'enfant dans une couverture. **Pour les brûlures légères et peu étendues :** - immerger le membre dans l'eau froide (15 à 20 °C) pendant 5 min pour diminuer la douleur ou faire ruisseler de l'eau froide sur la ou les parties brûlées pendant 5 à 10 minutes ; - retirer bracelets et bagues (si membres supérieurs atteints) pour diminuer la douleur lorsque l'œdème apparaîtra ; - recouvrir d'un linge propre et mouillé ; - ne pas crever les cloques ; - consulter le médecin. **Pour les brûlures graves** (risque d'état de choc) : appeler le 15.	  
Produits chimiques	- soude caustique, etc. - acide chlorhydrique - alcool à brûler - acétone	**Pour les brûlures avec des produits chimiques :** - déshabiller l'enfant (si possible)[2] ; - rincer +++ la brûlure avec de l'eau froide pendant 15 min ; - appeler le 15 en urgence ; - recouvrir d'un linge propre et mouillé.	
Courant électrique	- prises de courant - rallonges, etc.	**Pour les électrisations :** - ne jamais toucher directement l'enfant ; - couper le courant, sinon : s'isoler du sol et écarter l'enfant du courant avec un morceau de bois (balai) ou de plastique ; - pratiquer la respiration artificielle (si besoin) ; - appeler le 15 en urgence.	

Types d'accidents	Exemples	Premiers gestes à tenir en cas d'urgence	Illustrations
Asphyxies Inhalation de corps étrangers	- petits objets (perles, riz, café, olives, cacahuètes, etc.) ; - autres produits[3].	**En cas d'inhalation de corps étrangers** (toux violente et brutale) : - ne rien faire, appeler le 15 ; - si obstruction complète pratiquer la **méthode de Mofenson** ou **Heimlich** (selon l'âge de l'enfant). L'objectif est de réaliser une brusque poussée sous-diaphragmatique permettant d'évacuer le corps inhalé (*cf.* fig. 13.2 et 13.3)	
Privation d'air ambiant	- sac plastique ; - oreillers ; - animaux domestiques ; - coffres, placards ; - cordons de rideaux ;	**En cas d'asphyxie :** - appeler le médecin ; - le désobstruer ; - faire la respiration artificielle ; - effectuer le massage cardiaque externe.	
Strangulation	- bijoux ; - moyens de contention (par exemple : attache-couverture).		
Noyade	- baignoires ; - piscine.	**En cas de noyade :** - pratiquer la réanimation (si besoin) ; - appeler le 15 en urgence.	
Blessures Bosse	- chutes.	- **bosse :** appliquer du froid et mettre de la crème à base d'arnica ;	
Plaie		- **plaie :** comprimer la plaie 3 min avec un mouchoir propre, puis laver au savon et à l'eau et mettre un antiseptique, faire un pansement et vérifier si la vaccination antitétanique est à jour.	
Coupure Morsures	- ciseaux ; - animaux.	- **coupure :** idem ; - **morsure :** idem et vérifier si l'animal est vacciné contre la rage et emmener l'enfant chez le médecin.	
Piqûres	- insectes.	- **piqûre :** - vérifier s'il n'y a pas de gonflement[4] - appliquer du froid ; - désinfecter.	

Types d'accidents	Exemples	Premiers gestes à tenir en cas d'urgence	Illustrations
Intoxications Produits toxiques	- produits ménagers (moussant, caustique) ; - produits agricoles ; - autres produits.	**Ce qu'il ne faut jamais faire :** - ne jamais donner de lait ou d'eau ; - ne jamais faire vomir un enfant ; - ne jamais tenter de neutraliser un produit sans l'avis formel d'un spécialiste.	
Médicaments		**Ce qu'il faut faire :** - retrouver l'emballage du produit ; - essayer d'évaluer la quantité ingérée ; - conserver un échantillon du produit.	
Plantes toxiques	- champignons ; - muguet, etc.	- contacter le centre antipoison régional ou le 15.	
Accidents de la circulation	- autos ; - vélos ; - patins ; - skateboard.	- appeler le 15 ; - adopter les mesures de secourisme d'urgence en fonction de la gravité de l'accident.	

[1] S'il n'y a pas de perte de connaissance : signaler la chute aux parents (surveillance à poursuivre pendant 48 h).
[2] Si les vêtements collent à la peau, les laisser en place.
[3] Autres produits : un décret ministériel du 1er septembre 1992 vise à protéger les enfants de moins de 3 ans de produits présentant des risques d'étouffement ou d'intoxication. Citons, entre autres, les gommes d'écolier en forme de fraise, des mini-légumes ou fruits, des panoplies de cuisine, etc.
[4] Il s'agit dans ce cas de prévenir l'allergie (œdème de Quincke) par un médicament.

Fig. 13.2. Méthode de Heimlich.

Fig. 13.3. Manœuvre de Mofenson.

Tableau 13.2 – La prévention des accidents domestiques.

Types d'accidents domestiques	Exemples	Prévention
Chutes	- lit - escaliers - table de change - fenêtres - toboggans	**L'adulte veillera à :** - mettre des lits à barreaux[1] ; - mettre une barrière protectrice ; - ne pas laisser l'enfant seul ; - mettre des protections efficaces de sécurité pour les enfants < 5 ans, ou maintenir les fenêtres fermées. - surveiller l'enfant +++ lors des jeux de plein air.
Brûlures Liquides chauds	- eau du bain - eau des casseroles - tasse de thé, café - potages, etc. - friteuse	**L'adulte veillera à :** - vérifier la température de l'eau avant d'immerger l'enfant ; - tourner le manche de la casserole vers le fond de la cuisinière ; - fixer les nappes à la table et éloigner les tasses du bébé ; - les servir à bonne température (attention au micro-ondes).
Flammes	- allumettes - bougies - barbecue, etc. - cheminée	- les éloigner de l'enfant ; - mettre une protection.
Contact	- plaques et portes de four - radiateurs - bouillottes - fer à repasser	- interdire la cuisine à l'enfant au moment de la préparation des repas ; il existe des fours à « parois froides » ; mettre une grille de protection ; - mettre des protège-radiateurs ; - interdites pour l'enfant ; - le débrancher après usage et le ranger.
Produits chimiques	- soude caustique, etc. - acide chlorhydrique - alcool à brûler - acétone	- ne pas laisser ces produits à la portée de l'enfant (les mettre en hauteur, fermé à clé) ; - ne pas faire de transvasement dans des bouteilles de boisson.
Courant électrique	- prise de courant - rallonges, etc.	- mettre des protections spéciales ; - les débrancher et les ranger ; - installer des prises avec opercules de sécurité ; - n'acheter que du matériel électrique aux normes NF.
Soleil	- rayons solaires	- mettre un chapeau, une casquette ; - mettre une crème écran total ; - mouiller les cheveux de l'enfant ; - éviter la plage aux heures chaudes (entre 12 h et 16 h).

Types d'accidents domestiques	Exemples	Prévention
Asphyxie Inhalation de corps étrangers Privation d'air ambiant Strangulation Noyade	 - petits objets (perles, riz, café, olives, cacahuètes, etc.) - autres produits[2] - sacs plastiques - oreillers - animaux domestiques - coffres, placards - bijoux - moyens de contention (par exemple : attache-couverture) - baignoires - piscines	**L'adulte veillera à** : - surveiller l'enfant qui manipule des petits objets : - en crèche : surveillance particulière des jeux de manipulation, prendre un nombre réduit d'enfants, - dans la famille : surveiller l'enfant au moment des réunions familiales ; - ne pas laisser de sacs plastique à portée des enfants ; - éviter les oreillers chez le jeune enfant (les proscrire chez le nourrisson)[3] ; - ne pas laisser un chat dormir dans la chambre de l'enfant ; - attention aux jeux de cachette ! - ôter les chaînettes avant le coucher ; - un texte législatif interdit « l'usage de tout moyen de contention » en collectivité. - ne pas laisser l'enfant seul dans l'eau ou près de l'eau ; - surveiller l'enfant et lui apprendre à nager ; - faire poser des barrières de sécurité autour des piscines[4] ; - mettre à l'enfant des brassards ou un gilet de sécurité.
Blessures Bosse Plaie Coupure Morsures Piqûres	 - chutes - ciseaux, couteaux - animaux - insectes	**L'adulte veillera à** : - surveiller et éduquer l'enfant ; - équiper les locaux[5]. - éloigner tous les objets coupant de l'enfant ; - vacciner les chiens et ne pas laisser l'enfant s'approcher d'un animal qu'il ne connaît pas ; - ne pas laisser l'enfant seul avec l'animal domestique ; - utiliser des moustiquaires ; - faire détruire les nids de guêpes (pompiers).
Intoxications Produits toxiques Médicaments Plantes toxiques	 - produits ménagers (moussant, caustique) par exemple : Javel, lessive, etc. - champignons - muguet	**L'adulte veillera à** : - les éloigner de l'enfant et les ranger dans un placard fermé ; - ne pas transvaser de produit toxique dans un récipient alimentaire ; - choisir des produits ayant des bouchons de sécurité ; - les ranger dans une « armoire à pharmacie » fermée à clé ; - ne pas laisser traîner : - les sacs à main (avec les médicaments), - les médicaments sur la table de nuit ; - surveiller le jeune enfant ; - éduquer l'enfant plus grand ; - mettre les plantes en hauteur (inaccessibles).

Types d'accidents domestiques	Exemples	Prévention
Accidents de la circulation	- autos - vélos - patins - skateboard	**L'adulte veillera à :** - installer les jeunes enfants dans un siège auto adapté à leur âge ; - utiliser la ceinture de sécurité ; - enseigner à l'enfant les notions du Code de la route ; - accompagner les enfants de moins de 9 ans à l'école ; - faire porter un casque aux jeunes cyclistes ou utilisateurs de « planches » à roulettes ; - adopter des DRE (dispositifs de retenue pour enfants) à l'intérieur des voitures[6].

[1] Conforme à la réglementation (décret sur la sécurité des articles de puériculture).
[2] Autres produits : un décret ministériel vise à protéger les enfants de moins de 3 ans de produits présentant des risques d'étouffement ou d'intoxication. Citons, entre autres, les gommes d'écolier en forme de fraise, des mini-légumes ou fruits, des panoplies de cuisine, etc.
[3] Risque de MIN.
[4] La loi les a rendus obligatoires.
[5] Les règlements des crèches, pour éviter les blessures aux enfants, imposent : les revêtements antidérapants sur les terrasses, les vitres au bas des portes (pour voir les enfants lors de l'ouverture), les antipinces, etc. Ils seront également très utiles à l'intérieur du domicile de l'assistante maternelle.
[6] Ces dispositifs sont obligatoires par le Code de la route. Ils limitent les accidents dont le taux pour la France reste le plus important (225 morts par an d'enfants de 0 à 15 ans). Il existe 50 modèles de DRE actuellement sur le marché, il faut savoir faire le bon choix dans l'intérêt de l'enfant.

L'attitude éducative de la professionnelle

L'attitude éducative efficace en matière de prévention consiste davantage à impliquer l'enfant, plutôt que supprimer tous les risques.

EXPLIQUER LES INTERDITS À L'ENFANT

D'une façon concrète, il faut expliquer à l'enfant, en fonction de son âge les **précautions** et **interdits** visant à prévenir les accidents. L'explication doit être en rapport avec son degré de compréhension et doit solliciter sa participation. Au fur et à mesure que l'enfant grandit, des précautions s'imposent toujours mais il est nécessaire :

- le laisser s'exercer à utiliser les objets usuels. Ce n'est pas en lui en interdisant l'usage que vous le rendrez adroit de ses mains : faites-les-lui manier après une démonstration ;
- éviter les « **défenses de toucher** » répétées à longueur de journée mais lui expliquer l'interdit et lui donner le bon exemple ;
- respecter les règles simples de la sécurité : remettre chaque chose à sa place, ranger, faire ranger (lui apprendre l'ordre, c'est lui apprendre la prudence et lui donner des leçons de savoir-vivre).

APPRÉCIER LA « PERSONNALITÉ » DE L'ENFANT

Il s'agit de ne pas sous-estimer les facteurs favorisant les risques d'accidents, tels que la **personnalité** de certains enfants (intrépides, téméraires, hyperactifs). Ces derniers réclament une surveillance particulière. Certaines activités (notamment sportives) permettent de canaliser leur énergie et donc de minimiser les risques d'accidents.

APPRÉCIER LE TEMPS FORT DES RISQUES D'ACCIDENTS

Il faut savoir que les temps forts de survenue de risques d'accidents se situent :

- en fin de matinée ;
- en soirée ;
- lors des week-ends ;
- des vacances ;
- des événements festifs (mariages, anniversaires) où la vigilance se relâche.

Tous ces éléments sont à prendre en considération pour augmenter la surveillance auprès du jeune enfant. La professionnelle de l'enfance doit en informer les parents.

ORGANISER L'ENVIRONNEMENT SELON LES RÈGLES DE SÉCURITÉ

En ce qui concerne l'organisation de l'environnement, la professionnelle doit :

- participer à l'entretien du matériel utilisé pour les enfants ;
- vérifier le fonctionnement des différents appareils pour assurer une sécurité suffisante ;
- conseiller les parents pour un choix judicieux du lit et du matériel de puériculture.

Il est indispensable pour la professionnelle de :

- évaluer les facteurs de risques dans la vie de l'enfant ;
- effectuer des actions préventives ;
- induire des attitudes éducatives permettant de réduire les risques.

Il ne s'agit pas de faire vivre l'enfant dans un univers sans danger, ni de le faire vivre dans la crainte, mais de l'avertir du danger. Son esprit, très réceptif à l'idée de la maladie (du « bobo » qui fait mal), enregistrera vos avertissements ; et l'image de l'endroit où il existe des risques restera pour toujours gravée dans son esprit (exemple de l'arbre sur lequel il ne faut pas monter).

DEUX EXEMPLES D'ACCIDENT ÉVITABLE

→ La chute de la table à langer ou du lit des parents vers 5 mois

- **Jusqu'à l'âge de 4-5 mois**, l'enfant a une mobilité réduite. Dès 4-5 mois, l'enfant teste le retournement et surprend ses parents qui le retrouvent sur le ventre alors qu'ils l'avaient positionné sur le dos. Cet exercice peut avoir de graves conséquences si l'enfant est laissé seul sur un lieu élevé (table à langer) ou inadapté (lit parental, fauteuil, canapé). Les chutes engendrées sont à l'origine de traumatismes crâniens parfois graves.

Il faut se rappeler que l'enfant est un être en évolution et en pleine phase d'acquisition. Il ne doit jamais être laissé seul dans un endroit à risque, même s'il dort ou qu'il est très calme. Quand il ne verra plus le regard familier de sa mère, il le cherchera et vers 4-5 mois se retournera. Il n'a pas la notion du danger et l'apprendra à ses dépens. Anticipons ces accidents domestiques évitables en ne laissant jamais l'enfant seul ou sans surveillance ou non attaché s'il doit être mis dans un endroit élevé ou dangereux.

→ Le trotteur ou youpala lors de l'acquisition de la marche

Avant de savoir marcher (entre 12 et 18 mois), l'enfant passe par plusieurs étapes de développement pendant lesquelles il apprend à mobiliser sa colonne vertébrale et son bassin. Puis il apprend à se retourner, à tenir assis, à marcher à 4 pattes à se mettre debout avec et sans appui avant d'amorcer ses premiers pas. Chaque étape a son importance et mettre un enfant dans un trotteur, c'est vouloir sauter les étapes et l'empêcher de trouver son propre équilibre. La marche acquise par ce biais est non maîtrisée. L'enfant est mis en difficulté.

Le trotteur reste très utilisé en France malgré les avis défavorables de nombreux professionnels de santé. Il s'agit d'un objet de puériculture fréquemment choisi par les parents pour « apprendre » à marcher au nourrisson. Le bébé peut ainsi se déplacer en position « debout », fixé sur une nacelle à roulettes. Pour les parents, l'enfant dans son siège est en sécurité, leur attention va se relâcher. Le trotteur procure à l'enfant une sensation de liberté dans ses déplacements. C'est l'occasion pour lui d'explorer son monde et notamment des territoires potentiellement dangereux, source d'accidents domestiques et de situations à risques : l'enfant peut chuter dans les escaliers, se cogner contre les meubles du fait de la vitesse non maîtrisée induite par le trotteur…

Pour certains, le trotteur peut être la cause d'un retard d'acquisition de la marche !

La prévention de la mort inattendue du nourrisson (MIN)

La mort inattendue du nourrisson est le décès brutal et inattendu d'un enfant, le plus souvent pendant le sommeil de la nuit ou celui de la sieste. Elle demeure inexpliquée dans un certain nombre de décès.

LES FACTEURS FAVORISANTS

On observe une fréquence plus élevée chez les enfants :

- de sexe masculin et de moins de 6 mois ;
- nés prématurément et/ou présentant un retard de croissance intra-utérin (RCIU) ;
- ayant présenté une pathologie grave justifiant une réanimation néonatale ;
- vivant dans un contexte socioéconomique et culturel difficile (toxicomanie, maltraitance, etc.) ;
- à l'entrée en collectivité (changement de cadre de vie, etc.) ;
- dont les parents fument.

La MIN a baissé considérablement ces dernières années, depuis les dispositions préventives (couchage sur le dos du nourrisson, en particulier).

LES CAUSES ÉVENTUELLES DE LA MIN

Grâce à l'autopsie, une pathologie est parfois identifiée (et des virus mis en cause) mais elle n'explique pas toujours à elle seule le décès. Pourraient être en cause les pathologies suivantes.

UNE MALADIE INFECTIEUSE GRAVE

Une pathologie grave peut être confirmée par l'autopsie de l'enfant. Elle est souvent d'origine infectieuse et responsable de la mort (par exemple : pneumopathie, myocardite).

UNE ASSOCIATION DE PATHOLOGIES GRAVES

Une association de pathologies pourrait également être à l'origine de la MIN. Par exemple :

- hyperthermie ;
- reflux gastro-œsophagien, responsable soit d'une fausse-route, soit plutôt d'un malaise vagal par douleur d'œsophagite ;
- apnée due à des lésions cérébrales (chez les prématurés) ;
- apnée obstructive en cas de malformations ORL ;
- problèmes infectieux (bronchite, laryngite, etc.).

Rôle de la professionnelle

Prévention de la MIN

La campagne nationale de lutte contre la mort inattendue du nourrisson a largement contribué à réduire la fréquence des accidents. Cependant, plus de 350 familles sont encore touchées par le décès soudain de leur enfant âgé de quelques mois. Dès lors, la professionnelle accueillant de très jeunes enfants doit rester vigilante au niveau de l'information aux familles et de la surveillance des enfants, afin d'assurer une prévention efficace.

Son rôle est d'appliquer les directives du ministre de la Santé et de les faire connaître. Le ministère a diffusé une brochure d'information dans toutes les maternités de France. Ainsi : « On déconseille la position du sommeil sur le ventre. On recommande *la position sur le dos* avec un matelas ferme, d'éviter les oreillers et les couettes, de ne pas trop couvrir le bébé durant son sommeil et de ne pas trop chauffer la chambre » (*cf.* fiche de soins « le couchage du nourrisson » ci-après).

MémoMémoMémo

À propos des tétines

Les « sucettes » ont gagné de nouvelles lettres de noblesse, comme facteur d'amélioration de la sécurité du sommeil des tout-petits. Une étude parue dans la revue américine *Pediatrics* affirme que les bébés qui ont une sucette et la tètent au moment de leur premier sommeil sont significativement moins victimes que les autres de mort inattendue du nourisson (MIN). En effet, les mouvements de succion toniques de ces bébés renforcent les muscles de l'oropharynx, maintiennent la langue en avant et la perméabilité des voies respiratoires supérieures.

À propos des colliers dits « de dentition »

De nombreux nourrissons portent ces colliers d'ambre qui auraient des vertus curatives lors des poussées dentaires. Non seulement ces effets n'ont été démontrés par aucune étude[1], de plus, faire porter ces colliers est dangereux. En effet, les risques de strangulation ou d'inhalation des perles sont élevés. Une enquête a été menée en France en 2011 sur l'utilisation de ces colliers : il est important que tous les professionnels de la petite enfance informent les parents de la dangerosité de cette pratique afin de diminuer les risques. En résumé, il est inutile de faire porter aux nourrissons des colliers d'ambre dont l'efficacité sur les douleurs liées aux poussés dentaires n'est pas prouvée. Cette pratique met en danger le jeune enfant.

(1) Taillefer A., Casasoprana A., Cascarigny F., Claudet I. Port de colliers de dentition chez le nourrisson. *Archives de Pédiatrie* 2012 ; 191058-1064 Elsevier Masson.

LE COUCHAGE DU NOURRISSON (PRÉVENTION DE LA MIN)

La sieste de Léa (6 mois)

Farida (assistante maternelle) s'apprête à coucher pour la sieste Léa, âgée de 6 mois. Elle lui parle, l'installe confortablement dans son lit à barreaux et veille à prendre les précautions nécessaires pour prévenir tout incident pendant son sommeil. Elle pense plus particulièrement à la prévention de la mort inattendue du nourrisson. Farida *s'informe préalablement* auprès de la maman de Léa de son état de santé (rhume ?), de ses rythmes de vie (heure de la sieste), de ses habitudes de vie (position de sommeil), de ses rituels d'endormissement (sucette, doudou ?).

Les objectifs du soin

Ce soin a pour objectif :
- d'installer le bébé dans son lit avec le maximum de précautions, pour favoriser le repos et le sommeil ;
- de prévenir tout risque de MIN.

Ce soin est indiqué chez tout enfant avant l'âge de 1 an (car c'est le pic de fréquence de la mort inattendue du nourrisson).

La realisation du soin

PROCÉDURE
Préparation La professionnelle de la petite enfance doit : **1er temps : préparer l'environnement** - ne pas trop chauffer la pièce (la température doit être comprise entre 18° et 20 °C pour prévenir la MIN)[1] ; - aérer la pièce préalablement (sans la refroidir) ; - bien positionner le lit, l'éloigner d'un chauffage (chaleur) et d'une fenêtre (soleil) ; - vérifier la fermeté du matelas ; - éviter les peluches (risque d'enfouissement, donc d'asphyxie) ; - éviter les duvets, les couvertures (idem). **2e temps : préparer l'enfant au couchage** - retirer les chaînes, les chouchous (attention aux cordons de certains vêtements qui peuvent étrangler l'enfant) ; - ne pas trop le couvrir ; - prévoir une gigoteuse ou turbulette adaptée à sa taille.
Action → **Choisir une bonne position de sommeil pour l'enfant**, c'est-à-dire coucher l'enfant **sur le dos** (cette position est recommandée pour le nourrisson afin de prévenir la MIN)[1]. → **Surveiller l'enfant pendant le sommeil[2] :** - surveiller son endormissement ; - observer son comportement (si l'enfant est calme ou agité) ; - surveiller sa position de sommeil (reste-t-il sur le dos ?) ; - surveiller sa respiration ; - surveiller la qualité de son sommeil ; → **renforcer la vigilance si l'enfant présente un problème de santé (problème respiratoire, digestif, etc.).**
Transmission → Transmettre les informations aux parents : qualité du sommeil (comportement de l'enfant), temps du sommeil.

[1] MIN = mort inattendue du nourrisson (vue dans ce chapitre).
[2] Le choix d'un lit à barreaux semble recommandé, car il est à claire-voie et facilite la surveillance du bébé

L'adaptation de l'enfant aux modes d'accueil

Les exigences professionnelles, l'évolution de la famille, la politique familiale ont fortement modifié les demandes des familles. De plus, l'éclatement des familles, le rythme de travail, les horaires à temps partiel créent des besoins nouveaux dans le secteur de la garde des enfants de moins de 3 ans. Celle-ci pose donc, de nos jours, de gros problèmes aux parents conscients de leurs responsabilités. Si la maman doit retravailler, il est fortement conseillé de trouver une solution de garde dès le début de la grossesse. Bien qu'insuffisants, différents modes de garde sont à la disposition des familles.

Il existe deux grands types d'établissements d'accueil :
- les établissements assurant *l'accueil collectif* ;
- les services *d'accueil familial* (au domicile d'assistantes maternelles).

Situation

L'assistante maternelle pour Célia, la crèche pour Mattéo

- Célia (2 ans) a été confiée à l'âge d'1 an à une assistante maternelle. Sa mère va la chercher tous les soirs, elle la récupère le mercredi et tous les week-ends. L'assistante maternelle parle souvent à Célia, lui raconte des histoires, l'emmène se promener ou chercher ses propres enfants à l'école.
- Les parents de Mattéo (2 ans) ont choisi la crèche collective. L'enfant y a été placé à 14 mois. Après une période d'essai d'une semaine, Mattéo est allé à la crèche tous les jours (sauf les week-ends).

Les questions que l'on se pose

- *Comment, si petit, va-t-il pouvoir supporter la séparation ?*
- *Comment allons-nous la supporter ?*
- *L'assistante maternelle ne va-t-elle pas devenir le personnage central de sa vie ?*
- *Possède-t-elle les qualités humaines et les capacités professionnelles pour s'occuper d'un jeune enfant ?*
- *Son logement présente-t-il assez de garanties sanitaires et sécuritaires ?*
- *La crèche ne stimule-t-elle pas davantage l'éveil et la socialisation de l'enfant ? Les jeux ne sont-ils pas plus adaptés à ses besoins ?*

Les établissements d'accueil collectif

Nous allons analyser les principales caractéristiques de chaque mode de garde, ses effectifs et la qualification des personnes responsables. En nous appuyant sur le décret n° 2010-613 du 7 juin 2010 modifiant le décret n° 2007-230 du 20 février 2007 relatif aux établissements et services d'accueil d'enfants de moins de 6 ans.

LES CARACTÉRISTIQUES DES PRINCIPALES STRUCTURES D'ACCUEIL

Le tableau 14.1 présente les caractéristiques essentielles des principales structures d'accueil collectif.

Tableau 14.1 – Les caractéristiques et les effectifs.

	Caractéristiques	Effectifs	Responsabilités
La crèche collective	Accueil régulier d'enfants de moins de 6 ans durant le travail de leurs parents : - 60 places maximum par unité d'accueil ; - fermeture annuelle, d'un mois (variable).	**Encadrement :** - des auxiliaires de puériculture (AP) ; - des éducateurs de jeunes enfants (EJE). - plus rarement : des psychomotriciens et des infirmiers **Effectifs :** une personne pour : - 5 enfants qui ne marchent pas ; - 8 enfants qui marchent.	- un médecin ; - ou une puéricultrice ou un éducateur de jeunes enfants ; - avec le concours (selon les capacités d'accueil) d'un(e) adjoint(e).
La crèche parentale	Accueil régulier, à la journée, d'enfants de moins de 6 ans : - établissement à gestion parentale (association de parents) ; - 20 places.	**Encadrement :** assuré par les parents ET au minimum une professionnelle (AP, EJE...) **Effectif :** idem que pour la crèche collective.	- une puéricultrice ; - ou un éducateur de jeunes enfants.
La halte-garderie	Accueil occasionnel d'enfants âgés de moins de 6 ans.	Encadrement et effectifs identiques pour la crèche collective.	- une puéricultrice - ou un éducateur de jeunes enfants - ou une infirmière.
La microcrèche	Accueil d'enfants de moins de 6 ans.	**Encadrement :** - des auxiliaires de puériculture (AP), - des éducateurs de jeunes enfants (EJE) ; - des personnes ayant une expérience dans le domaine de l'accueil de la petite enfance (CAP petite enfance, assistante maternelle). **Effectif :** 2 personnes (dont 1 professionnelle : AP, EJE...) dès lors que le nombre d'enfants est supérieur à 4.	- un « référent technique » ; - si le référent technique a plusieurs microcrèches en charge, alors un directeur sera obligatoire : une puéricultrice ou un éducateur de jeunes enfants.

	Caractéristiques	Effectifs	Responsabilités
Le jardin d'enfants	Accueil régulier, à la journée, d'enfants de plus de 2 ans, non scolarisés ou scolarisés à temps partiel.	**Effectif :** 1 personne pour 8 enfants	Un éducateur de jeunes enfants
Le jardin d'éveil	Accueil d'enfants de 2 ans ou plus afin de faciliter l'intégration à l'école maternelle - entre 12 et 80 places (le plus souvent entre 12 et 24 places).	**Encadrement :** - des puéricultrices, - des auxiliaires de puériculture (AP), - des éducateurs de jeunes enfants (EJE) ; - des personnes ayant une qualification ou une expérience dans le domaine de l'accueil de la petite enfance. **Effectif :** 1 personne pour 12 enfants.	- une puéricultrice ; - ou un éducateur de jeunes enfants ; - « ou à défaut par une personne détenant une qualification et une expérience dans le domaine de la petite enfance par arrêté du ministre chargé de la Famille »[1].

[1] Article R.2324-47-1 du décret n° 2010-613 du 7 juin 2010 modifiant le décret n° 2007-230 du 20 février 2007 relatif aux établissements et services d'accueil d'enfants de moins de 6 ans.

LES AUTRES STRUCTURES D'ACCUEIL COLLECTIF

• **Les crèches d'appartements** : des assistantes maternelles prennent en charge des enfants dans des appartements mis aux « normes ». Ces mini-structures fonctionnent sous la responsabilité d'une puéricultrice et d'une éducatrice de jeunes enfants qui se rendent régulièrement dans les appartements pour encadrer les enfants et le personnel.

• **Les crèches d'entreprise** : elles se sont développées dans les entreprises ou usines pour répondre aux besoins des familles et sont réservées au personnel de ces établissements.

• **La structure multi-accueil** : c'est une crèche qui propose un accueil régulier ou occasionnel des enfants à temps plein ou à temps partiel ; elle regroupe la crèche collective, la halte-garderie et la crèche familiale. Le fonctionnement est celui d'une crèche.

Fig. 14.1. À la crèche.

LES MISSIONS DE L'ENSEMBLE DE CES ÉTABLISSEMENTS

Ces établissements ont pour mission[1] :

• d'accueillir les enfants de moins de 6 ans ;
• de les aider à se développer harmonieusement ;
• de veiller à leur sécurité et à leur bien-être ;

(1) Article 180-1, décret du 1er août 2000.

• de participer à la socialisation des enfants et de les préparer à leur entrée à l'école maternelle ;
• de concourir à l'intégration sociale des enfants présentant un handicap ou atteints d'une maladie chronique.

L'ANALYSE CRITIQUE DU MODE D'ACCUEIL COLLECTIF

Tout mode de garde possède ses avantages et ses inconvénients que les parents doivent très bien apprécier avant leur choix. Il est utile de les recenser.

LES AVANTAGES

Les enfants sont pris en charge par une équipe pluridisciplinaire dans le cadre d'un contrat personnalisé, ils sont accompagnés et suivis tout au long de leur séjour à la crèche.
La collectivité les aide à développer :
• leur socialisation ;
• leur éveil ;
• leur ouverture sur le monde.

LES INCONVÉNIENTS

Les jeunes enfants ont parfois du mal à s'habituer à la crèche :
• rythme de vie moins calme que celui du domicile ;
• pleurs des autres bébés, bousculades des plus grands ;
• risques de contagion plus importants (rhinopharyngites, diarrhées, etc.).

Les services d'accueil familial, la garde à domicile

La garde à domicile est un accueil régulier, à temps plein ou à temps partiel, en garde simple ou en garde partagée.

LES CARACTÉRISTIQUES DES DIFFÉRENTS SERVICES

Nous allons voir ci-après les principales caractéristiques du mode d'accueil familial de l'enfant ainsi que les effectifs des services et la qualification du personnel qui en assure la responsabilité (tableau 14.2).

Tableau 14.2 – Les caractéristiques et les effectifs.

	Accueil	Effectifs	Responsabilités
La crèche familiale	Accueil régulier, à la journée, d'1 à 3 enfants de moins de 3 ans chez des « assistantes maternelles » agréées (50 places).	Encadrement assuré par l'assistante maternelle (sous la responsabilité de la puéricultrice, d'un médecin et de l'équipe pluridisciplinaire).	- une puéricultrice (directrice de la crèche familiale) ; - un médecin de PMI ; - une équipe pluridisciplinaire.
L'assistante maternelle (agréée)	Accueil régulier, à la journée et à domicile d'1 à 3 enfants de moins de 6 ans.	Encadrement assuré par l'assistante maternelle (sous la surveillance d'une puéricultrice, d'un médecin et de l'équipe pluridisciplinaire) L'assistante maternelle est employée par les parents.	- une puéricultrice (attachée à la PMI) ; - un médecin de PMI.

LES RELAIS ASSISTANTES MATERNELLES ET LES RELAIS AUXILIAIRES PARENTAUX

Des structures d'accueil temporaires accueillent les enfants qui sont gardés à domicile. Les enfants accompagnés par l'assistante maternelle (ou par l'auxiliaire parentale) peuvent y venir plusieurs fois par semaine et profiter de la halte jeux qui leur est réservée.
Ces accueils permettent aux enfants de se rencontrer entre eux, de jouer sous la responsabilité d'une éducatrice de jeunes enfants, de connaître la collectivité et ainsi d'être préparés à leur future entrée à l'école maternelle.
Les assistantes maternelles et les auxiliaires parentales qui fréquentent ces relais se sentent moins isolées, peuvent partager leurs expériences professionnelles et demander des conseils aux responsables de ces relais.

LE STATUT DE L'AM ET DES AUXILIAIRES PARENTALES

Ce statut sera développé ci-après.

L'assistante maternelle agréée

L'assistante maternelle agréée (AMA) occupe un statut particulier dans le cadre du mode d'accueil familial. Les parents font de plus en plus appel à ses services et cette activité professionnelle est en voie de développement.

Fig. 14.2. Chez l'assistante maternelle.

LE STATUT PARTICULIER DE L'AMA

Les assistantes maternelles ont un « statut professionnel » reconnu :

- le salaire est calculé selon le SMIC (par jour et par enfant à charge) ;
- à ce salaire s'ajoutent des indemnités d'entretien et de congés payés ;
- si l'assistante maternelle est indépendante, elle est payée par les parents ;
- si elle dépend de la crèche familiale, elle est payée par la crèche, sinon par la famille utilisatrice ;
- un contrat de travail est établi entre l'employée et l'employeur.

LES CONDITIONS D'AGRÉMENT DE L'AMA

L'agrément est donné par la PMI. Pour l'obtenir, l'assistante maternelle doit déposer une demande à la circonscription sociale. L'agrément est délivré en fonction :

- de ses aptitudes à accueillir des jeunes enfants ;
- du logement, qui doit être adapté à cet accueil ;
- de ses qualités morales et intellectuelles ;
- de son état de santé et de celui de sa famille.

MémoMémoMémo

L'agrément des assistantes maternelles est renouvelé tous les 5 ans. Il peut être modifié avant ce délai, à la demande de l'intéressé ou si les conditions d'accueil ne présentent plus les mêmes garanties.
L'agrément est fixé à trois enfants au maximum, sauf dérogation.
Une formation minimale est obligatoire. Elle est fixée à 60 h dans les 5 années qui suivent l'agrément, dont 20 h au cours des deux premières années. Pour les AM (ASE), cette formation est fixée à 120 h dans un délai de 3 ans. Le département assure le financement de cette formation.

L'auxiliaire parentale

L'auxiliaire parentale est titulaire d'un certificat de qualification professionnelle (CQP) ou d'un certificat de compétences professionnelles (CCP).

Ces certificats s'obtiennent lorsque les personnes ont suivi une formation qu'elles ont validée avec succès.

Les formations d'une durée de 4 mois à temps plein leur permettent d'acquérir les connaissances nécessaires pour la prise en charge de jeunes enfants.

Les CQP de garde d'enfants ou les CCP sont reconnus par la branche professionnelle et sont une garantie pour les familles qui les embauchent.

Aucun agrément ne leur est nécessaire pour exercer leur activité professionnelle.

En cours d'emploi, chaque année, elles profitent d'une formation continue de 40 heures.

L'analyse critique du mode de garde à domicile

Chaque mode de garde présente ses avantages et ses inconvénients. Il est utile de les recenser.

LES AVANTAGES

Les enfants bénéficient d'une prise en charge plus individualisée qu'en structure collective qui peut leur rappeler leur milieu familial. De ce fait :

- les risques de contagion sont moindres ;
- le rythme de vie est plus calme pour un jeune bébé ;
- de par leur professionnalisme, les assistantes maternelles ou les auxiliaires parentales assurent une prise en charge individuelle qui répond aux besoins des enfants.

LES INCONVÉNIENTS

Les inconvénients se rencontrent lorsque les salariées manquent de professionnalisme. Par exemple :

- problèmes d'hygiène ;
- manque de stimulation, qui entraîne des problèmes de développement, de socialisation ;
- problèmes de sécurité ;
- risque d'attachement excessif.

Il est important que les familles vérifient bien les compétences des personnes avant de leur confier leur enfant.

LES PROBLÈMES PARTICULIERS LIÉS PARFOIS À CE MODE DE GARDE

Dans 90 % des cas, l'accueil de l'enfant chez une assistante maternelle s'effectue dans les meilleures conditions et tous les partenaires sont satisfaits ; nous allons étudier ci-dessous quelques cas particuliers qu'il faut prendre en compte pour réagir de façon adéquate.

LES RELATIONS DE L'ENFANT ET DE LA PROFESSIONNELLE

Citons deux cas extrêmes :

- **l'enfant s'attache trop à l'AM**, car elle est trop exclusive, ne peut pas avoir d'enfants ou n'a plus d'enfants à elle ;
- **l'enfant ne s'attache pas à l'AM**, car elle est peu motivée ou trop âgée, ou insensible ou dure, ou a trop d'enfants à garder ou préfère les siens.

LES RELATIONS DE L'ENFANT ET DE SA MÈRE

L'enfant peut préférer l'assistante maternelle, ce qui engendre un « conflit » avec la mère, qui se manifeste par de l'agressivité.

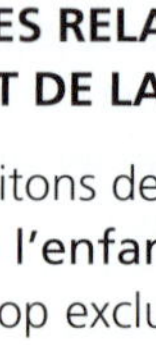

Rôle de la professionnelle

Éviter que l'enfant ne s'attache trop à elle

Elle doit lui apprendre à faire la différence entre elle et sa mère, avec des *mots*, des *rappels* d'événements familiaux, et des *photos* (par exemple, elle veillera à fixer la photo de sa maman et de son papa, sur sa petite penderie, comme le font beaucoup de crèches). Elle saura donner de l'affection et de la tendresse, tout en gardant une certaine retenue.

S'entendre avec la mère de l'enfant

Sur les plans :
- éducatif ;
- alimentaire ;
- rythme de vie ;
- horaires (accueil et départ de l'enfant).

L'enfant apprécie ce climat de bonne entente qui est très sécurisant pour lui.

Se valoriser mutuellement

Chacune doit parler de l'autre à l'enfant dans des termes d'estime et d'amitié (ce sont des repères importants pour l'enfant).

Situation

Lola, placée chez une AM à temps complet

Depuis l'âge de 3 mois, Lola a été placée à la campagne chez Mme X., assistante maternelle qui gardait déjà deux autres enfants en bas âge.
L'Agence régionale de Santé (ARS) avait proposé ce placement à la maman de Lola en raison d'un logement inapproprié et d'une vie très « chargée ». Cette maman est restée très attachée à sa fille et a toujours su lui manifester de l'affection lors des week-ends qu'elles partageaient ensemble.
L'AM a su garder sa place et expliquer à Lola les difficultés de sa maman. Elle a su éveiller l'enfant à l'environnement naturel qui l'entourait. Lola a aujourd'hui 4 ans. Elle va à l'école maternelle et elle est toujours la plus motivée pour parler lorsque la maîtresse choisit le thème de la « ferme » et de la « campagne ».

Nous voyons ici l'exemple d'un placement à temps complet, réussi. L'enfant différencie bien la mère de l'assistante maternelle et cette dernière a eu les qualités requises (sur les plans humain et professionnel) pour favoriser l'épanouissement de l'enfant, malgré une situation personnelle qui aurait pu être déstabilisante pour lui.

L'école maternelle

Les 3 ans de l'enfant sont vite arrivés et il est temps maintenant pour lui d'entrer à l'école maternelle. La maternelle est, pour l'enfant, une expérience indispensable de socialisation, de découvertes et d'apprentissages. Il devient « grand ».

LES CONDITIONS POUR INSCRIRE L'ENFANT À L'ÉCOLE MATERNELLE

Certaines conditions doivent être réunies pour l'entrée de l'enfant à l'école maternelle. Bien qu'officiellement, la maternelle accepte les enfants à partir de 2 ans, il est déconseillé d'y mettre des enfants de moins de 3 ans. Cependant, ce serait une erreur de se fonder uniquement sur l'âge. Le seul critère qui compte vraiment est celui de la **maturité de l'enfant**. En général, on peut dire qu'un enfant est capable d'aller à l'école maternelle lorsqu'il :

- est « propre » (c'est-à-dire a acquis le « contrôle des sphincters ») ;
- peut comprendre et exécuter des « ordres simples » ;
- peut « se séparer de sa mère » sans trop de difficultés ;
- marche bien ;
- a une bonne préhension manuelle ;
- manifeste un « désir de contact » avec d'autres enfants ;
- a envie de « travailler » (comme ses frères !).

Il faut surtout tenir compte de la personnalité de chaque enfant.

MémoMémoMémo

L'adaptation à l'école maternelle

Le psychologue Gesell explique que les échecs d'adaptation à l'école maternelle sont souvent dus à « un haut degré de dépendance émotionnelle vis-à-vis de la mère ou du milieu familial » ; que « ces difficultés s'observent davantage à l'âge de 2 ans, alors que vers l'âge de 3 ans, l'enfant devrait accepter l'école avec intrépidité »[2]. Gesell soulève également le problème du temps de fréquentation de l'école ; il pense que « les enfants sont, sans aucun doute, moins fatigués par une expérience à mi-temps en harmonie avec les

(2) A. Gesell, *Le jeune enfant dans la civilisation moderne*, PUF.

exigences du processus du développement psychomoteur ». Toutefois, le nombre des heures de présence et le choix des heures doivent être en rapport, si possible, avec la personnalité de chaque enfant.

LES FACTEURS DÉFAVORABLES POUR L'ENTRÉE À L'ÉCOLE MATERNELLE

Il est normal qu'un enfant pleure le premier jour de l'entrée à l'école car il ressent avec plus ou moins d'intensité la séparation d'avec sa mère. Il éprouve un sentiment d'abandon, d'angoisse, une appréhension du nouveau. En général, cela ne dure pas ; si la maîtresse a un bon contact avec l'enfant, tout rentrera dans l'ordre rapidement et il ira ensuite à l'école très volontiers.

Toutefois, il existe certaines **circonstances défavorables** qu'il ne faut surtout pas minimiser car elles nuiront à l'adaptation de l'enfant à la maternelle.

Ainsi, il est vivement déconseillé de mettre l'enfant à l'école :

- **au milieu de l'année scolaire** ou s'il est en mauvaise santé ;
- **après l'arrivée d'un petit frère au foyer** (si cela est possible) ; sinon des précautions particulières sont à mettre en place car la jalousie fait souffrir l'enfant et il ressent l'école comme une mise à l'écart.

De même des dispositions devront être étudiées lorsque l'enfant **fait l'objet d'agressions** répétées de la part de certains camarades de classe (certains enfants sensibles sont parfois les « souffre-douleur » des bagarreurs et des agressifs). La famille devra également être alertée lorsque l'enfant a de mauvais contacts ou heurts avec la « maîtresse », etc.

LES DIFFICULTÉS D'ADAPTATION À L'ÉCOLE MATERNELLE

Un enfant qui s'adapte mal à l'école ne s'y rendra pas de bon cœur et pourra manifester des **troubles du comportement** qui sont les suivants :

- se remettre à sucer son pouce ou mouiller son lit la nuit (signes de régression) ;
- avoir des cauchemars ;
- avoir un manque d'appétit (anorexie) ;
- pleurer, faire des caprices à répétition ;
- devenir agressif (envers ses parents, sa maîtresse, ses camarades de classe).

Conseil : dans ces cas-là, les parents devront être conseillés par leur médecin, les psychologues de l'enfance et s'entretenir avec le directeur de l'école pour trouver la meilleure solution.

L'adaptation à une structure d'accueil (réactions de l'enfant à une séparation temporaire d'avec sa mère).

Lorsque l'enfant va à la crèche ou chez l'assistante maternelle, il vit un moment pénible pour lui : celui de la **séparation** d'avec sa famille.

Le jeune enfant vit souvent très mal les séparations (mêmes temporaires !) d'avec ses parents, et en particulier d'avec sa mère. Des sentiments confus l'assaillent et le perturbent. La séparation constitue toujours une épreuve. Tout doit être mis en place pour en réduire les effets négatifs.

Les réactions de l'enfant à la séparation sont variables ; elles dépendent de nombreux facteurs :

- de sa sensibilité et de son adaptabilité ;
- de son âge ;
- de la personnalité de sa mère et de la qualité de leur relation ;
- de la nature et de la durée de la séparation.

Afin d'éviter ces difficultés, il est conseillé d'organiser une adaptation progressive au mode de garde.

LES MANIFESTATIONS DE L'ENFANT

On observe que :

- certains enfants pleurent puis se calment rapidement ;
- d'autres manifestent leur désaccord par des colères ;
- ou, au contraire, par une attitude indifférente (ce qui est aussi un signe de souffrance).

Les enfants peuvent également exprimer leurs sentiments par :

- des manifestations psychosomatiques (par exemple : diarrhée, vomissement, anorexie, etc.) ;

- ou des petits signes de dépression (par exemple : ils dorment beaucoup, ne sourient plus, tètent inlassablement leur pouce, réclament leur « doudou » etc.).

LES MOYENS POUR ATTÉNUER LA TRISTESSE DE L'ENFANT

L'adulte (qu'il soit parent ou professionnel) supporte mal l'expression de la tristesse de l'enfant qui se traduit par des pleurs, des cris. Très souvent il la nie ou la détourne (en lui mettant une tétine dans la bouche, en le distrayant, etc.). De ce fait, l'adulte ne laisse pas à l'enfant la possibilité d'exprimer sa souffrance et de s'en décharger.

Afin de soulager l'enfant, il faut savoir :

- **admettre** le temps des pleurs : l'enfant a le droit « d'exprimer sa souffrance » ;
- **reconnaître** la peine de l'enfant et l'aider en verbalisant la situation. Il faut « parler vrai » à l'enfant. À tout âge, il est capable de comprendre une situation.

Exemple : l'assistante maternelle peut dire à l'enfant : « Tu pleures parce que ta maman est partie, tu as beaucoup de peine (…) mais elle va revenir te chercher bientôt ».

L'ADAPTATION PROGRESSIVE AU MODE D'ACCUEIL

Il est conseillé d'effectuer un accueil progressif pour habituer l'enfant au changement. Par exemple à la crèche, il existe une période d'adaptation. Cette période s'étend généralement sur 5 à 7 jours, la crèche reçoit la maman avec l'enfant. Cet accueil présente de nombreux avantages, il permet :

- **à l'enfant** : de créer un lien entre ses deux milieux de vie, d'établir ses nouveaux repères, de s'habituer au lieu et à de nouvelles personnes en présence de sa mère (rythme, habitudes, etc.) ;
- **à la mère** : d'être plus confiante en laissant son enfant (elle transmet ce sentiment à l'enfant) ;
- **au personnel de la crèche** : de mieux connaître l'enfant et ses petites habitudes (il peut poser les questions à la maman…) et donc d'atténuer les effets négatifs du changement.

MémoMémoMémo

Comment préparer l'enfant à une séparation temporaire d'avec ses parents

On remarque très souvent que la maman n'a pas préparé son enfant à « vivre la séparation » ou parfois est « maladroite » au moment de la séparation. Pour tenter d'atténuer la souffrance de l'enfant due à une séparation temporaire, les psychologues lui conseillent de :

- *parler à l'enfant* : mettre des mots sur la séparation (même petit, l'enfant comprend très bien ce qu'on lui dit ; par exemple : « Maman te confie à la crèche ou à l'AM car elle doit aller travailler ») ;
- *éviter de s'éclipser en douce*, mais embrasser l'enfant en lui disant : « Ce soir, je reviens te chercher » ;
- *lui présenter la personne* qui va s'occuper de lui (par exemple : « Zora va s'occuper de toi ») ;
- *signaler le prénom* de l'enfant à la professionnelle référente (l'enfant a besoin d'être reconnu, identifié) ;
- *ne pas dépouiller* l'enfant brutalement de ses vêtements ou objets familiers (par exemple, le manteau qui est un objet transitionnel : il est rassurant pour affronter l'inconnu, il porte l'odeur de la maison, il constitue un lien avec la famille) ;
- *maintenir le contact avec l'enfant* (corporel ou par la voix) au moment du « changement de bras » lié à la séparation ;
- les premiers jours, il faut *prolonger cette transition* pour permettre à l'enfant « d'apprivoiser » les gens et les lieux plus facilement !
- laisser à l'enfant un *objet transitionnel* (nounours, foulard, etc.) ; il possède un pouvoir sécurisant très appréciable.

5

Accompagnement et prise en charge d'un enfant malade

15 La maladie, l'enfant malade

Le professionnel de la petite enfance (assistante maternelle ou garde à domicile) peut être amené à s'occuper d'un enfant lorsqu'il est malade.

Soigner un enfant, c'est en prendre soin, répondre à ses besoins de bien-être quotidien en matière d'hygiène, d'alimentation, de confort, d'occupation et de loisirs. Le professionnel à domicile va *travailler en étroite collaboration avec la famille de l'enfant* : il va soigner, aider, soutenir l'enfant pendant l'épreuve qu'est sa maladie, sans interférer sur la relation parents-enfants. Il peut également être amené à signaler les premiers symptômes annonciateurs d'une pathologie, et ainsi aider au diagnostic.

Mais « pour voir il faut savoir », c'est pourquoi les professionnels de la petite enfance doivent posséder le maximum de connaissances sur les principales affections auxquelles l'enfant peut être confronté.

Situations

- Mme A. (AM) garde Cyprien (18 mois) à son domicile. L'enfant tousse depuis la veille et aujourd'hui elle constate que sa voix devient rauque.
- Mlle B. (GEAD) s'occupe depuis une semaine d'Anaïs (2 ans). Aujourd'hui elle constate qu'elle a vomi et que quelques boutons ont fait leur apparition derrière ses oreilles.
- Mlle C. (CAP Petite enfance en halte-garderie) signale à sa responsable que Sarah (8 mois) vient d'avoir des selles liquides.
- M. D. (EJE) signale à la directrice que Hugo (12 mois) est très enrhumé et qu'il tousse beaucoup.
- Mme E. (AP en chirurgie) alerte le cadre du service. Elle lui signale que Célia (âgée de 15 mois) récemment opérée, semble souffrir.

- *Cyprien tousse, il a 38°5 de fièvre. Il respire mal et sa voix devient rauque...*
- *Anaïs a vomi son repas de midi et a des boutons rouges derrière ses oreilles (sans démangeaisons).*
- *Sarah est grognon ; elle a de la fièvre (38°2), les yeux larmoyants et vient d'avoir une selle très liquide.*
- *Hugo est très enrhumé. Il n'a pas de fièvre, mais sa toux devient productive.*
- *Célia, après avoir pleuré lorsqu'on l'a levée de son lit pour la changer, a manifesté des signes de souffrance (lèvres pincées, position en chien de fusil, etc.).*

L'observation de l'enfant malade

Définir les notions de santé et de maladie est complexe car une grande part de subjectivité doit être prise en compte.

LA DÉFINITION DE LA SANTÉ ET DE LA MALADIE

LA SANTÉ : « UN ÉTAT DE BIEN-ÊTRE » ET « UN ÉQUILIBRE INSTABLE »

« La santé est un état de complet bien-être (physique, mental et social) et ne consiste pas seulement en une absence de maladie » (définition de l'OMS, l'organisation mondiale de la santé). La santé est donc un état dynamique qui englobe deux notions :

- la santé « résistance aux agressions de l'environnement » ;
- la santé « bien-être » : l'individu ressent à la fois un bien-être physique et psychique.

La santé est le résultat de la satisfaction de besoins fondamentaux, qui regroupent des besoins :

- biologiques ;
- psychologiques ;
- sociaux, culturels et spirituels, etc.

La santé est donc un **équilibre instable** puisque l'être humain doit sans cesse s'adapter à l'environnement, et toute influence négative peut faire basculer l'état de santé vers celui de maladie. Parmi les facteurs qui peuvent faire « basculer » l'état de santé, on peut citer les suivants.

→ Les facteurs externes

Par exemple : l'**hygiène de vie** (sommeil, alimentation, sorties, activités, etc.), le **milieu de vie**, etc.

→ Les facteurs internes

Par exemple : le patrimoine génétique (la santé se transmet, au même titre que les yeux bleus !).

LA MALADIE : « UNE ALTÉRATION DE LA SANTÉ »

Le dictionnaire définit la maladie comme « une altération de la santé considérée dans son évolution ». Il s'agit d'une « altération de l'état de santé » qui se traduit notamment par un ensemble de ruptures d'ordre physique, mental et/ou social.

LA CLASSIFICATION DES MALADIES

On peut classer les maladies de différentes façons.

SELON LEURS CAUSES (OU ÉTIOLOGIES)

Citons quelques exemples :

- les **maladies infectieuses** : elles sont provoquées par un agent pathogène. Par exemple : rougeole, rubéole, grippe, varicelle ;
- les **maladies héréditaires** : elles sont liées aux anomalies de la division cellulaire et transmises selon les lois de l'hérédité. Par exemple : l'hémophilie.

SELON LEUR SITUATION ANATOMIQUE

Il s'agit du classement choisi pour présenter les pathologies de ce chapitre. Par exemple :

- maladies respiratoires ;
- maladies digestives ;
- maladies urinaires, etc.

SELON LEURS CARACTÉRISTIQUES COMMUNES

Citons à titre d'exemples :

- les **maladies aiguës** : ce sont des maladies d'apparition soudaine avec une évolution rapide ;
- les **maladies chroniques** : ce sont des maladies avec une évolution lente, par paliers, et persistantes parfois toute la vie.

LES ÉTAPES DE LA MALADIE

Chaque maladie se développe selon un « **processus** », ce qui signifie qu'elle a un déroulement en plusieurs phases. Il y en a quatre essentielles.

LA PHASE D'INCUBATION

C'est une phase le plus souvent silencieuse (asymptomatique).

LA PHASE D'INVASION

Les signes passent parfois inaperçus (fatigue, céphalées, etc.), ils ne sont pas « spécifiques » de la maladie et ne permettent pas le diagnostic. C'est l'entrée dans la maladie.

LA PHASE D'ÉTAT

Les symptômes vont atteindre leur maximum d'intensité. C'est le stade du « diagnostic ».

LA PHASE D'ÉVOLUTION

À ce stade, le processus de la maladie peut évoluer vers quatre dénouements :

- la **guérison** : avec disparition des symptômes ;
- la **stabilisation** : il n'y a pas de guérison mais la maladie n'évolue plus ;
- la **rechute** : de nouvelles évolutions peuvent survenir (une surinfection par exemple) ;
- la **mort**.

Rôle de la professionnelle

Elle doit savoir que les phases d'un processus pathologique ne sont pas toujours aussi marquées, car chaque pathologie possède ses phases propres. De plus, chaque enfant réagit différemment à sa maladie. Toutefois, la connaissance de ces phases doit aider la professionnelle à développer ses capacités d'observation.

Elle sera capable de :

- identifier les origines des maladies ;
- comprendre le processus d'apparition et d'évolution de la maladie ;
- percevoir et respecter les réactions individuelles de l'enfant face à la maladie ;
- entourer et aider la famille de l'enfant lors de « l'épreuve » de la maladie ;
- participer aux soins selon les consignes reçues.

LA « DÉMARCHE D'OBSERVATION » DE L'ENFANT (« MÉTHODE »)

L'observation est un phénomène complexe, qui nécessite l'acquisition de capacités **sensorielles** (mettant en jeu les quatre sens), **intellectuelles** (mettant en jeu les connaissances) et **relationnelles** (mettant en jeu le contact avec l'enfant). Pour observer l'état de santé de l'enfant, on effectue une « **démarche d'observation** ». Il est conseillé d'utiliser la méthode du « QQQOCP »[1] qui fait appel au raisonnement logique.

Fig. 15.1. L'enfant fébrile est souvent grognon.

P COMME POURQUOI ? (POURQUOI OBSERVER ?)

L'observation a pour objectif de saisir toute modification de l'état de santé d'un enfant dans le but de favoriser une « prise en charge » rapide.

Q COMME QUOI ? (QUOI OBSERVER ?)

L'observation est un processus qui s'appuie sur les connaissances : « pour voir il faut savoir ! ». Il faut « voir l'essentiel ». Il faut « voir vite et cerner les priorités ! », afin d'alerter, donc d'être efficace.

Q COMME QUI ? (QUI PEUT OBSERVER ?)

Toute personne est en mesure d'observer un enfant. Toutefois, un(e) professionnel(le) de la petite enfance oriente l'observation de l'enfant vers la satisfaction des besoins fondamentaux : sont-ils satisfaits ou perturbés ?

Q COMME QUAND ? (QUAND OBSERVER ?)

Le professionnel de l'enfance doit observer l'enfant en permanence.

(1) QQQOCP : c'est un terme mnémotechnique très connu des milieux de santé. Toutefois, il est plus logique de placer le P (pourquoi) dès le début et à tous les stades de la réflexion.

O COMME OÙ ? (OÙ OBSERVER ?)

La professionnelle pourra observer l'enfant de plus près lors des « soins » (par exemple : lors de la toilette lorsque l'enfant est sur la table de change, ou au moment du repas, en donnant le biberon, ce sont des moments privilégiés pour observer l'enfant).

C COMME COMMENT ? (COMMENT OBSERVER ?)

La démarche d'observation s'effectue en deux étapes : la professionnelle observe globalement puis affine son observation (ces deux étapes sont très rapprochées dans le temps) :

- elle verra d'abord les **expressions corporelles** (comportement, gestes, etc.) ;
- elle verra ensuite les **activités** mentales, sensorielles, etc.

Il s'agit de repérer les signes vitaux traduisant l'état clinique de l'enfant. Pour cela, la professionnelle va **utiliser ses quatre sens** (vue, ouïe, odorat et toucher) (tableau 15.1). Elle doit transmettre tous les éléments de son observation aux parents de l'enfant, ou (selon le cas) à la directrice de la structure où elle travaille, ou au médecin.

L'OBSERVATION DE L'ÉTAT CLINIQUE DE L'ENFANT

Après avoir décrit la méthode d'observation, nous citons ci-après, quelques éléments d'observation de l'enfant, d'abord dans le cas d'un état clinique normal et ensuite dans le cas d'une situation d'urgence, qui nécessite d'alerter immédiatement (tableau 15.1).

Tableau 15.1 – L'observation de l'état clinique et de ses modifications chez l'enfant.

Éléments à observer	État clinique normal de l'enfant*	Modifications graves de l'état clinique (alerte et urgence)*
Par la vue Aspect général	Enfant calme, détendu	Enfant angoissé, agité, geignard
État de conscience	Enfant vif, actif	L'enfant ne répond pas aux questions, ne parle pas, conscience fluctuante
État de la bouche (et des muqueuses)	Muqueuses humides Langue rose	Bouche sèche Langue râpeuse et blanche
Communication	L'enfant parle spontanément, facilement	Refus de communiquer
Activités physiologiques : - manger - dormir - éliminer	L'enfant a bon appétit Il dort bien Il élimine normalement	L'enfant refuse le repas Il se réveille souvent et pleure Il a des selles liquides, une diurèse réduite, etc.
Activités motrices	L'enfant se lève, marche	L'enfant ne se lève pas, ne peut pas marcher
Peau	Peau rosée	Peau pâle ou bleutée (cyanose) Extrémités froides et marbrées Peau rouge (fièvre), sueurs ++
Par l'ouïe Langage (paroles, voix)	L'enfant s'exprime clairement	L'enfant parle faiblement et pleure
Respiration, cœur	L'enfant respire normalement, son cœur bat normalement	Fréquence respiratoire anormale, tachycardie
Par l'odorat L'enfant et son environnement	Haleine normale Vêtements propres, absence de vomissements, de selles, d'urines, etc.	Haleine fétide Vomissements Selles liquides et malodorantes

Éléments à observer	État clinique normal de l'enfant*	Modifications graves de l'état clinique (alerte et urgence)*
Par le toucher Peau	Peau hydratée Peau intègre	Peau chaude (fièvre)/extrémités froides, marbrées Pli cutané Éruption cutanée
Contact	L'enfant se laisse toucher lors des soins	L'enfant refuse le contact (évitement)

*À apprécier en fonction de son âge et des capacités motrices habituelles.

Les réactions de l'enfant à la maladie, ou à l'hospitalisation

En fonction de la nature de sa maladie et de la décision médicale, un enfant malade peut être soigné, soit à domicile, soit en milieu hospitalier. La prise en charge de l'enfant nécessite une attention et des soins particuliers pour atténuer au maximum les effets négatifs de la maladie, et ceux, éventuellement, de son hospitalisation. La professionnelle de l'enfance qui est amenée à prendre en charge un enfant malade devra être attentive à ses réactions, très significatives de sa psychologie.

LES RÉACTIONS DE L'ENFANT À LA MALADIE

Face à la maladie, chaque enfant réagit différemment, mais généralement on retrouve les comportements suivants. L'enfant peut :

- se plaindre ou devenir **passif**, **soumis**, **silencieux** (dormir beaucoup) ;
- **régresser** (adopter des comportements qu'il avait à un stade antérieur ; par exemple : sucer le pouce, faire pipi au lit, demander le biberon, etc.) ;
- devenir **agressif**, **exigeant** avec l'entourage ;
- se sentir « **fautif** » ou « **coupable** » de quelque chose qu'il aurait commis (il voit en la maladie une punition !). Ce phénomène s'observe également dans le ressenti de la douleur par l'enfant ;
- se sentir « **exclu** » (exclu du groupe familial, des copains, etc.).

Rôle de la professionnelle

Elle doit développer ses compétences à l'observation, qui est une qualité professionnelle très importante. Pour cela, elle veillera à :
- utiliser largement ses *quatre sens* (vue ouïe, odorat et toucher) ;
- adopter une attitude permettant à l'enfant malade de s'exprimer ; c'est une *attitude d'écoute* et de *disponibilité* ;
- *mémoriser* les signes observés lors des soins de nursing ;
- *transmettre* ses observations rapidement aux parents, à la responsable ou alerter les secours (selon l'urgence).

MémoMémoMémo

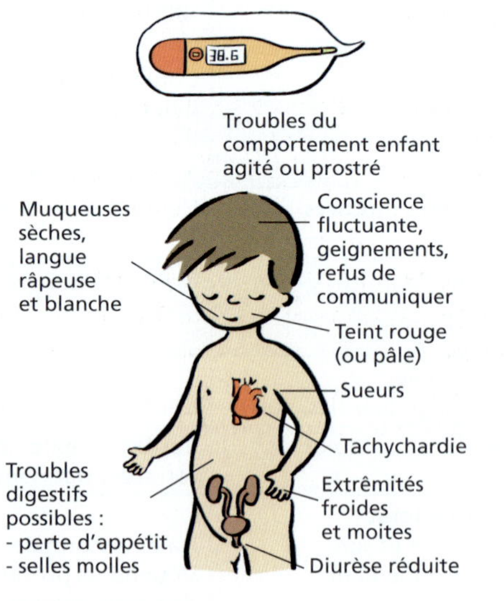

Fig. 15.2. Comment apprécier la gravité de la fièvre chez l'enfant.

MémoMémoMémo

« L'enfant face à la maladie »[2]

Chez le jeune enfant, les professionnels de l'enfance ont observé que :

- la **perception de la maladie** varie selon les réactions de l'entourage ; l'enfant est plus sensible à la dramatisation qui entoure la maladie qu'aux sensations corporelles ressenties ;
- la **prise de médicaments** est souvent mal vécue. Certains enfants ont peur d'être empoisonnés, d'autres les prennent parce qu'« il le faut », mais pas pour guérir ! Ils suivent scrupuleusement les ordres donnés par l'adulte de référence (parents ou substitut). La voie orale est souvent mieux acceptée que les autres voies d'administration (les piqûres, en particulier, sont ressenties comme menaçantes, intrusives et brutales).

Chaque acte technique nouveau est vécu avec appréhension s'il n'est pas expliqué par les personnes qui entourent l'enfant.

Les professionnels de l'enfance savent que l'enfant comprend toujours ce qu'on lui explique simplement, même lorsqu'il s'agit de soins techniques, surtout s'ils ont pour objectif de participer à sa guérison !

- L'information de l'enfant : importance de la loi du 4 mars 2002.

Situation

La réaction de Nikos à sa maladie

Depuis le début de sa maladie, Nikos (5 ans) a dû quitter l'école et ses copains pour être soigné à domicile. Marylou (l'AVS qui le garde) met tout en œuvre pour faciliter son adaptation à ce nouveau mode de vie et aux soins imposés par le médecin, mais Nikos est inquiet. Parfois il ose poser une question à Marylou sur son état de santé, mais généralement il est silencieux pendant des heures, se repliant sur lui-même, en suçant son pouce (ce qu'il ne faisait plus depuis longtemps).

(2) Extrait du *Guide de la puéricultrice* de J. Gassier et C. de Saint Sauveur, Masson-Elsevier, Paris, 2007.

Rôle de la professionnelle

La professionnelle veillera à :

- répondre aux besoins fondamentaux de l'enfant par le maternage : lui parler, l'écouter, lui donner les soins d'hygiène avec la plus grande douceur ;
- instaurer une relation de confiance avec lui : répondre à ses questions, le préparer aux soins ;
- lui proposer des activités diverses et adaptées à son état ;
- le consoler au moment du départ de ses parents, savoir compenser leur absence en redoublant d'attention.

LES RÉACTIONS DE L'ENFANT À L'HOSPITALISATION

L'enfant manifeste toujours des réactions à l'hospitalisation. Ces réactions seront variables selon : l'âge de l'enfant, sa sensibilité, la présence ou non de ses parents à ses côtés et la façon dont il a été préparé à l'hospitalisation (c'est sur ce dernier point que peut intervenir l'aide à domicile).

L'ANGOISSE DE LA SÉPARATION

Lors d'une hospitalisation, le jeune enfant (en particulier **en dessous de 3-4 ans**) éprouve une angoisse très forte lors de la séparation de ses proches et de son milieu familial. Il se retrouve dans un monde inconnu et froid (l'hôpital) avec des personnes qu'il ne connaît pas. Trop jeune pour être raisonné, il comprend que ses parents ne répondent plus à ses appels et il ressent cette absence comme un abandon.

C'est pour éviter cela que la plupart des services de pédiatrie proposent à l'un des parents de rester auprès de lui (mettant un lit à disposition des parents dans la chambre de l'enfant pour la nuit).

LA NON-ADAPTATION À L'HÔPITAL

Lors d'une hospitalisation, le jeune enfant peut manifester des réactions caractéristiques qu'il faut à tout prix éviter.

→ La première phase : l'enfant proteste

Cette phase peut durer de quelques heures à plusieurs jours : l'enfant pleure, s'agite, il est accablé, « effrayé ».

→ La seconde phase : l'enfant est désespéré

Ce stade est souvent interprété (à tort) comme une « bonne adaptation » car les pleurs ont cessé ; malheureusement l'enfant souffre profondément et sa tristesse ressurgit lors des visites de sa mère.

LES DIFFICULTÉS À LA SORTIE DE L'HÔPITAL

L'enfant peut, lors du retour chez lui, manifester les réactions suivantes :

- des signes de « **régression** » : redevenir dépendant de sa mère ;
- de l'**agressivité envers autrui** : il s'oppose à sa mère, à sa maîtresse, il bat ses frères…

LES CONSEILS AUX PARENTS LORS DE L'HOSPITALISATION DE LEUR ENFANT

Les parents sont souvent désemparés au moment de l'hospitalisation de l'enfant. Nous avons résumé quelques conseils afin de les aider. Il est recommandé de :

- « **parler vrai** » à l'enfant : lui dire l'intérêt de l'hospitalisation avec des mots simples et clairs, et lui présenter par ailleurs l'hôpital sous l'angle ludique (il y a aussi une salle de jeux, de sports, des activités, etc.) ;
- **rester auprès de l'enfant** jusqu'à l'heure du coucher et si c'est possible, demander à passer la nuit à l'hôpital puisque cela est autorisé et **recommandé**[3]. La présence d'un des parents auprès de l'enfant l'aide à guérir. Si elle ne peut être permanente, elle doit être fréquente (les visites sont autorisées 24 h/24). Si l'enfant pleure au moment du départ, cela ne doit pas dissuader les parents de venir le voir ;
- présenter à l'enfant (avec l'auxiliaire de puériculture) sa chambre, ses copains de chambre, la salle de jeux et indiquer à l'auxiliaire de puériculture les **habitudes de vie** de l'enfant (repas, sommeil, etc.) ;
- laisser ses **objets familiers** qui le rassurent : ses jouets, des vêtements personnels et surtout son « doudou » (s'il en a un).

MémoMémoMémo

La prévention des effets négatifs de l'hospitalisation
(circulaire du ministère de la Santé)

Dans le but de réduire les effets néfastes de l'hospitalisation de l'enfant, une circulaire du ministère de la Santé[4] recommande les points suivants.

Favoriser l'hospitalisation « de jour » ou « à domicile »
Chaque fois que le traitement le permet, il est recommandé de ne pas hospitaliser l'enfant.

Améliorer les conditions de séjour à l'hôpital
- Encourager l'hospitalisation conjointe, mettre en place des chambres mère-enfant.
- Améliorer les conditions du séjour hospitalier en proposant des activités diverses à l'enfant (salle de jeux, télévision, vidéo, école, etc.).

Préparer l'enfant à l'hospitalisation
Un enfant malade a besoin de ses parents et il s'adaptera d'autant mieux à l'hôpital que ceux-ci auront eu les gestes et les mots adaptés à la situation. Les parents et le substitut (AM ou GEAD) devront préparer l'enfant à l'hospitalisation afin de faciliter son adaptation à l'hôpital.
Le jour de la décision de l'hospitalisation, il est recommandé d'expliquer à l'enfant le motif de l'hospitalisation (même le jeune nourrisson a besoin d'entendre des paroles sécurisantes)

Informer l'enfant sur son état et sur les soins
La loi du 4 mars 2002 formalise la nécessité d'informer les enfants sur leur maladie et les soins proposés. Bien que l'admission de l'enfant à l'hôpital incombe encore essentiellement aux parents, la loi rend aujourd'hui possible l'hospitalisation d'un mineur sans leur consentement, voire sans qu'ils en soient informés. Tout mineur peut en effet se faire accompagner par un adulte de son choix pour une hospitalisation ; auparavant réservé aux seules adolescentes souhaitant une IVG, le texte actuel ouvre cette possibilité à tous.

(3) Circulaire du ministère de la Santé (relative à l'hospitalisation des enfants).

(4) Décret du ministère de la Santé n° 2001-105 et 106 du 5 février 2001.

Rôle de la professionnelle

Que l'enfant soit soigné à domicile ou à l'hôpital, il faut faire en sorte d'atténuer les effets négatifs de la maladie, et, parfois de l'hospitalisation. La professionnelle de l'enfance à domicile peut apporter une aide sérieuse à l'enfant et à ses parents à cette occasion. Elle veillera aux points suivants.

Créer un « contexte de communication » avec l'enfant et ses parents

Elle peut :

- aider les parents à « *parler de la maladie* » de l'enfant. Lorsque l'enfant est malade, vouloir le tranquilliser ne fait qu'augmenter son désarroi et, le plus souvent, il n'osera pas poser de questions. En revanche, en parlant de la maladie devant l'enfant, on l'autorise lui aussi à parler, à poser des questions, à partager les inquiétudes de ses proches ; son anxiété en sera d'autant diminuée ;
- les *prévenir* des soins qui devront s'organiser autour de l'enfant ;
- aider l'enfant à *verbaliser ses craintes*, ses questions ;
- faire en sorte que l'enfant soit partie prenante de son projet de soin et se l'approprie, en lui expliquant :
    - la nature, le déroulement des soins (par exemple : médicaments, piqûres, etc.),
    - l'objectif des soins (leurs effets bénéfiques sur sa santé).

La professionnelle saura expliquer cela avec des mots *simples* (mais *vrais*) adaptés à l'âge et aux capacités de compréhension de l'enfant. Ce langage devrait l'aider à mieux comprendre ce qui le concerne et à le rassurer.

Inciter l'enfant à jouer et à dessiner

Ce sont de bons moyens pour lui permettent d'exprimer ses angoisses et effectuer un travail d'élaboration de ce qu'il vit. Choisir des jeux paisibles, adaptés à l'état de santé (*cf.* chapitre 9).

Participer à l'éducation pour la santé

Le professionnel y prend une part active en reformulant les informations données par le médecin. La clarté et la précision des renseignements conditionnent la prévention.

Rassurer l'enfant et les parents lors de situations d'urgence

Dédramatiser la situation d'urgence, lorsque l'hospitalisation a lieu dans ce contexte, permet bien souvent d'accompagner la décision d'hospitalisation dans de meilleures conditions.

La prise en charge de la douleur chez l'enfant

Les réactions de l'enfant à la douleur sont très variables selon son âge, sa sensibilité, la durée de l'hospitalisation, le rôle joué par les parents ou les substituts.

LES RÉACTIONS DU GRAND ENFANT À LA DOULEUR

LA PSYCHOLOGIE DE L'ENFANT QUI SOUFFRE

L'enfant peut :

- se sentir **différent d'autrui**, dévalorisé, diminué ;
- être **triste**, **anxieux** (il ne comprend pas la souffrance, elle lui fait peur !) ;
- être parfois en **colère** et **agressif** envers l'adulte (souvent avec le personnel de soins) ;
- ressentir la douleur comme une **punition** : il se **culpabilise**, il pense qu'il a été méchant, il fait des rapprochements avec des événements malheureux de sa vie (*cf.* l'étude du cas de Zora).

Situation

Zora, hospitalisée pour une grave maladie

Zora (11 ans) a dû être hospitalisée à Paris pour une grave maladie des os. Ses parents vont la voir le samedi… Le personnel ne sait pas quoi lui proposer : tout la laisse indifférente et elle parle peu. Un jour Zora dit à Solène (l'auxiliaire de puériculture qui lui donne régulièrement ses repas) qu'elle avait beaucoup pleuré à la naissance de Mattéo, son petit frère, qu'elle le détestait et que cette maladie était sa punition d'avoir été méchante avec lui.

LES EXPRESSIONS COMPORTEMENTALES

Face à la douleur, l'enfant peut :
- adopter une **attitude dite antalgique** par une économie de mouvements (il est prostré, en repli, il se couche en position fœtale, car tout geste est source de souffrance) ;
- **régresser** : il tend à réadopter des comportements du stade antérieur : sucer le pouce, se faire nourrir au biberon, faire de nouveau pipi dans la culotte, etc.

LES VARIANTES DU VECU DE LA DOULEUR[5]

L'enfant va réagir à la douleur en fonction de son vécu familial.
L'enfant réagit au comportement de ses parents ou des adultes qui l'entourent.
- **S'ils sont surprotecteurs**, il peut :
  - vouloir profiter d'eux au maximum (ce qui favorise une *régression* et une perte d'autonomie) ;
  - les rejeter et être *agressif* à leur égard.
- **S'ils sont angoissés** face à la maladie :
  - il en sera peiné ;
  - il en sera troublé.

Certains enfants ne disent rien : ils nient la douleur. Ainsi, ils essayent d'épargner l'adulte et ils protègent leur image.
Pressentir, puis nommer la douleur de l'enfant suscite chez l'adulte une émotion forte, car cela l'amène à plonger dans son « vécu profond ».
L'adulte, face à la douleur d'un enfant, se sent mal à l'aise, ce qui augmente l'anxiété de l'enfant.

L'ÉVALUATION DE LA DOULEUR

La douleur, une fois reconnue et signalée, peut être évaluée pour en déduire une prescription et permettre le suivi évolutif. Actuellement, diverses méthodes peuvent être utilisées par le corps médical, on peut :
- demander à l'enfant de localiser la douleur, puis de préciser les circonstances d'apparition et la fréquence des crises douloureuses ;
- apprécier avec lui le ressentiment de la douleur sur son sommeil, ses repas ;
- utiliser (en milieu hospitalier) des échelles visuelles (fig. 15.3), des planches de visages (exprimant la joie, la tristesse) (fig. 15.4), des questionnaires, des schémas corporels, etc.

LES RÉACTIONS DU NOURRISSON À LA DOULEUR

Le nourrisson est sans ressource face à l'irruption de la douleur. Il ressent une agression et l'on sait à présent que les pleurs ne sont pas toujours signe de souffrance. Un enfant souffrant ne pleure pas forcément ; il faut donc observer le langage corporel du nourrisson.
Le score de la douleur indique des critères précis, déterminés par une équipe de médecins. Nous vous en donnons ci-après les principaux « signaux ».

LES SIGNAUX DE LA DOULEUR CHEZ LE NOURRISSON (FIG. 15.5)

Lors d'un soin au nourrisson malade, le professionnel devra observer les éléments suivants :
- **le visage** doit être détendu (s'il est douloureux, il est crispé) ;
- **les mimiques** : par exemple, le plissement des yeux, du front, des lèvres, ou tremblements du menton sont des signes significatifs de douleur ;
- **le cri** peut avoir des modulations différentes. Ex. il est aigu et répétitif si l'enfant souffre ;
- **la motricité spontanée**. Par exemple : une agitation anormale traduit la souffrance de l'enfant ;
- **la crispation des doigts** (des mains, des pieds). Elle est plus ou moins marquée par la douleur ;
- **l'apaisement** : un enfant ayant ou ayant eu une vive douleur est difficilement consolable. Cependant, il est important de consacrer du temps à l'enfant pour le consoler après un soin douloureux ;
- **la succion** peut être forte (en cas de douleur) ou paisible (il faut savoir que le fait de téter une tétine augmente le seuil de tolérance à la douleur) ;

(5) CM. Binger, La leucémie des enfants. Influences émotionnelles sur les frères et sœurs, in : Anthony E. et Koupernik C. *L'enfant dans la famille*, Masson, Paris.

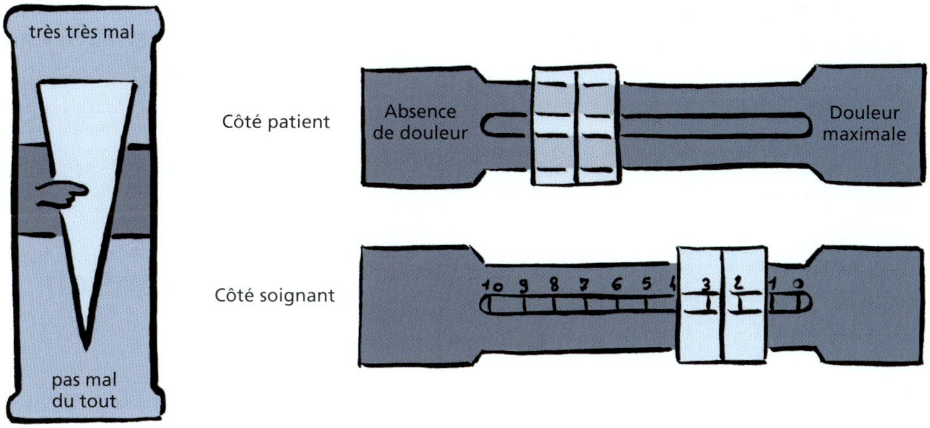

Fig. 15.3. Échelle de mesure de la douleur.

Fig. 15.4. Les planches de visages (utilisées de la maternelle jusqu'à l'âge de 7 ans).

- **la sociabilité** est évaluée par le regard (accrocheur ou absent) ou l'attention de l'enfant lors d'un soin ; en cas de douleur l'attention est diminuée ;
- **l'évaluation du sommeil** (il est évalué en qualité et en quantité) ; le sommeil est perturbé en cas de douleur ;
- **le tonus** : il est hypertonique si l'enfant souffre ;
- **les autres critères** : le rythme cardiaque (il s'accélère lors de la douleur).

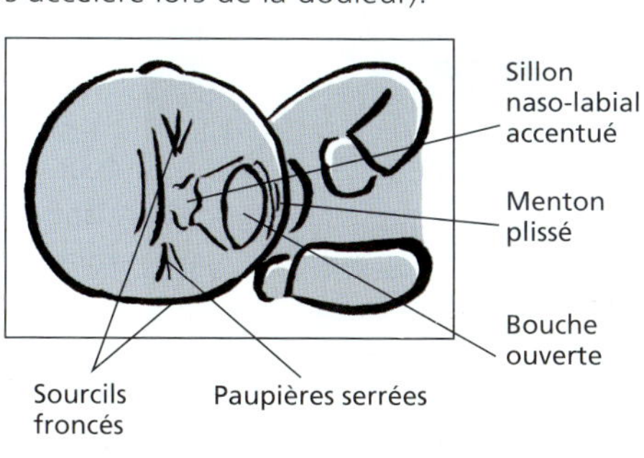

Fig. 15.5. Les signaux de la douleur chez le nourrisson (d'après Douleur et fièvre, de P. Dreuzy et C. Buisson, Éditions Elsevier/ Fondation de France).

Rôle de la professionnelle

La professionnelle qui a la responsabilité d'un enfant malade veillera aux points suivants.

Observer l'enfant

Chez le nourrisson

Lors des soins, la professionnelle observera les « signaux » listés précédemment et les signalera immédiatement à sa responsable, ou aux parents de l'enfant (selon son lieu de travail).

Chez l'enfant

La professionnelle sera attentive aux « signaux suivants », susceptibles d'évoquer la douleur :
- la position du corps, par exemple : repli sur soi appelé position en « chien de fusil » (qui fait penser à la position fœtale) ;
- l'aspect général (contracté ou non) ;
- la crainte du contact physique (l'enfant se retire lorsqu'on le touche) ;

- les grimaces ou cris lors des changements de position ;
- le refus alimentaire ;
- les troubles du sommeil ;
- l'absence d'intérêt pour tout ce qui l'entoure.

La professionnelle transmettra toutes ces informations dans les meilleurs délais afin qu'ils interviennent pour apaiser l'enfant le plus rapidement possible (on ne laisse plus souffrir un enfant aujourd'hui. Il existe des thérapies pour l'apaiser !).

Apaiser et rassurer l'enfant

La professionnelle devra avoir des capacités de communication et d'écoute. Il lui faudra calmer l'enfant par la parole, le contact ; elle doit en particulier :

- *nommer* la douleur pour évacuer la culpabilité de l'enfant : « Non, la douleur n'est pas une punition ! ». Ainsi l'enfant se trouve valorisé ; il se sent estimé, même dans sa souffrance ;
- *être capable d'entendre la* « plainte » de l'enfant sans devenir angoissé lui-même ;
- *croire en la plainte* de l'enfant qui est toujours respectable et chargée de sens ;
- *le laisser exprimer sa détresse*, sa *régression ou sa colère* en lui accordant une écoute bienveillante ;
- *trouver des distractions pour l'enfant* s'il le souhaite (télévision, jeux, etc.) pour lui faire oublier momentanément la douleur. Parfois, l'adulte pourra se servir des jeux pour faire décrire la douleur à l'enfant ;
- *câliner et bercer le nourrisson*, lui donner une *tétine* dont les *effets « antalgiques »* sont aujourd'hui prouvés (selon les consignes reçues). Soulignons que les massages sont aujourd'hui très recommandés, car antalgiques ;
- *assurer une présence réelle,* proche et compréhensive, afin d'aider l'enfant à dire, nommer et exprimer ce qu'il ressent.

C'est une attitude globale résumée par le graphique STEP :

- *S = s'asseoir* (par exemple près du lit de l'enfant),
- *T = toucher* (par exemple caresser la main de l'enfant[6]),
- *E = écouter l'enfant,*
- *P = parler à l'enfant*[7].

Les moyens de la prévention

LES VACCINATIONS

Réaliser une vaccination consiste à exercer une action préventive individuelle et collective.

LE PRINCIPE DE LA VACCINATION

- **Vaccin** : préparation réalisée à partir d'antigènes (bactéries, virus, toxines) rendus inoffensifs pour l'organisme.
- **Vacciner** : introduire dans l'organisme, au moyen d'une injection, cette préparation afin d'immuniser l'individu.

L'immunité obtenue par la vaccination est :

- **active** : l'organisme fabrique lui-même ses propres anticorps ;
- **tardive** : l'immunité est effective après la série d'injections ;
- **durable** : son action dure plusieurs années si les rappels sont faits dans les délais prescrits.

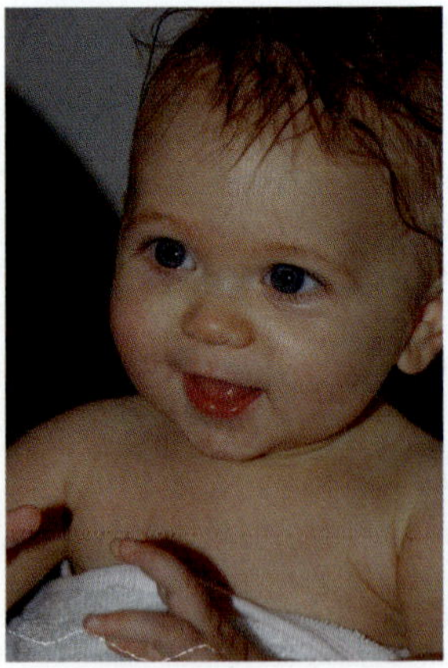

Fig. 15.6. Un enfant vacciné est un enfant en bonne santé.

(6) S'adapter au ressenti de l'enfant (certains refusent le contact).
(7) Savoir parler à bon escient et avec une voie « douce » (respecter également le besoin de calme et de repos de l'enfant).

LE CALENDRIER DES VACCINATIONS

Il fait l'objet d'une réactualisation annuelle. Voici celui de 2013 (source BEH 2013, consultable à l'adresse suivante : http://www.invs.sante.fr/content/download/62968/248437/version/5/file/BEH_14_15_2013.pdf).

Tableau 15.2 – Le calendrier des vaccinations.

a	Vaccinations contre	Obligatoire ou conseillée	Type de vaccin	Âge de la vaccination	Rappels
1 2 3 4	Diphtérie (D) Tétanos (T) Poliomyélite (Polio) Coqueluche (Coq)	Obligatoire avant 18 mois Conseillée	DT polio (DTP) DT Coq-Polio (DTCP)	Vers : – 2 mois – 4 mois	rappels à 11 mois, 6 ans et à 11-13 ans
5	*Haemophilus influenzae b* (Hib)	Conseillée	Hib	– 2 mois – 4 mois	Pas de rappel
6	Hépatite B	Conseillée	VHB	Idem	Pas de rappel
7	Pneumocoque	Conseillée	Pnc	Idem	Rappel à 11 mois
	Méningocoque C	Conseillée	Méningo C	12 mois	Pas de rappel
	Tuberculose(b)	Conseillée	BCG	Possible dès la naissance si enfant à risque élevé	Pas de rappel
	Rougeole Rubéole Oreillons	Conseillée	Vaccin trivalent (ROR)	À partir de 12 mois	Rappel vers 16-18 mois

a. Les numéros de cette colonne indiquent les 7 vaccins qui, associés, constituent le vaccin dit heptavalent.
b. *La vaccination BCG* précoce est toutefois recommandée dès la naissance, chez les enfants exposés à un risque élevé de tuberculose (notamment tous les enfants résidant en île de France, en Guyane et à Mayotte).

À photocopier

MémoMémoMémo

Diphtérie-tétanos-poliomyélite : un rappel tous les 10 ans après le rappel de 11-13 ans.
Coqueluche : une dose de vaccin contenant la composante « coqueluche » est recommandée une seule fois chez les adultes n'ayant pas été vaccinés dans les 10 années précédentes en particulier chez les futurs parents et les personnels soignants.
Hépatite B : si la mère de l'enfant est infectée par l'hépatite B, la vaccination débute le jour de la naissance, et pour tous les autres enfants à partir de l'âge de 2 mois. SI la vaccination n'a pas été effectuée au cours de la première année de vie, elle peut être réalisée en rattrapage pour les enfants et les adolescents jusqu'à 15 ans inclus. À partir de 16 ans, elle est recommandée chez les personnes à risque.
Pneumocoque : la vaccination est recommandée pour tous les nourrissons à 2 et 4 mois. Pour les prématurés et les nourrissons à haut risque, une dose supplémentaire est nécessaire à 3 mois. Au-delà de 24 mois, cette vaccination est recommandée pour les enfants et adultes à risque.
Rougeole-oreillons-rubéole (ROR) : la vaccination est recommandée pour tous les enfants à l'âge de 12 mois et au plus tard à 24 mois. La première injection est recommandée dès l'âge de 9 mois pour les enfants entrant en collectivité.

Rôle de la professionnelle

Lors d'une vaccination, il est conseillé :
- de vérifier que la vaccination a été notée sur le carnet de santé de l'enfant ;
- d'insister (auprès des parents) sur l'importance des rappels ;
- de surveiller les réactions de l'enfant (fièvre le soir de la vaccination, manque d'appétit) et de le signaler.

LES EXAMENS MÉDICAUX DE L'ENFANT

La surveillance médicale de l'enfant s'effectue essentiellement grâce aux examens médicaux dont le rythme a été fixé par des textes officiels. Leur but est :

- la **prévention** des maladies ;
- le **dépistage** précoce des déficiences qui pourraient entraver le développement.

Rôle de la professionnelle

Elle doit veiller à rappeler aux parents le calendrier des examens et leur intérêt pour l'enfant.

LE CALENDRIER DES EXAMENS

Ces examens préventifs sont échelonnés de la naissance à 6 ans. Ils permettent d'obtenir les **certificats de santé des 8e jour, 9e mois et 24e mois** (tableau 15.3).

L'OBJECTIF DES EXAMENS

La surveillance porte sur :

- le développement psychomoteur ;
- la croissance staturopondérale (taille et poids) ;
- l'alimentation ;
- les vaccinations.

Des conseils sont donnés aux parents sur « l'hygiène de vie ». Ces examens sont effectués dans un centre de PMI (gratuits) ou chez le médecin de famille (remboursés à 100 %). Le compte rendu de l'examen est consigné sur le carnet de santé.

Tableau 15.3 – Un enfant vacciné est un enfant en bonne santé : le calendrier des vaccinations.

Échéances	Examens médicaux	Certificats de santé
1re année		
Avant le 8e jour	1 examen	1er certificat de santé
Du 1er au 6e mois	1 examen/mois	
Le 9e mois	1 examen	2e certificat de santé
Le 12e mois	1 examen	
2e année		
Le 16e mois	1 examen	
Le 20e mois	1 examen	
Le 24e mois	1 examen	3e certificat de santé
3e et 6e années	2 examens/an	

L'INTÉRÊT DES CERTIFICATS DE SANTÉ

Les certificats de santé (au nombre de trois) sont des imprimés insérés dans le carnet de santé de l'enfant. Les certificats de santé permettent de :
- dépister le handicap et de le traiter précocement ;
- effectuer des statistiques.

Chaque certificat comporte un certificat médical confidentiel que le médecin doit envoyer au médecin départemental de la PMI pour permettre des **statistiques de santé**.

LE CARNET DE SANTÉ DE L'ENFANT

Le carnet de santé est un document remis aux parents par le pédiatre au moment de la sortie de la maternité. Il indique :

- l'état de santé de la famille (antécédents, frères) ;
- les courbes de poids, de taille, de corpulence et la dentition ;
- les conditions de l'accouchement ;
- les radiographies ;
- les résultats des examens médicaux ;
- les vaccinations (il tient lieu de carnet de vaccinations) ;
- les vitamines ;
- le mode d'alimentation ;
- les hospitalisations subies ;
- ses conditions de vie ;
- le mode de garde de l'enfant.

Le carnet de santé insiste sur le dépistage de troubles sensoriels à 9 mois, 2 ans, 3-4 ans, 5-6 ans, 10-12 ans, 14-16 ans.

Il renferme quelques conseils pratiques d'hygiène de vie et de prévention pour les parents ou les personnes qui ont la charge de l'enfant.

Rôle de la professionnelle

Elle doit veiller à rappeler aux parents que le carnet de santé joue un rôle capital dans le suivi médical de l'enfant. C'est un *passeport de santé*. Elle soulignera l'importance des conseils d'hygiène de vie et de prévention listés dans le carnet de santé et en parlera avec eux, jouant ici pleinement son rôle d'éducation à la santé.

LES ACTIONS DE PRÉVENTION DE LA PMI

La PMI est la Protection maternelle et infantile. Elle accomplit trois **missions** bien distinctes, mais complémentaires.

LES ACTIONS DE PROTECTION DES ENFANTS DE 0 À 6 ANS

Ces actions sont réalisées par des professionnels de l'enfance : pédiatres, puéricultrices, psychologues, éducateurs spécialisés, etc.

Elles sont réalisées à l'occasion des :

- consultations d'enfants (consultations de PMI) ;
- bilans de santé (en école maternelle) ;
- visites à domicile (si difficultés particulières).

LES ACTIONS D'ÉDUCATION À LA SANTÉ POUR LES PARENTS

Ces actions sont réalisées par des professionnels au service de la famille : médecins, sages-femmes, puéricultrices, psychologues, etc.

Elles ont lieu à l'occasion des :

- consultations prénatales ;
- consultations postnatales ;
- surveillance à domicile (si difficultés).

LES ACTIONS DE SURVEILLANCE ET DE CONTRÔLE DES ÉTABLISSEMENTS D'ACCUEIL

Ces actions sont réalisées par des professionnels de l'enfance : puéricultrices, assistantes sociales, psychologues, etc.

Elles sont destinées aux :

- crèches ;
- haltes garderies ;
- assistantes maternelles.

Les méthodes naturelles de soins

L'OSTÉOPATHIE

L'ostéopathie est une *thérapeutique naturelle* dénuée d'effets secondaires dans la mesure où elle est pratiquée par des personnes suffisamment formées. Elle apporte des résultats rapides et durables, principalement pour les problèmes de l'appareil locomoteur et les désordres crânio-faciaux des nourrissons, mais également dans d'autres domaines, tels que les sphères ORL, pulmonaires, neurologiques, buccodentaires et psychiques, où elle possède une action non seulement curative, mais préventive.

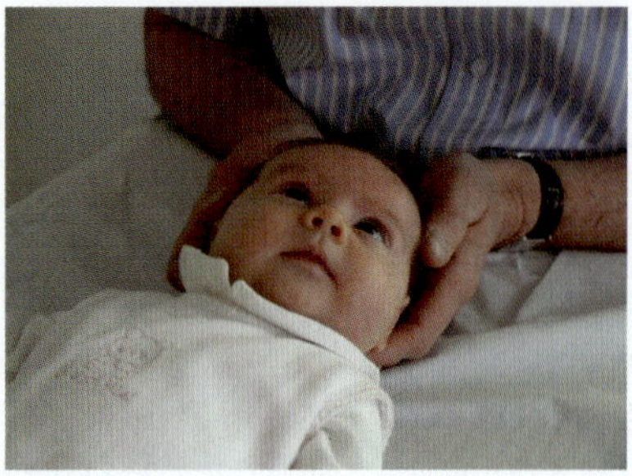

Fig. 15.7. L'ostéopathie.

LE PRINCIPE DE L'OSTÉOPATHIE CHEZ LE NOUVEAU-NÉ

Le principe commun de l'ostéopathie reste le rétablissement de la mobilité du corps et du positionnement normal des éléments constitutifs de l'organisme. Pour rétablir cet équilibre, l'ostéopathe effectue un examen approfondi ; chez le nouveau-né, il va vérifier les points suivants.

→ Vérifier la mobilité du corps

L'ostéopathe vérifie en particulier la souplesse et la mobilité des articulations et des muscles.

→ Vérifier les symétries pelvienne et crânienne

Le crâne est la partie la plus exposée à la naissance. L'ostéopathe vérifie la symétrie des sutures, la rotation du crâne.

→ Vérifier la circulation sanguine au sein des organes

L'ostéopathe « écoute » les tissus en les palpant. Il recherche les tensions situées dans les zones oppressées où la circulation se fait mal. Ces tensions ont souvent pour origine des pressions trop fortes créées pendant la vie utérine, ou au moment de la naissance.
Par exemple :

- les contraintes positionnelles liées à l'engagement de la tête dans le bassin maternel ;
- le passage au travers du défilé génitopelvien ;
- les manœuvres obstétricales (comme la « poussée » sur le ventre de la mère) ;
- parfois l'utilisation d'instruments (comme les forceps et les ventouses).

LES INDICATIONS DE L'OSTÉOPATHIE

→ Chez le nouveau-né

L'ostéopathie peut être conseillée chez le nouveau-né à cause d'une naissance difficile. Par exemple :

- l'accouchement a été long et difficile et a nécessité les forceps ou les ventouses,
- la maman a eu une césarienne,
- le bébé se présentait en siège,
- la mère a accouché de jumeaux,
- il y a les signes de « souffrance postnatale »[8],
- il y a des déformations au niveau du crâne (agir avant 6 mois si possible),
- les canaux lacrymaux sont bouchés,
- il y a des troubles digestifs (coliques, régurgitations),
- il y a malposition du pied.

MémoMémoMémo

Les précautions prises par l'ostéopathe

Lors d'une séance d'ostéopathie, le médecin libère le corps de l'enfant de ses tensions en le dépliant avec des gestes très doux. Avant de commencer la séance, il tient compte du rythme du bébé (spécialement des repas) pour s'assurer de la disponibilité de ce dernier. Par ailleurs, pour rassurer le petit patient, il n'hésite pas à le rapprocher physiquement de sa maman ou à lui proposer de téter pour se détendre.

→ Dans les premiers mois de la vie

L'ostéopathie ne doit nullement se substituer aux visites chez les pédiatres et aux conseils qu'ils préconisent, mais elle peut s'avérer utile, voire très nécessaire dans certaines pathologies courantes chez le tout-petit.
Qu'il s'agisse des rhinopharyngites ou otites à répétition, des reflux gastro-œsophagiens, des spasmes coliques ou digestifs, des pseudo-crises d'asthme, des troubles psychologiques, tels que l'agitation, la prostration, l'insomnie, etc.

(8) On considère la naissance comme le « premier traumatisme » de la vie, surtout lorsqu'elle s'est effectuée dans des conditions difficiles. On peut alors voir apparaître des signes de souffrance qui se manifestent de multiples façons. On entend souvent dire que la visite chez l'ostéopathe devrait être systématique chez tous les nouveau-nés. Or, ce n'est pas du tout justifié lorsque l'accouchement a été normal et que le bébé va bien.

→ Dans la petite enfance

Outre les indications déjà citées et les troubles de l'occlusion dentaire (dont des dérangements articulaires cervicaux sont souvent à l'origine), les problèmes de l'appareil locomoteur sont fréquents, en particulier :

- **les troubles de la marche** qui sont à l'origine des dysfonctionnements des membres inférieurs, du bassin ou des lombaires. L'ostéopathe peut souvent y remédier ;
- **les déformations du dos** (type scoliose) seront améliorées par les méthodes ostéopathiques, avec, en outre, un aspect préventif de ce traitement ;
- **après une chute importante de l'enfant ou un traumatisme crâniofacial.** Après la prise en charge classique, il est utile de consulter un ostéopathe afin d'éviter les conséquences mécaniques, parfois à long terme, de ce genre d'accident.

Rôle de la professionnelle

À quel ostéopathe s'adresser ?

En France[9], il existe trois catégories de praticiens autorisés à porter le nom d'ostéopathe :

- les *médecins ostéopathes* : ils font neuf années de médecine + deux à trois années de formation en ostéopathie ;
- les *masseurs-kinésithérapeutes-ostéopathes* : ils ont trois années de formation de kinésithérapie et trois années de formation en ostéopathie (en cours de définition) ;
- les *ostéopathes* : ils ne sont ni médecins ni masseurs-kinésithérapeutes, mais ils ont fait trois années de formation à l'ostéopathie et, aux termes de la loi, ne sont pas autorisés à pratiquer les manipulations du crâne, de la face et du rachis chez le nourrisson de moins de 6 mois, ainsi que les manipulations du rachis cervical sans attestation médicale de non contre-indication.

(9) Depuis les décrets d'application de la loi de 2002 parus en 2007.

LA PHYTOTHÉRAPIE ET L'AROMATHÉRAPIE

LA PHYTOTHÉRAPIE : LES SOINS PAR LES PLANTES

La phytothérapie est l'utilisation médicale des préparations (gélules, herbes séchées, pilules, potions liquides, laits dermiques, suppositoires) exclusivement à base de produits végétaux.

Les extraits de plantes médicinales contiennent des principes actifs souvent méconnus, aux vertus curatives.

L'énorme avantage d'un traitement à base de plantes est de ne pas engendrer d'accoutumance. Cette médecine 100 % naturelle est fréquemment utilisée pour les enfants, sous réserve d'un avis médical.

Pendant des millénaires, les plantes furent le principal recours pour lutter contre la maladie. Par exemple, la phytothérapie s'en inspire. Cette méthode peut soulager certaines affections chroniques en rétablissant les déséquilibres, en renforçant l'énergie et en aidant à développer un potentiel d'autoguérison…

L'AROMATHÉRAPIE : LES SOINS PAR LES HUILES ESSENTIELLES (VÉGÉTALES)

L'aromathérapie est l'utilisation contrôlée d'essences végétales que l'on appelle aussi huiles essentielles. Celles-ci sont obtenues par distillation de vapeur d'eau, d'extraction ou de pressurisation de la matière odorante et contiennent donc des éléments physiques de ces végétaux. Des études en laboratoire ont prouvé que les molécules de l'huile possèdent la capacité d'agir sur la fonction des organes.

Les huiles essentielles agissent sur le système nerveux central ; certaines ont un effet sédatif : elles sont idéales pour lutter contre l'anxiété et l'insomnie. Certaines ont des effets antiseptiques, telle l'huile de niaouli (qui est en vogue actuellement) utilisée pour les affections respiratoires. D'autres stimulent l'énergie et quelques-unes rétablissent un équilibre perturbé.

Elles s'utilisent par inhalation à l'aide d'un diffuseur ou en diluant quelques gouttes dans le bain.

Rôle de la professionnelle

Pour l'utilisation de la phytothérapie et de l'aromathérapie destinées à l'enfant, il faut être prudent et suivre les recommandations qui ont été délivrées par le médecin et les aromathérapeutes, car les effets des huiles essentielles peuvent se révéler très puissants.

LE MASSAGE DU NOURRISSON

Le contact avec la peau et la chaleur du toucher sont des stimulations très fortes qui suffisent souvent à provoquer l'arrêt des pleurs. Le bébé perçoit la douceur des gestes appelée « dialogue tonique » par Ajuriaguerra[10].

L'importance des massages comme stimulants des fonctions vitales a été également démontrée par Anna Freud[11] qui a longuement parlé du manque de contacts cutanés dans l'étiologie de certains troubles ultérieurs du comportement.

Enfin, le massage favorise la maturation du système nerveux et la coordination des mouvements, et il peut apaiser la douleur dans certaines circonstances (selon l'avis du médecin).

Rôle de la professionnelle

Quelques critères doivent être pris en compte avant d'effectuer un massage au nourrisson.

- *Le moment du massage* : celui-ci doit être choisi avec soin par rapport au rythme de l'enfant. Quelques tentatives sont parfois nécessaires pour identifier le moment opportun. Il peut varier d'un jour à l'autre en fonction des besoins de l'enfant.
- *Le lieu* : l'action doit se dérouler dans une ambiance calme et détendue, la pièce sera suffisamment chauffée, l'enfant ne doit pas avoir froid.
- *Le confort* : toutes les parties du corps peuvent être massées, même le visage, on prendra juste soin de contourner les fontanelles crâniennes. On utilisera une huile naturelle et neutre.
- *La durée* : le massage ne doit pas être trop long, car il pourrait provoquer l'inverse du but recherché (énervement, fatigue, etc.).
- *La technique* : il s'agit surtout d'un « effleurement » de la peau, très doux, très léger, qui sera guidé par une observation attentive des réactions de l'enfant. Il faut constater des effets apaisants quasi immédiats, sinon le massage sera arrêté.

NB : avant d'effectuer des massages, il est vivement conseillé de demander l'avis du pédiatre qui connaît l'enfant.

(10) Pédopsychiatre, auteur du *Manuel de psychiatrie de l'enfant*, Masson, 1980.
(11) Psychiatre, psychanalyste (*cf.* chapitre 8).

16

Les pathologies courantes

Être en relation avec un enfant malade ne s'improvise pas. Bien sûr le fait d'aimer l'enfant permet de répondre à ses besoins essentiels, mais dans le cas de la maladie, l'enfant à des besoins spécifiques pour lesquels une réponse adaptée est nécessaire ; c'est pourquoi la professionnelle doit s'appuyer sur des *connaissances*. Elle doit préalablement bien connaître le développement normal de l'enfant pour mieux observer les modifications de son état et ainsi pouvoir alerter rapidement le médecin ou la responsable du service. Par ailleurs l'épreuve de la maladie, et parfois de la douleur qui lui est associée, a des répercussions fâcheuses sur la psychologie de l'enfant. La professionnelle devra observer les réactions de l'enfant et lui offrir un relationnel adapté à la situation. Elle veillera aussi à informer, rassurer et accompagner les parents de l'enfant.

Situation

Sloane

Madame D. (assistante maternelle) s'occupe de Sloane (16 mois) qu'elle garde chaque jour à son domicile depuis l'âge de 3 mois, avec deux autres enfants. Aujourd'hui, à son réveil de la sieste, Sloane est grognon, se frotte les yeux et refuse de goûter avec ses deux copains (Zhora et Albin). Madame D. la prend dans ses bras, et, en lui parlant, elle constate qu'elle a un œil très rouge avec des sécrétions purulentes. Elle en informe la maman, et, à sa demande, appelle le médecin rapidement.

Les questions que l'on se pose

- *À quel degré de température peut-on dire que l'enfant à de la fièvre ?*
- *Quels médicaments peut-on donner sans ordonnance pour la fièvre ?*
- *La conjonctivite est-elle contagieuse ? Que faire pour que les autres enfants ne la contractent pas ?*
- *L'asthme est-il toujours héréditaire ?*
- *Que faire pour prévenir la bronchiolite ?*
- *Quels sont les aliments à donner à l'enfant qui à des selles molles ?*
- *Dans quelles circonstances puis-je pratiquer une DRP ?*
- *Comment prévenir la constipation ? Comment la traiter ?*
- *Comment soigner un saignement de nez occasionnel ?*
- *Qu'appelle-t-on « sténose » ? Quel est le principe de l'opération ?*
- *Le caractère des vomissements permet-il à lui seul le diagnostic ?*
- *L'enfant a souvent mal au ventre. A-t-il l'appendicite ?*
- *Faut-il opérer une hernie ?*
- *Une crise de convulsion traduit-elle la souffrance du cerveau ?*
- *Existe-t-il des vaccins pour prévenir la méningite à pneumocoque ?*
- *Qu'appelle-t-on névrose infantile ? Quelles en sont les causes ?*
- *Pourquoi dit-on que l'enfant somatise ?*
- *Comment apprécie-t-on le degré d'obésité chez l'enfant ? Qu'appelle-t-on « indice de masse corporelle » ?*
- *Pourquoi l'enfant est boulimique ? Peut-on prévenir ce trouble ?*

La fièvre

La **fièvre** est définie par une élévation de la température centrale au-**dessus de 37,5 °C**, en absence d'activité physique intense, chez un enfant normalement couvert, dans une température ambiante tempérée.

La température du corps est régulée en permanence.

La fièvre est un **symptôme** et non pas un signe de gravité. En revanche, la cause de la température doit être recherchée dans le but de trouver un traitement spécifique.

La température doit être respectée si elle est bien tolérée. Il s'agit d'un **mode de défense normal de l'organisme** face à une agression extérieure (infection).

Au-delà de 38 °C, la fièvre peut s'accompagner d'un **inconfort** qu'il peut être utile de traiter à l'aide d'antipyrétiques.

LE MODE DE PRISE DE LA TEMPÉRATURE

Nous n'utilisons plus de thermomètres à mercure. Ils ont été remplacés par des **thermomètres électroniques**, tout aussi efficaces, plus solides et moins dangereux.

Chaque mode de prise de température a ses avantages et ses inconvénients. Certains modes de prise de température sont à privilégier en fonction des cas :

- **rectal** : reste le mode de prise de température de référence même s'il est de moins en moins utilisé en dehors du milieu hospitalier chez les enfants de moins de 3 mois. Ce mode de prise de température pose des problèmes au niveau de la pudeur de l'enfant, mais également lors d'usage répété chez un même enfant, car il existe des risques de rectorragies (saignement par l'anus du fait de l'irritation provoquée) ;
- **auriculaire** : ne demande pas de déshabillage de l'enfant, est facile et rapide d'utilisation, avec des embouts à usage unique, mais n'est pas adapté au bébé de moins de 6 mois ;
- **axillaire** : recommandé comme test de dépistage, notamment en crèche. Non invasif, facile d'utilisation si l'enfant est coopérant, mais cette méthode est la moins précise ;
- **buccal** : non recommandé ;
- **frontal** : méthode non fiable.

LES SIGNES DE MAUVAISE TOLÉRANCE DE LA TEMPÉRATURE

Il s'agit des signes suivants :

- troubles de conscience ;
- altération de l'état général, somnolence, prostration ;
- frissons, marbrures, sueurs, accès de pâleur, cyanose ;
- purpura ;
- convulsion ;
- déshydratation, gêne respiratoire, troubles digestifs…

Rôle de la professionnelle

La professionnelle veillera à :
- observer l'enfant ;
- déshabiller l'enfant ;
- donner un médicament après accord du responsable de la structure ;
- proposer régulièrement à boire ;
- rechercher des signes de mauvaise tolérance ;
- contrôler la température après traitement antipyrétique.

LES ANTIPYRÉTIQUES

- **paracétamol** 15 mg/kg × 4/24 h (Doliprane, Efferalgan) ;
- anti-inflammatoires non stéroïdiens (AINS) : Advil® 8 mg/kg × 4/24 h (dose poids), Nureflex® 10 mg/kg × 3/24 h (dose poids)… Ne pas donner sans avis médical ;
- aspirine : 15 mg/kg × 4/24 h, de moins en moins prescrit.

Dans tous les cas, il est plus important de viser le confort de l'enfant plutôt que l'apyrexie.

À éviter :

- les bains de 2 degrés inférieurs à la température corporelle ;
- couvrir l'enfant qui frissonne.

Ces mesures tendent à augmenter l'inconfort de l'enfant. Le risque ultime serait de provoquer une convulsion hyperthermique...

MémoMémoMémo

> Un bébé de moins de 3 mois ne doit pas avoir de fièvre avant ses premiers vaccins. Si l'enfant de moins de 3 mois présente une température supérieure à 38 °C, une consultation spécialisée s'impose en urgence.

Les affections ORL et respiratoires

LES AFFECTIONS ORL

LA RHINOPHARYNGITE

La rhinopharyngite (appelée le plus souvent rhume) est une inflammation du nez et de la gorge. C'est une affection bénigne pouvant cependant se compliquer.

Situation

Marius

Marius a 6 ans. Depuis sa plus jeune enfance il accumule les infections rhinopharyngées et plus particulièrement les rhumes. Au moindre coup de froid, changement de saison, contact avec d'autres enfants infectés, il est malade. Son nez coule, ses yeux sont rouges et son état général s'affaiblit. Marius cependant continue à aller à l'école, mais avec moins d'entrain que d'habitude. On le sait, il n'existe aucun médicament susceptible de guérir le rhume ; alors il fait preuve de patience et surtout prend quelques « précautions pour éviter de l'aggraver ».

→ La cause

Cette affection est due généralement à un virus ; elle peut aussi être bactérienne.

→ Les signes cliniques

On peut observer :
- **des signes respiratoires** :
  - écoulement nasal muqueux (blanc) ou mucopurulent ; verdâtre associé à une gêne respiratoire ;
  - toux sèche, puis grasse productive (favorisée par la position allongée) ;
- **une fièvre** plus ou moins élevée, mais l'état général reste bon (l'enfant peut sortir, aller à l'école).

→ L'évolution

La rhinopharyngite évolue généralement vers une guérison rapide, mais chez l'enfant elle peut se compliquer en otite ou en bronchite.

→ Le traitement

Le traitement est à la fois local et général. Il s'agit de :
- faire une **désobstruction rhinopharyngée** (DRP) avec du sérum physiologique et aspirer les mucosités (éventuellement) ;
- proposer à l'enfant plus grand de se **moucher** le plus souvent possible ;
- lutter contre la fièvre (utiliser les **médicaments antipyrétiques** prescrits par le médecin et pour cela respecter scrupuleusement les consignes données par les parents).

Rôle de la professionnelle

Participer activement à la prévention :

- *participer à la lutte antitabac.* Le tabac favorise les maladies respiratoires (du rhume à la bronchite chronique). La professionnelle veillera à le signaler aux parents aussi souvent que possible et avec tout le tact et le respect possibles ;
- *créer une atmosphère saine dans la maison.* Afin d'éviter un assèchement du nez et de la gorge (qui favorise le développement des infections locales), la professionnelle doit veiller à assurer une température des locaux à 19-20 °C environ, à humidifier et aérer les locaux ;
- *avoir une hygiène stricte auprès du nourrisson.* Le petit nourrisson respire par le nez, pour lui, la rhinopharyngite présente

de gros inconvénients, d'où l'intérêt de respecter des mesures d'hygiène stricte (port du masque en particulier pour lui donner le biberon si la professionnelle est elle-même enrhumée) ;
- *apprendre à l'enfant à se moucher une narine après l'autre*, à utiliser des mouchoirs jetables et à se laver les mains après chaque mouchage ;
- *désinfecter les jouets quotidiennement ;*
- *prévenir les otites*. Pour cette prévention, elle réalisera (selon avis médical) des désobstructions rhinopharyngées (*cf.* fiche technique de la « DRP » en fin de chapitre).

L'OTITE

L'otite la plus fréquente est une *infection de l'oreille moyenne*. C'est une affection bénigne mais douloureuse, qui perturbe l'enfant dans ses différents besoins (de dormir, de manger, etc.). En ce sens elle doit être non seulement rapidement traitée, mais également prévenue.

Situation

Basile

Cette nuit, le jeune Basile (2 ans) s'est réveillé à plusieurs reprises en pleurant. Il était rouge, il touchait sa joue, et lorsque sa maman l'a changé, elle a vu que sa couche contenait des selles liquides. Ces dernières 48 heures, Basile a eu une rhinopharyngite. Ce matin, l'enfant a une légère fièvre (37°8 C), il tousse et respire difficilement. Le médecin, appelé par la maman, a examiné les oreilles de l'enfant à l'otoscope[1]. Il voit que son tympan est rouge et qu'il est bombé (car il y a du pus derrière le tympan). Il rassure la mère de l'enfant en lui signalant que les antibiotiques qu'il prescrit vont traiter ce symptôme infectieux et que la guérison sera rapide.

→ La cause

L'otite est favorisée par l'*infection de la trompe d'Eustache* et suit généralement une infection rhinopharyngée.

(1) Appareil que l'on met dans l'oreille : oto (oreille), scope (visionner).

→ Les signes cliniques

On observe des signes généraux et des signes locaux.

- **Des signes généraux :**

- une persistance de la fièvre et de la toux de la rhinopharyngite surtout en position couchée, la nuit,
- des troubles digestifs (diarrhée, vomissements, maux de ventre, etc.),
- des cris inexpliqués, l'enfant présente une douleur vive, en général nocturne, se traduisant par des pleurs (chez un enfant qui n'a généralement pas de troubles de sommeil).

- **Des signes inflammatoires locaux :** le tympan est rouge (dans un premier stade), le tympan est infiltré puis bombant (dans un deuxième stade) ; il peut se rompre spontanément et laisser s'écouler le pus.

NB : parfois aucun symptôme n'est apparent, l'otite n'est décelée qu'au cours de l'examen d'oreille (à l'otoscope) par le médecin.

→ L'évolution

L'otite est :

- favorable sous traitement ;
- défavorable parfois avec *complications*, par exemple : extension de l'infection (risque de mastoïdite ou de méningite) ou passage à la chronicité.

→ Le traitement

Il dépend de la gravité de l'infection.

- **Au premier stade** : le médecin prescrit souvent une DRP (*cf.* fiche pratique ci-après) accompagnée localement d'instillations auriculaires (contre l'inflammation et la douleur) ; elles sont toutefois contre-indiquées en cas d'écoulement.
- **Au deuxième stade**, si une origine bactérienne est suspectée : le médecin prescrit des antibiotiques (anti-infectieux).
- **En cas de douleurs** : des antalgiques sont indiqués.
- **En cas de récidives fréquentes** le médecin peut envisager sur avis du spécialiste ORL :

- une paracentèse : perforation chirurgicale du tympan pour laisser échapper le pus collecté,
- la pose de drains à travers le tympan (yoyos),
- une ablation des végétations (adénoïdectomie).

Rôle de la professionnelle

La professionnelle doit :

- installer confortablement l'enfant (respecter protocoles du service) ;
- reconnaître et signaler les manifestations anormales lorsque l'enfant est enrhumé :
  - frottements de l'oreille,
  - agitation, enfant grognon, refus de manger, pleurs inexpliqués, etc. ;
- surveiller la température et la noter ;
- rassurer l'enfant qui souffre, lui expliquer les soins, rassurer également ses parents ;
- prévenir les risques d'otites par les soins de DRP (*cf.* fiche pratique ci-après) (respecter les consignes des parents et du médecin).

LA DÉSINFECTION RHINOPHARYNGÉE (DRP)

Objectif du soin : il s'agit de faciliter la respiration de l'enfant en dégageant la voie rhinopharyngée.
Indications : rhume, nez bouché, mucosités, etc.
Principe : il s'agit d'injecter localement du sérum physiologique (solution salée à 0,9 %*).

MATÉRIEL	PROCÉDURE	ILLUSTRATIONS
→ Sérum physiologique (des minidoses à usage unique)** → Compresses non stériles ou coton	**Préparation** → Se laver les mains. → Regrouper le matériel de soins. → Prévenir l'enfant (l'informer du soin).	
→ Serviette de toilette ou en papier type Sopalin → Sac-poubelle (ou haricot)	**Action** → Lui laisser son « doudou » (pour le sécuriser pendant le soin). → Mettre une serviette sous le visage de l'enfant. → Coucher l'enfant sur le côté ou le mettre en position assise. → Instiller le sérum physiologique dans chaque narine (un seul jet). → Essuyer le nez de l'enfant. → Redresser rapidement l'enfant. → Le réconforter. → Mettre l'enfant en sécurité (soit dans un transat, soit dans son lit).	
→ Lavettes → Produit nettoyant	**Entretien** → Nettoyer le matériel. → Ranger le matériel. → Se laver les mains.	
	Transmission → Informer les parents du nombre de DRP réalisées dans la journée et des résultats constatés.	

*Le sel est un désinfectant naturel.
**Les unidoses de « sérum physiologique » sont vendues en pharmacie (sans ordonnance) ou en grandes surfaces.

fiche 35

L'ANGINE

L'angine est une inflammation du pharynx et des amygdales. À l'examen de la gorge, le médecin voit des amygdales augmentées de volume, très rouges avec parfois des dépôts blanchâtres. Son évolution est le plus souvent bénigne.

Situation

Justin

Lucile (assistante maternelle) doit s'occuper de Justin (6 ans) qui aujourd'hui n'ira pas à l'école. Le médecin de famille (appelé par la maman) a diagnostiqué une angine rouge. Depuis deux jours Justin paraissait fatigué et grognon. Il disait qu'il « avait mal » lorsqu'il mangeait. Ce matin au lever sa température était montée à 38°8 C. À son arrivée, Lucile observe l'enfant. Il est rouge, il transpire et il lui dit qu'il a « très mal à la gorge ». Elle va le rassurer, l'installer confortablement et participer activement à la mise en œuvre du traitement (selon les consignes données par le médecin et transmises par la maman avant son départ au travail).

→ La cause

Elle est le plus souvent d'origine virale, plus rarement d'origine bactérienne.

→ Les signes cliniques

Il existe deux types d'angines : la rouge et la blanche.

- **L'angine rouge**. C'est la plus fréquente. Le début de cette affection est brutal. Les principaux symptômes sont :
  - une fièvre élevée ;
  - une déglutition difficile et douloureuse limitant l'alimentation ;
  - des signes digestifs associés (anorexie, vomissements, douleurs abdominales).
- **L'angine blanche** :
  - les signes généraux sont identiques à ceux de l'angine rouge (vus ci-dessus) ;
  - les signes locaux diffèrent. On observe un enduit blanchâtre adhérant aux amygdales (d'où le nom : angine blanche).

→ L'évolution

Elle est favorable dans les deux cas si l'angine est bien traitée.

→ Les complications

L'angine causée par une *bactérie* (le streptocoque) peut entraîner des complications en l'absence de traitement. Il existe des risques aux niveaux rénal, cardiaque et articulaire.

→ Le traitement

Il se fonde sur :

- les antipyrétiques (pour faire baisser la fièvre) ;
- les antibiotiques (pour éviter les complications si l'origine est bactérienne).

Rôle de la professionnelle

Au cours des angines, la professionnelle doit réaliser les étapes suivantes.

Participer à la lutte contre l'hyperthermie :
- en choisissant des vêtements adaptés ;
- en veillant à la température ambiante.

Lutter contre la dysphagie :
- ne pas forcer l'enfant à manger ;
- lui proposer des repas fractionnés, souvent en petites quantités ;
- offrir des aliments qu'il préfère à bonne température et semi-liquides.

Assurer les soins de confort et le relationnel :
- rassurer et sécuriser l'enfant (par le contact, la parole, etc.) ;
- l'installer confortablement, favoriser son repos (calme de l'environnement) ;
- observer le comportement de l'enfant (pleurs, agitation) afin d'informer la maman ;
- surveiller la température, la douleur et signaler toute anomalie rapidement.

LA LARYNGITE

La laryngite est une inflammation du larynx. Elle entraîne un rétrécissement du larynx[2] responsable d'une gêne respiratoire et peut mettre, dans certains cas, la vie de l'enfant en danger.
Il existe différentes formes de laryngites. La laryngite sous-glottique est la plus fréquente (c'est cette forme qui est traitée ci-après).

Situation

Julie

Aujourd'hui, Julie (3 ans) se plaint à Sonia (AM). Elle lui dit : « J'ai mal à la gorge ». Toutefois, elle va bien et n'a pas de fièvre.
À son domicile après le repas du soir, elle joue, puis s'endort rapidement. À 7 heures du matin, elle se réveille, a du mal à respirer, sa voix est rauque et quand elle tousse, on dirait qu'elle aboie. Le médecin, appelé en urgence, examine l'enfant et diagnostique une laryngite sous-glottique. Il donne à l'enfant des gouttes de Célestène (corticoïde), demande à la maman d'humidifier la pièce en mettant des réceptacles à eau sur les radiateurs, de laisser l'enfant demi-assis et de le surveiller. Très rapidement, Julie va mieux (sa toux se calme, sa gêne respiratoire disparaît) mais très fatigué, elle finit par se rendormir.

→ La cause

Elle est d'origine virale le plus souvent.

→ Les signes cliniques

- la respiration est difficile (bradypnée inspiratoire avec tirage) ;
- la voix est rauque ;
- la toux est aboyante ;
- toutefois l'état général est assez bon. L'enfant est gêné.

→ L'évolution

Elle est favorable sous traitement.

(2) Rappel anatomique : le larynx se divise en deux étages, séparés par les cordes vocales. L'étage supérieur correspond à l'épiglotte et l'étage inférieur à la sous-glotte.

→ Le traitement

Il se base sur les corticoïdes.

Rôle de la professionnelle

La professionnelle veillera à :
- participer aux soins (selon prescription et consignes des parents) ;
- assurer une surveillance constante de l'enfant ;
- rassurer et réconforter l'enfant (par la présence, les paroles et le toucher) ;
- le laisser en position semi-assise (ne jamais l'allonger à plat) ;
- humidifier l'air.

Mise en garde : ne pas essayer de regarder la gorge de l'enfant (risque de spasme très dangereux).

LES AFFECTIONS PULMONAIRES

LA TOUX

La toux est un phénomène de protection des voies aériennes supérieures. Normalement, il ne circule que de l'air dans le poumon. Si des germes viennent coloniser le poumon, des sécrétions muqueuses humides vont se former que l'organisme va tenter d'évacuer grâce à la toux.
La toux de la « fausse route » se produit quand une petite partie du bol alimentaire passe dans la trachée plutôt que l'œsophage.

LA BRONCHITE

Situations

Martin

Martin, 18 mois, présente depuis une semaine un rhume traité par des lavages de nez répétés. Depuis la nuit dernière, il dort mal, il est réveillé par une toux grasse. Il n'a pas de fièvre, son appétit est conservé, il joue mais tousse de façon répétée. Sa maman prévient l'assistante maternelle qui le garde car il est un peu plus fatigué que d'habitude.

Suite à un épisode de rhume qui persiste ou mal soigné, l'enfant peut présenter une toux persistante. La toux peut être sèche ou grasse, gêner le confort alimentaire et parfois être accompagnée de fièvre. L'enfant peut avoir un sommeil perturbé par l'encombrement bronchique. Cela peut conduire à de nombreuses consultations médicales.

Le médecin doit s'assurer que le simple rhume ne s'est pas compliqué d'une infection bactérienne au niveau des poumons appelée pneumopathie ou pneumonie. Il doit vérifier que l'enfant ne présente pas de gêne respiratoire nécessitant des soins spécifiques (bronchiolite, asthme).

Il peut alors rassurer l'enfant et les parents et il décide de *ne pas* proposer de sirop antitussif : il faut respecter la toux et s'assurer de la guérison complète de l'enfant avec les DRP et éventuellement les antipyrétiques.

LA BRONCHIOLITE

Cette affection respiratoire évolue par épidémie, surtout l'hiver. Elle constitue un problème de santé publique (notamment dans les crèches, elle atteint 30 % d'enfants chaque année).

Situation

Léa

Léa âgée de 3 mois (née prématurément) a depuis 48 heures le nez qui coule, elle n'a pas de fièvre. En cette fin d'après-midi de décembre, elle se met à tousser et s'agite. Elle s'essouffle en prenant son biberon, et sa mère perçoit un sifflement quand elle respire. Dix minutes plus tard (dans une quinte de toux), Léa vomit et a du mal à respirer. Le médecin appelé aussitôt examine l'enfant et diagnostique une bronchiolite. Au regard des antécédents médicaux de l'enfant (prématurée), de son auscultation respiratoire et du contexte social défavorable (mère très jeune, isolée, au chômage), il décide d'hospitaliser Léa en pédiatrie.

→ La cause

Elle est consécutive à une infection virale : le VRS (*virus respiratoire syncitial*) est le plus souvent mis en cause.

→ Les caractéristiques

C'est un virus à très forte contagiosité. La transmission est facile : elle se fait par voie nasale, puis manuportée (attention aux jouets, doudous…).

- incubation : 2-8 jours ;
- l'élimination du virus se fait en 3-7 jours en moyenne ;
- 50 % des enfants sont infectés au cours de la 1re année de vie, 100 % des enfants de 3 ans ont été infectés ;
- pic d'incidence : entre 2 et 6 mois ;
- l'immunité engendrée par l'infection et partielle et de durée limitée, ce qui veut dire qu'un même enfant peut présenter une bronchiolite à VRS à plusieurs reprises.

→ Les signes cliniques

On peut observer chez l'enfant :

- 24 heures avant le début de la maladie, une rhinopharyngite avec toux ;
- la toux est caractéristique : il s'agit de petites quintes plus ou moins grasses et rauques ;
- la respiration est sifflante (comme dans une crise d'asthme), l'enfant respire difficilement ;
- la fièvre peut y être associée, parfois une diarrhée ou des vomissements ;
- si l'enfant a le teint pâle ou cyanosé et s'il refuse ses repas, ce sont des signes de gravité.

→ Le traitement

Le traitement d'une bronchiolite sans détresse respiratoire est basé sur l'hydratation et la kinésithérapie respiratoire.

L'oxygénothérapie est prescrite si la détresse est sévère ainsi que les bronchodilatateurs (par exemple : Ventoline à partir de 6 mois).

Une alimentation fractionnée et épaissie est nécessaire pour éviter les fausses-routes.

Rôle de la professionnelle

Participer à la surveillance de l'enfant

- Elle doit surveiller plus particulièrement :

- la toux (au cours de la toux, installer confortablement l'enfant, le soutenir, le rassurer) ;

- les vomissements ;
- le poids (courbe) ;
- la respiration et la température ;
- les signes d'aggravation (agitation, sueurs, cyanose) ;
- les signes de détresse respiratoire (tirage, etc.).

• Elle doit moucher régulièrement l'enfant et effectuer les DRP.

• Le nourrisson a du mal à manger du fait de son encombrement et de ses difficultés respiratoires : elle doit fractionner les repas en donnant des quantités moins importantes mais de façon plus fréquente.

• Ne pas forcer l'enfant malade à finir ses rations. Il risque de ne pas le supporter et vomir.

• Bien hydrater l'enfant qui présente une gêne respiratoire.

Participer aux soins et respecter les règles d'hygiène et de sécurité

• Se laver les mains avec une solution hydroalcoolique.

• Décontaminer les objets, les jouets quotidiennement.

• Se protéger avec un masque si l'on est enrhumé pour éviter de contaminer les bébés dont on s'occupe.

Remarque : plus de 3 épisodes de bronchiolite durant deux hivers consécutifs chez un bébé de moins de 3 ans fait poser le diagnostic d'« asthme du nourrisson » et impose suivi médical rapproché et traitement de fond inhalé quotidien.

MémoMémoMémo

Quand s'inquiéter et alerter rapidement ?

Si l'enfant vomit, a des malaises, fait des pauses respiratoires, refuse de boire même en petites quantités, ou mange moins de la moitié de ses repas habituels.

L'ASTHME

L'asthme est une affection pulmonaire chronique ; il existe deux formes d'asthme : l'asthme allergique et l'asthme non allergique.

Situation

Noé

Noé (4 ans) est agité. Au moment du coucher, il tousse, ses yeux piquent, son nez coule. Au milieu de la nuit il se réveille, a du mal à respirer, reste assis, cherche l'air. Sa toux est sèche, il transpire et a très peur. Puis sa toux devient grasse, il crache, respire mieux. Au bout d'une heure il se rendort. Le médecin, appelé en urgence par sa maman, diagnostique une crise d'asthme et prescrit un traitement à base de « bronchodilatateurs » (présentés sous forme d'inhalation).

→ L'asthme allergique

C'est le plus fréquent (80 % des asthmes). Il est héréditaire (il existe des prédispositions familiales)[3]. Le principe est le suivant : au contact d'un « **allergène** » se produit une inflammation de la muqueuse bronchique, provoquant une hypersécrétion puis une obstruction de la bronche. **Les facteurs déclenchants** sont les « allergènes ». Il y en existe de deux sortes :

• les **allergènes inhalés** : par exemple, les pollens des arbres, les graminées, les poils d'animaux domestiques (chiens, chats, etc.), les acariens (parasites présents dans les poussières domestiques) ;

• les **allergènes alimentaires** (10 % des cas) : par exemple le lait de vache, l'œuf (surtout le blanc), le poisson, les fraises, etc.

→ L'asthme non allergique

D'autres facteurs sont à l'origine de l'asthme. Citons principalement :

• les **facteurs irritants**, par exemple : la pollution atmosphérique, la fumée de tabac, les odeurs de peinture, les sprays, etc. ;

• les **virus** : qui chaque hiver frappent beaucoup de nourrissons[4] ;

(3) On parle de « terrain atopique » (ou allergique).
(4) Le virus respiratoire syncitial (VRS) est souvent mis en cause.

- les **facteurs psychologiques** : certains facteurs « anxiogènes » peuvent favoriser l'asthme ; citons : un climat familial perturbé, un deuil, un divorce, etc.

→ La crise d'asthme

- Des signes avant-coureurs précèdent la crise d'asthme (par exemple : une modification de la respiration, une petite toux, des picotements nasaux, des larmoiements, etc.).
- La crise (souvent nocturne) se caractérise par une difficulté à respirer (appelée **dyspnée expiratoire**) ; la toux sèche au début devient grasse par la suite et ramène des expectorations ; l'enfant est pâle.
- Pendant la crise : l'enfant est angoissé, agité, il a peur, il transpire ou vomit, parfois il pleure.
- Quand la crise se termine (grâce au traitement bronchodilatateur) : l'enfant est épuisé.

→ L'évolution

Lorsque l'asthme est traité correctement, l'évolution est dans l'ensemble satisfaisante et à la puberté cette affection régresse et parfois disparaît. Toutefois dans certains cas, l'asthme évolue vers la chronicité.

→ Le traitement

Le traitement de la crise est basé sur les **bronchodilatateurs** (l'inhalation s'effectue par la bouche). Le traitement de fond se fonde sur les anti-inflammatoires (base du traitement).

Fig. 16.1. L'aérosol.

Rôle de la professionnelle

Au cours d'une crise d'asthme, en collaboration avec la famille, elle doit :

- rassurer l'enfant (car il est inquiet), veiller à lui parler (lui expliquer ce qu'il a, lui dire que cela va passer et qu'elle restera près de lui, lui caresser la tête ou la main) ;
- installer confortablement l'enfant en position demi-assise (qui favorise la respiration) ;
- instaurer le calme autour de lui, aérer la pièce, etc. ;
- aider la maman à la mise en route du traitement ;
- observer l'enfant et signaler : la coloration de la peau, le degré de la dyspnée, les signes accompagnateurs (vomissements) et les réactions (angoisse, pleurs, agitation) ;
- nettoyer l'enfant après la crise, le rafraîchir, changer la taie, le drap.

En prévention, participer aux conseils d'hygiène de vie auprès des parents :

- conseiller un « ménage hygiénique » : éviter de soulever la poussière (préférer un balayage humide, une aspiration, choisir des oreillers antiacariens, etc.) ;
- souligner la nocivité de la pollution, du tabagisme passif, les risques dus aux poils des animaux domestiques, etc. ;
- éviter de sortir l'enfant les jours de forte pollution, de grand vent, etc. ;
- surveiller l'alimentation, etc.

LA PNEUMOPATHIE

La pneumopathie ou pneumonie est une infection du parenchyme pulmonaire souvent d'origine bactérienne (pneumocoque, *Haemophilus*, mycoplasme, légionnelle…), mais parfois aussi d'origine virale (grippe, VRS…).
Les signes cliniques sont marqués par :
- une forte fièvre ;
- fatigue ;
- une gêne respiratoire avec dyspnée ou polypnée ;
- une douleur thoracique ;
- une toux.

Un traitement antibiotique est souvent nécessaire. Dans certains cas, l'enfant peut avoir besoin d'oxygène pour lutter contre la gêne respiratoire. Cela peut engendrer une hospitalisation. Le médecin peut s'aider d'une radiographie pulmonaire pour porter son diagnostic.
Au décours, l'enfant guéri peut rester fatigué quelques semaines. La toux peut également persister.

LA COQUELUCHE

→ Invasion

Elle dure 7 à 15 jours :
- toux sèche (surtout nocturne) ;
- pas de fièvre.

La toux est caractérisée par cinq secousses expiratoires (quintes) suivies d'une longue inspiration sifflante, appelée *chant du coq* ;
- souvent on observe un vomissement (en fin de quinte) ;
- dans les cas graves, une apnée est constatée, associée de cyanose.

→ L'évolution

Le nombre de quintes traduit la gravité de la maladie : elle évolue favorablement sous traitement.

→ Les complications

- fausses-routes ;
- détresse respiratoire ;
- encéphalite.

→ Le traitement

- symptomatique : antibiotiques ;
- chez le bébé de moins de 6 mois : hospitalisation ;
- préventif : vaccin.

Rôle de la professionnelle

Elle veillera à :
- assister l'enfant au moment de la quinte ;
- l'installer correctement ;
- le rassurer ;
- le changer (s'il vomit) ;
- aider aux soins (respecter les consignes) ;
- faire les transmissions (dans le cadre de ses compétences).

Les affections digestives médicales

LES DOULEURS ABDOMINALES

Il s'agit d'un symptôme fréquent chez l'enfant. La fonction digestive est une fonction majeure de la vie de l'enfant. Toute perturbation physique ou psychique peut s'exprimer sous la forme d'une douleur abdominale. En précisant la douleur abdominale, on essaiera de déterminer celles qui nécessitent une consultation en urgence des autres, plus banales.
- **Caractère de la douleur :** aiguë ou brutale, par rapport aux repas, continue ou paroxystique, sa localisation, son intensité, son évolution. Est-ce que l'enfant joue, est-il tout pâle ou bien coloré ? A-t-il mangé ?
- **Signes associés pouvant orienter :** vomissements, selles liquides, constipation, toux, fièvre, signes urinaires... mais aussi contexte familial, difficultés scolaires...

LES COLIQUES DU NOURRISSON

Elles touchent environ 20 % des bébés et ce, avant l'âge de 6 mois. Elles débutent vers 2-3 semaines de vie et perdurent jusqu'aux 3-6 mois de l'enfant.
On estime qu'elles sont le reflet d'une immaturité du système digestif du bébé : nourri en continu dans le ventre de sa maman pendant la grossesse, le bébé doit apprendre à s'adapter à la vie extra-utérine et à avoir une alimentation fractionnée. Son abdomen est parfois

distendu par le repas, parfois douloureux du fait de la digestion, des selles et des gaz.
Les coliques surviennent surtout le soir et il arrive que le bébé pleure de façon incessante pendant plusieurs heures. Il finira par se calmer en fin de nuit ou bercé dans les bras des parents.
L'enfant qui présente des coliques a un développement identique aux autres enfants, il grossit et grandit normalement, ce qui tend à rassurer les parents sur la bénignité des symptômes.

LES VOMISSEMENTS

Le vomissement est le rejet (total ou partiel) par la bouche, du contenu de l'estomac. Il se différencie des régurgitations qui sont des rejets alimentaires passifs, ayant parfois lieu lors du rot. Les causes du vomissement sont nombreuses et son aspect dépend directement de sa cause, d'où l'intérêt d'observer attentivement ces rejets, qui sont le signal de diverses affections.

Situation

Lola

Marion est assistante maternelle à son domicile. Elle garde deux enfants, dont Lola (2 ans) qui aujourd'hui vomit et se met à pleurer. Marion va aussitôt auprès de Lola, lui maintient la tête, la calme et la réconforte. Quand Lola va mieux, elle lui fait rincer la bouche, change ses vêtements. Elle l'assied dans un coin tranquille et ensuite, sans la perdre de vue, elle nettoie l'environnement. Elle a observé les caractéristiques du vomissement (il est d'origine alimentaire). Elle prend la température de Lola ; elle avertit sa maman et surveille le comportement de l'enfant. Mme X. (la mère de Lola) prévenue, vient la chercher en fin de matinée pour la conduire chez le médecin. Celui-ci diagnostique une gastro-entérite, affection que l'autre enfant gardé par Marion a contractée il y a une semaine.

LES CAUSES

Les causes des vomissements sont nombreuses, elles peuvent être :

- **infectieuses,** par exemple : appendicite, gastroentérite, infections diverses (ORL), méningites, etc. ;
- **anatomiques**, par exemple : hernie étranglée, sténose du pylore, invagination intestinale aiguë, occlusion intestinale, etc. ;
- **diététiques,** par exemple : intoxication alimentaire, ou médicamenteuse, ou suralimentation (appelée plus couramment : indigestion) ;
- **métaboliques**, par exemple : intolérance aux protéines de lait de vache ;
- **neurologiques**, par exemple : hypertension intracrânienne, etc. ;
- **psychologiques**, par exemple : phases d'opposition à la mère, mal des transports, etc. (les causes psychologiques sont très diverses).

LES CARACTÉRISTIQUES

Les vomissements s'apprécient selon :

- leur abondance et leur fréquence ;
- leur survenue par rapport aux repas ;
- leur aspect (alimentaire, bilieux « vert-jaune » sanglant, etc.) ;
- leur caractère (en jet ou passif).

LES SIGNES D'ACCOMPAGNEMENT

Certains symptômes peuvent accompagner les vomissements :

- fièvre ;
- douleurs abdominales (pleurs inexpliqués) ;
- diarrhée ;
- perte de poids.

L'ÉVOLUTION

Elle peut être :

- favorable sous traitement ;
- défavorable si des complications se surajoutent. Par exemple :

- la déshydratation avec perte d'eau, de sels,
- la dénutrition avec perte de poids.

LE TRAITEMENT

Deux traitements sont nécessaires :

- le traitement de la cause ;
- le traitement symptomatique ; il est à la fois :

- **diététique**, il faut fractionner et épaissir l'alimentation,

- **médicamenteux**, les antivomitifs et les gels gastriques (de moins en moins prescrits).

Rôle de la professionnelle

Pendant le vomissement
Rester auprès de l'enfant, lui maintenir la tête, le rassurer, lui parler calmement, l'apaiser (c'est essentiel, car le vomissement inquiète beaucoup l'enfant) ;

Après le vomissement :
- le changer, lui rincer la bouche, dédramatiser l'événement et réconforter l'enfant ;
- surveiller l'état de l'enfant (disparition ou apparition d'un nouveau vomissement) ;
- mettre l'enfant en position orthostatique et le surveiller constamment ;
- lui donner à boire (sauf contre-indication) ;
- participer à la recherche de la cause par l'observation des vomissements (leurs caractéristiques) et du comportement de l'enfant ;

Au cours du repas, veiller à :
- vérifier le débit de la tétine (pour le nourrisson),
- maintenir l'enfant en position demi-assise ;

Après le repas (pour le nourrisson), veiller à :
- garder l'enfant le plus droit possible pour le rot,
- prendre l'enfant avec douceur et le recoucher,
- noter la consistance et la quantité des aliments ingérés ;

En toutes circonstances :
- se laver les mains ou utiliser une SHA ;
- nettoyer le matériel et désinfecter les jouets ;
- transmettre le maximum d'informations aux parents et/ou au médecin traitant de l'enfant et/ou au responsable de la structure d'accueil.

LE REFLUX GASTRO-ŒSOPHAGIEN (RGO)

Le reflux appelé reflux gastro-œsophagien[5] est un vomissement qui peut aller de la régurgitation simple due à un « trop plein » de lait (après la tétée) au vomissement en jet. C'est une affection bénigne, mais qui gêne beaucoup le nourrisson et inquiète les parents.

Situation

Mathilde

Mathilde (âgée de 5 mois) régurgite très fréquemment après avoir bu son biberon et au moment des changes. Ce sont des rejets de lait. Par ailleurs, elle va bien ; c'est une enfant très gracieuse. Sa maman cependant s'inquiète et consulte le pédiatre. Le diagnostic de **reflux gastro-œsophagien** est posé. Des mesures hygiénodiététiques sont données à la maman. Elle doit proposer à Mathilde une alimentation fractionnée et épaissie, et la tenir en position verticale après le repas. Par ailleurs, un traitement médicamenteux est prescrit.

LA CAUSE

Le reflux est dû à une trop grande ouverture (béance) du cardia (qui est l'anneau musculaire situé sur la partie supérieure de l'estomac).

LES SIGNES CLINIQUES

Le reflux survient généralement tout de suite après la prise du repas. Parfois il peut aussi se manifester à distance (10 min à 1 h), au cours d'un rot ou en l'absence de rot.
Les reflux peuvent être :
- d'abondance variable ;
- favorisés par la position allongée (sur la table à langer ou dans le lit) ;
- irréguliers au cours de la même journée ;
- souvent accompagnés de pleurs, de toux et de réveils nocturnes.

(5) Gastro (estomac), œsophagien (œsophage).

LES SIGNES D'ACCOMPAGNEMENT

Peuvent s'associer aux reflux :
- une œsophagite (irritation de la paroi de l'œsophage), elle est douloureuse ;
- une rhinite obstructive ;
- une otite ou une laryngite.

LE TRAITEMENT

Le traitement doit être poursuivi jusqu'à l'âge de la marche, il est rarement chirurgical. Il associe :
- une alimentation à base de laits épaissis, dits laits antirégurgitations. Ils doivent faciliter le rot et être donnés en quantité normale (si l'épaississement ne suffit pas, le médecin peut associer un « traitement antireflux ») ;
- des médicaments accélérant la vidange gastrique en cas de gros reflux ;
- des antiacides en cas d'œsophagite.

L'ÉVOLUTION

L'évolution est très bonne. Dans la majorité des cas, le reflux gastro-œsophagien n'a aucune répercussion sur la croissance et le comportement de l'enfant. Il régresse souvent lors de la diversification du régime, entre 4 et 6 mois, le plus fréquemment quand l'enfant se tient assis, et persiste rarement après l'âge de la marche.

Rôle de la professionnelle

• *Assurer le confort et l'hygiène de l'enfant :*
- le changer après le reflux ;
- renouveler la taie d'oreiller, le drap ;

• *Le rassurer, le sécuriser par le geste et la parole.*

• *Assurer la prévention des fausses routes :* changer toujours l'enfant avant les repas.

• *Prendre des précautions lors des repas :*
- vérifier le débit de la tétine ;
- maintenir l'enfant en position semi-assise, pendant la tétée ;
- faire faire le rot au nourrisson en le tenant le plus vertical possible ;
- ne pas le bouger après la tétée.

• *Se laver correctement les mains ou utiliser une SHA.*

• *Nettoyer le matériel des repas de l'enfant méticuleusement.*

• *Transmettre le maximum d'informations aux parents ou au responsable de la structure.*

LA DIARRHÉE

La diarrhée se traduit par l'émission de selles anormales, fréquentes et abondantes. Elle est couramment observée chez le jeune enfant. Elle peut entraîner un risque de déshydratation aiguë qu'il faut éviter.

Situation

Rachida

Lorsque Marion (auxiliaire parentale) change Rachida (10 mois) à 11 h 30, elle constate des selles liquides, de couleur verdâtre et malodorantes. C'est le deuxième épisode de diarrhée depuis son arrivée chez elle, ce matin. Marion prévient immédiatement la maman de l'enfant qui lui demande de faire appel au médecin (dont elle a le numéro de téléphone). En l'attendant Marion prend la température de Rachida (elle a 38,2 °C) ; elle lui donne souvent à boire, la réconforte et l'apaise (car l'enfant est inquiète).

LES CAUSES

La diarrhée a des causes diverses.

→ Les causes infectieuses

- Les infections digestives sont les plus fréquentes (souvent d'origine virale) ;
- les infections extradigestives (elles sont dues à des otites ou à des rhumes).

→ Les causes non infectieuses

- Les erreurs diététiques (il peut s'agir d'erreur de dilution du lait, de suralimentation) ;

- les réactions aux médicaments (antibiotiques, laxatifs, etc.).

LES CARACTÉRISTIQUES DES SELLES

Lors d'une diarrhée, il faut apprécier les caractéristiques des selles, c'est-à-dire :
- l'aspect des selles (liquides ou molles, etc.) ;
- leur fréquence dans la journée ;
- leur couleur (verte, jaune, etc.) ;
- leur odeur (aigre, fétide) ;
- la présence éventuelle de sang, de glaires.

LES SIGNES D'ACCOMPAGNEMENT

Selon la gravité de la diarrhée, on peut observer des signes associés. Par exemple :
- de la fièvre ;
- des vomissements ;
- une anorexie ;
- des maux de ventre, etc. ;
- une perte de poids de l'enfant.

LE RISQUE : LA DÉSHYDRATATION

On peut observer un risque de déshydratation lors de selles très liquides, très fréquentes, très abondantes. Il faut réhydrater immédiatement l'enfant.
NB : lorsque l'enfant est en un état de déshydratation, la réhydratation est insuffisante par voie orale. Il faut apprécier la perte de poids de l'enfant ; lorsque la perte de poids est supérieure à 10 % du poids du corps, il faut dans ce cas perfuser l'enfant.

L'ÉVOLUTION

L'évolution est généralement favorable sous traitement ; elle peut être défavorable si des complications graves y sont associées, comme par exemple la déshydratation.

LE TRAITEMENT

Pour traiter une diarrhée le médecin doit préalablement en trouver la cause. Deux cas sont à considérer :
- lorsque la **cause est infectieuse** (par exemple : lors des maladies ORL), il faut soigner la pathologie pour soigner ses effets ;
- lorsque la **cause n'est pas infectieuse**, le traitement de la diarrhée est diététique (*cf.* ci-après le régime alimentaire). Ils se présentent sous forme de solutés de réhydratation orale (SRO) (en vente libre en pharmacie).

LE RÉGIME ALIMENTAIRE DE LA DIARRHÉE AIGUË

Le régime est le traitement de base de la diarrhée. Il est fondé sur des principes et doit tenir compte de l'âge de l'enfant et de son mode d'alimentation.

→ Les principes du régime

Lors d'une diarrhée aiguë, il faut respecter trois grands principes :
- supprimer le lait de vache et utiliser des produits de régime antidiarrhéiques[6] ;
- donner beaucoup d'eau et d'éléments minéraux (pour compenser les pertes d'eau et d'électrolytes). Ils se présentent sous forme de solutés de réhydratation orale (SRO) (en vente libre en pharmacie) ;
- réintroduire rapidement le lait pour permettre une ration énergétique suffisante (afin que l'enfant ne maigrisse pas).

→ Le régime avant la diversification alimentaire

Avant que le régime soit diversifié, c'est-à-dire avant que l'enfant ait atteint l'âge de 5 à 6 mois, deux cas se présentent.
- **Premier cas : l'alimentation au lait artificiel**. Le médecin propose de :
  - supprimer le lait et donner des biberons de SRO durant 6 à 8 heures[7], puis introduire un substitut de lait[8],
  - dès la reprise du transit normal, réintroduire le lait habituel de l'enfant.
- **Deuxième cas : l'alimentation au sein**.

L'allaitement est maintenu. Entre les tétées, le médecin prescrit un SRO.

(6) Les pédiatres évitent actuellement de supprimer le lait plus de 6 à 12 heures pour éviter l'amaigrissement de l'enfant.
(7) Le SRO se présente sous forme de poudre à diluer dans l'eau. Elle contient des sels minéraux : sodium, potassium, glucose.
(8) Les substituts de lait se présentent sous forme de poudre ou de liquides. Ils sont prescrits par le médecin si la diarrhée persiste au-delà de 48 heures.

→ Le régime après la diversification alimentaire

Après la diversification du régime de l'enfant, c'est-à-dire lorsqu'il atteint l'âge de 6 à 7 mois, le médecin demande de :

- **hydrater** l'enfant avec un SRO ;
- offrir une **alimentation** à base de riz, tapioca, maïzena, pâtes, viande ou poisson grillés ou à l'eau ou en papillote, fromage à pâte cuite (gruyère, comté, hollande), pain ou biscottes. Objectif : cette alimentation pauvre en résidus freine le transit intestinal ;
- lui proposer des aliments riches en pectine et en tanins (carotte, coing, pomme, banane), afin de ralentir le transit et retenir l'eau ;
- **réalimenter** normalement l'enfant dès que possible à savoir :

- *dans un premier temps* : réintroduire les yaourts nature. Les fruits cuits et les légumes cuits et peu fibreux (carottes, courgettes, betteraves rouges, haricots verts très fins),
- *dans un deuxième temps* : réintroduire le lait et les autres laitages, les fruits et les légumes crus et les graisses (en petites quantités).

Rôle de la professionnelle

Veiller à prévenir la déshydratation avec SRO (faire boire l'enfant ++) ;

- repérer s'il y a lieu les premiers signes de déshydratation (la soif, la sécheresse de la bouche, une modification du comportement, etc.) ;
- noter le caractère des selles (fréquence, aspect, etc.) ;
- noter le retentissement de la diarrhée sur l'état général de l'enfant ; en particulier noter :
  - l'appétit,
  - l'aspect de la peau, etc. ;
  - la température,
  - le comportement,
  - le poids.
- fermer la poubelle pour les couches sales et les évacuer rapidement,
- isoler et désinfecter le linge souillé de selles (Javel),
- nettoyer le coussin de change,
- se laver les mains souvent et utiliser une SHA (surtout avant et après les changes),
- prévenir l'érythème fessier (souvent consécutif à la diarrhée) en effectuant la toilette du siège de l'enfant aussi souvent que nécessaire ;
- appliquer le régime prescrit par le médecin avec rigueur ;
- surveiller les repas de l'enfant ;
- vérifier le dosage des produits (en particulier le dosage du lait, des farines lors de la reprise alimentaire) ;
- faire les transmissions +++.

LA CONSTIPATION

La constipation se traduit par des selles anormalement dures et rares. C'est une affection fréquente, le plus souvent bénigne, dont il faut trouver la cause.

Situation

Luigi

Luigi est un petit garçon de 2 ans ½ qui est gardé tous les jours de la semaine par Aurélie (garde à domicile) pendant le travail de ses parents. Luigi a acquis la maîtrise totale de ses sphincters (ce qui le rend très autonome) mais il souffre de constipation. Aujourd'hui Aurélie signale qu'il n'est pas allé à la selle depuis deux jours ! Le médecin de famille a demandé à sa maman « de respecter quelques principes diététiques pour favoriser un transit intestinal normal ». C'est donc Aurélie qui en sera chargée quotidiennement et qui devra rendre compte des résultats.

LES CAUSES

Les causes de la constipation sont diverses. Elles peuvent être :

- **diététiques,** par exemple : régimes alimentaires déséquilibrés :
  - pauvres en eau et en fibre,
  - riches en farineux ;

- **psychologiques** : la constipation est une « manifestation psychosomatique » fréquente chez le jeune enfant. Elle peut exprimer : la peur de la défécation ou la peur de la mère (en cas d'éducation sphinctérienne trop rigide) ;
- **secondaires** à certaines maladies et à certains traitements.

LES CARACTÉRISTIQUES

La constipation s'apprécie selon :
- l'aspect et la consistance des selles ;
- la fréquence des selles ;
- le caractère douloureux de la défécation (pleurs, etc.) ;
- le caractère spontané ou provoqué de la défécation (faut-il utiliser des suppositoires ?).

LES SIGNES D'ACCOMPAGNEMENT

La constipation peut s'accompagner de :
- douleurs abdominales ;
- vomissements ;
- émissions de sang, etc.

Tout cela doit être signalé et pris en compte.

LE TRAITEMENT

Le traitement de la constipation sera diététique et éducatif (*cf.* le régime ci-après). Si ces mesures sont insuffisantes, le médecin peut prescrire :
- des suppositoires de glycérine ;
- de l'huile de paraffine ou autre laxatif doux ;
- de l'eau Hépar (de temps en temps).

Dans les cas rebelles (exclusivement), un Microlax enfant peut être prescrit par le médecin. Par ailleurs, s'il existe une cause à la constipation, il faut la traiter en priorité.

LE RÉGIME ALIMENTAIRE DE LA CONSTIPATION

Le principe du régime consiste à :
- augmenter les aliments qui *accélèrent le transit* et sont *riches en fibres*, par exemple : légumes verts, fruits crus et acides (tels qu'oranges, citrons, kiwis, notamment et des jus de fruits frais pressés) ;
- augmenter *l'apport en eau* en proposant souvent à boire ;
- supprimer les aliments constipants riches en *tanin* et en *pectine* (carottes, coings, pommes, bananes) ;
- diminuer les aliments qui ralentissent le transit (riz, tapioca, maïzena).

Rôle de la professionnelle

La professionnelle doit (en collaboration avec les parents) :
- *Participer au traitement diététique.* Pour cela, elle doit veiller à :
  - l'apport d'eau,
  - de fibres (légumes verts), de fruits acides, de jus de fruits, etc.,
  - la limitation des farineux (par exemple le riz),
  - la limitation des aliments constipants (par exemple : carottes, coings, pommes, bananes, etc.) ;
- *Participer aux mesures éducatives :*
  - demander à l'enfant d'aller à la selle dès qu'il en ressent le besoin, sans se retenir,
  - lui donner confiance en lui,
  - le sécuriser, le rassurer,
  - dédramatiser la situation (l'enfant ne doit en aucune façon se culpabiliser ou se croire « malade »),
  - associer les parents à cette éducation à la santé ;
- *Informer régulièrement la responsable hiérarchique et les parents* des effets du régime sur le transit de l'enfant. (Agir dans le cadre de son rôle et de ses missions.)

Les affections digestives chirurgicales

L'APPENDICITE

L'appendicite est l'inflammation aiguë de l'appendice. C'est une urgence chirurgicale.

Situation

Martha

Aujourd'hui Martha (8 ans) en rentrant de l'école (à 11 h 45) a ressenti de violentes douleurs « dans le bas du ventre » (côté droit) et elle a vomi. Depuis quelques jours elle se plaignait déjà de malaises abdominaux, que ses parents mettaient sur le compte du « stress » (dû peut être à la rentrée des classes).

Le médecin, appelé en urgence, après l'avoir examinée, a immédiatement suspecté une **appendicite** et a demandé son hospitalisation d'urgence.

LES SIGNES CLINIQUES

Les signes cliniques peuvent varier d'un enfant à l'autre, mais on retrouve toujours :
- des **douleurs abdominales** localisées au niveau de la fosse iliaque droite (à la palpation, elles s'accentuent et l'enfant manifeste un retrait : signe de défense) ;
- une fièvre modérée (38 °C) ;
- des nausées et des vomissements.

L'ÉVOLUTION

L'évolution est :
- **favorable** (le plus souvent) : l'enfant guérit en quelques jours après l'appendicectomie ;
- **défavorable** (parfois) avec complications : par exemple : péritonite généralisée (infection de tout le péritoine avec fièvre élevée).

LE TRAITEMENT CHIRURGICAL

L'« appendicectomie » est très souvent urgente.

Rôle de la professionnelle

La professionnelle de l'enfance sera très vigilante lorsque l'enfant signale des douleurs, quelles qu'elles soient. Elle doit les prendre en considération et alerter.
En cas d'intervention chirurgicale, elle veillera à :
- préparer l'enfant ;
- le rassurer par la présence et la parole (c'est un rôle humain très important).

Elle fera les transmissions avec rigueur.

LA HERNIE

La hernie se traduit par le passage d'un organe (généralement l'intestin) hors de la cavite abdominale.

LES TYPES DE HERNIE CHEZ L'ENFANT

Chez l'enfant, on distingue essentiellement deux types de hernies.

→ Les hernies ombilicales

Elles sont fréquentes chez le nouveau-né et se traduisent par une masse ombilicale, de volume variable, mais toujours réductible. Elles ont tendance à disparaître spontanément au bout de quelques mois.

→ Les hernies inguinales

Elles s'extériorisent le plus souvent lors d'un effort (cris ou défécation par exemple). Elles siègent au niveau de l'aine et peuvent descendre jusque dans le scrotum chez le petit garçon.
La hernie de l'ovaire chez la petite fille se manifeste par une masse dans la grande lèvre. Il ne faut pas y toucher car il y a un risque de rupture de l'ovaire. Le traitement repose sur la réduction chirurgicale de la hernie dans une urgence différée.

LES SIGNES CLINIQUES

La plupart du temps, elles sont indolores et n'engendrent aucun signe clinique significatif.

L'ÉVOLUTION

L'évolution est :

- **favorable le plus souvent** : la masse est réductible manuellement ;
- **défavorable parfois** : la hernie est irréductible et réalise un « **étranglement herniaire** » (c'est une urgence chirurgicale). L'enfant souffre et hurle sa douleur. L'étranglement se complique, après quelques heures, d'une occlusion intestinale avec vomissements, ballonnement abdominal, arrêt des matières et des gaz et douleurs +++.

LE TRAITEMENT

Le traitement dépend du type de la hernie :

- **pour une hernie simple** : réduction manuelle (si possible) et traitement chirurgical (souvent) au bout de quelques semaines ;
- **pour une hernie étranglée** : intervention chirurgicale en urgence.

Rôle de la professionnelle

Veiller à :

- signaler toute anomalie faisant suspecter une hernie ;
- surveiller la réductibilité de la hernie : quand on appuie, elle doit rentrer facilement ;
- en cas de « hernie étranglée », appeler le médecin d'urgence ;
- en cas d'intervention chirurgicale, elle veillera à préparer l'enfant, le rassurer par la parole et par la présence (l'accompagnement). C'est un rôle humain très important ;
- assurer les transmissions au responsable et aux parents.

LA TORSION DU CORDON SPERMATIQUE

La torsion du cordon spermatique est plus fréquente chez le nourrisson et l'adolescent, et provoque un manque d'oxygénation du testicule (ischémie) associée à une douleur très violente, parfois responsable de nausées et malaises en très peu de temps.

Dès les premiers symptômes, une opération d'urgence dans un bloc opératoire est nécessaire.

LA STÉNOSE DU PYLORE

La sténose du pylore[9] se caractérise par l'*hypertrophie des fibres musculaires* du pylore entraînant son rétrécissement. Il en résulte une obstruction plus ou moins complète provoquant des vomissements.

Situation

Olivia

Olivia, 1 mois, est hospitalisée ce jour en pédiatrie. Depuis 24 heures, elle vomit en jet, à distance des biberons, du lait caillé, et malgré un appétit vorace, elle a perdu du poids. Son état général est bon, c'est un bébé très éveillé. Après avoir interrogé la mère et examiné l'enfant, le pédiatre prescrit une échographie. Celle-ci montre une **sténose du pylore**. Olivia sera opérée demain.

LES SIGNES CLINIQUES

Il s'agit essentiellement de vomissements, qui sont :

- alimentaires (lait caillé) ;
- abondants ;
- violents (en jet) ;
- sans horaire fixe, survenant après les repas.

Ils peuvent être accompagnés de :

- constipation et de perte de poids ;
- parfois de déshydratation.

LES EXAMENS

Le diagnostic est fondé sur :

- l'interrogatoire de la mère et l'examen clinique ;
- une échographie et parfois le transit œso-gastro-duodénal (TOGD).

LE TRAITEMENT

Un traitement chirurgical est à mettre en œuvre dès que le diagnostic est posé.

(9) Le pylore est un muscle (en forme d'anneau) qui se situe à la base de l'estomac et permet la vidange gastrique en vue de la digestion.

Rôle de la professionnelle

Veiller à :
- signaler tout vomissement anormal à la famille et/ou au médecin ;
- au moment où l'enfant vomit : le mettre en position latérale de sécurité ;
- le rassurer, le sécuriser par la présence et la parole ;
- accompagner l'enfant à l'hôpital (si l'hospitalisation est demandée) ;
- faire les transmissions dans le cadre de son rôle et de ses missions.

Situation

Simon

Maria (AM) s'occupe chaque jour de Simon (2 mois) qui a été opéré à l'âge de 1 mois d'une sténose du pylore. Avant l'opération l'enfant vomissait tous ses biberons. Maria avait signalé le caractère particulier des vomissements : en jet violent, quelques longues minutes après la prise du repas (de ce fait, le lait était déjà caillé). Observation particulière : l'enfant avait un appétit vorace et son état général (excepté une petite perte de poids) était bon. Simon était éveillé et épanoui. À l'échographie, l'anomalie a été détectée. L'intervention chirurgicale s'imposait. L'enfant l'a très bien supportée. Il reprend progressivement du poids.

L'INVAGINATION INTESTINALE AIGUË

Il s'agit d'une occlusion intestinale qui se manifeste par des douleurs abdominales brutales et intenses, des vomissements, un arrêt du transit et parfois des rectorragies (émission de sang rouge par l'anus).

Le tube digestif se retourne sur lui-même en doigt de gant pour former le « boudin d'invagination ». Il s'agit d'une urgence chirurgicale nécessitant un avis hospitalier.

Elle s'observe en général chez les enfants de moins de 2 ans.

L'ADÉNOLYMPHITE MÉSENTÉRIQUE

Lors d'une infection virale fébrile (rhinopharyngite ou bronchite), l'enfant peut présenter de violentes douleurs abdominales pouvant faire évoquer une invagination intestinale aiguë ou une appendicite. Il s'agit en fait de la présence de ganglions abdominaux douloureux qui sont stimulés lors de l'évolution du bol alimentaire.

Le traitement repose sur les antalgiques et des antispasmodiques.

Les affections urinaires, urologiques et gynécologiques

L'INFECTION URINAIRE

L'infection urinaire est une infection des urines qui peut présenter deux aspects (infections haute ou basse). Elle se traduit par la présence de pus dans les urines (pyurie). L'infection urinaire est fréquente chez l'enfant[10]. Les malformations (des reins, des uretères) constituent des facteurs favorisants.

L'évolution est généralement favorable lorsqu'elle est rapidement traitée.

Situation

Hippolyte

Hippolyte (2 ans ½) est un petit garçon autonome, il est propre depuis quelques mois et peut aller tout seul aux toilettes. Aujourd'hui, alors qu'il est aux WC, il appelle en pleurant Jennifer (sa garde à domicile) en lui disant : « J'ai mal ». Jennifer lui demande de patienter un peu… mais voyant le visage et le comportement de l'enfant, elle comprend qu'il n'est pas dans son état de santé habituel. Elle prend sa température (38 °C) et avertit donc la maman ainsi que le médecin qui prescrit un ECBU (examen cytobactériologique des urines). Le diagnostic d'infection urinaire

(10) Les filles sont plus exposées car leur urètre est plus court.

basse est posé. Des antibiotiques sont prescrits à l'enfant. Jennifer veillera à les administrer (selon les consignes reçues) dans les meilleurs délais.

→ La cause

L'infection urinaire est causée par une bactérie, le plus souvent par des *colibacilles*.

→ Les signes cliniques

Selon la localisation, on peut distinguer deux types d'infection.

L'INFECTION URINAIRE HAUTE (PYÉLONÉPHRITE)

- **Chez l'enfant** : celui-ci se plaint de :
- brûlures mictionnelles ;
- mictions[11] fréquentes et peu abondantes ;
- douleurs lombaires ;
- fièvre et frissons.
- **Chez le nourrisson**, le diagnostic est plus difficile. Par exemple :
- mauvaise courbe de poids ;
- vomissements, anorexie, etc. ;
- poussées fébriles (supérieures à 38°5 C) inexpliquées.

L'INFECTION URINAIRE BASSE (CYSTITE)

Il n'y a ni fièvre ni retentissement sur l'état général. Les deux symptômes apparents sont :
- les mictions fréquentes ;
- la sensation de brûlure en urinant.

→ Les examens

Le diagnostic d'infection est affirmé par la présence des germes dans les urines. La mise en évidence de ces germes est réalisée par l'ECBU (*examen cytobactériologique des urines*) demandé au laboratoire d'analyses médicales (sur prescription médicale).

→ L'évolution

L'évolution est :
- favorable : si l'infection n'est pas grave et si elle est bien traitée ;
- défavorable : des complications sont possibles (par exemple : infection du rein, insuffisance rénale, voire septicémie chez le nourrisson).

(11) Miction = acte d'uriner.

→ Le traitement

La base d'un traitement efficace est l'antibiothérapie.

Rôle de la professionnelle

Assurer une hygiène préventive stricte :
- se laver les mains scrupuleusement ;
- effectuer des changes réguliers ;
- assurer l'hygiène de l'environnement et du matériel ;

Préparer l'enfant à l'examen :
- annoncer l'examen d'urines à l'enfant (le lui expliquer, le rassurer) ;
- parler à l'enfant pendant l'examen, le rassurer par la présence et la parole (parfois au moyen d'un jouet) ;

Participer à la surveillance de l'enfant :
- respecter rigoureusement le régime prescrit par le médecin ;
- signaler très rapidement toute anomalie constatée au cours des changes ;

Surveiller le poids de l'enfant et signaler toute irrégularité.

Participer au traitement de l'enfant (selon consignes) : la professionnelle peut être amenée à administrer le traitement à l'enfant au cours de la journée. Elle le fera avec rigueur (respect de son rôle et de ses missions) et avec tact (expliquant les bienfaits du traitement, le rassurant, l'impliquant dans le respect des horaires lorsqu'il est en âge de comprendre). Une attitude bienveillante participe largement au résultat positif de la médication.

LA VULVITE

Il s'agit chez la petite fille d'une inflammation de la vulve (petites et grandes lèvres).

Souvent d'origine hormonale ou suite à un défaut de soin d'hygiène (trop ou trop peu...).
Elle se manifeste par des démangeaisons et des rougeurs notamment à la miction.
Le traitement consiste à :
- porter des sous-vêtements en coton changés quotidiennement ;
- faire une toilette quotidienne sans insister trop avec savon doux ;
- essuyer d'avant en arrière après passage aux toilettes ;
- lutter contre la constipation.

LA BALANITE ET LA BALANOPOSTHITE

Le phimosis est une condition normale chez le jeune garçon. La muqueuse du prépuce est accolée au gland par des adhérences qui limitent le décalottage.
La balanite est une inflammation du gland du pénis, la balanoposthite concerne le gland et le prépuce. Cette affection touche le jeune garçon dont le décalottage est incomplet ou n'est possible du fait d'un phimosis serré.
- **Les symptômes** : douleurs et irritation, œdème de la verge et écoulement de « smegma », est un liquide épais propre constitué principalement de débris cellulaires.
- **Le traitement** repose principalement sur des soins locaux à base d'antiseptique dilué, type Dakin.

Les affections locomotrices congénitales

LA LUXATION CONGÉNITALE DE LA HANCHE

La luxation congénitale de la hanche correspond à une instabilité de la tête fémorale au niveau du cotyle. Le dépistage est systématique chez tous les nouveau-nés à la maternité. Ce dépistage précoce est essentiel car il permet la guérison.

Situation

Louis

Mme X. a accouché à la clinique des Fleurs samedi dernier. Elle a mis au monde un beau bébé de 3,600 kg, Louis, dont tous les paramètres vitaux sont excellents. Toutefois le premier examen médical (réalisé par le pédiatre) a laissé suspecter une « **luxation congénitale de la hanche** » qui a été confirmée le lendemain par une échographie. Mme X. est fort inquiète. Le personnel de soins de la maternité veille à l'informer et à la rassurer sur la nature de cette affection, apparemment bénigne, mais qui doit être prise en charge très rapidement pour éviter que la malformation ne s'installe durablement. La prise en charge est très simple, il faut langer l'enfant les jambes en abduction et maintenir cette position en permanence.

LES CAUSES

Les causes peuvent être :
- *héréditaires* ;
- *anatomiques* (anomalies ligamentaires au niveau des hanches) ;
- *mécaniques* (présentation du bébé par le siège lors de l'accouchement, malposition intra-utérine).

L'EXAMEN DE DÉPISTAGE

Le diagnostic s'effectue en deux temps :
- d'abord la recherche d'un ressaut selon la **méthode d'Ortolani**. Lorsque le médecin écarte les jambes du nouveau-né, il entend un « déclic » (signe en faveur d'une luxation) ;
- ensuite l'échographie du bassin (si la luxation est suspectée).

L'ÉVOLUTION

L'évolution peut être :
- défavorable **sans traitement** : évolution vers une luxation irréductible (c'est très rare de nos jours en raison du suivi médical) ;
- favorable si elle est correctement traitée : aucune séquelle.

Rôle de la professionnelle

Veiller à :
- rassurer les parents (l'affection est bénigne si elle est bien prise en charge) ;
- leur expliquer le principe du *langeage en abduction* ;
- réaliser le *change en abduction* (bien respecter le protocole de soins) ;
- agir avec beaucoup de douceur et parler à l'enfant au cours du change (lui expliquer, même s'il est bébé ! le rassurer +++) ;
- surveiller l'enfant maintenu en abduction ;
- informer les parents du comportement de l'enfant ;
- faire les transmissions.

LES MALFORMATIONS DES PIEDS

Les malformations ou malpositions des pieds sont relativement fréquentes à la naissance. Il en existe de plusieurs sortes. Lorsqu'elles sont correctement traitées, aucune séquelle ne subsiste.

Situation

Carla

Carla (2 mois) est une jolie petite fille. Sa santé est excellente et elle se montre déjà très éveillée ; mais Carla a une légère déformation du pied droit qui est trop fléchi sur la jambe. Le pédiatre a expliqué à la maman que l'enfant a gardé une mauvaise position acquise lors de sa vie fœtale, qu'il s'agit d'un « **pied talus** » ; le kinésithérapeute doit passer tous les jours pour effectuer sur Carla quelques manipulations. C'est à ce prix que l'enfant pourra un jour marcher normalement.

LE PIED BOT

Il s'agit une malformation du pied, uni- ou bilatérale. Le pied est *enroulé vers l'intérieur* et la plante des pieds « regarde » en dedans. Le traitement repose sur des séances régulières de kinésithérapie. Il doit être confié à une équipe de kinésithérapeutes et d'orthopédistes qualifiés. Une intervention chirurgicale est parfois nécessaire.

LE MÉTATARSUS VARUS

Il s'agit d'une *déviation* en dedans (varus) de l'avant-pied. Le traitement doit être mis en route dès la naissance et repose sur des manipulations quotidiennes, effectuées par un kinésithérapeute. Le maintien du pied par un élastoplaste est nécessaire (pour redresser le pied et le maintenir dans une bonne position).

LE PIED TALUS

Il s'agit d'une malposition assez fréquente du pied, et bénigne. Elle correspond à une *flexion* excessive du pied sur la jambe, due à une compression de la plante du pied sur la paroi de l'utérus. Le traitement repose sur des manipulations quotidiennes dès la naissance par un kinésithérapeute.

Rôle de la professionnelle

Veiller à :
- rassurer les parents sur la malformation de l'enfant (selon ses compétences) ;
- leur expliquer l'intérêt et le principe du traitement ;
- effectuer des petits massages quotidiens du pied de l'enfant (respecter les consignes) ;
- stimuler le pied avec une brosse à dents au moment des changes (respecter les consignes) ;
- avoir des gestes doux ;
- parler à l'enfant au cours du soin, lui expliquer le soin (même au nouveau-né !), le rassurer ;
- veiller au bon maintien d'un élastoplaste et au bien-être de l'enfant (observer ses réactions) ;
- informer les parents quotidiennement de ses réactions ;
- faire les transmissions.

Les petites hémorragies

L'hémorragie externe est la perte de sang à l'extérieur du corps. Lorsque cette perte de sang est minime, elle ne met pas la vie de l'enfant en danger. Cependant, il est capital d'agir rapidement et efficacement devant toute perte de sang. Il est important de différencier l'hémorragie simple externe et sans gravité d'une hémorragie grave nécessitant des mesures urgentes. Parmi les hémorragies externes simples, citons principalement les suivantes.

LE SAIGNEMENT DU NEZ (ÉPISTAXIS)

Il nécessite une compression de la narine qui saigne. Si l'hémorragie est rebelle (c'est-à-dire si elle dure plus de 10 min), il faut consulter rapidement un médecin.

LA PLAIE SIMPLE

Elle nécessite une compression de quelques minutes, suivie parfois d'une obturation de la plaie par la mise en place de Stéristrip ou de colle spécifique (selon l'importance de la plaie).

LA CONTUSION

Elle nécessite le nettoyage et la compression de la plaie avant la mise en place d'un pansement et d'un petit bandage.

Situation

Justine, Mario

- Justine (8 ans) est une fillette en excellente santé : vive, dynamique, pleine d'entrain à l'école. Aujourd'hui le professeur ne la voit pas revenir de la récréation. Ses camarades viennent l'informer qu'elle s'est rendue à l'infirmerie, car elle « saigne du nez » ! Justine est fréquemment victime de ce type d'hémorragie, qui heureusement ne dure que quelques minutes. Elle sait par habitude que, pour l'arrêter, « il faut mettre la tête en avant et appuyer très fort sur sa narine ». L'infirmière la raccompagne en classe où Justine va pouvoir retrouver ses camarades.
- Mario (2 ans) est gardé à son domicile par Lucie (assistante maternelle). C'est un petit garçon turbulent et plein de vie. Il ne cesse de s'agiter. Aujourd'hui Mario a échappé à la vigilance de Lucie et il est tombé dans le jardin. Entendant ses pleurs, Lucie accourt et constate une plaie qui saigne. Elle appelle le médecin de famille (comme la maman de l'enfant le lui a demandé) et en attendant son arrivée, elle procède aux premiers soins : elle applique sur la plaie une compresse froide et appuie dessus pour arrêter l'écoulement sanguin. Le médecin va obturer la plaie avec une « colle » spécifique. Mario ne pleure plus… Il est presque guéri !

Rôle de la professionnelle

Veiller à :

- avoir des notions de secourisme afin de pouvoir assurer une aide efficace auprès des enfants (la formation de sauveteur est vivement conseillée) ;
- apprécier le type d'hémorragie et avertir les parents et/ou le médecin ou les secours ;
- agir selon les consignes qu'elle a reçues ;
- couvrir l'enfant pour éviter qu'il ne se refroidisse ;
- rassurer l'enfant, rester auprès de lui, l'apaiser, desserrer ses vêtements ;
- participer aux soins : la professionnelle peut être amenée à réaliser un petit bandage pour maintenir un pansement lors d'une plaie (*cf.* fiche pratique ci-après) ;
- transmettre aux parents tout ce qui a été observé avant l'arrivée des secours.

LA RÉALISATION D'UN PETIT BANDAGE

Objectif : le bandage sert à maintenir un pansement.
Indications : il peut être réalisé lors d'une « petite plaie » (selon prescription ou consignes).

MATÉRIEL	PROCÉDURE	ILLUSTRATIONS
Les bandes peuvent être : → en gaze ; → en toile ; → en crêpe élastique type Velpeau).	**Préparation** Se laver les mains. Informer l'enfant du soin, le rassurer. L'installer confortablement. **Action** *Effectuer le bandage :* → tenir la bande de la main droite et la diriger vers le haut ; → aller toujours de la gauche vers la droite au début, pour fixer une bande ; → commencer par faire deux circulaires : le premier tour est un peu oblique de façon à rabattre sur le deuxième. Veiller à ne pas trop serrer la bande pour ne pas bloquer la circulation, mais serrer assez fort pour éviter qu'elle glisse. → Terminer par deux circulaires en haut du bandage. *Fixer le bandage :* → si la bande est un crêpe : la fixer avec du sparadrap ; → si la bande est une gaze : séparer l'extrémité de la bande en deux et la nouer autour du membre. **Transmissions** Faire les transmissions au responsable hyérarchique et aux parents.	

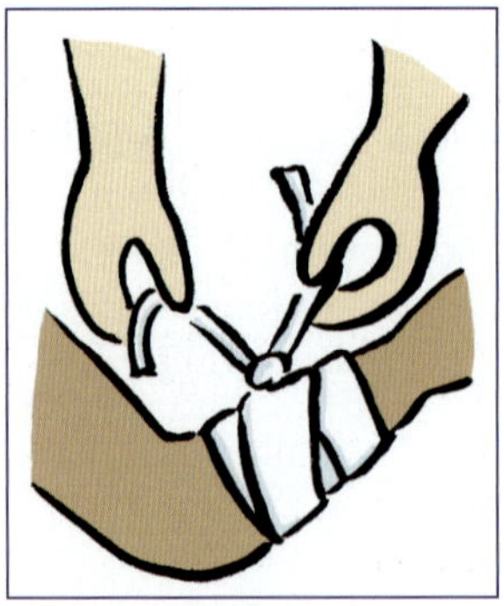

Fig. 16.2. Technique de compression directe sur la plaie : le pansement compressif.

fiche 36

Les traumatismes courants

Parmi les traumatismes courants, il faut citer l'entorse, la luxation et la fracture.

L'ENTORSE

Une entorse est due à un *faux mouvement*. C'est une déchirure ou une élongation d'un ligament, sans déplacement des surfaces articulaires. La plus fréquente est celle du cou-de-pied (ou cheville). Elle peut aussi toucher le poignet.

Situation

Maxime

Maxime (8 ans) est un garçon très sportif, qui apprécie les jeux de groupe et particulièrement le rugby, qu'il pratique tous les week-ends (au rugby club). Aujourd'hui Maxime, au cours d'une mêlée, a fait un faux mouvement. Il a dû immédiatement quitter l'équipe, car il a ressenti une vive douleur. Le moniteur, habitué à ce type d'accident (très fréquent chez les sportifs), a appelé les parents de l'enfant, en posant déjà un avis : « Votre fils s'est fait (semble-t-il) une **entorse du poignet**. Il est souhaitable de consulter un médecin pour qu'il immobilise le bras rapidement ».

LES SYMPTÔMES

On peut observer :

- une *douleur*, vive au début (causée par la déchirure des tissus) qui se calme rapidement et réapparaît après quelques heures ;
- un *gonflement* qui devient important après 12 à 24 heures ;
- une *mobilité limitée* et douloureuse ;
- des ecchymoses (ou bleus) peuvent apparaître 48 h après.

LE TRAITEMENT

Il est basé sur l'immobilisation de l'articulation (parfois des antalgiques sont nécessaires pour la douleur).

Rôle de la professionnelle

- rassurer l'enfant sur la blessure ;
- expliquer l'intérêt et le principe des soins à l'enfant et aux parents ;
- signaler rapidement les manifestations de la douleur pour qu'elle soit apaisée ;
- surveiller l'enfant (son comportement, ses réactions, etc.) et en informer les parents ;
- distraire l'enfant avec des jeux calmes (DVD, livres, etc.).

LA LUXATION

La luxation est due à la torsion d'un membre (parfois lors d'une chute). Elle se caractérise par un déboîtement de l'articulation avec déplacement des surfaces articulaires. Les luxations les plus fréquentes sont celles de l'épaule, du coude, du poignet, du pouce.

LES SYMPTÔMES

- douleur forte ;
- mouvement impossible ou très douloureux, déformation visible (parfois) ;
- gonflement, ecchymoses.

LE TRAITEMENT

La réduction de la luxation sera effectuée par un orthopédiste. Le médecin prescrira des antalgiques.

Rôle de la professionnelle

- rassurer l'enfant sur la blessure ;
- expliquer l'intérêt et le principe des soins à l'enfant et aux parents ;
- surveiller l'enfant et signaler rapidement les manifestations de la douleur ;
- aider à l'application de compresses d'eau froide (qui possèdent un effet antalgique) ;
- distraire l'enfant (livres, films, etc.) ;
- surveiller le bandage ;
- réaliser les transmissions aux parents (comportement de l'enfant, réactions à la douleur,...).

LA FRACTURE

Une fracture est la cassure d'un os. Elle peut être **directe** (à la suite d'un coup important sur l'os) ou **indirecte**. Dans ce cas, c'est la cassure d'un os à distance du choc (par exemple : chute sur les talons pouvant provoquer une fracture de la colonne vertébrale).

Situation

Sarah

Après l'école, dans la cour de l'immeuble, Sarah (6 ans), fillette hyperactive, aime entraîner ses camarades dans des jeux de rôle qu'elle affectionne particulièrement. Aujourd'hui Sarah leur a imposé un chemin semé d'embûches et c'est elle qui en a subi, la première, les conséquences. Elle est violemment tombée en sautant d'un banc. À son cri aigu et à l'immobilité qui a suivi, ses copines ont compris que « c'était plus grave que d'habitude ! ». Elles ont immédiatement alerté la maman, qui a appelé les secours. À la vue du membre déformé, le diagnostic de fracture du bras a été posé et Sarah a été conduite à l'hôpital.

LES DIFFÉRENTS TYPES DE FRACTURES

On peut observer deux types de fractures :
- **la fracture simple ou fermée** ; c'est la cassure d'un os :
  - sans lésion de la peau,
  - avec ou sans déplacement des os ;
- **la fracture compliquée ou ouverte**, c'est la cassure d'un os, avec plaie, voire avec hémorragie provoquée par les fragments osseux.

LES SYMPTÔMES

On peut observer :
- une douleur vive au moment de la chute et augmentée lorsque l'on touche le point de fracture ;
- un gonflement ;
- une déformation évidente du membre (quelquefois).

LE TRAITEMENT

Il faut rapidement :
- prévenir l'état de choc : allonger l'enfant légèrement couvert, dans un endroit calme ;
- immobiliser la fracture ;
- donner des antalgiques.

Rôle de la professionnelle

- rassurer l'enfant et les parents, leur expliquer l'intérêt et le principe des soins ;
- manipuler l'enfant lors des soins avec douceur ;
- installer l'enfant confortablement ;
- observer ses réactions, son comportement, écouter ce qu'il dit ;
- répondre rapidement à ses appels ;
- ne pas donner à boire ou à manger sans consignes le jour de l'intervention ;
- surveiller l'enfant en permanence après l'intervention ;
- transmettre toutes les informations à ses parents, au responsable de la structure et/ou au médecin selon les consignes (signaler en particulier très vite tout comportement douloureux. Il faut apaiser la douleur dans les meilleurs délais).

LA SURVEILLANCE D'UN ENFANT PORTEUR D'UN PLÂTRE

Objectif : le plâtre favorise la remise en place des os.
Indications : à la suite d'une fracture, la professionnelle de l'enfance peut et doit participer activement à la surveillance de l'enfant porteur d'un plâtre et faire les transmissions dans le cadre de son rôle et de ses missions.

MATÉRIEL	PROCÉDURE
Préparer le lit de l'enfant et l'environnement, en fonction des consignes. 	La professionnelle peut être amenée (selon consignes) à surveiller l'enfant. **Pendant les premières 48 heures** (le plâtre n'est pas sec. Il est fragile). La professionnelle veillera à : → installer l'enfant confortablement ; → ne pas accélérer le séchage par un procédé artificiel (risque de brûlures) ; → informer régulièrement l'enfant et les parents de la progression du séchage du plâtre ; → contrôler régulièrement l'état de la peau à tous les points d'appui ; → laisser la sonnette et les objets personnels à portée de main de l'enfant (en hospitalisation) ; → rassurer et sécuriser l'enfant ; → aider l'enfant pour la toilette, les repas, l'élimination et tous les actes de la vie courante ; → respecter sa pudeur. **Les jours suivants** La professionnelle veillera à : → surveiller la couleur, l'odeur et la chaleur du plâtre : toute modification du plâtre peut être le signe d'une suppuration. Il faut alerter rapidement les parents et/ou le médecin ; → surveiller l'état du plâtre : usure (fréquente chez l'enfant) ou effritements, ou cassures ; → protéger le plâtre (pelvipédieux) lors de la toilette et des changes ; → surveiller les extrémités du membre plâtré : couleur, chaleur, douleur, mobilité, œdème (toujours en comparatif avec le membre sain) ; → distraire l'enfant (jeux calmes), favoriser les visites des camarades ; → informer régulièrement les parents de l'enfant sur son comportement, ses réactions ; → faire les transmissions au cadre de santé (en milieu hospitalier).

fiche 37

Les suites opératoires

S'occuper d'un enfant qui vient de subir une intervention chirurgicale et qui revient à son domicile nécessite une coopération avec la famille. Il s'agit de soutenir, rassurer, en un mot d'*accompagner en participant activement* au rétablissement de la santé. La professionnelle de l'enfance devra tenir compte de l'âge et de la capacité de l'enfant à comprendre la situation pour l'aider à mieux vivre cette période où la pathologie a été circonscrite, mais où la santé n'est pas rétablie pour autant. Il faudra donc, comme dans une maladie ordinaire, s'assurer de la prise du traitement et des soins.

Il s'agit pour la professionnelle d'apporter la réponse la plus adéquate possible aux besoins de l'enfant, dans le respect de ses habitudes, de ses rythmes, dans l'acceptation de ses réactions à l'hospitalisation, à l'immobilisation, dans la prise en compte de son anxiété, voire de son agressivité. Enfin la professionnelle, par ses contacts quotidiens avec la famille de l'enfant, sera une interlocutrice privilégiée au niveau de l'éducation à la santé.

Situation

Simon

Maria (AM) s'occupe chaque jour de Simon (2 mois) qui a été opéré à l'âge de 1 mois d'une « sténose du pylore ». Avant l'opération l'enfant vomissait tous ses biberons. Maria avait signalé le caractère particulier des vomissements : en jet violent, quelques longues minutes après la prise du repas (de ce fait, le lait était déjà caillé). Observation particulière : l'enfant avait un appétit vorace et son état général (excepté une petite perte de poids) était bon. Simon était éveillé et épanoui. À l'échographie, l'anomalie a été détectée. L'intervention chirurgicale s'imposait. L'enfant l'a très bien supportée. Il reprend progressivement du poids.

Les affections de la peau et des muqueuses

LES DERMATOSES

On peut observer chez l'enfant de nombreuses dermatoses. Nous traiterons ici les principales.

L'ACNÉ DU NOURRISSON

Elle est souvent provoquée par les changements hormonaux lors de la grossesse et de la naissance.

Elle se manifeste par l'apparition de petits boutons blancs ou légèrement rougeâtres qui apparaissent sur le visage des nourrissons peu de temps après la naissance.

Ce n'est pas grave, et l'acné va disparaître en quelques semaines même en absence de traitement spécifique.

Le médecin proposera des soins locaux simples : laver la peau à l'eau claire, utiliser un savon doux pour bébé, sécher en tamponnant avec un linge propre. On évitera les crèmes et pommades qui risquent d'aggraver les lésions.

L'ÉRYTHÈME FESSIER

L'érythème fessier est une *affection cutanée*, fréquente et bénigne, touchant le siège du nourrisson. C'est une dermatose par irritation.

Situation

Jonathan

Après un épisode de diarrhée, qui a duré 48 heures, Jonathan (6 mois) est atteint d'un érythème fessier assez étendu. Anne (la GEAD qui s'occupe de lui) met tout en œuvre pour favoriser une cicatrisation rapide et en particulier des soins d'hygiène fréquents ainsi que l'application sur les fesses d'un produit asséchant, prescrit par le médecin.

→ Les causes

Les causes sont diverses. Citons les deux plus fréquentes :

- une mauvaise hygiène : macération de la peau dans les urines et les selles ;
- des selles liquides ou molles.

→ Les signes cliniques

Les signes se manifestent en trois stades :
- **premier stade** : on observe une simple irritation sur les fesses ;
- **deuxième stade** : la lésion se transforme en placard rouge vif, d'aspect plus ou moins suintant et douloureux ;
- **troisième stade** : c'est l'assèchement et la cicatrisation de l'érythème.

→ La localisation

L'érythème peut se situer :
- **autour des orifices** : l'érythème est centré autour de l'anus ou de la vulve (aspect en cercle) ;
- **dans les plis** inguinaux et le sillon interfessier (aspect en Y) ;
- sur la partie du siège correspondant au contact de la couche (aspect en culotte).

NB : en pratique, ces localisations sont schématiques car l'érythème est souvent mixte.

→ L'évolution

L'évolution est :
- favorable dans la plupart des cas ;
- défavorable parfois : c'est la surinfection bactérienne ou mycosique (due au *Candida albicans*).

→ Le traitement

Selon prescription, il faut :
- laisser le siège à l'air le plus possible, de ce fait :
- supprimer les couches et surtout les culottes en plastique[12],
- ou remplacer les couches par des couches en coton ;
- effectuer des changes fréquents et corrects (utiliser un savon antiseptique si prescription médicale) ;
- utiliser des « pâtes à l'eau » qui favorisent la cicatrisation (si prescription médicale) ;
- limiter l'utilisation des lingettes et préférer le nettoyage à l'eau et au savon, séchage par tamponnement.

(12) D'une façon générale, les culottes en plastique sont totalement prohibées, car elles favorisent la macération de la peau.

Rôle de la professionnelle

Assurer des soins d'hygiène réguliers en respectant le « protocole » et les consignes :
- laver le siège à l'eau et au savon liquide ;
- bien rincer, bien sécher ;
- utiliser le produit prescrit par le médecin ;
- utiliser des couches adaptées (ou laisser le siège à l'air dans certains cas).

Respecter les « précautions d'usage » :
- avoir des gestes doux, éviter de frotter ;
- essuyer en « tapotant » ;
- rassurer l'enfant, lui parler au cours du change.

Assurer la prévention :
- bien se laver les mains avant et après chaque change ;
- bien nettoyer le matériel ;
- jeter immédiatement les couches souillées ;
- assurer des soins d'hygiène réguliers ;
- bien observer l'état du siège à chaque change ;

Faire les transmissions
- noter les soins donnés à l'enfant, les produits utilisés et en informer les parents et les responsables.

L'ECZÉMA

L'eczéma est une dermatose érythémateuse et vésiculeuse. Il s'accompagne de prurit.

Situation

Dimitri

Mme D. conduit son fils Dimitri (3 mois) chez le pédiatre car il a des lésions sur le visage et dans le cou, qui ont tendance à s'étendre et le font souffrir. En observant les lésions, le pédiatre établit le diagnostic : il s'agit d'un « eczéma ».

LA CAUSE

Allergique (eczéma constitutionnel ou atopique). On retrouve dans la famille des personnes eczémateuses, asthmatiques, etc.

LES SIGNES CLINIQUES

L'eczéma présente une localisation et des signes très particuliers.

LA LOCALISATION

- Au début, les lésions atteignent surtout le visage et en particulier les joues, le front (épargnant le nez et la région buccale) ;
- puis ces lésions peuvent s'étendre aux différents plis situés sur les aisselles, à l'aine, aux plis du coude et dans les creux poplités.

L'ASPECT ÉVOLUTIF

Les lésions évoluent en quatre stades :
- **premier stade** : apparition de placards rouges, mal délimités ;
- **deuxième stade** : ces placards se recouvrent de petites vésicules ;
- **troisième stade** : ces vésicules se rompent et suintent ;
- **quatrième stade** : des croûtes apparaissent et la peau desquame en fines lamelles.

LES SIGNES ASSOCIÉS

Un prurit accompagne les lésions. Il est constant et intense. Il peut retentir sur l'état général (risque de nervosité…) et il favorise les surinfections.

L'ÉVOLUTION

- **irrégulière à court terme** : elle se fait par poussées successives, avec la possibilité de surinfections cutanées bactériennes ;
- **favorable à long terme** : la majorité des eczémas atopiques disparaissent au bout de quelques années, mais sont parfois remplacés par d'autres manifestations allergiques (rhinite allergique, asthme, etc.).

LE TRAITEMENT

- **Le traitement local.** Dans un grand nombre de cas, le traitement local est suffisant. Il doit être adapté au stade des lésions (et repose sur l'application régulière, au cours des changes, de crèmes émolliantes ou de dermocorticoïdes).
On recommande de ne baigner les enfants porteurs d'eczéma qu'un jour sur deux.
- **Le traitement général.** C'est un complément du traitement local : le médecin prescrit des antihistaminiques pour diminuer le prurit et des antibiotiques en cas de surinfection.

L'IMPÉTIGO

L'impétigo est une dermatose infectieuse, contagieuse.

Situation

Tahar

Mme D. conduit son fils Tahar (16 mois) chez le pédiatre car il a des lésions autour de la bouche qui l'inquiètent. Il s'agit de petites éruptions qui ressemblent à des « bulles d'eau ». En observant l'enfant, le pédiatre diagnostique un impétigo à son début.

LA CAUSE

Une bactérie est la cause la plus fréquente (le staphylocoque).

LES SIGNES CLINIQUES

→ La localisation

Les lésions siègent, le plus souvent, autour de la bouche au bas des joues et dans le cou. Elles peuvent aussi siéger sur tout le corps.

→ L'aspect des lésions

Les lésions évoluent en quatre stades :
- **1er stade** : apparition de petites bulles remplies de liquide clair ;
- **2e stade** : le liquide se trouble ;
- **3e stade** : les petites bulles se rompent, libérant le liquide qu'elles contiennent (c'est le stade du « suintement ») ;
- **4e stade** : apparition de croûtes, saillantes, jaunâtres, qui recouvrent les lésions suintantes.

→ Les signes associés

Les lésions ont tendance à s'étendre et à provoquer des irritations douloureuses, très gê-

nantes pour l'enfant (provoquant des troubles du sommeil et de la nervosité).
Ce prurit ou ses démangeaisons sont aussi à l'origine de lésions de grattage et d'extension de la maladie : en se grattant, l'enfant dissémine l'infection sur l'ensemble du corps. Il s'agit d'une maladie très contagieuse.

L'ÉVOLUTION

Elle est favorable à court terme, avec un traitement.

LE TRAITEMENT

Il peut être :
- **local** : application d'antiseptiques et de pommades antibiotiques ;
- **général** : antibiothérapie.

Rôle de la professionnelle

Lors des soins quotidiens à l'enfant (atteint d'eczéma ou d'impétigo)

- Respecter des *règles d'hygiène stricte* (pour prévenir la transmission de l'infection) et en particulier :
  - se laver les mains +++ ;
  - utiliser une surblouse ;
  - utiliser du matériel individuel pour l'enfant infecté ;
- Désinfecter le matériel et faire bouillir son linge (serviettes de toilette, de table, etc.).
- S'informer sur les *produits prescrits* par le médecin avant d'effectuer les soins d'hygiène corporelle.
- Avoir des gestes doux.
- Observer les réactions de l'enfant.
- Veiller à dédramatiser la situation, à respecter l'enfant, à le rassurer.
- Lui mettre des vêtements adaptés à sa pathologie.
- Couper les ongles courts pour éviter les lésions de grattage.
- Noter l'évolution de la dermatose, les réactions de l'enfant, les produits utilisés et en informer les parents de l'enfant.

L'URTICAIRE

L'urticaire est une *éruption cutanée* accompagnée de *démangeaisons* qui apparaît sur une partie plus ou moins étendue du corps. Elle s'estompe en général en quelques heures mais peut réapparaître sur une autre partie du corps. Elle se présente sous forme de plaques bien limitées en « cocarde », avec un centre plus blanc.
- **Causes :** allergique, virale, piqûres d'insecte ou de plante…
- **Traitement :** on retrouve rarement l'agent causal mais s'il est défini, il faudra éviter de remettre l'enfant en contact avec à l'avenir.

Un médecin peut prescrire un antihistaminique sous forme de sirop (comme de la Polaramine® ou de l'Aérius®).
L'évolution est en général favorable en quelques heures à quelques jours.
Le risque principal est le choc anaphylactique et l'œdème de Quincke avec détresse respiratoire.

LES STOMATITES (LE MUGUET)

On appelle stomatite une inflammation de la muqueuse buccale. Il existe plusieurs types de stomatite ; prenons un exemple : le muguet.
Le muguet est une *infection* touchant généralement les muqueuses buccales et digestives. Elle atteint surtout le nourrisson.

Situation

Joanna

Mme L. (AM) garde à son domicile Joanna (6 mois). Ce matin l'enfant a eu une attitude inhabituelle lorsqu'elle lui a proposé le biberon. Joanna paraissait avoir très faim, mais dès l'introduction de la tétine dans sa bouche, elle refusait son biberon en pleurant, ne pouvant avaler une seule gorgée de lait ! À l'examen médical, un « **muguet buccal** » a été diagnostiqué.

LA CAUSE

Le muguet est dû à un champignon (*Candida albicans*). C'est un micro-organisme dit saprophyte (vivant dans le tube digestif) qui peut, dans certaines circonstances, devenir pathogène. Différents facteurs favorisent l'infection :

- l'acidité du milieu buccal du nourrisson ;
- des mains souillées lors de la préparation du biberon ;
- l'utilisation d'une tétine contaminée ;
- parfois un traitement par antibiothérapie qui modifie la flore intestinale (c'est plus rare).

LES SIGNES CLINIQUES

On peut observer :

- une **rougeur diffuse** de la bouche, de la langue et des gencives avec des points blancs (adhérents à la muqueuse) qui font penser aux fleurs du muguet (d'où son nom !) ;
- une **succion douloureuse**.

L'évolution de cette affection est toujours favorable sous traitement. Cependant elle est contagieuse, d'où toutes les mesures préventives recommandées pour circonscrire l'infection, surtout en collectivité.

LE TRAITEMENT

Il est à la fois :

- **local** : nettoyage de la bouche (avec une solution bicarbonatée) et application d'un antifongique local (sur prescription médicale) ;
- **général** : antifongique (sur prescription médicale).

Rôle de la professionnelle

Assurer la prévention du muguet

- appliquer des mesures d'hygiène strictes (lavage des mains lors de la préparation des biberons) ;
- brosser les tétines dans une solution bicarbonatée ;
- stériliser individuellement le matériel des repas de l'enfant infecté ;
- désinfecter les jouets de l'enfant ;
- surveiller les autres enfants pour dépister très tôt l'affection.

Assurer les soins à l'enfant

- donner à l'enfant une alimentation semi-liquide, tiède, non acide ;
- avoir des gestes doux, lents, lors des repas ;
- observer les réactions de l'enfant, le rassurer ;
- surveiller les selles et le siège de l'enfant (risque de diarrhée, d'érythème fessier, etc.) ;
- participer aux soins de bouche (s'informer sur les médicaments antifongiques prescrits).

Faire les transmissions

- noter l'évolution de la pathologie, les produits utilisés, les réactions de l'enfant lors du repas et en informer les parents de l'enfant.

LA CONJONCTIVITE

La conjonctivite est une *infection de la conjonctive*. Elle peut avoir plusieurs causes et est généralement bénigne chez l'enfant.

Situation

Brahim

Mme F. emmène son fils Brahim (2 ans ½) à la consultation externe de l'hôpital le plus proche de son domicile, car celui-ci s'est réveillé ce matin avec un œil rouge et purulent. À la vue des symptômes apparents, le médecin a immédiatement diagnostiqué une **conjonctivite** et a demandé à la maman de prendre certaines précautions, car cette affection est contagieuse pour l'entourage immédiat de l'enfant.

LES CAUSES

Les causes peuvent être :

- microbiennes ;
- allergiques ;
- obstructives (obstruction du canal lacrymal).

LES SIGNES CLINIQUES

Les principaux signes de la conjonctivite, sont :

- les yeux rouges ;
- le larmoiement ;
- l'écoulement purulent (agglutinant les cils) ;
- la photophobie (crainte de la lumière) quelquefois.

LE TRAITEMENT

Le traitement de la conjonctivite est basé sur l'administration de collyres antiseptiques ou antibiotiques.

NB : l'enfant atteint d'une conjonctive infectieuse n'est gardé en collectivité que s'il reçoit un traitement, afin d'éviter la transmission de l'infection aux autres enfants.

Rôle de la professionnelle

Assurer la prévention de l'infection :
- se laver les mains ++ ;
- désinfecter tout le matériel appartenant à l'enfant ;
- désinfecter tout le matériel de soins, etc.

Participer aux soins des yeux :
- effectuer les soins d'hygiène de l'œil avec douceur et régularité.
- S'informer du traitement prescrit (le collyre sera administré par la puéricultrice) en collectivité.

Observer l'évolution de l'infection et préciser sa répercussion sur le comportement de l'enfant.

Effectuer les transmissions (noter la nature et l'abondance de l'écoulement, les produits utilisés, l'évolution de l'infection).

LES PARASITOSES

Il existe de nombreuses parasitoses, nous nous limiterons aux deux plus fréquentes : la pédiculose et l'oxyurose.

LA PÉDICULOSE

La pédiculose est une parasitose contagieuse très fréquente dans les collectivités d'enfants (crèches, garderies, écoles).

Situation

Laura

Laura (6 ans) rentre de l'école en se grattant la tête. Mme D. (sa mère) observe de près les cheveux de la fillette et elle aperçoit de « **petits points grisâtres** » (minuscules) qui paraissent mobiles. Lorsqu'elle passe le peigne, elle peut en prélever quelques-uns. Elle emmène l'enfant à la pharmacie la plus proche afin d'avoir un avis autorisé. Laura a effectivement attrapé des « **poux** » ! Le pharmacien propose à Mme D. un shampoing et un aérosol qui les suppriment dans les meilleurs délais.

→ La cause

La pédiculose est due à un parasite : le pou. L'inspection soigneuse du cuir chevelu met en évidence les nombreuses lentes. Elles sont adhérentes aux cheveux, et sont de la taille d'une tête d'épingle (bien visibles à la loupe).

→ Les signes cliniques

Les principaux signes de la pédiculose sont :
- les **démangeaisons** (plus ou moins importantes) au niveau du cuir chevelu ;
- les **lésions de grattage** surinfectées (qui en sont les conséquences).

→ Le traitement

Généralement, on utilise un produit antipoux sur les cheveux et on traite la surinfection (si nécessaire).

Rôle de la professionnelle

Participer à la désinfection générale :
- désinfecter peignes, brosses, bonnets, etc. ;
- observer une hygiène rigoureuse autour de l'enfant atteint de pédiculose ;
- changer la literie ;
- désinfecter la literie (taie d'oreiller) ;
- couper les ongles.

Rassurer l'enfant (éviter absolument tout jugement de valeur)[13].

Participer à l'éducation à la santé des parents (en évitant tout jugement de valeur dévalorisant).

(13) La professionnelle doit veiller absolument à ce que l'enfant qui a une pédiculose ne se sente pas fautif et exclu des autres enfants.

Participer au traitement :
- pulvériser les cheveux de l'enfant à l'aide de l'aérosol antipoux ;
- laver la tête avec un shampoing antipoux ou lotion à base de silicone et coiffer au peigne fin pour ôter les lentes.

Participer à la prévention :
- se laver les mains ou utiliser SHA ;
- surveiller les cheveux des petits camarades de l'enfant.

Faire les transmissions
- noter l'évolution de la pédiculose, les produits utilisés, les réactions de l'enfant et en informer les parents et/ou le responsable de la structure.

L'OXYUROSE

L'oxyurose est une *parasitose digestive* bénigne, très fréquente chez l'enfant de plus de 2 ans.

Situation

Dayan

Dayan est un petit garçon de 2 ans, qui rentre d'un long week-end estival avec ses parents. Ce matin, pendant le petit-déjeuner, Mme D. (la GEAD qui le garde) constate que l'enfant se gratte les fesses à travers le pyjama et qu'il renouvelle ce geste de façon fréquente et inhabituelle. De plus, il donne l'impression de souffrir, d'être gêné. Elle en informe donc ses parents. Dayan est emmené le soir en consultation de pédiatrie. On suspecte une oxyurose (un examen des selles est demandé).

→ La cause

L'oxyurose est due à l'oxyure : c'est un petit ver blanc, de quelques millimètres, visible à l'œil nu, qui vit dans l'intestin et qui descend se fixer sur l'anus pour y pondre ses œufs. La contamination peut se faire :
- **par voie orale** : ingestion d'œufs, par l'intermédiaire des mains sales ;
- **par voie nasale** : inhalation de poussières contenant des œufs.

→ Les signes cliniques

L'enfant a un prurit (démangeaison) anal (souvent nocturne) parfois associées à des douleurs abdominales.

→ Les examens

Le diagnostic est affirmé par la découverte :
- de vers adultes dans les selles ;
- d'œufs par la méthode du scotch test (œufs visibles au microscope).

→ L'évolution

- favorable sous traitement ;
- défavorable (parfois) avec des complications possibles :
  - lésions de grattage, irritation vulvaire,
  - appendicite à oxyurose.

→ Le traitement

Il est à la fois curatif et préventif :
- un produit spécifique est prescrit pour toute la famille ;
- l'hygiène de la literie et du linge de corps est demandée.

Rôle de la professionnelle

Rassurer l'enfant, informer les parents (sans dramatiser) :
- éviter tout jugement de valeur, respecter la pudeur de l'enfant.

Participer à l'éducation de l'hygiène de l'enfant :
- éviter chez l'enfant le grattage direct de l'anus (lui mettre un pyjama) ;
- laver les mains de l'enfant après les selles ;
- couper ses ongles très ras ;
- lui mettre des vêtements propres, des draps propres ;
- participer au traitement de l'enfant ;
- participer à la prévention (hygiène de vie) ;

Faire les transmissions :
- noter l'évolution de l'affection, les produits utilisés, les réactions de l'enfant au prurit et en informer les parents et/ou le responsable.

LES SOINS DE BOUCHE POUR « MUGUET »

Objectif du soin : assurer l'hygiène de la bouche lors d'un muguet chez le nourrisson.
Indication : chaque fois que nécessaire (selon prescription et consignes) dans le cadre de son rôle et de ses missions.

MATÉRIEL	PROCÉDURE	ILLUSTRATIONS
→ Savon liquide (pour le lavage des mains). → Compresses stériles. → Eau bicarbonatée → Serviette de toilette (ou drap de bain).	**Préparation** → Se laver les mains +++ (ou SHA). → Informer l'enfant et lui expliquer le soin. → L'installer confortablement pour le soin. → Préparer les compresses. → Imbiber les compresses d'eau bicarbonatée. **Action** → Rassurer l'enfant. → Le protéger d'une serviette de bain. → Entourer son doigt d'une compresse. → Nettoyer la bouche en changeant de compresses aussi souvent que nécessaire. → Rafraîchir le visage de l'enfant si besoin (pour assurer son confort). → Mettre l'enfant en sécurité (lit ou fauteuil). → Nettoyer le matériel. **Prévention** → Faire tremper régulièrement les tétines dans une solution de bicarbonate. → Veiller à bien stériliser les biberons. → Proposer du matériel individuel à l'enfant (prévention de la contagion). → Se laver les mains. **Transmission** → Informer les parents des réactions de l'enfant, de l'efficacité des soins. → Informer le responsable de la structure d'accueil.	

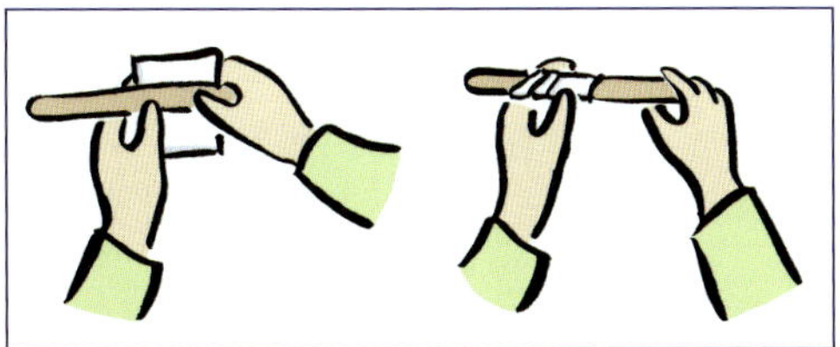

Fig. 16.3. Soins de la bouche. Préparation des compresses sur un abaisse-langue pour le grand enfant.

fiche 38

LES SOINS DES YEUX POUR CONJONCTIVITE

Objectif du soin : assurer le confort et l'hygiène lors d'une infection oculaire (ex : conjonctivite).
Indications : chaque fois que nécessaire (selon prescription et consignes) dans le cadre de son rôle et de ses missions.

MATÉRIEL	PROCÉDURE	ILLUSTRATIONS
→ Savon liquide (pour le lavage des mains). → Compresses. → Sérum physiologique → Collyre. → Serviette de toilette.	**Préparation** → Se laver les mains +++ (ou SHA). → Prévenir l'enfant et lui expliquer le déroulement du soin. → L'installer confortablement pour le soin. **Action** → Rassurer l'enfant. → Le protéger d'une serviette de toilette. → Arroser préalablement les compresses de sérum physiologique. → Commencer le soin par l'œil le moins infecté. → Nettoyer l'œil en allant *du plus propre au plus sale* (ne pas revenir en arrière). → Utiliser une compresse par passage. → Instiller le collyre (selon consignes reçues). → Rafraîchir le visage si besoin (pour le confort de l'enfant). → Mettre l'enfant en sécurité (lit, fauteuil). **Prévention** → Nettoyer le matériel avec minutie. → Se laver les mains ++. → Proposer du matériel individuel à l'enfant (prévention de la contagion). **Transmission** → Informer les parents des réactions de l'enfant, de l'efficacité des soins. → Informer le responsable de la structure d'accueil.	

fiche 39

Les maladies infectieuses de la petite enfance

Les maladies infectieuses de la petite enfance sont des maladies contagieuses, dues le plus souvent à des virus et parfois à des bactéries. Ces maladies ont des caractéristiques communes : elles évoluent en plusieurs phases.

- **L'incubation** : c'est une période silencieuse (les symptômes ne sont pas encore apparents) mais l'enfant « couve » sa maladie ; elle peut s'étendre de 8 à 21 jours.
- **L'invasion** : c'est l'apparition des premiers symptômes de la maladie. Ils sont le plus souvent non spécifiques.
- **La période d'état** : c'est l'apparition des symptômes caractéristiques de la maladie, en particulier « l'éruption » pour les maladies éruptives.

Certaines maladies donnent lieu à des éruptions. Elles sont appelées « **maladies éruptives** ». D'autres non : on les appelle les « **maladies non éruptives** ».

LES MALADIES ÉRUPTIVES

Parmi les maladies éruptives, nous allons étudier la rubéole, la rougeole et la varicelle. Ces trois maladies sont causées par des virus. La transmission s'effectue par contact direct (tableau 16.1).

Tableau 16.1 – Les maladies éruptives chez l'enfant.

	Invasion	État	Évolution	Traitement	Rôle de la professionnelle
Rubéole*	1 à 2 jours - Fièvre 38 °C - Rhume - Ganglions au cou sensibles	- Éruption cutanée sur tout le corps - **Macules rouges** - Fièvre modérée	Favorable (en 4 à 5 jours).	Symptomatique : antipyrétiques. Préventif : vaccin (ROR).	Elle doit : - surveiller la T° et lutter contre l'hyperthermie ; - aider aux soins (respecter les consignes).
Rougeole	3 à 4 jours - Fièvre 39 °C - Yeux larmoyants - Petits points blancs à l'intérieur des joues - Rhume	- Éruption cutanée (face → tronc → membres) - **Macules rouges** - Visage bouffi - Yeux larmoyants - Fièvre modérée - Toux	- Favorable (en 5 jours). - Complications neurologiques : - convulsions ; - méningite.	Symptomatique : antipyrétiques Préventif : vaccin (ROR)	- mettre une lumière tamisée (yeux) ; - surveiller la T° et lutter contre l'hyperthermie ; - aider aux soins (respecter les consignes).
Varicelle	1 jour : silencieuse	Éruption cutanée évoluant par 3 poussées successives : - **macules** ; - **vésicules** ; - **croûtes** ; - prurit ; - fièvre modérée.	Favorable (en 10 jours environ). Complications possibles : surinfection par grattage avec cicatrices.	Symptomatique : - antipyrétiques ; - antiprurigineux ; - antiseptiques cutanés. Préventif : vaccination.	- empêcher l'enfant de se gratter (moufles) ; - surveiller la température ; - appliquer les soins locaux (respecter les consignes).

* La rubéole peut (comme on le sait) avoir des répercussions graves sur le fœtus (risque d'anomalies). La professionnelle veillera à informer le plus rapidement possible toute femme enceinte d'un cas de rubéole.

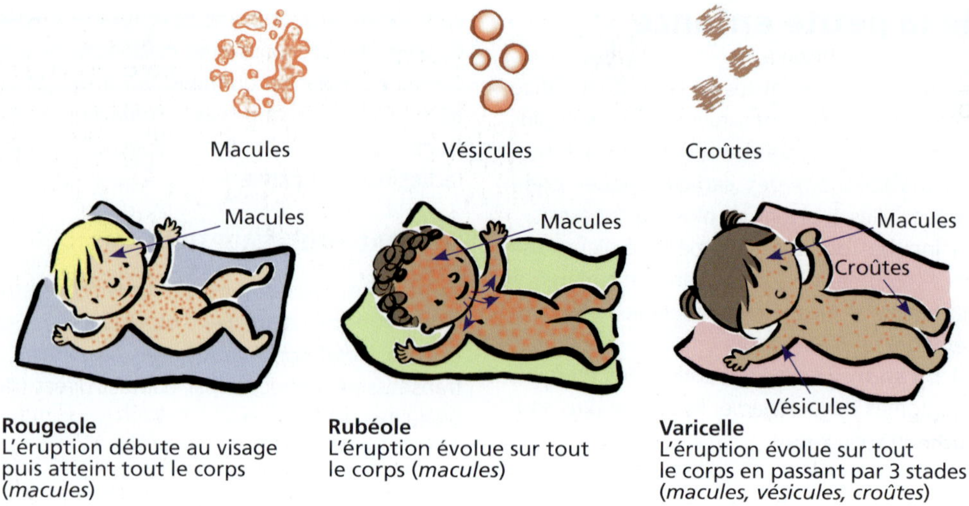

Fig. 16.4. Les caractéristiques de trois maladies éruptives de la petite enfance.

Situation

Colette

Colette (5 ans) toussait beaucoup et avait de la fièvre. Sa mère la soignait pour ce qu'elle croyait être une sévère rhinopharyngite. Mais ce matin, voyant le visage de sa fille bouffi avec des boutons, et les yeux larmoyants, elle appelle le médecin de famille. Ce dernier, en regardant l'éruption cutanée, pose immédiatement le diagnostic de rougeole.

LES MALADIES NON ÉRUPTIVES

Parmi les maladies non éruptives, nous allons étudier les oreillons (*cf.* tableau 16.2). Les oreillons sont causés par un virus. La transmission s'effectue par contact direct.

Situation

Zoé

Zoé (4 ans) rentre de l'école maternelle fatiguée, avec de la fièvre ; sa mère lui donne un traitement antipyrétique avant le sommeil, mais Zoé a passé une mauvaise nuit. Elle s'est réveillée à plusieurs reprises, se plaignant de « maux de gorge et de douleur à l'oreille ». Le matin, sa maman l'emmène à la consultation du médecin. Zoé a les oreillons. L'enfant n'ayant pas été vaccinée, a subi de plein fouet l'épidémie qui a sévi à l'école maternelle qu'elle fréquente.

MémoMémoMémo

Évaluer la contagion, assurer la prévention

Dans les collectivités d'enfants (crèches, écoles maternelles, primaires, etc.), ces maladies peuvent évoluer en petites épidémies, d'où l'importance de l'information transmise aux parents.

Les risques de contagion

- La contagion s'effectue en général par les particules salivaires ou au contact direct des vésicules (en cas de varicelle).
- La contagion est antérieure à la phase d'état et précède donc souvent les « signes spécifiques » qui permettent de reconnaître la maladie. Par exemple :
- *pour la varicelle* : elle s'étend de 7 jours avant l'éruption jusqu'à disparition des croûtes ;
- *pour la rubéole*, la rougeole, la coqueluche : elle s'étend de J - 6 à J + 6 ;
- *pour les oreillons* : elle s'étend de J - 1 à J + 3.

L'importance de la prévention

Pour chacune de ces maladies, la professionnelle de la petite enfance possède un rôle spécifique à jouer, en participant activement à la prévention, car la plupart de ces maladies peuvent être évitées par la vaccination. Elle devra donc informer les parents sur son utilité.

Tableau 16.2 – Les maladies non éruptives.

	Invasion	État	Évolution	Traitement	Rôle de la professionnelle
Oreillons	**1 à 2 jours** - fièvre 38 °C à 39 °C. - maux de tête.	- **Gonflement douloureux** derrière l'oreille. - Gorge rouge. - Douleur à la mastication.	- Favorable (en 10 jours environ) - Complications rares : atteinte des testicules (risque de stérilité à la puberté uniquement).	Symptomatique : antipyrétiques Préventif : vaccin (ROR) (recommandé pour les enfants des deux sexes).	Elle doit : - lutter contre l'hyperthermie ; - aider aux soins (par ex. : appliquer des compresses chaudes) - respecter les consignes.
Coqueluche	**7 à 15 jours :** - toux sèche (surtout nocturne) ; - pas de fièvre.	**Quintes :** toux caractérisée par des secousses expiratoires suivies d'une longue inspiration sifflante, appelée chant du coq. - Parfois apnée ou vomissement (en fin de quinte). - Cyanose.	Le nombre de quintes traduit la gravité de la maladie : elle évolue favorablement sous traitement **Complications :** - fausses-routes ; - détresse respiratoire ; - encéphalite.	Symptomatique : - antibiotiques. Chez le bébé de moins de 6 mois : hospitalisation. Préventif : vaccin.	- Assister l'enfant au moment de la quinte. - L'installer correctement. - Le rassurer. - Le changer (s'il vomit). - Aider aux soins (respecter les consignes) et les missions liées à sa fonction.

Les affections neurologiques

LES CONVULSIONS

Une convulsion est une crise paroxystique, d'origine cérébrale, se traduisant par des contractions musculaires involontaires.

Situation

Florette

Florette (22 mois) se réveille de la sieste chez Rebecca (son assistante maternelle). Comme d'habitude elle se lève et se dirige vers la cuisine pour le goûter, mais elle perd brusquement connaissance, devient très pâle, ses yeux sont révulsés. Elle présente des secousses (clonies) au niveau des membres, elle est hypotonique « comme une poupée de chiffon ». Très vite, elle reprend connaissance, son malaise aura duré deux minutes au plus. La prise de la température (effectuée par Rebecca) montre une hyperthermie à 40 °C. Un antipyrétique lui est administré. Le médecin du Samu diagnostique une « **crise convulsive hyperthermique** » et conseille l'hospitalisation de Florette.

LES CAUSES

- Le plus souvent c'est une **fièvre élevée** (hyperthermie) qui est la cause des convulsions. Le traitement précoce de l'hyperthermie est fondamental.
- Les convulsions peuvent aussi être liées à des **causes infectieuses** (par exemple : méningite) ou neurologiques (par exemple : traumatisme crânien, épilepsie).

LES SIGNES CLINIQUES

La crise convulsive généralisée comprend trois phases :

- **une phase tonique** : l'enfant perd connaissance, se raidit, pâlit ;

- **une phase clonique** : l'enfant présente des mouvements cloniques des membres ;
- **une phase hypotonique** au cours de laquelle l'enfant est mou et présente un relâchement des sphincters.

Cette crise est habituellement brève (moins de 5 min), mais elle peut durer jusqu'à 30 min.

NB : la crise peut être partielle, se réduisant à une fixité du regard et à un accès d'hypotonie (l'enfant est mou) ou d'hypertonie (il a des mouvements vifs et saccadés des membres).

Après la crise, l'enfant retrouve progressivement un état de conscience normal.

Chez le nourrisson, la crise convulsive peut être atypique, elle est réduite à une fixité du regard, une révulsion oculaire et une brusque hypotonie avec pâleur et mâchonnements.

L'ÉVOLUTION

- **Favorable** : dans la majorité des cas, la guérison s'effectue sans séquelles, mais il existe un risque de récidive, lors d'une nouvelle poussée fébrile par exemple.
- **Défavorable** : parfois, avec risque de séquelles neurologiques (surtout si la crise a été longue ou si les crises se répètent souvent).

MémoMémoMémo

Le diagnostic différentiel d'une convulsion

Il ne faut pas confondre les convulsions avec d'autres pathologies, dont les signes sont assez semblables. Citons :
- les *trémulations* : il s'agit de petits tremblements volontaires fréquents chez le nouveau-né ;
- le *spasme du sanglot* : il se produit au cours d'une colère ou d'une douleur, généralement en présence de la mère. L'enfant retient son souffle, se cyanose, perd connaissance. Au bout de quelques secondes, il revient à lui. Le spasme du sanglot est souvent associé à d'autres troubles relationnels (anorexie, insomnie). C'est un trouble dit « psychosomatique ».

LE TRAITEMENT

- **Curatif** : il faut mettre l'enfant en position latérale de sécurité (PLS) ; le plus souvent la crise cède spontanément, en quelques minutes ou lorsque le traitement est administré par le médecin.
- **Préventif** : il faut insister sur la lutte contre l'hyperthermie.

Rôle de la professionnelle

Lors d'une crise de convulsions :
- rester calme, prévenir le Samu immédiatement ;
- lui signaler l'heure du début de la crise ;
- mettre l'enfant en position latérale de sécurité (PLS) ;
- ne pas faire boire l'enfant ;
- écarter les objets susceptibles de le blesser ;
- desserrer les vêtements ;
- le laisser libre de ses mouvements ;
- rester auprès de l'enfant en permanence ;
- surveiller sa respiration et sa reprise de connaissance ;
- lui parler, le sécuriser, l'apaiser.

En fin de crise :
- lutter contre l'hyperthermie (vêtements, literie et température ambiante adaptés) ;
- entourer l'enfant et le préparer (si besoin) à l'hospitalisation en lui parlant, en le rassurant, en l'accompagnant ;
- rassurer les parents (selon ses compétences) et faire les transmissions au responsable de la structure.

LA MÉNINGITE

La méningite bactérienne est une infection des méninges. C'est une urgence médicale.

Situation

Fatiha

Fatiha (7 mois) est un beau bébé, qui est gardé depuis sa naissance au domicile de Mme D. (assistante maternelle) avec d'autres enfants. Hier après-midi, Mme D. a trouvé Fatiha somnolente à son réveil de la sieste ; elle était rouge et pleurait. Sa nuque et ses membres étaient mous. Mme D. a pris sa température :

39 °C. Elle a immédiatement appelé le Samu, qui a suspecté une affection grave. Une hospitalisation a été demandée. Le diagnostic a été établi le soir même (après une ponction lombaire) : **méningite à pneumocoque**.

LES CAUSES

Elles peuvent être d'origine bactérienne (dans ce cas sont graves) :

- chez le nourrisson, le pneumocoque est souvent en cause ;
- chez l'enfant, le méningocoque est le plus souvent en cause.

LES SIGNES CLINIQUES

Les signes présentent des différences importantes selon l'âge de l'enfant.

Chez le nourrisson, on peut observer :

- une hyperthermie, accompagnée de vomissement ;
- une fontanelle bombée et la nuque souvent molle ;
- une hypo- ou une hypertonie des membres.

Chez l'enfant, on peut observer :

- une altération de l'état général : asthénie, vomissements en jet ;
- des signes méningés : céphalées, vomissements, photophobie, nuque raide ;
- un syndrome infectieux avec fièvre élevée ;
- une attitude particulière de l'enfant liée à la raideur du rachis :
  - dos tourné à la lumière,
  - attitude en chien de fusil,
  - nuque rejetée en arrière,
  - jambes fléchies.

LES EXAMENS

Citons le principal : la *ponction lombaire* (PL). Cet examen consiste à prélever (vers le bas du rachis) du liquide céphalorachidien (LCR), en vue d'une étude cytobactériologique et biochimique qui révèle la nature du germe microbien en cause.

L'ÉVOLUTION

L'évolution est généralement favorable grâce à l'apparition de nouveaux antibiotiques. Elle peut être quelquefois défavorable avec des complications, le plus souvent neurologiques (par exemple : convulsions, déficits moteurs ou sensoriels).

LA PRÉVENTION : LES VACCINS

Les vaccins ont rendu très rares les cas de méningites à *Haemophilus* du nourrisson. De ce fait, on les utilise actuellement dans la prévention des méningites à pneumocoque du nourrisson (vaccin Prevenar) et dans certaines formes (A et C) des méningites à méningocoque de l'enfant.

LE TRAITEMENT

Il revêt trois formes essentielles et se pratique en milieu hospitalier :

- lutte contre l'hyperthermie ;
- antibiothérapie par voie veineuse ;
- anticonvulsiants.

NB : dans certaines méningites, l'entourage immédiat est souvent traité à titre préventif.

Rôle de la professionnelle

La professionnelle et les parents doivent :

Avant l'hospitalisation de l'enfant

- rassurer l'enfant ;
- se laver les mains ou utiliser SHA (pour prévenir la transmission de l'infection) ;
- éviter les bruits, les lumières vives autour de l'enfant ;
- l'installer confortablement dans son lit pour favoriser le repos ;
- avoir des gestes très doux, très lents (car l'enfant est très sensible).

Au retour à la maison

- participer à la surveillance de l'enfant : comportement et état général ;
- le rassurer, l'apaiser, lui trouver des distractions calmes, etc.
- informer les parents et faire les transmissions au responsable de la structure d'accueil.

Les affections relevant de la pédopsychiatrie[14]

LES NÉVROSES INFANTILES

Dans les névroses infantiles, on peut observer des « troubles » assez proches de ceux présents chez l'adulte. Parmi les causes les plus fréquentes, on retrouve des facteurs constitutionnels et des facteurs liés à l'environnement familial. Il existe différents types de névroses.

LA PHOBIE

Elle est définie comme une *peur panique* d'un objet ou d'une situation qui ne présente aucun danger en soi. Elle est souvent précoce chez l'enfant et variable selon l'âge :

- la phobie du noir peut apparaître vers 2 ans ;
- la phobie des gros animaux vers 3-4 ans ;
- la phobie des petits animaux vers 4-5 ans.

L'ANXIÉTÉ (OU ANGOISSE)

L'anxiété (ou l'angoisse) se nourrit de *peurs immotivées*. L'enfant ne peut pas expliquer ce qu'il appréhende. De ce fait, il « somatise », manifestant des troubles organiques. Par exemple : troubles du sommeil, maux de ventre, vomissements, maux de tête. L'enfant a toujours « mal quelque part ».

L'OBSESSION

L'obsession est déclenchée à la seule idée d'un objet ou d'une situation précise. Elle peut se manifester différemment selon l'âge de l'enfant, il peut s'agir de :

- **idées obsédantes** qui suscitent l'angoisse (par exemple, la peur d'avoir touché un objet contaminé). Le sujet tente de lutter contre cette peur par des actes rituels (par exemple, se laver les mains sans cesse) ;
- **compulsions**. Il s'agit d'actes que le sujet doit accomplir bien qu'il en reconnaisse le caractère ridicule (par exemple : se pincer les lèvres en parlant, se gratter la tête en regardant quelqu'un, etc.).

L'INHIBITION

L'inhibition peut toucher *tous les secteurs de la vie de l'enfant*. Citons à titre d'exemple : l'inhibition intellectuelle. L'enfant vit dans la terreur de l'échec concernant des résultats scolaires qui vont « déplaire » à ses parents.

Le traitement des névroses se base sur les psychothérapies d'inspiration psychanalytique. Parfois des anxiolytiques (ou sédatifs) sont prescrits par le médecin (dans les cas d'obsession phobique).

L'AUTISME

L'autisme (ou psychose infantile précoce) débute avant l'âge de 30 mois. Le plus souvent, la famille prend conscience des troubles de l'enfant vers l'âge de 3-4 ans.

L'ORIGINE

De nombreuses théories ont été développées sur l'origine de l'autisme. Aujourd'hui, on privilégie une *anomalie génétique* (et non plus un trouble de l'interaction mère/enfant dès la naissance).

Situation

Mattéo, enfant autiste, dans la salle d'attente

Mattéo (4 ans) balaie du regard les personnes présentes à la consultation médicale ; il déambule, crie, se mord la main ; il est manifestement angoissé par la situation nouvelle de la consultation. Sa mère tente de l'apaiser, en lui parlant calmement, mais cela n'a pas d'effet. Il n'entend pas, et en agitant les bras (tel un papillon battant des ailes), il se dirige vers la caisse à jouets qu'il jette un par un au sol, puis il prend ceux qui sont durs et les entrechoque sur ses dents. Enfin il repère une voiture, s'intéresse à la roue, qu'il fait tourner inlassablement, dans une conduite d'auto-enfermement.

(14) Par souci de concision, nous ne pouvons donner ici que les symptômes essentiels. Pour plus de détails, se reporter au *Guide de la puéricultrice* de J. Gassier, C. de Saint-Sauveur, Masson, Paris, 2007.

LES SIGNES

L'autisme se caractérise essentiellement par les aspects suivants.

→ Le retrait autistique

L'enfant donne l'impression de :

- **ne pas entendre**. L'enfant semble indifférent aux paroles qui lui sont adressées. Toutefois un bruit fort peut déclencher une crise d'angoisse ;
- **ne pas voir**. L'enfant ne regarde pas autrui (il balaie du regard). Toutefois, l'arrivée d'une personne qu'il ne connaît pas peut déclencher une crise d'angoisse ;
- **refuser le contact**. Il n'embrasse pas. Il s'enferme dans son monde intérieur, dans sa « *forteresse vide* » (c'est le terme utilisé par B. Bettelheim)[15].

→ L'activité stéréotypée

L'enfant répète sans cesse les mêmes mouvements de bras, de mains ou de pieds.

→ Le retard et les particularités de langage

Vers 3 ans, l'enfant ne parle pas ou répète plusieurs fois le même mot ou phrase (c'est *l'écholalie*).

→ Les troubles du caractère

L'enfant peut passer soudain du rire aux pleurs, et vice-versa, sans raison apparente, manifester (également sans motif) une agressivité (contre autrui ou contre lui-même).

Rôle de la professionnelle

Actions conseillées avec un enfant autiste

Il s'agit (en respectant les consignes) de :

- veiller à soutenir la famille (sans minimiser les difficultés de l'enfant et les limites de sa progression) ;
- repérer les crises d'angoisse (tournoiement de l'enfant, cris importants, automutilation) ;
- repérer le facteur « déclenchant » de la crise (en se remémorant ce qui s'est produit dans les minutes précédentes) ;
- rassurer l'enfant par la parole au cours de la crise ;
- recréer un espace rassurant pour l'enfant, après la crise (cadre familier, objet privilégié, musique, etc.).

Actions à éviter avec un enfant autiste

Il s'agit (en respectant les consignes) d'éviter :

- les changements trop importants de lieux, d'objets (qui l'insécurisent) ;
- la multiplicité des personnes autour de l'enfant (qui peuvent favoriser la crise d'angoisse) ;
- l'approche de l'enfant de face (elle peut être vécue par celui-ci de manière intrusive) ;
- la présence d'objets dangereux à portée de mains de l'enfant.

NB : la prise en charge d'un enfant autiste allie des méthodes éducatives, rééducatives, pédagogiques et psychothérapiques. La professionnelle agira dans le respect des missions liées à sa fonction.

L'ANOREXIE

L'anorexie se définit par une perte de l'appétit entraînant un refus de s'alimenter. C'est un motif fréquent de consultation, car elle inquiète très vite les parents.

Fig. 16.5. L'anorexie traduit souvent la souffrance psychologique de l'enfant.

(15) *La forteresse vide* de Bruno Bettelheim (Gallimard).

Situation

Norman

Norman (3 ans) a perdu l'appétit depuis qu'un événement grave s'est produit dans la famille : il a perdu une petite sœur, quelques semaines après sa naissance. Norman ne parle plus, son silence en dit long, et son estomac semble noué. Il est pris en charge par un psychologue. Il s'agit d'une anorexie d'origine psychologique.

Citons les deux formes d'anorexie :

- **d'origine physique** : elle est manifeste lors d'infections aiguës (angine, otite, etc.) ;
- **d'origine psychologique** : elle est psychosomatique et traduit la souffrance de l'enfant. Elle peut, par exemple, trouver son origine dans une séparation difficile, une jalousie à la naissance du petit frère, un décès, un divorce, etc.
- Le traitement dépend de la nature de l'anorexie. Il faut traiter la cause.

Rôle de la professionnelle

Mettre l'enfant en confiance :
- lui annoncer le repas et éviter d'interrompre un jeu pour le mettre à table ;
- lui parler souvent au cours du repas ;
- tolérer les petits accidents liés au repas.

Stimuler l'enfant à manger :
- mettre des petites quantités d'aliments dans son assiette ;
- veiller à la présentation des plats (couleurs variées, etc.).

Respecter l'enfant, c'est-à-dire :
- ses refus, ses goûts ;
- son appétit, ses rythmes.

Informer les parents (dans le respect de l'enfant et dans le cadre de ses missions) :
- informer les parents sur les différents « petits moyens » pouvant rendre le repas plus agréable ;
- dans les formes simples d'anorexie, veiller à dédramatiser la situation ;
- éviter de culpabiliser l'enfant en parlant de son comportement à table (le faire discrètement, loin de lui), le respect de l'enfant est capital.

LA BOULIMIE

L'ORIGINE

La boulimie, et l'obésité qui en découle, sont difficiles à traiter. La boulimie peut être d'origine neurologique ou psychologique. Il faut distinguer deux types de boulimie.

→ Les boulimies « familiales »

On est en présence d'enfants vivant dans des familles de personnes obèses, ayant de mauvaises habitudes alimentaires. Dans ces familles, personne n'a conscience d'être malade !

→ Les boulimies psychogènes

On est en présence, le plus souvent, de jeunes gens avec des problèmes relationnels ou affectifs importants et qui recherchent dans la nourriture et les sucreries des compensations à leurs angoisses.

Situation

Carlos

Carlos est un petit garçon de 8 ans, très tonique, mais qui présente une obésité modérée. Le médecin scolaire a signalé à ses parents qu'il avait un indice de masse corporelle trop important par rapport aux normes de son âge. Carlos est gourmand. Il reste souvent seul en attendant ses parents le soir et se gave de sodas et de bonbons…

Remarque :

Il est important de repérer les troubles psychologiques que l'enfant manifeste avec la boulimie. La prise en charge ultérieure de l'enfant en dépend :

- l'enfant boulimique recherche souvent une compensation à un « manque » affectif, à la solitude ;
- parfois l'on retrouve des événements familiaux perturbateurs (par exemple : rupture d'avec un parent, deuil, changement de mode de garde, mère psychotique, etc.).

Il faut également faire attention à ne pas passer à côté d'une obésité réactionnelle à des mauvais traitements passés inaperçus.

LE TRAITEMENT ET LA PRISE EN CHARGE

Il repose sur plusieurs principes. Il faut :

- traiter la cause. Lorsque l'obésité a une cause connue, elle ne pourra s'améliorer que si la cause est traitée ;
- proposer un soutien psychologique, pour accompagner l'enfant et sa famille ;
- favoriser l'activité physique et équilibrer l'alimentation ;
- apprécier le degré d'obésité (si l'obésité accompagne la boulimie). C'est le médecin qui apprécie l'obésité. Il utilise l'indice de masse corporelle (IMC) :

$$IMC = \frac{\text{poids (en kg)}}{\text{Taille (en m}^2\text{)}}$$

Rôle de la professionnelle

Cette pathologie traduit le plus souvent une souffrance psychologique qu'il faut comprendre et respecter. La professionnelle devra :

- Faire du repas un moment chaleureux et agréable (veiller à la quantité et à la qualité des mets proposés).
- Bannir tout jugement de valeur et toute réprimande relative à l'alimentation.
- Stimuler gentiment l'enfant pour qu'il évite le grignotage entre les repas.
- Utiliser le moyen des jeux, des activités pour parler avec lui.
- Favoriser l'exercice physique.
- Aider les parents ; par exemple :
  - les aider dans leur action éducative et relationnelle ;
  - dédramatiser la situation (lors des boulimies mineures) ;
  - leur conseiller, dans certains cas, de se faire aider par un psychologue ;
  - donner des idées d'occupations créatives pour l'enfant : parler sport, activités artistiques, lectures, radio (selon les goûts et les besoins de l'enfant).

Chaque cas est particulier et la personnalité de chacun intervient dans cette prise en charge.

17 L'accompagnement et la prise en charge d'un enfant handicapé

La découverte du handicap est un événement excessivement douloureux pour les parents, susceptible de perturber durablement l'établissement des liens parents-enfants et de retentir sur les capacités de développement de l'enfant.

Le handicap n'a pas, chez l'enfant, la même signification ni le même retentissement que chez l'adulte. Le vécu d'un handicap (moteur, mental, sensoriel) sera très variable d'un enfant à l'autre :

- d'une part, les difficultés de cet enfant vont dépendre de ses possibilités de compréhension et d'intégration des informations. Chaque enfant va présenter une palette diversifiée dans ses acquisitions psychomotrices tout en respectant un rythme qui lui est propre ;
- d'autre part, le vécu du handicap dépend aussi de l'aide psychologique de sa famille et de son aptitude à « vivre la différence » par rapport aux autres enfants de son âge.

Pour aider l'enfant à accepter le mieux possible « sa différence » et à s'intégrer au sein d'une structure d'accueil, le soutien et l'accompagnement précoce des professionnels de l'enfance seront particulièrement utiles.

Situation

Manon, atteinte de myopathie

Manon (8 ans) vit une partie de la journée dans un fauteuil roulant, mais elle a de nombreuses activités. À la maison, l'assistante maternelle (Mme D.) a tout prévu pour lui rendre la vie plus facile (un tapis de sol pour favoriser sa gymnastique et une petite télévision dans sa chambre). L'après-midi, elle la conduit à l'IME pour suivre une scolarité adaptée à son état ; le soir, son papa va la chercher et, le mercredi, sa tante la conduit à la piscine où elle retrouve ses camarades. Manon est gaie et appréciée de tous.

Les questions que l'on se pose

- *Quelles sont les causes du handicap ?*
- *Peut-on prévenir l'apparition d'un handicap ?*
- *Comment accompagner l'enfant ?*
- *Comment l'aider à accepter cette différence ?*
- *Quels sont les moyens mis à notre disposition au quotidien pour éveiller l'enfant ?*
- *Existe-t-il des méthodes spécifiques d'éveil pour chaque handicap ?*
- *Quelles sont les précautions à prendre pour les sorties ?*
- *Comment utiliser le fauteuil roulant ?*

La professionnelle de l'enfance peut être amenée à s'occuper d'un enfant handicapé. Elle doit connaître la nature des différents handicaps et la psychologie de l'enfant handicapé pour répondre au mieux à ses besoins.

Les différents handicaps

Le handicap correspond à la perte ou à l'altération d'une fonction ou d'une structure psychologique, physique ou anatomique.
Le vécu d'un handicap est très variable d'un enfant à l'autre. Il dépend de l'aide psychologique, de sa famille et de son aptitude à « vivre la différence » par rapport aux autres enfants de son âge.
Il existe différents types de handicaps[1].

LE HANDICAP MOTEUR

Il correspond à une atteinte de l'appareil locomoteur, en voici quelques exemples.

LA PARALYSIE

La paralysie ou abolition de la motricité, présente de nombreuses variétés dues à sa cause. Citons :

- **l'hémiplégie** : paralysie d'un seul côté du corps (droit ou gauche) ;
- **la paraplégie** : paralysie d'une partie du corps (le haut ou le bas) ;
- **la monoplégie** : paralysie d'un membre, supérieur ou inférieur.

Fig. 17.1. Le fauteuil roulant.

(1) Selon la classification, les handicaps *moteur* et *sensoriel* entrent dans la catégorie *handicap physique*.

L'INFIRMITÉ MOTRICE CÉRÉBRALE (IMC)

L'IMC est caractérisée par des troubles de la motricité dus à des séquelles de lésions cérébrales. Ces lésions se seraient produites soit avant la naissance, soit lors de l'accouchement.
L'IMC n'est pas toujours accompagné de déficit intellectuel.

LA MYOPATHIE

La myopathie est une déficience motrice qui traduit une anomalie du fonctionnement neuromusculaire.

LE HANDICAP SENSORIEL

C'est une atteinte du système auditif ou visuel. Les déficiences peuvent se situer à différents degrés. On parle de déficience légère, moyenne, sévère, profonde ou totale.

LES HANDICAPS AUDITIFS

Parmi les maladies qui entraînent une surdité, citons par exemple :

- la méningite à méningocoque, les encéphalites ;
- la rubéole contractée pendant la grossesse.

Le développement du langage et de l'affectivité de l'enfant sera un signe important permettant le dépistage précoce de la surdité.
L'enfant peut naître avec un déficit auditif dépisté à la naissance sans qu'aucun facteur favorisant ou infectieux soit retrouvé.
De plus en plus, les maternités organisent des dépistages auditifs dans les premiers jours de vie de l'enfant afin d'appareiller et de suivre le plus tôt possible ces enfants et leur assurer une meilleure qualité de vie.

LES HANDICAPS VISUELS

Une personne aveugle est celle qui a moins de 1/20e d'acuité visuelle. Les causes sont de natures diverses. Citons par exemple :

- une forte concentration en oxygène (accident de prématurité en incubateur) ;
- la toxoplasmose ou la rubéole pendant la grossesse.

Il existe de nombreux troubles de la vision chez l'enfant qui peuvent engendrer le port de lunette correctrice ou de vue et un suivi ophtalmologique prolongé : strabisme, amblyopie, hypermétropie, cécité...

LE HANDICAP MENTAL

Le handicap mental correspond à une *atteinte de l'intelligence*. Celle-ci peut être plus ou moins sévère, aussi nous parlerons de déficience mentale légère, moyenne ou profonde. Il comporte également des troubles du comportement et de la relation.
Certains enfants atteints d'une infirmité motrice d'origine cérébrale peuvent avoir également une déficience mentale. Par exemple : la trisomie 21 (*cf.* mémo : maladies génétiques).

LES HANDICAPS ASSOCIÉS

On appelle handicaps associés les *plurihandicaps* et *polyhandicaps*. C'est l'association de plusieurs handicaps.

Fig 17.2. La prise en charge du handicap.

La prévention et le dépistage du handicap

La prévention et le dépistage du handicap chez l'enfant peuvent avoir lieu :

- **en amont de sa conception** (par les consultations proposées aux futurs parents) ;
- **au cours de sa gestation** (par les consultations prénatales) ;
- **après sa naissance** (par des examens postnatals).

LA PRÉVENTION DU HANDICAP AVANT LA CONCEPTION DE L'ENFANT

LES CONSULTATIONS DE CONSEIL GÉNÉTIQUE

Dans les familles ayant déjà présenté un enfant porteur d'un handicap grave, les consultations de conseil génétique s'adressent aux couples qui craignent les risques de maladies génétiques pour leur enfant à venir. La Sécurité sociale rembourse les consultations médicales spécialisées et les examens visant à déceler diverses anomalies telles que l'**amniocentèse** (examen du liquide amniotique dans lequel baigne le fœtus et qui contient des cellules fœtales). L'amniocentèse est prise en charge à 100 %, en cas :

- d'antécédent personnel d'anomalie chromosomique ;
- d'anomalie échographique de la grossesse actuelle ;
- d'anomalie biologique de la grossesse actuelle ;
- d'âge maternel supérieur à 38 ans.

LES CENTRES DE PLANIFICATION ET D'ÉDUCATION FAMILIALE (CPEF)

Les consultations des CPEF s'adressent aux femmes qui souhaitent maîtriser leur fécondité et ont donc pour but de prévenir les naissances indésirables ou les avortements. Ces centres sont autorisés à délivrer des contraceptifs. Les prescriptions sont effectuées par un médecin ou une sage-femme.

LE DÉPISTAGE DU HANDICAP LORS DU PREMIER EXAMEN PRÉNATAL (3E MOIS)

Lors du premier examen prénatal, effectué avant la fin du 3e mois de grossesse, le médecin recherche chez la femme enceinte :

- **certains éléments perturbateurs de la grossesse :**
  - maladie ou troubles psychologiques,
  - difficultés graves socioéconomiques ;
- **certaines pathologies :**
  - incompatibilité Rhésus ;
  - toxoplasmose, rubéole, syphilis ;
  - toxémie gravidique, etc. ;
- **certaines anomalies fœtales :** une échographie peut être pratiquée.

On propose également un multitest biologique afin de déterminer une probabilité de trisomie 21 chez le bébé à naître.

LE DÉPISTAGE LORS DES AUTRES EXAMENS PRÉNATALS (4E AU 8E MOIS)

Lors des examens du 4e au 8e mois de grossesse, le médecin recherche :

- **certains éléments perturbateurs de la grossesse :** comme c'est le cas lors du premier examen ;
- **certaines pathologies :** par exemple, la toxémie gravidique (la pesée, la prise de la tension artérielle (TA), ainsi que la recherche de l'albumine, visent à la dépister). Elles seront répétées à chaque consultation. La toxémie gravidique est une maladie grave caractérisée par l'association d'œdèmes, d'hypertension et d'albuminurie chez la mère, à l'origine de handicaps graves chez l'enfant.
- **certains risques d'accouchement prématuré ou d'anomalies fœtales :**
  - le médecin ausculte le cœur du fœtus et prescrit des examens de sang et d'urine à la future mère,
  - une échographie peut être demandée au 5e et au 8e mois afin de dépister des anomalies morphologiques fœtales.

LE DÉPISTAGE LORS DU DERNIER EXAMEN PRÉNATAL (9E MOIS)

Le médecin établit un bilan général de santé de la future mère et vérifie la vitalité fœtale et la présentation du fœtus.

LE DÉPISTAGE À LA NAISSANCE DE L'ENFANT

Le nouveau-né subit un examen médical complet à la naissance pour dépister toute éventuelle anomalie.

L'ÉVALUATION DE L'ÉTAT DE SANTÉ GÉNÉRAL PAR LE SCORE D'APGAR

Cet examen permet d'apprécier le fonctionnement des organes vitaux (cœur, poumons, etc.) et l'adaptation de l'enfant à la vie extra-utérine.

LE DÉPISTAGE D'ANOMALIES TOUCHANT LES ORGANES

Certaines anomalies peuvent être dépistées et donc traitées, dès la naissance. Le médecin vérifie l'œsophage, l'anus, les oreilles (souvent un test d'audition y est associé).

LE DÉPISTAGE D'ANOMALIES NEUROLOGIQUES

Ce dépistage s'effectue par différents tests appréciant la présence des **réflexes archaïques** du nourrisson (par exemple : réflexe de succion, de *grasping*, de Moro, de marche automatique).

LE DÉPISTAGE D'ANOMALIES CONGÉNITALES

Ce dépistage est rendu obligatoire[2] pour tous les nouveau-nés. Il comprend différents tests :

- le « **test d'Ortolani** » : dépistage d'une luxation des hanches ;
- un prélèvement sanguin associé au « **test de Guthrie** » : dépistage de plusieurs pathologies susceptibles de provoquer des déficiences graves (par exemple : *phénylcétonurie, hypothyroïdie congénitale, drépanocytose, mucoviscidose, hyperplasie des surrénales*).

(2) Il est pratiqué à la maternité

LE DÉPISTAGE LA 1RE ANNÉE

Au cours des visites médicales de PMI, le médecin pourra dépister certaines maladies génétiques, parmi lesquelles : la **myopathie de Duchenne**, la **trisomie 21**, l'**hémophilie** (*cf.* mémo : maladies génétiques ci-après).

LA PRISE EN CHARGE EN ÉTABLISSEMENTS SPÉCIALISÉS

Selon la nature du handicap et le souhait des parents, l'enfant ayant une déficience peut bénéficier de différentes formules d'accueil assurant l'éducation spéciale dont il a besoin. L'accueil de l'enfant dans ces structures dépend d'une décision de la Commission des droits de l'autonomie (CDA)[3]. Citons deux exemples d'établissements spécialisés :

- **l'institut médico-éducatif (IME)** : il assure la continuité d'action médicoéducative de la petite enfance à l'âge adulte ;
- **l'institut médicopédagogique (IMP)** : il prend en charge les enfants de 3 à 14 ans. Il leur propose des soins et une éducation spécialisée ainsi qu'une pédagogie adaptée. L'enfant peut y être admis en externat ou en internat.

MémoMémoMémo

Les maladies génétiques

Certaines maladies génétiques sont dues à une anomalie portant sur le nombre de chromosomes, d'autres à une anomalie portant sur les gènes. Citons quelques exemples pour chacune d'elles.

Anomalies du nombre de chromosomes

La *trisomie 21* résulte de la non-séparation de la paire de chromosomes 21 au moment de la formation des ovules. Un ovule possède donc deux chromosomes 21. Au moment de la fécondation, son union avec un spermatozoïde possédant un chromosome 21 donne naissance à un œuf porteur de trois chromosomes 21. Le risque de donner naissance à un enfant porteur de la trisomie 21 augmente en fonction de l'âge maternel (c'est la raison pour laquelle un diagnostic anténatal précoce de cette anomalie est généralement proposé aux femmes enceintes à partir de 38 ans).

Anomalies au niveau des gènes

Certaines anomalies sont récessives, d'autres sont dominantes. Citons par exemple :
- la *mucoviscidose* : maladie codée par un allèle récessif. Pour que l'enfant présente la maladie, il faut qu'il soit homozygote pour ce caractère, autrement dit, que ses deux parents lui aient transmis l'allèle muté. Si au contraire, il ne reçoit qu'un seul allèle muté, il ne souffrira pas de la maladie, mais il sera porteur et pourra la transmettre à sa descendance[4] ;
- la *phénylcétonurie* : maladie héréditaire qui est responsable d'une arriération mentale profonde ;
- l'*hémophilie* : maladie qui provoque des hémorragies, car certains facteurs de coagulation font défaut ;
- la *myopathie de Duchenne* : maladie qui provoque une dégénérescence des muscles striés, aboutissant à une insuffisance respiratoire et cardiaque.

La psychologie de l'enfant handicapé

Pour aider efficacement l'enfant handicapé et sa famille, la professionnelle de l'enfance doit bien connaître les différentes réactions de l'enfant. Celui-ci prend connaissance très tôt de sa « différence ».

LES RÉACTIONS PSYCHOLOGIQUES GÉNÉRALES

L'enfant handicapé peut manifester différentes réactions. Citons pour exemples :

- **des réactions de passivité** : il s'allonge sur le sol, va aux toilettes, vomit, refuse toute activité ;
- **des conduites régressives** : il cherche à redevenir bébé ; il fait à nouveau pipi au lit (**énurésie**), demande le biberon, etc. ;
- **des réactions d'agressivité** : envers lui-même, il « *s'automutile* » ou envers les soignants, ses parents ou ses camarades ;
- **des besoins affectifs accrus** : qui se traduisent par un comportement puéril, une grande avidité affective (l'enfant se montre possessif et jaloux, a besoin de caresses, etc.) ;

(3) CDA : cette commission a été créée en février 2005, pour améliorer l'organisation des maisons départementales des personnes handicapées.

(4) Ces maladies (mucoviscidose et phénylcétonurie) sont dépistées dès la naissance par le moyen du « test de Guthrie ».

- des conduites « à risque » ;
- **les réactions anxieuses** : elles se traduisent par un manque de confiance en soi et, dans ce cas, souvent par des attitudes de dépassement (il cherche à surmonter les épreuves, à se « surpasser ») ;
- des **traits dépressifs**, etc.

LES RÉACTIONS PSYCHOLOGIQUES SELON LE HANDICAP

L'enfant handicapé va réagir différemment selon la nature de son handicap, le degré de l'atteinte, ses interactions avec sa famille et sa sensibilité personnelle. Toutefois, certaines particularités sont observées.

LES RÉACTIONS PSYCHOLOGIQUES DE L'ENFANT HANDICAPÉ MOTEUR

Le handicap est, pour l'enfant, une source de frustrations diverses : il est limité dans ses déplacements et a besoin en permanence de l'aide de l'adulte. Par ailleurs, l'atteinte motrice gêne l'acquisition de certains apprentissages sensori-moteurs, du langage et du schéma corporel.

LES RÉACTIONS PSYCHOLOGIQUES DE L'ENFANT HANDICAPÉ AUDITIF

Lorsque l'environnement n'est pas suffisamment attentif à l'envie de communiquer de l'enfant, ce dernier peut se sentir exclu. La perte de l'audition peut entraîner (outre les troubles généraux) des difficultés de mémorisation, des troubles du langage et de l'équilibre.

LES RÉACTIONS PSYCHOLOGIQUES DE L'ENFANT HANDICAPÉ VISUEL

On peut observer plus particulièrement :
- **des troubles de la communication et de la relation** : le handicap visuel qui est présent à la naissance peut avoir des effets négatifs dans l'évolution de la relation mère-enfant ;
- **un retard dans le développement psychomoteur** et plus particulièrement un décalage dans l'âge de l'acquisition de la marche.

Situation

Jules, handicap auditif

Jules (5 ans) est accueilli par une assistante maternelle, Mme A., depuis sa naissance. Les parents l'ont informée du handicap de Jules : la surdité. Dès l'âge de 3 ans, il a présenté des troubles du comportement liés à son handicap. Mme A. a constaté que l'enfant ne communiquait pas normalement et qu'il n'aimait pas jouer avec ses camarades. Il paraissait souvent triste, et parfois faisait des colères sans motif apparent. De ce fait, Mme A. ne le sortait pas souvent. Elle appréhendait ses réactions à l'extérieur.

Situation

Sophia, handicap visuel

Sophia (4 ans) est une enfant non voyante, placée en institut spécialisé. Chaque jour, des activités lui sont proposées. Parmi celles qu'elle préfère : la peinture avec les doigts (car elle aime le contact avec la matière) et la musique (car elle aime le rythme qui la stimule…). Elle apprend aussi la lecture en « braille » et elle s'est fait beaucoup d'amies.

LES RÉACTIONS PSYCHOLOGIQUES DE L'ENFANT HANDICAPÉ MENTAL

L'enfant atteint de ce handicap manifeste plutôt des troubles de la vie relationnelle (celle-ci se réduit à une communication non verbale). L'enfant est souvent inactif ; parfois il a des accès d'agitation, des comportements répétitifs, stéréotypés. Il est souvent anxieux lorsqu'on lui propose une activité d'éveil.

Situation

Étienne, handicap mental

Étienne (8 ans) était un enfant triste et timide depuis sa naissance. Sa maman avait peu de temps à lui consacrer et elle l'avait placé très tôt chez une assistante maternelle. Grâce à son aide, il a réalisé des activités d'éveil qui l'ont épanoui. Aujourd'hui, Étienne apprend à lire dans un institut spécialisé, où il est considéré « bon élève » malgré un lourd handicap.

L'intégration de l'enfant handicapé en structure d'accueil

Il ne suffit pas de placer un enfant handicapé au milieu d'autres enfants (dits en bonne santé physique et mentale) pour qu'il y ait intégration. Une véritable intégration est un processus d'adaptation réciproque de l'enfant et du lieu d'accueil. Il s'agit de reconnaître « la différence » de l'enfant pour mieux « vivre ensemble ».

L'INTÉGRATION DE L'ENFANT EN CRÈCHE

L'intégration d'un enfant handicapé en crèche a fait l'objet d'un rapport qui met en évidence la réussite de l'opération et montre aussi ses limites.

LES AVANTAGES DE L'INTÉGRATION

→ Pour l'enfant

L'enfant handicapé peut trouver à la crèche :

- des moyens de stimulation, d'éveil ;
- des occasions d'échanges avec autrui et de socialisation ;
- des adultes moins impliqués que ses parents par rapport à son handicap (étant moins « surprotecteurs », ils lui permettent d'accéder à une plus grande autonomie).

→ Pour les parents

Les parents trouvent à la crèche des professionnels qui leur donnent des conseils avisés, qui les soutiennent, qui valorisent leur enfant (ils le voient évoluer dans un groupe d'enfants normaux).

→ Pour les professionnels

Les professionnels qui participent à l'éveil et aux apprentissages de l'enfant, se sentent responsabilisés, motivés, valorisés dans leur travail.

LES LIMITES DE L'INTÉGRATION

La présence d'un enfant handicapé en crèche peut susciter différentes attitudes, à effets négatifs, telles que :

- la surprotection des camarades et des adultes ;
- des sollicitudes multiples et excessives ;
- des rivalités, des jalousies, la régression ;
- la culpabilité, la pitié, etc.

Par ailleurs, le risque de l'intégration en crèche est de laisser croire aux parents à une « normalisation ». Elle les maintient dans « l'illusion » concernant l'avenir de l'enfant.

Situation

Martial, retard moteur

Martial (15 mois) présentait un retard de développement moteur important avec des troubles du comportement. Après un an passé à la crèche, il communique plus facilement avec les autres enfants. Toutefois, malgré ses acquisitions, il ne pourra pas intégrer l'école maternelle et ses parents envisagent de le placer dans un institut spécialisé.

L'INTÉGRATION DE L'ENFANT EN ÉCOLE MATERNELLE

La pédagogie de l'école maternelle favorise chez l'enfant handicapé certaines acquisitions intellectuelles et le contact avec les autres enfants lui permet d'acquérir une personnalité plus affirmée. Toutefois, le rythme de la classe est souvent trop rapide pour lui ; l'enfant handicapé a souvent des difficultés pour s'y adapter. Il se sent « dépassé ».

Situation

Samy, IMC

Samy, 5 ans, qui est atteind d'une infirmité motrice cérébrale, est admis en maternelle après un séjour de 8 mois à la crèche. L'enseignante a proposé un « mi-temps » pour commencer sa scolarité. Samy a été bien accueilli et a fait des progrès considérables. Son enseignante a même proposé un départ en « classe de neige ». Samy pourra y être « accompagné » par une auxiliaire de vie sociale.

Les techniques d'éveil pour l'enfant handicapé

En fonction des difficultés de l'enfant, la professionnelle veillera à chercher des canaux de communication et des techniques d'éveil adaptés.

LES PRINCIPES GÉNÉRAUX

La professionnelle proposera des techniques d'éveil très variées. Elle devra faire preuve de compréhension et de patience. Elle doit en particulier :

- *être la plus objective possible* vis-à-vis des compétences de l'enfant en ne s'appropriant ni ses réussites ni ses échecs ;
- *savoir utiliser les techniques d'éveil*. L'objectif n'est pas d'atteindre une « normalisation » de l'enfant, mais de favoriser des acquisitions motrices bénéfiques à son développement et à son autonomie ;
- *éviter de « surestimer » ses compétences*, mais aussi de les « sous-estimer », donc lui confier des tâches à sa mesure : il faut savoir le « laisser faire seul » ce dont il est capable ;
- *stimuler l'enfant* pour lui donner « envie de faire » ;
- *aider l'enfant à se structurer* de façon la plus cohérente possible (poser des interdits et des limites précises) ;
- *informer régulièrement* et précisément la famille de l'enfant des réactions, du comportement et des progrès de ce dernier.

LES TECHNIQUES D'ÉVEIL POUR L'ENFANT ATTEINT DE HANDICAPS SENSORIELS

Citons, à titre d'exemples, les techniques d'éveil auprès d'enfants atteints de handicaps sensoriels visuel et auditif.

POUR L'ENFANT DÉFICIENT VISUEL

La professionnelle doit apprendre à l'enfant à développer ses autres sens et en particulier :

- **le toucher :**
  - lui décrire ce qu'il touche,
  - lui proposer des matières variées,
  - lui faire apprécier l'eau (piscine chauffée),
  - conseiller aux parents les contacts fréquents ;
- **l'ouïe** : lui faire écouter de la musique, des bruits différents ;
- **le goût** : lui faire goûter des mets variés, lui décrire les couleurs des plats ;
- **l'odorat** : lui proposer des odeurs différentes (fleurs, aliments).

Et lui parler souvent : lors des exercices d'éveil il faut « mettre en mots », car l'enfant vit dans un monde clos et noir.

Situation

Loana, déficiente visuelle

À Loana (3 ans), déficiente visuelle depuis sa naissance, Judith (AM) propose de nombreuses activités d'éveil, souvent accompagnées de musique. L'enfant apprécie particulièrement les rouleaux de mousse posés sur le tapis de sol, le coin coussin où elle se réfugie tout en douceur pour écouter les histoires que raconte Judith. Au toucher, elle connaît même le petit livre qui recueille ces belles histoires !

POUR L'ENFANT DÉFICIENT AUDITIF

Le problème fondamental de l'enfant atteint de surdité est la difficulté d'entrer en communication avec les autres. Afin de l'aider à ne pas avoir une attitude de retrait face au monde, la professionnelle doit :

- capter le regard de l'enfant avant de lui parler ;
- associer les gestes à la parole ;
- l'inciter à répondre.

Situation

Yann, atteint de cécité

Pour Yann, atteint de cécité, l'assistante maternelle va développer toutes les situations mettant en jeu l'audition. Elle lui décrit ce qu'il touche, lui propose des matières variées et lui dit : « C'est dur, mou, léger, lourd, froid, chaud, etc. », met en place un univers sonore (ballons avec grelots, etc.). Certains jeux qui fonctionnent avec l'odorat sont également appréciés de Yan (c'est le cas du « loto des odeurs ! »).

MémoMémoMémo

Les intérêts des techniques d'éveil pour l'enfant handicapé

Les techniques d'éveil viseront à développer chez l'enfant :

La prise de conscience du corps, par :
- les jeux moteurs : beaucoup se pratiquent au sol, pour lui permettre de mieux connaître l'espace et de maîtriser ses mouvements ;
- les exercices de coordination de rythme pour faire travailler le corps entier ;
- les exercices manuels (modelage, pâte à modeler, peinture, sable, eau, etc.) pour le contact du corps avec la matière ;
- les moments de détente et de massage (relaxation).

Les initiatives : lui donner des petites tâches domestiques à accomplir (mettre le couvert, s'habiller, se laver, etc.), qui développent l'autonomie.

La socialisation : lui permettre par des jeux de groupe d'intensifier sa relation avec autrui : ballons, rondes, toboggan, piscine, etc.

La communication verbale ou corporelle : le langage, pour certains enfants ayant un handicap, passe par celui du corps, des gestes, des mimiques.

La professionnelle doit trouver des moments favorables à la communication, même si ceux-ci sont de courte durée du fait de la fatigabilité de l'enfant, de ses difficultés d'attention (exemple dans le bain).

Rôle de la professionnelle

Dans le cadre de son activité, la professionnelle de l'enfance peut être amenée à travailler auprès d'enfants porteurs de handicaps. Il est nécessaire de se questionner (le plus souvent en équipe) pour satisfaire au mieux les besoins spécifiques de ces enfants. Elle devra plus particulièrement être attentive aux rôles suivants.

Satisfaire le besoin relationnel de l'enfant

L'enfant a besoin de contacts corporels et verbaux, avec l'adulte et avec ses pairs. Il faut toutefois veiller à maintenir une certaine distance par rapport à une relation qui deviendrait trop fusionnelle avec un adulte référent.

Satisfaire le besoin d'activités d'éveil

Elle devra proposer à l'enfant de nombreuses activités qu'il sera capable de réaliser (en rapport avec ses moyens) et qui lui donneront « envie de faire », envie d'entreprendre et de persévérer. Ces activités l'amèneront à la réalisation concrète d'actes qui serviront de tremplin à de nouvelles expériences : réussir des choses simples correspond à un « exploit » pour un enfant handicapé.

Satisfaire le besoin de securité et de repères

La professionnelle veillera à sécuriser l'enfant par un rythme régulier de vie. Les actions doivent être prévisibles pour l'enfant. Elle fera régner une atmosphère calme, gaie et apaisante, indispensable pour permettre à l'enfant de se sentir en confiance et de prendre des initiatives.

Accompagner la famille de l'enfant

- parler avec prudence et tact du handicap de l'enfant (respect de son rôle et de ses compétences) ;
- répondre avec simplicité aux questions des parents sur le vécu de l'enfant au quotidien (comment se sont passés les repas, les jeux, etc.) ;
- aider les parents en les écoutant attentivement, en les déculpabilisant (ils ne sont pas responsables du handicap, même s'ils le croient souvent), en favorisant les contacts avec leur enfant par des paroles positives (elle doit être capable d'entendre ce que les parents peuvent dire de leurs difficultés à se reconnaître parents de cet enfant-là).

Annexes

1 Le cadre juridique et administratif de la famille

Traditionnellement le mot « juridique » fait penser au « droit », constitué d'un ensemble de règles de conduite qui, dans notre société, gouvernent les relations des personnes entre elles et s'imposent à elles, au besoin par la contrainte.

Le droit comprend des *règles* s'appliquant aux particuliers, souvent sous forme de contrats. Une partie du droit civil concerne l'enfant et la famille, et règle la naissance, la filiation, le mariage, le divorce. Il protège l'enfant mineur, veille à son respect.

Afin que, dans ce chapitre, la lecture soit agréable et que la mémorisation soit largement facilitée, nous avons synthétisé plusieurs thèmes appartenant au cadre juridique et administratif de l'enfant et de la famille, en commençant par la « convention des droits de l'enfant »[1].

Ainsi le jeune enfant pourrait rappeler aux adultes qui vont s'occuper de lui, dix principes essentiels (que nous avons extraits textuellement de cette convention et mis à la première personne).

J'AI « DROIT » À :

- 1. **Être reconnu sans discrimination** *fondée sur la race, la couleur, le sexe, la langue, la religion ou toute autre discrimination.*
- 2. *Me* **développer** *d'une façon saine et normale.*
- 3. *Avoir un* **nom** *et une* **nationalité***.*
- 4. *Bénéficier d'une* **alimentation,** *d'un* **logement** *et de loisirs adaptés à mes besoins.*
- 5. *Bénéficier de* **soins spéciaux** *si je suis handicapé.*
- 6. *Recevoir de* **l'amour** *et de* **la compréhension***. Je dois grandir sous la sauvegarde de mes parents dans une atmosphère de* **sécurité** *morale et matérielle. Il est souhaitable qu'ils bénéficient de la Sécurité sociale et des prestations familiales.*
- 7. *Recevoir une* **éducation gratuite** *et obligatoire qui me permettra de développer mes facultés, mon jugement et mon sens des responsabilités.*
- 8. *Recevoir* **protection et secours***.*
- 9. **Être protégé** *contre toute forme de négligence, de cruauté et d'exploitation.*
- 10. **Être protégé** *contre les pratiques qui peuvent pousser à toute forme de discrimination.*

(1) La convention des Droits de l'enfant a été signée en 1989 par l'ONU. Elle n'est pas représentée ici dans son intégralité. Toutefois, les extraits sélectionnés donnent une idée des dix principes essentiels de cette convention (les points clés sont en écrits en gras). En adoptant ce texte, les États s'obligent mutuellement au respect des droits de l'enfant qui n'a pas atteint sa majorité.

Les prestations familiales

Les prestations familiales sont attribuées aux familles dans le but de contribuer à l'entretien de l'enfant. C'est la caisse d'allocations familiales qui verse les allocations[2]. Peut bénéficier des prestations familiales toute personne résidant en France sous certaines conditions (tableau A1.1).

Tableau A1.1 – Les différentes prestations familiales[3].

Rôle des prestations	Condition d'attribution
Les allocations familiales (AF) : allocations visant à diminuer les dépenses d'entretien de l'enfant	- Avoir au moins 2 enfants à charge (c'est-à-dire : tous les enfants jusqu'à 20 ans). - Sans condition de ressources.
Le complément familial (CF) : aide financière aux familles à revenus modestes	- Avoir au moins 3 enfants à charge tous âgés de plus de 3 ans et de moins de 21 ans. - Faibles ressources.
L'allocation de soutien familial (ASF) : aide financière aux parents isolés	Être seul pour élever un enfant de moins de 20 ans (orphelin ou non reconnu par l'autre parent).
L'allocation d'éducation à l'enfant handicapé (AEEH) : compensation des frais qu'entraîne un enfant handicapé.	- Avoir un enfant handicapé < 20 ans. - Pas de condition de ressources.
L'allocation de rentrée scolaire (ARS) : pour alléger les frais de « rentrée scolaire » de l'enfant.	- Avoir un enfant écolier, étudiant ou apprenti, de 6 à 18 ans. - Avoir des revenus peu élevés.
Les aides au logement (APL, ALF, ALS) : pour alléger les frais de location ou le prêt pour la résidence principale.	- Avoir une famille ou être jeune ménage sans enfant. - Avoir de faibles ressources.
La prestation accueil du jeune enfant (PAJE) : - pour la naissance ou l'adoption de l'enfant ; - pour alléger les frais de garde de l'enfant ; - pour suspendre son activité ou travailler à temps partiel ; - pour le parent qui souhaite garder son enfant.	**La prime de naissance :** - au 1er enfant ; - avec condition de ressources. **L'allocation de base :** - au 1er enfant ; - avec condition de ressources. **Le complément de libre choix d'activité :** - au 1er enfant : avoir travaillé 2 ans dans les 2 ans avant la naissance ; - pour un 2e enfant, avoir travaillé 2 ans dans les 4 ans avant la naissance ; - pour un 3e enfant, avoir travaillé 2 ans dans les 5 ans avant la naissance. Le complément de libre choix du mode de garde : employer directement une assistante maternelle agréée ou une personne à domicile ou avoir recours à une association ou à une entreprise privée pour assurer la garde d'enfants de moins de 6 ans[3].
L'Allocation journalière de présence parentale (AJPP) : pour obtenir un congé de présence parentale pour les salariés.	Avoir un enfant gravement malade, handicapé ou accidenté.

(2) Caisse nationale des Allocations familiales, 32 avenue de la Sibelle 75014 Paris, tél. : 01 45 65 52 52.
(3) Actualités sociales hebdomadaires, 4 janvier 2013-n°2790.

La Sécurité sociale

Le régime général de la Sécurité sociale se compose de trois branches :

- **la branche maladie** qui comprend : l'assurance-maladie, la maternité (voir ci-après), les accidents, l'invalidité, les décès ;
- **la branche vieillesse** qui comprend :
  - l'assurance vieillesse,
  - l'assurance veuvage ;
- **la branche famille** qui comprend :
  - les allocations familiales,
  - les prestations familiales.

LES BÉNÉFICIAIRES DE LA SÉCURITÉ SOCIALE

Sont dites bénéficiaires les personnes qui peuvent percevoir les prestations de Sécurité sociale. Il s'agit de :

- l'**assuré** s'il remplit certaines conditions ;
- ses **ayants droit**, c'est-à-dire les personnes à la charge de l'assuré.

LES FORMALITÉS D'ADHÉSION

Pour bénéficier des prestations de Sécurité sociale, les individus doivent accomplir des formalités d'immatriculation et d'affiliation :

- **l'immatriculation de la Sécurité sociale** : dans les 48 h de l'embauche, tout employeur doit déclarer son salarié à la Sécurité sociale qui attribue à ce dernier un numéro d'identification de 15 chiffres dit numéro **d'immatriculation,** lui donnant la qualité d'assuré social (tableau A1.2) ;
- **l'affiliation de la Sécurité sociale** : la Sécurité sociale rattache l'assuré à la CPAM de son domicile : c'est l'affiliation.

La CPAM lui envoie ensuite une carte d'assuré social justifiant de ses droits et prestations.

Exemple : Anaïs M.

Anaïs est née le 8 février 2008 à Toulon (83). Son numéro de Sécurité sociale sera : 2.08.02.83.055.277.72

Le numéro comporte 15 chiffres au total, dont les cinq premiers correspondent à la personne (tableau A.1.2).

Tableau A1.2 – Exemple d'immatriculation (pour Anaïs M.).

2	08	02	83	055	277	72
Sexe (1 pour les hommes, 2 pour les femmes)	Année de naissance	Mois de naissance	Département de naissance	Commune de naissance	N° INSEE	Chiffre clé

LES PRESTATIONS DE L'ASSURANCE-MALADIE

Les prestations sont de deux sortes : en nature et en espèces.

LES PRESTATIONS EN NATURE

Elles représentent le remboursement total ou partiel des dépenses de soins (médecins, pharmacie, etc.).

LES PRESTATIONS EN ESPÈCES

Elles représentent un revenu de remplacement en cas d'arrêt de travail de l'assuré et sont versées sous la forme d'indemnités journalières.

LES PRESTATIONS DE L'ASSURANCE MATERNITÉ

L'assurance maternité a un but préventif, car son versement est subordonné à la surveillance médicale de la future mère (examens prénatal et postnatal). Les femmes perçoivent différentes prestations.

LES PRESTATIONS EN NATURE

Les prestations en nature aident les futures mères à couvrir les frais de la grossesse et de l'accouchement.

La femme (assurée ou ayant droit) doit :

- se soumettre aux examens pré- et postnatals obligatoires ;

• faire passer les examens médicaux obligatoires à son enfant.

LES PRESTATIONS EN ESPÈCES

Les prestations en espèces compensent l'absence de salaire et ne sont versées qu'à la femme qui occupe un emploi sous certaines conditions.
La femme (salariée) doit :
• justifier de 200 h de travail dans les 3 mois précédant le début présumé de la grossesse ;
• être immatriculée depuis au moins 10 mois à la date prévue de l'accouchement.

L'aide aux parents en difficulté

Dans chaque département, des structures sont mises en place pour apporter aux parents un soutien sous forme d'aide financière et/ou d'hébergement.

LE REVENU DE SOLIDARITÉ ACTIVE (RSA)[4]

Il n'y a pas de condition d'âge pour la femme enceinte ou ayant déjà un enfant à charge.

CONDITIONS

Il faut que la femme ou le parent :
• réside en France ;
• justifie de ressources n'excédant pas un certain plafond.

MONTANT

Le montant de l'allocation varie selon les ressources.

L'AIDE À LA FEMME ISOLÉE : LE CENTRE MATERNEL

OBJECTIF

Il s'efforce de répondre aux différents besoins des femmes enceintes isolées ou des femmes assurant seules la charge d'un jeune enfant. De ce fait, il concourt à la protection de la maternité et de l'enfance.

STRUCTURE

Le centre maternel est un établissement public (dépendant de l'ASE) ou privé, qui résulte de la fusion des maisons et hôtels maternels. En principe, il devrait y en avoir un par département.
Dans la structure même du centre, on retrouve (pour des raisons de commodité) la séparation de ces deux fonctions. Une aile ou un étage fait office de maison maternelle et l'autre d'hôtel maternel :
• **la maison maternelle** accueille la femme enceinte et la prépare à l'accouchement ;
• **l'hôtel maternel** accueille la mère et l'enfant jusqu'aux 3 ans de celui-ci (cette limite d'âge n'a rien de systématique et la politique actuelle tend à la réduire).
NB : l'auxiliaire de puériculture peut exercer ses fonctions au sein de la crèche collective du centre maternel.

La prévention de la maltraitance

Il faut différencier l'enfant maltraité de l'enfant en risque.
• **L'enfant maltraité** est celui qui est victime de violences physiques, de cruauté mentale, d'abus sexuels, de négligences lourdes ayant des conséquences graves sur son développement physique, psychologique et affectif.
• **L'enfant en risque** connaît des « conditions d'existence qui risquent de mettre en danger sa santé, sa sécurité, sa moralité ou son éducation ».
L'enfant en risque n'est pas maltraité et ne le sera peut-être jamais. Il s'agit « d'un enfant dont on ne respecte ni le rythme ni les besoins », que ce soit en fonction des modes de vie parentaux, de leur personnalité ou des contraintes de la vie moderne.

(4) Depuis le 1er juin 2009 en France métropolitaine (2011 pour les DOM TOM et 2012 pour Mayotte), le RSA (revenu de solidarité active) remplace le RMI et l'Api (allocation de parent isolé).

LES DIFFÉRENTES SORTES DE VIOLENCES

LES SIGNES DE VIOLENCES PHYSIQUES

Les signes les plus fréquemment observés sont les suivants.

→ Les lésions de la peau

- **les hématomes et les ecchymoses** : ces lésions sont particulièrement évocatrices lorsqu'elles siègent au niveau des mains, de la face, du cuir chevelu et du siège ;
- **les plaies** : elles sont polymorphes et permettent de suspecter l'instrument en cause ;
- **les brûlures** : citons en particulier les brûlures de cigarettes ;
- **l'arrachement** des cheveux : les plaques d'alopécie sont toujours suspectes.

→ Les lésions oculaires

Elles découlent de violences répétées au niveau de l'extrémité céphalique sous forme de coups ou de secousses brutales. Elles accompagnent souvent les lésions cérébrales et consistent en hémorragies et décollement de la rétine.

→ Les fractures

Elles présentent certaines caractéristiques, désignées sous le nom de **syndrome de Silverman**. Elles sont multiples, d'âges différents et de localisation spécifique (touchant plus particulièrement les côtes, le nez, les membres et le rachis).

→ Les traumatismes crâniens

Ils sont dus à des chocs violents. Les lésions neurologiques, provoquées par un « hématome sous-dural post-traumatique », peuvent entraîner le décès de l'enfant.

LES SIGNES DE VIOLENCE PSYCHOLOGIQUE ET DE NÉGLIGENCES LOURDES

Parmi les signes caractéristiques possibles de négligences lourdes sur le plan psychologique, citons une hypotrophie, une dénutrition sévère ; elles traduisent l'absence de soins ou de vaccinations.

Les signes évocateurs de violence psychologique varient avec l'âge et la personnalité de chaque enfant.

→ Chez le jeune enfant

On peut observer :

- une conduite d'évitement (c'est-à-dire un refus de contact visuel, verbal ou physique) ;
- une absence de réaction à toute stimulation sensorielle de l'environnement ;
- une avidité affective, des troubles du sommeil, des tics, des balancements ou une dépression sévère.

→ Chez l'enfant plus grand

On peut observer :

- une inhibition et une passivité, ou une agitation et une instabilité psychomotrice ;
- le désinvestissement scolaire.

LES VIOLENCES SEXUELLES

On peut citer les attouchements ou les viols.

LES CAUSES PROBABLES DE LA MALTRAITANCE

Il existe différentes causes de la maltraitance ; citons-en quelques-unes à titre d'exemples :

- **les circonstances de la naissance de l'enfant** (par exemple : enfant non désiré ou séparé de sa mère dès la naissance) ;
- **la pathologie d'un parent** (par exemple : maladie mentale, alcoolisme, immaturité affective, etc.) ;
- **les perturbations de l'environnement socioculturel** (par exemple : graves difficultés familiales, économiques, etc.).

LE SIGNALEMENT

Les mesures de prévention sont très importantes ; le signalement dit « d'une information préoccupante » en est la première mesure.
L'obligation est faite à tout citoyen de signaler les cas de maltraitance :

- au n° vert : 119 ;
- à la gendarmerie ;
- au Samu ;
- aux pompiers 24 h/24.

Le Code pénal prévoit des peines allant d'1 mois à 3 ans de prison pour quiconque se serait abstenu ce signalement. Tout comme, on le sait, une peine est prévue pour : « **quiconque s'abstient de porter secours à une personne en péril** ».

L'OBLIGATION DE SIGNALEMENT D'UNE « INFORMATION PRÉOCCUPANTE »

Le professionnel de la petite enfance, plus que quiconque, peut être amené à soupçonner un cas de maltraitance. Il doit impérativement le signaler. Le *secret professionnel* qui lie les personnels médicosociaux est levé quand il s'agit de sévices à mineur de moins de 15 ans. Cette mesure est prise afin de protéger la santé et la moralité des enfants (Code pénal, loi n° 71). La loi du 5 mars 2007 officialise en outre le secret professionnel partagé.

LA MISE EN GARDE

→ Mise en garde n° 1

La sensibilité du professionnel de l'enfance peut être vivement éprouvée au contact d'une situation de maltraitance. Cependant, il ne doit jamais prononcer de paroles négatives sur les parents en présence de l'enfant. Cela nuirait à son développement.

→ Mise en garde n° 2

Notons que le goût du risque, ou simplement le jeu, est chez de nombreux enfants la cause d'hématomes qu'il ne faut pas « interpréter » comme sévices…

→ Mise en garde n° 3

La compréhension du problème des sévices n'entre pas dans le cadre d'une pensée logique. C'est pourquoi il est préférable de **s'abstenir de jugement de valeur** et de considérer avant tout le mal-être de l'enfant (mais aussi des parents). En effet, on ne peut pas affirmer que sévices et maltraitance signifient systématiquement « non-amour » de leur part. Il faut donc être très vigilant.

Rôle de la professionnelle

Recueillir avec respect les « confidences » de l'enfant

L'adulte qui a reçu des confidences de la part d'un enfant doit savoir traduire sa souffrance en la verbalisant. Il peut dire à l'enfant : « je te crois » ; « je te plains » ; « tu n'es pas coupable » ; « je te remercie de m'avoir fait confiance. Je ferai tout pour t'aider » ; « je ferai tout pour t'aider mais je ne peux pas le faire seul en gardant cela pour moi ». L'adulte doit aussi lui expliquer ce qu'il va faire pour l'aider.

Noter et garder des « traces »

Il est conseillé de noter par écrit exactement les « mots » de l'enfant au moment où il vient de les prononcer.

Si l'enfant exprime les sévices à travers un dessin, il est recommandé d'authentifier, de dater le document, de le garder en lieu sûr et de le transmettre aux services compétents.

Transmettre à sa responsable

La maltraitance n'est pas un problème qu'un professionnel peut résoudre seul. Il est fondamental de communiquer avec l'équipe et ses supérieurs et ne pas confondre *information préoccupante et signalement*. L'information préoccupante doit être partagée avec toute l'équipe qui décidera de sa transmission à la cellule unique des signalements.

L'autorité parentale

L'autorité parentale entraîne des droits et des devoirs, aussi bien pour les parents que pour l'enfant.

LES DROITS ET DEVOIRS DES PARENTS

Les parents doivent :

- protéger l'enfant dans sa sécurité, sa santé, sa moralité ;
- assurer son éducation ;

- permettre son développement dans le respect de sa personne ;
- contribuer à l'entretien et à l'éducation de l'enfant à proportion de leurs ressources et selon les besoins de l'enfant (cette obligation ne cesse pas de plein droit à sa majorité).

LES DROITS ET DEVOIRS DE L'ENFANT

- L'enfant doit rester sous l'autorité parentale jusqu'à sa majorité ou son émancipation, et, de ce fait, ne peut quitter le domicile familial.
- L'enfant a le droit d'entretenir **des relations personnelles avec ses ascendants** (grands-parents, oncles, tantes, etc.) et même des tiers : parents ou amis (par exemple : parrain, marraine, etc.) ;
- L'enfant doit être associé aux **décisions** qui le concernent, selon son âge et son degré de maturité.

L'EXERCICE DE L'AUTORITÉ PARENTALE

L'exercice de l'autorité parentale peut prendre des formes différentes selon la filiation.
La séparation des parents n'a pas d'incidence sur les règles d'exercice de l'autorité parentale ; elle laisse subsister les droits et les devoirs des parents à l'égard de l'enfant.
L'autorité parentale peut être exercée soit conjointement (par les deux parents), soit unilatéralement (par l'un des deux).
Le parent qui exerce l'autorité parentale a le devoir :

- accorder le droit de visite et d'hébergement à l'autre parent ;
- l'informer des choix importants relatifs à la vie de l'enfant.

LA PRIVATION DE L'AUTORITÉ PARENTALE

Est privé de l'exercice de l'autorité parentale le père ou la mère qui est hors d'état de manifester sa volonté, en raison de son **incapacité**, de son **absence** ou de toute autre cause sérieuse.

Le divorce des parents

Le divorce est la rupture du mariage validée par une décision de justice. Il en résulte la séparation de corps des deux époux qui sont alors dispensés de l'obligation de vie commune.

LES DIFFÉRENTES PROCÉDURES DE DIVORCE

Depuis la loi du 12 mai 2004, il existe quatre procédures de divorce.

LE DIVORCE POUR ALTÉRATION DÉFINITIVE DU LIEN CONJUGAL

Ce type de procédure permet à un époux de demander le divorce alors que son conjoint ne désire pas divorcer. Il suffit que la cohabitation ait cessé depuis au moins 2 ans au moment de l'assignation en divorce.

LE DIVORCE SUR ACCEPTATION DU PRINCIPE DE LA RUPTURE

Ce type de procédure peut être demandé par l'un des époux, ou par les deux s'ils **acceptent le principe de la rupture du mariage**. Une fois l'acceptation donnée, celle-ci devient irrévocable, même par la voie de l'appel.

LE DIVORCE PAR CONSENTEMENT MUTUEL (REQUÊTE CONJOINTE)

Ce type de procédure implique que chacun des deux époux souhaite divorcer et qu'ils s'entendent préalablement sur les mesures qui régleront les conséquences de leur séparation (utilisation du domicile conjugal, garde des enfants, etc.).

LE DIVORCE POUR FAUTE

Il peut être demandé par l'un des époux lorsque son conjoint a été l'auteur de « faits constitutifs d'une violence grave ou renouvelée des devoirs ou obligations du mariage, et rendant intolérable le maintien de la vie commune ».
Pour prononcer le divorce aux torts exclusifs d'un époux, le juge doit vérifier si les griefs reprochés représentent une gravité, s'ils ont été souvent renouvelés.

Parmi les griefs, citons :
- les mauvais traitements, le non-respect du devoir d'éducation et d'entretien des enfants ;
- les violences physiques ou verbales, les menaces de mort ;
- l'irresponsabilité financière dans l'usage de l'argent du ménage ;
- les violences conjugales (dans ce cas, des mesures doivent être prises en urgence afin d'assurer la sécurité du conjoint maltraité. C'est le juge des affaires familiales qui les décide) ;
- l'adultère du conjoint (toutefois cette faute n'entraîne pas forcément la décision du divorce à ses torts exclusifs).

LE TRIBUNAL DÉCISIONNAIRE

Le tribunal qui va régler le divorce est le tribunal de grande instance du lieu de résidence de la famille. Un juge délégué aux affaires familiales est compétent pour :
- prononcer le divorce ;
- décider l'attribution de l'autorité parentale aux parents ;
- fixer le montant de la pension alimentaire ;
- confier éventuellement l'enfant à des tiers.

LES MESURES PRISES

La procédure du divorce donne lieu à deux types de mesures.

LES MESURES PROVISOIRES

Elles s'appliqueront au cours de l'instruction et sont prises par le juge. Celui-ci rend une ordonnance dans laquelle il règle l'organisation matérielle de la famille pendant la durée de l'instruction du dossier : lieu de résidence, autorité parentale, droit de visite, contribution financière pour les enfants. Ces mesures provisoires cessent dès que le jugement est prononcé.

LES MESURES DÉFINITIVES

Elles s'appliquent dès que le jugement est prononcé avec la dissolution du mariage. Ces mesures portent sur le logement, la liquidation du régime matrimonial, la fin du devoir de secours entre les époux et de contribution aux charges du ménage.

Le juge décide :
- de l'attribution de l'autorité parentale (entière ou partagée) ;
- de la garde des enfants (totale ou alternée) ;
- du droit de visites ;
- du partage des vacances scolaires ;
- d'une contribution financière correspondant à la pension alimentaire pour l'entretien et l'éducation des enfants ;
- parfois d'une pension compensatoire pour compenser le préjudice subit par l'un des époux lorsqu'est constatée une disparité de ressources entre les époux.

NB : depuis le 1er mai 2007, la loi impose le partage des allocations familiales entre parents divorcés, en cas de garde alternée de l'enfant.

LES EFFETS DU DIVORCE DES PARENTS SUR L'ENFANT

Le divorce peut avoir sur l'enfant des effets négatifs. Il souffre de voir les êtres qui lui sont le plus cher, ses parents, se déchirer. Cela se traduit souvent par des problèmes de santé (l'enfant somatise) :
- il a des infections à répétition, dort mal, manque d'appétit ;
- sa croissance et son développement se ralentissent ;
- un manque d'attention et de concentration est souvent constaté et est la cause de retard scolaire ;
- une régression peut être observée chez le jeune enfant (s'il était propre, il peut avoir de l'énurésie[5]).

Fig. A1.1. Le divorce des parents occasionne souvent des troubles chez l'enfant.

(5) Énurésie : uriner au lit.

Rôle de la professionnelle

La professionnelle de l'enfance, qui est témoin de ce type de situation, doit surveiller l'enfant de près et l'accompagner. Elle doit :

- l'écouter et lui parler « vrai », tout en restant « positive » (il faut aider l'enfant à traverser sans trop de dommages psychologiques cette période difficile) ;
- ne pas se positionner en juge (ne prenant pas parti pour l'un ou l'autre des parents) ;
- stimuler l'enfant pour manger ;
- l'encourager dans ses activités, le sécuriser par ses paroles et sa présence (par exemple l'aider pour ses devoirs) ;
- conseiller aux parents de consulter un psychologue de l'enfance si l'enfant vit trop douloureusement cette épreuve. Un enfant en souffrance psychologique doit être pris en charge par des spécialistes au moment opportun.

2

L'intérêt de l'ergonomie pour les professionnels de l'enfance

Il existe deux approches complémentaires en ergonomie :

- *l'ergonomie de l'activité de travail* qui vise à comprendre les positions et les gestes des professionnels, les conditions du poste de travail, l'organisation du travail. L'objectif est de réduire les risques d'accidents dorsolombaires ;
- *l'ergonomie des équipements* qui vise à élaborer des recommandations et des normes de sécurité pour mettre au point des outils de travail (par exemple : lit, table, chaise haute pour enfant, etc.).

Nous savons que le corps humain peut effectuer, dans le cadre d'un « travail dynamique » (qui est celui des professionnels de l'enfance), jusqu'à mille mouvements par jour. Toutefois, les mouvements les plus fréquents sont la flexion du corps (on se baisse) et l'extension-abduction et l'adduction (pour prendre l'enfant dans ses bras ou pour saisir des objets).

Nous allons voir ci-après diverses situations de « travail dynamique » et les effets produits sur les personnes.

Situation

Delphia (auxiliaire de puériculture en service de pédiatrie) doit chaque jour réaliser plusieurs toilettes aux enfants hospitalisés dans le service et procéder à la réfection des lits. Elle doit donc répéter de nombreux gestes, toujours en position debout et soulever des enfants plus ou moins lourds (en fonction de leur âge).

Célia (EJE en crèche) doit organiser chaque jour différentes activités auprès des enfants. Pour cela elle doit mettre en place le matériel nécessaire, ce qui nécessite le port de charges plus ou moins lourdes. Pour aller vite, elle est parfois obligée d'en porter plusieurs à la fois ; de plus, elle doit se baisser pour les disposer dans la pièce avant l'arrivée des enfants.

Les questions que l'on se pose

- *Quels sont les bons gestes à faire lors de la réfection du lit ?*
- *Quel est l'intérêt de la PSU ?*
- *Quelles sont les 10 règles de l'ergonomie ?*
- *Comment faut-il porter une charge lourde ?*
- *Pourquoi ai-je souvent mal au dos ?*
- *Ai-je une lombalgie ?*

Les gestes et postures au quotidien

Le but de l'ergonomie est de travailler en respectant la physiologie du corps humain. Les professionnels mesurent vite les risques qu'ils encourent au quotidien et l'intérêt qu'ils ont à préserver leur santé au travail. Les principaux risques sont les accidents dorsolombaires.

Tableau A2.1 – Gestes et postures de Delphia et Célia.

	Delphia	Célia
Les gestes	- Flexion du corps (flexion-extension). - Déplacements +++.	- Flexion du corps (flexion-extension). - Port de charges lourdes avec déplacements +++.
Les postures	Maintien de la position debout constante courbée (lors de la réfection des lits).	- Maintien de la position debout constante. - Port de charges lourdes.
Les conséquences possibles sur l'organisme	- Risque de douleurs au dos. - Courbatures. - Fatigue.	- Risque de « fatigue musculaire ». - Douleurs dans le dos, les bras et les jambes. - Courbatures. - Fatigue.

Les accidents dorsolombaires

Aujourd'hui les problèmes du système locomoteur et de son fonctionnement sont classifiés comme *troubles musculosquelettiques* (TMS).

LA LOMBALGIE

Après un temps plus ou moins long de travail, suite aux compressions ou vibrations constantes, les disques de la colonne vertébrale peuvent se déshydrater, leur épaisseur diminuer et une douleur sourde apparaître. Elle est localisée dans le bas du dos. C'est la **lombalgie** (fig. A2.1).

LE TASSEMENT DE DISQUES

Porter un poids a pour effet de tasser les disques de la colonne vertébrale. Après cette pression, un temps de récupération est toujours nécessaire pour revenir à la position initiale. Si ce temps de récupération n'est pas respecté ou si le poids est porté longtemps, les disques se tassent définitivement (fig. A2.2).

LA HERNIE DISCALE

Après un temps plus ou moins long de travail, lorsque l'on doit effectuer plusieurs mouvements en se penchant en avant, le noyau pulpeux de la vertèbre a tendance à bouger vers l'arrière (fig. A2.2). Si le mouvement est brusque, soudain, ou si le poids est important, il peut déchirer l'anneau fibreux du disque vertébral et se « faufiler » jusqu'à la moelle épinière, une douleur vive apparaît.

LA SCIATIQUE

Les nerfs sciatiques ressortent au niveau lombaire, issus de l'espace entre chaque vertèbre. Les mouvements d'inclinaison latérale (ou de rotation) réduisent cet espace et les nerfs peuvent être bloqués, ce qui cause une douleur importante et invalidante. Le port de charges déséquilibrées est souvent la cause de « sciatique ».

Rôle de la professionnelle

Le respect des règles d'ergonomie et la mise en œuvre de bonnes conditions de travail permettent d'assurer une activité professionnelle en toute sécurité. La professionnelle, avant de commencer un travail, doit se poser deux questions :
- que dois-je faire pour que mon travail *ne nuise pas à ma santé* ?
- que dois-je faire pour que mon travail *ne nuise pas à la santé de l'enfant* (ou des enfants) dont j'ai la charge ?

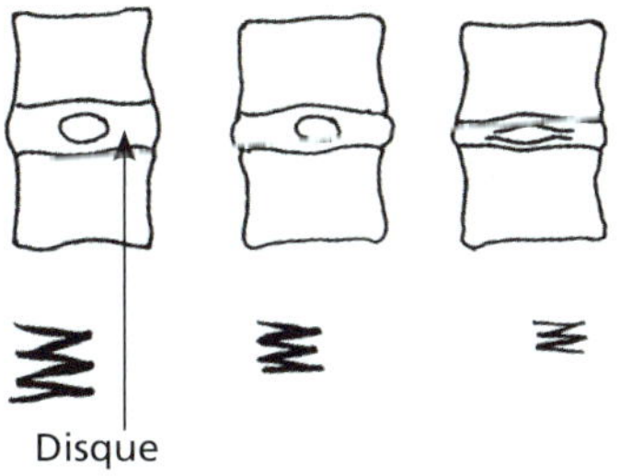

Fig. A2.1. La lombalgie.

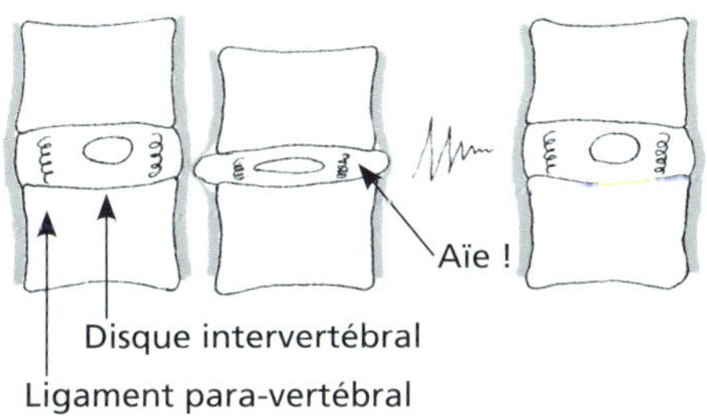

Fig. A2.2. Le tassement.

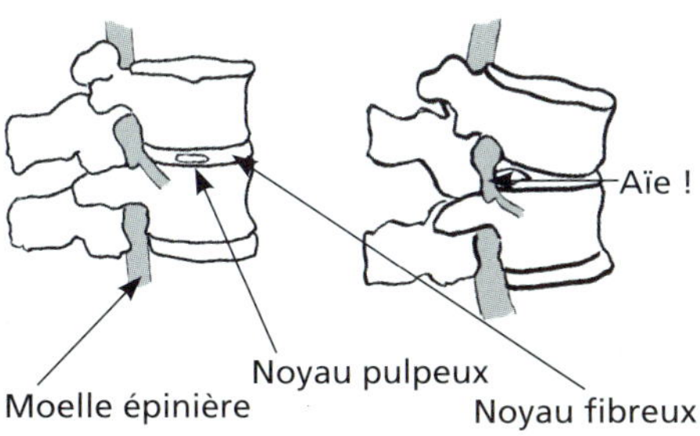

Fig. A2.3. La hernie discale.

Les accidents dorsolombaires (ou TMS)

La prévention des accidents dorsolombaires

Pour diminuer les risques des accidents dorsolombaires, il faut agir sur trois axes.

LA POSITION UNIVERSELLE DE SÉCURITÉ (PUS)

Adopter la PUS permet de préserver sa colonne vertébrale (rachis) en utilisant davantage les muscles des membres inférieurs (les cuisses et les fessiers).

Technique (fig. A2.4) :
- les pieds sont légèrement écartés à la largeur des épaules (cette position assure une bonne stabilité) ;
- les genoux sont légèrement fléchis ;
- le bassin est en arrière ;
- le dos reste plat.

L'ÉQUILIBRE DES CHARGES

Lorsque l'on transporte des charges, il faut les répartir de chaque côté du corps (fig. A2.5), car porter des charges déséquilibrées provoque une inclinaison latérale de la colonne vertébrale (notamment les lombaires), ce qui augmente les risques.

LA PRÉPARATION À L'EFFORT

La professionnelle veillera à se préparer à l'effort et à éviter les mouvements brusques qui diminuent la protection naturelle de la colonne vertébrale.

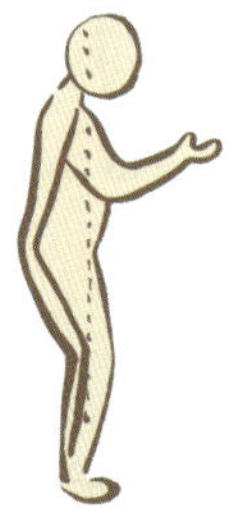

Fig. A2.4. La position universelle de sécurité (PUS).

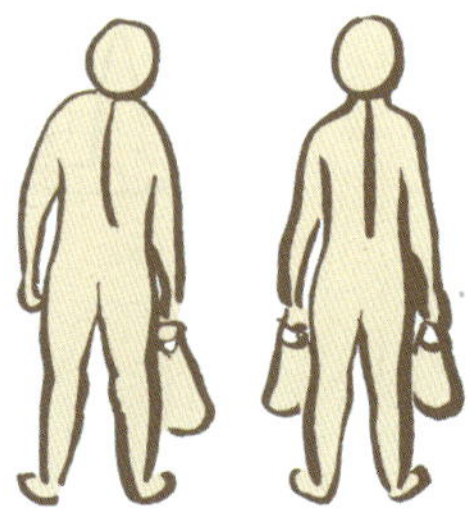

Fig. A2.5. L'équilibre des charges.

Rôle de la professionnelle

La professionnelle rappellera la prévention aux grands enfants. Elle leur conseillera de :
- maintenir leur dos bien droit lorsqu'ils sont assis à table pour faire leurs devoirs scolaires ou pour leurs repas ;
- éviter de porter un cartable d'un côté (il est préférable d'utiliser le sac à roulettes) ;
- répartir les charges : porter deux sacs au lieu d'un, si les charges sont lourdes ;
- limiter l'usage du tabouret qui facilite la courbure de la colonne vertébrale ;
- faire du sport après la classe.

Les grands principes de l'ergonomie

Ce sont les grands objectifs à viser et les principes à adopter. Parmi les priorités, citons les points suivants.

LE PRINCIPE DU RESPECT DE L'ENFANT ET DE SON AUTONOMIE

Pour toute mobilisation de l'enfant, la professionnelle doit veiller à avertir l'enfant et obtenir son accord. Elle veillera à le stimuler dans le respect de ses capacités et de son autonomie.

LE PRINCIPE DE SÉCURITÉ

Il s'agit pour la professionnelle :
- d'assurer la **sécurité de l'enfant** : c'est veiller à prévenir les risques d'accidents ;
- d'**assurer sa propre sécurité** : c'est prévenir les risques d'accidents dorsolombaires, ne pas surestimer ses forces dans le cadre de son travail auprès des enfants ;
- de **sécuriser l'espace de travail** : c'est observer l'environnement et enlever tous les obstacles qui peuvent être dangereux. C'est la prévention des accidents, ainsi que la qualité de l'installation de l'enfant pour lui assurer confort et bien-être.

Les dix règles de l'ergonomie

La professionnelle va effectuer diverses tâches au quotidien qui font appel à la mobilisation (mobilisation de l'enfant, port de charges, réfection de lit, etc.). Elle veillera aux points suivants.

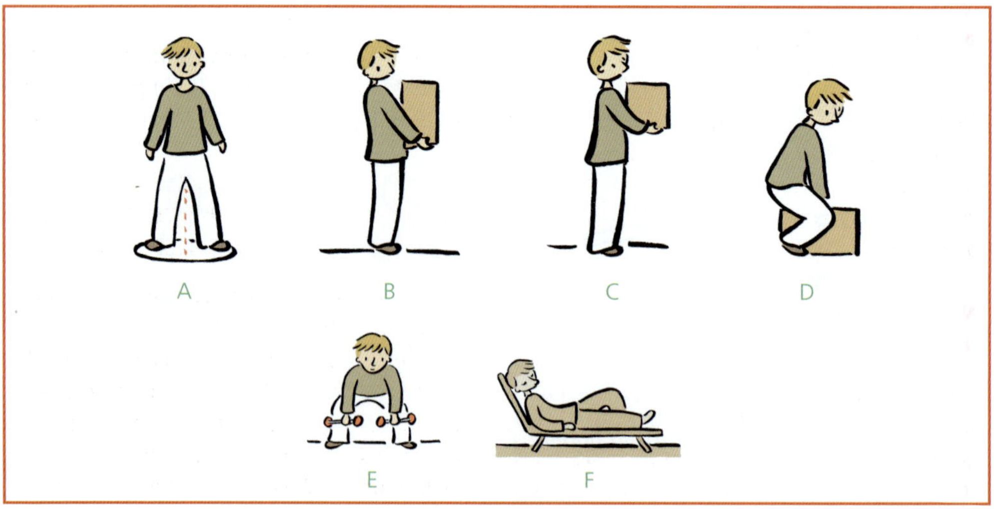

Fig. A2.6. Les dix règles d'ergonomie.

N° 1 : RÉFLÉCHIR AVANT D'AGIR

Le travail bien préparé, bien organisé à l'avance, se déroule plus aisément et diminue les risques potentiels. Ceci répond au principe de sécurité de l'enfant et de sa propre sécurité.

N° 2 : TROUVER LA POSITION D'ÉQUILIBRE (fig. A2.6A)

Pour cela il faut :

- mettre les pieds parallèles (écartés de la largeur des épaules environ) ;
- répartir le poids du corps sur les deux pieds ;
- rentrer le ventre et serrer les fesses ;
- mettre les genoux en légère flexion.

Cette position :

- diminue le travail musculaire ;
- assure la souplesse des épaules ;
- protège la colonne vertébrale ;
- permet une respiration maximale.

À partir de cette position de base correcte, toutes les autres positions sont envisageables.

N° 3 : GARDER LE DOS DROIT (fig. A2.6B)

Quel que soit le mouvement, ou la posture choisie pour protéger son dos, il est indispensable de **verrouiller** la région lombaire. Cette position est maintenue par la contraction des **muscles abdominaux et le fléchissement des jambes**.

N° 4 : SE RAPPROCHER DE LA CHARGE À DÉPLACER (fig. A2.6C)

Lorsque l'on doit porter une charge ou **un enfant**, il faut travailler corps à corps, le plus près possible de l'axe central de gravité. L'enfant se sent d'ailleurs rassuré par le contact physique. Plus on est près de lui, plus c'est facile ; plus on est loin, plus l'effort demandé est grand.

N° 5 : UTILISER LES MEMBRES INFÉRIEURS (fig. A2.6D)

Pour soulever une charge, il faut travailler avec les muscles fessiers et les muscles des cuisses qui sont les parties les plus fortes de notre corps et éviter de charger les lombaires. Les pivots (les charnières) pour plier le corps doivent rester les hanches et les genoux (position universelle de sécurité vue précédemment).

N° 6 : SE FAIRE AIDER (AIDE HUMAINE OU TECHNIQUE)

Avant de commencer un travail, la professionnelle doit préalablement **évaluer** ses forces. Elle peut se faire aider par un collègue ou utiliser des aides techniques ou matérielles (par exemple : placer un tabouret devant le lavabo pour faire laver les mains à l'enfant plutôt que de le soulever à bout de bras, faire un lit à deux personnes plutôt que seule, etc.).

N° 7 : MÉNAGER SES EFFORTS

Il faut remplacer l'effort vertical (soulever) par un effort horizontal (rouler, glisser, pivoter, déplier la personne). Autrement dit, utiliser le contrepoids.

N° 8 : TRAVAILLER EN SOUPLESSE

Les mouvements effectués doivent être fluides et souples. Les mouvements brusques sont dangereux (car il n'y a pas eu de temps pour préparer les articulations et les muscles). La majorité des lombalgies aiguës sont dues à des mouvements brusques (perte d'équilibre, sursaut, etc.).

N° 9 : ENTRAÎNER SON CORPS À L'EFFORT (fig. A2.6E)

La professionnelle veillera à pratiquer des efforts physiques (gymnastique) pour maintenir la souplesse de ses articulations et la détente du corps.

N° 10 : VEILLER À BIEN SE REPOSER APRÈS L'EFFORT (fig. A2.6F)

Il est nécessaire de permettre à l'organisme de se reposer après le travail.
Le sommeil joue un rôle capital dans la récupération après l'effort. Un adulte doit dormir au moins 7 heures. Il est préférable de dormir en reposant son dos sur un matelas ferme (en évitant les oreillers durs et épais) dans un environnement frais et calme.

MémoMémoMémo

Soyons « équilibrés » !

L'équilibre physique dépend de la bonne position des pieds. Les pieds portent tout le poids du corps. Un pied décalé vers l'avant, en fente, permet de résister à un déséquilibre du corps vers l'avant, l'arrière ou le côté. La surface ainsi obtenue entre les pieds est appelée « *polygone de sustentation* ». La verticale du centre de gravité doit se situer dans ce polygone pour maintenir l'équilibre du corps (*cf.* fig. A2.6A).

La démarche de manutention et la mobilisation pour un soin

Une démarche de manutention et une mobilisation d'un enfant en vue d'un soin concernent davantage les professionnels des milieux de santé hospitaliers. Toutefois les professionnels à domicile peuvent tirer grand profit des principes de cette démarche et de la technique de la mobilisation.

Situation

Le lever d'Émilie, opérée de l'appendicite

Émilie (9 ans) a été opérée de l'appendicite. Elle est hospitalisée en service de chirurgie. Ce matin, elle est encore très fatiguée. Delphia (auxiliaire de puériculture) doit lui faire sa toilette, puis la lever et l'accompagner jusqu'au fauteuil. Ce sera le « deuxième lever » de l'enfant. Delphia veillera à la mobiliser avec beaucoup de douceur, en respectant les consignes données et les règles de l'ergonomie. Mais avant de commencer, Delphia doit s'informer sur cette fillette, dont elle s'occupe pour la première fois.

Nous allons donc voir ci-après la « démarche de manutention » que Delphia doit envisager avant d'effectuer le soin et de mobiliser l'enfant. La « démarche de manutention » se déroule en quatre étapes caractéristiques. Nous détaillons chacune d'elles.

1re ÉTAPE : L'OBSERVATION DE L'ENFANT, L'INFORMATION ETXLA RÉFLEXION

Avant d'effectuer une mobilisation, la professionnelle doit observer l'enfant, collecter des informations et les analyser (elle peut utiliser la méthode du QQQOCP).

(Q) QUI ? À QUEL ENFANT DOIS-JE M'ADRESSER ?

- Quel est son âge ? Quelles sont ses capacités ?
- Quel est son degré d'autonomie ?
- Quelle est sa pathologie ?

(Q) QUOI ? QUELLES MANŒUVRES DE MANUTENTION DOIS-JE RÉALISER ?

- Est-ce que je maîtrise la technique ?
- Est-elle sans danger ? Sans risque (pour moi et pour l'enfant) ?

(Q) QUAND DOIS-JE LA RÉALISER ?

Le matin (après la toilette de l'enfant) et peut-être l'après-midi (après la sieste) ?

(O) OÙ DOIS-JE INTERVENIR ?

La professionnelle se questionnera sur l'environnement immédiat de l'enfant. Par exemple :

- quels objets (ou matériel) peuvent gêner la manœuvre ?
- quels objets (ou matériel) de la chambre peuvent être utilisés (par exemple : alèse ? têtière ?, etc.).

(C) COMMENT RÉALISER CETTE MANŒUVRE ?

Dois-je la réaliser seul ? Dois-je faire appel à une aide ? (un collègue) pour soulever l'enfant ?

(P) POURQUOI RÉALISER CETTE MANŒUVRE ?

Quel est son objectif ? Et quel est son intérêt ?

2e ÉTAPE : LA PRÉPARATION À LA MANUTENTION OUÀ LA MOBILISATION

La préparation de la manutention (ici le lever de l'enfant) sera de deux ordres :

- **matérielle** : la professionnelle doit regrouper le matériel nécessaire (ici le fauteuil proche du lit) ;
- **humaine** : la professionnelle va expliquer l'intérêt de la manœuvre à l'enfant et si celui-ci possède les capacités pour participer à la manœuvre, elle lui montre les gestes à effectuer (par exemple : dans la situation précédente, Delphia explique à l'enfant l'intérêt de se lever et comment elle va procéder).

3e ÉTAPE : LA MOBILISATION DE L'ENFANT

La professionnelle va mobiliser l'enfant (par exemple dans la situation précédente, il s'agit dans un premier temps d'asseoir l'enfant dans le lit puis de le faire pivoter pour le lever, et ensuite de lui faire faire quelques pas jusqu'au fauteuil). Elle veillera à respecter les principes et les règles de l'ergonomie et n'interviendra que selon les consignes reçues.
Il existe deux formes de mobilisation.

LA MOBILISATION PASSIVE

Il s'agit de bouger un enfant (malade, opéré ou handicapé) sans lui demander d'effort personnel. Cette mobilisation est utilisée pour :

- un changement de position au lit ;
- un passage du lit au fauteuil (c'est le cas dans la situation vue précédemment, Delphia choisit une **mobilisation passive** d'Émilie).

LA MOBILISATION ACTIVE

Il s'agit de faire bouger l'enfant en lui demandant une participation adaptée à son âge et à ses possibilités. La professionnelle doit donner des indications claires, simples et précises à l'enfant tout en le rassurant ; elle doit lui demander de « l'attraper » plutôt que d'avoir à le saisir. Ceci permet à la professionnelle de garder ses mains libres pour guider le mouvement (par exemple le prochain lever sera peut-être moins douloureux pour Émilie, et Delphia la fera participer).

4e ÉTAPE : LA CONFIRMATION OU LA CORRECTION DE LA POSITION DE L'ENFANT

La professionnelle, après avoir mobilisé l'enfant, lui demande si la position qui vient d'être choisie pour lui, lui convient ; si elle est confortable et non douloureuse[1] :

- dans le cas d'une réponse positive, la position est maintenue ;
- dans le cas d'une réponse négative, la position est corrigée.

Rôle de la professionnelle

Pour effectuer une manutention, la professionnelle veillera à :
- avertir l'enfant de la manœuvre qu'elle va réaliser et de son intérêt ;
- lui expliquer les gestes qu'elle va devoir faire ;
- donner des consignes simples adaptées à l'âge et au degré de compréhension de l'enfant ;
- le rassurer s'il appréhende la situation, lui faire une petite démonstration ;
- s'assurer qu'il a bien compris et reformuler si nécessaire ;
- se placer toujours du côté inactif de l'enfant (s'il est handicapé, ou si le bras est immobilisé) ;
- « accompagner le transfert » (couché/assis, allongé/assis, rehaussement) en inversant ses appuis sur les jambes ;
- toujours tenir le dos droit pendant la manœuvre (et regarder devant soi) ;
- connaître les différentes « prises » possibles et s'y exercer régulièrement pour les effectuer efficacement[2].

(1) Ceci est valable pour un enfant qui possède la capacité de comprendre et de répondre.
(2) Pour plus de détails sur les techniques de manutention, consulter le *Guide AP* (de l'auxiliaire de puériculture) de J. Gassier (avec DVD). Éditions Elsevier Masson, Paris, 2013.

Les « mises en situation ergonomique » à la crèche

En crèche, les enfants jouent près du sol ; de ce fait, le personnel doit se mettre souvent à leur hauteur. Se baisser et se relever fréquemment provoque (à plus ou moins long terme) une fatigue du dos.

Pour la professionnelle, la position consiste à se mettre à genoux. Dans cette position, le centre de gravité descend près du sol et le dos ne se fatigue pas. Son inconvénient est que les genoux souffrent. Pour éviter cela, on peut lui conseiller soit de poser ses genoux sur les tapis mousses des enfants, soit de porter des genouillères en mousse, qui vont adoucir l'appui sur les genoux.

La professionnelle est amenée à soulever, à porter souvent les enfants qui, entre 1 et 3 ans, pèsent entre 10 et 15 kg. C'est un travail physique important qui nécessite d'être préparé. Voyons différentes situations illustrées ci-après.

Situation n° 1

Anna et Amandine

À la crèche, Anna (2 ans) aime bien jouer au toboggan, mais elle a peur. Amandine (AP) est là pour la rassurer, elle l'attend en bas de la descente. Elle se tient à genoux, ce qui lui permet d'être à la hauteur de l'enfant sans se fatiguer le dos. Comme Amandine passe beaucoup de temps à genoux à jouer avec les enfants, elle pose ses genoux sur le tapis mousse de façon à ne pas avoir mal (le port d'une genouillère est conseillé à l'AP qui pratique souvent la posture à genoux).

Fig. A2.7. Anna joue au toboggan avec Amandine.

Situation n° 2

Lorenzo et Pascale

Lorenzo (6 mois et demi) joue sur le ventre. près de lui, Pascale (puéricultrice) tient dans ses bras Djibril (18 mois). Observons la position de Pascale et donnons-lui des conseils : Pascale est à genoux : c'est une bonne position car son centre de gravité se trouve près du sol, son dos n'est pas en tension. Toutefois, elle devrait se mettre plus près de Lorenzo, les genoux sur le tapis mousse ou porter une genouillère pour éviter d'avoir mal aux genoux.

Fig. A2.8. Lorenzo et Pascale.

Situation n° 3

Lorenzo et Carole

Lorenzo (6 mois et demi) joue sur le sol. Derrière lui, Carole (EJE) l'encourage à avancer. Observons la position de Carole et donnons-lui des conseils. Si Carole reste longtemps dans la position accroupie, elle aura mal aux articulations et les jambes engourdies. De plus, ce n'est pas une position stable, elle risque de perdre l'équilibre, de faire un faux mouvement et d'avoir mal au dos. Elle devrait se mettre à genoux, les genoux posés sur le tapis mousse (ou porter une genouillère protectrice) pour éviter d'avoir mal aux genoux.

Fig. A2.9. Lorenzo et Carole.

Situation n° 4

Djibril et Pascale

Djibril (18 mois) est tombé sur le tapis mousse, il pleure. À côté de lui, Pascale (puéricultrice) veut le prendre dans ses bras. Observons la position de Pascale et donnons-lui des conseils. Pascale a un genou par terre, l'autre est fléchi. Elle prend Djibril dans ses bras et se relève. C'est une bonne position qui assure la stabilité, son dos est droit et l'effort est porté dans les cuisses. Toutefois, elle aurait pu mettre son genou sur le tapis mousse (ou éventuellement porter une genouillère) pour éviter d'avoir mal aux genoux si elle répète souvent cette position.

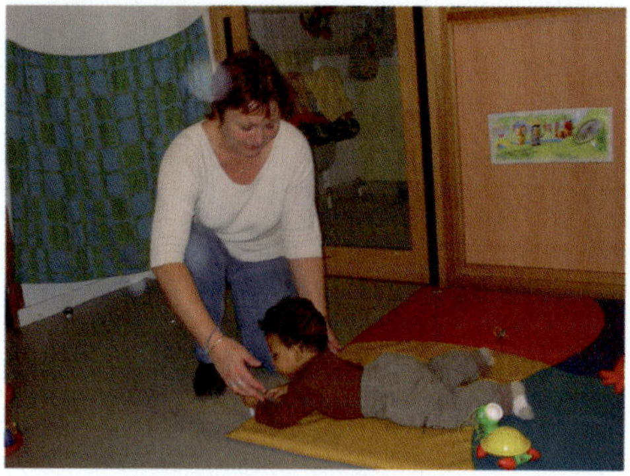

Fig. A2.10. Djibril et Pascale.

Situation n° 5

Daphné et Sophie

Daphné (2 ans et demi) est dans la salle d'activité. Près d'elle, Sophie (AP) la recoiffe. Observons la position de Sophie et donnons-lui des conseils : Sophie est penchée en avant. Cette position demande un effort considérable à son dos. Elle répète les mêmes gestes auprès de plusieurs enfants ; de ce fait, à la fin de la journée elle a mal au dos. Elle devrait s'accroupir pour recoiffer Daphné, l'effort serait alors porté dans les cuisses.

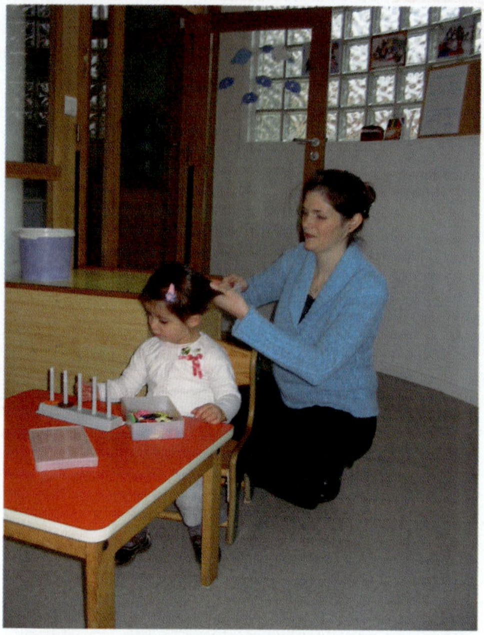

Fig. A2.11. Daphné et Sophie.

Situation n° 6

Anna et Amandine

Anna (2 ans) a la couche mouillée. Amandine (AP) va la lui changer. Elle utilise un petit escalier aménagé spécialement pour mettre Anna à sa hauteur, afin de la prendre dans ses bras sans la soulever. Elle l'aide pour s'allonger sur la table à langer. Après le change, elle fera descendre Anna par le même escalier.

Fig. A2.12. Anna et Amandine.

3

Mise en situation de la vie courante, démarche d'action pour un projet individualisé

La professionnelle de l'enfance, qu'elle travaille à domicile ou en structure d'accueil collectif, est membre d'une équipe pluridisciplinaire, et à ce titre on lui demande de concourir à la construction de projet(s) individualisé(s) pour une « mise en situation professionnelle ».
Pour élaborer ce(s) projet(s), la professionnelle va utiliser une méthode souvent pratiquée pour résoudre les problèmes de la vie quotidienne.
En effet, *que faisons-nous face à un problème de la vie courante ?* Nous réunissons des informations (pour y voir « plus clair ») ; nous analysons les informations reçues ; nous en déduisons un plan d'actions à mener ; nous réalisons ces actions ; nous vérifions l'efficacité de nos actions.

Situation

Jeanne et Léa

Chaque jour, les professionnelles de l'enfance doivent réaliser différentes activités, soit dans le cadre du domicile (pour Jeanne), soit dans le cadre de la collectivité (pour Léa). Pour agir de façon efficace, dans le respect de l'enfant et de sa famille, elles savent que tout commence par la connaissance, et pour bien connaître quelqu'un, il faut avant tout s'informer, c'est-à-dire recueillir un maximum de données. Un proverbe dit : « Pour voir il faut savoir ».

Les questions que l'on se pose

- *Quelles sont les habitudes de vie de l'enfant ?*
- *Les besoins sont-ils insatisfaits ou perturbés ?*
- *Quelle peut en être la cause ?*
- *Quelles sont les priorités dans les réponses à apporter ?*
- *Que dois-je mettre en œuvre pour réaliser telle activité ou tel soin auprès de l'enfant ?*
- *Comment organiser et planifier cette (ou ces) activité(s) ou ce soin pour l'enfant ?*
- *Pourquoi ai-je raté en partie mon action ? Comment m'améliorer pour la réussir ?*
- *Quel est l'intérêt des transmissions ? Sous quelle forme les réaliser ?*
- *Pourquoi dois-je respecter la « confidentialité » des informations que je détiens ? Qu'est-ce que le « secret professionnel » ?*

Situation

« La démarche de vie de Marie »

Marie, jeune maman, a reçu un message en son absence, de la part de la directrice de la crèche : sa fille Sophie est souffrante (…). Il faut aller la chercher très vite et l'emmener chez un médecin.

En résumé, voici ce que fait Marie. C'est une démarche normale de la vie quotidienne, qui nous ramène à la démarche d'action pour un projet individualisé auprès de l'enfant.
À partir de cet exemple, nous retrouvons toutes les étapes d'une « mise en situation professionnelle » (MSP).

Tableau A3.1 – Mise en situation professionnelle.

La démarche de vie de Marie	Similitudes avec une « mise en situation professionnelle »
Marie s'informe auprès de la directrice de la crèche.	Recueillir les informations sur l'enfant = **connaissance de l'enfant (santé, environnement).**
Marie étudie ses informations.	Analyser la situation pour cerner les particularités = **identification des besoins fondamentaux de l'enfant.**
Marie prévoit : - d'appeler son mari pour qu'il récupère Sophie ; - d'appeler le médecin pour un RV urgent ; - de quitter son bureau avant l'heure.	Organiser l'action = **planification de l'action (ou du soin).**
Maris agit : - téléphone à son mari ; - appelle le médecin ; - informe la directrice de la crèche ; - informe son directeur.	Mettre en œuvre l'action = **réalisation de l'action (ou du soin).**
Marie réfléchit et évalue ses actions.	Analyser le résultat de son action = **autoévaluation de l'action (ou du soin).**

Le questionnement de la professionnelle

Au cours des différentes étapes « d'une mise en situation », la professionnelle se pose plusieurs questions par rapport aux besoins fondamentaux de l'enfant et par rapport à sa démarche d'action.
Autant de questions qui trouveront des réponses au fil des pages de ce chapitre.

L'information préalable à l'action

La connaissance de l'enfant va aider considérablement les actions de la professionnelle. Cette connaissance doit permettre à la professionnelle d'adapter son mode d'intervention en fonction du développement, de l'âge, de la santé et du rythme de vie de l'enfant. La professionnelle s'informera par une **observation** attentive de l'enfant, des **entretiens** réguliers avec ses parents et la **consultation du carnet de santé** ainsi que la « feuille de rythme ».

LA CONNAISSANCE DE L'ENFANT

Afin de mieux connaître l'enfant dans sa globalité, la professionnelle doit s'informer sur les points suivants.

L'ÉTAT DE SANTÉ, LA CROISSANCE, LE DÉVELOPPEMENT DE L'ENFANT

→ L'état de santé

La professionnelle doit :

- se demander si l'enfant est particulièrement fragile ; s'il a tendance à avoir un type d'affection particulier, une allergie, etc. ;
- s'informer des vaccinations réalisées et des rappels à effectuer.

→ La croissance

Elle doit s'informer sur le poids et la taille de l'enfant, et surveiller l'évolution de sa courbe staturopondérale (reflet d'une croissance harmonieuse).

→ Le développement psychomoteur

La professionnelle doit évaluer les compétences de l'enfant, nécessaires à la réalisation des activités quotidiennes (on ne peut demander à un enfant que ce qu'il est **capable** de faire).

LES HABITUDES DE VIE DE L'ENFANT

La connaissance des habitudes de vie de l'enfant permet à la professionnelle d'y adapter son action, ce qui est indispensable au bien-être de l'enfant. Il s'agit de s'informer sur :

- ses **habitudes alimentaires** : tout ce qui touche à l'alimentation comporte une connotation affective. Il faut s'informer sur :
  - les aliments que l'enfant a l'habitude de consommer et éventuellement les aliments interdits,
  - sa façon de prendre ses repas, etc. ;
- ses **habitudes de sommeil** : la durée du sommeil et les rites d'endormissement de l'enfant sont importants à connaître. Le respect du rythme de sommeil favorise une croissance harmonieuse et le bien-être quotidien de l'enfant ;
- ses **habitudes de jeux** : les habitudes de jeux et les centres d'intérêt de l'enfant doivent être connus, afin de proposer à l'enfant des activités adaptées à ses besoins et pour lesquelles il « éprouve » du plaisir ;
- les **relations avec les autres** : l'enfant apprécie-t-il les jeux de groupe ? Ou est-il plutôt individuel ? ;
- les **conditions de son arrivée** à la structure d'accueil (domicile de l'AM ou collectivité) :
  - les **conditions du réveil** de l'enfant et de son transport « maison-structure d'accueil » (elles peuvent être source de fatigue et d'inconfort. La professionnelle s'en préoccupera),
  - les **conditions d'accueil** : la séparation du parent est un moment déterminant de la qualité de la journée du petit enfant ; l'existence de l'objet transitionnel et la disponibilité de l'adulte qui l'accueille sont des éléments sécurisants pour l'enfant (les conditions de son accueil peuvent influer sur le déroulement de toute la journée),
  - les **conditions de son départ** doivent également être sécurisantes pour l'enfant. La professionnelle s'informera sur la régularité proposée à l'enfant à quelle heure vient-on le chercher ? Qui vient le chercher ? Qui s'occupe de lui « après » ?).

Fig. A3.1. Les jeux occupent une grande partie de la journée des enfants.

L'IDENTIFICATION DES BESOINS FONDAMENTAUX DE L'ENFANT

La professionnelle de l'enfance doit concourir à la construction d'un (ou plusieurs) projet(s) individualisé(s) pour l'enfant (ou les enfants) dont elle a la garde. Ce projet répondra le mieux possible aux besoins fondamentaux de cet (ou de ces) enfant(s)[1] à leurs aptitudes,

(1) Inspiré de la liste des quatorze besoins fondamentaux de l'enfant établie par Virginia Henderson.

à leurs habitudes de vie et également aux consignes données par les parents de l'enfant, dans le cadre du domicile.

Situation

Les « projets individualisés »

- Madame A. (assistante maternelle) garde Sarah (enfant de 4 ans atteint d'IMC) à temps complet ; chaque jour elle veille à stimuler au maximum son autonomie par des activités motrices adaptées à son handicap.
- Madame B. (GEAD) garde au domicile de leurs parents deux jumeaux : Marius et Zoé (âgés de 2 ans). Elle propose à Zoé (hyperactive) des activités calmes et lui apprend à partager ses jouets avec Marius.
- Madame C. (auxiliaire de puériculture) surveille un petit groupe de six enfants pendant une activité peinture. Elle a remarqué que Simon s'est brusquement retiré du groupe en pleurant. Elle va vers lui pour l'écouter le réconforter.

D'après toutes ces situations, nous voyons l'intérêt pour la professionnelle de construire pour chaque enfant un « projet individualisé » qui tient compte de ses besoins fondamentaux particuliers.
Les besoins fondamentaux de l'enfant sont très proches (à quelques nuances près) des besoins de l'adulte. Nous proposons (à titre d'exemple) un formulaire qui pourra être utilisé pour lister les « habitudes de vie » de l'enfant (que vous aurez en charge) en regard de ses besoins fondamentaux (tableau A3.2).

Tableau A3.2 – Besoins fondamentaux et habitudes de vie.

Besoins fondamentaux	Habitudes de vie de l'enfant
Manger	Petit-déjeuner à 8 h 30, déjeuner à 12 h, goûter 16 h.
Dormir	Sieste de 14 h à 15 h.
Éliminer	Selle vers 10 h 30 le matin.
Être propre	Toilette corporelle : bain le matin vers 8 h 30, 4 changes par jour (...).
S'habiller	
Être protégé	Vaccinations : rappel vaccin x à faire le... (voir parents).
Se mouvoir	Position assise bien acquise, préhension volontaire acquise.
Communiquer	Sait dire 3 mots (...).
S'amuser, jouer	Jeux proposés : apprécie l'ours, les anneaux plastifiés, le tableau d'éveil, la musique.
Apprendre	Aime les jeux vocaux avec l'adulte, écoute les chansons.

L'ANALYSE DES BESOINS DE L'ENFANT

C'est à partir de la connaissance des besoins de l'enfant que la professionnelle va pouvoir planifier correctement sa (ou ses) tâche(s) quotidienne(s). Voici une démarche méthodique pour analyser les principaux besoins de l'enfant, fondée sur la méthode du QQQOCP (tableau A3.3).

Tableau A3.3 – Démarche méthodique fondée sur la méthode du QQQOCP*.

Besoins fondamentaux	Qui ? Quoi ?	Quand ? Où ? Comment ?	Pourquoi ?
Manger	La professionnelle veille à : - s'informer des habitudes alimentaires de l'enfant : - qu'aime-t-il manger ? - suit-il un régime ? - connaître les dégoûts de l'enfant - que refuse-t-il ?	- Établir les menus pour la semaine. - Répertorier les aliments et les plats concernés. - Fixer l'heure des repas. - Choisir l'endroit et le matériel.	- Bonne hygiène alimentaire. - Respect des habitudes de vie.
Dormir	- S'informer des habitudes de vie de l'enfant : - à quelle heure a-t-il sommeil ? quels sont ses signes de fatigue ? - est-il gêné par le bruit ? la lumière ? - Favoriser le sommeil par des« petits moyens ». - Favoriser le confort au lit.	- Respecter les habitudes de vie. - Lui faire faire une sieste. - Proposer doudou, sucette, etc. - Favoriser le calme. - Retendre les draps et aérer la chambre.	- Bonne hygiène de vie. - Respect des habitudes de vie.
Éliminer	- Observer le rythme des mictions de l'enfant. - Lui proposer d'aller aux toilettes selon son autonomie. - Dédramatiser la situation s'il a des petits oublis !	Par exemple : avant une sortie, avant chaque repas, etc.	- Stimuler l'autonomie. - Respecter la pudeur.
Être propre	- S'informer des habitudes de vie de l'enfant. - Faire la toilette chaque jour.	Par exemple : chaque matin avec accord des parents.	Favoriser les bonnes habitudes d'hygiène dès l'enfance.
S'habiller	- Proposer à l'enfant de changer ses vêtements chaque jour. - L'aider à faire des choix dans sa penderie.	Respecter ses goûts, ses rejets vestimentaires.	Valoriser l'image de soi.
Être protégé	- S'informer des vaccinations et des rappels. - Identifier et éliminer les risques d'accidents domestiques.	- S'informer auprès des parents et lire le carnet de santé. - Observer l'environnement. - Surveiller l'enfant.	Protéger l'enfant des risques et des dangers.
Se mouvoir	S'informer de ses capacités motrices, de ses habitudes de vie et de ses goûts : - Que peut-il faire ? - Qu'aime-t-il faire ?	Lui proposer de l'emmener faire des courses (ex. : aller au marché le matin).	Stimuler la motricité, l'autonomie.

Besoins fondamentaux	Qui ? Quoi ?	Quand ? Où ? Comment ?	Pourquoi ?
Communiquer	- s'informer de ses capacités de langage : - quels mots prononce-t-il ? - a-t-il des difficultés pour parler ? - quel est son **langage non verbal** ? (attitudes corporelles significatives pour les plus petits)	- Lui lire une « histoire ». - Commenter des images, des photos. - Lui faire téléphoner à ses parents (pour les plus grands).	- Stimuler la parole, le contact. - Favoriser la socialisation (échange entre enfants ou entre enfant et parents). - Sécuriser l'enfant par la parole.
S'amuser, jouer	- S'informer de ses goûts : - quels sont ses jeux préférés ? - quels jouets refuse-t-il ? - S'informer de ses capacités et de ses difficultés face à certains jeux, face aux jeux de groupe.	- Lui proposer des activités adaptées à ses besoins et à ses capacités. - Ne pas imposer de jeu (parce qu'éducatif !).	- Stimuler l'éveil. - Favoriser la socialisation (par les jeux de groupe).
Être autonome, apprendre	Observer son désir d'autonomie et son désir d'apprendre par le moyen des jeux.	- Proposer mais ne jamais imposer. - Choisir les moments opportuns. - Exploiter les « périodes sensibles ».	Stimuler le désir d'autonomie et le désir de « savoir » de l'enfant.

* Le QQQOCP est une formule mnémotechnique qui signifie : Qui ? Quoi ? Quand ? Où ? Comment ? et Pourquoi ? Elle permet l'analyse complète d'une situation.

Situation

Marie analyse les besoins de Zora

Marie (auxiliaire parentale) s'occupe de Zora (8 mois) depuis une dizaine de jours. Elle l'a observée, a écouté longuement les explications de sa maman sur ses habitudes de vie, qu'elle a notées et prises en compte. Aujourd'hui Marie a constaté que la fillette a meilleur appétit, qu'elle dort plus paisiblement et qu'elle participe plus activement aux activités d'éveil qui lui sont proposées. L'adaptation s'est faite en douceur très progressivement. Marie a compris que Zora vit une « période sensible » à 8 mois, que la séparation d'avec sa maman est douloureuse pour elle. Elle a donc tout mis en œuvre pour lui adoucir ce moment et la prendre en charge dans les meilleures conditions. Elle a su « apprivoiser » l'enfant. Celle-ci la connaît bien et pleure moins longtemps au départ de sa maman le matin.

L'organisation et l'évaluation d'une action ou d'un soin

Chaque jour la professionnelle de la petite enfance doit réaliser de nombreuses tâches, qu'il s'agisse d'activités d'éveil ou de soins (tels que les toilettes, les changes de l'enfant). Afin d'organiser efficacement son action, la professionnelle doit se questionner sur le respect des règles de base d'HSCR (hygiène, sécurité, confort et respect de l'enfant et de sa famille).

LE QUESTIONNEMENT DE LA PROFESSIONNELLE

L'organisation une action, c'est :

- **la planifier** dans le temps (évaluer sa durée) et dans l'espace (choisir le lieu où elle se déroulera) ;
- **préciser** tous les moyens (humains et/ou matériels) que l'on devra mettre en œuvre en respectant les règles de base d'HSCR ;
- **dérouler (mentalement)** le film de l'action que l'on va réaliser.

La professionnelle va donc se questionner sur les points suivants.

COMMENT ASSURER L'HYGIÈNE GÉNÉRALE ?

→ À quoi penser ?

- aux gestes professionnels à adopter ;
- au matériel utilisé, au local où va s'effectuer la tâche ou l'activité proposée à l'enfant ;
- aux risques éventuels qui menacent la sécurité de l'enfant.

→ Quels moyens adopter ?

- se laver les mains avant et après le soin ou l'activité ;
- choisir le matériel adapté aux soins ou à l'activité ;
- veiller à la propreté du matériel proposé à l'enfant (matériel de jeu, de repas, etc.) ;
- ranger et nettoyer régulièrement le local ;
- lutter contre les insectes, etc.

COMMENT ASSURER LA SÉCURITÉ DE L'ENFANT ?

→ À quoi penser ?

Aux risques d'accidents dus aux gestes, aux produits et au matériel utilisés.

→ Quels moyens adopter ?

- adopter des gestes précis et adaptés (respecter les protocoles de soins, *cf.* fiches pratiques) ;
- surveiller l'enfant avec vigilance au cours de ses activités ;
- vérifier le mode d'emploi des produits, la date de péremption ;
- respecter les attitudes professionnelles dites « ergonomiques » ;
- prendre en compte les précautions particulières de chaque soin (*cf.* fiches techniques) ;
- veiller à prévenir les accidents domestiques (les risques de la maison sont nombreux ! *cf.* chapitre 13) ;
- éviter de laisser un enfant seul en présence d'un chien, etc.

COMMENT ASSURER LE CONFORT DE L'ENFANT ?

→ À quoi penser ? :

- à l'environnement : température et matériel ;
- au comportement de l'enfant : ses habitudes de vie, ses réactions, ses goûts et ses dégoûts, ses craintes, etc.

→ Quels moyens adopter ? :

- vérifier la température du local ;
- vérifier l'adaptation de la tenue vestimentaire de l'enfant à la température ambiante, aux activités proposées ;
- installer un tapis de sol pour les jeux ;
- s'adapter au rythme de l'enfant ;
- respecter les habitudes de vie de l'enfant ;
- respecter les traditions culturelles de l'enfant et de ses parents ;
- faire verbaliser à l'enfant ses sensations de « bien-être » ou de « mal-être » ;
- encourager et stimuler l'enfant pour qu'il ait envie de « faire seul », etc.

COMMENT RESPECTER L'ENFANT ET SA FAMILLE ?

→ À quoi penser ?

À la définition du respect : « C'est un sentiment qui accorde à autrui de la considération, de l'attention et de la disponibilité ».

→ Quelles attitudes adopter ?

- Appeler l'enfant par son prénom, sans le déformer (éviter le terme bébé !) ;

- parler distinctement à l'enfant, un langage clair et adapté à son âge (proscrire le langage bébé) ;
- favoriser l'autonomie de l'enfant (ne pas faire à sa place s'il peut « faire seul ») ;
- prendre en compte les réactions non verbales de l'enfant (savoir le sécuriser au bon moment) ;
- lui expliquer le soin ou l'activité avant de commencer ;
- respecter le rythme de l'enfant (prendre son temps pour agir « avec » lui) ;
- ne pas suspendre l'activité pour s'occuper d'autre chose (sauf urgence) ;
- regarder l'enfant en face et s'entretenir avec lui au cours de l'activité ;
- ne pas s'engager dans une conversation personnelle avec un collègue, une amie, au cours d'une activité avec l'enfant (voire téléphoner !) ;
- répondre à toutes les questions de l'enfant au cours de la journée ;
- valoriser l'enfant (ne jamais lui imposer une action, savoir négocier avec lui) ;
- éviter toute familiarité avec l'enfant ou la famille de l'enfant ;
- participer avec tact à l'éducation de l'enfant : donner à ses parents des conseils d'hygiène (corporelle, alimentaire, vestimentaire) ;
- éviter de contrôler son vocabulaire (surtout en présence d'autres enfants) ;
- être « très patiente et très tolérante » lors des nouvelles acquisitions (par exemple : la propreté) ;
- contrôler l'intensité et l'intonation de sa voix (l'adapter aux situations). Savoir qu'une voix douce et chaleureuse est toujours plus plaisante.

Respecter l'enfant, c'est aussi **respecter sa pudeur**. Il est donc conseillé de :

- fermer la porte dans les circonstances gênantes pour l'enfant, comme par exemple lorsque l'enfant est nu sur la table de change ou lorsqu'il est sur le pot ou aux toilettes ;
- utiliser une serviette éponge pour couvrir le sexe de l'enfant lors d'une toilette ;
- éviter les démonstrations de tendresse excessives et inadéquates, au cours d'un soin ;
- effectuer la toilette intime avec tact et délicatesse ;
- dédramatiser les accidents liés à l'apprentissage de la propreté (petits oublis accidentels), etc.

L'AUTOÉVALUATION DE LA PROFESSIONNELLE

La professionnelle doit être capable d'effectuer « l'autoévaluation » de ses compétences. Pour cela, elle utilisera ses capacités d'analyse et de réflexion, et sera à l'écoute, elle devra :

- accorder de l'intérêt aux critiques transmises par les parents de l'enfant qu'elle garde ou provenant de sa responsable ;
- se montrer concernée par ses difficultés, ses erreurs et ses oublis ;
- se montrer capable de rectifier la situation.

L'objectif étant de s'améliorer constamment sur les plans gestuels et relationnels. Pour cela elle se posera de nombreuses questions.

Situation

Mme D. et Zoé

Mme D. (AM) garde trois enfants à son domicile, dont Zoé (4 mois) qui a eu un épisode de diarrhée. Mme D. va réfléchir au respect des règles au cours de ses actions :

- pour l'hygiène : ai-je pensé à nettoyer correctement le plan de travail, le coussin de change, à me laver les mains après le change ?
- pour le relationnel : Zoé était inquiète, elle pleurait, je lui ai proposé une poupée qui ne l'a pas calmée ! Elle a 4 mois, le jouet proposé répondait-il à ses besoins, à son âge ? Elle doit aussi réfléchir aux difficultés survenues au cours du soin ou de l'activité. Le matériel était insuffisant, détérioré, j'aurais dû vérifier préalablement l'état du matériel, etc.

Mme D. va aussi réfléchir aux objectifs de ses actions. Elle se questionne : les objectifs de mes actions peuvent-ils être atteints à court terme ou à plus long terme ?

- exemple à court terme : Zoé pleure parce qu'elle a mal aux dents. Au lieu de lui proposer la poupée (pas adaptée à son âge), je lui proposerai un objet à sucer (type anneau de dentition) ;

- exemple à long terme : Zoé a un érythème fessier à la suite de sa diarrhée. En respectant le traitement indiqué par le médecin, dans quatre ou cinq jours l'érythème devrait être cicatrisé.

Le respect des transmissions et du secret professionnel

LA TRANSMISSION DES INFORMATIONS

Parmi les actes professionnels figure en première place « la transmission des informations » orale ou écrite (consignée dans un cahier). Nous en donnons ci-après les caractéristiques.

LA NATURE DE LA TRANSMISSION

La professionnelle peut transmettre des informations très diverses relatives à l'enfant. Celles-ci devront être pertinentes ; par exemple la professionnelle indiquera les éléments suivants.

→ Ses observations sur l'enfant

Elle signalera :

- ses réactions (autonomie, joie, tristesse, fatigue, etc.) ;
- les refus du repas, les refus des activités, des jeux, le relationnel, etc. ;
- les troubles du sommeil.

→ Les anomalies éventuelles constatées

Elle signalera :

- toute éruption cutanée, diarrhée, inflammation, allergie, température, etc. ;
- toutes paroles exprimant une crainte, une peur, etc.

→ Les informations nouvelles

Ces nouvelles informations apprises au sujet de l'enfant (par sa famille ou un membre de l'équipe) pourront être « utiles » pour améliorer sa prise en charge.

→ Les soins ou actions réalisés

Par exemple :

- toilette corporelle (à 8 h), change (à 11 h, 15 h, 17 h 30), etc. ;
- aide à la marche, au repas, activité d'éveil (par exemple : jeu du « coucou le voilà »).

Situation

Le cahier de liaison de Mme D., assistante maternelle

Mercredi 10 janvier :

- change de 9 heures : Zoé a toujours les fesses rouges, toilette au savon de Marseille, produit X (prescrit par Dr Y.) passé sur les fesses. Une selle normale (ferme) ;
- change de 12 heures : fesses et soins (idem 9 h). Zoé pleure pendant le change (semble douloureux) ;
- change de 15 h 30 : fesses moins rouges, soins idem 9 h, Zoé est gaie après la sieste.

Mme D. note beaucoup d'informations sur son cahier mais elle veille à tenir la famille au courant de l'intérêt des transmissions écrites (*cf.* ci-après).

L'INTÉRÊT DE LA TRANSMISSION

Transmettre des informations relatives à l'enfant dont on a la charge permet de :

- personnaliser les soins : situer les habitudes de vie de l'enfant, ses besoins fondamentaux, ses attentes, etc. ;
- éviter les risques d'erreurs et d'oublis au niveau des interventions ;
- disposer d'un document légal en cas de problème juridique ;
- permettre le « suivi de l'enfant » :
  - à l'équipe (en collectivité),
  - aux parents (à domicile) ou éventuellement à un médecin (en cas de maladie).

LA MÉTHODOLOGIE DE LA TRANSMISSION

Afin de sélectionner les éléments qui devront faire l'objet d'une transmission, la professionnelle doit réfléchir méthodiquement. Nous lui suggérons à nouveau d'utiliser la méthode du QQQOCP (Qui ? Quoi ? Quand ? Où ? Comment ? Pourquoi ?) (tableau A3.4).

Tableau A3.4 – Méthodologie du QQQOCP pour sélectionner les éléments de la transmission.

Qui ?	Quelles personnes sont concernées par cette transmission ?
Quoi ?	Quels sont les éléments de mon observation que je dois transmettre ?
Quand ?	À quel moment dois-je réaliser la transmission ?
Où ?	Dois-je transmettre l'information orale en présence de l'enfant ou à distance ? Et pourquoi ?
Comment ?	- La transmission sera-t-elle orale ou écrite ? - Comment se présente le cahier de transmission ou de liaison dans le cadre de mon travail ?
Pourquoi ?	Dans quel but dois-je transmettre une information ?

LES DEUX TYPES DE TRANSMISSIONS

Les transmissions des informations peuvent être orales ou écrites.

→ Les transmissions orales

Les transmissions orales peuvent concerner deux situations :

- **l'urgence** : une situation urgente nécessite une intervention ou une décision immédiate (urgence médicale par exemple). Dans un tel cas la professionnelle doit transmettre des *informations* orales à sa responsable (en structure d'accueil) ou aux parents (pour la garde à domicile) *par téléphone*, en décrivant précisément les faits ou l'observation de l'enfant qu'elle garde. Elle laissera par ailleurs une trace écrite de sa démarche ;
- **le quotidien** : la professionnelle a *sélectionné* les différentes informations sur l'enfant susceptible d'être relatées le soir aux parents sans toujours faire l'objet d'un écrit.

→ Les transmissions écrites

Les transmissions écrites permettent (lorsque les personnes ne se rencontrent pas) de conserver une trace des éléments importants et des problèmes signalés. Pour transmettre correctement les informations écrites, il faut les inscrire sur le cahier de transmissions ou de liaison. Toute transmission écrite présente l'intérêt de laisser une « trace ». C'est une preuve « à charge » ou « à décharge » devant la loi. La professionnelle est ainsi protégée (le fait d'avoir laissé une « trace écrite » est un acte qui a une valeur juridique).

LES CONSIGNES D'UTILISATION DU CAHIER DES TRANSMISSIONS OU DE LIAISON

Certaines consignes d'utilisation du cahier des transmissions (ou de liaison) doivent être respectées :

- les notes doivent être synthétiques mais précises, pertinentes et datées ;
- les abréviations doivent faire l'objet d'un consensus (par exemple : RAS = rien à signaler), sinon il est préférable de les éviter ;
- les notes doivent être chronologiques (préciser l'horaire), elles seront signées en collectivité.

MémoMémoMémo

Le respect de la vie privée est impératif

Les confidences relatives à la vie privée ne peuvent pas faire l'objet de transmissions écrites. Le respect de la vie privée est un principe auquel la professionnelle ne doit pas déroger, et qu'elle doit privilégier en toutes circonstances ; elle participe à l'établissement d'un climat de confiance avec la famille.

LA DISCRÉTION PROFESSIONNELLE

Toute professionnelle de l'enfance est soumise à l'obligation de discrétion professionnelle. Elle intervient à domicile et peut avoir connaissance de faits confidentiels sur la famille de l'enfant qu'elle ne doit pas divulguer. L'obligation de discrétion professionnelle interdit la révélation de toute information indiscrète.

Selon la loi :

- « **la discrétion professionnelle est de règle** pour les faits, informations et documents dont les salariés ont connaissance dans le cadre de leur fonction » ;
- « **l'indiscrétion professionnelle est une faute disciplinaire** susceptible d'entraîner une sanction disciplinaire (dans le cadre d'une procédure disciplinaire) » ;
- « **l'obligation de réserve professionnelle** concerne l'opinion personnelle que peut avoir un employé sur l'établissement (ou l'institution) qui l'emploie et sur ses collègues de travail, et le fait qu'il manifeste ouvertement cette opinion dans le cadre de son travail ; cette opinion pouvant porter atteinte à l'image de marque de l'établissement ou de l'institution ».

LE SECRET PROFESSIONNEL

LES TEXTES

Les textes officiels[2] indiquent que :

- chaque professionnel a pour devoir de « ne pas révéler d'informations à caractère secret, dont il serait dépositaire par sa profession » ;
- toute infraction au secret professionnel est passible de peines correctionnelles[3] ;
- le secret professionnel est la règle. Nul ne peut être dispensé de cette obligation, sauf dans les cas de dérogations prévues par la loi (*cf.* paragraphe suivant).

L'ENQUÊTE POUR DÉTERMINER LA RESPONSABILITÉ

Toute violation du secret professionnel est une faute grave. Lors d'une violation du secret professionnel, chacun doit répondre de sa faute individuellement face à la justice. L'enquête va rechercher le quoi, le pourquoi et le comment.

→ Le quoi ? (l'élément légal)

La loi interdit de diffuser toute information lue ou entendue portant sur la santé ou sur la vie privée d'une personne ou de son entourage (dans le cas d'un enfant).

→ Le pourquoi ?

Pour respecter la vie privée des personnes.

→ Le comment ? (l'intention du fautif)

L'enquête va apprécier l'intention du soignant lorsqu'il a violé le secret professionnel. Lorsque la professionnelle invoque « l'ignorance de la gravité de la faute » pour atténuer sa faute professionnelle, le tribunal prend très rarement en compte cet argument, en fonction d'un grand principe : « Nul n'est censé ignorer la loi ».

Situation

La violation du « secret professionnel » et ses conséquences…

- Melle F. (auxiliaire parentale) a été accusée de violation du secret professionnel. Connaissant l'ex-belle-mère de la maman du bébé Anaïs (dont elle s'occupait), elle fit des photocopies du dossier médical et le transmit à cette personne (qui en fit un usage malveillant).
- Mme G. (GEAD) a été accusée de violation du secret professionnel pour avoir transmis par téléphone des informations à M. Y. qui s'est présenté comme le père de l'enfant qu'elle gardait (ce qui n'était pas le cas !).

LES DÉROGATIONS AU SECRET PROFESSIONNEL

Certaines dérogations au secret professionnel sont prévues par le Code pénal. Il s'agit des déclarations de sévices et de violences sur **mineur de moins de 15 ans et sur personnes fragilisées** (mineurs, personnes âgées, handicapées, malades ou affaiblies). Concrètement tout professionnel **doit signaler les sévices ou privations qu'il a constatés**. C'est une dérogation (*cf.* Annexe 1).

(2) Code pénal (art. 226.13).
(3) Pour toute violation du secret professionnel, le Code pénal prévoit des peines d'emprisonnement et des amandes de l'ordre de 15 000 euros.

Rôle de la professionnelle

La professionnelle doit faire preuve de *discrétion* et de *réserve*, et *respecter le secret professionnel*. Pour cela elle doit :
- *respecter son milieu de travail* (ses responsables et ses collègues) et ne révéler ni opinions ni informations les concernant ;
- *ne donner aucune information orale ou écrite sur l'enfant et son environnement familial* (nom, situation familiale, santé, maladies, soins, examens, diagnostics, vie professionnelle, sociale, chômage, budget, confidences, religion, goûts, opinions, visites, rapports de voisinage, résultats scolaires des enfants, etc.) ;
- *dénoncer tous sévices ou acte de violence sur l'enfant qu'elle garde*. Dans le cadre d'un service à domicile, la professionnelle, dans les plus brefs délais, signalera oralement (et non par écrit) au responsable, ou au médecin, l'acte de violence ou les sévices dont elle a été témoin ou qu'elle a pu soupçonner. C'est un devoir et s'y soustraire serait une faute grave (*cf.* annexe 1).

Les étapes d'une « mise en situation professionnelle »

Nous présentons une mise en situation professionnelle qui peut se dérouler aussi bien à domicile que dans une structure d'accueil. Elle concerne donc tous les professionnels de l'enfant. La démarche est structurée en plusieurs étapes afin de bien comprendre le processus logique d'une action. Cette démarche est exposée à titre d'exemple. Elle peut s'adapter à toutes les situations.

Situation

L'apprentissage du « lavage des mains » de Manon pour le goûter

À domicile, Mme A. (assistante maternelle) propose à Manon, âgée de 2 ans, de se laver les mains avant le goûter. C'est le premier jour où Manon prend son goûter chez Mme A. Pour que cette situation se déroule dans les meilleures conditions, Mme A. s'informe des habitudes de vie de Manon auprès de sa maman et fait preuve de beaucoup de souplesse avec l'enfant.

Pour cette mise en situation nous ferons parler Mme A. à la première personne.

1re ÉTAPE : LE RECUEIL D'INFORMATIONS, L'IDENTIFICATION ET L'ANALYSE DES BESOINS

Afin de mieux connaître Manon, je recueille les informations à son sujet : « La maman de Manon m'a dit qu'elle sait très bien se laver les mains à l'eau et au savon, et s'essuyer seule ». **Avant de proposer à Manon ce petit exercice d'hygiène,** je dois réfléchir aux capacités de l'enfant de 2 ans ; je sais qu'à cet âge, l'enfant :
- a acquis une dextérité manuelle permettant un lavage des mains efficace ;
- aime imiter l'adulte dans ses pratiques quotidiennes ;
- aime spontanément faire plaisir à l'adulte [4], mais sait « aussi » dire non pour « s'opposer ! » ;
- a déjà bien intégré les valeurs « sociales » des soins d'hygiène (Les soins ont une valeur de socialisation. L'enfant intègre la notion d'hygiène par le biais d'une relation affective. Il veut être propre pour plaire à quelqu'un, en l'occurrence à ses parents) ;
- comprend la relation de « cause à effet » (on se lave les mains pour ôter les saletés !) ;
- a mémorisé cet acte à la maison, donc cet acte est devenu une « bonne habitude », l'enfant devrait aller seule au lavabo si on sait le lui proposer gentiment.

2e ÉTAPE : L'ORGANISATION DU SOIN

L'ANALYSE

Pour réaliser ce soin d'hygiène correctement, je dois préciser mentalement ses caractéristiques, ses objectifs et ses intérêts.

(4) Faire plaisir est une attitude spontanée de l'enfant ; elle ne doit pas être forcée ni induite par l'adulte.

→ Les caractéristiques du soin

Le lavage des mains est une activité d'hygiène qui permet d'enlever les différentes salissures des mains au moyen de l'eau et du savon. Il se pratique :

- avant les repas ;
- après être allé aux toilettes ;
- et chaque fois que nécessaire au cours de la journée.

→ Les objectifs du soin

Dans cette situation, il s'agit d'assurer l'hygiène des mains avant un repas (d'où l'importance d'en **expliquer** l'intérêt à l'enfant) et de respecter, au cours de ce soin, les règles d'HSCR (hygiène, sécurité, confort et respect de l'enfant) auxquelles il faut ajouter l'efficacité et l'ergonomie.

→ Les intérêts du soin

Les intérêts sont de :

- prévenir les infections digestives ;
- adopter de bonnes habitudes d'hygiène dès le plus jeune âge ;
- procurer bien-être et confort.

LA PRÉPARATION

Je réfléchis aux moyens à mettre en œuvre et je prépare le matériel.

→ La réflexion

Je dois prévoir :

- **un point d'eau** : le lavabo de la salle de bain. Toutefois l'enfant n'arrivant pas à la hauteur du lavabo, je prévois d'installer un tabouret marchepied (stable et antidérapant) pour éviter de soulever Manon. En effet, par souci d'ergonomie je sais qu'il faut éviter de porter un enfant à bout de bras au-dessus du lavabo pour effectuer un soin (*cf.* Annexe 2) ;
- **le matériel pour laver les mains** : eau, savon, essuie-main.

→ L'aménagement du lieu

Je ferme les fenêtres de la salle de bain. J'enlève les jouets du petit lavabo.

→ L'installation du matériel

- je dispose un flacon de savon liquide sur un support au-dessus du lavabo ;
- je mets une serviette de toilette propre sur un petit meuble près du lavabo.

L'ANNONCE DU SOIN À L'ENFANT

Je vais vers Manon.

- je lui dis : « Manon, veux-tu venir avec moi ? Je vais t'apprendre à te laver les mains avant le goûter » ;
- je l'informe : « Il faut toujours avoir les mains propres avant de manger ; ta maman t'a dit pourquoi ? ».

Manon ne répond pas mais accepte volontiers cette activité et m'accompagne dans la salle de bain.

3e ÉTAPE : LA RÉALISATION DU SOIN

La réalisation du soin correspond à la mise en œuvre de l'action. Celle-ci se déroule souvent en plusieurs phases.

J'installe Manon devant le lavabo, je remonte mes manches.

PREMIÈRE PHASE : LE SAVONNAGE DES MAINS

- je demande à Manon de remonter ses manches et de tendre les mains ;
- je fais couler un peu d'eau ;
- je lui verse un peu de savon liquide. Je m'en verse également ;
- je lui demande de m'imiter ;
- je frotte bien fort les deux mains l'une contre l'autre ;
- je me lave le dos des mains, et entre les doigts ;
- je lui dis que c'est très bien.

Manon m'imite, elle réclame un supplément de savon. Je le lui donne.

DEUXIÈME PHASE : LE RINÇAGE ET LE SÉCHAGE DES MAINS

J'accompagne l'enfant :

- nous rinçons abondamment nos mains sous le jet d'eau claire ;

- nous les frottons, nous les retournons.

Ensuite, nous essuyons nos mains, en insistant entre les doigts.

TROISIÈME PHASE : LA FIN DE L'ACTIVITÉ

- Manon ne s'attarde pas près du lavabo car elle a faim !
- je lui demande pourquoi il faut se laver les mains avant le goûter : elle me répond : « pour chasser les microbes ! » ;
- je donne le goûter à Manon (car elle a faim) ;
- je nettoie et je range le matériel (ensuite).

4e ÉTAPE : LES TRANSMISSIONS

Je transmets l'information oralement (après l'avoir noté par écrit sur mon cahier de liaison dans la journée). J'informe le soir la maman de Manon qu'elle :

- a appris à se laver les mains avant le goûter ;
- a apprécié cette activité ;
- semble avoir compris l'importance du lavage des mains.

5e ÉTAPE : L'AUTOÉVALUATION DE SON ACTION

J'effectue mon autoévaluation sur la base des règles d'HSCR[5] en privilégiant le relationnel avec l'enfant.

MA RELATION AVEC MANON

→ Avant le soin

- j'ai reçu l'adhésion de la fillette pour l'activité de soin ;
- j'ai eu une attitude éducative concernant l'hygiène corporelle en expliquant, en termes simples, pourquoi il est nécessaire de se laver les mains, sans toutefois insister (car la fillette savait déjà !).

→ Pendant le soin

- je pense avoir eu un bon contact avec Manon ;
- j'ai été disponible, j'ai répondu à sa demande ;
- j'ai valorisé Manon au cours de cette activité (en lui disant qu'elle le faisait très bien) ;
- je n'ai pas prolongé l'activité (car l'enfant avait faim).

→ Après le soin

- j'ai accompagné rapidement Manon au goûter pour satisfaire un besoin prioritaire, « manger » à heure fixe ;
- j'ai effectué le nettoyage et le rangement de la pièce, dans un deuxième temps.

L'ORGANISATION ET LE DÉROULEMENT DU SOIN

- je me suis fondée sur la tendance naturelle des enfants à l'imitation pour apprendre à Manon à se laver les mains ;
- j'ai respecté les règles de confort et d'ergonomie en l'installant devant le petit lavabo sur un tabouret ;
- j'ai respecté la sécurité en la tenant pendant le soin ;
- j'ai été efficace : les mains de Manon étaient propres ;
- j'ai évalué la compréhension immédiate du message d'éducation à l'hygiène auprès de Manon. Elle semble l'avoir compris. Je ne peux toutefois pas prétendre que le message a été assimilé pour le long terme.

Conclusion : mes objectifs ont été totalement atteints à « court terme ».

Fig. A3.2. Situation en crèche.

(5) H (hygiène), S (sécurité), C (confort), R (respect et relationnel avec l'enfant) auxquelles il faut ajouter : l'organisation, l'efficacité et l'ergonomie.

MémoMémoMémo

Récapitulatif d'une MSP

Voici dans un tableau récapitulatif toutes les étapes de la MSP.

Démarche	Étapes	Méthodologie
Je réfléchis Je sélectionne J'analyse	**1re étape : le recueil des informations** Il s'agit de recueillir des informations sur l'enfant. Les informations doivent être précises et pertinentes. **L'identification et l'analyse des besoins fondamentaux de l'enfant** Il s'agit d'étudier et d'analyser les besoins spécifiques de l'enfant en les hiérarchisant.	- je sélectionne l'information afin de mieux connaître l'enfant et le contexte sociofamilial ; - je dois répondre aux besoins de l'enfant en donnant priorité à certains besoins plus importants que d'autres (je hiérarchise les priorités).
J'organise	**2e étape : l'organisation de l'action** Il s'agit de recenser les ressources matérielles et humaines en planifiant ses actions dans les temps et l'espace : - durée de l'action ; - lieu de l'action.	Je dois faire preuve : - d'une bonne connaissance de la procédure de soins ; - de précision ; - d'ordre et de méthode.
J'agis	**3e étape : la réalisation de l'action** Il s'agit de réaliser l'action selon les règles professionnelles de base d'HSCR[1].	- j'agis avec logique et bon sens ; - je prends des précautions contre les risques d'infections ou d'accidents ; - je favorise l'autonomie et l'éveil de l'enfant ; - je communique avec l'enfant.
Je transmets	**4e étape : les transmissions** Il s'agit d'informer la famille de l'enfant de ce qui a été réalisé.	- j'utilise le cahier de transmissions ; - je respecte le secret professionnel.
J'évalue mes actions	**5e étape : l'autoévaluation de l'action** Il s'agit de : - comparer les objectifs atteints aux objectifs prévus ; - juger l'organisation et l'éxécution de l'action ; - s'interroger sur l'attitude adoptée au cours de l'action.	- j'analyse mes actions de façon constructive ; - je fais part de mes difficultés ; - je propose des solutions (à court, à moyen ou à long terme).

[1] *Ibid* page précédente.

473688 – (I) – (10) – CMM90

Elsevier Masson S.A.S – 62, rue Camille-Desmoulins, 92442 Issy-les-Moulineaux Cedex
Dépôt Légal : novembre 2013

Composition : Nord Compo

Imprimé en Italie par Printer Trento